탄탄한 기본기로 실무 능력을 키우는

엑셀 2016

지은이 **김지연** jykim629@daejin.ac.kr

인하대학교에서 컴퓨터정보공학 전공으로 공학박사 학위를 받았고 대우정보시스템(주), LG전자(주)에 근무하면서 그룹전산화 업무, 공정관리시스템 개발 및 이동통신시스템 교환 소프트웨어 개발 업무를 수행했다. University of North Texas에서 방문 연구원으로 무선통신 분야를 연구하였고 현재는 대진대학교에 재직하고 있다. 저서로는 《데이터베이스 기초와 실습 액세스 2013》(한빛아카데미, 2015), 《엑셀과 파워포인트 2016》(한빛아카데미, 2017) 등이 있다.

엑셀 2016

초판발행 2018년 6월 29일
6쇄발행 2023년 1월 3일

지은이 김지연 / **펴낸이** 전태호
펴낸곳 한빛아카데미(주) / **주소** 서울시 서대문구 연희로2길 62 한빛아카데미(주) 2층
전화 02-336-7112 / **팩스** 02-336-7199
등록 2013년 1월 14일 제2017-000063호 / **ISBN** 979-11-5664-405-7 93000

책임편집 김성무 / **기획** 김미정 / **편집** 신꽃다미 / **진행** 안비단
디자인 표지 한도훈, 최연희 내지 김미현, 최연희 / **전산편집** 김정미
영업 김태진, 김성삼, 이정훈, 임현기, 이성훈, 김주성 / **마케팅** 길진철, 김호철, 주희

이 책에 대한 의견이나 오탈자 및 잘못된 내용에 대한 수정 정보는 아래 이메일로 알려주십시오.
잘못된 책은 구입하신 서점에서 교환해 드립니다. 책값은 뒤표지에 표시되어 있습니다.

홈페이지 www.hanbit.co.kr / 이메일 question@hanbit.co.kr

Published by HANBIT Academy, Inc. Printed in Korea

탄탄한 기본기로 실무 능력을 키우는

엑셀 2016

한빛아카데미
Hanbit Academy, Inc.

쉽고 재미있게 기본기를 다지며 엑셀 고수로 나아가길!

알면 쉽고 모르면 어렵다는 말이 있듯이 처음 사용하는 사람에게는 엑셀 프로그램이 복잡하고 어렵게 느껴질 수 있습니다. 많은 숫자와 다양한 종류의 데이터를 다루는 방법을 익히고, 여러 가지 기능의 함수를 적절하게 사용하고, VBA 프로그램으로 매크로를 작성하는 단계까지 이해하려면 실제로 많은 시간과 꾸준한 노력이 필요합니다. 엑셀은 다양한 분야에서 널리 사용되고 있는 프로그램답게 많은 기능을 갖추고 있어서 쉽고 간단한 프로그램이라고 할 수는 없기 때문입니다.

엑셀의 다양한 기능을 활용하지 않고 문서 편집 프로그램의 표처럼 직접 숫자를 계산해서 입력하거나 동일한 작업을 수고스럽게 반복하는 분들이 꽤 있습니다. 엑셀에 얼마나 다양한 기능이 있는지, 그 기능들을 어떻게 활용해야 하는지, 각종 도구를 이용해 업무 효율을 얼마나 높일 수 있는지 등 엑셀의 진가를 알지 못한 채 사용하기 때문입니다.

기초부터 한 단계씩 학습하는 엑셀 2016

하지만 엑셀은 사용자의 편의를 최대한 고려해서 만든 프로그램이므로 기초부터 한 단계씩 익히면 그리 어렵거나 복잡하지 않습니다. 먼저 워크시트에 데이터를 입력하고 서식을 설정하는 등 문서를 만드는 기본 기능부터 시작해 사칙연산, 합계, 평균과 같은 기본적인 계산 방법을 익힙니다. 복잡한 수식을 사용해 계산하거나 조건에 맞는 값을 검색하는 등 실무에 많이 활용되는 기능은 함수를 이용해 간단하게 처리할 수 있습니다. 기능별로 가장 많이 사용되는 함수 중심으로 쉬운 예제를 따라하며 사용법을 익히다 보면 새로운 함수도 큰 어려움 없이 활용할 수 있게 될 것입니다. 엑셀에서 제공하는 함수가 워낙 많아 모두 사용해 볼 수는 없지만 중요한 몇 가지 함수를 다루어 보면서 추후 실무에 필요한 함수를 제대로 찾아 올바르게 사용하는 능력을 기르는 것이 중요합니다. 데이터를 요약하고 분석하는 도구, 그래픽이나 차트를 활용한 문서 작성, 업무 효율을 높이기 위해 반복 작업을 자동화시키는 매크로까지 엑셀의 주요 기능을 차례대로 학습하다 보면 어느덧 자신 있게 엑셀을 다루는 사람이 되어 있을 것이라 확신합니다.

기본을 배우는 실습 예제 + 응용력을 키우는 종합예제

이 책은 엑셀을 처음 접하는 사람이 기초부터 실무 기능까지 익힐 수 있도록 기본적인 내용과 핵심 기능을 함께 소개합니다. 끝이 보이지 않을 것처럼 높은 계단도 한 칸씩 올라가다 보면 정상에 다다를 수 있듯이 기초부터 시작해 고급 기능과 실무 기능까지 차근차근 학습할 수 있도록 다양한 실습 예제를 제공합니다. 실습

예제를 단계별로 완성하다 보면 실무에 충분히 활용할 만한 엑셀 문서를 만들 수 있습니다.

학습한 내용을 정리하고 부가적인 기능까지 실습할 수 있는 종합예제를 각 장마다 제공하여 여러 형태의 문제를 다루어 볼 수 있도록 했습니다. 또한 각 장의 마지막에는 학습한 내용을 스스로 점검할 수 있는 연습문제를 제시하여 다양한 문제 해결 능력과 응용력을 기를 수 있게 했습니다.

책에서 다루는 예제는 모두 엑셀 2016 버전을 기반으로 하지만 몇 가지 새로운 기능을 제외하면 엑셀 2013이나 그 이전 버전에서도 충분히 학습할 수 있습니다. 오피스 365와 같이 클라우드 서비스 방식으로 엑셀을 구독할 수 있게 되면서 새로운 기능이 꾸준히 추가되고 있지만 핵심 기능은 크게 달라지지 않았으므로 기초가 더욱 중요하다고 할 수 있습니다. 아무쪼록 이 책을 통해 엑셀의 기본기를 탄탄하게 다지고 실력을 향상시켜 엑셀 초보에서 고수로 나아가길 기대합니다.

좋은 책을 위해 지원을 아끼지 않는 한빛아카데미㈜의 모든 분들, 특히 김미정 과장님의 수고와 도움에 많은 감사를 드리고 사랑하는 은상, 은수에게 고마움을 전합니다.

지은이 **김지연**

학습 보조 자료

학습에 필요한 자료는 다음 주소에서 내려받을 수 있습니다.

http://www.hanbit.co.kr/src/4405

이 책의 구성요소

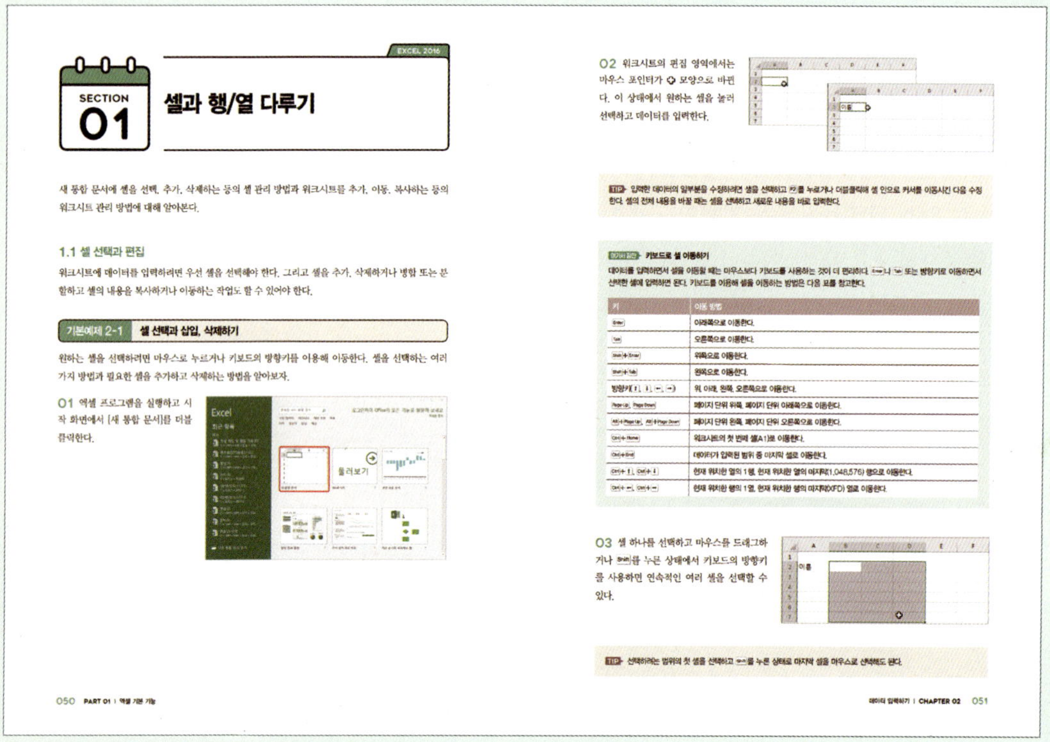
EXCEL 2016

SECTION 01 셀과 행/열 다루기

새 통합 문서에 셀을 선택, 추가, 삭제하는 등의 셀 관리 방법과 워크시트를 추가, 이동, 복사하는 등의 워크시트 관리 방법에 대해 알아본다.

1.1 셀 선택과 편집

워크시트에 데이터를 입력하려면 우선 셀을 선택해야 한다. 그리고 셀을 추가, 삭제하거나 병합 또는 분할하고 셀의 내용을 복사하거나 이동하는 작업도 할 수 있어야 한다.

기본예제 2-1 셀 선택과 삽입, 삭제하기

원하는 셀을 선택하려면 마우스로 누르거나 키보드의 방향키를 이용해 이동한다. 셀을 선택하는 여러 가지 방법과 필요한 셀을 추가하고 삭제하는 방법을 알아보자.

01 엑셀 프로그램을 실행하고 시작 화면에서 [새 통합 문서]를 더블클릭한다.

02 워크시트의 편집 영역에서는 마우스 포인터가 ✥ 모양으로 바뀐다. 이 상태에서 원하는 셀을 눌러 선택하고 데이터를 입력한다.

TIP 입력한 데이터의 일부분을 수정하려면 셀을 선택하고 F2를 누르거나 더블클릭해 셀 안으로 커서를 이동시킨 다음 수정한다. 셀의 전체 내용을 바꿀 때는 셀을 선택하고 새로운 내용을 바로 입력한다.

여기서 잠깐 키보드로 셀 이동하기

데이터를 입력하면서 셀을 이동할 때는 마우스보다 키보드를 사용하는 것이 더 편리하다. Enter나 Tab 또는 방향키로 이동하면서 선택한 셀에 입력하면 된다. 키보드를 이용해 셀을 이동하는 방법은 다음 표를 참고한다.

키	이동 방법
Enter	아래쪽으로 이동한다.
Tab	오른쪽으로 이동한다.
Shift+Enter	위쪽으로 이동한다.
Shift+Tab	왼쪽으로 이동한다.
방향키(↑, ↓, ←, →)	위, 아래, 왼쪽, 오른쪽으로 이동한다.
Page Up, Page Down	페이지 단위 위쪽, 페이지 단위 아래쪽으로 이동한다.
Alt+Page Up, Alt+Page Down	페이지 단위 왼쪽, 페이지 단위 오른쪽으로 이동한다.
Ctrl+Home	워크시트의 첫 번째 셀(A1)로 이동한다.
Ctrl+End	데이터가 입력된 범위 중 마지막 셀로 이동한다.
Ctrl+↑, Ctrl+↓	현재 위치한 열의 1행, 현재 위치한 열의 마지막(1,048,576) 행으로 이동한다.
Ctrl+←, Ctrl+→	현재 위치한 행의 1열, 현재 위치한 행의 마지막(XFD) 열로 이동한다.

03 셀 하나를 선택하고 마우스를 드래그하거나 Shift를 누른 상태에서 키보드의 방향키를 사용하면 연속적인 여러 셀을 선택할 수 있다.

TIP 선택하려는 범위의 첫 셀을 선택하고 Shift를 누른 상태로 마지막 셀을 마우스로 선택해도 된다.

050 PART 01 | 엑셀 기본 기능

데이터 입력하기 | CHAPTER 02 051

핵심 기능 소개

엑셀의 핵심 기능을 소개합니다. 예제를 통해 학습할 수 있는 내용이므로 가벼운 마음으로 읽어 보세요.

기본예제

엑셀의 기본 기능과 활용 방법을 학습할 수 있는 115개의 예제입니다. 설명과 그림을 보며 차근차근 따라해 보세요.

TIP/여기서 잠깐

예제를 따라할 때 알아두면 좋은 내용입니다. 다양한 실무 활용 팁을 얻을 수 있으니 꼼꼼히 살펴보세요.

강의 보조 자료

한빛아카데미 홈페이지에서 '교수회원'으로 가입하신 분은 인증 후 교수용 강의 보조 자료를 제공받을 수 있습니다. 한빛아카데미 홈페이지 상단의 [교수전용공간] 메뉴를 클릭하세요.

http://www.hanbit.co.kr/academy

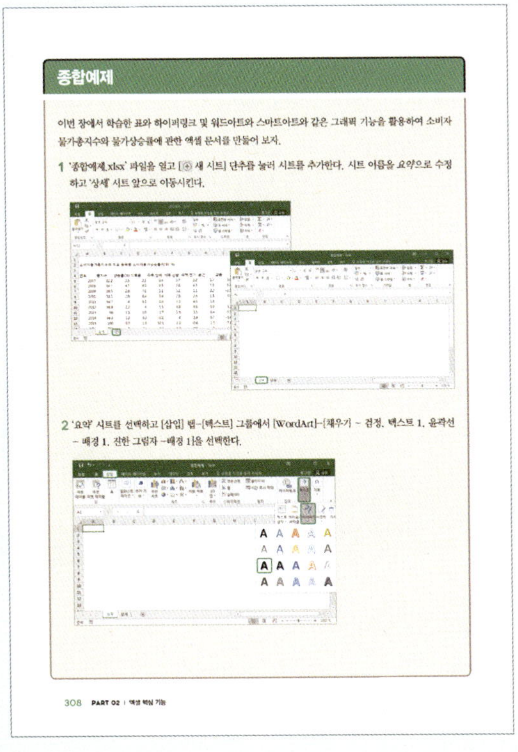

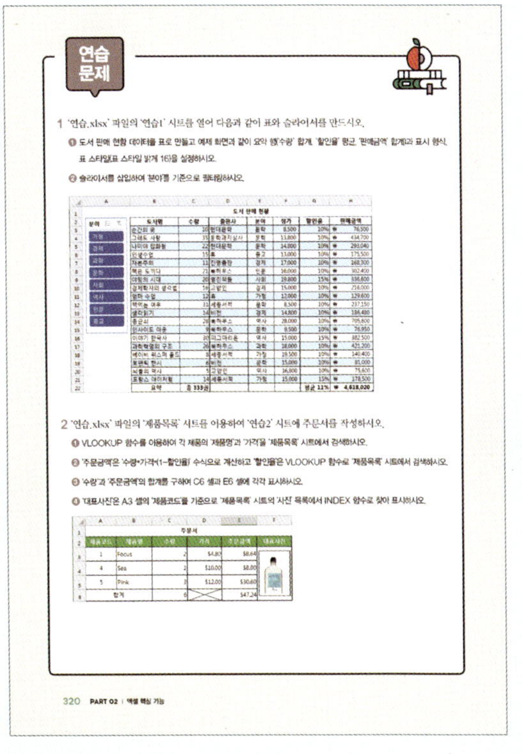

종합예제

각 장에서 배운 내용에 추가 기능을 적용해 만든 종합예제입니다. 엑셀의 기본 기능을 빠르게 공부하고 싶거나 배운 내용을 복습하려는 학습자, 수업 중 과제가 필요한 강의자에게 유용합니다.

연습문제

각 장의 핵심 내용을 제대로 이해했는지 확인할 수 있는 연습문제입니다. 예시 화면을 보고 어떻게 만들면 될지 구상한 후 상세 항목을 따라 실습하면 활용 능력을 키울 수 있습니다.

CHAPTER 02 데이터 입력하기

CHAPTER 03 수식과 셀 참조

CHAPTER 04 표시 형식과 조건부 서식

PART 02 엑셀 핵심 기능

CHAPTER 05 기본 함수

CHAPTER 06 고급 함수

CHAPTER 07 실무 함수

CHAPTER 08 데이터 관리

CHAPTER 09 그래픽 활용

CHAPTER 10 차트와 스파크라인

강의 계획표

이 책을 이용하여 16주 동안 수업을 진행할 때 참고할 강의 계획표 예시입니다.

주	장/과제	주제
1	1장	엑셀 소개 및 시작하기, 워크시트 다루기
2	2장	데이터 입력하기, 자동 채우기, 셀 서식 설정하기
3	3장	수식 입력하기, 자동 합계 도구 사용하기
4	3장	상대 참조와 절대 참조 익히기, 셀 이름 정의하기
5	4장	표시 형식 사용하기, 조건부 서식 지정하기
6	5장	수학/삼각/통계 함수, 텍스트/날짜/시간 함수 사용하기
7	6장	논리 함수 사용하기, 조건에 맞는 값 구하기
8		**중간고사**
9	7장	찾기/참조 함수, 재무 함수 사용하기
10	8장	데이터 관리하기, 데이터 정렬하기
11	8장	필터 사용하기, 부분합 구하기
12	9장	표, 도형, 그림 활용하기
13	10장	차트 만들고 편집하기, 스파크라인 만들기
14	11장	피벗 테이블 활용하기, 가상 분석 활용하기
15	12장	매크로 만들고 편집하기
16		**기말고사**

PART 01

엑셀 기본 기능

EXCEL 2016

CHAPTER 01

엑셀 개요 및 기초

학습목표

- 엑셀의 특징과 새 기능을 설명할 수 있다.
- 엑셀의 기본 화면과 메뉴 구성을 설명할 수 있다.
- 워크시트를 관리하고 다룰 수 있다.

SECTION 01

엑셀 소개하기

엑셀(Excel)은 표 모양으로 된 계산용 프로그램인 스프레드시트(spreadsheet) 프로그램의 하나이다. 엑셀에서는 행과 열로 이루어진 워크시트라는 공간에 데이터를 입력하고, 입력된 값에 식을 적용해 계산하거나 분석 및 처리하는 등의 여러 작업을 할 수 있다. 애플(Apple)사의 비지칼크(VisiCalk)와 로터스(Lotus)사의 로터스 1-2-3(Lotus 1-2-3) 등의 스프레드시트 프로그램도 있지만 엑셀이 가장 널리 알려져 광범위하게 사용되고 있다. 엑셀은 마이크로소프트(Microsoft)사의 다른 오피스 제품과 함께 배포되므로 파워포인트나 워드 등의 프로그램과 손쉽게 연동되는 장점이 있다.

1.1 엑셀의 특징

엑셀에서는 셀(cell)이라는 데이터 입력 공간이 모여 하나의 작업 영역인 워크시트(worksheet)를 이룬다. 각 셀에는 데이터나 수식을 입력할 수 있으며, 셀의 위치를 나타내는 셀 주소는 열 번호와 행 번호를 조합하여 만든 이름이다.

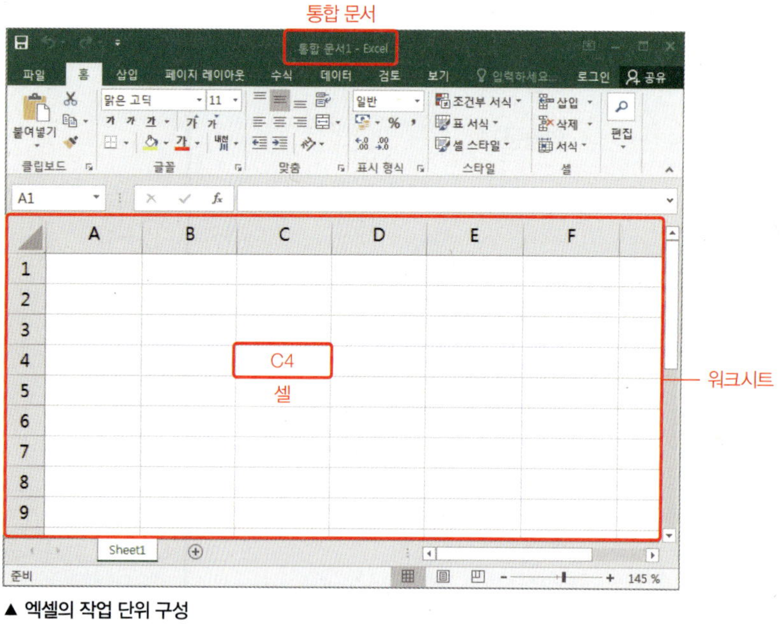

▲ 엑셀의 작업 단위 구성

1,048,576개의 행과 16,384개의 열이 교차하여 만들어지는 1,048,576×16,384개의 셀이 모여 하나의 워크시트가 되며 파일 하나에 최대 255개의 워크시트를 생성할 수 있다. 엑셀 파일은 통합 문서 단위로 저장되는데 통합 문서 안에 여러 개의 워크시트를 묶어 관리할 수 있기 때문에 연관된 내용의 다른 파일을 참조하거나 비교 · 분석하기 편리하다.

1.2 엑셀의 새 기능

엑셀에는 수치 계산을 위한 기능뿐 아니라 서식이나 차트 등을 사용하여 데이터를 이해하기 쉽게 표시하는 기능, 데이터를 요약 및 분석하고 예측하는 데 유용한 기능 등 다양한 기능이 있다. 오피스 2016에서 추가된 엑셀의 새 기능은 다음과 같다.

- **새로운 종류의 차트 추가**: 재무 또는 계층 구조 정보에서 일반적으로 사용하는 데이터 시각화나 통계 속성을 찾아내는 차트가 추가되었다.

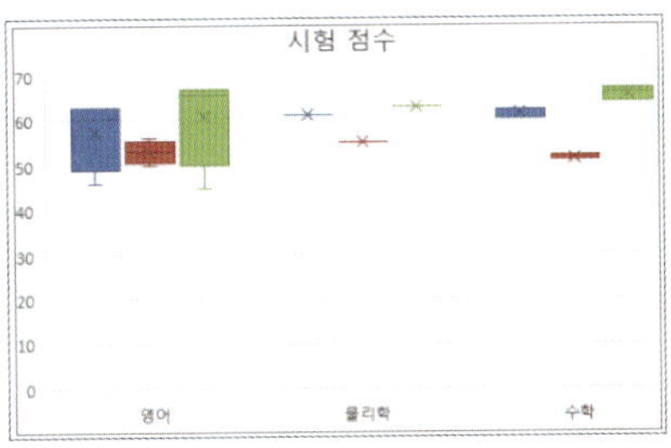

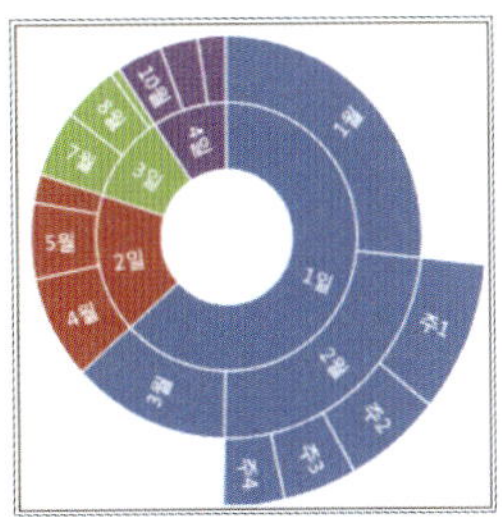

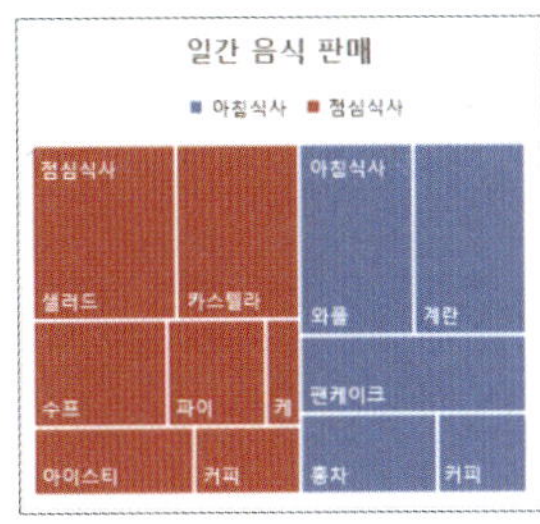

- **가져오기 및 변환**: 여러 종류의 데이터를 쉽고 빠르게 가져와 변환하는 기능이 추가되어 필요한 데이터를 한 곳에서 모두 처리할 수 있게 되었다.

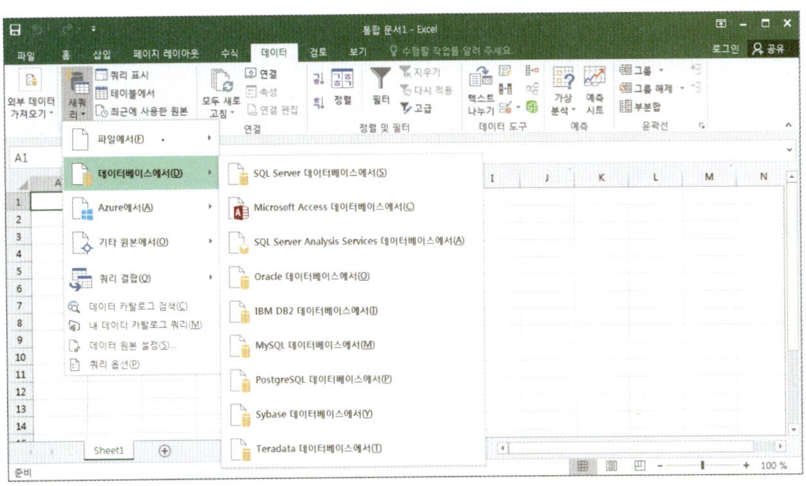

• **예측 함수 추가**: 기존의 선형 예측 함수뿐 아니라 지수 평활법을 기준으로 하는 FORECAST 예측 함수가 추가되었으며, 예측 시트 단추를 사용하면 데이터 계열의 예측 시각화를 빠르게 구현할 수 있다.

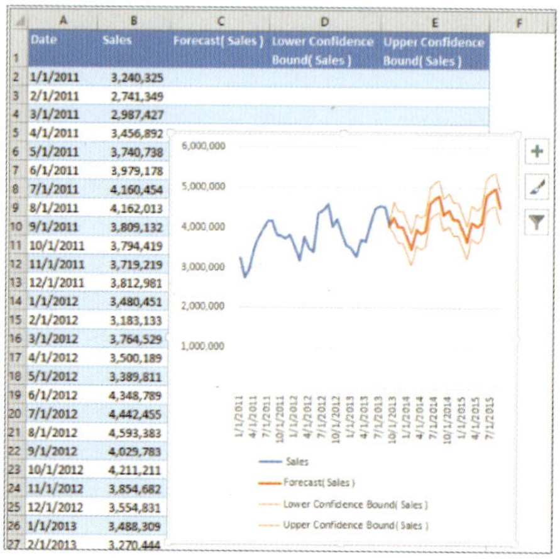

• **3D 맵**: 3D 지리 공간 시각화 도구인 파워 맵이 3D 맵으로 이름이 바뀌어 기본 제공되며 다른 시각화 도구와 함께 표시된다.

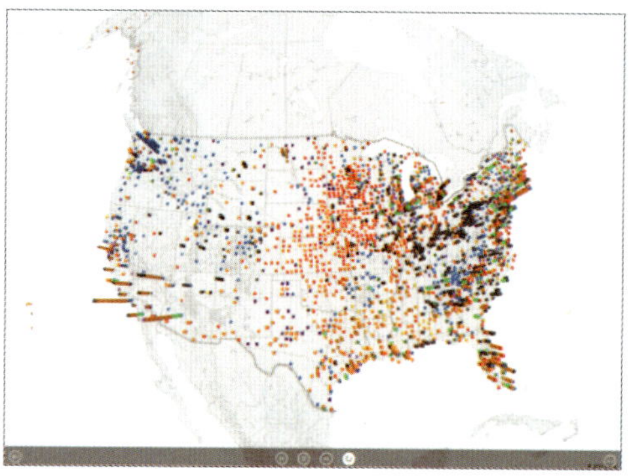

EXCEL 2016

SECTION 02 엑셀 시작하기

엑셀 프로그램으로 새 문서를 만들 때 [새 통합 문서]로 빈 문서에서 시작하는 방법도 있지만 미리 만들어져 있는 다양한 종류의 서식 파일을 사용할 수도 있다. 서식 파일로 만든 엑셀 통합 문서를 이용해 엑셀 기본 화면과 메뉴 구성, 파일 저장과 인쇄 방법 등에 대해 알아본다.

2.1 서식 파일 활용

엑셀 프로그램을 실행하면 시작 화면에 온라인 서식 파일을 검색할 수 있는 메뉴가 나타난다. 필요한 종류의 서식 파일을 검색하고 원하는 모양을 선택하면 서식 파일을 다운로드하여 문서를 손쉽게 만들 수 있다.

TIP 서식 파일로 만든 엑셀 통합 문서를 사용할 때는 용도에 맞게 항목을 수정해야 하는 경우도 있다. 이를 위해서는 엑셀의 기본 기능을 먼저 학습하는 것이 바람직하다.

기본예제 1-1 서식 파일로 문서 만들기

원하는 종류의 서식 파일을 검색하여 새 엑셀 통합 문서를 만들어 보자.

01 엑셀 프로그램을 실행하고 시작 화면이 나타나면 검색란에 '성적'이라는 키워드를 입력하고 Enter를 누른다.

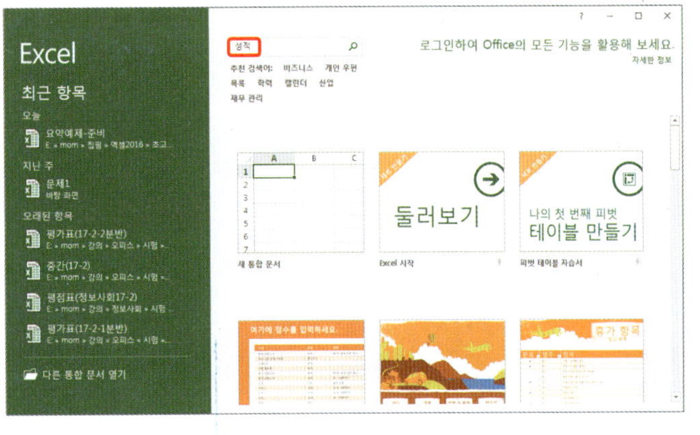

02 입력한 키워드와 연관된 서식 파일 목록이 열리면 [학생 학점 및 평점 기록표]를 선택한다.

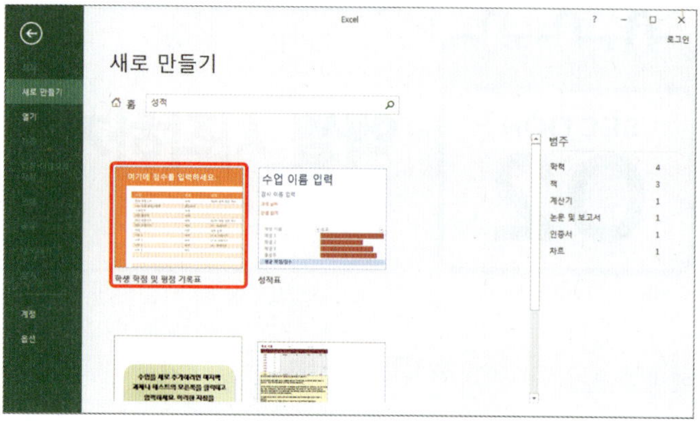

여기서 잠깐 **서식 파일이 검색되지 않는 경우**

온라인 서식 파일이 검색되지 않는 경우에는 예제 소스로 제공하는 서식 파일을 다운로드하여 개인 서식 파일로 설정한 후 사용한다. [파일] 탭–[옵션]을 선택해 [Excel 옵션] 대화상자를 열고 [저장] 범주의 [통합 문서 저장] 그룹에서 [기본 개인 서식 파일 위치]를 설정한다(예: C:\Users\User1\Documents\Custom Office). 다운로드한 서식 파일을 이 폴더에 넣은 후 [파일] 탭–[새로 만들기]에서 [개인]을 선택하면 서식 파일을 사용할 수 있다.

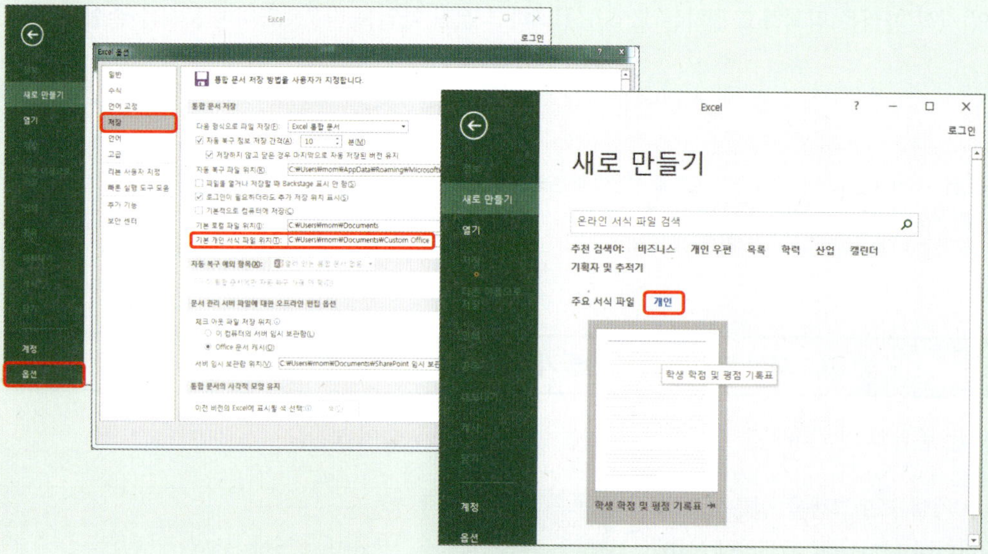

03 [학생 학점 및 평점 기록표] 창의 [만들기]를 눌러 서식 파일을 다운로드한다.

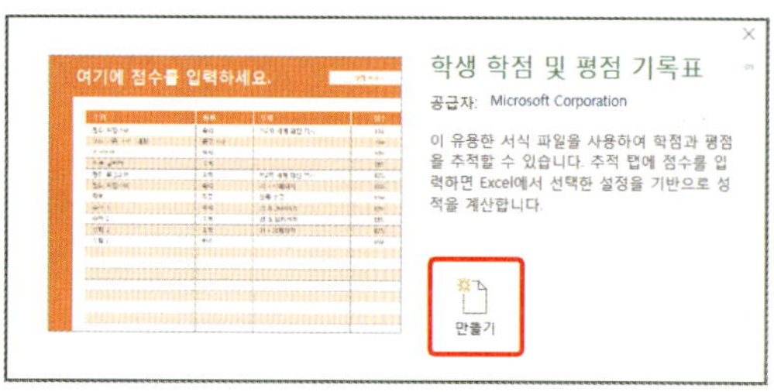

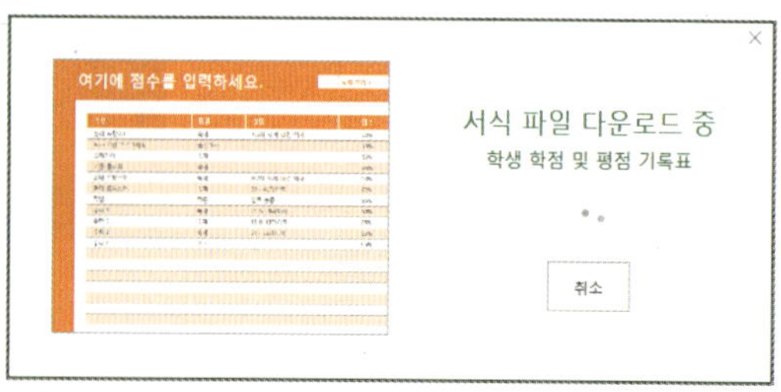

04 '학생 학점 및 평점 기록표1' 이라는 이름으로 문서가 만들어져 편집 창에 표시된다.

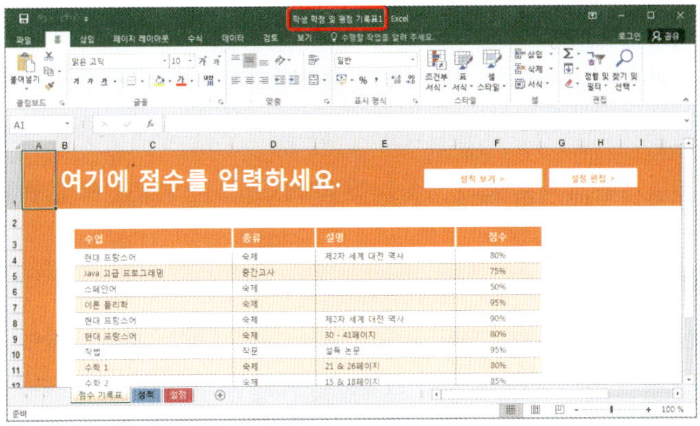

2.2 엑셀 기본 화면

엑셀 화면은 다음과 같이 ❶ 메뉴, ❷ 시트, ❸ 상태 표시줄로 구성된다.

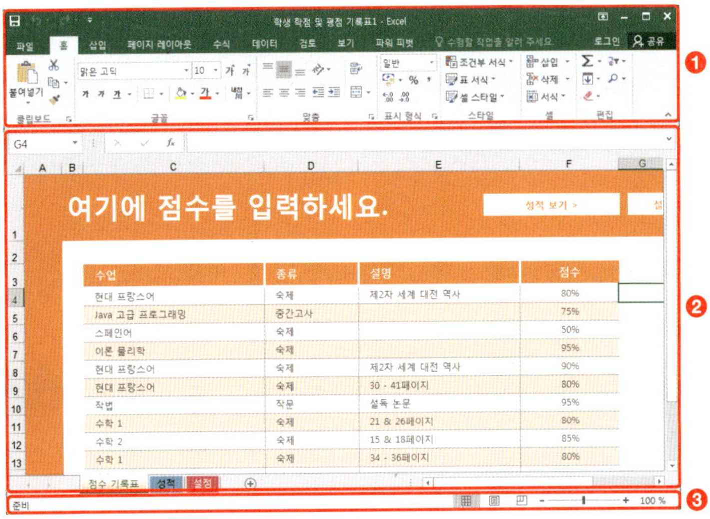

❶ **메뉴**: 화면 상단에는 기능별로 분류된 메뉴 탭과 각 탭에 해당하는 도구 아이콘이 리본 메뉴 형식으로 제공된다.

❷ **시트**: 화면 가운데에는 데이터나 수식을 입력하고 편집하는 데이터시트가 위치한다.

❸ **상태 표시줄**: 화면 하단의 상태 표시줄에는 작업 중인 시트의 보기 형식이나 확대/축소 비율을 지정하는 도구가 있다.

2.3 엑셀의 메뉴 구성

화면 상단에 보이는 메뉴는 기능별로 분류된 탭으로 이루어져 있으며 각 탭을 누르면 관련된 도구 아이콘들이 리본 메뉴에 표시되고 아이콘을 누르면 해당 명령이 실행된다. 메뉴 탭에는 시트에서 선택한 개체의 종류에 따라 개체 속성을 편집하는 메뉴들이 있는 확장 탭이 추가로 표시된다.

2.3.1 홈

[홈] 탭은 가장 많이 사용되는 서식 관련 도구로 구성되며 붙여넣기와 복사, 글꼴과 맞춤 설정, 표시 형식 및 스타일 지정, 삽입과 삭제 등을 수행할 수 있다.

2.3.2 삽입

[삽입] 탭은 그림, 도형, 차트, 피벗 테이블, 3D 맵, 기호, 수식과 같이 다양한 종류의 개체를 삽입하기 위한 도구로 구성되어 있다.

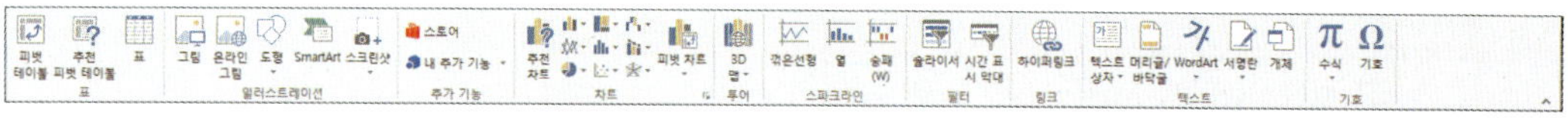

2.3.3 페이지 레이아웃

[페이지 레이아웃] 탭은 시트에 적용하는 테마, 용지, 인쇄 옵션, 시트의 보기 옵션, 개체의 정렬 방법 등을 설정하는 도구로 구성되어 있다.

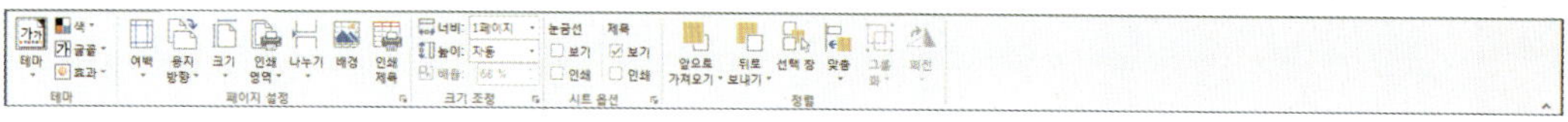

2.3.4 수식

[수식] 탭은 함수 마법사를 실행하거나 기능별로 분류된 함수 라이브러리 목록에서 함수를 선택하는 도구, 이름을 정의하고 관리하는 도구 등으로 구성되어 있다.

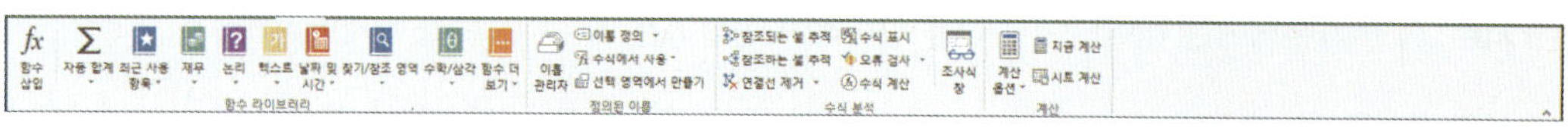

2.3.5 데이터

[데이터] 탭은 엑셀에서 사용 가능한 외부 데이터를 가져오거나 변환 또는 연결하는 도구, 시트에 표시된 데이터를 정렬하거나 필터링하는 도구, 데이터를 분석하고 예측하는 도구 등으로 구성되어 있다.

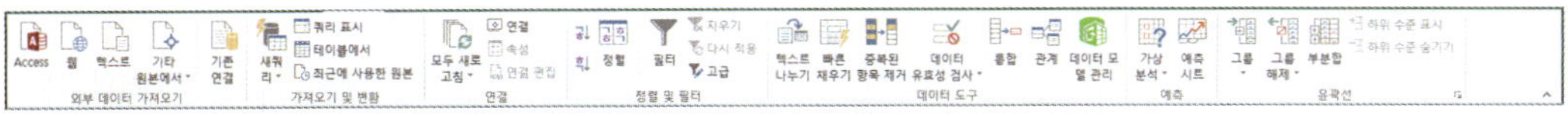

2.3.6 검토

[검토] 탭은 맞춤법 검사, 한자 변환, 메모 삽입과 표시/숨기기, 시트를 보호하기 위한 암호 설정 도구 등으로 구성되어 있다.

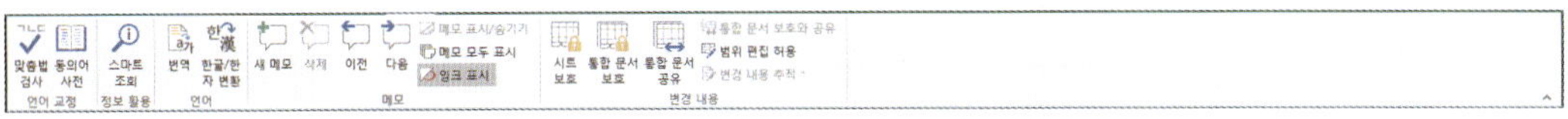

2.3.7 보기

[보기] 탭은 문서의 보기 형태를 선택하거나 확대/축소하는 도구, 창의 정렬 방식을 선택하고 창을 전환하는 도구, 매크로 도구 등으로 구성되어 있다.

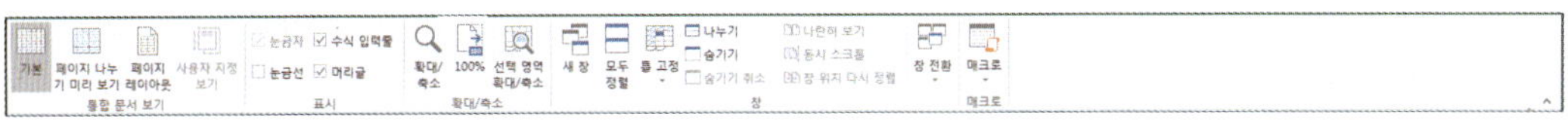

여기서 잠깐 **백스테이지 화면의 구성**

메뉴에서 [파일] 탭을 누르면 편집 화면에서 백스테이지(backstage) 화면으로 전환된다. 이 화면은 파일 저장, 인쇄, 공유 등의 작업에 필요한 도구와 계정, 옵션 등 엑셀 프로그램의 환경 설정에 필요한 도구 등으로 구성되어 있다.

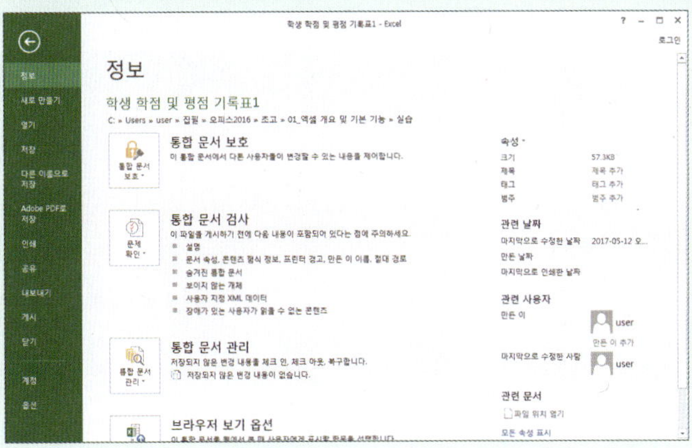

기본예제 1-2 빠른 실행 도구 모음에 자주 쓰는 메뉴 설정하기

엑셀에서 자주 사용하는 메뉴를 빠른 실행 도구에 모아 놓으면 편리하고 효율적으로 작업할 수 있다. 빠른 실행 도구 모음에 메뉴를 추가해 보자.

01 엑셀 화면 상단에 있는 [빠른 실행 도구 모음 사용자 지정] 단추를 누르고 목록에서 [열기]를 선택한다.

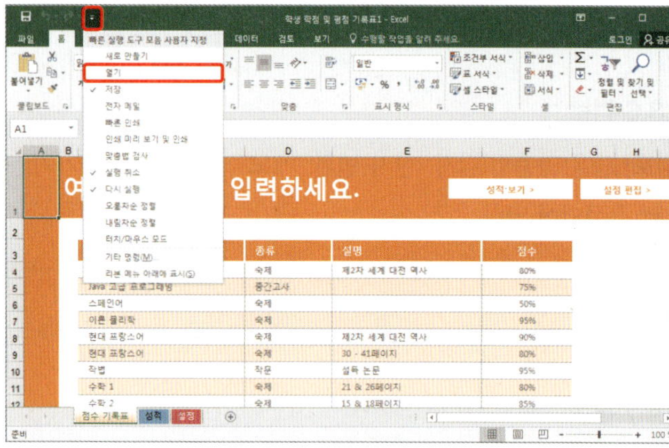

TIP 빠른 실행 도구 모음에 추가하려는 메뉴를 마우스 오른쪽 단추로 누르면 나타나는 단축 메뉴에서 [빠른 실행 도구 모음에 추가]를 선택해도 된다.

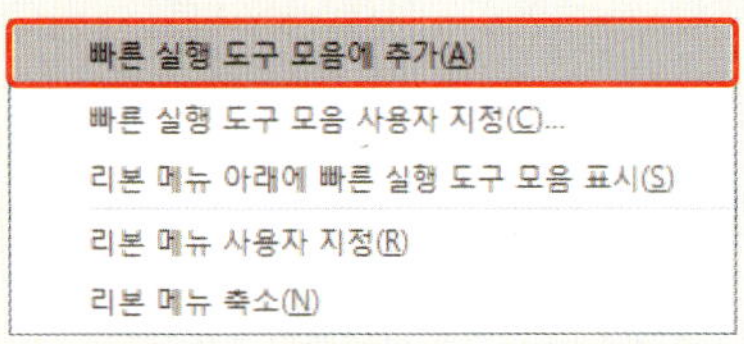

02 빠른 실행 도구 모음에 [열기] 단추가 추가된다. 목록에 표시되지 않은 메뉴를 추가하려면 [빠른 실행 도구 모음 사용자 지정] 단추를 누르고 [기타 명령]을 선택한다.

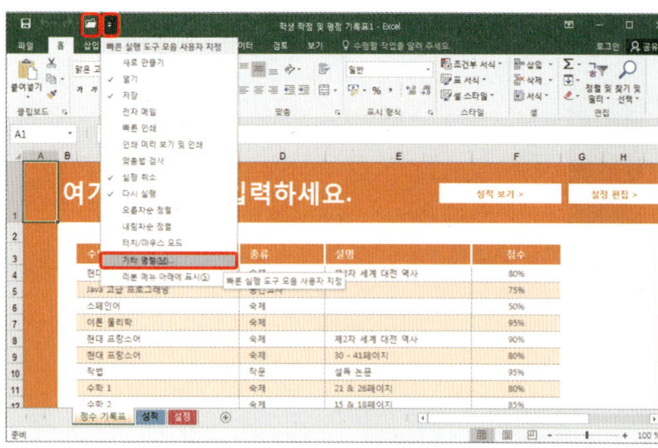

03 [Excel 옵션] 대화상자의 [빠른 실행 도구 모음] 범주 화면이 열린다. 명령 선택 목록에서 [많이 사용하는 명령]–[새 파일]을 선택하고 [추가] 단추를 눌러 [새 파일] 메뉴가 빠른 실행 도구 모음 사용자 지정 목록에 추가되면 [확인]을 누른다.

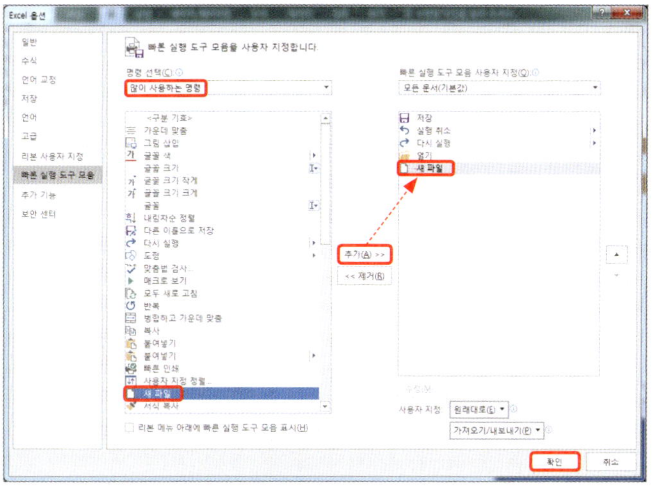

여기서 잠깐 ▶ 빠른 실행 도구 모음의 메뉴 제거하기

빠른 실행 도구 모음에 추가한 메뉴를 제거하려면 해당 단추를 마우스 오른쪽 단추로 누르고 단축 메뉴에서 [빠른 실행 도구 모음에서 제거]를 선택한다.

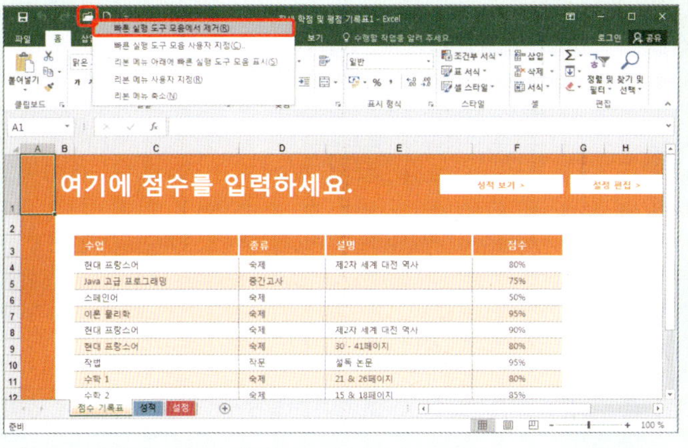

2.4 저장과 인쇄

엑셀 파일은 여러 개의 시트가 하나로 묶여 저장되는 통합 문서이며 파일 확장자는 '.xlsx'이다. 엑셀 파일을 저장할 때 문서의 내용을 보호하기 위한 암호를 설정할 수도 있다. 파일을 관리하고 저장하는 기능을 살펴보고 문서를 인쇄할 때의 환경 설정 기능에 대해서도 알아본다.

기본예제 1-3 엑셀 통합 문서 저장 및 종료하기

편집이 끝난 엑셀 파일을 저장하거나 종료할 때는 빠른 실행 도구 모음이나 백스테이지 화면의 메뉴를 이용한다. 엑셀 파일을 저장하고 프로그램을 종료해 보자.

01 [파일] 탭을 눌러 백스테이지 화면이 열리면 [저장]을 선택한다.

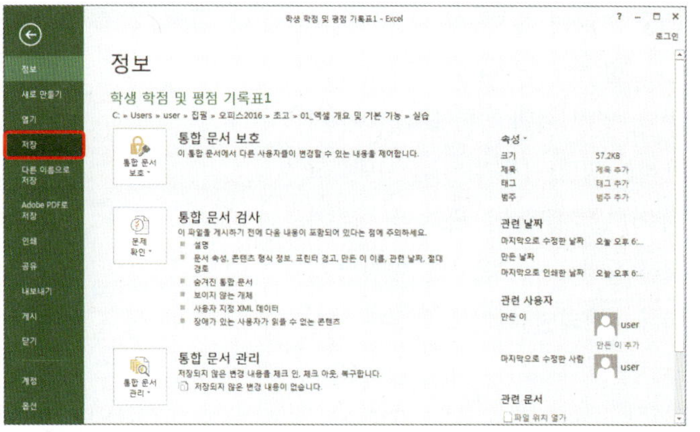

TIP 편집 화면 상단의 빠른 실행 도구 모음에서 [저장] 단추를 누르거나 단축키 Ctrl+S를 눌러 저장할 수도 있다.

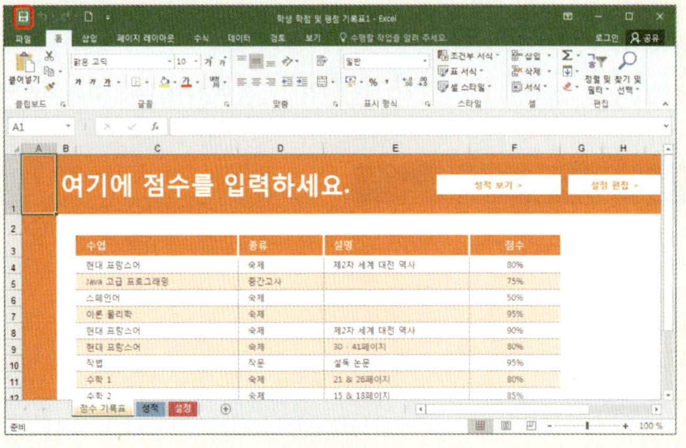

02 파일을 처음 저장할 때는 [다른 이름으로 저장] 화면이 열린다. 저장할 위치를 설정하기 위해 [찾아보기]를 누른다.

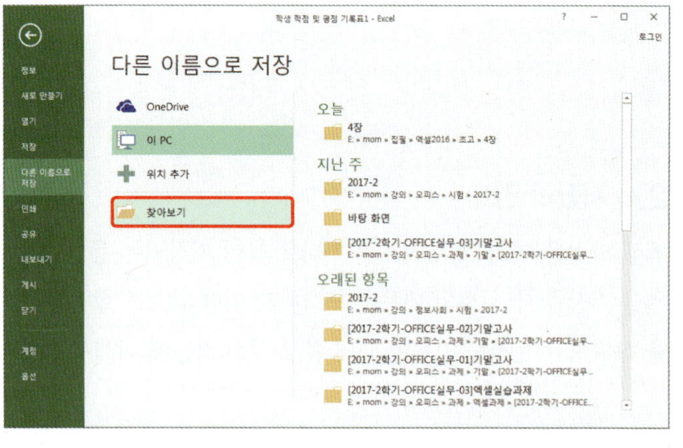

TIP 화면 오른쪽에는 최근에 사용한 위치가 표시되므로 저장할 폴더가 목록에 있을 경우 바로 선택하면 편리하다.

03 저장할 위치를 선택하고 파일 이름을 입력한 후 [저장]을 누른다.

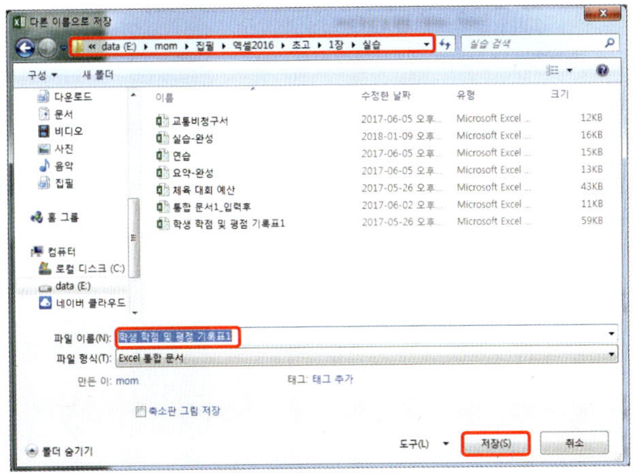

TIP 저장할 위치는 각자의 상황에 맞게 설정한다.

04 [파일] 탭-[닫기]를 누르면 문서가 닫히고 엑셀 편집 화면이 다시 열린다. 문서를 닫을 때 엑셀 프로그램을 종료하려면 화면 오른쪽 상단의 [× 닫기] 단추를 누르거나 단축키 Alt+F4를 누른다.

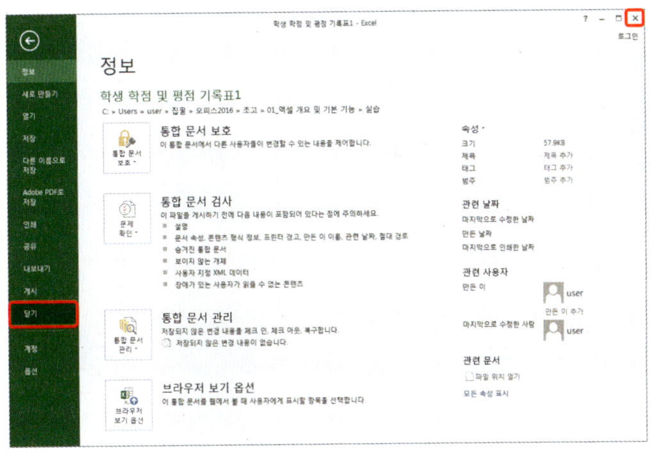

기본예제 1-4 파일에 암호 설정하기

엑셀 통합 문서를 보호하기 위해 암호를 설정할 수 있다. 문서를 열거나 변경한 내용을 저장하기 전에 확인 과정을 거쳐 파일을 보호하도록 암호를 설정해 보자.

01 [파일] 탭을 누르고 백스테이지 화면에서 [정보]를 선택한 후 [통합 문서 보호]–[암호 설정]을 선택한다.

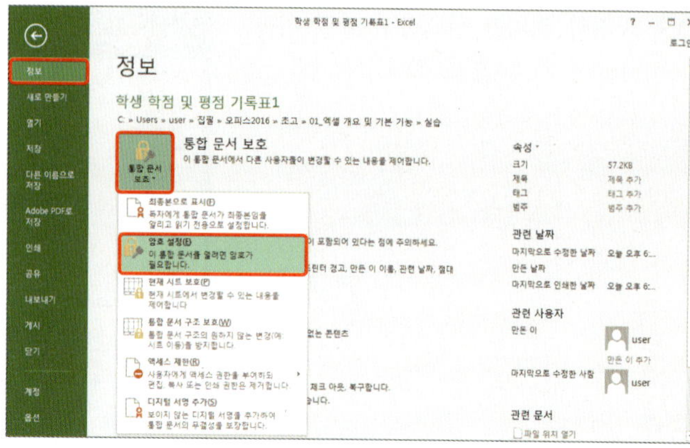

02 [문서 암호화] 대화상자가 열리면 [암호]에 원하는 값을 입력하고 [확인]을 누른다. [암호 확인] 대화상자에서 동일한 암호를 한 번 더 입력하고 [확인]을 누른다.

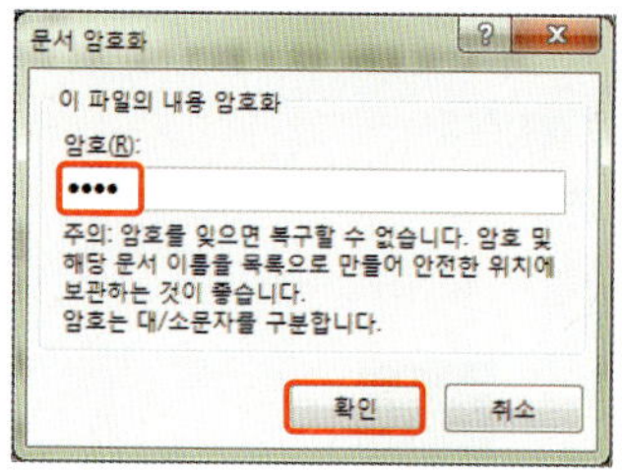

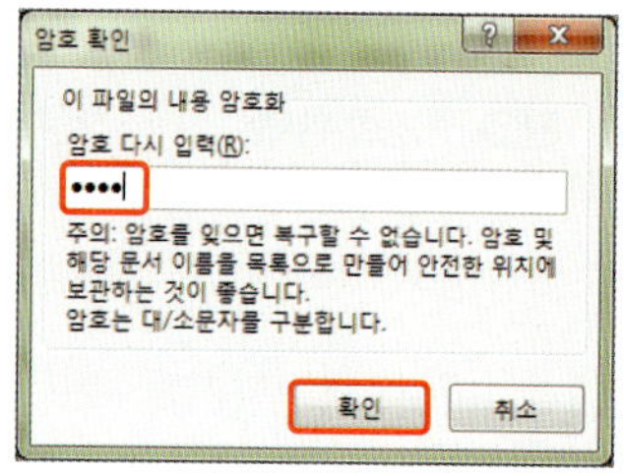

03 변경된 내용을 저장하고 [닫기]를 선택하거나 [✕ 닫기] 단추를 눌러 파일을 닫는다.

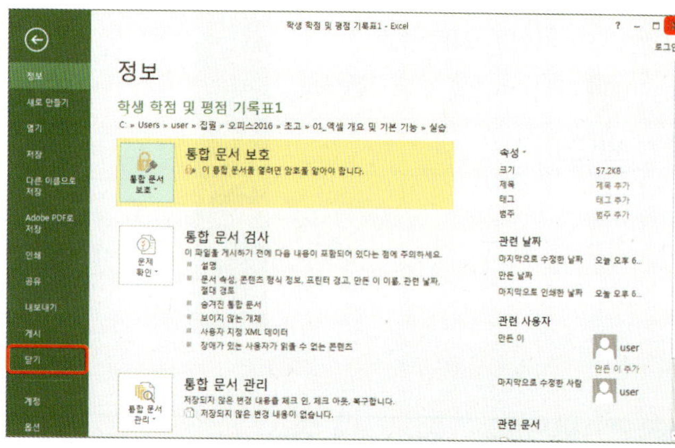

04 파일을 다시 열어 보면 [암호] 대화상자가 나타난다. 암호를 입력하고 [확인]을 누른다.

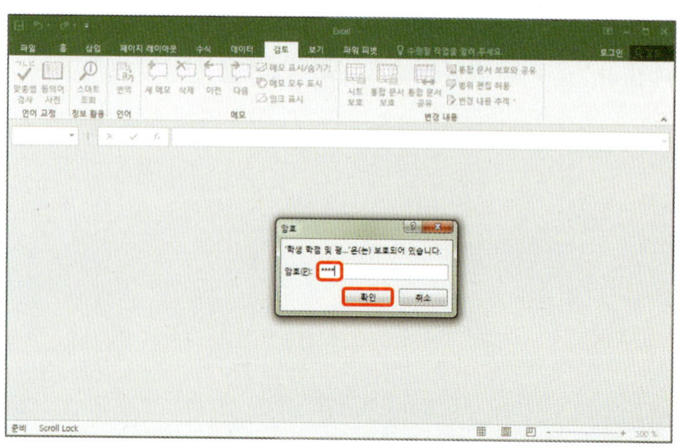

TIP 설정한 암호를 해제하려면 단계 02의 [문서 암호화] 대화상자에서 입력되어 있는 암호를 삭제하고 [확인]을 누른다.

여기서 잠깐 **[다른 이름으로 저장] 대화상자에서 암호 설정**

[다른 이름으로 저장] 대화상자에서 파일을 저장할 때도 암호를 설정할 수 있다. [도구]-[일반 옵션]을 선택하고 [일반 옵션] 대화상자에서 [열기 암호]나 [쓰기 암호]를 지정하면 열기와 편집에 앞서 암호를 확인하여 파일을 보호할 수 있다.

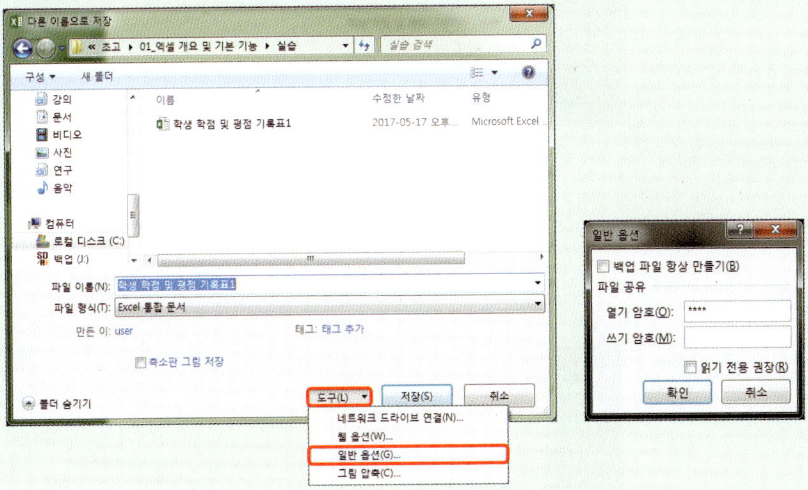

기본예제 1-5 활성 시트 인쇄하기

엑셀 통합 문서는 워크시트 또는 전체 통합 문서를 인쇄 영역으로 설정하여 종이에 인쇄하거나 다른 형식의 파일로 만들 수 있다. 현재 열려 있는 활성 시트를 인쇄해 보자.

01 [파일] 탭–[인쇄]를 선택한다.

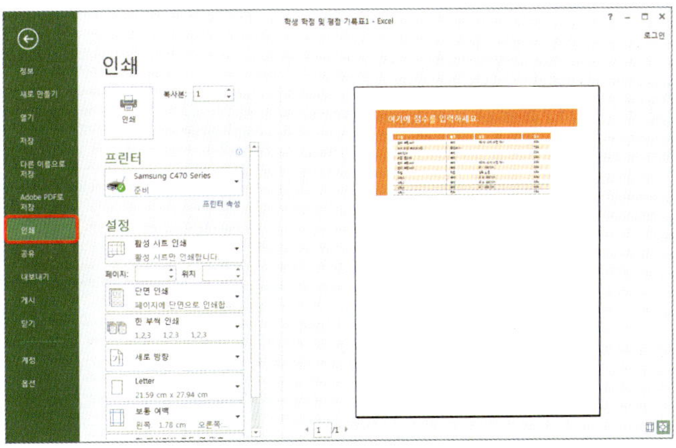

02 [설정]의 인쇄 영역 목록에서 [활성 시트 인쇄]를 선택한다.

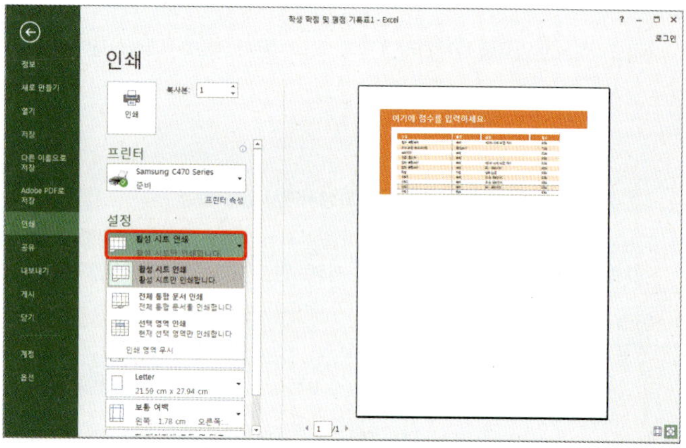

> **TIP** 선택한 설정 옵션에 맞는 인쇄 모양은 오른쪽의 미리 보기 화면에서 확인할 수 있다.

03 용지 방향은 [가로 방향], 배율 옵션은 [한 페이지에 시트 맞추기]로 변경한다.

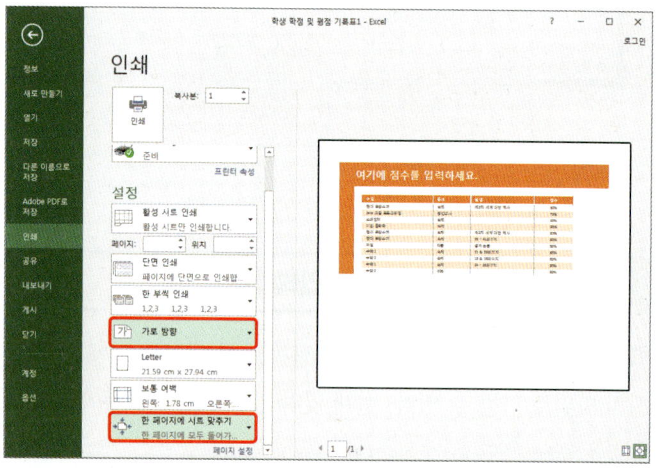

04 인쇄 설정을 마쳤으면 준비 상태의 프린터를 목록에서 선택하고 [인쇄] 단추를 누른다.

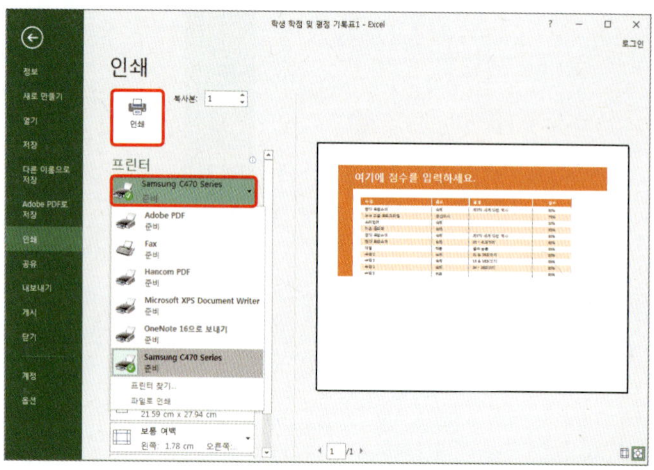

여기서 잠깐 ▶ 파일로 인쇄하기

프린터 목록에서 [Adobe PDF], [Hancom PDF], [Microsoft XPS]를 선택하면 종이에 인쇄하는 대신 파일 형태로 변환하여 저장할 수 있다. PDF나 XPS 파일로 변환해 저장하면 엑셀 프로그램이 설치되어 있지 않은 컴퓨터에서도 엑셀 파일의 내용을 확인할 수 있다.

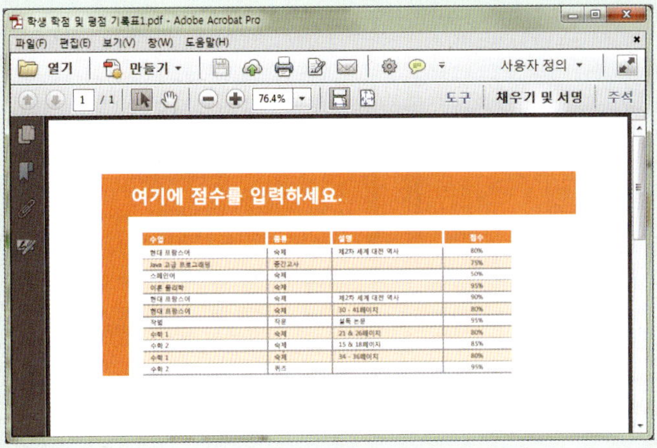

기본예제 1-6 인쇄 영역 설정하고 인쇄하기

워크시트의 특정 범위를 선택하여 인쇄 영역을 설정하고, 인쇄할 때 여백, 제목, 머리글/바닥글 등의 페이지 설정을 하는 방법을 알아보자.

01 워크시트에서 인쇄할 영역을 드래그하여 설정하고, [페이지 레이아웃] 탭–[페이지 설정] 그룹–[인쇄 영역] 목록에서 [인쇄 영역 설정]을 선택한다.

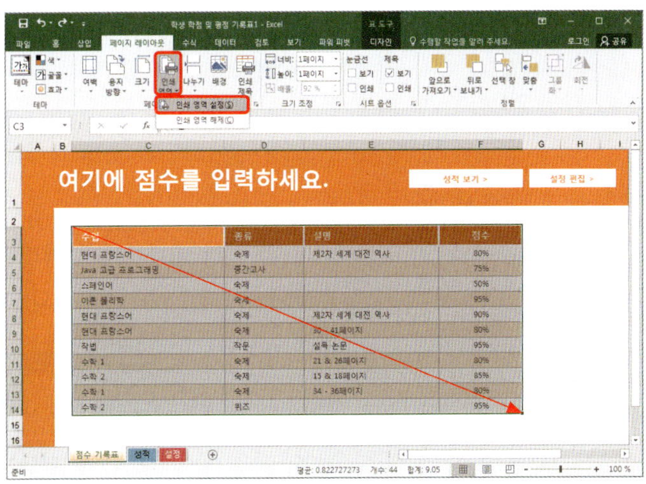

TIP ▶ 인쇄 영역을 해제할 때까지는 인쇄 영역이 설정된 범위로 제한되므로, 전체 시트를 인쇄하려면 [인쇄 영역] 목록에서 [인쇄 영역 해제]를 반드시 선택해야 한다.

02 [페이지 레이아웃] 탭–[페이지 설정] 그룹의 [페이지 설정] 단추를 눌러 [페이지 설정] 대화상자가 열리면 [여백] 탭을 선택한다. [머리글]과 [바닥글]의 값을 변경하고, [페이지 가운데 맞춤]의 [세로]를 선택한다.

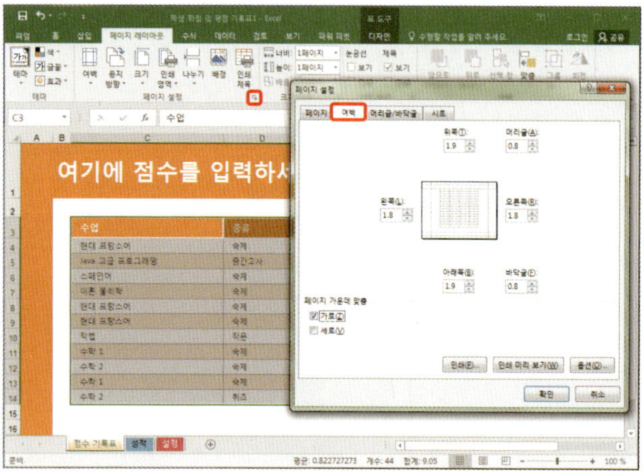

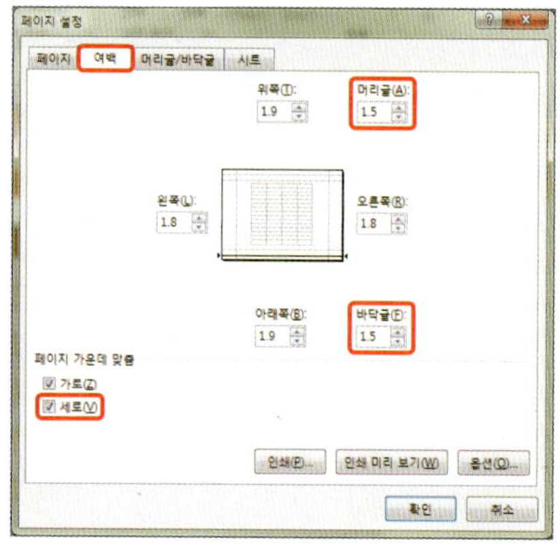

03 [머리글/바닥글] 탭을 선택하고 [머리글]은 [점수 기록표] 항목을, [바닥글]은 [?페이지 중 1페이지] 항목을 선택한다.

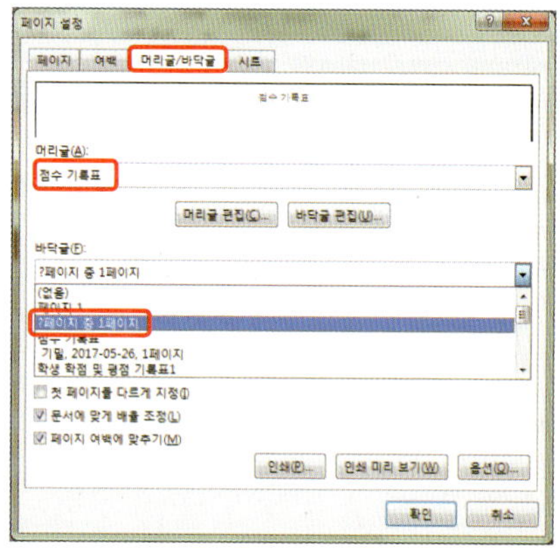

04 [바닥글 편집] 단추를 눌러 [바닥글] 대화상자가 열리면 [오른쪽 구역] 입력상자를 선택하고 [날짜 삽입] 단추를 누른다. [오른쪽 구역]에 날짜가 표시되면 [확인]을 누른다.

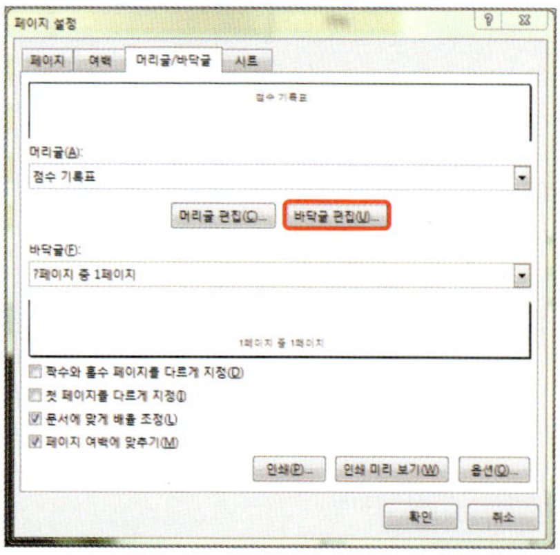

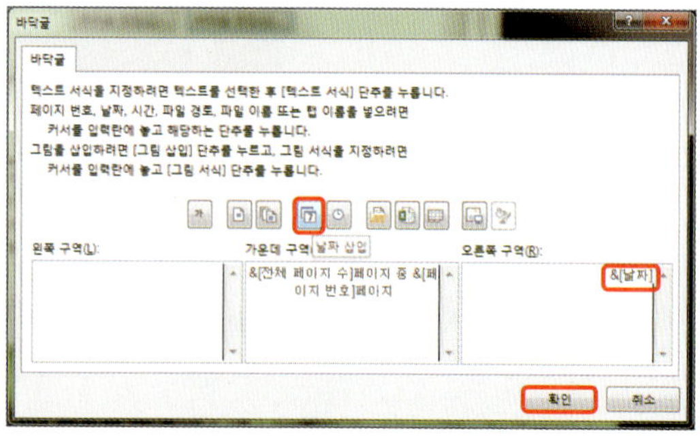

05 [시트] 탭을 선택하고 [인쇄 제목]의 [반복할 행] 입력 상자를 누른 다음 워크시트의 3행을 눌러 제목 행을 반복할 행으로 설정한다. 여러 페이지에 걸쳐 인쇄되는 문서의 경우, 설정한 반복할 행이 매 페이지마다 인쇄 제목으로 출력된다.

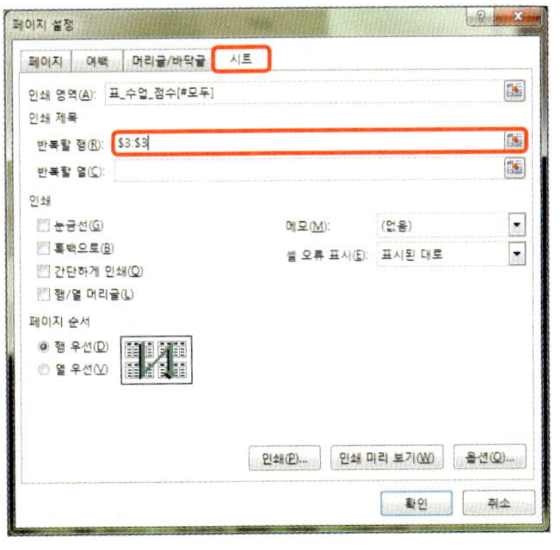

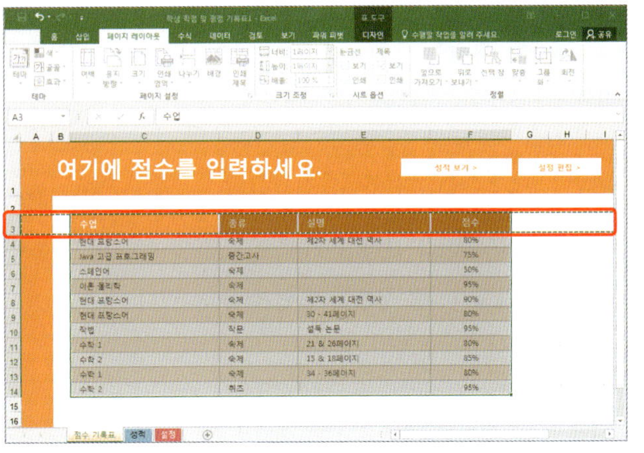

TIP 대화상자에 가려 워크시트의 선택할 행이 잘 보이지 않으면 [반복할 행] 상자 오른쪽의 [대화상자 축소] 단추를 눌러 대화상자를 축소하면 워크시트를 선택하기 편리하다.

06 [인쇄 미리 보기] 단추를 누르면 [페이지 설정] 대화상자는 사라지고 백스테이지 화면이 [인쇄]가 선택된 채로 열린다.

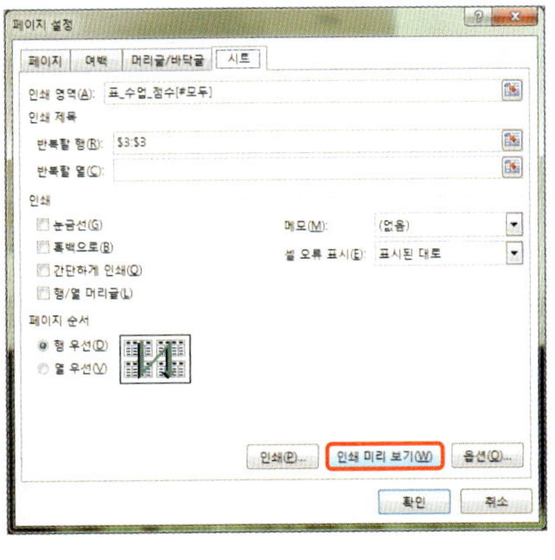

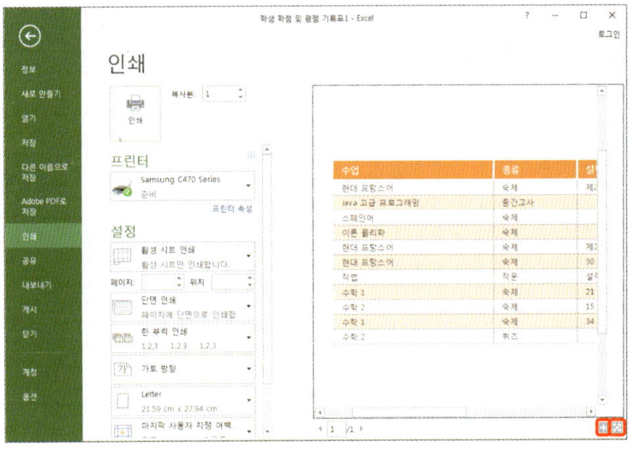

TIP 화면 하단의 [여백 표시] 단추를 누르면 문서에 설정된 여백을 확인할 수 있고, [페이지 확대/축소] 단추를 누르면 내용을 확대하거나 축소해 확인할 수 있다.

SECTION 03

워크시트 다루기

엑셀 파일은 하나 이상의 워크시트로 이루어진다. 워크시트란 행과 열로 구성되는 작업 공간으로, 삽입이나 삭제, 이동이나 복사 등의 방법으로 관리할 수 있고 워크시트의 이름을 바꾸거나 탭 색을 설정해 여러 개의 워크시트를 구별하기 쉽게 할 수 있다.

여기서 잠깐 **기본 워크시트 개수 변경하기**

엑셀 프로그램에서 새 통합 문서를 만들면 기본적으로 하나의 워크시트가 생성된다. 이 기본 워크시트의 개수를 변경하려면 [Excel 옵션] 대화상자의 [일반] 범주에서 [새 통합 문서 만들기] 그룹의 [포함할 시트 수]를 수정하면 된다. 시트 수는 1~255 사이에서 설정할 수 있다.

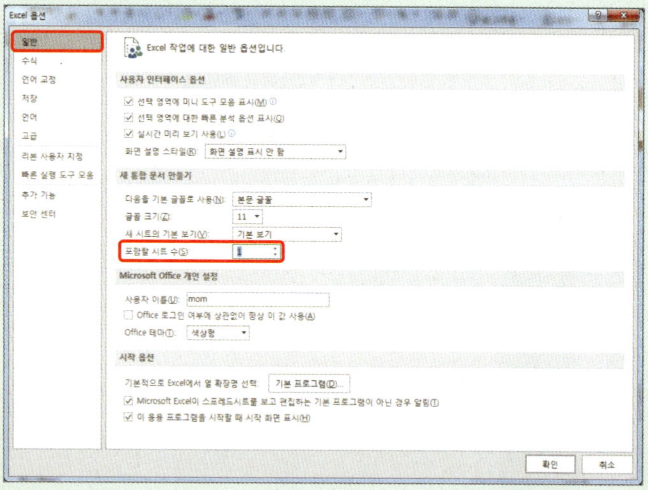

3.1 워크시트 관리

엑셀 화면 하단에 표시되는 시트 탭을 마우스 오른쪽 단추로 누르면 워크시트를 관리하기 위한 단축 메뉴가 표시된다.

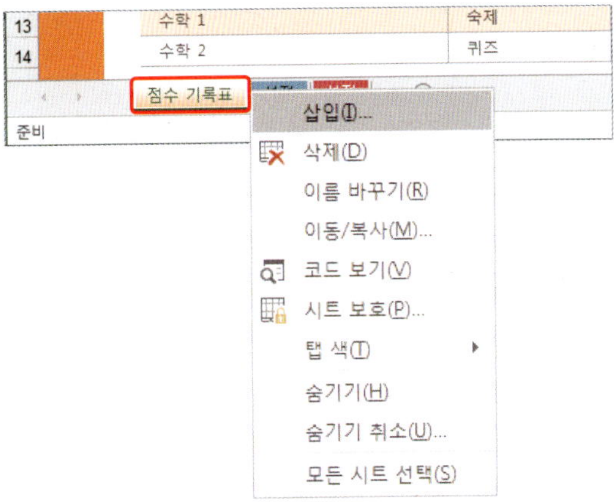

TIP [홈] 탭–[셀] 그룹의 [삽입], [삭제], [서식] 메뉴에도 워크시트 관련 기능이 제공된다.

기본예제 1-7 워크시트 삽입/삭제와 복사하기

워크시트를 추가로 삽입하거나 삭제하는 방법, 워크시트의 순서를 바꾸거나 복사하는 방법을 알아보자.

01 시트 탭의 오른쪽에 있는 [⊕ 새 시트] 단추를 누르면 현재 워크시트 뒤에 새 워크시트가 추가된다.

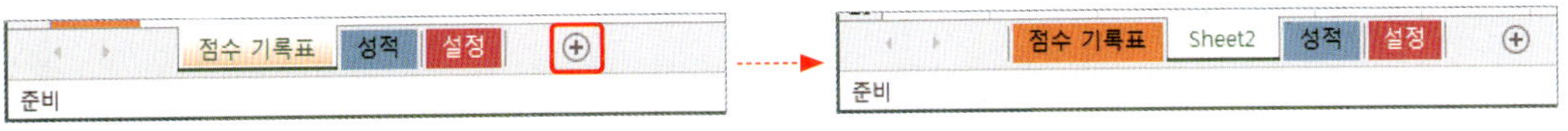

TIP 시트 탭을 마우스 오른쪽 단추로 누르면 나타나는 단축 메뉴에서 [삽입]을 선택해도 된다.

02 시트 탭을 마우스 오른쪽 단추로 누르면 나타나는 단축 메뉴에서 [삭제]를 선택하면 선택한 워크시트가 삭제된다.

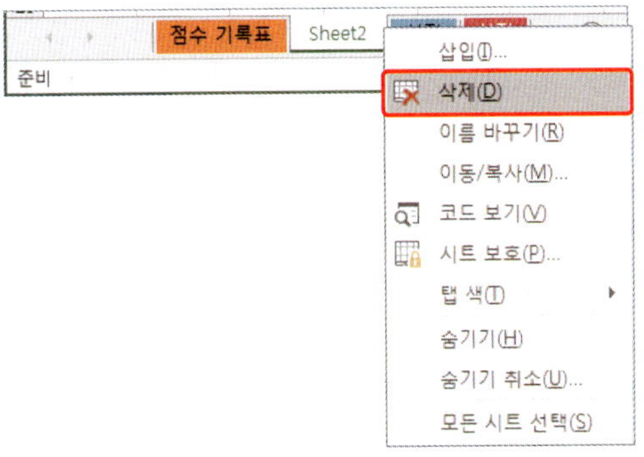

03 워크시트를 원하는 위치로 이동하거나 복사하려면 단축 메뉴에서 [이동/복사]를 선택한다.

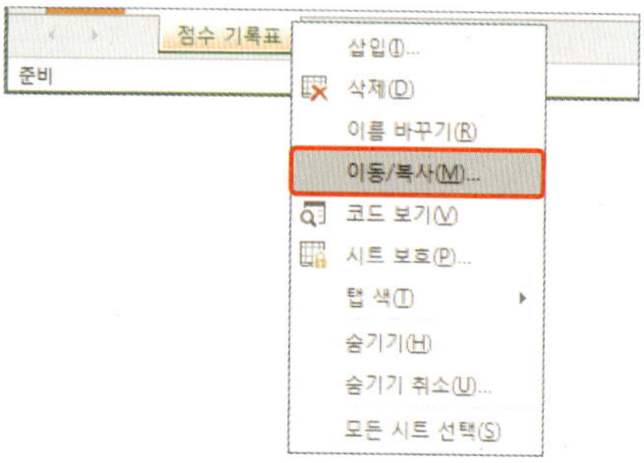

04 [이동/복사] 대화상자가 나타나면 워크시트를 복사할 엑셀 파일과 워크시트 위치를 선택한 후 [복사본 만들기]에 체크하고 [확인]을 눌러 워크시트를 복사한다.

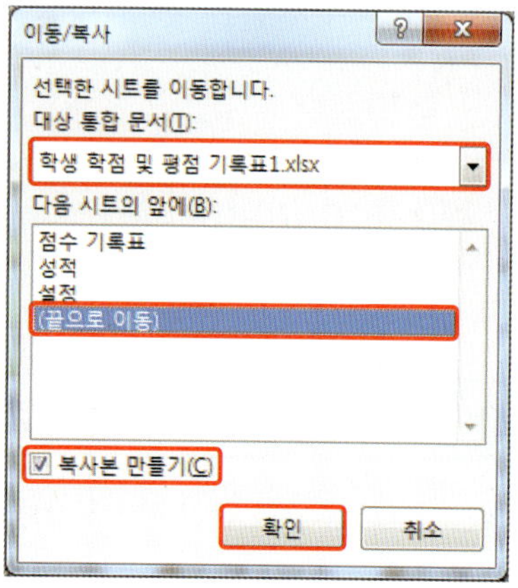

TIP [복사본 만들기]를 선택하지 않으면 워크시트가 이동된다.

기본예제 1-8 워크시트 이름과 탭 색 바꾸기

종이 서류를 하나의 파일에 넣어 관리할 때 라벨에 이름을 적거나 색을 다르게 하여 구분하듯이, 여러 개의 워크시트를 구별하기 쉽도록 이름과 탭 색을 설정할 수 있다. 워크시트의 이름을 바꾸고 시트 탭에 색을 설정해 보자.

01 '점수 기록표 (2)' 시트 탭을 마우스 오른쪽 단추로 누르면 나타나는 단축 메뉴에서 [이름 바꾸기]를 선택한다.

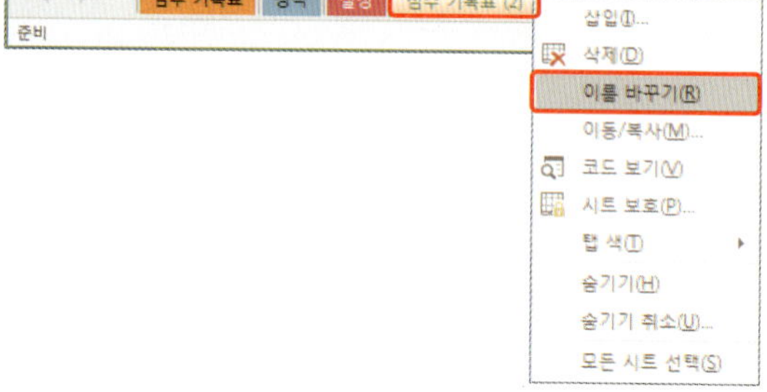

02 시트 탭에 이름을 입력할 수 있는 상태가 되면 *세부 항목*이라고 입력한다.

TIP 시트 탭을 더블클릭하고 이름을 입력해도 된다.

03 '세부 항목' 시트 탭을 마우스 오른쪽 단추로 누르면 나타나는 단축 메뉴의 [탭 색]에서 원하는 색을 선택한다.

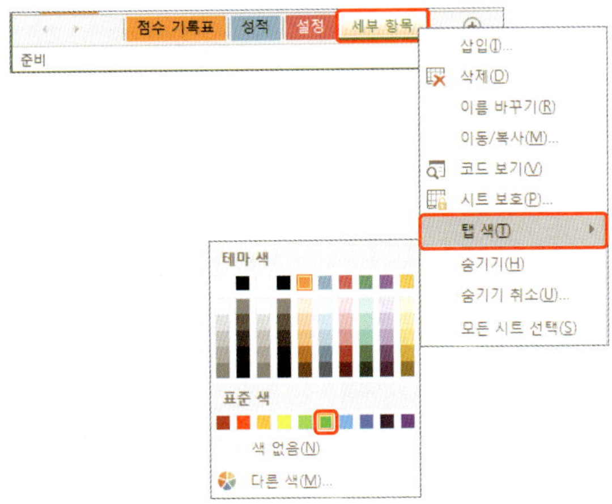

종합예제

서식 파일을 이용하여 엑셀 통합 문서를 만든 후 이 장에서 학습한 방법으로 워크시트를 다루고 인쇄 영역을 설정해 보자.

1 엑셀 프로그램을 실행하고 추천 검색어에서 '캘린더'를 선택한다.

2 서식 파일 목록에서 [연도 선택 가능 달력(이온 테마)]를 선택하고 [만들기]를 누른다.

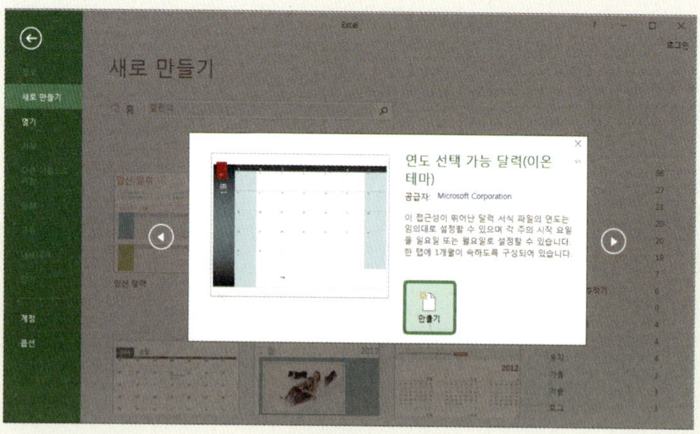

3 '7월' 시트를 선택하고 Shift를 누른 상태로 '12월' 시트를 선택한다. '7월'~'12월' 시트가 모두 선택된 상태에서 마우스 오른쪽 단추를 눌러 단축 메뉴의 [삭제]를 선택한다.

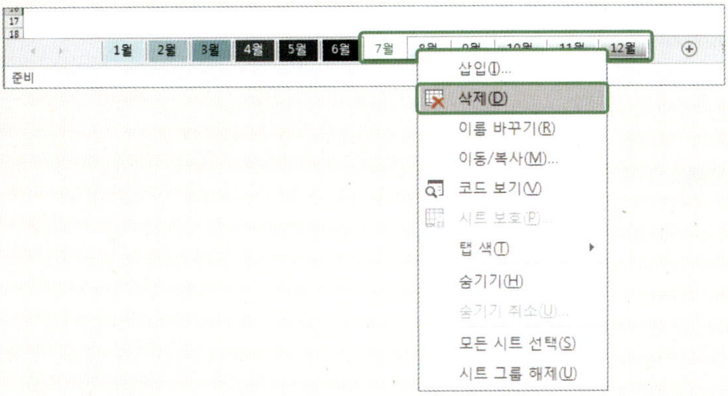

4 시트 삭제 여부를 확인하는 대화상자가 열리면 [삭제]를 눌러 선택한 시트를 삭제한다.

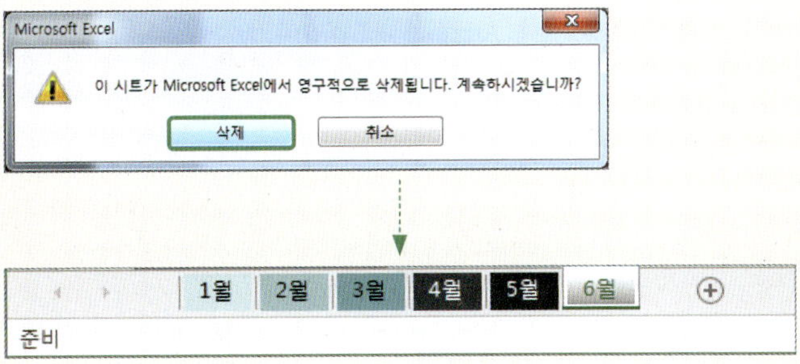

5 '3월' 시트를 선택하고 Ctrl을 누른 상태로 '5월' 시트를 선택한다. 두 시트가 선택된 상태에서 [파일] 탭을 선택한다.

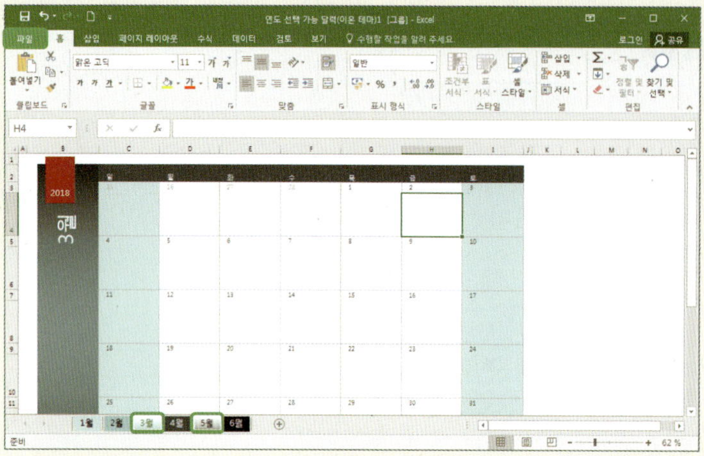

6 [인쇄]를 선택하고 [설정]의 인쇄 영역 목록에서 [활성 시트 인쇄]를 선택하면 '3월', '5월' 시트만 인쇄하거나 미리 보기로 확인할 수 있다.

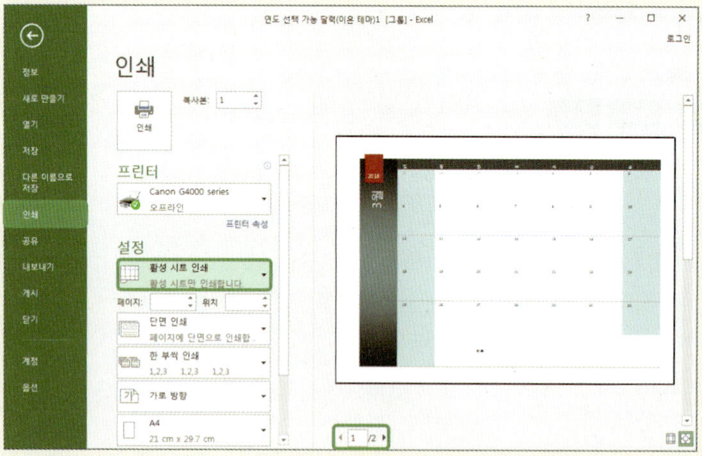

연습문제

1 [종합예제]에서 살펴본 달력 서식 파일을 '학사일정' 엑셀 통합 문서로 저장하시오.

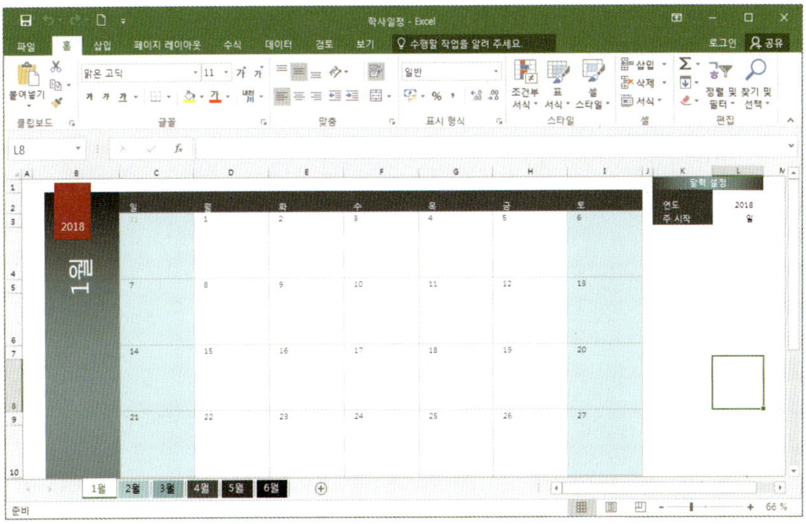

2 [연습문제 1]에서 저장한 '학사일정.xlsx' 파일을 열고 다음과 같이 설정하시오.

❶ 인쇄 영역을 해제하여 아래와 같이 인쇄되도록 하시오.

❷ 모든 시트가 한 번에 인쇄되도록 인쇄 옵션을 설정하시오.

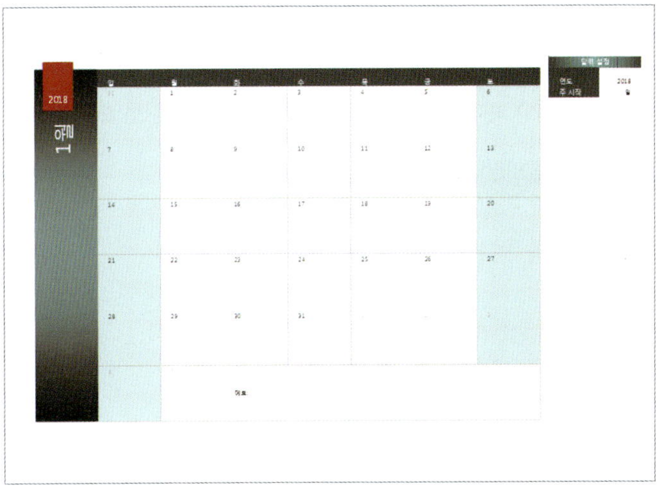

3 서식 파일을 이용하여 다음과 같이 월간 영업 보고서를 작성하시오.

❶ '비즈니스'를 키워드로 하여 '월간 영업 보고서' 서식 파일을 검색한 후 엑셀 문서를 만들고 '월간 보고서.xlsx'라는 이름으로 저장하시오.

❷ '판매 예측' 시트에서 인쇄 영역을 설정하여 다음과 같이 인쇄되도록 하시오.

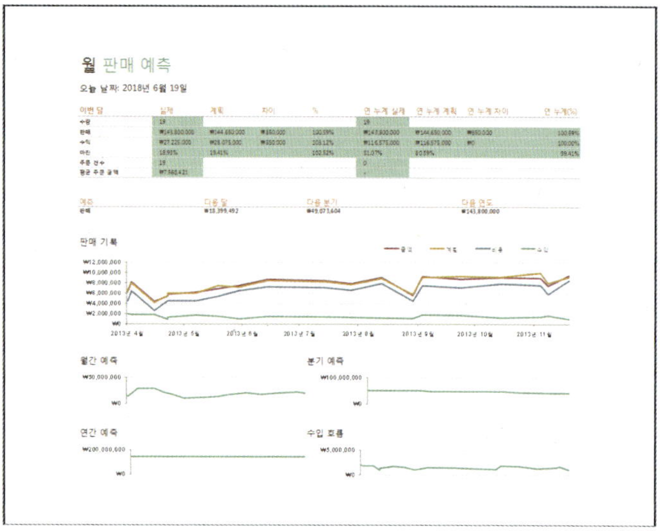

4 [연습문제 3]에서 작성한 '월간 보고서.xlsx' 파일을 열고 다음과 같이 설정하시오.

❶ 빠른 실행 도구 모음에 [인쇄 미리 보기 및 인쇄] 메뉴를 추가하시오.

❷ '데이터 입력' 시트를 인쇄할 때 1:5행의 제목이 페이지마다 인쇄되도록 [인쇄 제목]의 [반복할 행]을 설정하시오.

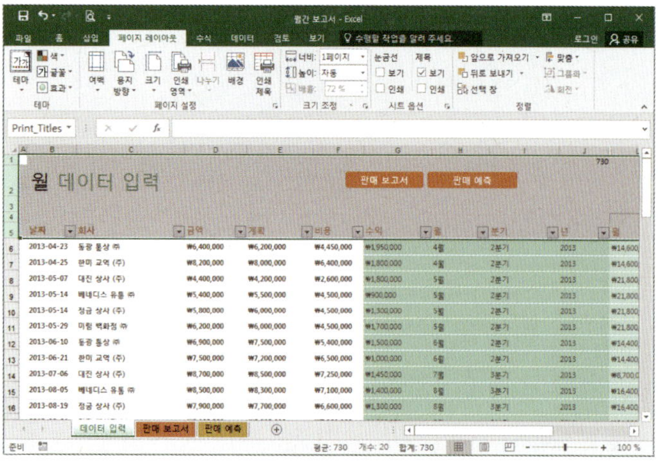

CHAPTER

02

데이터 입력하기

학습목표

- 셀과 행/열을 선택하고 편집할 수 있다.
- 다양한 종류의 데이터를 셀에 입력할 수 있다.
- 자동 채우기로 데이터를 입력하고 셀 서식을 설정할 수 있다.

SECTION 01

셀과 행/열 다루기

새 통합 문서에 셀을 선택, 추가, 삭제하는 등의 셀 관리 방법과 워크시트를 추가, 이동, 복사하는 등의 워크시트 관리 방법에 대해 알아본다.

1.1 셀 선택과 편집

워크시트에 데이터를 입력하려면 우선 셀을 선택해야 한다. 그리고 셀을 추가, 삭제하거나 병합 또는 분할하고 셀의 내용을 복사하거나 이동하는 작업도 할 수 있어야 한다.

기본예제 2-1 셀 선택과 삽입, 삭제하기

원하는 셀을 선택하려면 마우스로 누르거나 키보드의 방향키를 이용해 이동한다. 셀을 선택하는 여러 가지 방법과 필요한 셀을 추가하고 삭제하는 방법을 알아보자.

01 엑셀 프로그램을 실행하고 시작 화면에서 [새 통합 문서]를 더블 클릭한다.

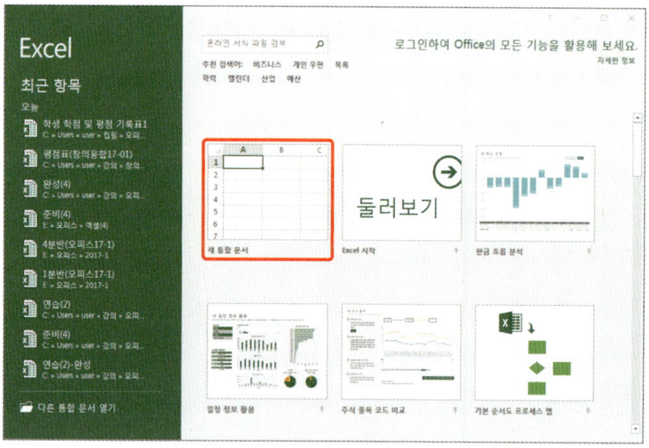

02 워크시트의 편집 영역에서는 마우스 포인터가 ✚ 모양으로 바뀐다. 이 상태에서 원하는 셀을 눌러 선택하고 데이터를 입력한다.

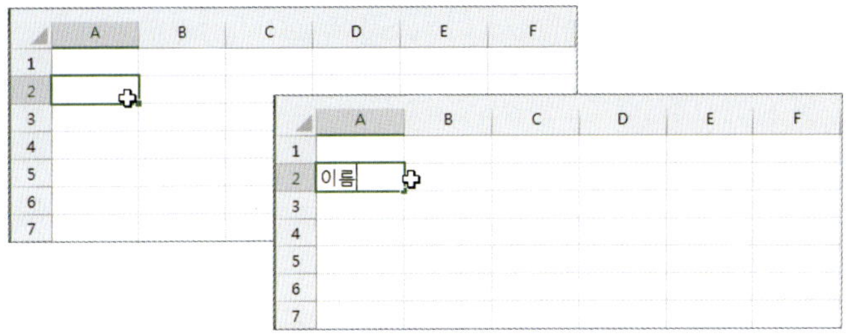

TIP 입력한 데이터의 일부분을 수정하려면 셀을 선택하고 F2를 누르거나 더블클릭해 셀 안으로 커서를 이동시킨 다음 수정한다. 셀의 전체 내용을 바꿀 때는 셀을 선택하고 새로운 내용을 바로 입력한다.

여기서 잠깐 **키보드로 셀 이동하기**

데이터를 입력하면서 셀을 이동할 때는 마우스보다 키보드를 사용하는 것이 더 편리하다. Enter나 Tab 또는 방향키로 이동하면서 선택한 셀에 입력하면 된다. 키보드를 이용해 셀을 이동하는 방법은 다음 표를 참고한다.

키	이동 방법
Enter	아래쪽으로 이동한다.
Tab	오른쪽으로 이동한다.
Shift+Enter	위쪽으로 이동한다.
Shift+Tab	왼쪽으로 이동한다.
방향키(↑, ↓, ←, →)	위, 아래, 왼쪽, 오른쪽으로 이동한다.
Page Up, Page Down	페이지 단위 위쪽, 페이지 단위 아래쪽으로 이동한다.
Alt+Page Up, Alt+Page Down	페이지 단위 왼쪽, 페이지 단위 오른쪽으로 이동한다.
Ctrl+Home	워크시트의 첫 번째 셀(A1)로 이동한다.
Ctrl+End	데이터가 입력된 범위 중 마지막 셀로 이동한다.
Ctrl+↑, Ctrl+↓	현재 위치한 열의 1행, 현재 위치한 열의 마지막(1,048,576) 행으로 이동한다.
Ctrl+←, Ctrl+→	현재 위치한 행의 1열, 현재 위치한 행의 마지막(XFD) 열로 이동한다.

03 셀 하나를 선택하고 마우스를 드래그하거나 Shift를 누른 상태에서 키보드의 방향키를 사용하면 연속적인 여러 셀을 선택할 수 있다.

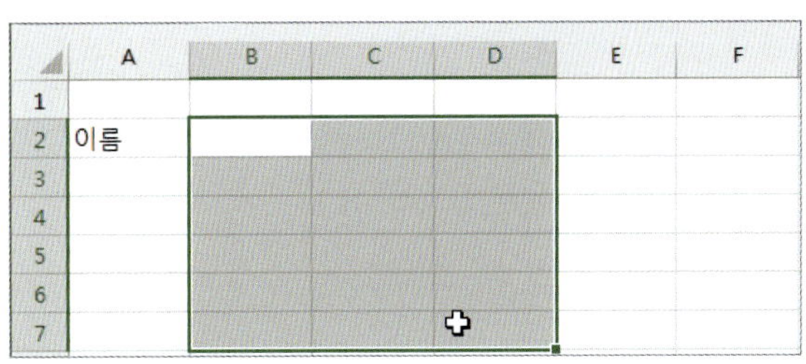

TIP 선택하려는 범위의 첫 셀을 선택하고 Shift를 누른 상태로 마지막 셀을 마우스로 선택해도 된다.

04 Ctrl을 누른 상태에서 마우스를 누르거나 드래그하면 비연속적인 여러 셀을 선택할 수 있다.

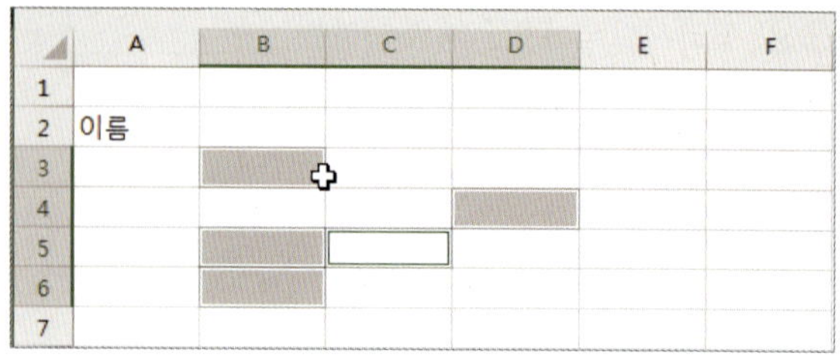

05 여러 셀을 선택한 상태에서 하나의 셀에 데이터를 입력하고 Ctrl+Enter를 누르면 선택한 모든 셀에 동일한 데이터가 입력된다.

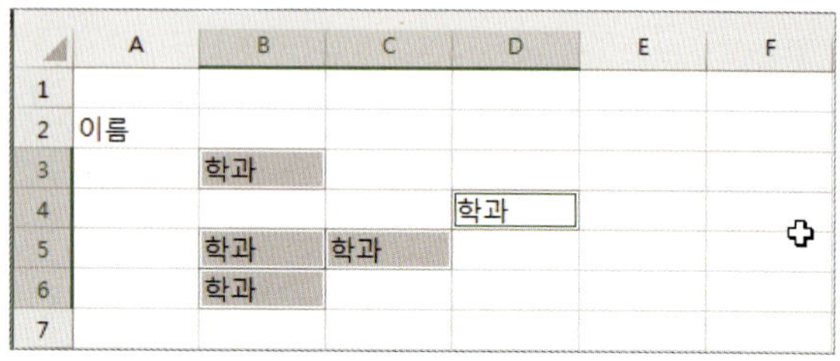

여기서 잠깐 **빈 셀만 선택하기**

데이터가 입력되어 있지 않은 빈 셀만 선택하는 방법은 다음과 같다.

① A2:D5 범위를 드래그하여 선택하고 [홈] 탭–[편집] 그룹–[찾기 및 선택]–[이동 옵션]을 선택한다.

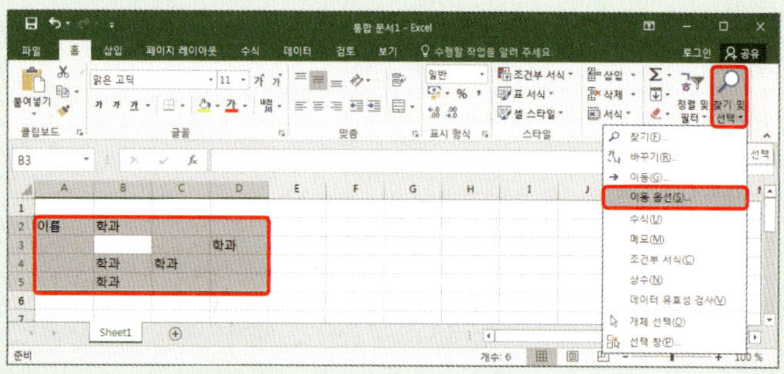

② [이동 옵션] 대화상자에서 [빈 셀]을 선택하고 [확인]을 누른다.

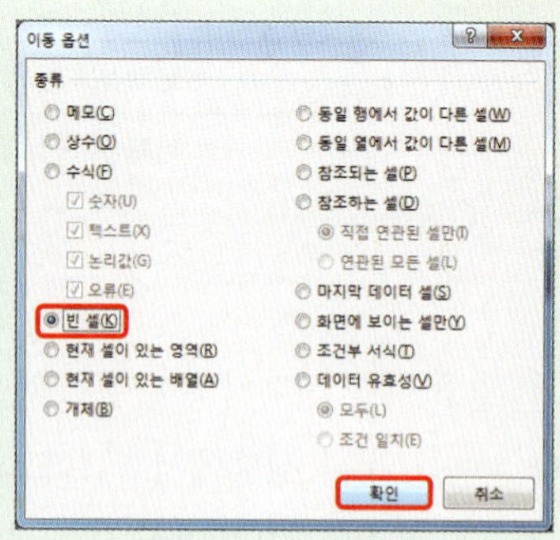

③ 범위 내에 있는 빈 셀만 선택된다.

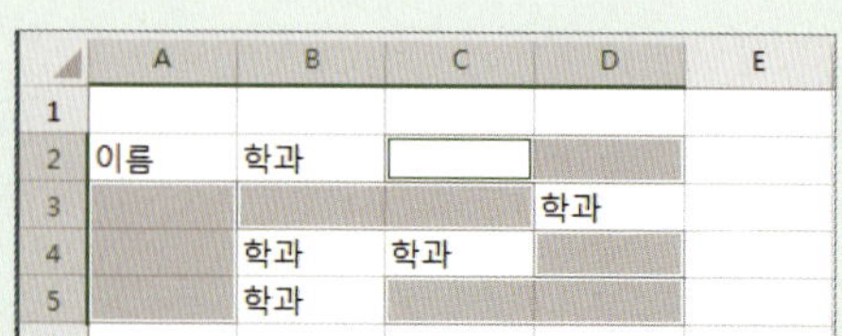

06 셀을 삽입할 위치를 선택하고 [홈] 탭–[셀] 그룹–[삽입]의 [▼] 목록] 단추를 누르고 [셀 삽입]을 선택한다.

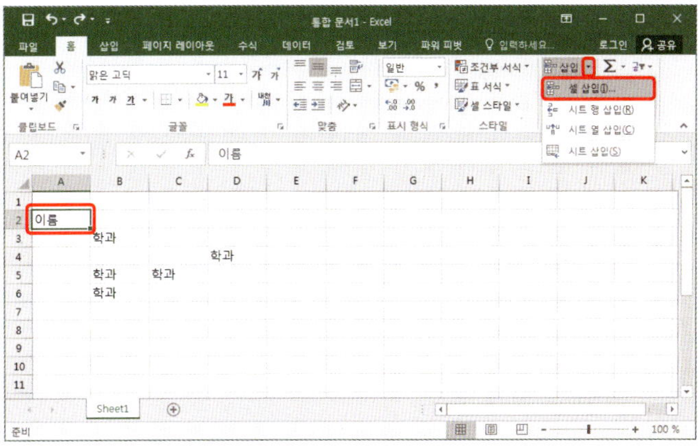

07 [삽입] 대화상자에서 [셀을 아래로 밀기]를 선택하고 [확인]을 누르면 선택한 방향으로 워크시트에 셀이 추가된다.

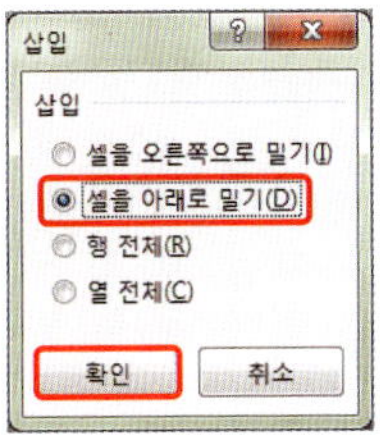

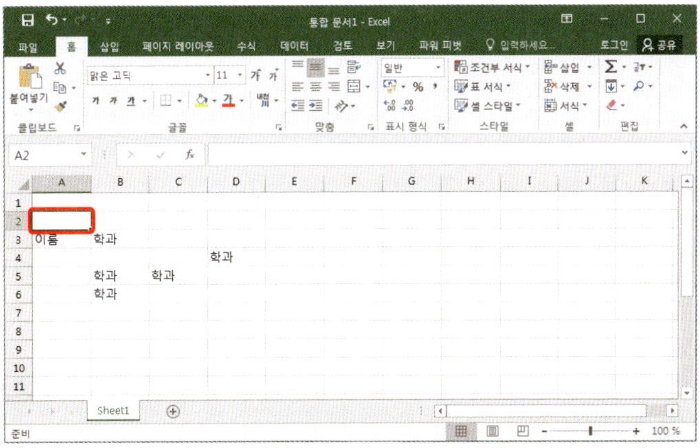

08 셀을 삭제하려면 삭제할 범위를 드래그하여 선택하고 [홈] 탭–[셀] 그룹–[삭제]를 누른다.

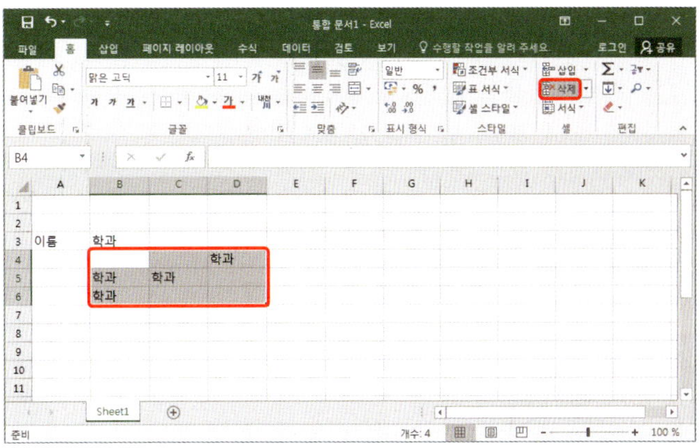

TIP 셀을 선택하고 마우스 오른쪽 단추를 누르면 나타나는 단축 메뉴에서 [삭제]를 선택해도 된다.

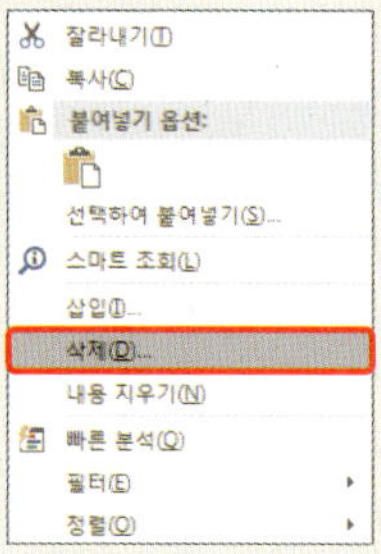

셀에 입력한 내용만 삭제하려면 단축 메뉴에서 [내용 지우기]를 선택하거나 키보드의 Delete를 누른다.

기본예제 2-2 셀 이동과 복사하기

셀에 입력한 데이터를 다른 위치로 이동하거나 값이나 서식을 복사하여 붙여넣는 방법을 알아보자.

01 그림과 같이 데이터를 입력하고 복사할 셀(C4)을 선택한 후 [홈] 탭–[클립보드] 그룹–[복사]를 누른다.

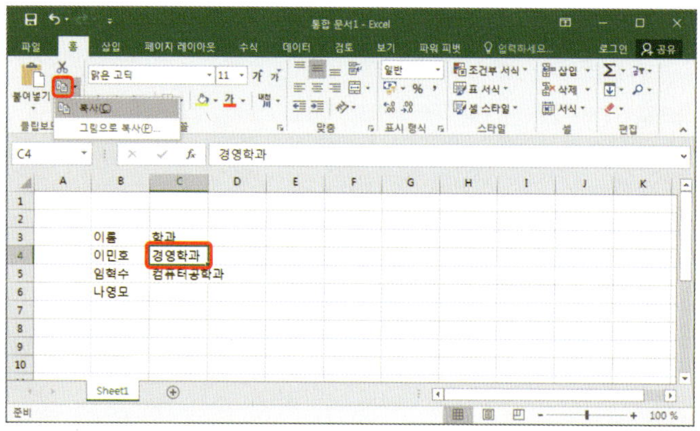

02 복사한 내용을 붙여넣을 셀(C6)을 선택하고 [홈] 탭–[클립보드] 그룹–[붙여넣기]를 누른다.

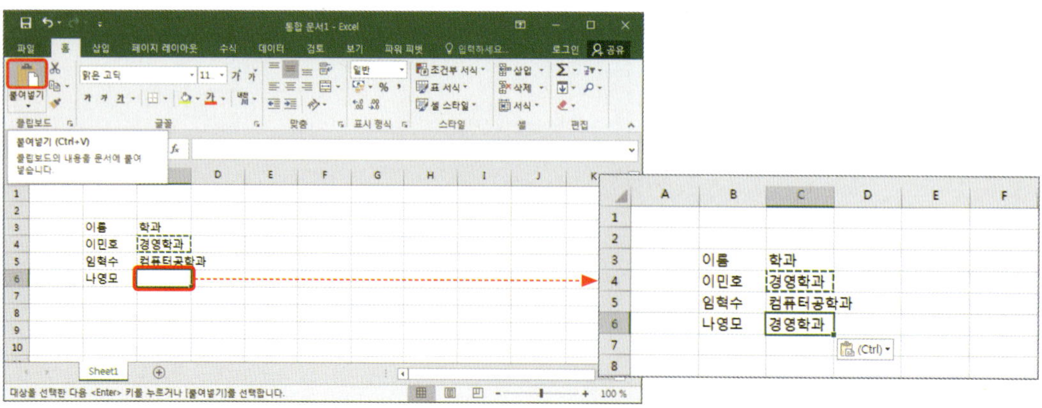

03 셀에 입력한 데이터를 이동할 때는 이동할 셀이나 영역(C3:C6)을 선택하고 선택한 영역의 테두리에 마우스를 위치시켜 마우스 포인터가 십자 모양으로 바뀌면 이동할 위치(E3:E6)로 드래그한다.

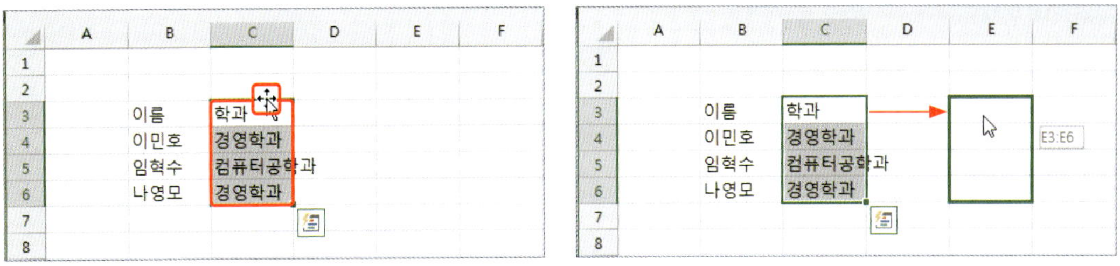

TIP 연속적인 여러 개의 셀을 표시할 때는 C3:C6와 같이 ':' 기호를 사용하여 범위를 나타낸다.

기본예제 2-3 셀 병합과 분할하기

제목 등을 입력하기 위해 여러 셀을 병합해야 하는 경우가 있다. 셀을 병합하는 방법과 병합된 셀을 다시 원래 형태로 분할하는 방법을 알아보자.

01 병합할 범위를 선택한 후 [홈] 탭-[맞춤] 그룹-[병합하고 가운데 맞춤]의 [▼ 목록] 단추를 누르고 [병합하고 가운데 맞춤]을 선택한다.

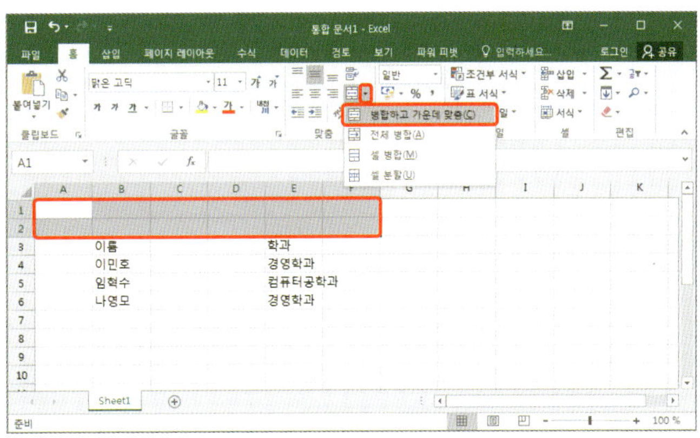

02 병합된 셀에 데이터를 입력하면 가운데 맞춤이 적용된다.

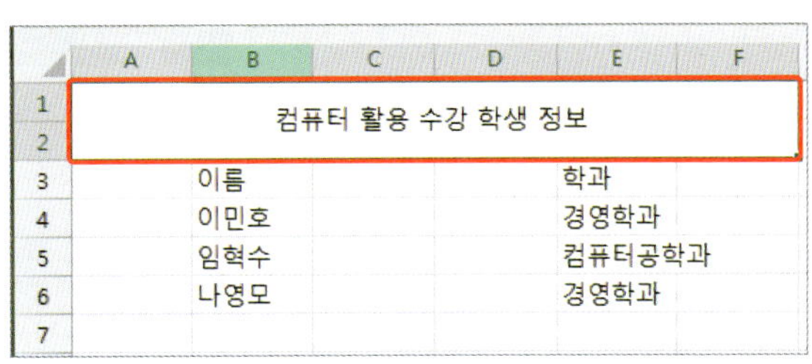

여기서 잠깐 **전체 병합과 셀 병합**

지정한 범위에 다른 병합 방식인 [전체 병합]과 [셀 병합]을 적용했을 때의 결과는 다음과 같다.

- [전체 병합]을 선택하면 행별로 셀이 병합된다.

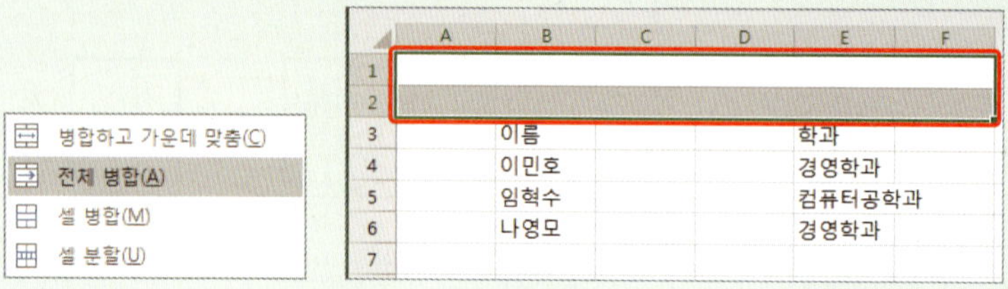

- [셀 병합]을 선택하면 맞춤 설정 없이 하나의 셀로 병합된다.

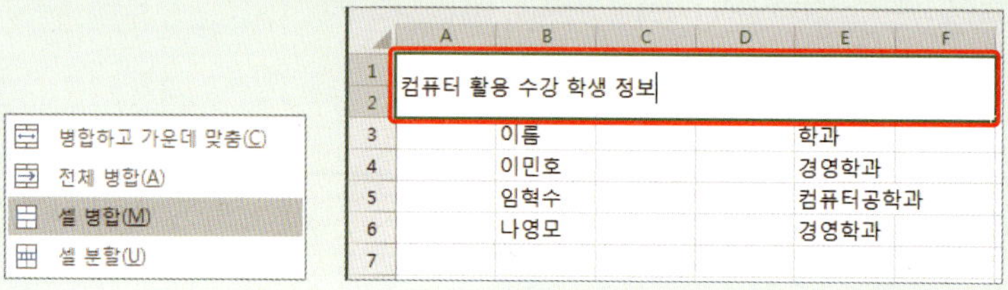

03 병합한 셀을 선택한 상태에서 [홈] 탭–[맞춤] 그룹–[병합하고 가운데 맞춤]의 [▼ 목록] 단추를 누르고 [셀 분할]을 선택한다.

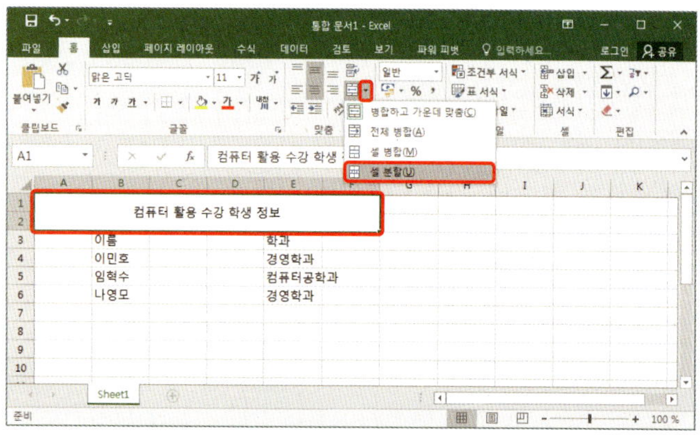

04 셀이 분할되어 병합하기 전의 형태로 바뀐다. 입력된 데이터는 분할된 셀 중에서 첫 번째 셀(A1)에 저장된다.

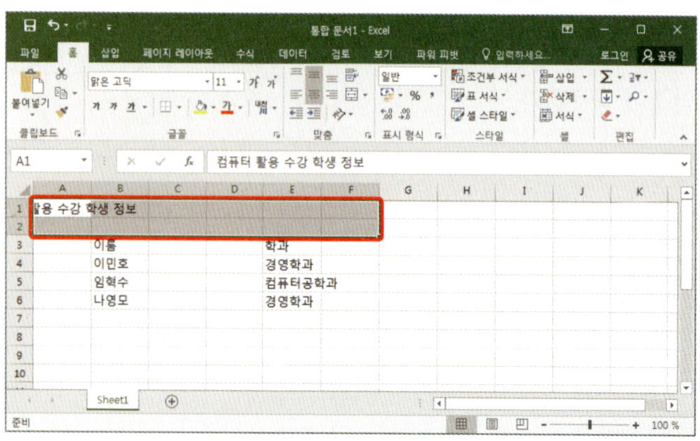

TIP 분할 후에도 A1 셀은 가운데 맞춤으로 설정되어 있어 데이터의 왼쪽이 가려진다. A1 셀을 선택하고 [홈] 탭-[맞춤] 그룹-[왼쪽 맞춤]을 눌러 데이터가 모두 보이도록 한다.

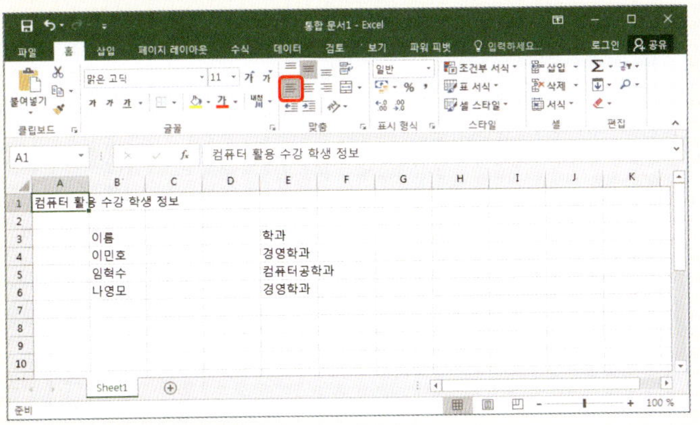

1.2 행/열 선택과 편집

여러 셀을 한 번에 선택해 작업하는 경우도 있지만 행이나 열 전체를 선택해 편집하거나 삽입, 삭제 등의 작업을 할 수도 있다. 또한 행과 열의 숨기기 기능을 이용하면 중요 정보나 다른 값을 계산할 때 사용하는 정보 등을 화면에 표시하지 않도록 할 수 있다.

기본예제 2-4 행/열 다루기

워크시트에서 행이나 열 단위로 셀을 선택하거나 삽입, 삭제하는 방법을 알아보자.

01 3행의 행 머리글을 선택하고 [홈] 탭-[맞춤] 그룹-[가운데 맞춤]을 누른다.

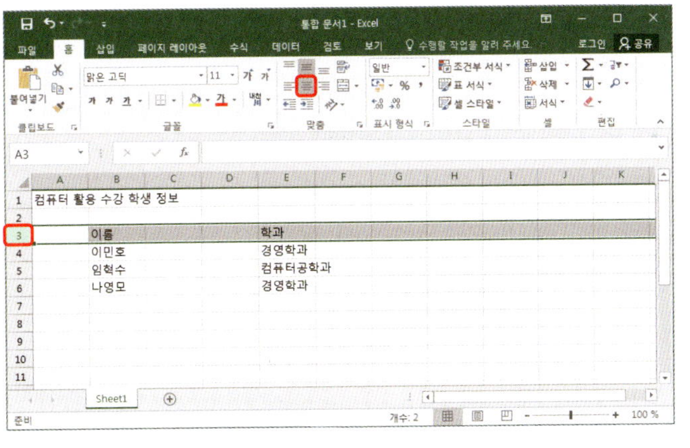

02 C열과 D열의 열 머리글을 드래그하여 선택하고 [홈] 탭–[셀] 그룹–[삭제]를 누른다.

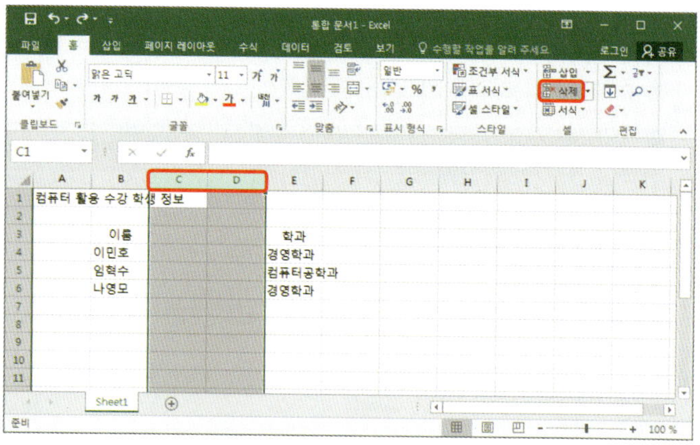

TIP 행이나 열을 삭제하는 경우 셀 전체를 선택하지 않아도 [홈] 탭–[셀] 그룹에서 [삭제]의 [▾ 목록] 단추를 누르면 현재 셀 위치를 기준으로 행이나 열을 삭제할 수 있다.

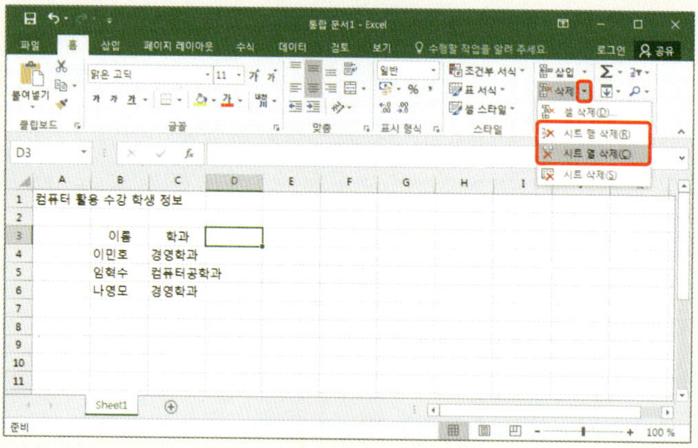

03 C열의 열 머리글을 선택하고 [홈] 탭–[셀] 그룹–[삽입]을 누른다. 여러 열을 선택한 상태에서 [삽입]을 누르면 선택한 개수만큼 열이 삽입된다.

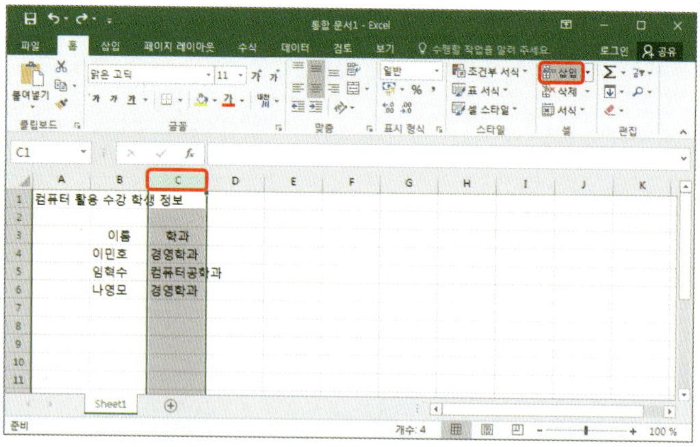

TIP C열의 임의의 셀을 선택하고 [홈] 탭-[셀] 그룹-[삽입]의 [▾ 목록] 단추를 눌러 [시트 열 삽입]을 선택해도 된다. 이때 현재 셀 위치의 앞 부분에 열이 삽입된다.

기본예제 2-5 행/열 숨기기

행이나 열에 입력된 데이터를 삭제하지 않고 화면에만 표시하지 않으려면 행과 열의 숨기기 기능을 사용한다. 숨기기 기능을 이용하는 방법과 취소하는 방법을 알아보자.

01 그림과 같이 C열에 '학번' 데이터를 입력하고 C열의 열 머리글을 선택한다.

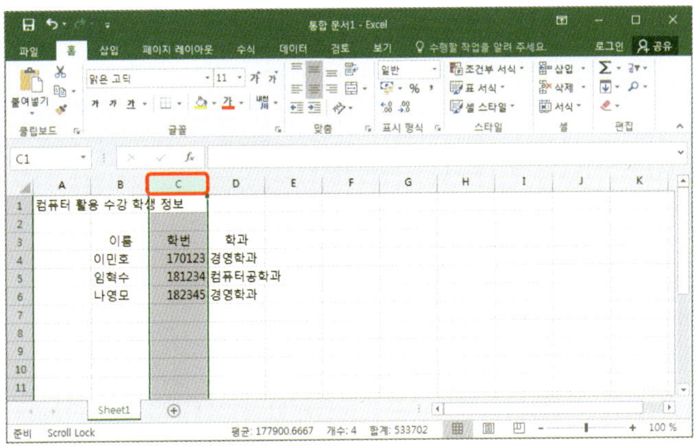

02 [홈] 탭-[셀] 그룹-[서식] 목록에서 [숨기기 및 숨기기 취소]-[열 숨기기]를 선택한다.

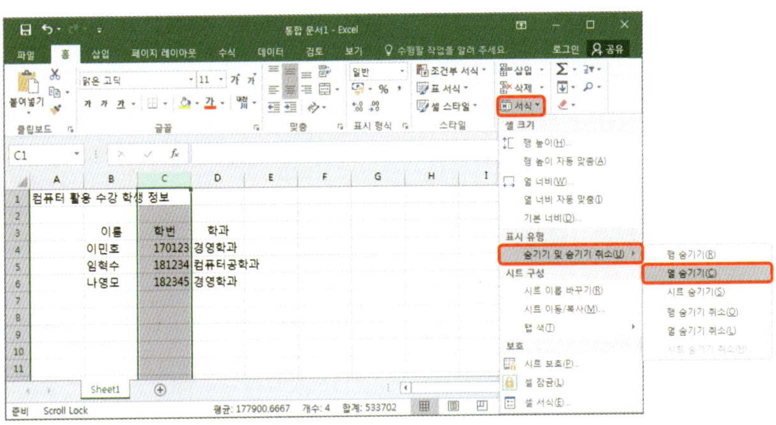

TIP 열 전체를 선택한 후 선택한 열을 마우스 오른쪽 단추로 누르면 나타나는 단축 메뉴에서 [숨기기]를 선택해도 된다.

03 숨기기 기능을 실행한 C열이 워크시트에 표시되지 않는다.

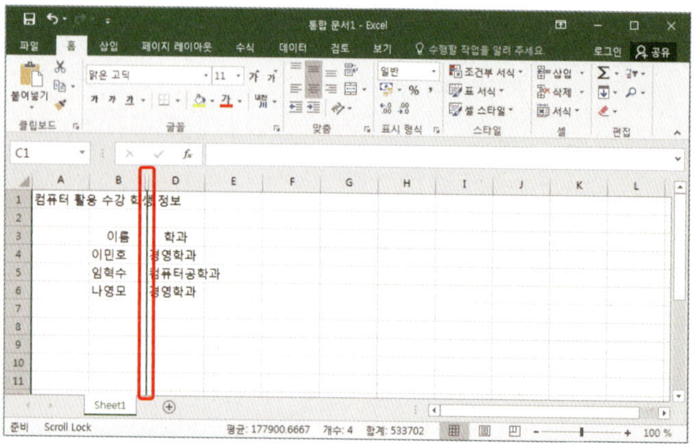

04 C열을 다시 나타내려면 B열과 D열의 열 머리글을 드래그하여 선택하고 마우스 오른쪽 단추를 누르면 나타나는 단축 메뉴에서 [숨기기 취소]를 선택한다.

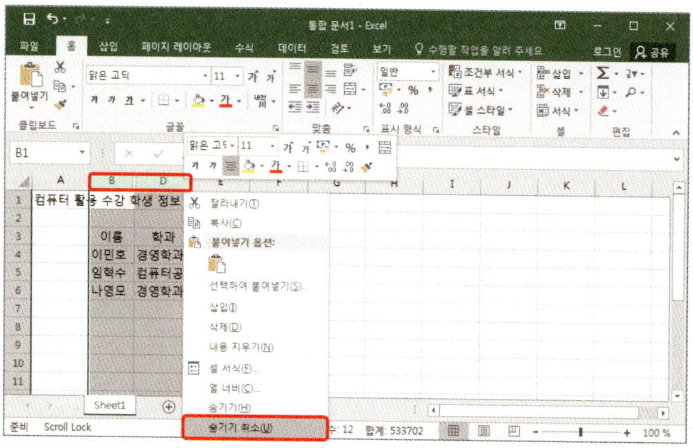

TIP 숨기기를 취소하려면 숨겨진 행이나 열이 포함되도록 범위를 설정해야 한다. [홈] 탭–[셀] 그룹–[서식] 목록에서 [숨기기 및 숨기기 취소]–[열 숨기기 취소]를 선택해도 된다.

05 숨겨져 있던 C열이 워크시트에 다시 표시된다.

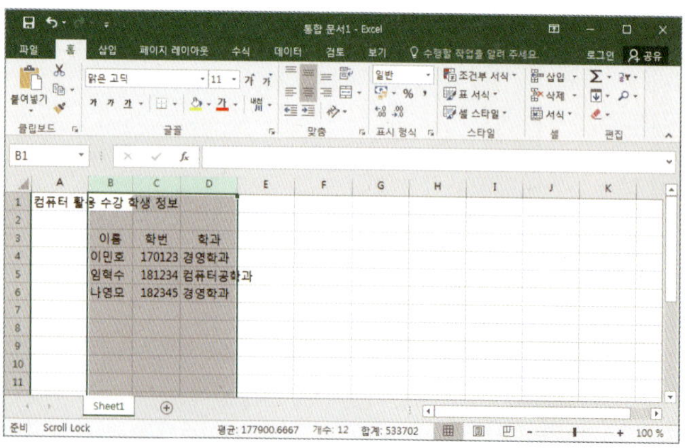

EXCEL 2016

SECTION 02 데이터 입력하기

셀에 입력할 수 있는 데이터는 문자와 숫자를 비롯해 날짜와 시간, 한자와 기호 등 그 종류가 다양하다. 다양한 데이터를 셀에 입력해 보고 데이터의 종류에 따른 특징도 알아본다.

2.1 문자와 숫자 데이터

엑셀에 입력하는 여러 가지 데이터는 계산에 사용할 수 있느냐 없느냐에 따라 문자 데이터와 숫자 데이터로 구분된다. 단순히 눈에 보이는 대로 입력할 수도 있지만 이후에 계산 작업을 할 것이라면 형식을 정확히 갖추어 입력해야 한다.

기본예제 2-6 문자 입력하기

셀에 한글, 영어, 기호 등을 입력하면 엑셀에서는 문자 데이터로 인식한다. 문자 데이터는 왼쪽 맞춤으로 기본 정렬된다. 숫자를 문자와 함께 입력하는 경우에도 문자 데이터로 분류되므로 계산에 사용할 수 없다. 여러 가지 문자 데이터를 입력해 보자.

01 데이터를 입력할 셀을 선택하고 다음과 같이 문자 데이터를 입력한다. 입력이 끝나면 Enter를 눌러 아래쪽 셀로 이동한다.

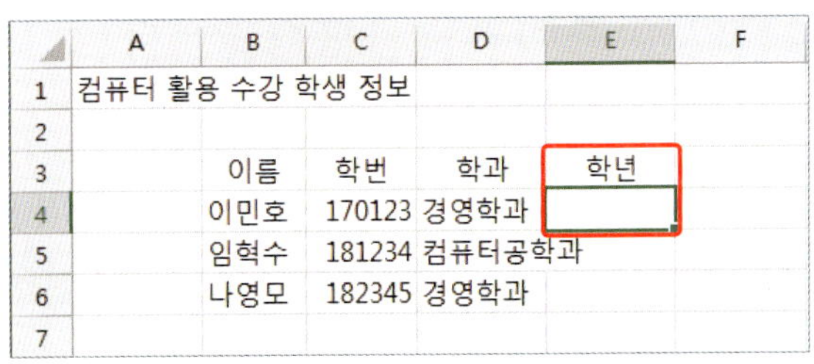

여기서 잠깐 ▸ 셀 이동 방향

데이터를 입력한 후 Tab을 누르면 오른쪽 셀로 이동한다. Enter를 눌렀을 때 이동하는 셀을 바꾸려면 [파일] 탭-[옵션]을 선택해 [Excel 옵션] 대화상자를 열고 [고급] 범주의 [편집 옵션]에서 설정을 변경한다.

02 D5 셀의 '컴퓨터공학과'처럼 긴 문자 데이터가 입력된 셀의 옆 셀에 데이터를 입력하면 데이터가 가려진다.

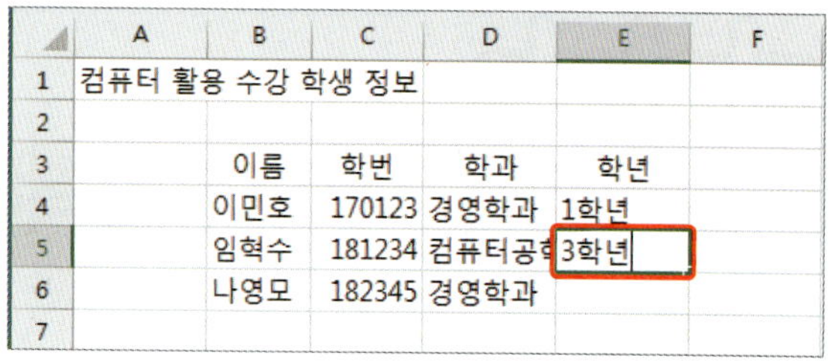

03 긴 문자 데이터를 입력할 경우 단축키 Alt+Enter를 누르면 하나의 셀 안에서 줄이 나뉘어 입력된다.

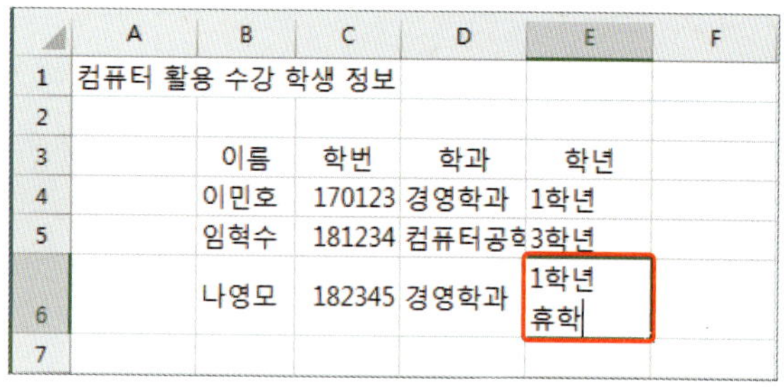

04 전화번호의 경우 *01012345678*처럼 그대로 입력하면 숫자로 인식되어 앞자리의 0이 사라진다. 입력한 값을 그대로 표시하려면 아포스트로피(')를 데이터 앞에 입력한다.

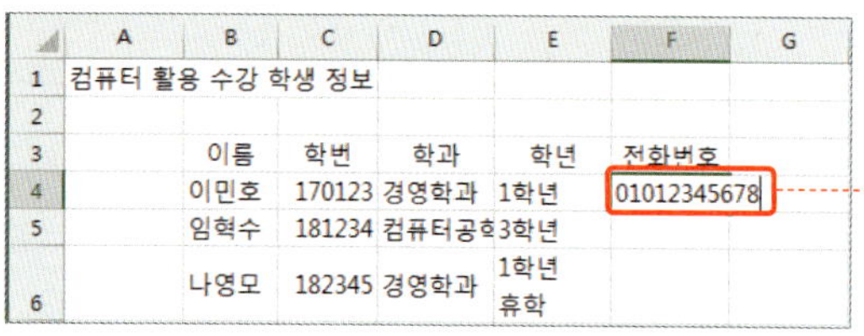

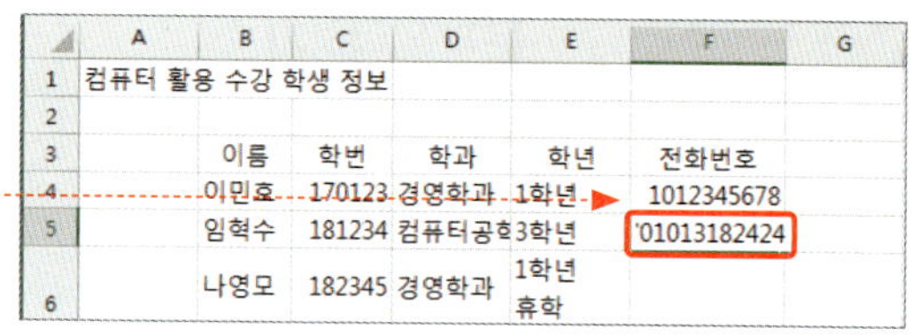

여기서 잠깐 **오류 표시 제거하기**

숫자 앞에 아포스트로피(')를 입력하면 숫자가 텍스트 형식으로 저장되며 셀에 [오류 표시] 단추가 나타난다. [오류 표시] 단추를 누르고 목록에서 [오류 무시]를 선택하여 오류 표시를 제거한다.

텍스트 형식으로 저장된 숫자는 오른쪽이 아니라 왼쪽으로 정렬되며 표시 형식만 달라진 것이므로 계산은 동일하게 수행된다.

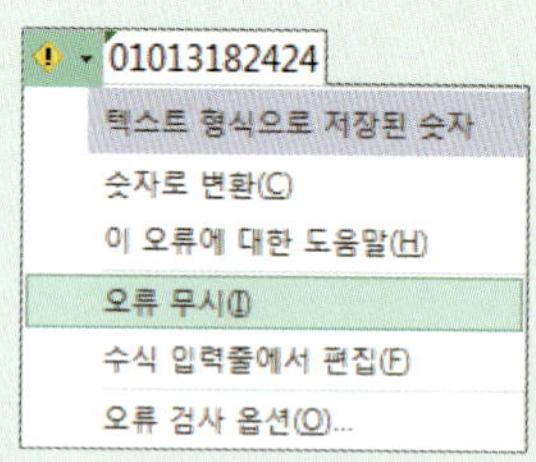

기본예제 2-7 숫자 입력하기

셀에 숫자 데이터를 입력하면 오른쪽 맞춤으로 정렬된다. 숫자 데이터는 음수, 백분율, 통화 등의 다양한 형식으로 표시할 수 있다. 다양한 형식의 숫자 데이터를 입력해 보자.

01 셀을 선택하고 다음과 같이 숫자 데이터를 입력한다.

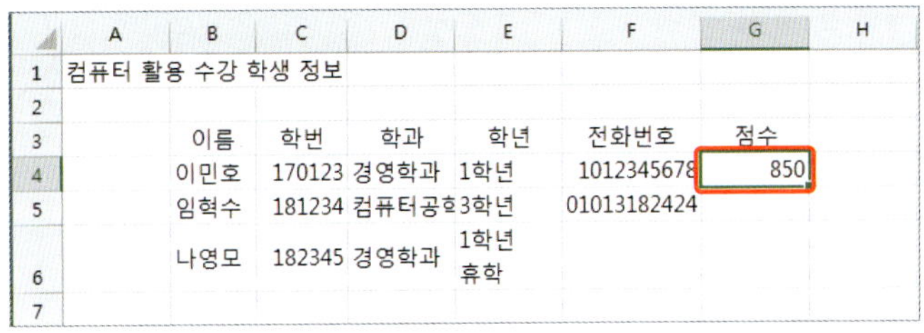

02 다른 셀에 자릿수가 큰 숫자인 *123456789012*를 입력하면 지수 형식으로 표시된다. 12자리 이상이거나 셀의 너비가 좁을 때 숫자 데이터는 지수로 표시된다.

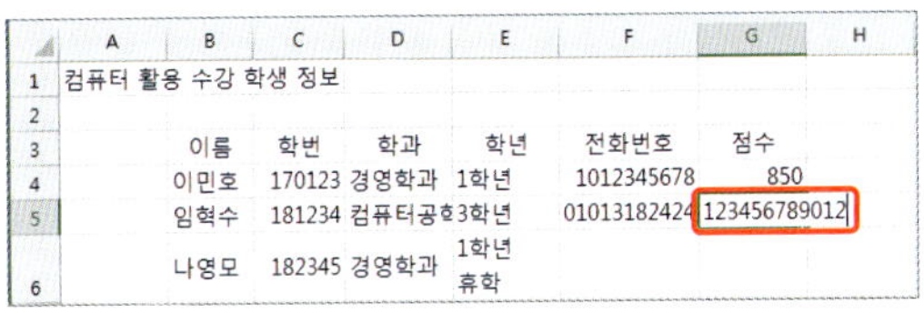

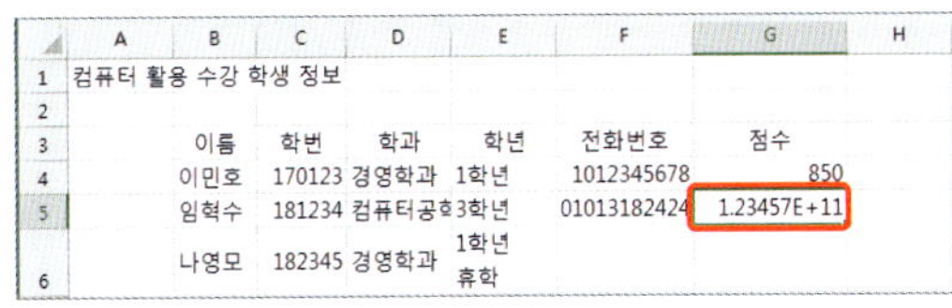

03 숫자 세 자리마다 콤마(,)를 추가하여 *123,456,789,012*라고 입력하면 지수로 표시되지 않고 셀의 너비가 자동 조절된다. 이때 표시 형식이 '통화'로 설정된다.

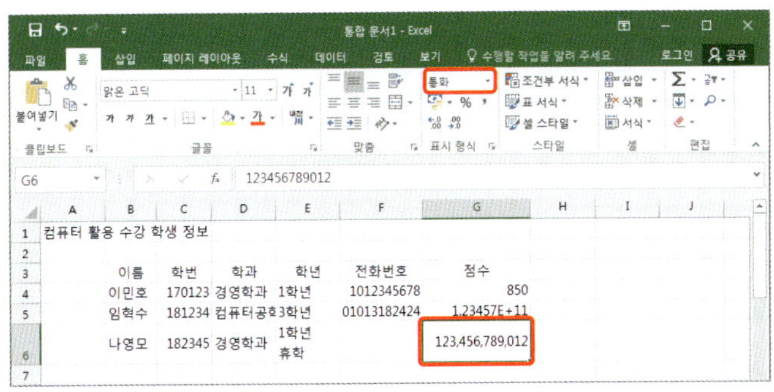

TIP 콤마 외에도 숫자 데이터를 통화 기호(₩, $ 등)와 함께 입력하면 통화 형식으로 표시 형식이 설정된다.

04 열 너비를 좁히면 일반 숫자와 다르게 통화 형식의 숫자는 ##…#으로 표시된다.

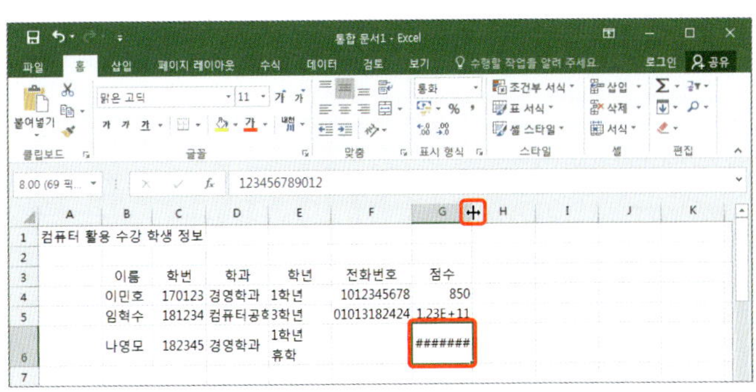

TIP 열 너비를 조정하려면 열 번호 사이의 경계선을 마우스로 드래그한다.

05 숫자와 함께 백분율 기호(%)를 입력하면 표시 형식이 '백분율'로 설정된다. *80%*라고 입력하면 숫자 0.8과 동일한 값으로 계산에 사용된다.

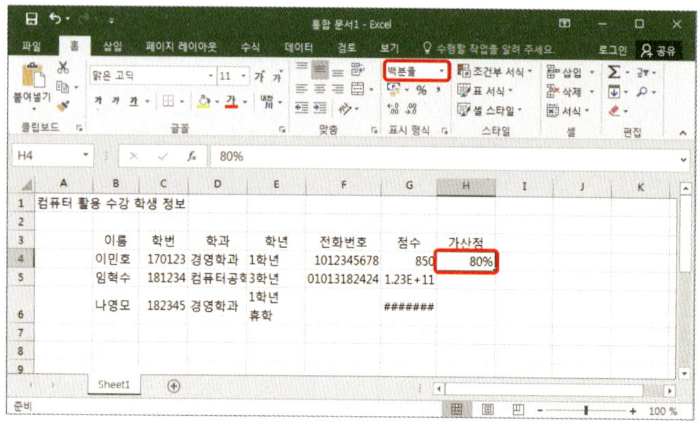

06 음수는 *−1.5*와 같이 '−' 기호와 숫자 값을 함께 입력한다.

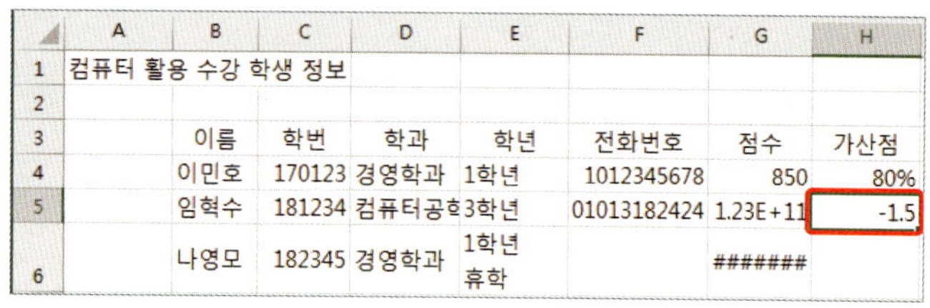

TIP 음수를 입력할 때는 *(1.5)*처럼 괄호 안에 숫자를 적어도 된다.

07 분수를 입력할 때는 셀에 *0 1/3*이라고 입력하면 정수 '0'은 없어지고 분수 '1/3'만 표시된다.

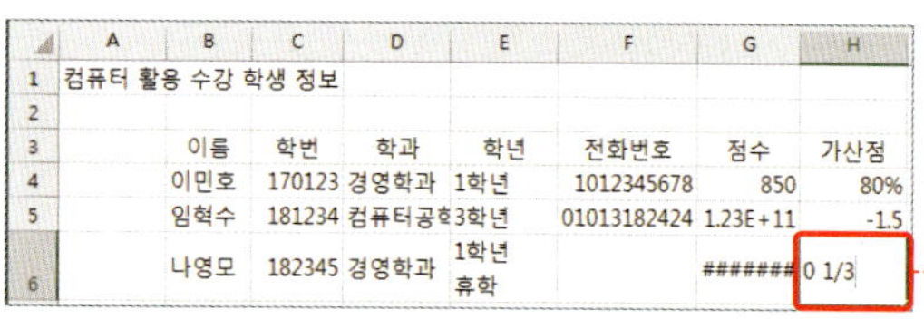

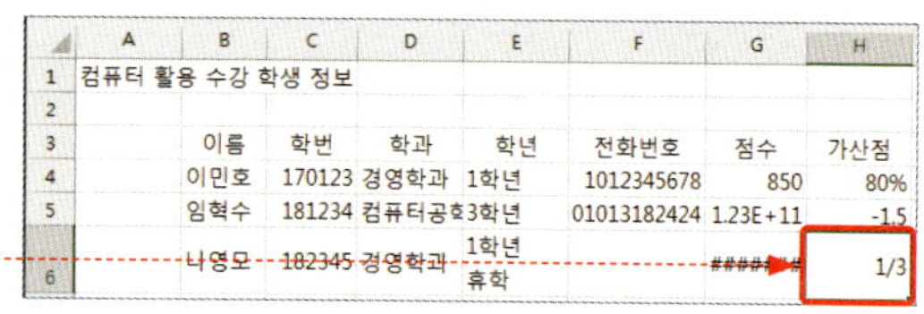

TIP 분수를 *1/3*이라고 입력하면 날짜 데이터로 처리되어 '01월 03일'로 표시된다.

여기서 잠깐 **소수 입력하기**

소수를 입력할 때는 [홈] 탭–[표시 형식] 그룹의 [자릿수 늘림]이나 [자릿수 줄임]을 이용해 소수점 이하 자릿수를 원하는 형식으로 표시할 수 있다.

2.2 날짜와 시간, 그 외 데이터

엑셀에서 날짜와 시간 데이터는 경과 기간을 구할 때처럼 계산할 수 있는 숫자로 처리되므로 날짜와 시간을 의미하는 기호와 함께 입력해야 한다. 또한 셀에는 한자나 기호, 메모 등을 입력할 수도 있다. 다양한 종류의 데이터를 입력하는 방법을 알아보자.

기본예제 2-8 날짜와 시간 입력하기

생년월일이나 입사일, 작업 시간 등 날짜나 시간 데이터는 연, 월, 일, 시각을 나타내는 숫자와 슬래시(/), 하이픈(–), 콜론(:) 등의 구분 기호를 함께 입력한다.

01 *3/20*을 입력하고 Enter를 누르면 '03월 20일'로 표시된다. 연도 값은 시스템 시간을 기준으로 현재 연도로 저장된다.

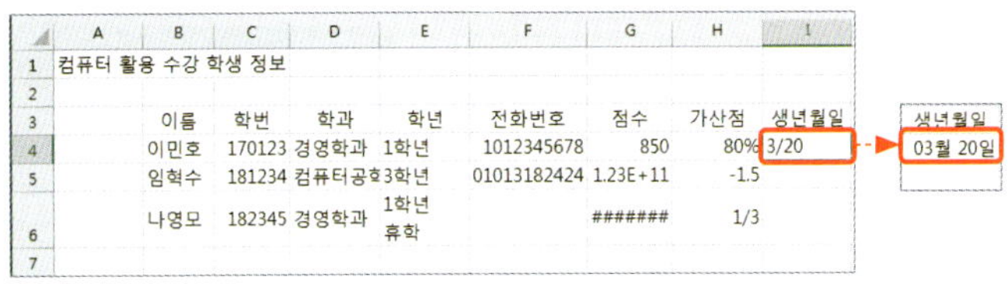

TIP 엑셀에 날짜를 입력할 때는 반드시 슬래시(/) 또는 하이픈(–)을 구분 기호로 사용해야만 날짜 데이터로 인식된다. 예를 들어 *3. 20.*과 같이 입력하면 문자 데이터로 인식되므로 계산에 사용할 수 없다.

02 연도까지 표시하려면 연–월–일, 또는 연/월/일 순서로 입력한다. *00–06–15*를 입력하면 '2000–06–15'로 표시된다.

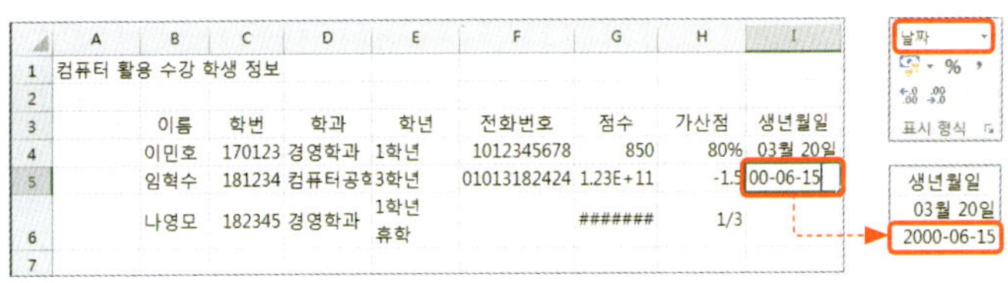

TIP 연도는 네 자리를 입력하지 않고 예제와 같이 두 자리만 입력해도 자동으로 인식된다. 다만 세기를 구분하는 연도 기준값이 2029이므로 2030년 이후를 입력할 때는 네 자리를 모두 입력해야 한다. *30–01–01*로 입력하면 '1930–01–01'로 표시된다.

03 날짜를 *11월 20일*로 입력하면 앞서 입력한 값과 달리 표시 형식이 '일반'으로 설정되어 문자 데이터로 저장된다.

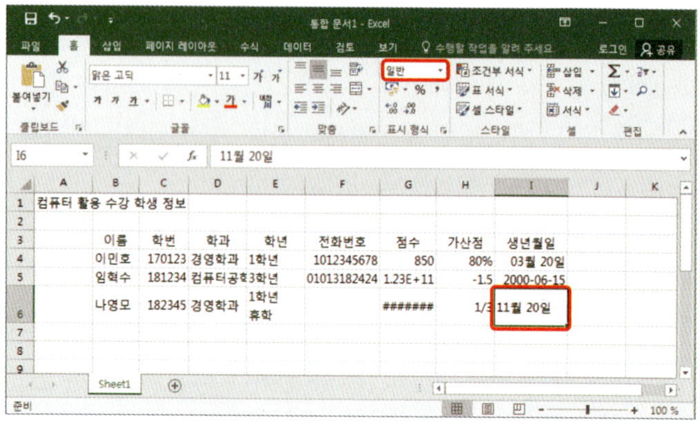

04 시간 데이터를 입력하려면 시간을 나타내는 콜론(:) 기호를 사용한다. *9:30*을 입력하고 수식 입력줄을 확인해 보면 '9:30:00 AM'으로 표시된다.

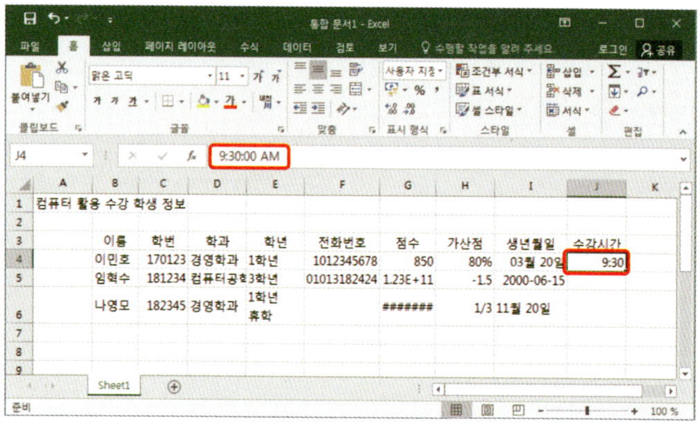

05 현재 시각을 입력하려면 셀을 선택하고 단축키 Ctrl+Shift+;를 누른다.

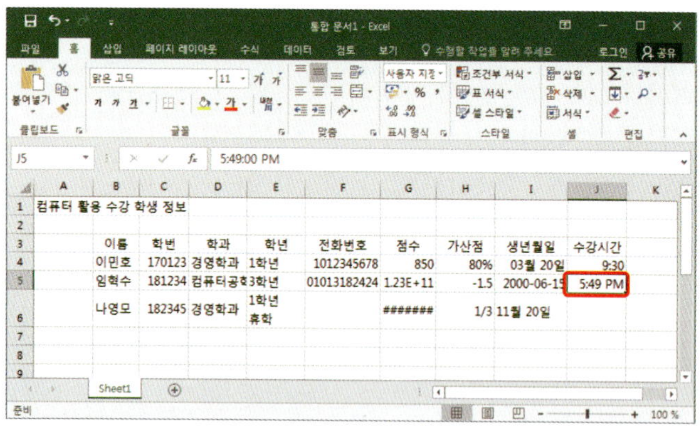

TIP 단축키 Ctrl+;를 누르면 셀에 현재 날짜가 입력된다.

기본예제 2-9 한자 입력하기

일반적으로 한자는 한글을 입력한 후 [한자]를 눌러 글자 단위로 변환하는 방법으로 입력한다. 자주 사용하는 단어를 한자 사전에 등록해두고 사용하면 한 번에 변환할 수 있고 여러 셀을 선택해서 한 번에 변환할 수도 있다. 한글을 한자로 변환하여 입력해 보자.

01 I3 셀을 선택하고 [F2]를 눌러 '생년월일' 글자 뒤에 커서를 둔 채 [한자]를 누른다.

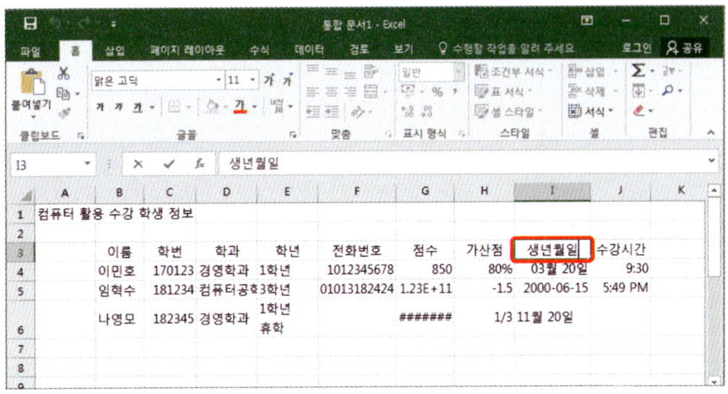

TIP 한자로 변환할 글자 부분을 드래그하여 선택하거나 글자의 앞에 커서를 두고 [한자]를 눌러도 된다.

02 [한글/한자 변환] 대화상자가 열리고 한자 사전에 등록되어 있는 단어나 글자가 [한자 선택] 목록에 표시된다. 적합한 단어 혹은 글자를 선택하고 [입력 형태]를 [漢字]로 선택한 후 [변환]을 누른다.

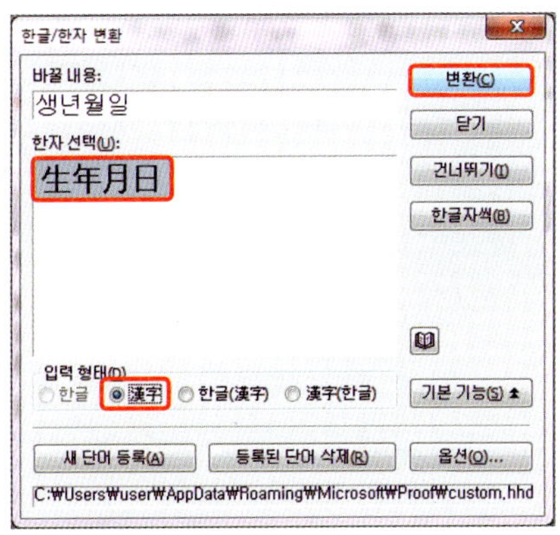

03 변환된 내용이 맞는지 확인하고 [Enter]를 누른다.

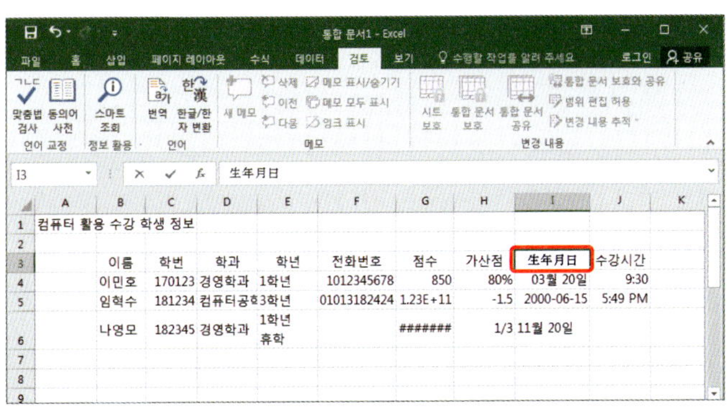

04 여러 셀의 데이터를 한 번에 한자로 변환하기 위해 C3:E3 범위를 선택하고 [검토] 탭–[언어] 그룹–[한글/한자 변환]을 누른다.

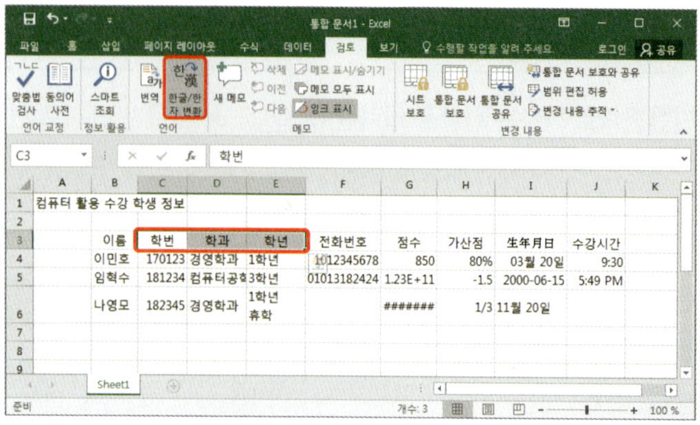

05 [한글/한자 변환] 대화상자에서 한자를 선택하고 [변환]을 누르면 다음 셀의 바꿀 내용과 한자가 차례대로 표시된다. 선택한 모든 셀이 한자로 변환되고 메시지 창이 나타나면 [확인]을 누른다.

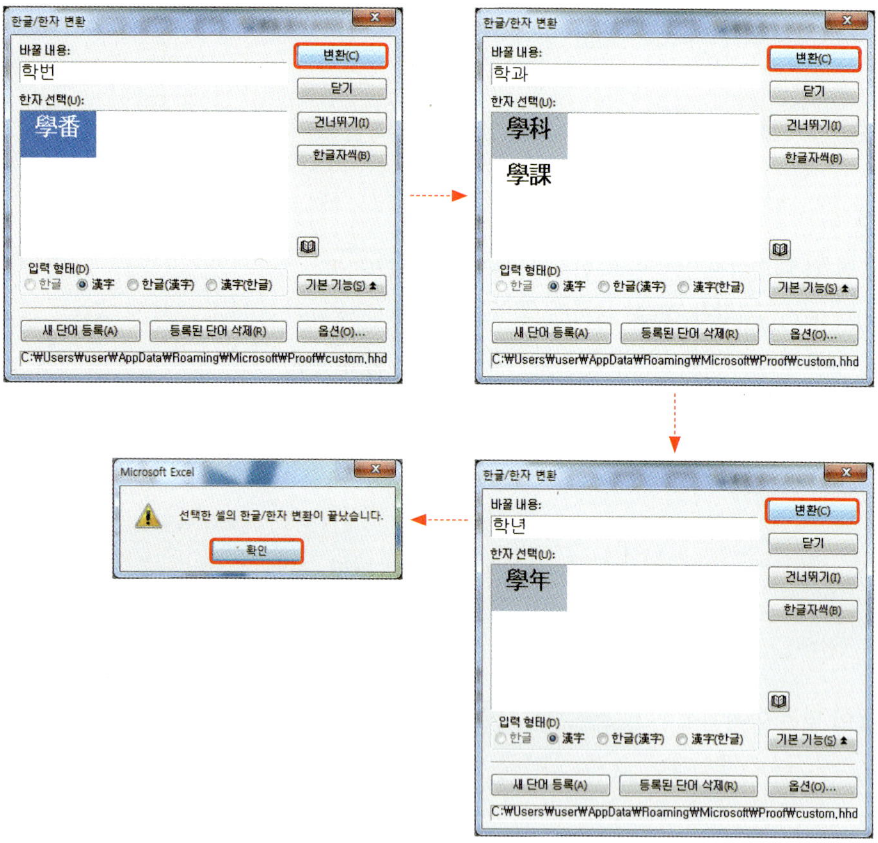

기본예제 2-10 기호 입력하기

셀에 기호를 입력할 때는 한글 자음을 먼저 입력하고 [한자]를 눌러 필요한 기호를 선택하거나 [삽입] 탭의 [기호] 도구를 이용한다. 기호를 입력하는 방법을 알아보자.

01 F3 셀을 선택하고 [F2]를 눌러 '전화번호' 뒤에 커서를 둔다. 한글 자음 ㅁ을 입력하고 [한자]를 눌러 기호 목록이 열리면 원하는 기호를 선택한다.

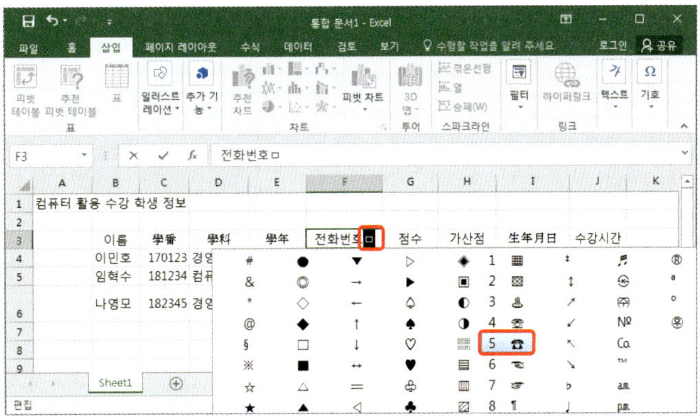

여기서 잠깐 [한자]로 삽입할 수 있는 기호

다음은 한글 자음에 따라 [한자]로 삽입할 수 있는 기호이다.

02 메뉴를 이용해 기호를 삽입하려면 기호를 삽입할 위치에 커서를 두고 [삽입] 탭-[기호] 그룹-[기호]를 누른다.

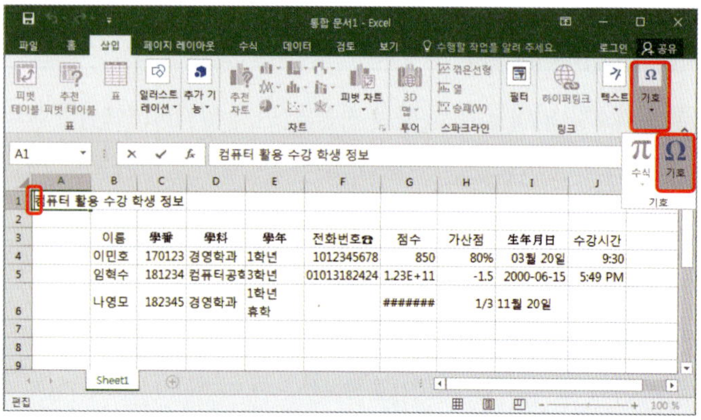

03 [기호] 대화상자에서 삽입할 기호를 찾아 선택하고 [삽입]을 누른다.

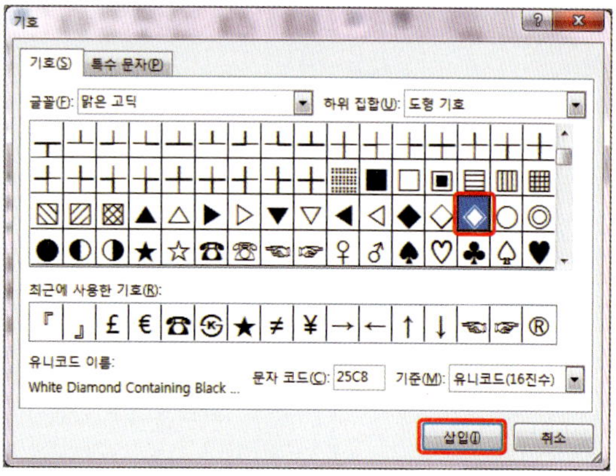

04 셀에 기호가 삽입된 것을 확인할 수 있다. [닫기]를 눌러 [기호] 대화상자를 닫는다.

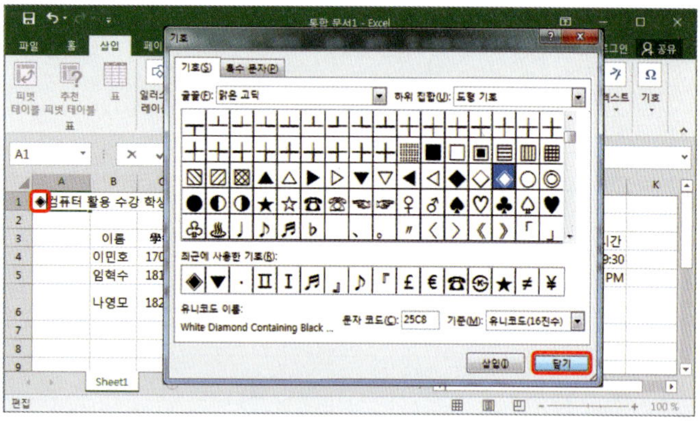

기본예제 2-11 메모 입력하기

메모는 셀에 입력되어 있는 데이터를 부가적으로 설명하거나 데이터를 공유하는 협업 과정에서 메시지를 전달할 때 유용한 기능이다. 셀에 직접 입력하는 것이 아니므로 기본적으로는 워크시트를 인쇄할 때나 화면에 표시되지 않지만 옵션을 변경해 표시하거나 인쇄할 수도 있다. 메모를 입력하고 옵션을 변경해 보자.

01 H3 셀을 선택하고 [검토] 탭–[메모] 그룹–[새 메모]를 누른다.

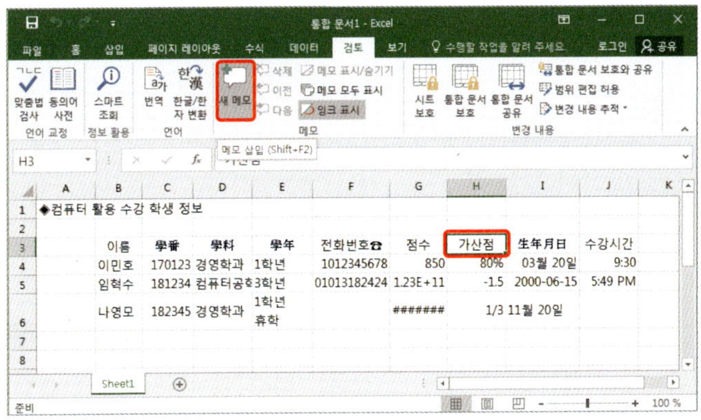

02 메모 내용에 *자격증*이라고 입력하고 메모 영역 바깥 임의의 셀을 누르면 메모 내용은 표시되지 않고 셀에 메모 표식이 만들어진다.

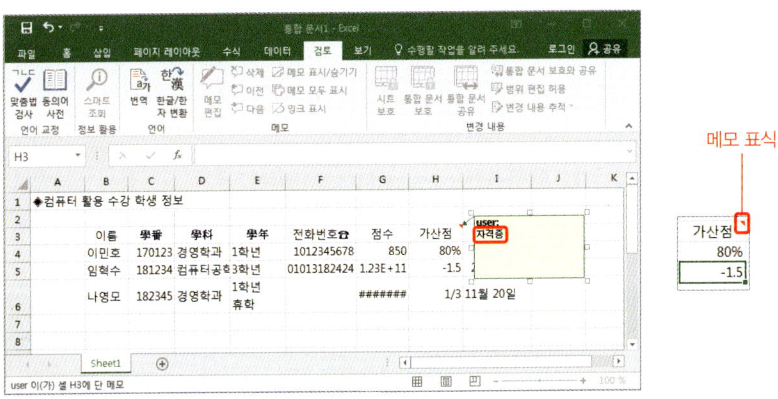

TIP 메모 표식이 있는 셀 위에 마우스 포인터를 가져가면 메모 내용을 볼 수 있다.

03 메모가 삽입된 H3 셀을 선택하고 [검토] 탭–[메모] 그룹–[메모 편집]을 누른 후 메모의 내용을 수정하고 크기와 위치를 조정한다.

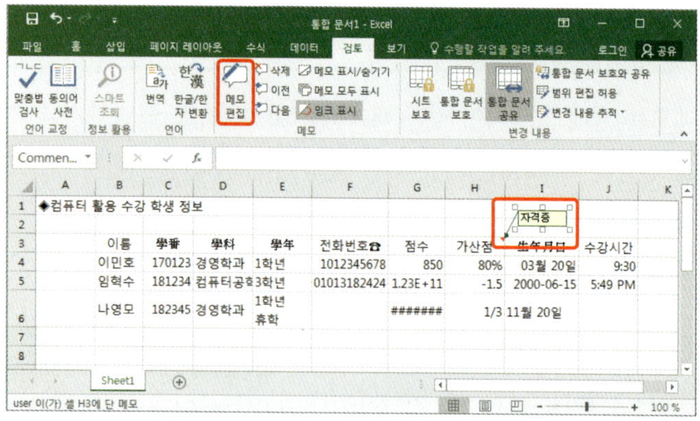

여기서 잠깐 ▶ 메모의 서식 설정하기

글꼴이나 색 등 메모의 서식을 설정하려면 메모를 마우스 오른쪽 버튼으로 선택하면 나타나는 단축 메뉴에서 [메모 서식]을 선택한다.

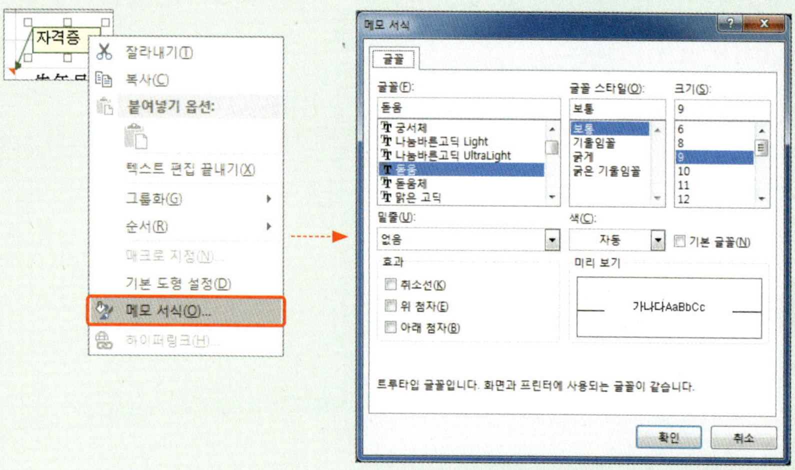

04 메모가 워크시트에 항상 표시되도록 하려면 메모가 삽입된 H3 셀을 선택하고 [검토] 탭–[메모] 그룹–[메모 표시/숨기기]를 누른다.

TIP ▶ [검토] 탭–[메모] 그룹–[메모 표시/숨기기]를 한 번 더 누르면 다시 메모를 숨길 수 있다.

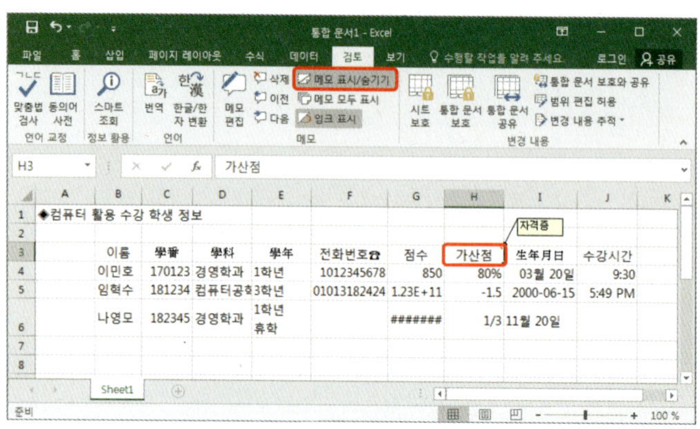

05 [파일] 탭–[인쇄]에서 [페이지 설정]을 눌러 [페이지 설정] 대화상자가 열리면 [페이지] 탭에서 [용지 방향]을 [가로]로 설정한다.

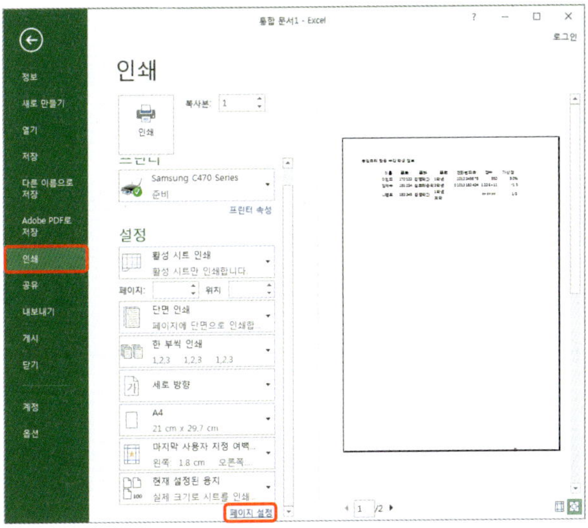

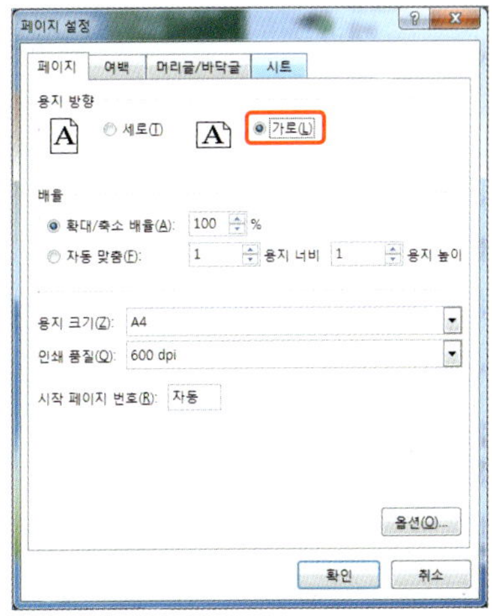

06 워크시트를 인쇄할 때 메모가 같이 표시되도록 하기 위해 [페이지 설정] 대화상자에서 [시트] 탭을 선택한다. [인쇄] 항목의 [메모] 목록에서 [시트에 표시된 대로]를 선택하고 [확인]을 누른다.

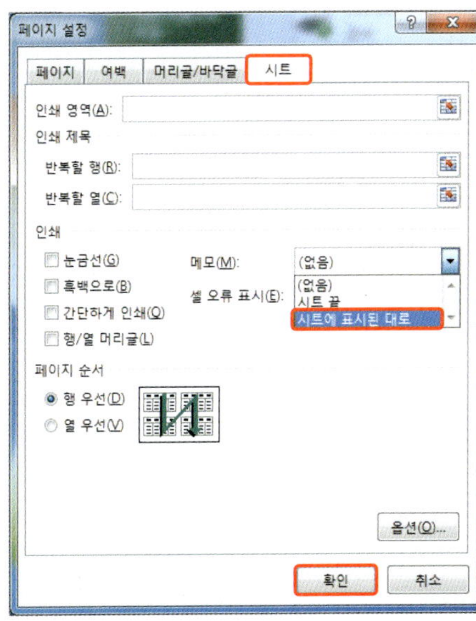

07 미리 보기에서 메모 내용을 확인할 수 있다.

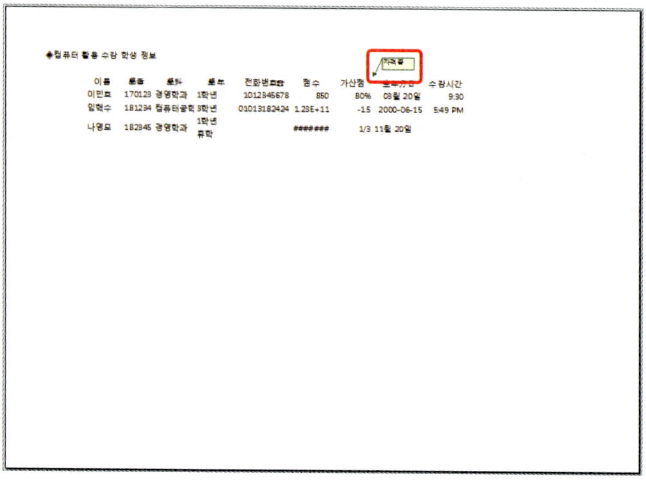

TIP 종이에 인쇄해도 미리 보기에 표시된 대로 메모가 표시된다.

SECTION 03

자동 채우기와 셀 서식 설정하기

셀에 동일한 데이터를 연속으로 채우거나 일련번호처럼 규칙적으로 증가하는 값을 손쉽게 입력하려면 자동 채우기 기능을 이용하는 것이 좋다. 숫자뿐만 아니라 규칙적으로 채워 넣을 문자나 단어도 사용자 지정 목록에 등록해서 자동 채우기 기능으로 입력할 수 있다. 셀에 데이터를 입력한 뒤에는 글꼴이나 맞춤 변경, 테두리나 채우기 등의 셀 서식을 설정해 가독성을 높이고 보기 좋게 만들 수 있다.

3.1 자동 채우기 기능

규칙적으로 증가하는 값을 입력하는 자동 채우기 기능은 채우기 핸들을 이용해 실행한다. 채우기 핸들은 다음 그림과 같이 선택한 셀의 오른쪽 아래에 있는 작은 사각형을 말한다.

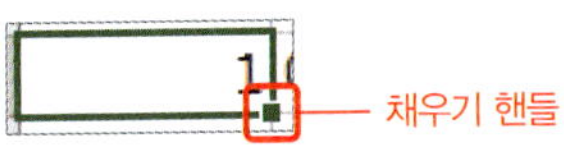

기본예제 2-12 채우기 핸들로 자동 채우기

채우기 핸들을 이용해 숫자, 숫자가 포함된 문자, 날짜 등 여러 가지 데이터를 자동으로 채워 보자.

01 A3 셀에 *번호*라고 입력하고 A4 셀에는 *1*을 입력한다. A4 셀을 선택하고 채우기 핸들에 마우스를 가져가 마우스 포인터가 십자 모양으로 바뀌면 아래로 드래그한다.

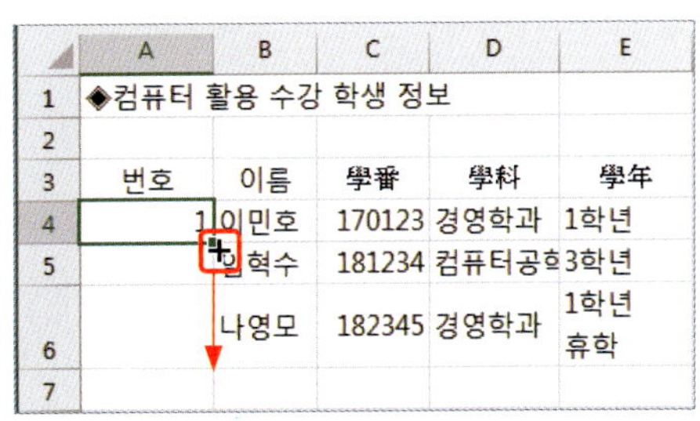

TIP 예제와 같이 인접한 다른 열에 데이터가 입력되어 있는 경우에는 채우기 핸들을 마우스로 더블클릭해도 된다. 다른 열에 데이터가 입력되어 있는 범위만큼 데이터가 채워진다.

02 데이터가 같은 값으로 복사된다. 연속 데이터를 채우려면 [자동 채우기 옵션] 단추를 눌러 목록에서 [연속 데이터 채우기]를 선택한다.

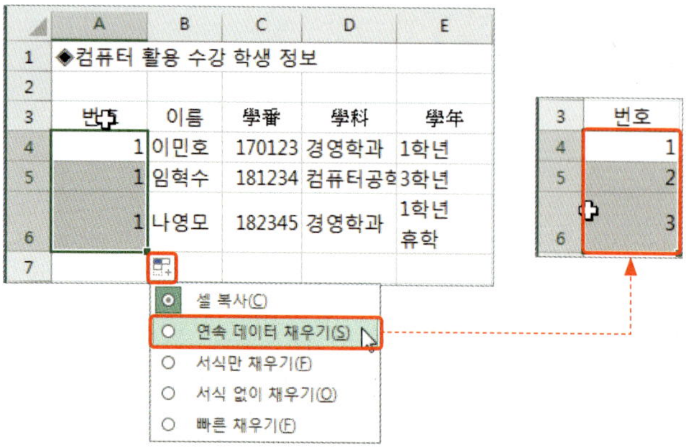

> **TIP** Ctrl을 누른 채로 채우기 핸들을 드래그하면 연속 데이터 채우기가 실행되며, 드래그하는 방향에 따라 값이 증가하거나 감소한다.

> **여기서 잠깐** **[자동 채우기 옵션] 단추가 표시되지 않는다면**
>
> [자동 채우기 옵션] 단추가 표시되지 않는다면 [파일] 탭–[옵션]을 선택하고 [고급] 범주의 [잘라내기/복사/붙여넣기]에서 [콘텐츠를 붙여넣을 때 붙여넣기 옵션 단추 표시]에 체크한다.

03 숫자가 포함된 문자 데이터인 E4 셀을 선택하고 채우기 핸들을 드래그하여 연속 데이터로 채운다.

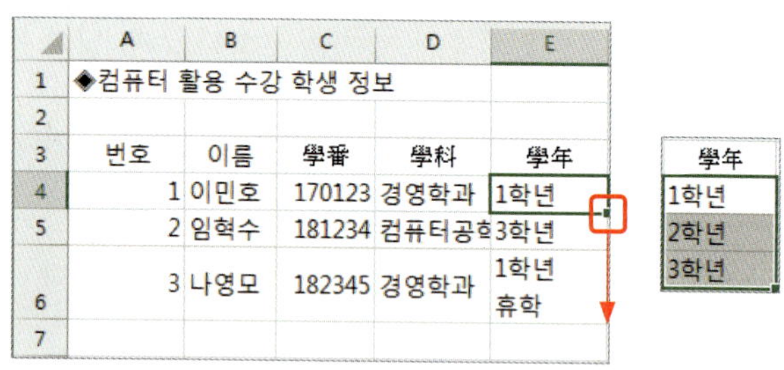

04 날짜 데이터가 입력된 I4 셀을 선택하고 채우기 핸들을 드래그하면 날짜 단위로 연속 데이터가 채워진다. 월 단위로 채우려면 [자동 채우기 옵션] 단추를 눌러 [월 단위 채우기]를 선택한다.

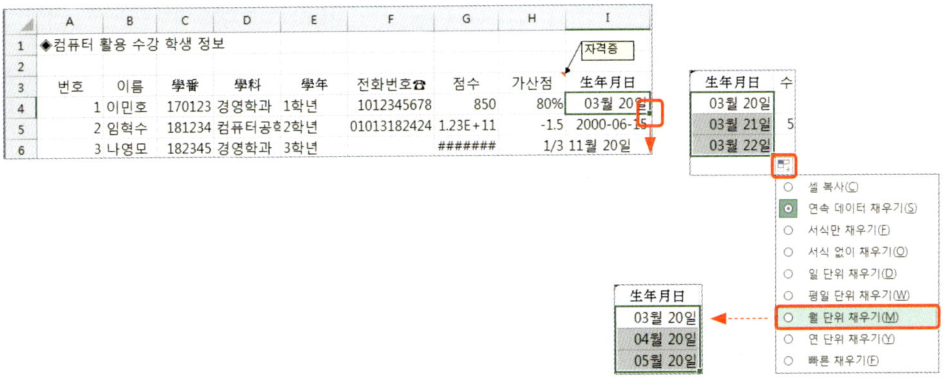

기본예제 2-13 사용자 지정 목록 만들기

기본으로 등록되어 있지 않지만 자주 사용하는 연속 데이터가 있다면 사용자 지정 목록으로 등록할 수 있다. 사용자 지정 목록을 만들어 자동 채우기 기능으로 입력해 보자.

01 [파일] 탭-[옵션]을 선택한다.

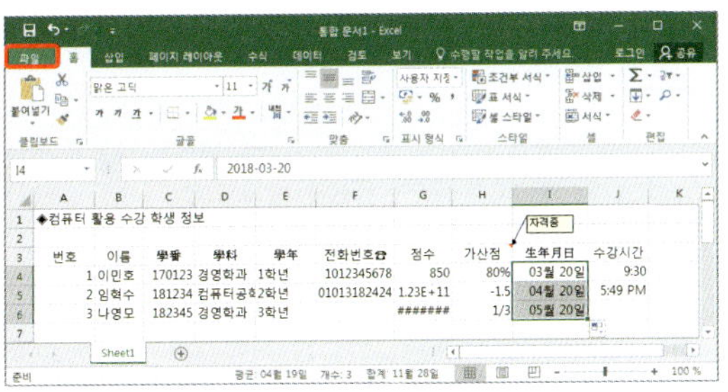

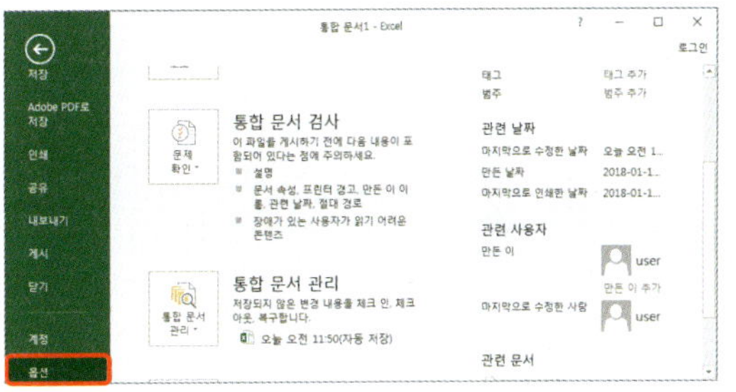

02 [Excel 옵션] 대화상자가 열리면 [고급] 범주를 선택하고 [일반] 그룹의 [사용자 지정 목록 편집]을 누른다.

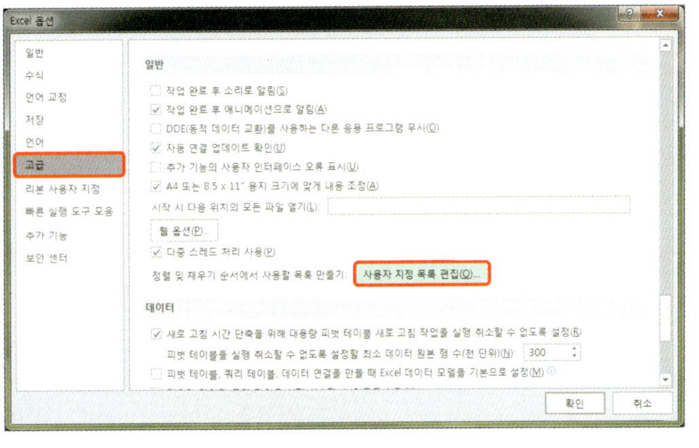

03 [사용자 지정 목록] 대화상자의 [목록 항목]에 추가할 값으로 *상*, *중*, *하*를 입력하고 [추가]를 누른다.

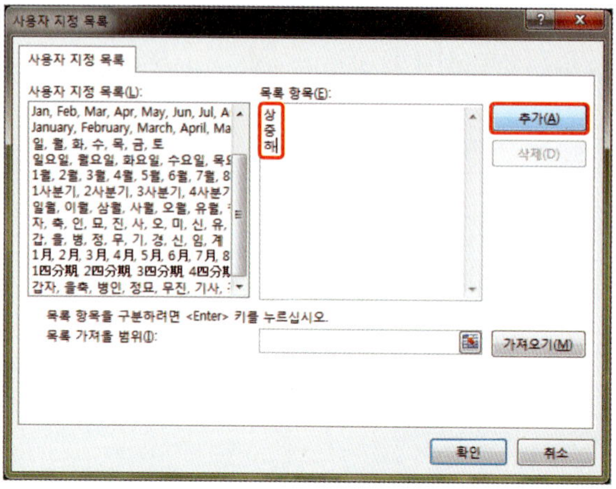

TIP 워크시트에 목록이 입력되어 있다면 [가져오기]를 눌러 항목을 가져올 수 있다.

04 [사용자 지정 목록]에 추가한 목록이 표시되면 [확인]을 눌러 대화상자를 닫고, [Excel 옵션] 대화상자에서도 [확인]을 눌러 옵션 설정을 종료한다.

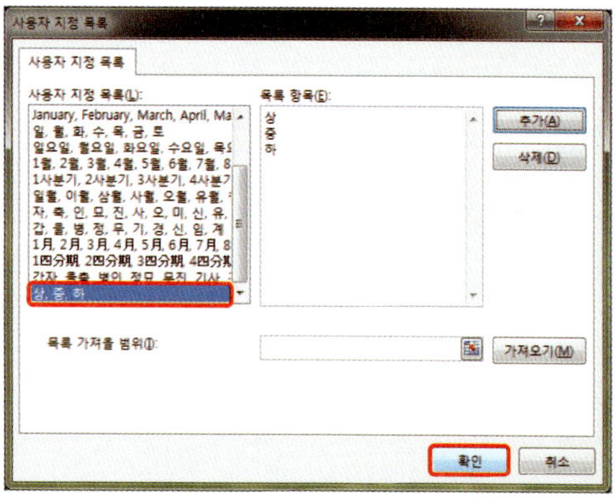

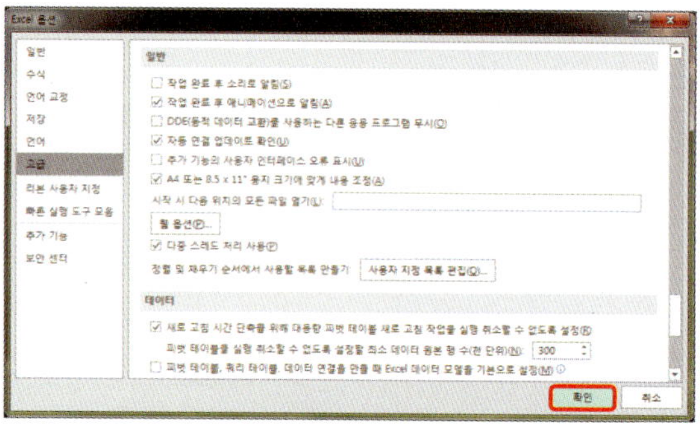

05 셀에 값을 입력하고 채우기 핸들을 드래그하여 자동 채우기를 하면 사용자 지정 목록에 등록해 둔 값으로 데이터가 채워진다.

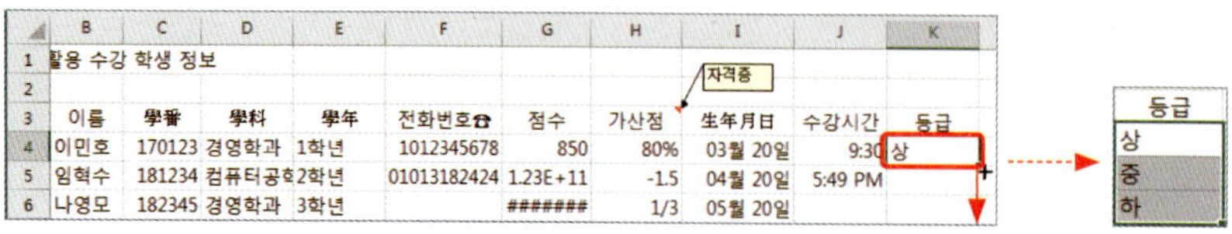

TIP 연속 데이터 채우기에 사용되는 목록의 값은 순서대로 증가한 후 다시 반복된다(상–중–하–상).

3.2 셀 서식 설정

데이터의 글꼴, 맞춤을 변경하거나 채우기, 테두리 색 등 셀 서식을 설정하면 워크시트를 좀 더 보기 쉽게 표시할 수 있다. 미리 설정해 둔 셀 스타일을 활용하면 여러 가지 서식을 간편하게 적용할 수 있다.

기본예제 2-14 글꼴과 맞춤, 셀 스타일 설정하기

셀에 입력된 데이터의 글꼴이나 맞춤을 설정하고 셀 스타일을 적용해 보자.

01 A1 셀을 선택하고 [홈] 탭-[글꼴] 그룹에서 [글꼴]은 [HY중고딕]으로, [글꼴 크기]는 [12]로 설정한다.

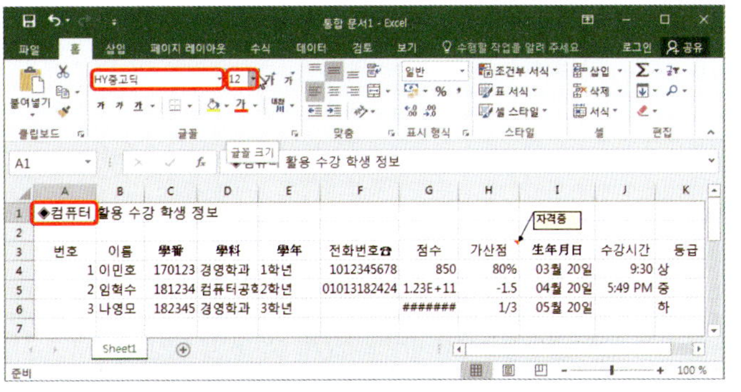

02 A1:K1 영역을 드래그하여 선택하고 마우스 오른쪽 단추를 눌러 단축 메뉴에서 [셀 서식]을 선택한다.

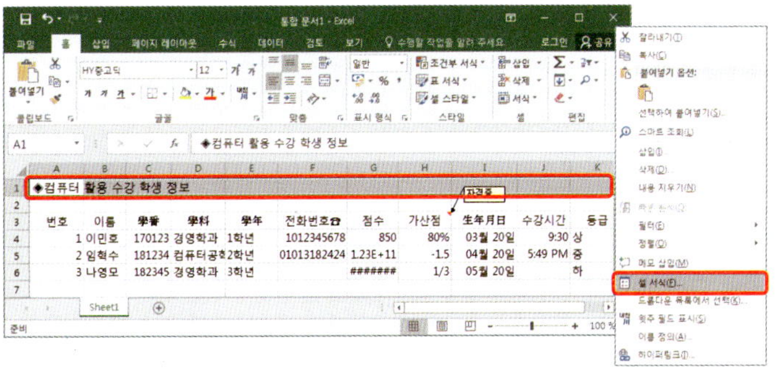

03 [셀 서식] 대화상자가 열리면 [맞춤] 탭의 [텍스트 맞춤] 목록에서 [선택 영역의 가운데로]를 선택하고 [확인]을 누른다.

TIP 셀을 병합한 뒤 가운데 맞춤으로 설정할 수도 있지만 열이나 행을 추가해야 하는 경우에는 셀 병합보다 이 방법이 워크시트를 관리하기 더 편리하다.

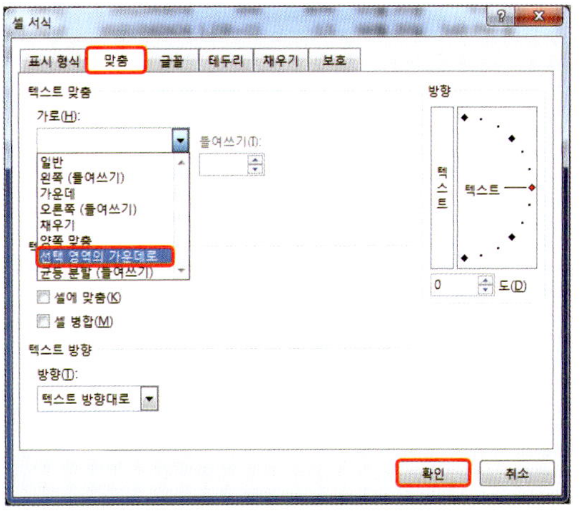

04 A3:K3 영역을 드래그하여 선택하고 [홈] 탭-[스타일] 그룹-[셀 스타일] 목록에서 [제목 및 머리글]의 [제목 4]를 선택한다.

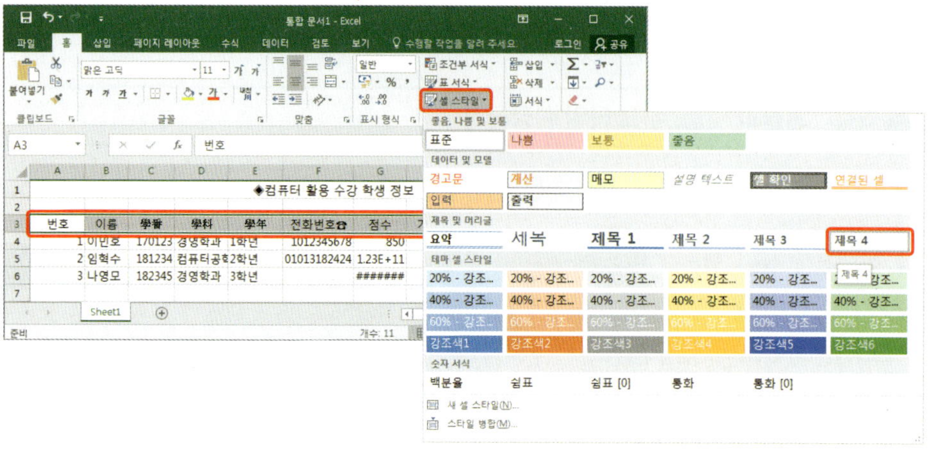

기본예제 2-15 데이터에 맞게 셀 모양 설정하기

셀 내용에 맞게 행 높이와 열 너비를 조정하고 셀 테두리나 채우기로 셀 모양을 설정하는 방법을 알아보자.

01 1행의 행 머리글 경계선을 아래로 드래그하여 1행의 높이를 '30.00(40픽셀)'으로 조절한다.

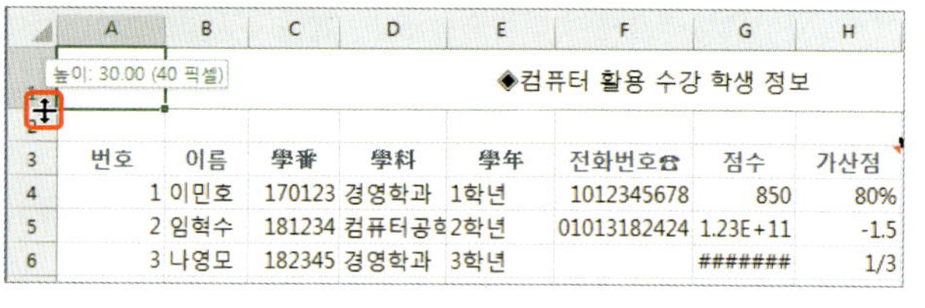

TIP 행이나 열 머리글의 경계선을 더블클릭하면 셀에 입력된 값의 길이에 맞게 행 높이나 열 너비가 자동으로 조절된다.

02 행 머리글에서 여러 행을 선택하고 그중 한 행의 행 경계선을 드래그하면 선택한 모든 행의 높이가 동일하게 조절된다. 3:6행의 행 머리글을 드래그해 선택하고 경계선을 드래그해 높이를 '18.00(24픽셀)'으로 설정한다.

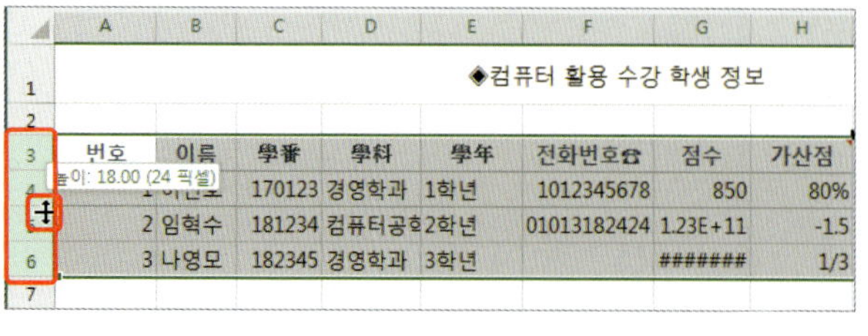

TIP [홈] 탭–[셀] 그룹–[서식] 목록에서 [행 높이]를 선택하고 [행 높이] 대화상자에서 행 높이 값을 직접 입력해도 된다.

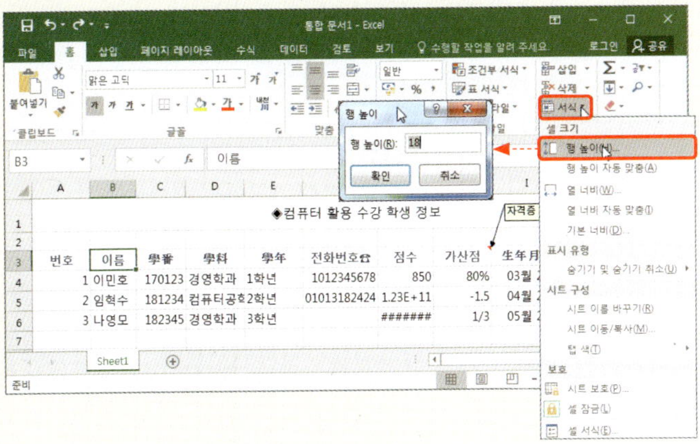

03 A열의 열 머리글 경계선을 드래그하여 너비를 '5.00(45픽셀)'으로 설정한다. D열은 열 머리글 경계선을 더블클릭하여 열 너비를 자동 맞춤한다.

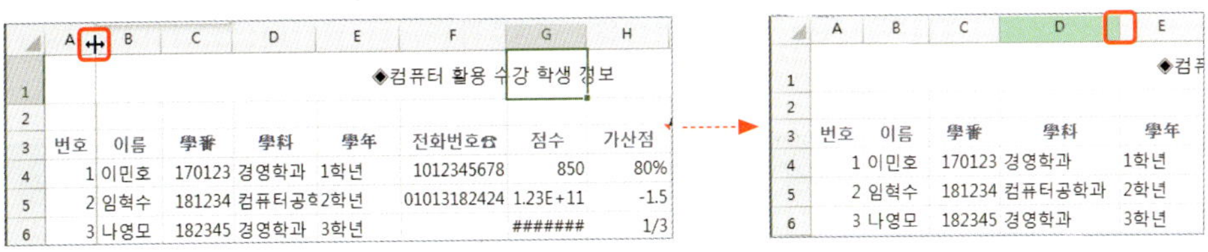

04 A3:K6 영역을 선택하고 [홈] 탭–[글꼴] 그룹–[테두리] 목록에서 [모든 테두리]를 선택한다.

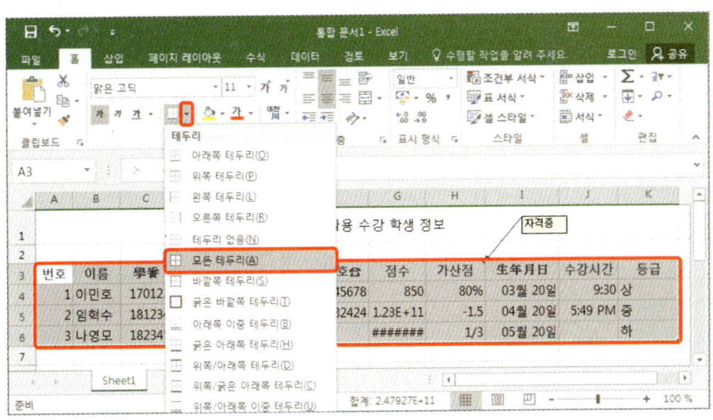

여기서 잠깐 ▶ 테두리 목록에 없는 모양 설정하기

테두리 목록에 원하는 모양이 없다면 [다른 테두리]를 눌러 [셀 서식] 대화상자를 열고 [테두리] 탭에서 원하는 선 스타일이나 색, 테두리 모양을 선택한다. [셀 서식] 대화상자는 셀을 마우스 오른쪽 단추로 눌러 단축 메뉴에서 [셀 서식]을 선택하거나 [홈] 탭의 [글꼴], [맞춤], [표시 형식] 그룹 오른쪽 하단에 있는 단추를 누르면 나타난다.

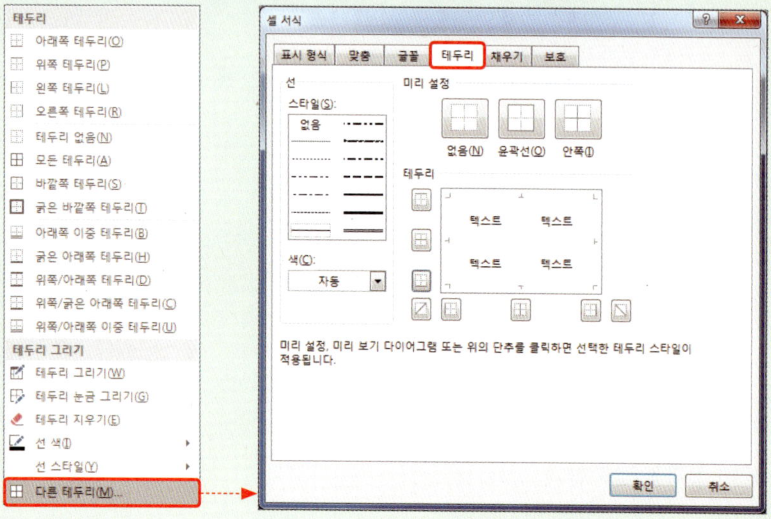

05 A3:K3 영역을 선택하고 [홈] 탭–[글꼴] 그룹–[채우기 색] 목록에서 색상을 선택한다.

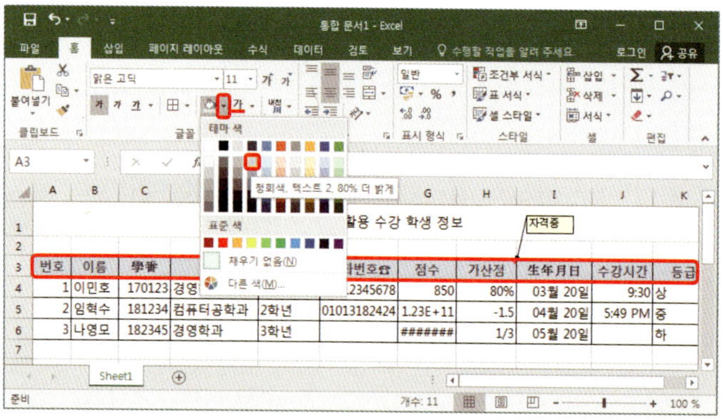

TIP ▶ [셀 서식] 대화상자의 [채우기] 탭에서 채우기 색을 설정해도 된다.

종합예제

문자, 숫자, 날짜, 기호 등의 데이터를 입력하고 자동 채우기 기능, 맞춤과 병합 기능, 셀 편집 기능 등을 사용하여 교통비 청구서 양식을 만들어 저장해 보자.

1 교통비 청구서 양식에 필요한 데이터를 입력한다.

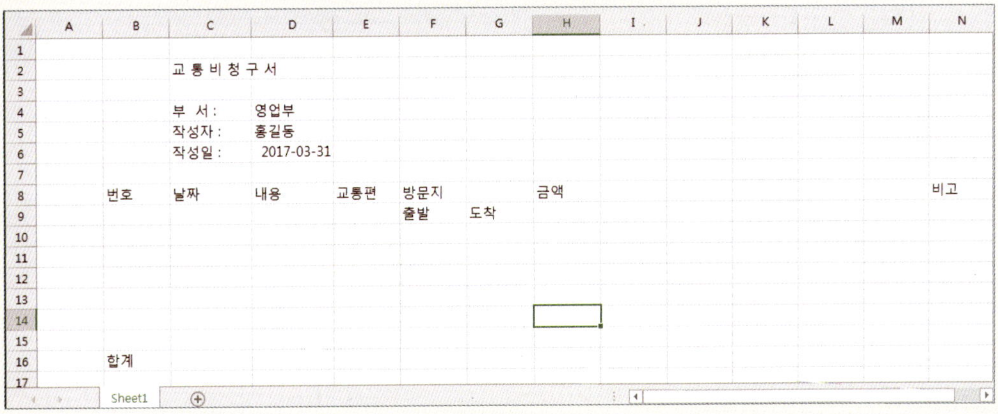

TIP ‘작성일’에는 단축키 Ctrl+;를 사용하여 현재 날짜를 입력한다.

2 ‘번호’ 항목은 채우기 핸들을 드래그하여 [연속 데이터 채우기]로 입력한다.

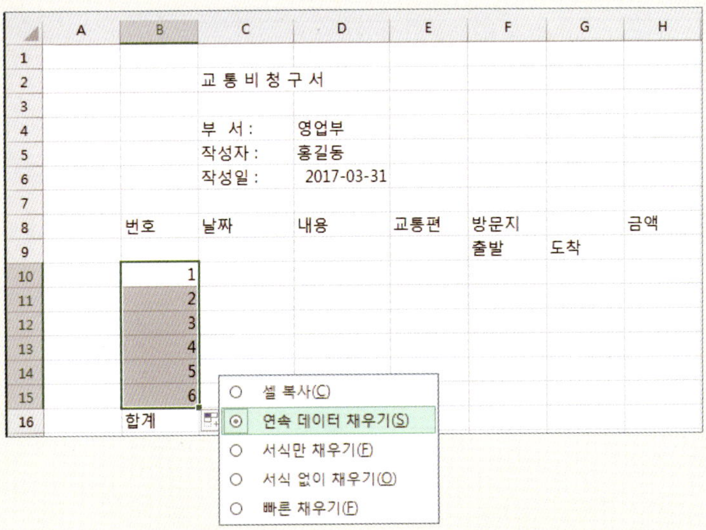

3 사용자 지정 목록에 '十萬, 萬, 千, 百, 十, 一'을 등록하고 등록한 목록으로 '금액' 항목을 자동 채우기 한다.

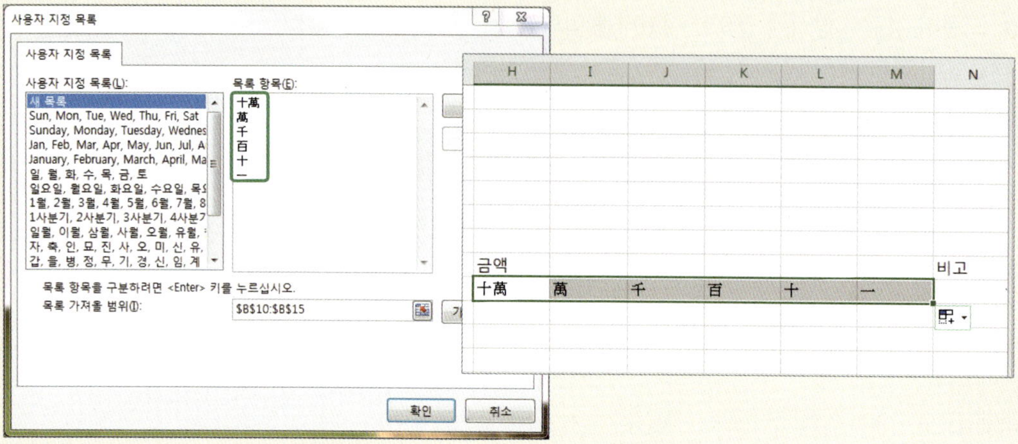

4 글꼴 모양과 텍스트 맞춤, 셀 병합, 행/열의 높이와 너비를 조정하고 셀 테두리와 채우기 색을 예제 화면과 같이 설정한다.

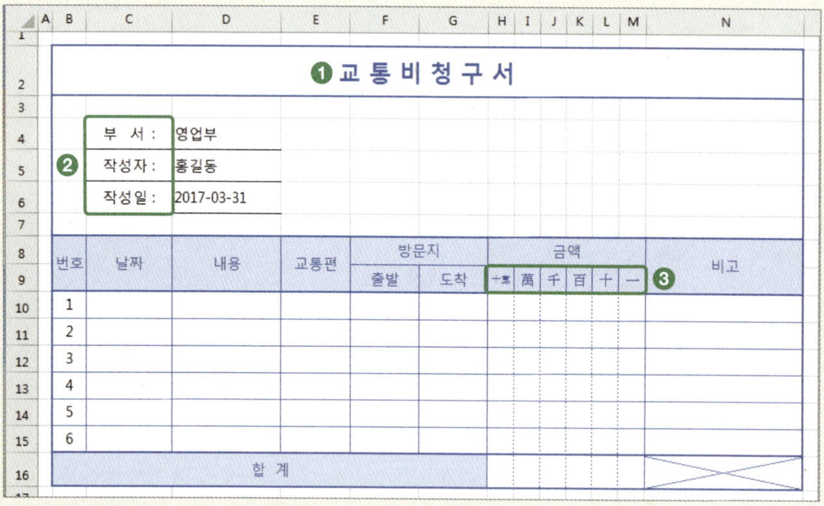

❶ 제목의 글꼴은 맑은고딕, 글꼴 크기는 18pt, 글꼴 색은 파랑으로 설정한다.

❷ '부서', '작성자', '작성일'은 [셀 서식] 대화상자의 [맞춤] 탭에서 [텍스트 맞춤]의 [가로]를 [균등 분할 (들여쓰기)]로 선택하고 [들여쓰기]는 [1]로 설정한다.

❸ '금액'의 숫자는 [셀 서식] 대화상자의 [맞춤] 탭에서 [텍스트 조정]을 [셀에 맞춤]으로 설정한다.

5 새 워크시트를 추가하고 모양에 맞게 셀을 병합하여 결재란을 만든다.

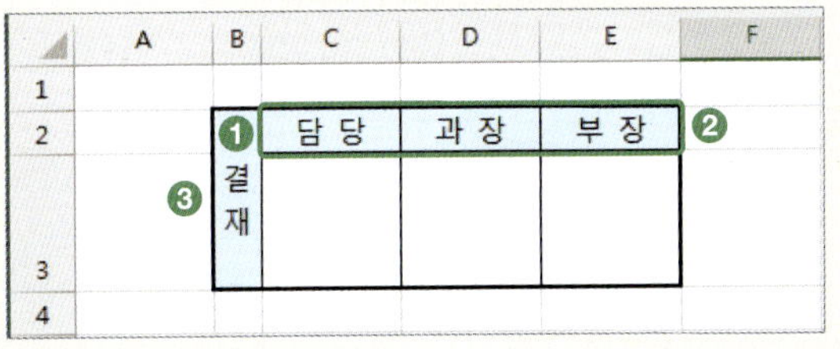

❶ '결재'는 [셀 서식] 대화상자의 [맞춤] 탭에서 [방향]을 [세로]로 설정한다.

❷ '담당', '과장', '부장'은 [셀 서식] 대화상자의 [맞춤] 탭에서 [텍스트 맞춤]의 [가로]를 [균등 분할 (들여쓰기)]로 선택하고 [들여쓰기]는 [1]로 설정한다.

❸ 셀 테두리는 [모든 테두리]와 [굵은 바깥쪽 테두리]를 적용하고 채우기 색은 [파랑]으로 설정한다.

6 B2:E3 영역을 선택하고 [홈] 탭-[클립보드] 그룹-[복사] 목록에서 [그림으로 복사]를 선택한 후 [그림 복사] 대화상자에서 [확인]을 누른다.

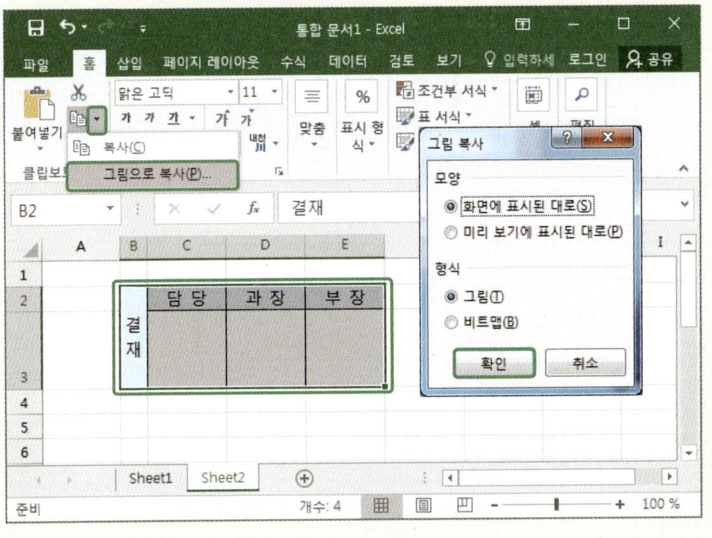

7 'Sheet1' 시트를 선택하고 [홈] 탭–[클립보드] 그룹–[붙여넣기]를 눌러 교통비청구서 양식의 적절한 위치에 결재란을 추가한다.

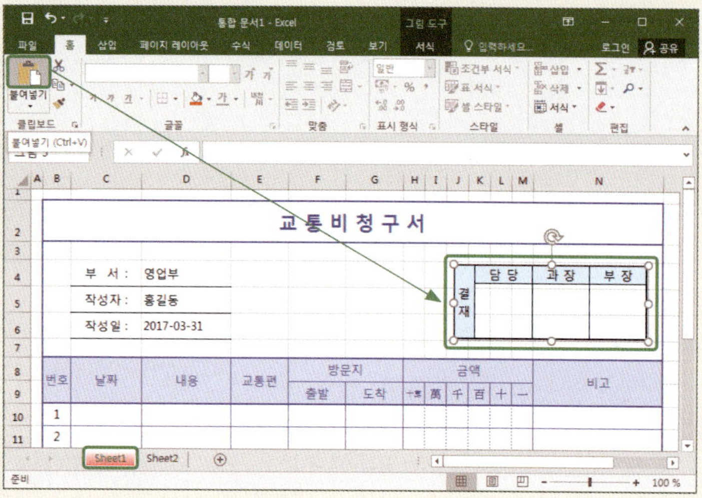

TIP 셀 병합 기능을 이용해 결재란을 양식에 직접 만들어도 되지만 셀 너비나 높이를 조정하기 어려운 경우 그림으로 삽입하는 방법이 유용하다.

8 양식에 내용을 입력한다.

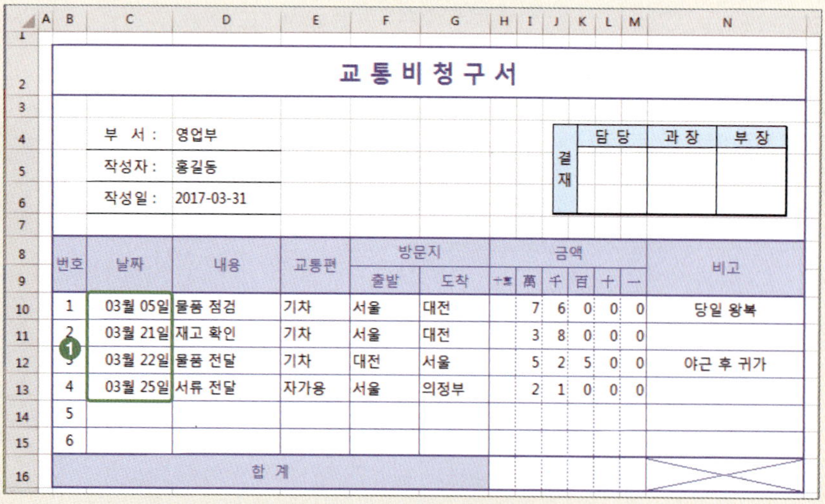

❶ 날짜는 *3-15*나 *3/15*처럼 '월-일' 또는 '월/일' 형식으로 입력한다.

TIP 양식에 입력할 때, 셀 범위를 미리 지정하고 Tab을 누르면서 값을 입력하면 순서대로 셀 위치를 이동할 수 있어 편리하다.

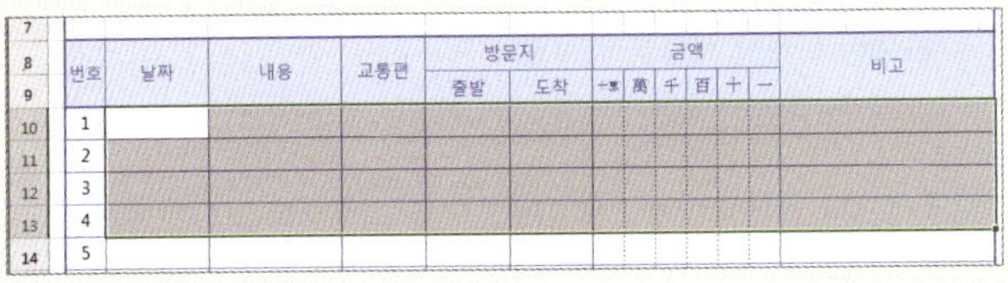

9 워크시트 이름을 '3월'로 바꾸고 시트 탭의 색을 설정한 후 '교통비청구서' 파일로 저장한다.

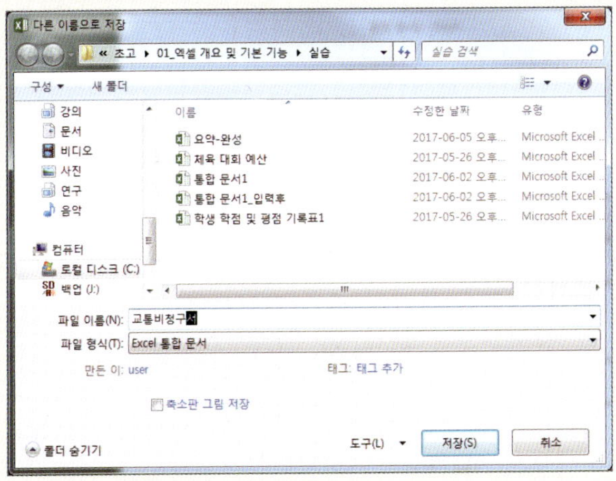

연습문제

1 다음 조건에 맞게 실기 평가표 양식을 작성하시오.

❶ '등급'은 'A, B, C, D, F'와 '우수, 양호, 보통, 불량, 실격'을 사용자 지정 목록에 등록하고 자동 채우기로 입력하시오.

❷ '배점'은 95, 85만 입력하고 나머지 값은 채우기 핸들을 이용하여 동일한 간격의 연속 데이터 채우기로 입력하시오.

❸ 시트 이름을 '실기평가표'로 변경하시오.

실기 평가표 ♬

번호	평가분야	과목	평가일	평가등급					
				구분	우수	양호	보통	불량	실격
Ⅰ	목관 파트	자유곡	06월 11일	등급	A	B	C	D	F
				배점	95	85	75	65	55
		지정곡 (조견악보)	06월 12일	등급	A	B	C	D	F
				배점	95	85	75	65	55
		합계		200					
Ⅱ	타악기	자유곡	06월 13일	등급	A	B	C	D	F
				배점	95	85	75	65	55
		지정곡 (조견악보)	06월 14일	등급	A	B	C	D	F
				배점	95	85	75	65	55
		합계		200					

실기평가표

2 다음 조건에 맞게 시간표를 작성하시오.

❶ 워크시트를 삽입하고 이름을 '시간표'로 변경하시오.

❷ '시간'의 '1교시, 2교시, … 18교시'와 '9:00, 9:30, … 17:30'은 채우기 핸들을 이용해 연속 데이터 채우기로 입력하시오.

☆ 2017-1학기 시간표 ★

시간	요일	월	화	수	목	금	토
1교시	9:00						
2교시	9:30						
3교시	10:00			문화컨텐츠와 컴퓨터 프로그래밍			
4교시	10:30						
5교시	11:00						
6교시	11:30		정보사회와 컴퓨터			영상일본어	
7교시	12:00						
8교시	12:30						
9교시	13:00						
10교시	13:30	OFFICE 실무		영어회화			
11교시	14:00		웹프로그래밍				
12교시	14:30						
13교시	15:00						
14교시	15:30						
15교시	16:00						
16교시	16:30						
17교시	17:00						
18교시	17:30						

실기평가표 | 시간표

CHAPTER

03

수식과 셀 참조

학습목표

- 수식을 입력하는 기본 형식과 연산자의 종류를 설명할 수 있다.
- 자동 합계 도구로 수식을 입력할 수 있다.
- 상대 참조와 절대 참조의 개념을 이해하고 활용할 수 있다.
- 셀 이름을 정의하고 사용할 수 있다.

SECTION 01

수식 입력하기

엑셀을 사용하는 가장 큰 이유는 수식을 사용하여 많은 데이터를 자동으로 계산하기 위해서이다. 수식을 사용하면 셀에 입력된 값을 계산할 수 있을 뿐 아니라 셀 값을 수정하더라도 수식을 다시 작성하지 않도록 셀을 참조할 수 있다.

1.1 수식 입력 형식

엑셀에서 사용하는 수식은 반드시 등호(=)로 시작해야 하고 연산자와 피연산자로 구성된다. 연산자의 종류에 따라 피연산자의 갯수나 값의 데이터형이 다르며 데이터형으로는 숫자, 문자 혹은 참/거짓과 같은 논리 값이 있다.

= 피연산자 연산자 피연산자

피연산자는 값을 사용할 수도 있지만 A1이나 B1과 같이 셀 주소를 사용하여 셀에 있는 값을 수식에 적용할 수 있다. 이때 값이 변하더라도 수식의 변경 없이 새로운 값을 계산할 수 있는 참조 방식을 사용한다.

1.2 연산자의 종류

수식에 사용하는 연산자는 기능에 따라 산술 연산자, 비교 연산자, 연결 연산자로 구분할 수 있다. 다음과 같이 A1:D1 범위에 입력된 데이터를 피연산자로 하는 수식을 E1 셀에 입력하는 경우를 가정해보자.

	A	B	C	D	E
1	5	3	서울	특별시	

→ =A1+B1과 같이 입력

다음 표는 이 데이터를 기준으로 각 연산자의 기능, 수식 입력 방법, 셀에 표시되는 계산 결과를 정리한 것이다.

종류	연산자	기능	수식	표시 결과
산술 연산자	+	더하기	=A1+B1	8
	–	빼기	=A1–B1	2
	*	곱하기	=A1*B1	15
	/	나누기	=A1/B1	1.666667
	^	제곱	=A1^B1	125
비교 연산자	<	작다	=A1<B1	FALSE
	<=	작거나 같다	=A1<=B1	FALSE
	>	크다	=A1>B1	TRUE
	>=	크거나 같다	=A1>=B1	TRUE
	=	같다	=A1=B1	FALSE
	< >	다르다	=A1< >B1	TRUE
연결 연산자	&	텍스트 연결	=C1&D1	서울특별시

기본예제 3-1 연산자를 이용한 수식 작성하기

산술 연산자와 비교 연산자를 이용해 수식을 입력하고 계산 결과를 표시해 보자.

01 '실습.xlsx' 엑셀 파일을 열고 '1차년도' 워크시트를 선택한다.

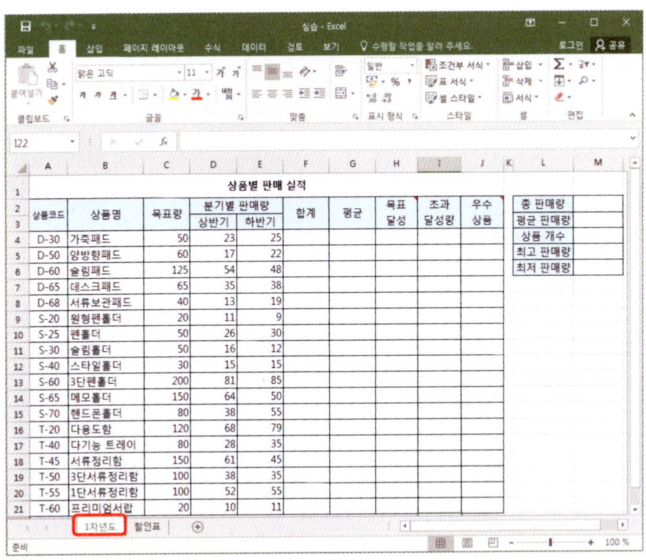

02 F4 셀에 합계를 구할 *=D4+E4* 수식을 입력하고 Enter를 누른다. 셀 주소 D4와 E4는 직접 입력해도 되고 마우스로 해당 셀을 눌러 수식에 적용해도 된다.

	A	B	C	D	E	F	G
1	상품별 판매 실적						
2	상품코드	상품명	목표량	분기별 판매량		합계	평균
3				상반기	하반기		
4	D-30	가죽패드	50	23	25	=D4+E4	
5	D-50	양방향패드	60	17	22		

TIP 셀을 선택하고 수식 입력줄에 수식을 입력해도 된다. 작성한 수식을 변경할 때는 셀을 더블클릭하거나 수식 입력줄을 선택한 후 수정한다.

INDEX | × ✓ *fx* | =D4+E4

	A	B	C	D	E	F	G
1	상품별 판매 실적						
2	상품코드	상품명	목표량	분기별 판매량		합계	평균
3				상반기	하반기		
4	D-30	가죽패드	50	23	25	=D4+E4	

03 F4 셀의 채우기 핸들을 F21 셀까지 드래그하여 합계 계산 결과를 자동으로 채운다.

	A	B	C	D	E	F	G
1	상품별 판매 실적						
2	상품코드	상품명	목표량	분기별 판매량		합계	평균
3				상반기	하반기		
4	D-30	가죽패드	50	23	25	48	
5	D-50	양방향패드	60	17	22	39	
6	D-60	슬림패드	125	54	48	102	
7	D-65	데스크패드	65	35	38	73	
8	D-68	서류보관패드	40	13	19	32	
9	S-20	원형펜홀더	20	11	9	20	
10	S-25	펜홀더	50	26	30	56	
11	S-30	슬림홀더	50	16	12	28	
12	S-40	스타일홀더	30	15	15	30	
13	S-60	3단펜홀더	200	81	85	166	
14	S-65	메모홀더	150	64	50	114	
15	S-70	핸드폰홀더	80	38	55	93	
16	T-20	다용도함	120	68	79	147	
17	T-40	다기능 트레이	80	28	35	63	
18	T-45	서류정리함	150	61	45	106	
19	T-50	3단서류정리함	100	38	35	73	
20	T-55	1단서류정리함	100	52	55	107	
21	T-60	프리미엄서랍	20	10	11	21	

04 G4 셀에 *=F4/2* 수식을 입력하고 Enter를 눌러 평균을 계산한다.

	A	B	C	D	E	F	G
1	상품별 판매 실적						
2	상품코드	상품명	목표량	분기별 판매량		합계	평균
3				상반기	하반기		
4	D-30	가죽패드	50	23	25	48	=F4/2
5	D-50	양방향패드	60	17	22	39	

TIP 평균을 구하는 수식은 *=(D4+E4)/2*로 입력해도 된다. 일반적인 수학식처럼 엑셀에서도 괄호 안에 작성된 식이 우선순위가 높아 먼저 계산된다.

05 G4 셀의 채우기 핸들을 드래그하여 나머지 셀의 평균을 자동 채우기로 구한다.

	A	B	C	D	E	F	G
1	상품별 판매 실적						
2	상품코드	상품명	목표량	분기별 판매량		합계	평균
3				상반기	하반기		
4	D-30	가죽패드	50	23	25	48	24
5	D-50	양방향패드	60	17	22	39	19.5
6	D-60	슬림패드	125	54	48	102	51
7	D-65	데스크패드	65	35	38	73	36.5
8	D-68	서류보관패드	40	13	19	32	16
9	S-20	원형펜홀더	20	11	9	20	10
10	S-25	펜홀더	50	26	30	56	28
11	S-30	슬림홀더	50	16	12	28	14
12	S-40	스타일홀더	30	15	15	30	15
13	S-60	3단펜홀더	200	81	85	166	83
14	S-65	메모홀더	150	64	50	114	57
15	S-70	핸드폰홀더	80	38	55	93	46.5
16	T-20	다용도함	120	68	79	147	73.5
17	T-40	다기능 트레이	80	28	35	63	31.5
18	T-45	서류정리함	150	61	45	106	53
19	T-50	3단서류정리함	100	38	35	73	36.5
20	T-55	1단서류정리함	100	52	55	107	53.5
21	T-60	프리미엄서랍	20	10	11	21	10.5

여기서 잠깐 ▶ 여러 셀에 한꺼번에 수식 입력하기

연속적인 여러 셀에 같은 수식을 사용할 때는 범위를 한꺼번에 선택한 후에 수식을 입력하고 단축키 Ctrl+Enter를 눌러도 된다.

① 범위를 모두 선택한다.

	A	B	C	D	E	F	G
1	상품별 판매 실적						
2	상품코드	상품명	목표량	분기별 판매량		합계	평균
3				상반기	하반기		
4	D-30	가죽패드	50	23	25	48	
5	D-50	양방향패드	60	17	22	39	
6	D-60	슬림패드	125	54	48	102	
7	D-65	데스크패드	65	35	38	73	
8	D-68	서류보관패드	40	13	19	32	
9	S-20	원형펜홀더	20	11	9	20	
10	S-25	펜홀더	50	26	30	56	

② 수식을 입력한다.

	A	B	C	D	E	F	G
1	상품별 판매 실적						
2	상품코드	상품명	목표량	분기별 판매량		합계	평균
3				상반기	하반기		
4	D-30	가죽패드	50	23	25	48	=F4/2
5	D-50	양방향패드	60	17	22	39	
6	D-60	슬림패드	125	54	48	102	
7	D-65	데스크패드	65	35	38	73	
8	D-68	서류보관패드	40	13	19	32	
9	S-20	원형펜홀더	20	11	9	20	
10	S-25	펜홀더	50	26	30	56	

③ 단축키 Ctrl+Enter를 눌러 선택한 모든 셀에 수식을 적용한다.

	A	B	C	D	E	F	G
1	상품별 판매 실적						
2	상품코드	상품명	목표량	분기별 판매량		합계	평균
3				상반기	하반기		
4	D-30	가죽패드	50	23	25	48	24
5	D-50	양방향패드	60	17	22	39	19.5
6	D-60	슬림패드	125	54	48	102	51
7	D-65	데스크패드	65	35	38	73	36.5
8	D-68	서류보관패드	40	13	19	32	16
9	S-20	원형펜홀더	20	11	9	20	10
10	S-25	펜홀더	50	26	30	56	28

06 H4 셀에 *=F4>=C4* 수식을 입력하고 Enter를 누른다.

	A	B	C	D	E	F	G	H	I
1	상품별 판매 실적								
2	상품코드	상품명	목표량	분기별 판매량		합계	평균	목표 달성	초과 달성량
3				상반기	하반기				
4	D-30	가죽패드	50	23	25	48	24	=F4>=C4	
5	D-50	양방향패드	60	17	22	39	19.5		

TIP 판매량 합계가 목표량 이상인 경우 목표를 달성한 것으로 판단하는 수식이다.

07 이처럼 비교 연산자를 사용한 계산 결과는 논리 값(TRUE 또는 FALSE)을 가진다. H4 셀의 채우기 핸들을 드래그하여 나머지 항목에도 값을 표시한다.

	A	B	C	D	E	F	G	H	I
1	상품별 판매 실적								
2	상품코드	상품명	목표량	분기별 판매량		합계	평균	목표 달성	초과 달성량
3				상반기	하반기				
4	D-30	가죽패드	50	23	25	48	24	FALSE	
5	D-50	양방향패드	60	17	22	39	19.5	FALSE	
6	D-60	슬림패드	125	54	48	102	51	FALSE	
7	D-65	데스크패드	65	35	38	73	36.5	TRUE	
8	D-68	서류보관패드	40	13	19	32	16	FALSE	
9	S-20	원형펜홀더	20	11	9	20	10	TRUE	
10	S-25	펜홀더	50	26	30	56	28	TRUE	
11	S-30	슬림홀더	50	16	12	28	14	FALSE	
12	S-40	스타일홀더	30	15	15	30	15	TRUE	
13	S-60	3단펜홀더	200	81	85	166	83	FALSE	
14	S-65	메모홀더	150	64	50	114	57	FALSE	
15	S-70	핸드폰홀더	80	38	55	93	46.5	TRUE	
16	T-20	다용도함	120	68	79	147	73.5	TRUE	
17	T-40	다기능 트레이	80	28	35	63	31.5	FALSE	
18	T-45	서류정리함	150	61	45	106	53	FALSE	
19	T-50	3단서류정리함	100	38	35	73	36.5	FALSE	
20	T-55	1단서류정리함	100	52	55	107	53.5	TRUE	
21	T-60	프리미엄서랍	20	10	11	21	10.5	TRUE	

SECTION 02

자동 합계 도구로 수식 입력하기

자동 합계 도구는 엑셀에서 자주 사용하는 합계나 평균 등의 계산 기능을 메뉴로 모아놓고 마우스로 선택하면 바로 실행되도록 하는 간편한 기능이다. 자동 합계 도구를 이용하면 수식 입력 방법을 몰라도 간단한 통계 계산을 할 수 있다.

2.1 자동 합계 도구의 종류

자동 합계 도구는 합계, 평균, 숫자 개수, 최대값, 최소값을 계산하는 함수로 구성되어 있다. 함수란 계산식을 미리 만들어 놓고 쉽게 사용하도록 하는 기능이다. 예를 들면 A1 셀에서 A10 셀까지 합계를 구할 때 *=A1+A2+A3+…+A10* 수식을 입력하는 대신 합계를 구하는 함수를 이용해 *=SUM(A1:A10)* 수식을 입력할 수 있다. 이처럼 함수를 이용하면 길고 복잡한 수식을 직접 작성하지 않고도 계산을 쉽게 할 수 있다.

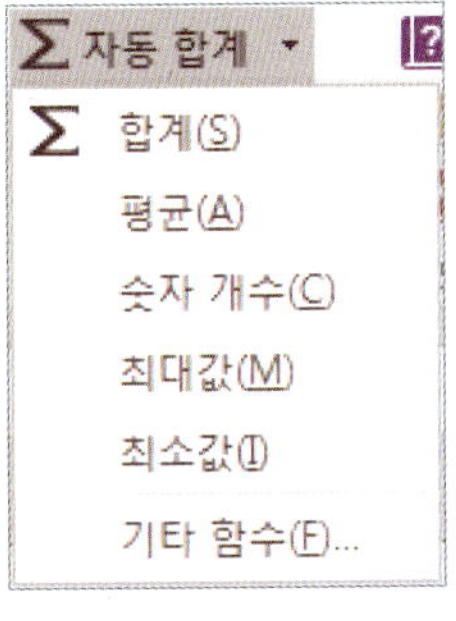

TIP 자동 합계 도구는 [홈] 탭이나 [수식] 탭에서 선택할 수 있다.

기본예제 3-2 합계와 평균 구하기

자동 합계 도구의 합계 함수와 평균 함수를 이용해 합계와 평균을 구해 보자.

01 M2 셀을 선택하고 [수식] 탭–[함수 라이브러리] 그룹–[자동 합계] 목록에서 [합계]를 선택한다.

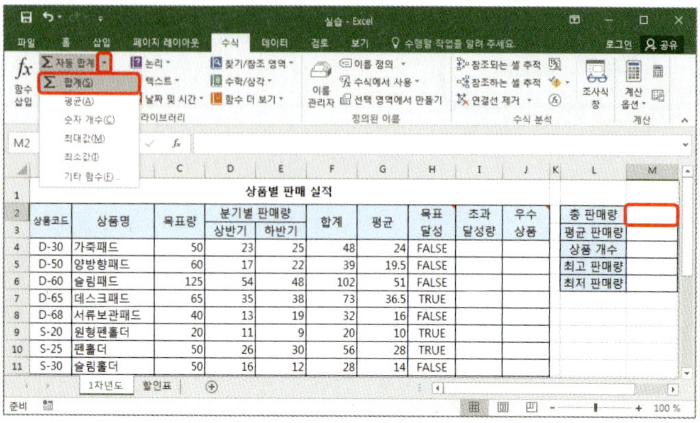

TIP 더하기 연산자(+)를 활용하여 합계를 계산할 수도 있지만 상품 개수가 많으면 수식 작성이 매우 번거로워진다.

02 M2 셀에 *=SUM( )* 수식이 만들어진다. 괄호 안에 합계를 구할 값, 셀 이름 혹은 범위를 설정하면 된다.

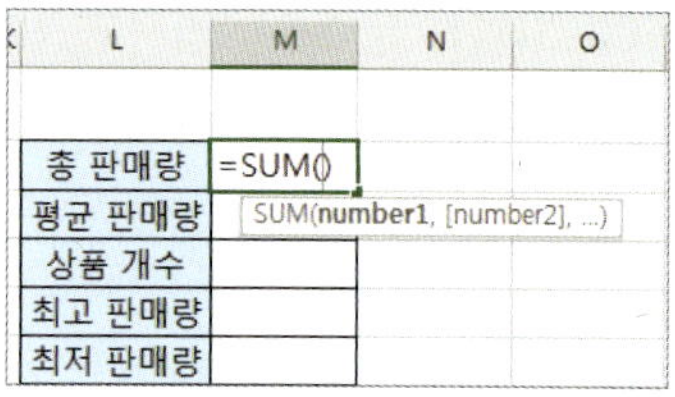

03 F4:F21 범위를 드래그하면 *=SUM(F4:F21)*로 수식이 바뀐다. 선택한 범위가 총 판매량을 구할 영역이 된다.

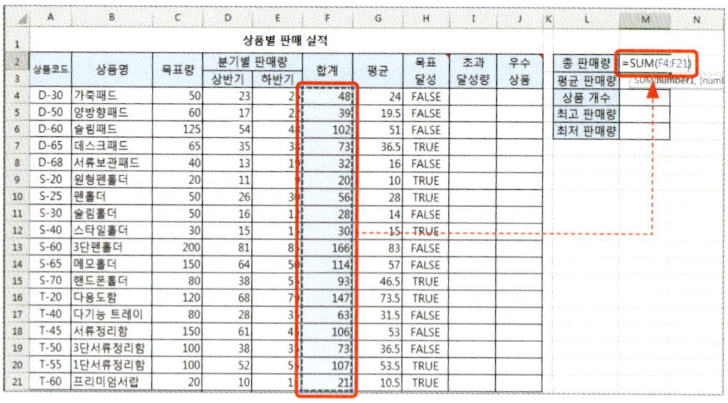

TIP 연속적인 셀을 범위로 설정하여 함수에 사용할 때는 F4:F21과 같이 콜론(:) 기호를 사용한다.

04 Enter를 눌러 자동 합계 도구로 계산한 결과를 확인한다.

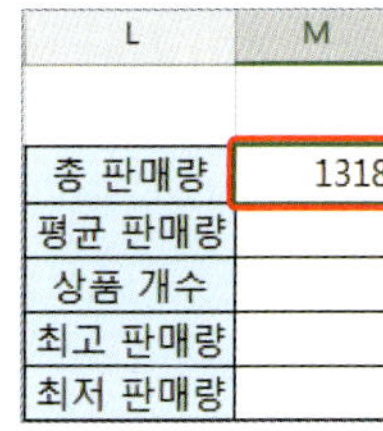

05 이번에는 M3 셀을 선택하고 [수식] 탭–[함수 라이브러리] 그룹–[자동 합계] 목록에서 [평균]을 선택한다.

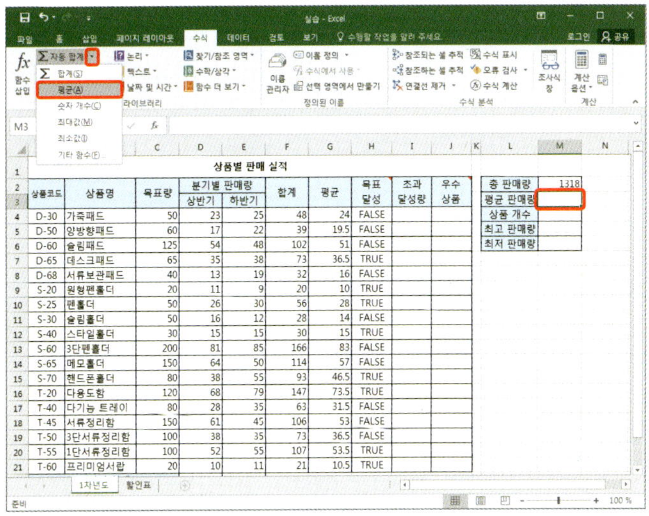

06 F4:F21 범위를 드래그하여 *=AVERAGE(F4:F21)* 수식으로 만들고 Enter를 누른다.

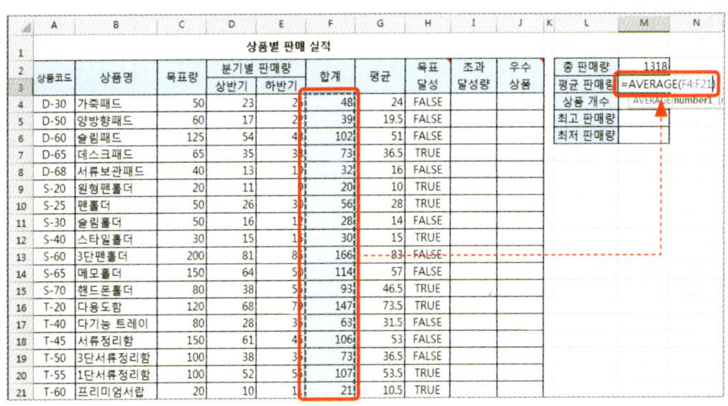

07 계산 결과를 확인하고 [홈] 탭–[표시 형식] 그룹에서 [자릿수 줄임]을 눌러 표시되는 소수점 자릿수를 변경한다.

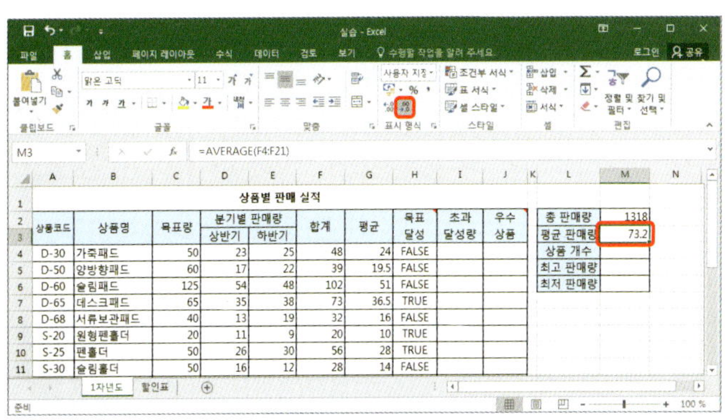

기본예제 3-3 숫자 개수 구하기

자동 합계 도구의 숫자 개수 함수는 지정한 범위에서 숫자가 입력된 셀의 개수를 세는 함수이다. 의도한 결과를 얻으려면 범위 내 숫자가 올바른 형식으로 입력되어 있어야 한다. 숫자 개수 함수를 사용하여 상품 개수를 계산해 보자.

01 상품 개수를 표시할 M4 셀을 선택하고 [수식] 탭-[함수 라이브러리] 그룹-[자동 합계] 목록에서 [숫자 개수]를 선택한다.

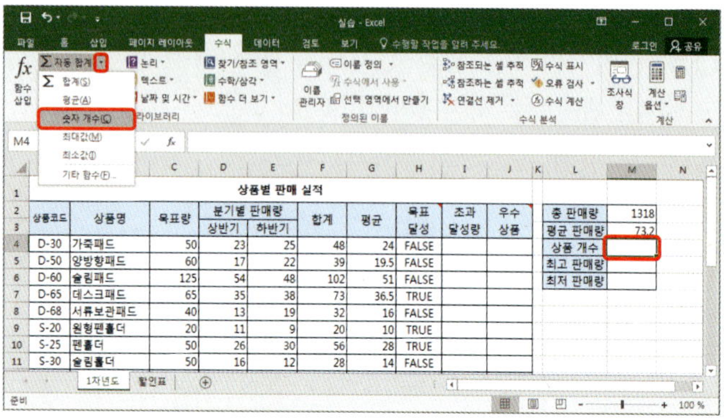

02 개수를 세려는 숫자가 있는 합계 범위인 F4:F21 범위를 드래그해 선택하면 *=COUNT(F4:F21)* 수식이 M4 셀에 만들어진다.

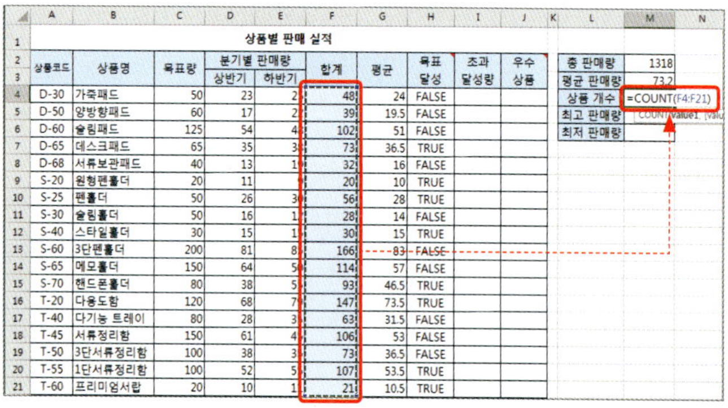

TIP 범위를 목표량(C4:C21)이나 평균(G4:G21)으로 설정해도 상품 개수를 구할 수 있다.

03 Enter를 눌러 계산 결과를 확인한다.

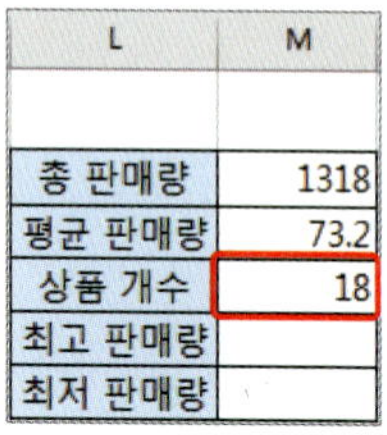

TIP 자동 합계 도구로 제공되는 COUNT( ) 함수는 숫자 개수만 계산할 수 있지만 엑셀 함수에는 문자의 개수를 세거나 특정 조건에 맞는 셀의 개수를 세는 함수도 있다. 이러한 함수의 사용법은 CHAPTER 06에서 설명한다.

기본예제 3-4 최대값과 최소값 구하기

자동 합계 도구의 최대값과 최소값 함수를 사용하여 상품별 판매 실적 합계에서 최고 판매량과 최저 판매량을 구해 보자.

01 최고 판매량을 표시할 M5 셀을 선택하고 [수식] 탭–[함수 라이브러리] 그룹–[자동 합계] 목록에서 [최대값]을 선택한다.

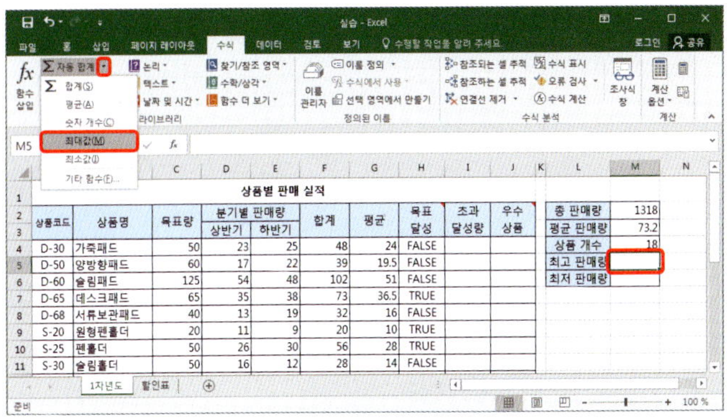

02 F4:F21 범위를 드래그해 선택하면 *=MAX(F4:F21)* 수식이 만들어진다.

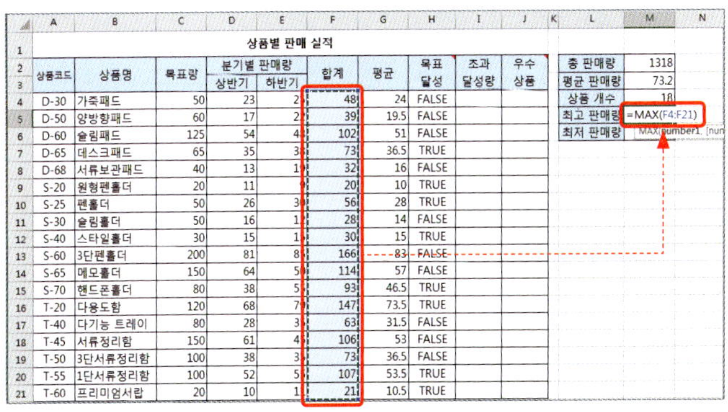

03 Enter를 눌러 MAX( ) 함수로 계산된 최고 판매량을 확인한다.

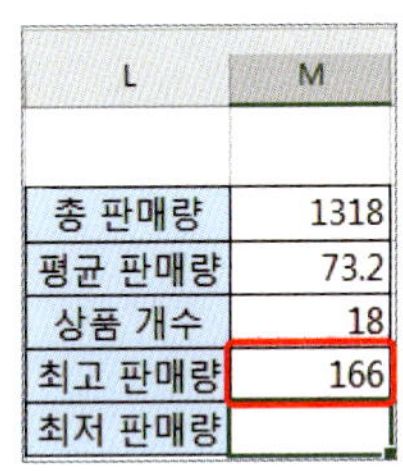

04 최저 판매량을 구할 M6 셀을 선택하고 [수식] 탭–[함수 라이브러리] 그룹–[자동 합계] 목록에서 [최소값]을 선택한다. F4:F21 범위를 드래그해 선택하면 *=MIN(F4:F21)* 수식이 만들어진다.

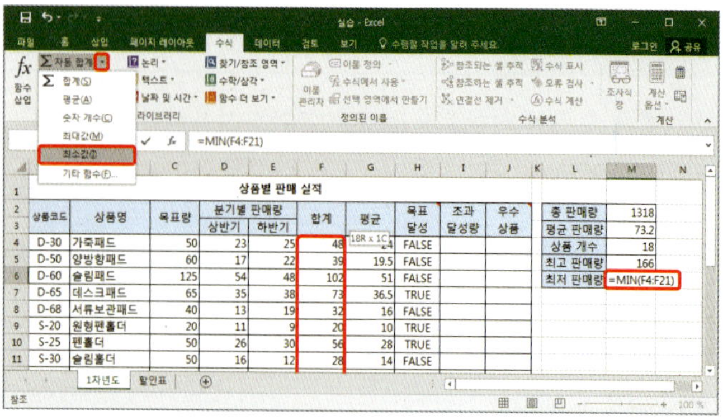

05 Enter를 눌러 MIN( ) 함수로 계산된 최저 판매량을 확인한다.

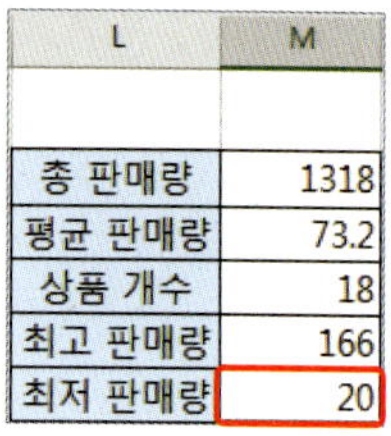

SECTION 03

셀 참조 이해하기

엑셀에서는 셀에 입력된 값을 직접 사용하는 것보다 셀 주소를 사용하여 수식을 작성하는 것이 일반적이다. 셀에 입력된 값이 변경되더라도 수식을 바꿀 필요 없이 계산 결과에 바로 적용할 수 있기 때문이다. 셀 주소를 수식에 사용하여 값을 가져오는 것을 참조라고 한다. 참조를 통해 셀 값이 입력되거나 변경될 때 실시간으로 계산할 수 있다는 것이 엑셀 프로그램의 큰 장점이다.

3.1 상대 참조

자동 채우기로 수식을 복사할 때는 채우기 핸들을 드래그하는 방향에 따라 수식의 형태가 변경된다. 원래 식에서 참조하는 셀 주소가 수식이 복사된 위치에 따라 자동으로 변경되는 것을 상대 참조라고 한다. 엑셀에서 수식을 복사할 때 기본으로 사용하는 참조 방식이다.

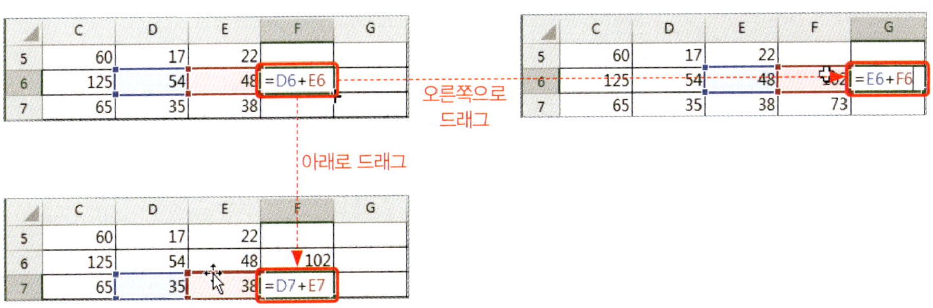

기본예제 3-5 상대 참조를 이용한 수식 만들기

자동 채우기로 수식을 복사하면서 상대 참조에 의해 수식이 변경되는 것을 확인해 보자.

01 '실습.xlsx' 파일의 '1차년도' 시트를 열고 I4 셀에 *=F4–C4* 수식을 입력한 후 Enter를 누른다.

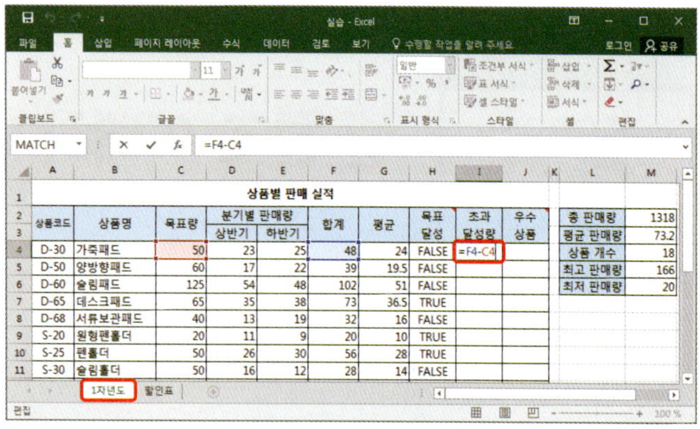

02 I4 셀에 계산 결과가 표시되면 I4 셀의 채우기 핸들을 I21 셀까지 드래그하여 수식을 복사한다.

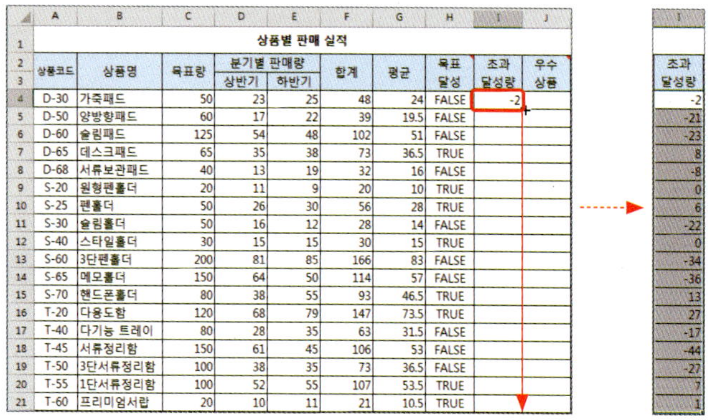

03 I21 셀을 선택하고 수식 입력줄을 보면 수식이 복사될 때 상대 참조가 적용된 것을 확인할 수 있다.

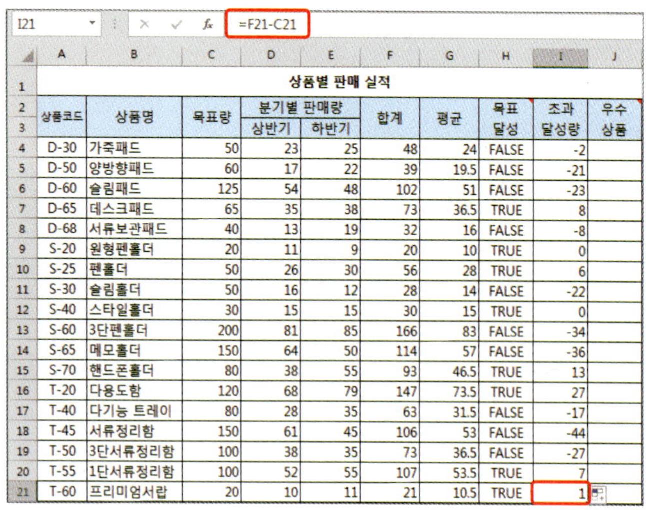

3.2 절대 참조

절대 참조는 수식을 복사할 때 셀 주소가 바뀌지 않도록 참조하는 방식이다. 참조하는 셀 주소(M3)에 달러($) 기호를 붙여($M$3) 수식을 복사할 때 변경되지 않는 부분임을 표시한다.

TIP $ 기호는 직접 입력해도 되지만 F4를 이용해 셀 주소에 붙일 수도 있다.

기본예제 3-6 절대 참조의 필요성 알기

상품별 판매 실적 데이터에서 평균 판매량을 기준으로 그 이상 판매된 상품을 우수 상품으로 판정하는 수식을 작성해 보자.

01 J4 셀에 *=F4>=M3* 수식을 입력하고 Enter를 누른다.

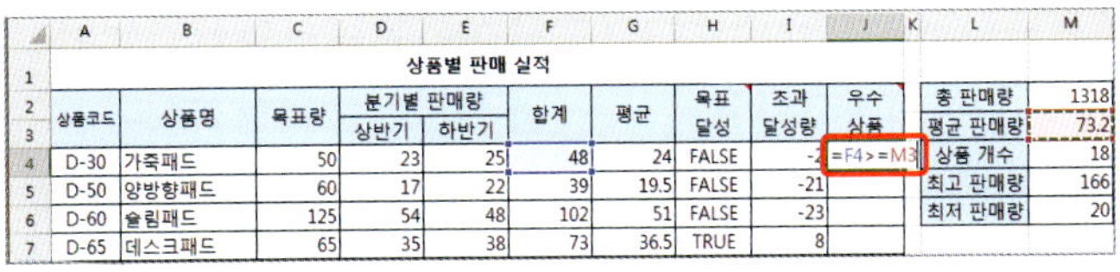

상품별 판매 실적

상품코드	상품명	목표량	분기별 판매량 상반기	분기별 판매량 하반기	합계	평균	목표 달성	초과 달성량	우수 상품
D-30	가죽패드	50	23	25	48	24	FALSE	-2	=F4>=M3
D-50	양방향패드	60	17	22	39	19.5	FALSE	-21	
D-60	슬림패드	125	54	48	102	51	FALSE	-23	
D-65	데스크패드	65	35	38	73	36.5	TRUE	8	

총 판매량	1318
평균 판매량	73.2
상품 개수	18
최고 판매량	166
최저 판매량	20

02 J4 셀의 채우기 핸들을 J21 셀까지 드래그하여 수식을 복사한다.

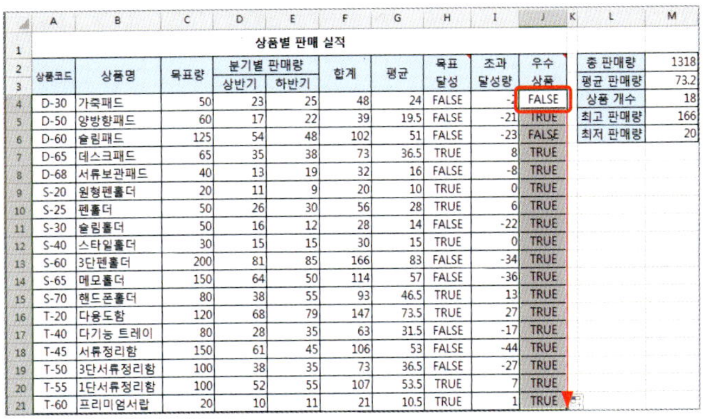

상품별 판매 실적

상품코드	상품명	목표량	분기별 판매량 상반기	분기별 판매량 하반기	합계	평균	목표 달성	초과 달성량	우수 상품
D-30	가죽패드	50	23	25	48	24	FALSE	-2	FALSE
D-50	양방향패드	60	17	22	39	19.5	FALSE	-21	TRUE
D-60	슬림패드	125	54	48	102	51	FALSE	-23	FALSE
D-65	데스크패드	65	35	38	73	36.5	TRUE	8	TRUE
D-68	서류보관패드	40	13	19	32	16	FALSE	-8	TRUE
S-20	원형펜홀더	20	11	9	20	10	TRUE	0	TRUE
S-25	펜홀더	50	26	30	56	28	TRUE	6	TRUE
S-30	슬림홀더	50	16	12	28	14	FALSE	-22	TRUE
S-40	스타일홀더	30	15	15	30	15	TRUE	0	TRUE
S-60	3단펜홀더	200	81	85	166	83	FALSE	-34	TRUE
S-65	메모홀더	150	64	50	114	57	FALSE	-36	TRUE
S-70	핸드폰홀더	80	38	55	93	46.5	TRUE	13	TRUE
T-20	다용도함	120	68	79	147	73.5	TRUE	27	TRUE
T-40	다기능 트레이	80	28	35	63	31.5	FALSE	-17	TRUE
T-45	서류정리함	150	61	45	106	53	FALSE	-44	TRUE
T-50	3단서류정리함	100	38	35	73	36.5	FALSE	-27	TRUE
T-55	1단서류정리함	100	52	55	107	53.5	TRUE	7	TRUE
T-60	프리미엄서랍	20	10	11	21	10.5	TRUE	1	TRUE

총 판매량	1318
평균 판매량	73.2
상품 개수	18
최고 판매량	166
최저 판매량	20

03 결과가 잘못 계산된 J9 셀을 더블클릭하면 수식이 변경되어 올바른 값을 참조하지 않고 있는 것을 알 수 있다.

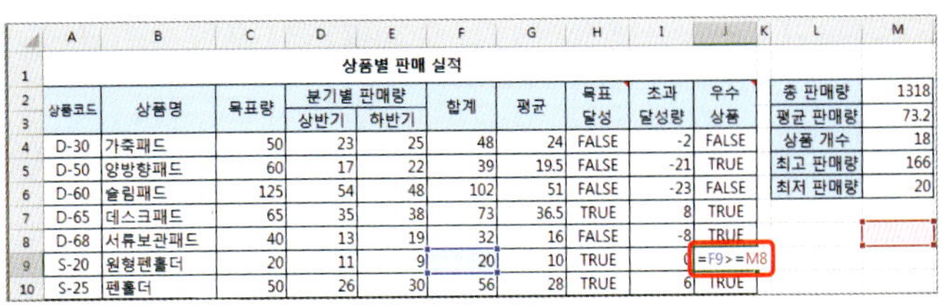

상품별 판매 실적

상품코드	상품명	목표량	분기별 판매량 상반기	분기별 판매량 하반기	합계	평균	목표 달성	초과 달성량	우수 상품
D-30	가죽패드	50	23	25	48	24	FALSE	-2	FALSE
D-50	양방향패드	60	17	22	39	19.5	FALSE	-21	TRUE
D-60	슬림패드	125	54	48	102	51	FALSE	-23	FALSE
D-65	데스크패드	65	35	38	73	36.5	TRUE	8	TRUE
D-68	서류보관패드	40	13	19	32	16	FALSE	-8	TRUE
S-20	원형펜홀더	20	11	9	20	10	TRUE	0	=F9>=M8
S-25	펜홀더	50	26	30	56	28	TRUE	6	TRUE

총 판매량	1318
평균 판매량	73.2
상품 개수	18
최고 판매량	166
최저 판매량	20

TIP 값이 없는 셀을 수식에서 참조하고 있으므로 오류가 발생한 것이다.

기본예제 3-7 절대 참조를 이용한 수식 만들기

[기본예제 3-6]에서는 수식이 복사될 때 상대 참조가 되어 참조하는 셀 주소가 변경되었다. 셀 주소가 바뀌지 않도록 수식을 절대 참조 형식으로 변경해 보자.

01 J4 셀을 선택하고 F2를 눌러 수식의 마지막에 커서를 위치시키고 F4를 눌러 M3이 *$M$3*이 되도록 한 후 Enter를 누른다.

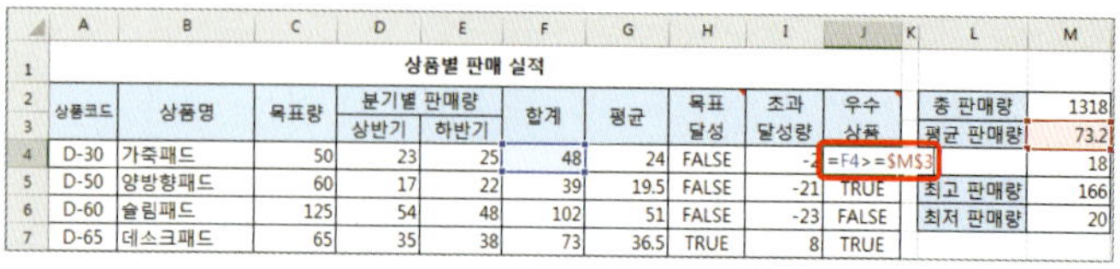

상품코드	상품명	목표량	분기별 판매량 상반기	분기별 판매량 하반기	합계	평균	목표 달성	초과 달성량	우수 상품
D-30	가죽패드	50	23	25	48	24	FALSE	-2	=F4>=$M$3
D-50	양방향패드	60	17	22	39	19.5	FALSE	-21	TRUE
D-60	슬림패드	125	54	48	102	51	FALSE	-23	FALSE
D-65	데스크패드	65	35	38	73	36.5	TRUE	8	TRUE

총 판매량	1318
평균 판매량	73.2
	18
최고 판매량	166
최저 판매량	20

TIP 셀 주소의 앞이나 뒤에 커서를 두고 F4를 반복해서 누르면 'M3→$M$3→M$3→$M3'의 순환 형태로 셀 주소가 바뀐다.

02 J4 셀의 채우기 핸들을 J21 셀까지 드래그하여 수식을 복사한다.

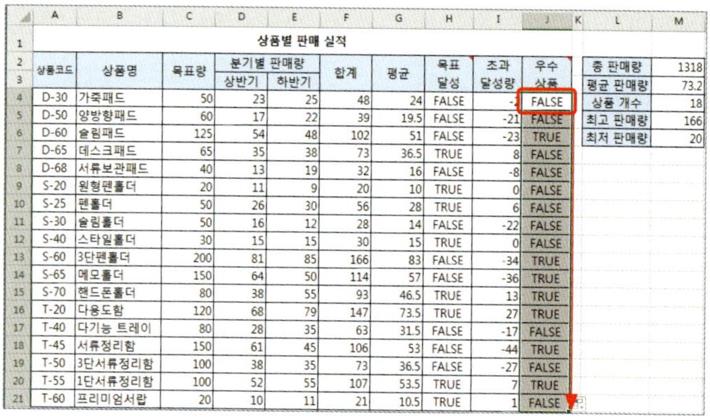

상품별 판매 실적

상품코드	상품명	목표량	분기별 판매량 상반기	분기별 판매량 하반기	합계	평균	목표 달성	초과 달성량	우수 상품
D-30	가죽패드	50	23	25	48	24	FALSE	-2	FALSE
D-50	양방향패드	60	17	22	39	19.5	FALSE	-21	FALSE
D-60	슬림패드	125	54	48	102	51	FALSE	-23	TRUE
D-65	데스크패드	65	35	38	73	36.5	TRUE	8	FALSE
D-68	서류보관패드	40	13	19	32	16	FALSE	-8	FALSE
S-20	원형펜홀더	20	11	9	20	10	TRUE	0	FALSE
S-25	펜홀더	50	26	30	56	28	TRUE	6	FALSE
S-30	슬림홀더	50	16	12	28	14	FALSE	-22	FALSE
S-40	스타일홀더	30	15	15	30	15	TRUE	0	FALSE
S-60	3단펜홀더	200	81	85	166	83	FALSE	-34	TRUE
S-65	메모홀더	150	64	50	114	57	FALSE	-36	TRUE
S-70	핸드폰홀더	80	38	55	93	46.5	TRUE	13	TRUE
T-20	다용도함	120	68	79	147	73.5	TRUE	27	TRUE
T-40	다기능 트레이	80	28	35	63	31.5	FALSE	-17	FALSE
T-45	서류정리함	150	61	45	106	53	FALSE	-44	TRUE
T-50	3단서류정리함	100	38	35	73	36.5	FALSE	-27	FALSE
T-55	1단서류정리함	100	52	55	107	53.5	TRUE	7	TRUE
T-60	프리미엄서랍	20	10	11	21	10.5	TRUE	1	FALSE

총 판매량	1318
평균 판매량	73.2
상품 개수	18
최고 판매량	166
최저 판매량	20

03 J9 셀을 더블클릭하면 수식에서 참조하고 있는 영역이 표시된다. 참조하는 M3 셀의 주소가 복사될 때 변경되지 않아 계산 결과가 올바르게 표시된 것을 확인할 수 있다.

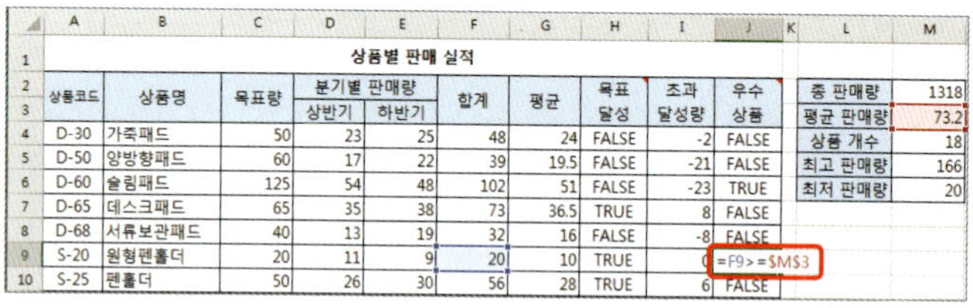

상품별 판매 실적

상품코드	상품명	목표량	분기별 판매량 상반기	분기별 판매량 하반기	합계	평균	목표 달성	초과 달성량	우수 상품
D-30	가죽패드	50	23	25	48	24	FALSE	-2	FALSE
D-50	양방향패드	60	17	22	39	19.5	FALSE	-21	FALSE
D-60	슬림패드	125	54	48	102	51	FALSE	-23	TRUE
D-65	데스크패드	65	35	38	73	36.5	TRUE	8	FALSE
D-68	서류보관패드	40	13	19	32	16	FALSE	-8	FALSE
S-20	원형펜홀더	20	11	9	20	10	TRUE	0	=F9>=$M$3
S-25	펜홀더	50	26	30	56	28	TRUE	6	FALSE

총 판매량	1318
평균 판매량	73.2
상품 개수	18
최고 판매량	166
최저 판매량	20

3.3 혼합 참조

셀 주소의 행 번호나 열 번호에 $ 기호를 붙여 고정시키는 방법을 혼합 참조라고 한다. 가령 수식에서 셀 주소가 $M2인 경우에는 수식이 열 방향으로 복사될 때 열 번호(M)가 바뀌지 않고 M$2인 경우에는 행 방향으로 복사할 때 행 번호(2)가 바뀌지 않는다.

기본예제 3-8 혼합 참조를 이용한 수식 만들기

혼합 참조를 이용한 수식으로 할인율에 따른 상품별 가격을 계산해 보자.

01 '실습.xlsx' 파일의 '할인표' 시트에서 E4 셀에 *=$D4*(1-E$3)* 수식을 입력하고 Enter를 누른다.

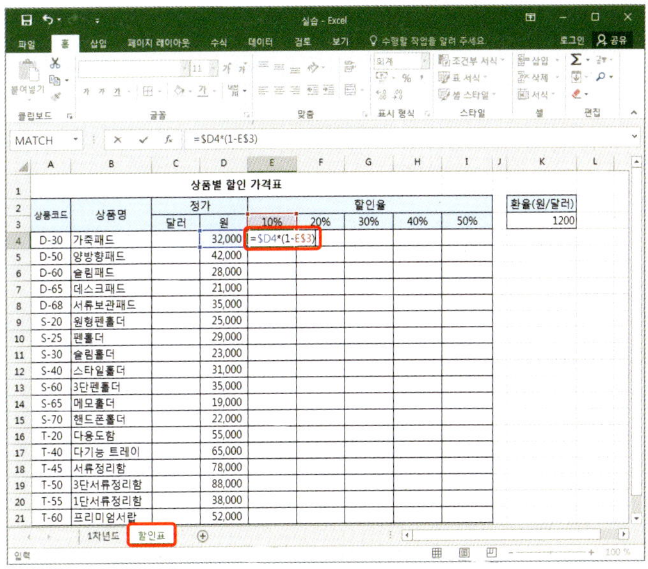

상품별 할인 가격표

상품코드	상품명	정가 달러	정가 원	할인율 10%	20%	30%	40%	50%
D-30	가죽패드		32,000	=$D4*(1-E$3)				
D-50	양방향패드		42,000					
D-60	슬림패드		28,000					
D-65	데스크패드		21,000					
D-68	서류보관패드		35,000					
S-20	원형펜홀더		25,000					
S-25	펜홀더		29,000					
S-30	슬림홀더		23,000					
S-40	스타일홀더		31,000					
S-60	3단펜홀더		35,000					
S-65	메모홀더		19,000					
S-70	핸드폰홀더		22,000					
T-20	다용도함		55,000					
T-40	다기능 트레이		65,000					
T-45	서류정리함		78,000					
T-50	3단서류정리함		88,000					
T-55	1단서류정리함		38,000					
T-60	프리미엄서랍		52,000					

환율(원/달러)
1200

TIP 수식을 작성할 때 D4 셀을 선택하고 F4를 세 번 누르면 *$D4*로 바뀌며 E3 셀을 선택하고 F4를 두 번 누르면 *E$3*로 바뀐다.

TIP 할인율에 따른 상품별 할인 가격은 *=정가*(1-할인율)* 수식으로 구한다.

02 E4 셀의 채우기 핸들을 I4 셀까지 드래그하여 수식을 복사한다.

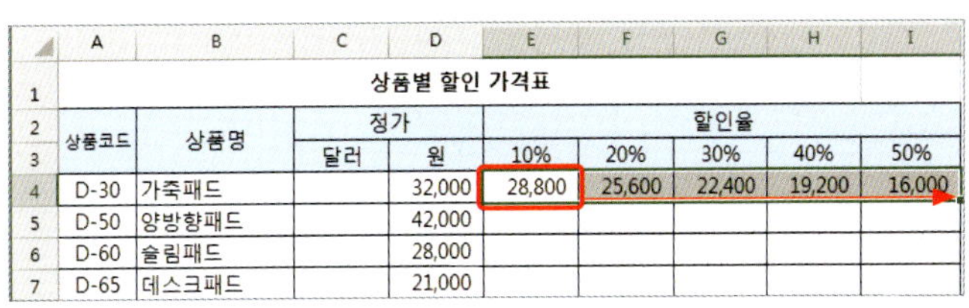

상품별 할인 가격표

상품코드	상품명	정가 달러	정가 원	할인율 10%	20%	30%	40%	50%
D-30	가죽패드		32,000	28,800	25,600	22,400	19,200	16,000
D-50	양방향패드		42,000					
D-60	슬림패드		28,000					
D-65	데스크패드		21,000					

03 E4:I4 범위를 선택하고 채우기 핸들을 I21 셀까지 드래그하여 모든 상품의 가격이 표시되도록 수식을 복사한다.

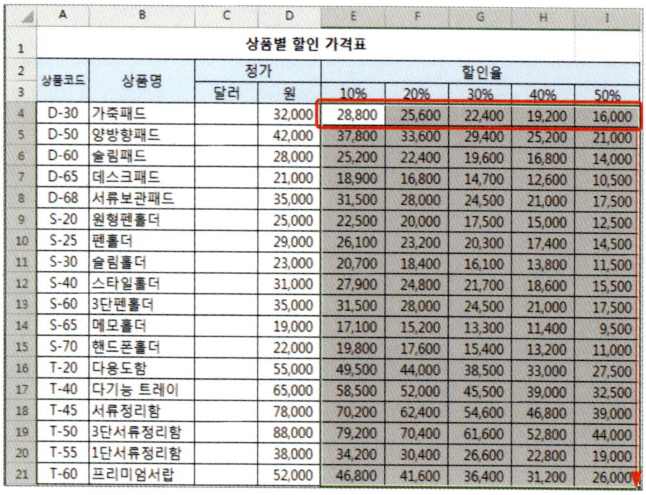

	A	B	C	D	E	F	G	H	I
1	상품별 할인 가격표								
2	상품코드	상품명	정가		할인율				
3			달러	원	10%	20%	30%	40%	50%
4	D-30	가죽패드		32,000	28,800	25,600	22,400	19,200	16,000
5	D-50	양방향패드		42,000	37,800	33,600	29,400	25,200	21,000
6	D-60	슬림패드		28,000	25,200	22,400	19,600	16,800	14,000
7	D-65	데스크패드		21,000	18,900	16,800	14,700	12,600	10,500
8	D-68	서류보관패드		35,000	31,500	28,000	24,500	21,000	17,500
9	S-20	원형펜홀더		25,000	22,500	20,000	17,500	15,000	12,500
10	S-25	펜홀더		29,000	26,100	23,200	20,300	17,400	14,500
11	S-30	슬림홀더		23,000	20,700	18,400	16,100	13,800	11,500
12	S-40	스타일홀더		31,000	27,900	24,800	21,700	18,600	15,500
13	S-60	3단펜홀더		35,000	31,500	28,000	24,500	21,000	17,500
14	S-65	메모홀더		19,000	17,100	15,200	13,300	11,400	9,500
15	S-70	핸드폰홀더		22,000	19,800	17,600	15,400	13,200	11,000
16	T-20	다용도함		55,000	49,500	44,000	38,500	33,000	27,500
17	T-40	다기능 트레이		65,000	58,500	52,000	45,500	39,000	32,500
18	T-45	서류정리함		78,000	70,200	62,400	54,600	46,800	39,000
19	T-50	3단서류정리함		88,000	79,200	70,400	61,600	52,800	44,000
20	T-55	1단서류정리함		38,000	34,200	30,400	26,600	22,800	19,000
21	T-60	프리미엄서랍		52,000	46,800	41,600	36,400	31,200	26,000

SECTION 04

이름 정의하기

엑셀의 모든 셀에는 열과 행의 번호가 조합된 고유한 주소가 있지만 따로 이름을 정의할 수 있다. 특정 셀에 이름을 붙일 수도 있고 여러 개의 셀을 범위로 지정하여 이름을 붙일 수도 있다. 이름을 정의하고 활용하는 방법에 대해 알아본다.

4.1 셀 이름

셀에 이름을 정의하고 수식에 사용하면 절대 참조처럼 수식을 복사할 때 변경되지 않는다. 또한 '환율'이나 '할인율'처럼 의미를 쉽게 파악할 수 있는 이름을 사용하면 셀 주소를 사용할 때보다 수식을 이해하기 쉬워진다.

기본예제 3-9 셀 이름 정의하고 사용하기

절대 참조 방법을 사용하는 대신 셀에 정의한 이름을 이용해 수식을 만들어 보자.

01 '실습.xlsx' 파일의 '할인표' 시트에서 K3 셀을 선택하고 [수식] 탭–[정의된 이름] 그룹–[이름 정의] 목록에서 [이름 정의]를 선택한다.

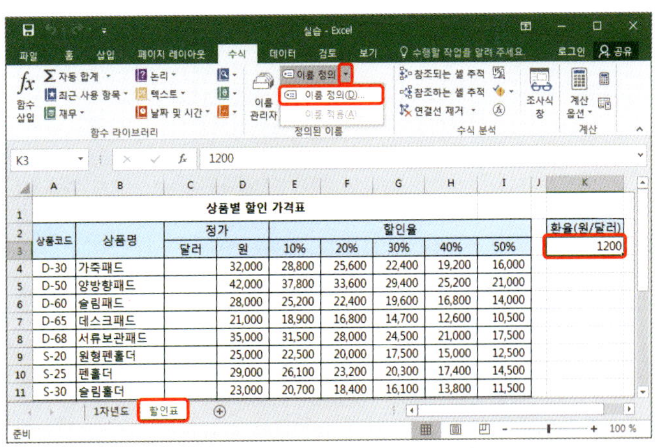

02 [새 이름] 대화상자에서 [이름]을 *환율*로 변경하고 [범위]를 [통합 문서]로 선택한 후 [확인]을 누른다.

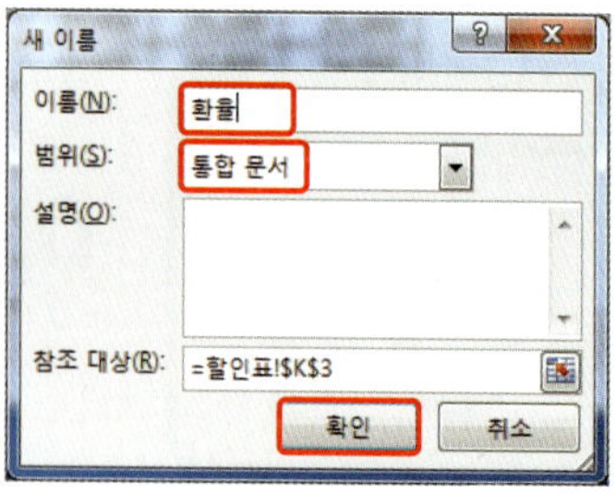

TIP 셀 이름은 숫자로 시작할 수 없고 이름 중간에 공백 문자를 사용할 수 없다. 그리고 이름 사용 범위를 [통합 문서]로 설정하면 엑셀 통합 문서 전체에서 이름을 중복해 정의하지 않도록 주의해야 한다.

03 이름 상자의 [▾ 목록] 단추를 눌러 보면 정의한 이름이 추가된 것을 확인할 수 있다.

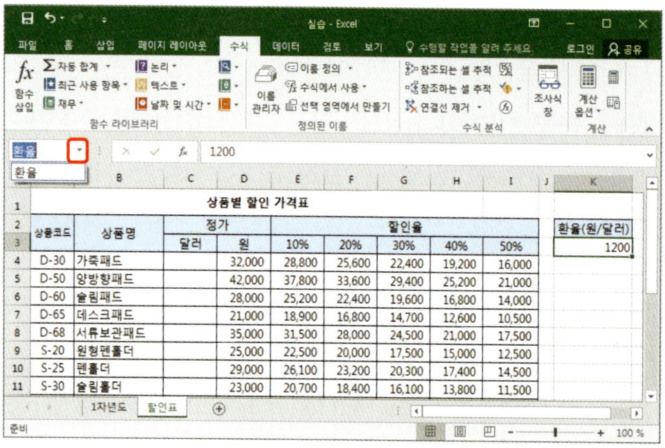

TIP K3 셀을 선택하고 이름 상자에 직접 이름을 입력해도 된다.

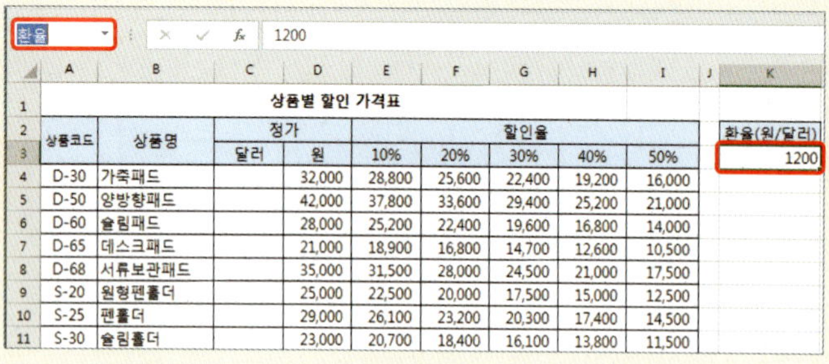

04 C4 셀을 선택하고 *=D4/환율* 수식을 입력한다.

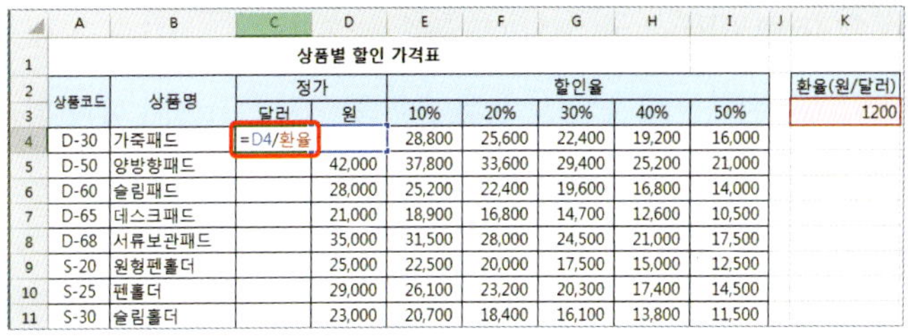

05 C4 셀의 채우기 핸들을 C21 셀까지 드래그하여 복사하고 [홈] 탭–[표시 형식] 그룹–[회계 표시 형식] 목록에서 [$ 영어(미국)]을 선택한다.

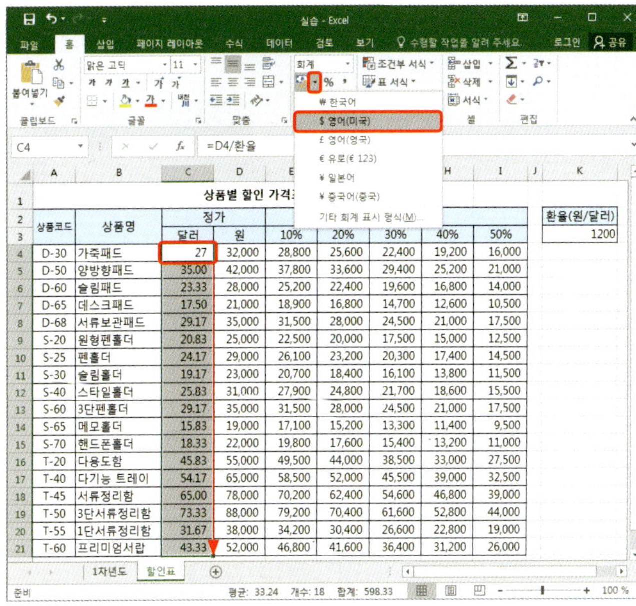

06 [수식] 탭–[수식 분석] 그룹–[수식 표시]를 눌러 수식을 보면 정의된 이름으로 셀을 참조하고 있는 것을 확인할 수 있다.

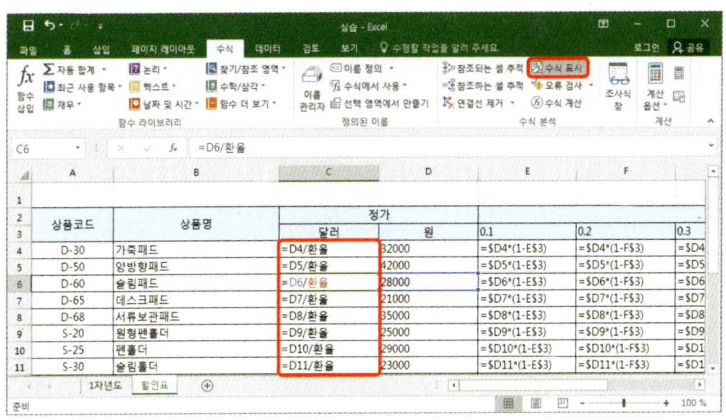

TIP 셀에 값을 표시하려면 [수식 표시]를 다시 눌러 표시 방법을 변경한다.

4.2 영역 이름

데이터 범위에 이름을 정의해 두면 이름 상자 목록에서 한 번의 선택으로 해당 영역을 빠르게 지정할 수 있다. 또한 이 이름을 수식에 사용하면 수식 작성이 간편해지고 수식의 의미를 명확하게 표현할 수 있다는 장점도 있다.

기본예제 3-10 영역 이름 정의하고 사용하기

혼합 참조를 사용하는 대신 데이터 범위에 이름을 정의하고 수식에 활용하는 방법을 알아보자.

01 E3:I3 범위를 선택하고 [수식] 탭–[정의된 이름] 그룹–[이름 정의] 목록에서 [이름 정의]를 선택한다.

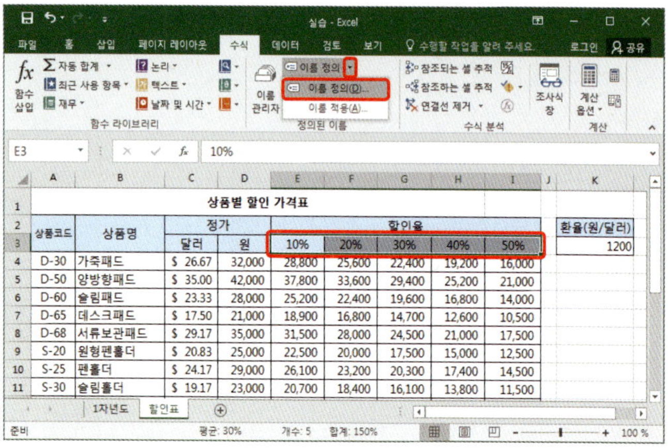

02 [새 이름] 대화상자에서 [이름]을 *할인율*로 변경하고 [확인]을 누른다.

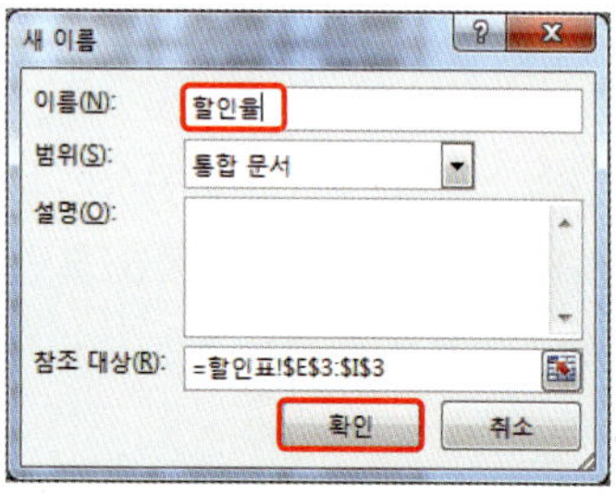

03 C3:D21 범위를 선택하고 [수식] 탭–[정의된 이름] 그룹–[선택 영역에서 만들기]를 누른다.

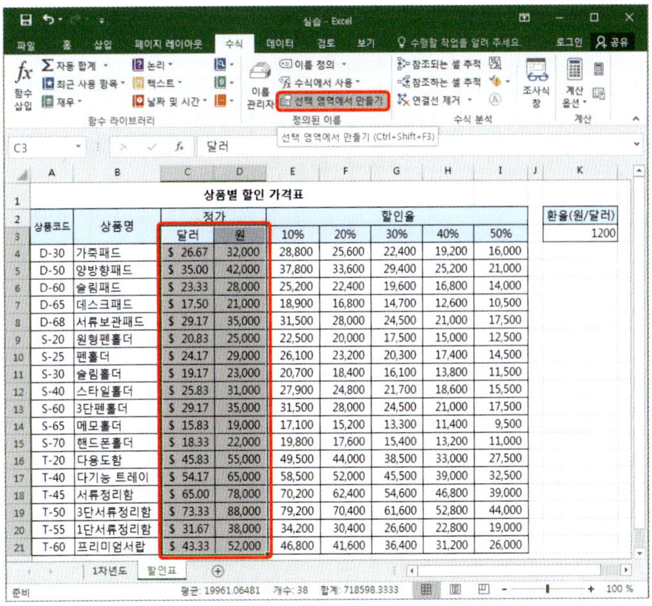

04 [선택 영역에서 이름 만들기] 대화상자에서 [첫 행]을 선택하고 [확인]을 누른다.

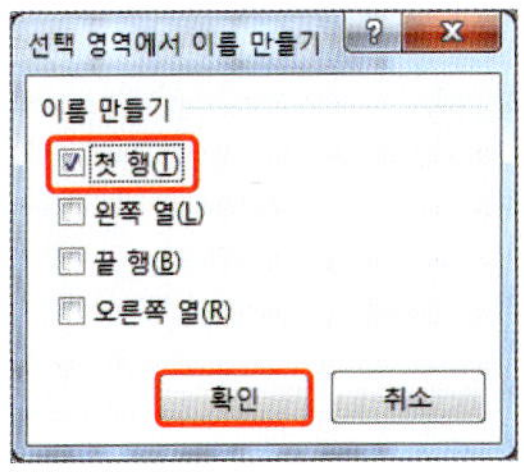

여기서 잠깐 ▶ 셀이나 영역의 이름 편집하기

이름 상자 목록을 열거나 [수식] 탭–[정의된 이름] 그룹–[이름 관리자]를 누르면 추가된 이름을 확인할 수 있다. [이름 관리자] 대화상자에서는 정의한 셀이나 영역의 이름을 편집하거나 삭제할 수 있다.

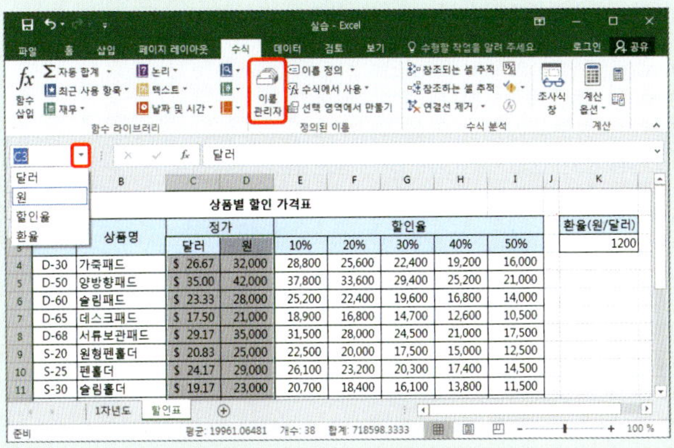

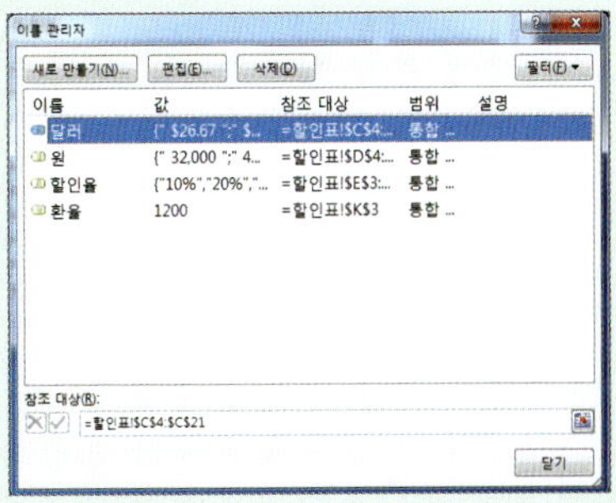

05 정의한 이름을 사용하기 위해 E4:I21 범위를 선택하고 Delete를 눌러 상품 가격을 모두 지운다.

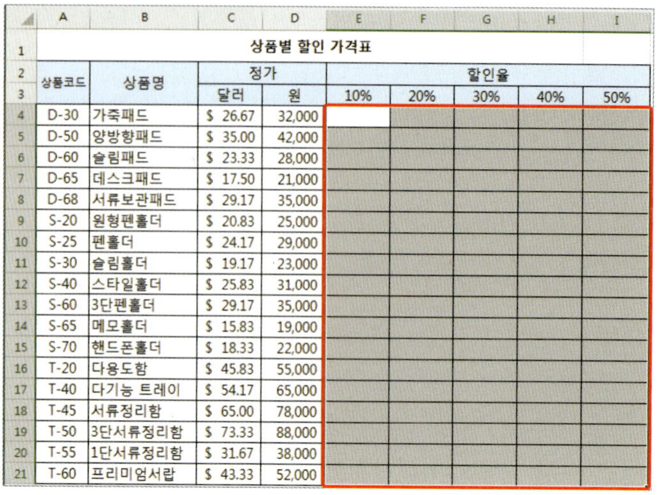

상품별 할인 가격표								
상품코드	상품명	정가		할인율				
		달러	원	10%	20%	30%	40%	50%
D-30	가죽패드	$ 26.67	32,000					
D-50	양방향패드	$ 35.00	42,000					
D-60	슬림패드	$ 23.33	28,000					
D-65	데스크패드	$ 17.50	21,000					
D-68	서류보관패드	$ 29.17	35,000					
S-20	원형펜홀더	$ 20.83	25,000					
S-25	펜홀더	$ 24.17	29,000					
S-30	슬림홀더	$ 19.17	23,000					
S-40	스타일홀더	$ 25.83	31,000					
S-60	3단펜홀더	$ 29.17	35,000					
S-65	메모홀더	$ 15.83	19,000					
S-70	핸드폰홀더	$ 18.33	22,000					
T-20	다용도함	$ 45.83	55,000					
T-40	다기능 트레이	$ 54.17	65,000					
T-45	서류정리함	$ 65.00	78,000					
T-50	3단서류정리함	$ 73.33	88,000					
T-55	1단서류정리함	$ 31.67	38,000					
T-60	프리미엄서랍	$ 43.33	52,000					

TIP 내용을 지우지 않고 수식을 다시 작성해서 적용해도 된다.

06 E4:I21 범위가 선택된 상태에서 =을 입력하고 [수식] 탭–[정의된 이름] 그룹–[수식에서 사용] 목록에서 [달러]를 선택한다.

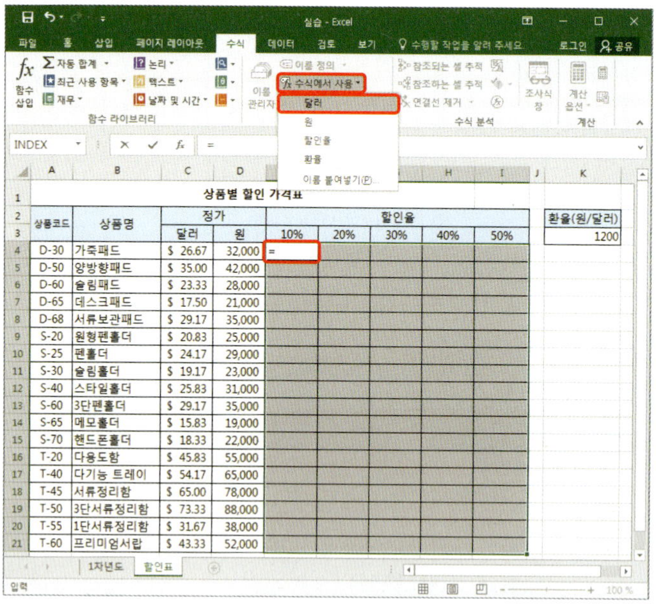

상품별 할인 가격표								
상품코드	상품명	정가		할인율				
		달러	원	10%	20%	30%	40%	50%
D-30	가죽패드	$ 26.67	32,000	=				
D-50	양방향패드	$ 35.00	42,000					
D-60	슬림패드	$ 23.33	28,000					
D-65	데스크패드	$ 17.50	21,000					
D-68	서류보관패드	$ 29.17	35,000					
S-20	원형펜홀더	$ 20.83	25,000					
S-25	펜홀더	$ 24.17	29,000					
S-30	슬림홀더	$ 19.17	23,000					
S-40	스타일홀더	$ 25.83	31,000					
S-60	3단펜홀더	$ 29.17	35,000					
S-65	메모홀더	$ 15.83	19,000					
S-70	핸드폰홀더	$ 18.33	22,000					
T-20	다용도함	$ 45.83	55,000					
T-40	다기능 트레이	$ 54.17	65,000					
T-45	서류정리함	$ 65.00	78,000					
T-50	3단서류정리함	$ 73.33	88,000					
T-55	1단서류정리함	$ 31.67	38,000					
T-60	프리미엄서랍	$ 43.33	52,000					

07 *(1–를 입력하고 [수식] 탭–[정의된 이름] 그룹–[수식에서 사용] 목록에서 [할인율]을 선택한 다음)를 입력한다.

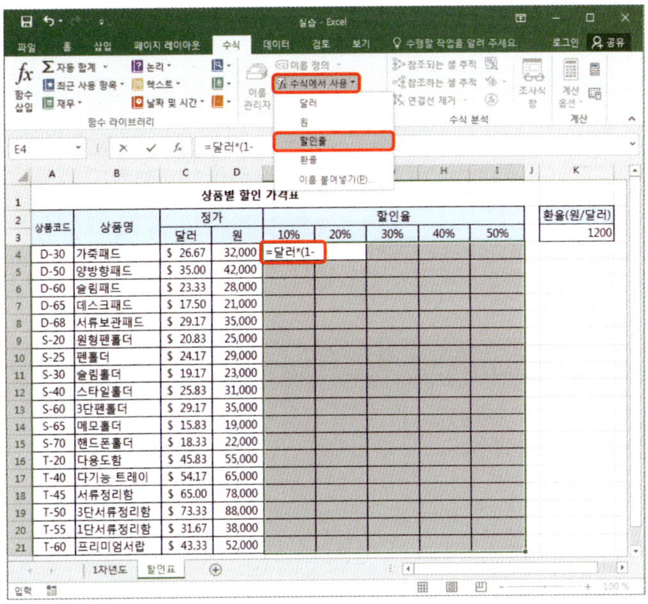

TIP *=달러*(1–할인율)* 수식을 직접 입력해도 된다. 이때 이름을 잘못 입력하지 않도록 유의한다.

08 Ctrl+Enter를 누르면 선택한 범위 전체에 수식의 계산 결과가 나타난다. [홈] 탭–[표시 형식] 그룹–[자릿수 늘림]을 두 번 눌러 소수 둘째 자리까지 표시되도록 한다.

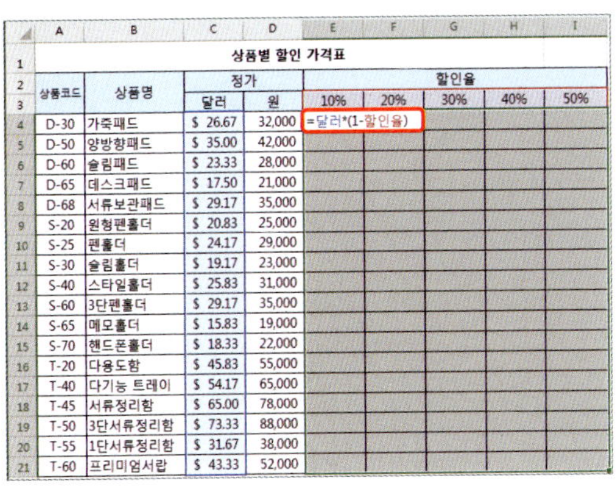

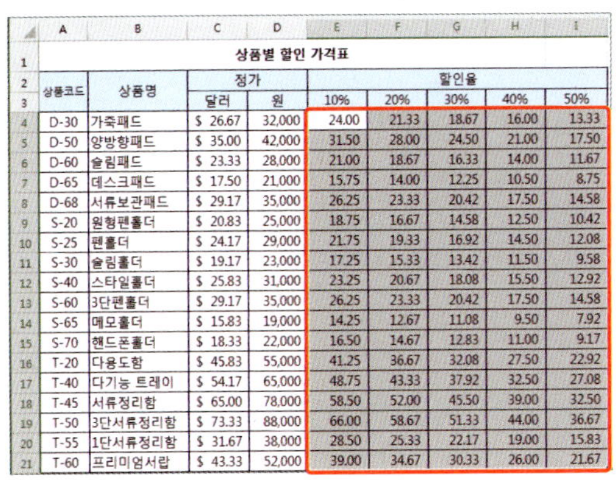

TIP 원 단위로 상품 가격표를 작성하려면 *=원*(1–할인율)* 수식을 사용하면 된다.

종합예제

수식과 자동 합계 함수, 셀 참조를 이용하여 연령별 인구수와 구성비를 보여주는 데이터를 워크시트에 만들어 보자.

1 '종합예제.xlsx' 파일을 열면 '준비' 워크시트를 확인할 수 있다.

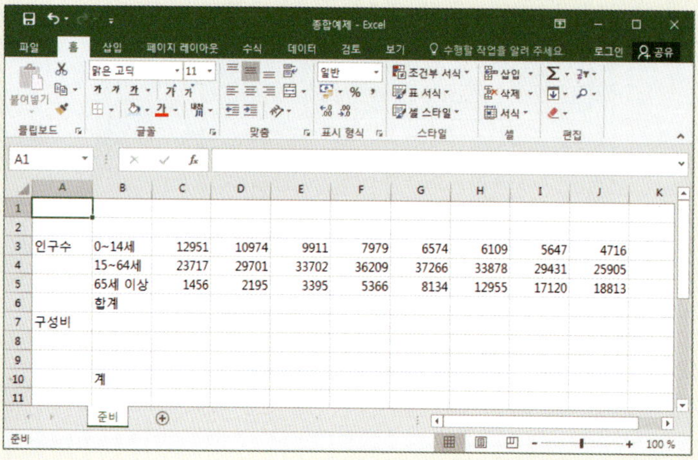

2 C2 셀에 *1980년*, D2 셀에 *1990년*을 각각 입력하고 C2:D2 범위를 선택한 후 채우기 핸들을 J2 셀까지 드래그한다.

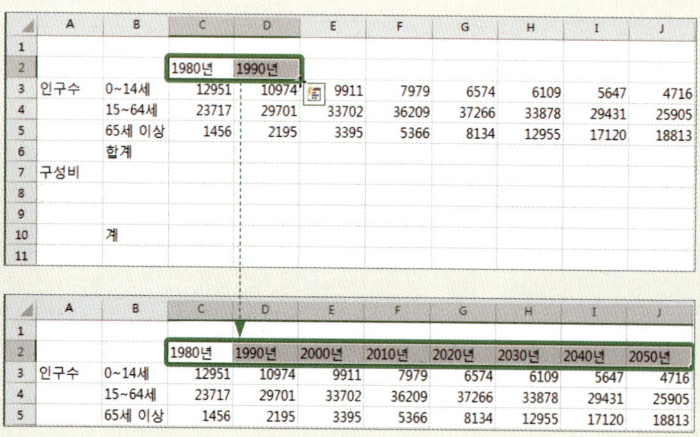

3 [파일] 탭–[옵션]을 선택하여 [Excel 옵션] 대화상자가 열리면 [고급] 범주에서 [사용자 지정 목록 편집]을 누른다.

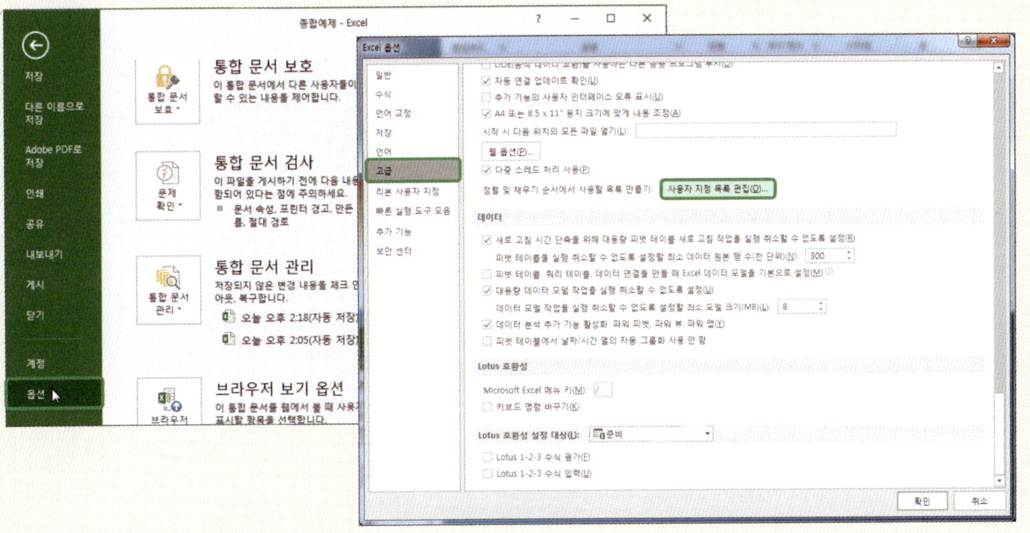

4 [사용자 지정 목록] 대화상자에서 [목록 가져올 범위]의 [대화상자 축소] 단추를 누르고 '준비' 워크시트의 B3:B5 범위를 선택한 후 [사용자 지정 목록] 대화상자의 [대화상자 축소] 단추를 다시 누른다.

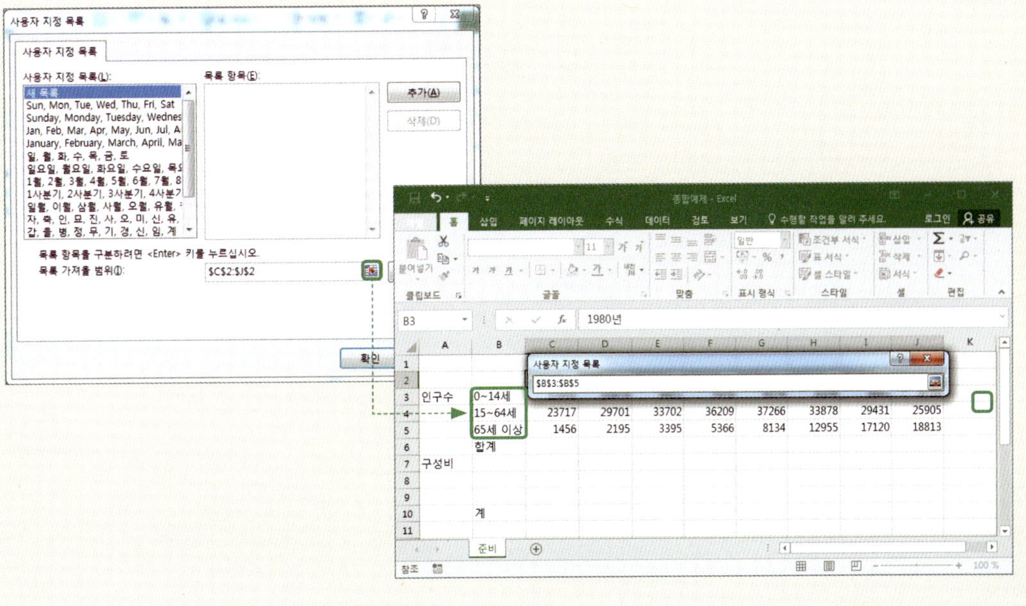

5 [옵션] 대화상자의 [가져오기]를 누르면 워크시트에서 선택한 데이터가 [목록 항목]에 표시되고 [사용자 지정 목록]에 추가된다. [확인]을 눌러 [옵션] 대화상자를 닫고 [Excel 옵션] 대화상자도 [확인]을 눌러 닫는다.

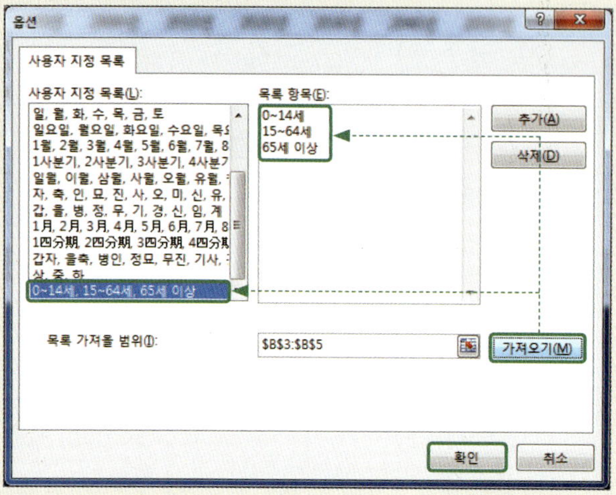

6 B7 셀에 *0~14세*를 입력하고 B9 셀까지 채우기 핸들을 드래그하여 등록한 사용자 지정 목록으로 셀 값을 채운다.

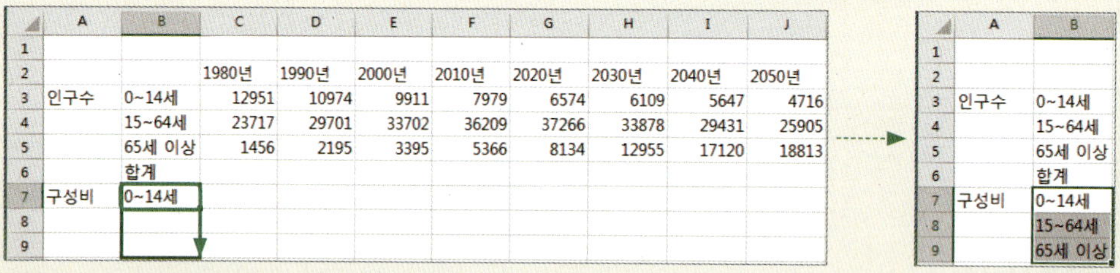

TIP 자주 사용하는 목록은 사용자 지정 목록에 등록해 두는 것이 편리하지만 그렇지 않은 경우에는 값을 직접 입력하거나 복사하는 것이 효율적이다.

7 A1:J1 범위를 선택하고 [홈] 탭–[맞춤] 그룹–[병합하고 가운데 맞춤]을 누른다. 병합한 셀에 *=A3&"와 "&A7&"(단위 : 천명, %)"* 수식을 입력한다.

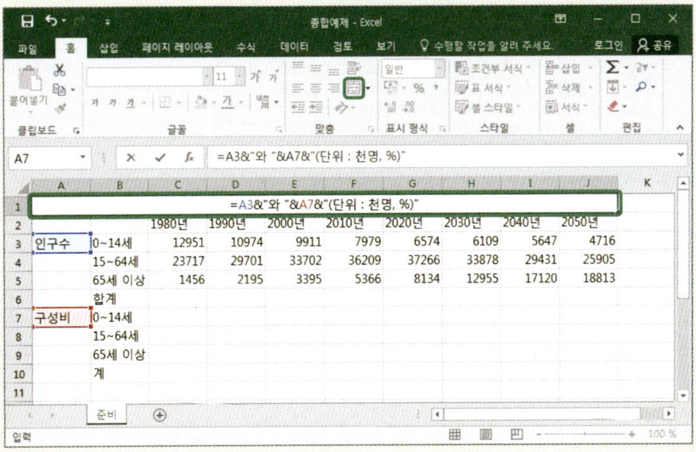

8 C6:J6 범위를 선택하고 [홈] 탭–[편집] 그룹–[합계]를 눌러 연도별 합계를 계산한다.

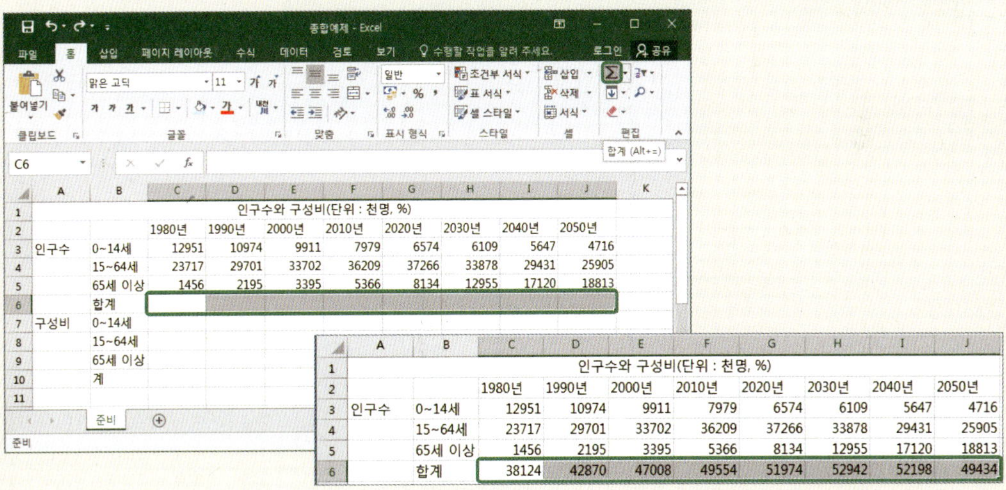

9 C7 셀에 *=C3/C$6*100* 수식을 입력하고 채우기 핸들을 J7 셀까지 드래그하여 수식을 복사한다.

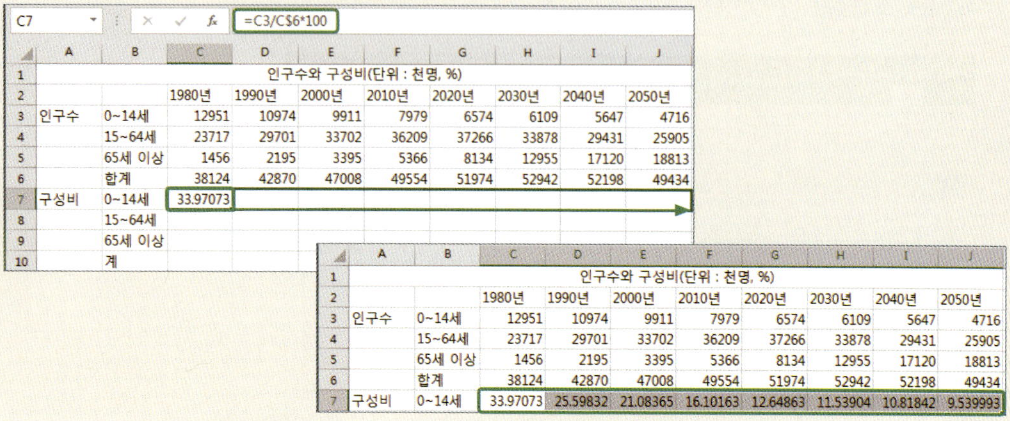

10 C7:J7 범위가 선택된 상태에서 [홈] 탭–[표시 형식] 그룹–[자릿수 줄임]을 눌러 소수점 자릿수를 두 자리로 변경하고 채우기 핸들을 J9 셀까지 드래그하여 모든 항목을 계산한다.

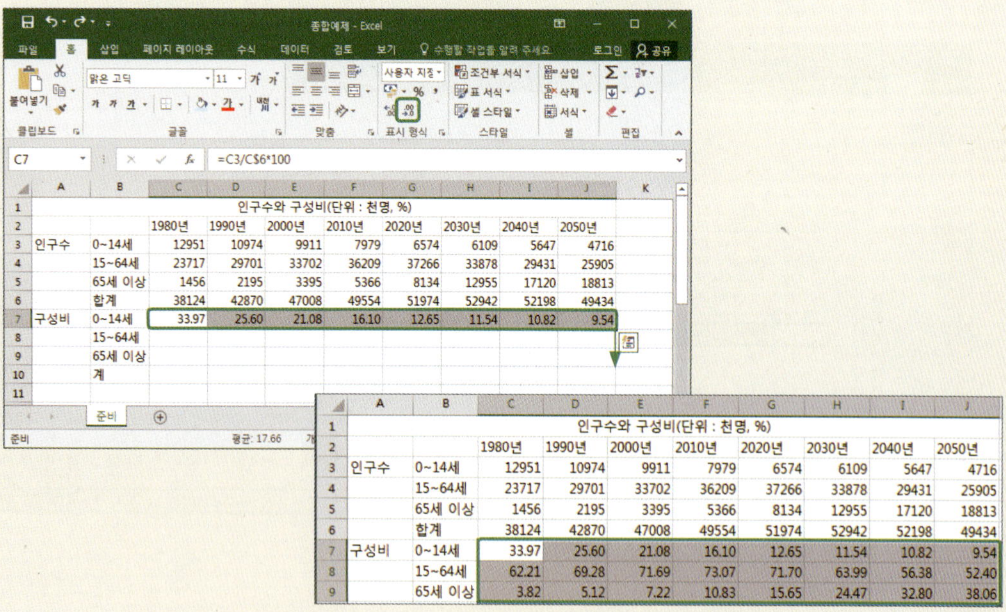

11 C10:J10 범위를 선택하고 [홈] 탭–[편집] 그룹–[합계]를 눌러 구성비의 합계를 계산한다.

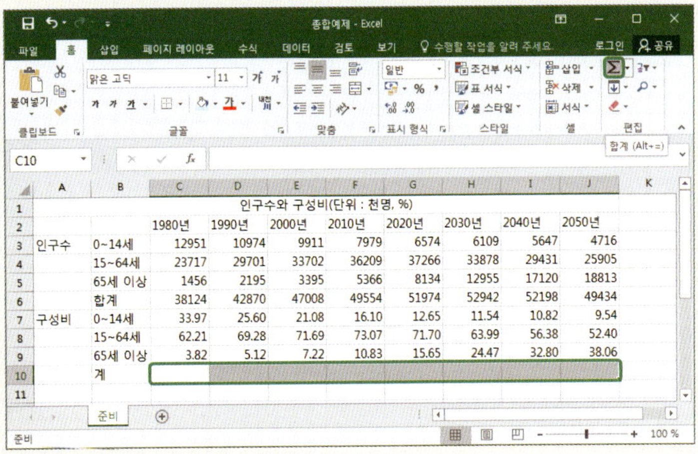

12 [홈] 탭–[표시 형식] 그룹–[자릿수 줄임]을 눌러 소수점이 표시되지 않도록 변경한다.

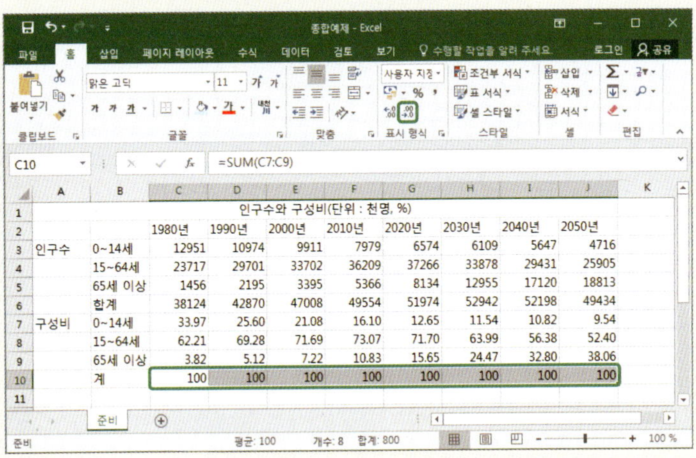

13 다음과 같이 셀 서식을 각각 설정한다.

	A	B	C	D	E	F	G	H	I	J
1	인구수와 구성비(단위 : 천명, %)									
2			1980년	1990년	2000년	2010년	2020년	2030년	2040년	2050년
3	인구수	0~14세	12,951	10,974	9,911	7,979	6,574	6,109	5,647	4,716
4		15~64세	23,717	29,701	33,702	36,209	37,266	33,878	29,431	25,905
5		65세 이상	1,456	2,195	3,395	5,366	8,134	12,955	17,120	18,813
6		합계	38,124	42,870	47,008	49,554	51,974	52,942	52,198	49,434
7	구성비	0~14세	33.97	25.60	21.08	16.10	12.65	11.54	10.82	9.54
8		15~64세	62.21	69.28	71.69	73.07	71.70	63.99	56.38	52.40
9		65세 이상	3.82	5.12	7.22	10.83	15.65	24.47	32.80	38.06
10		계	100	100	100	100	100	100	100	100

❶ C3:J6 범위에는 [홈] 탭–[표시 형식] 그룹에서 [쉼표 스타일]을 설정한다.

❷ A2:B2 범위, A3:A6 범위, A7:A10 범위를 각각 [홈] 탭–[맞춤] 그룹–[셀 병합]으로 병합한다.

❸ C2:J2 범위와 A3:B10 범위의 제목 행과 제목 열은 각각 [홈] 탭–[글꼴] 그룹–[굵게], [홈] 탭–[맞춤] 그룹–[가운데 맞춤]으로 설정한다.

❹ A2:J10 범위의 테두리와 채우기 색을 예제 화면과 같이 설정한다.

연습 문제

1 '연습.xlsx' 파일의 '연습1' 시트를 열고 다음 조건에 맞게 성적표를 작성하시오.

❶ '과제 점수*비율(20%)+출석 점수*비율(20%)+중간 점수*비율(30%)+기말 점수*비율(30%)'을 계산하도록 수식을 작성하여 학생 각각의 '총점'을 모두 구하시오.

❷ 자동 합계 도구를 사용하여 '인원', '평균', '최고', '최저'를 구하시오.

❸ D4:D23(과제), E4:E23(출석), F4:F23(중간), G4:G23(기말) 영역에 각각 이름을 정의하고 수식에 이름을 사용하여 '항목 평균'을 각각 구하시오.

❹ 예제 화면과 같이 셀 병합, 셀 테두리와 채우기 색, 맞춤, 자릿수를 설정하시오.

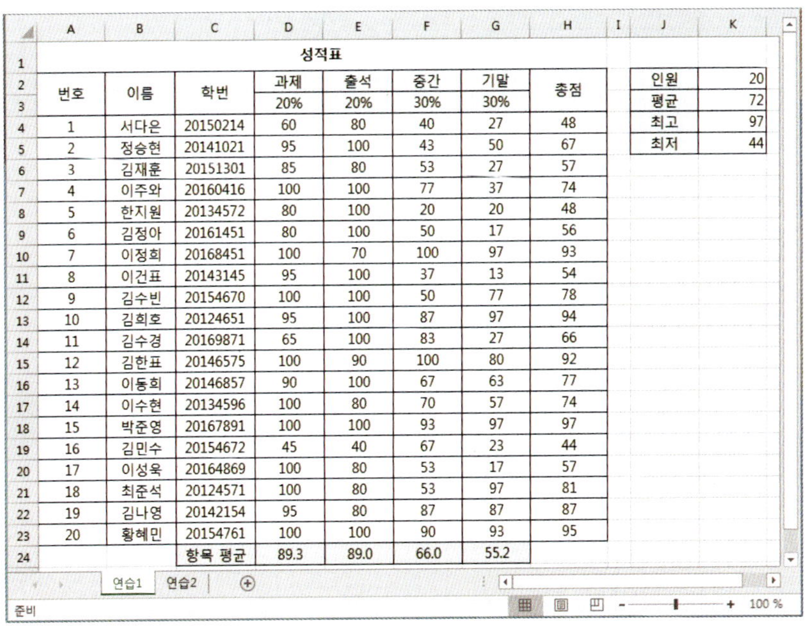

성적표

번호	이름	학번	과제	출석	중간	기말	총점
			20%	20%	30%	30%	
1	서다은	20150214	60	80	40	27	48
2	정승현	20141021	95	100	43	50	67
3	김재훈	20151301	85	80	53	27	57
4	이주와	20160416	100	100	77	37	74
5	한지원	20134572	80	100	20	20	48
6	김정아	20161451	80	100	50	17	56
7	이정희	20168451	100	70	100	97	93
8	이건표	20143145	95	100	37	13	54
9	김수빈	20154670	100	100	50	77	78
10	김희호	20124651	95	100	87	97	94
11	김수경	20169871	65	100	83	27	66
12	김한표	20146575	100	90	100	80	92
13	이동희	20146857	90	100	67	63	77
14	이수현	20134596	100	80	70	57	74
15	박준영	20167891	100	100	93	97	97
16	김민수	20154672	45	40	67	23	44
17	이성욱	20164869	100	80	53	17	57
18	최준석	20124571	100	80	53	97	81
19	김나영	20142154	95	80	87	87	87
20	황혜민	20154761	100	100	90	93	95
		항목 평균	89.3	89.0	66.0	55.2	

인원	20
평균	72
최고	97
최저	44

2 '연습.xlsx' 파일의 '연습2' 시트를 열고 다음과 같이 도서 판매 현황을 작성하시오.

❶ 각 도서별 '판매금액'을 '판매량*정가*(1-할인율)'을 계산하는 수식을 작성해 구하시오.

❷ 총 금액 대비 각 도서별 판매금액의 비율을 계산하여 '판매율'에 표시하고 백분율 스타일로 표시 형식을 설정하시오.

❸ 자동 합계 도구를 사용하여 판매금액과 판매율의 '총계'를 구하시오.

❹ 셀 병합, 셀 테두리, 맞춤, 자릿수를 예제 화면과 같이 설정하시오.

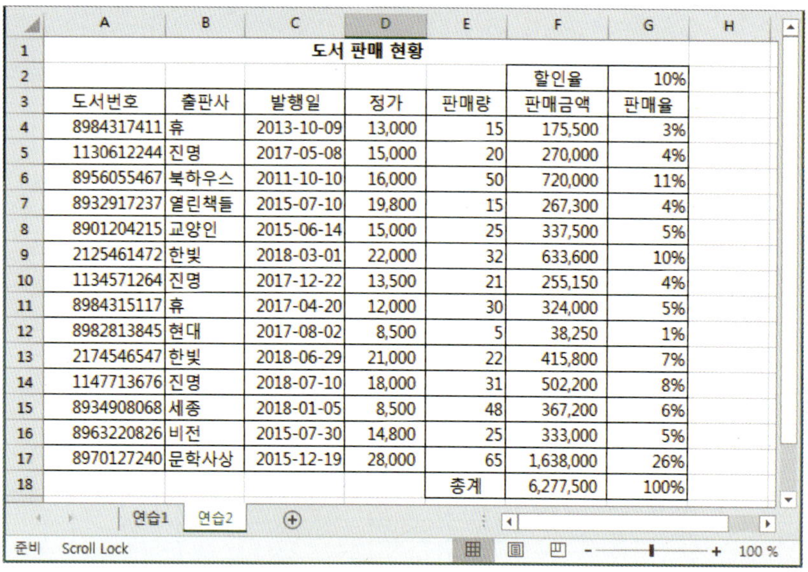

	A	B	C	D	E	F	G	H
1	도서 판매 현황							
2						할인율	10%	
3	도서번호	출판사	발행일	정가	판매량	판매금액	판매율	
4	8984317411	휴	2013-10-09	13,000	15	175,500	3%	
5	1130612244	진명	2017-05-08	15,000	20	270,000	4%	
6	8956055467	북하우스	2011-10-10	16,000	50	720,000	11%	
7	8932917237	열린책들	2015-07-10	19,800	15	267,300	4%	
8	8901204215	교양인	2015-06-14	15,000	25	337,500	5%	
9	2125461472	한빛	2018-03-01	22,000	32	633,600	10%	
10	1134571264	진명	2017-12-22	13,500	21	255,150	4%	
11	8984315117	휴	2017-04-20	12,000	30	324,000	5%	
12	8982813845	현대	2017-08-02	8,500	5	38,250	1%	
13	2174546547	한빛	2018-06-29	21,000	22	415,800	7%	
14	1147713676	진명	2018-07-10	18,000	31	502,200	8%	
15	8934908068	세종	2018-01-05	8,500	48	367,200	6%	
16	8963220826	비전	2015-07-30	14,800	25	333,000	5%	
17	8970127240	문학사상	2015-12-19	28,000	65	1,638,000	26%	
18					총계	6,277,500	100%	

CHAPTER

04

표시 형식과 조건부 서식

학습목표

- 표시 형식의 사용법을 알고 사용자 지정 표시 형식을 설정할 수 있다.
- 조건에 따라 셀 서식을 다르게 설정할 수 있다.

SECTION 01

표시 형식 사용하기

수를 나타낼 때 숫자 사이에 콤마(,)를 넣어 세 자리마다 구분하거나 통화 기호(₩, $) 또는 여러 가지 단위 기호와 함께 표시하면 숫자의 의미가 좀 더 명확해지고 보기도 쉽다. 숫자나 문자, 날짜와 같은 데이터의 표시 형식을 지정하는 방법을 알아본다.

1.1 표시 형식

표시 형식이란 셀에 입력한 데이터에 단위나 특정 형식이 표시되도록 하는 기능이다. 표시 형식을 지정하면 숫자를 천 단위 또는 백만 단위 등으로 표시할 수 있고 통화, 회계 형식, 쉼표 스타일 등을 적용할 수 있다. 날짜 데이터에 표시 형식을 지정하면 연, 월, 일을 원하는 형식으로 표시할 수 있고 요일을 함께 표시하는 등 다양한 형식으로 데이터를 구성할 수 있다.

기본예제 4-1 셀에 표시 형식 지정하기

숫자를 명확하고 보기 좋게 만들기 위해 사용하는 자릿수 구분 콤마 기호, 백분율 기호, 통화 기호, 소수 자릿수 맞춤 등을 셀에 적용하여 표시하는 방법을 알아보자.

01 '실습.xlsx' 파일의 '표시형식' 시트에서 E3:E16 범위를 선택하고 [홈] 탭–[표시 형식] 그룹–[, 쉼표 스타일]을 누른다.

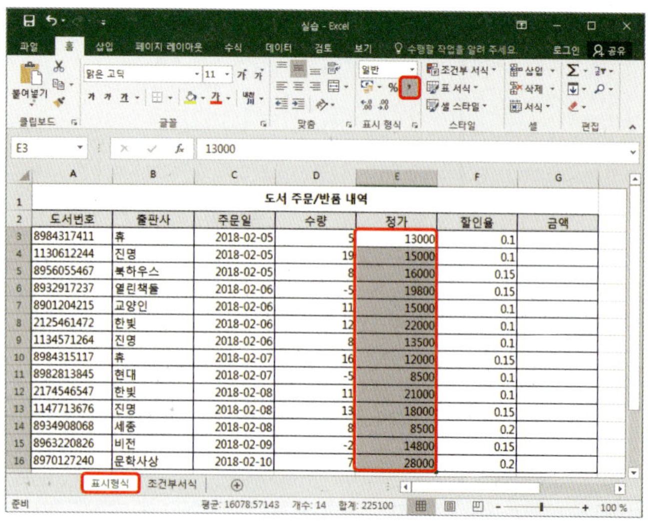

02 할인율을 백분율로 표시하기 위해 F3:F16 범위를 선택하고 [홈] 탭–[표시 형식] 그룹–[% 백분율 스타일]을 누른다.

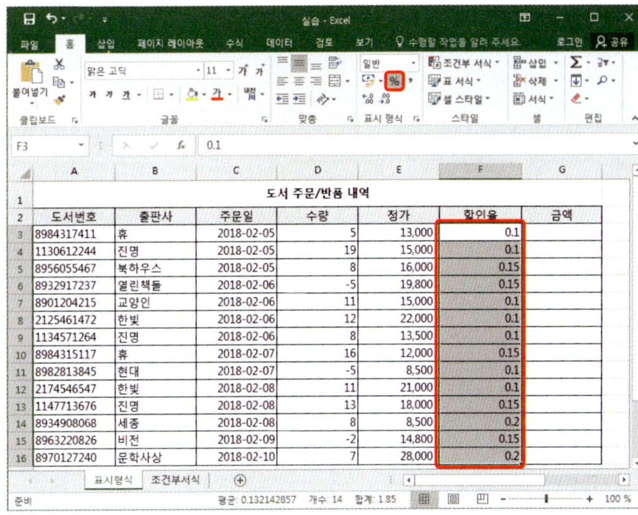

03 수량, 정가, 할인율을 이용하여 도서별 금액을 G3:G16 범위에 계산하고 [홈] 탭–[표시 형식] 그룹–[회계 표시 형식] 목록에서 [₩ 한국어]를 선택한다. [.00→.0 자릿수 줄임]을 눌러 예제 화면과 같이 자릿수를 맞춘다.

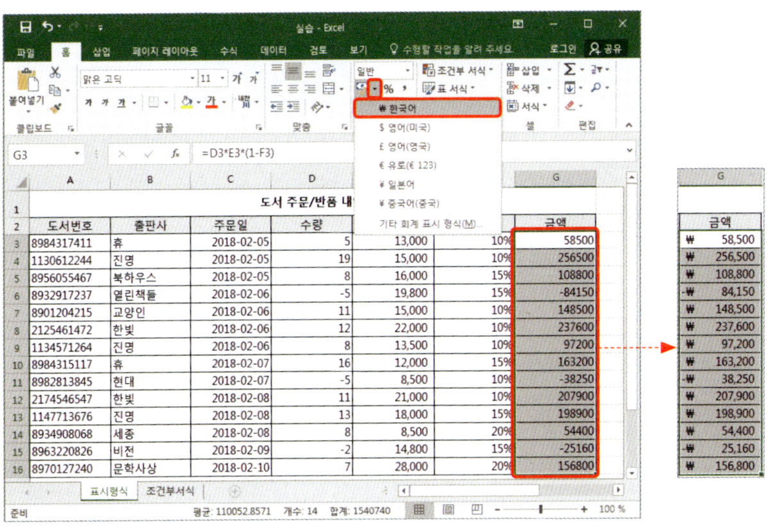

TIP 금액은 G3 셀에 *=D3*E3*(1-F3)* 수식을 입력한 후 채우기 핸들을 더블클릭하여 계산한다.

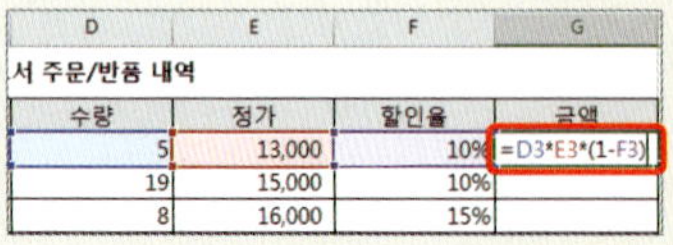

서 주문/반품 내역

수량	정가	할인율	금액
5	13,000	10%	=D3*E3*(1-F3)
19	15,000	10%	
8	16,000	15%	

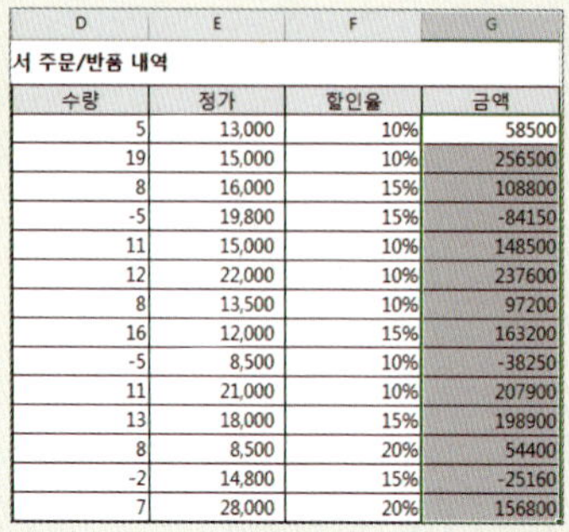

서 주문/반품 내역

수량	정가	할인율	금액
5	13,000	10%	58500
19	15,000	10%	256500
8	16,000	15%	108800
-5	19,800	15%	-84150
11	15,000	10%	148500
12	22,000	10%	237600
8	13,500	10%	97200
16	12,000	15%	163200
-5	8,500	10%	-38250
11	21,000	10%	207900
13	18,000	15%	198900
8	8,500	20%	54400
-2	14,800	15%	-25160
7	28,000	20%	156800

04 E3:E16 범위를 선택하고 [홈] 탭–[표시 형식] 그룹–[표시 형식] 목록에서 [통화]를 선택한다.

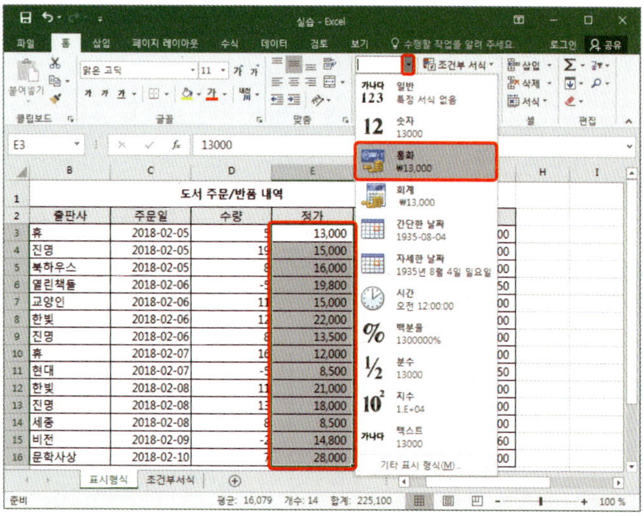

TIP 통화 서식을 적용하면 첫 번째 숫자 바로 앞에 통화 기호가 표시된다. 회계 서식과의 차이는 다음 그림으로 알 수 있다.

통화		회계
₩1,234,567	양수	₩ 1,234,567
(₩1,234,567)	음수	-₩ 1,234,567
₩0	0	₩ -

TIP 설정한 표시 형식을 취소하려면 [홈] 탭–[표시 형식] 그룹–[표시 형식] 목록에서 [일반]을 선택한다.

1.2 사용자 지정 표시 형식

사용자 지정 표시 형식은 엑셀에서 제공하는 표시 형식 외에 필요한 서식을 미리 정해둔 기호를 사용하여 정의하는 방법이다. 숫자, 날짜, 문자 등 데이터의 종류에 따라 사용하는 기호가 다르다.

데이터	기호	설명
숫자	#	유효 숫자만 표시한다.(예 : 010에서는 앞의 0을 표시하지 않고, 0.10에서는 뒤의 0을 표시하지 않음)
	0	유효 숫자가 아니면 0으로 표시하여 자릿수를 맞춘다.
	?	유효 숫자가 아닌 경우 공백으로 표시하여 자릿수를 맞춘다.
	,	숫자 서식 중간에 사용하면 세 자리마다 콤마(,) 기호를 넣고 서식 마지막에 사용하면 세 자리를 제외하고 천 단위로 표시한다.
날짜	y	연도를 표시한다.
	m	월을 표시한다.
	d	일을 표시하거나 요일을 영문으로 표시한다.
	a	요일을 한글로 표시한다.
연결	@	입력 문자 그대로 표시한다.
	*	'*' 기호 뒤에 오는 문자를 셀의 공백에 반복하여 채운다.
	_	'_' 기호 뒤의 문자를 공백으로 표시한다.

기본예제 4-2 숫자에 사용자 지정 표시 형식 만들기

책 수량을 나타내는 숫자 뒤에 '권'을 붙여 데이터의 의미를 더 명확하게 표시하거나 금액을 천 단위로 표시하고 음수는 빨간색으로 표시하는 등의 작업을 통해 숫자 데이터에 사용자 지정 표시 형식을 설정하는 방법을 익혀 보자.

01 D3:D16 범위를 선택하고 [홈] 탭–[표시 형식] 그룹의 [표시 형식] 단추를 누른다.

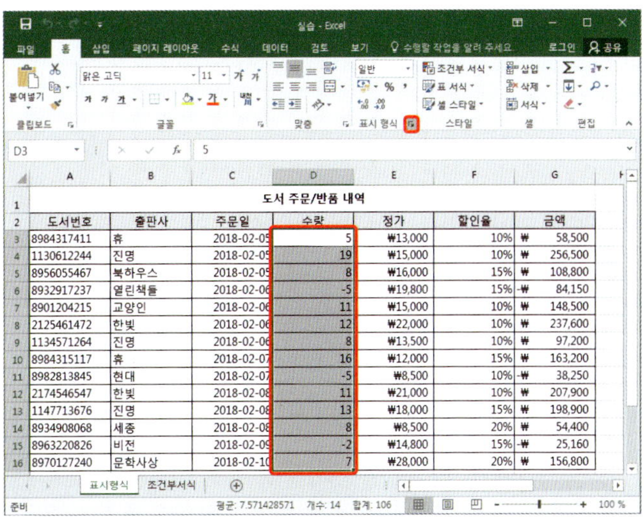

TIP [홈] 탭-[표시 형식] 그룹의 표시 형식 목록 단추를 누르고 [기타 표시 형식]을 선택해도 된다.

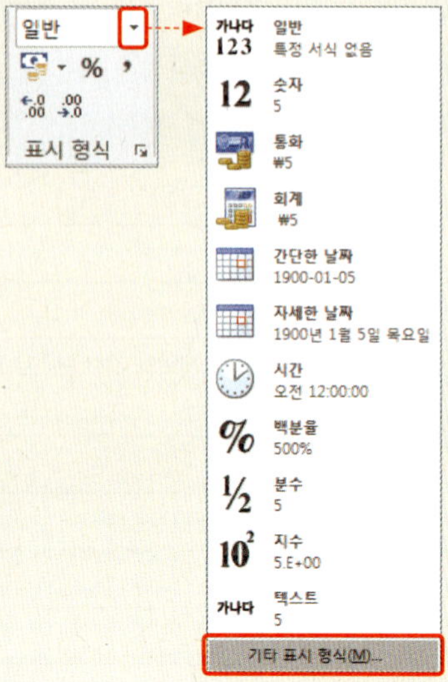

02 [셀 서식] 대화상자가 열리면 [표시 형식] 탭의 [범주]에서 [사용자 지정]을 선택한다.

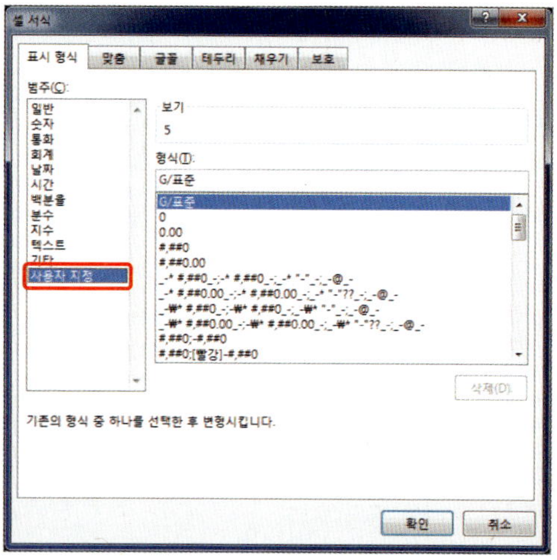

TIP [범주] 목록에서 원하는 모양과 유사한 기존 형식을 먼저 선택한 후 [사용자 지정]으로 변형할 수도 있다.

03 [형식] 입력상자에 *G/표준"권"*을 입력하고 [확인]을 눌러 [셀 서식] 대화상자를 닫는다.

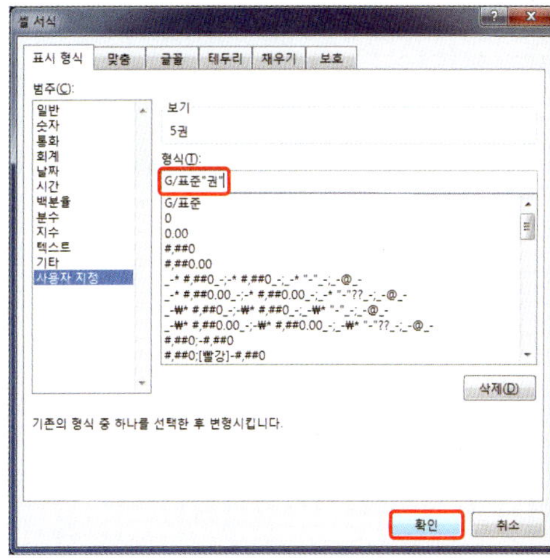

TIP 만약 판매량 숫자 뒤에 *권*을 직접 입력하면 숫자가 아닌 문자 데이터가 되므로 금액을 계산할 때 오류가 발생한다.

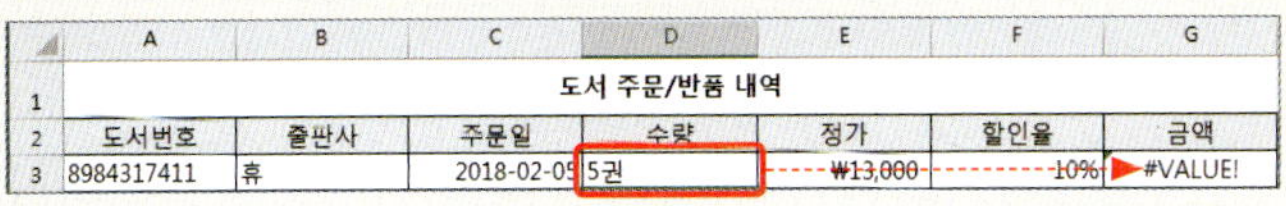

04 G3:G16 범위를 선택하고 Ctrl+1을 눌러 [셀 서식] 대화상자를 연다.

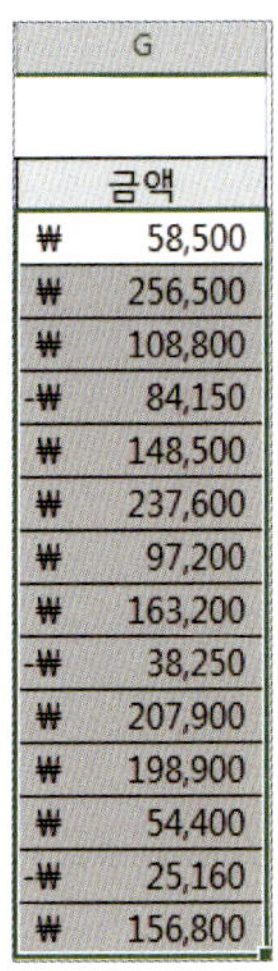

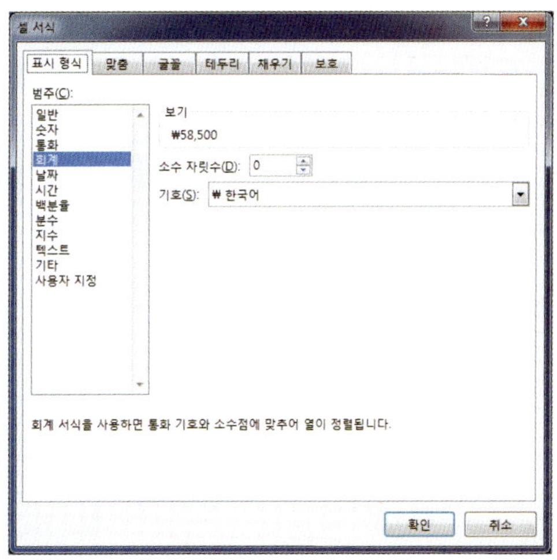

TIP 현재 설정되어 있는 [회계] 항목이 선택된 상태로 [범주] 목록이 나타난다.

05 [범주]에서 [사용자 지정]을, [형식]에서 [#,##0;[빨강]-#,##0]을 선택한 후 [형식] 입력상자에서 *#,##0,"천원";[빨강]-#,##0,"천원"*으로 수정하고 [확인]을 누른다.

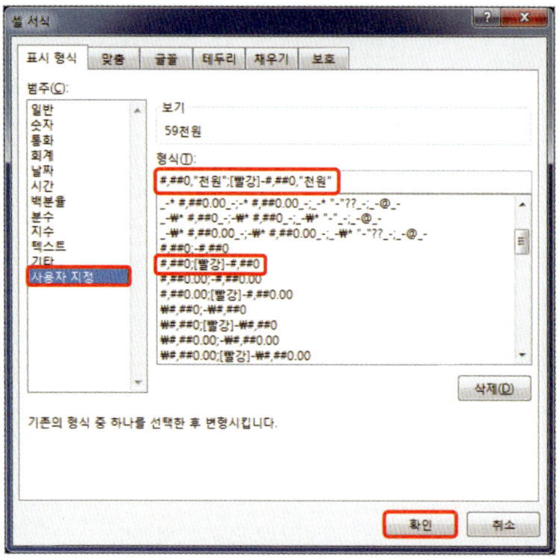

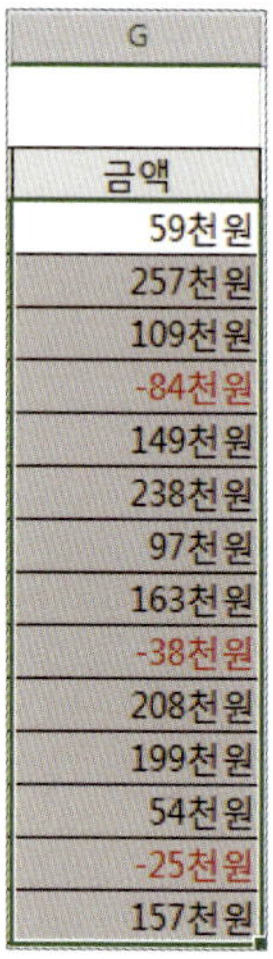

TIP 셀에 표시 형식을 두 개 이상 설정하려면 세미콜론(;)을 사용하면 된다. 이때 *양수;음수;0;문자* 순서로 각 부분의 형식을 지정한다. 색을 지정할 때는 각 부분의 맨 앞에 대괄호([ ])와 함께 색 이름을 입력한다.

06 도서번호에 형식(000-000-0000)을 설정하기 위해 A3:A16 범위를 선택하고 마우스 오른쪽 단추를 눌러 단축 메뉴에서 [셀 서식]을 선택한다.

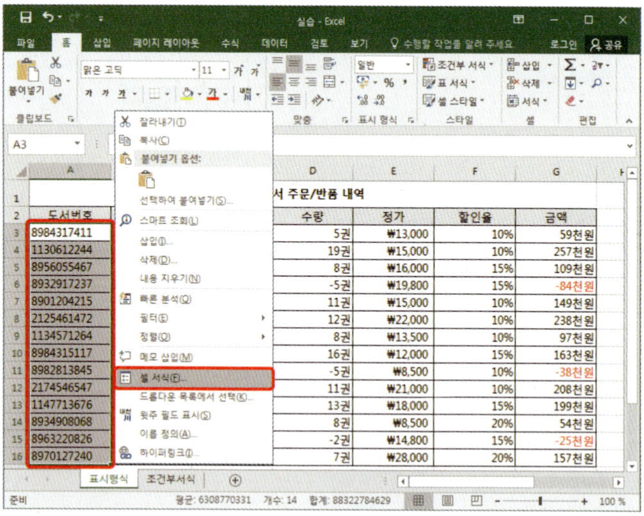

07 [셀 서식] 대화상자가 열리면 [표시 형식] 탭의 [범주]에서 [사용자 지정]을 선택하고 [형식] 입력상자에 *000-000-0000*을 입력한 후 [확인]을 누른다.

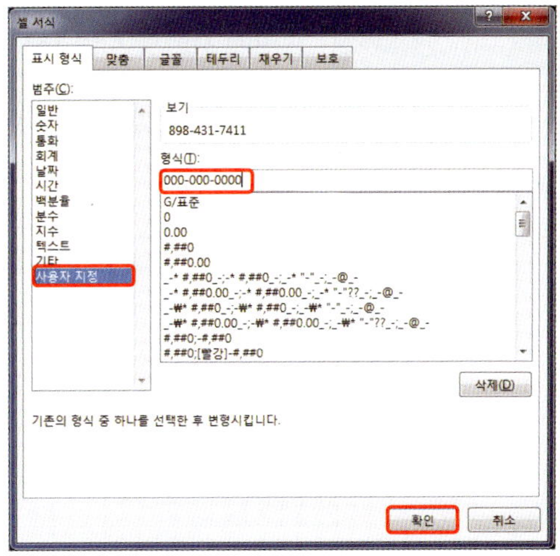

08 설정한 형식으로 도서번호가 표시된다. 이제 도서번호 값을 수정하거나 추가할 때 10자리 숫자만 입력하면 '–' 기호가 자동으로 추가된다.

	A	B	C	D	E	F	G
1	도서 주문/반품 내역						
2	도서번호	출판사	주문일	수량	정가	할인율	금액
3	8984317411	휴	2018-02-05	5권	₩13,000	10%	59천원
4	113-061-2244	진명	2018-02-05	19권	₩15,000	10%	257천원
5	895-605-5467	북하우스	2018-02-05	8권	₩16,000	15%	109천원
6	893-291-7237	열린책들	2018-02-06	-5권	₩19,800	15%	-84천원

여기서 잠깐 **엑셀의 숫자 서식**

다음은 엑셀 작업에 많이 사용되는 몇 가지 숫자 서식의 예이다.

셀의 값	서식	셀의 표시 결과	설명
35	G/표준 "명"	35명	
	"총" G/표준 "권"	총 35권	
0	#,###		0을 유효하지 않은 숫자로 처리하여 표시하지 않는다.
	#,##0	0	
1234567	#,##0,"천원"	1,235천원	1000으로 나눈 결과를 반올림한 값으로 표시한다.
	#,##0,,"백만"	1백만	1000000으로 나눈 결과를 표시한다.

기본예제 4-3 날짜에 사용자 지정 표시 형식 만들기

날짜와 시간 값을 나타내기 위해 사용하는 기호와 표시 결과는 다음과 같다. 기호를 사용하여 날짜에 사용자 지정 표시 형식을 설정해 보자.

데이터	기호	서식	표시 결과	설명
날짜	y	yy	18	연도를 두 자리로 표시한다.
		yyyy	2018	연도를 네 자리로 표시한다.
	m	m	1	월을 1~12로 표시한다.
		mm	01	월을 01~12로 표시한다.
		mmm	Jan	월을 영문 세 자리(Jan~Dec)로 표시한다.
		mmmm	January	월을 영문(January~December)으로 표시한다.
	d	d	1	일을 0~31로 표시한다.
		dd	01	일을 01~31로 표시한다.
		ddd	Sun	요일을 영문 세 자리(Sun~Sat)로 표시한다.
		dddd	Sunday	요일을 영문(Sunday~Saturday)으로 표시한다.
	a	aaa	일	요일을 한글 한 자리(일~토)로 표시한다.
		aaaa	일요일	요일을 한글(일요일~토요일)로 표시한다.
시간	h	h	1	시간을 0~23으로 표시한다.
		hh	01	시간을 00~23으로 표시한다.
	m	m	1	분을 0~59로 표시한다.
		mm	01	분을 00~59로 표시한다.
	s	s	1	초를 0~59로 표시한다.
		ss	01	초를 00~59로 표시한다.

01 C3:C16 범위를 선택하고 [홈] 탭–[표시 형식] 그룹의 [표시 형식] 단추를 누른다.

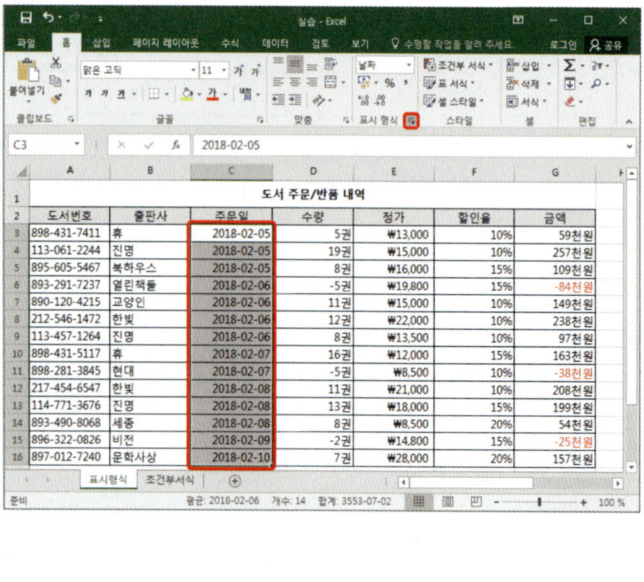

02 [셀 서식] 대화상자가 열리면 [표시 형식] 탭의 [범주]에서 [사용자 지정]을 선택한다.

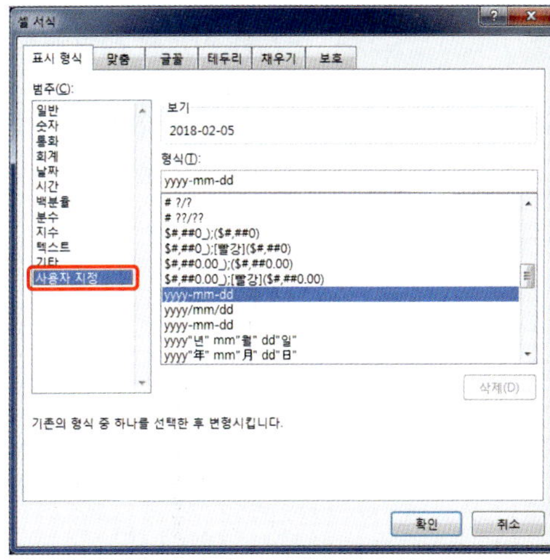

03 [형식] 입력상자에 *mm-dd(aaa)*를 입력하고 [확인]을 누른다.

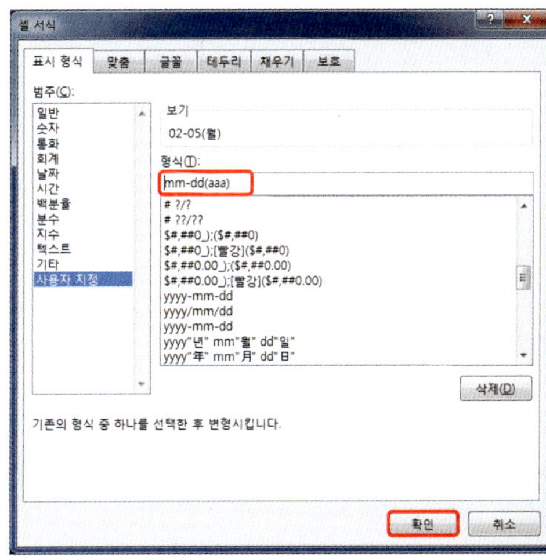

04 설정한 형식으로 주문일이 표시된다.

	A	B	C	D	E	F	G
1	도서 주문/반품 내역						
2	도서번호	출판사	주문일	수량	정가	할인율	금액
3	898-431-7411	휴	02-05(월)	5권	₩13,000	10%	59천원
4	113-061-2244	진명	02-05(월)	19권	₩15,000	10%	257천원
5	895-605-5467	북하우스	02-05(월)	8권	₩16,000	15%	109천원
6	893-291-7237	열린책들	02-06(화)	-5권	₩19,800	15%	-84천원
7	890-120-4215	교양인	02-06(화)	11권	₩15,000	10%	149천원
8	212-546-1472	한빛	02-06(화)	12권	₩22,000	10%	238천원
9	113-457-1264	진명	02-06(화)	8권	₩13,500	10%	97천원
10	898-431-5117	휴	02-07(수)	16권	₩12,000	15%	163천원
11	898-281-3845	현대	02-07(수)	-5권	₩8,500	10%	-38천원
12	217-454-6547	한빛	02-08(목)	11권	₩21,000	10%	208천원
13	114-771-3676	진명	02-08(목)	13권	₩18,000	15%	199천원
14	893-490-8068	세종	02-08(목)	8권	₩8,500	20%	54천원
15	896-322-0826	비전	02-09(금)	-2권	₩14,800	15%	-25천원
16	897-012-7240	문학사상	02-10(토)	7권	₩28,000	20%	157천원

기본예제 4-4 문자에 사용자 지정 표시 형식 만들기

숫자나 날짜뿐만 아니라 문자에도 표시 형식을 설정할 수 있다. 문자에 표시 형식을 설정하면 셀 값의 의미를 명확하게 파악할 수 있을 뿐 아니라 간편하게 입력할 수 있다는 장점도 있다. 문자 값인 출판사 이름에 표시 형식을 설정해 보자.

01 B3 셀을 선택하고 [홈] 탭-[표시 형식] 그룹의 [표시 형식] 단추를 누른다.

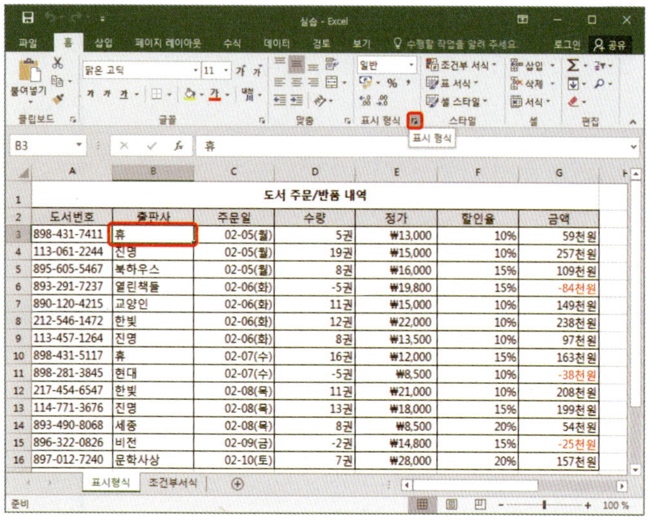

02 [셀 서식] 대화상자가 열리면 [표시 형식] 탭의 [범주]에서 [사용자 지정]을 선택하고 [형식] 입력상자에 *[파랑]@ "출판"*을 입력한 후 [확인]을 누른다.

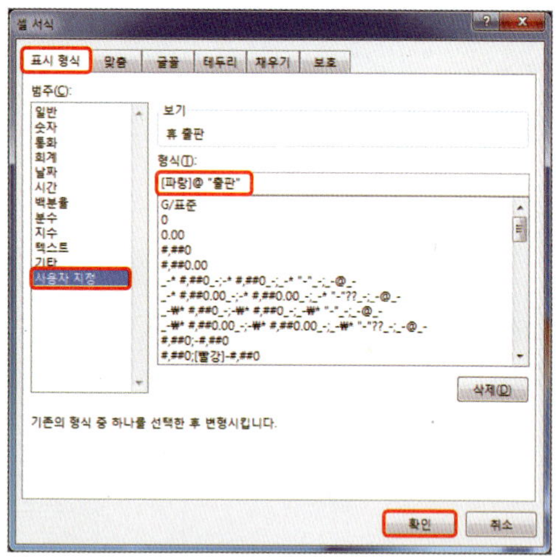

TIP 표시 형식에서 사용 가능한 색 이름은 [검정], [녹색], [흰색], [파랑], [자홍], [노랑], [녹청], [빨강] 여덟 가지다.

03 B3 셀의 채우기 핸들을 B16 셀까지 드래그한다.

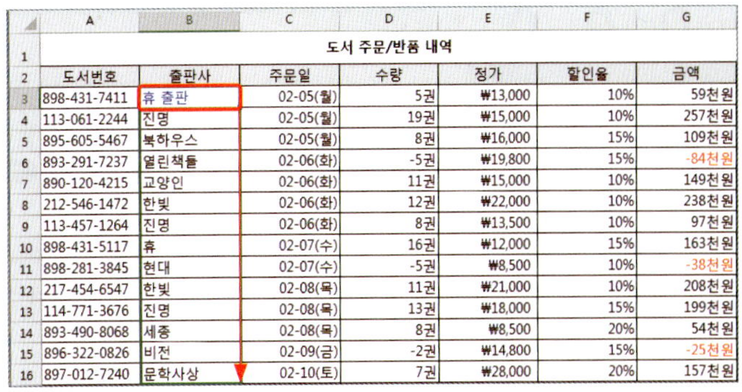

	A	B	C	D	E	F	G
1	도서 주문/반품 내역						
2	도서번호	출판사	주문일	수량	정가	할인율	금액
3	898-431-7411	휴 출판	02-05(월)	5권	₩13,000	10%	59천원
4	113-061-2244	진명	02-05(월)	19권	₩15,000	10%	257천원
5	895-605-5467	북하우스	02-05(월)	8권	₩16,000	15%	109천원
6	893-291-7237	열린책들	02-06(화)	-5권	₩19,800	15%	-84천원
7	890-120-4215	교양인	02-06(화)	11권	₩15,000	10%	149천원
8	212-546-1472	한빛	02-06(화)	12권	₩22,000	10%	238천원
9	113-457-1264	진명	02-06(화)	8권	₩13,500	10%	97천원
10	898-431-5117	휴	02-07(수)	16권	₩12,000	15%	163천원
11	898-281-3845	현대	02-07(수)	-5권	₩8,500	10%	-38천원
12	217-454-6547	한빛	02-08(목)	11권	₩21,000	10%	208천원
13	114-771-3676	진명	02-08(목)	13권	₩18,000	15%	199천원
14	893-490-8068	세종	02-08(목)	8권	₩8,500	20%	54천원
15	896-322-0826	비전	02-09(금)	-2권	₩14,800	15%	-25천원
16	897-012-7240	문학사상	02-10(토)	7권	₩28,000	20%	157천원

04 [자동 채우기 옵션] 목록에서 [서식만 채우기]를 선택한다.

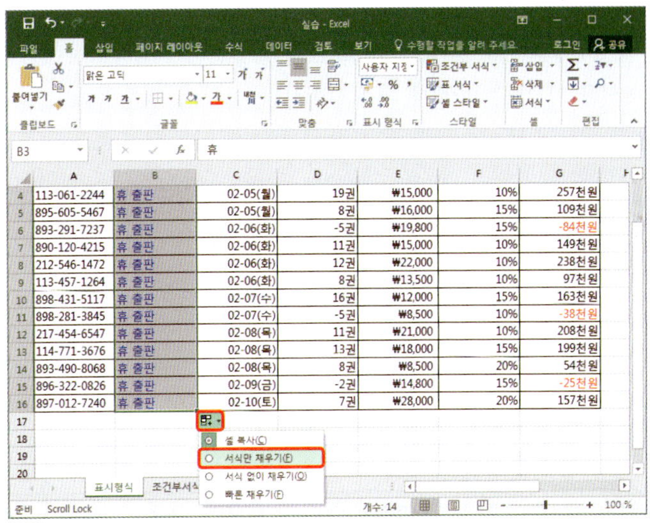

TIP 단계 **01**에서 B3:B16 범위를 선택하여 표시 형식을 한 번에 설정해도 된다.

05 출판사 이름의 형식과 색이 설정한 모양으로 표시된다.

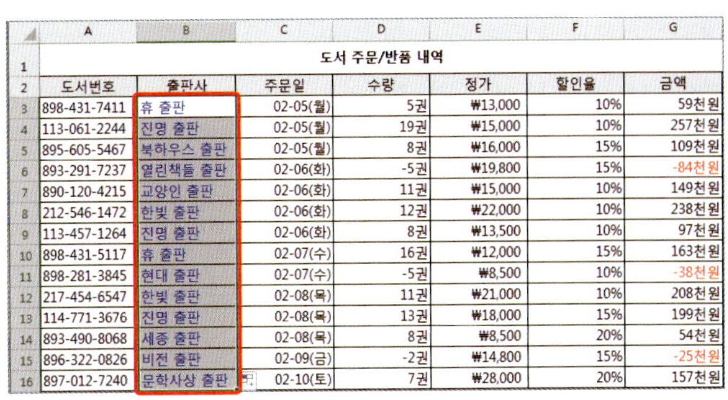

	A	B	C	D	E	F	G
1	도서 주문/반품 내역						
2	도서번호	출판사	주문일	수량	정가	할인율	금액
3	898-431-7411	휴 출판	02-05(월)	5권	₩13,000	10%	59천원
4	113-061-2244	진명 출판	02-05(월)	19권	₩15,000	10%	257천원
5	895-605-5467	북하우스 출판	02-05(월)	8권	₩16,000	15%	109천원
6	893-291-7237	열린책들 출판	02-06(화)	-5권	₩19,800	15%	-84천원
7	890-120-4215	교양인 출판	02-06(화)	11권	₩15,000	10%	149천원
8	212-546-1472	한빛 출판	02-06(화)	12권	₩22,000	10%	238천원
9	113-457-1264	진명 출판	02-06(화)	8권	₩13,500	10%	97천원
10	898-431-5117	휴 출판	02-07(수)	16권	₩12,000	15%	163천원
11	898-281-3845	현대 출판	02-07(수)	-5권	₩8,500	10%	-38천원
12	217-454-6547	한빛 출판	02-08(목)	11권	₩21,000	10%	208천원
13	114-771-3676	진명 출판	02-08(목)	13권	₩18,000	15%	199천원
14	893-490-8068	세종 출판	02-08(목)	8권	₩8,500	20%	54천원
15	896-322-0826	비전 출판	02-09(금)	-2권	₩14,800	15%	-25천원
16	897-012-7240	문학사상 출판	02-10(토)	7권	₩28,000	20%	157천원

EXCEL 2016

SECTION 02

조건부 서식 지정하기

특정 조건을 만족하는 셀을 강조하거나 다른 셀과 구별하기 쉽도록 다른 서식을 설정하는 방법을 조건부 서식이라고 한다. 월 판매 내역 중에서 특정 제품만 구별되도록 셀에 채우기 색을 설정하거나 판매금액 상위 10% 데이터를 다른 색 글꼴이나 아이콘으로 구분해서 표시하는 등의 경우이다. 다양한 조건부 서식을 지정하는 방법에 대해 알아본다.

2.1 조건부 서식 규칙

조건부 서식을 지정하려면 먼저 조건에 맞는 셀을 검사하는 규칙을 만들어야 한다. 엑셀에서는 여러 경우의 규칙을 미리 만들어 제공하므로 쉽게 골라서 사용할 수 있다. 셀 강조 규칙, 상위/하위 규칙과 다양한 조건을 비교할 수 있는 세부 규칙이 있고 직접 수식을 작성하여 사용자가 원하는 규칙을 만들 수도 있다.

기본예제 4-5 셀 강조 규칙 설정하고 지우기

월 판매 내역에서 출판사가 '한빛'인 데이터만 [진한 녹색 텍스트가 있는 녹색 채우기]로 셀 서식을 설정한 후 설정한 규칙을 지워 보자.

01 '실습.xlsx' 파일의 '조건부 서식' 시트에서 '출판사' 필드인 C3:C16 범위를 선택한 후 [홈] 탭–[스타일] 그룹–[조건부 서식] 목록에서 [셀 강조 규칙]–[같음]을 선택한다.

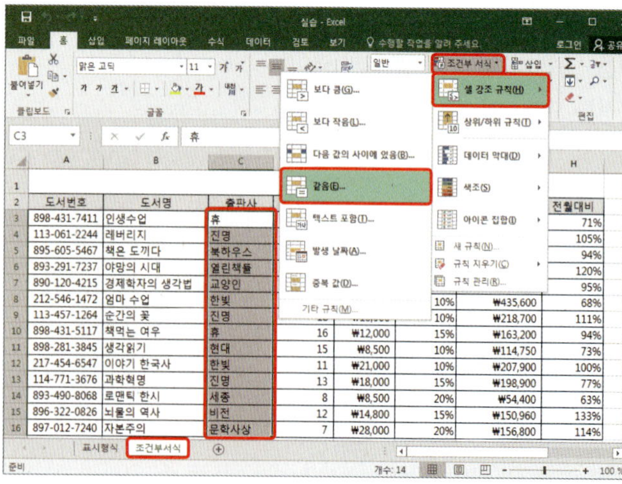

02 [같음] 대화상자에서 *한빛*을 입력하고 [적용할 서식]은 [진한 녹색 텍스트가 있는 녹색 채우기]를 선택한 후 [확인]을 누른다.

03 '한빛' 출판사 이름에 설정한 서식이 적용된다.

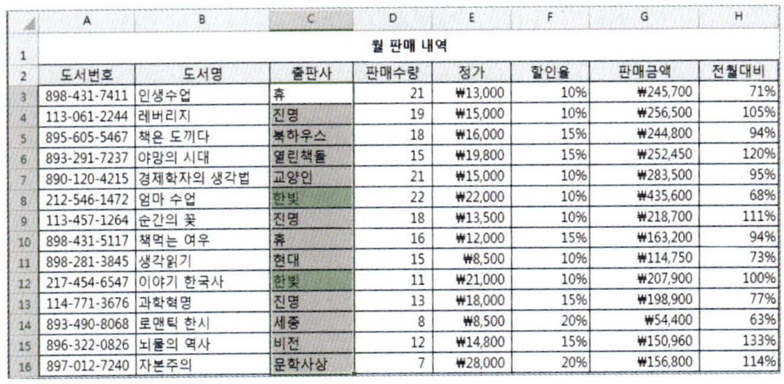

04 조건부 서식을 지우려면 [홈] 탭–[스타일] 그룹–[조건부 서식] 목록에서 [규칙 지우기]–[시트 전체에서 규칙 지우기]를 선택한다.

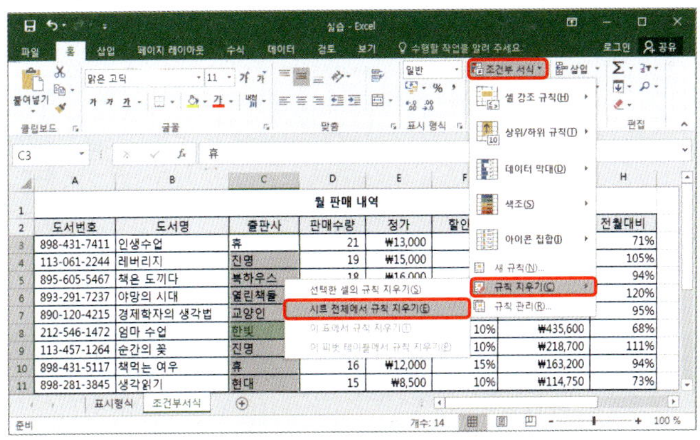

TIP 규칙을 지울 범위를 선택한 후 [홈] 탭–[스타일] 그룹–[조건부 서식] 목록에서 [규칙 지우기]–[선택한 셀의 규칙 지우기]를 선택해도 된다.

기본예제 4-6 상위/하위 규칙 설정하고 규칙 편집하기

월 판매 내역에서 판매금액을 기준으로 상위/하위 규칙을 적용하여 조건부 서식을 설정해 보자.

01 '조건부서식' 시트에서 '판매금액' 필드인 G3:G16 범위를 선택하고 [홈] 탭–[스타일] 그룹–[조건부 서식] 목록에서 [상위/하위 규칙]–[상위 10%]를 선택한다.

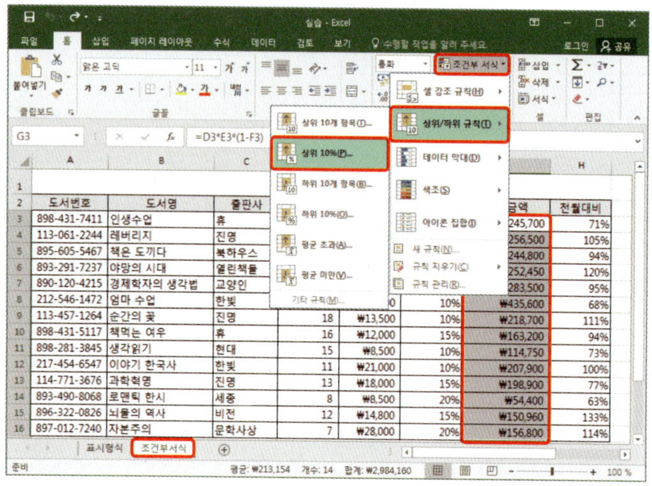

02 [상위 10%] 대화상자에서 *30*을 입력하고 [적용할 서식]은 [빨강 텍스트]를 선택한 후 [확인]을 누른다.

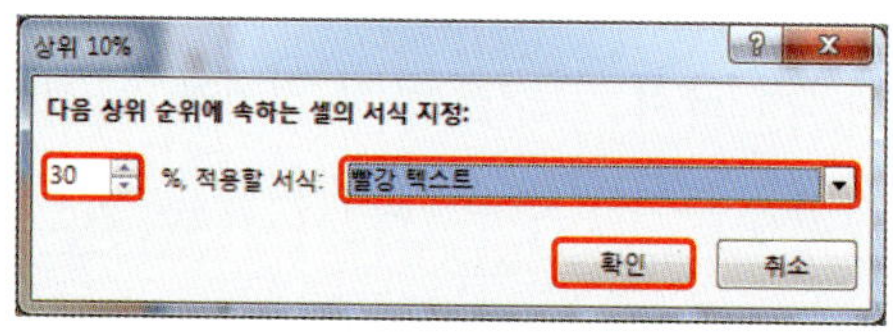

03 상위 30%에 해당하는 판매금액에 설정한 서식이 적용된다. 설정한 조건부 서식을 수정하기 위해 [홈] 탭–[스타일] 그룹–[조건부 서식] 목록에서 [규칙 관리]를 선택한다.

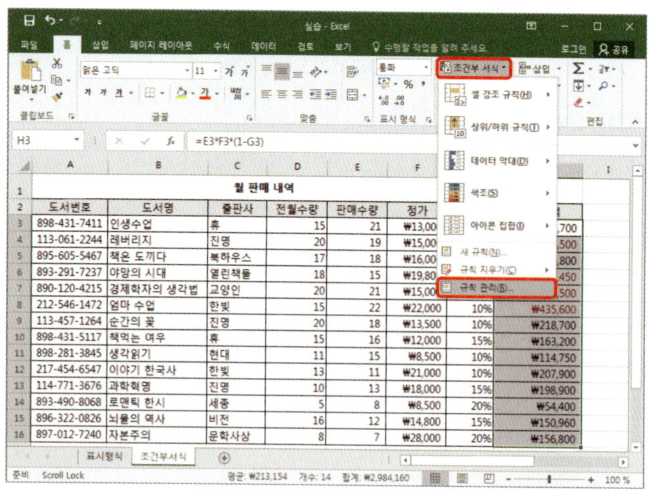

04 [조건부 서식 규칙 관리자] 대화상자에서 [상위 30%] 규칙을 선택하고 [규칙 편집]을 누른다.

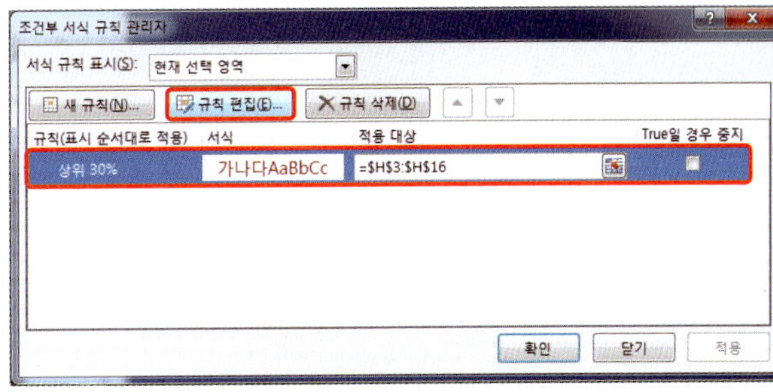

05 [서식 규칙 편집] 대화상자가 열리면 [규칙 유형 선택] 목록에서 [다음을 포함하는 셀만 서식 지정]을 선택하고 [규칙 설명 편집]의 값을 [셀 값], [<=], *200000*으로 수정하고 [확인]을 누른다.

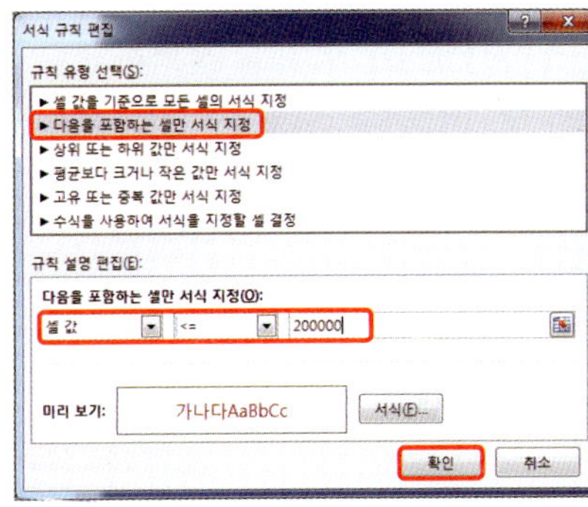

06 [조건부 서식 규칙 관리자] 대화상자에서 [확인]을 누른다.

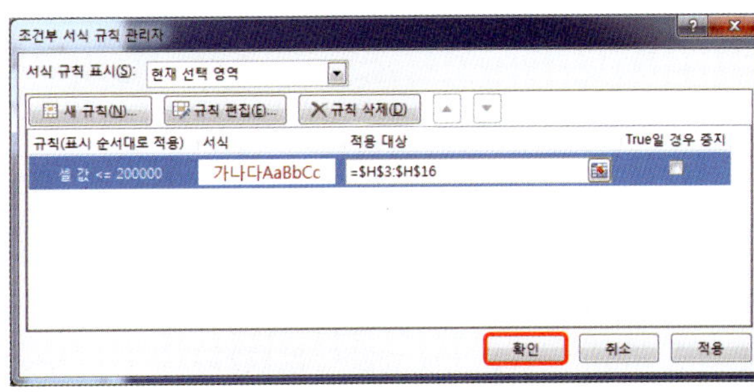

07 수정한 조건부 서식에 따라 판매금액이 200,000 이하인 셀의 텍스트가 빨간색으로 표시된다.

	A	B	C	D	E	F	G	H
1	월 판매 내역							
2	도서번호	도서명	출판사	판매수량	정가	할인율	판매금액	전월대비
3	898-431-7411	인생수업	휴	21	₩13,000	10%	₩245,700	71%
4	113-061-2244	레버리지	진명	19	₩15,000	10%	₩256,500	105%
5	895-605-5467	책은 도끼다	북하우스	18	₩16,000	15%	₩244,800	94%
6	893-291-7237	야망의 시대	열린책들	15	₩19,800	15%	₩252,450	120%
7	890-120-4215	경제학자의 생각법	교양인	21	₩15,000	10%	₩283,500	95%
8	212-546-1472	엄마 수업	한빛	22	₩22,000	10%	₩435,600	68%
9	113-457-1264	순간의 꽃	진명	18	₩13,500	10%	₩218,700	111%
10	898-431-5117	책먹는 여우	휴	16	₩12,000	15%	₩163,200	94%
11	898-281-3845	생각읽기	현대	15	₩8,500	10%	₩114,750	73%
12	217-454-6547	이야기 한국사	한빛	11	₩21,000	10%	₩207,900	100%
13	114-771-3676	과학혁명	진명	13	₩18,000	15%	₩198,900	77%
14	893-490-8068	로맨틱 한시	세종	8	₩8,500	20%	₩54,400	63%
15	896-322-0826	뇌물의 역사	비전	12	₩14,800	15%	₩150,960	133%
16	897-012-7240	자본주의	문학사상	7	₩28,000	20%	₩156,800	114%

기본예제 4-7 수식을 작성하여 서식 지정하기

정가가 2만 원 이상인 도서의 데이터 행 전체를 노란색으로 채우도록 조건부 서식을 설정해 보자.

TIP 이전의 실습처럼 조건 기준이 되는 셀에만 서식을 설정하는 것이 아니라 해당 행의 다른 셀까지 조건부 서식을 설정하려면 직접 수식을 작성해야 한다.

01 A3:H16 범위를 선택하고 [홈] 탭–[스타일] 그룹–[조건부 서식] 목록에서 [새 규칙]을 선택한다.

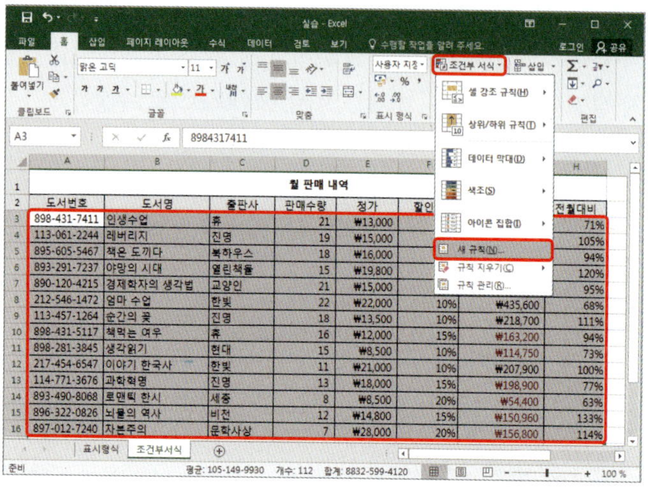

02 [새 서식 규칙] 대화상자가 열리면 [규칙 유형 선택] 목록에서 [수식을 사용하여 서식을 지정할 셀 결정]을 선택하고 [규칙 설명 편집] 입력상자에 *=$E3>=20000* 수식을 입력한 후 [서식]을 누른다.

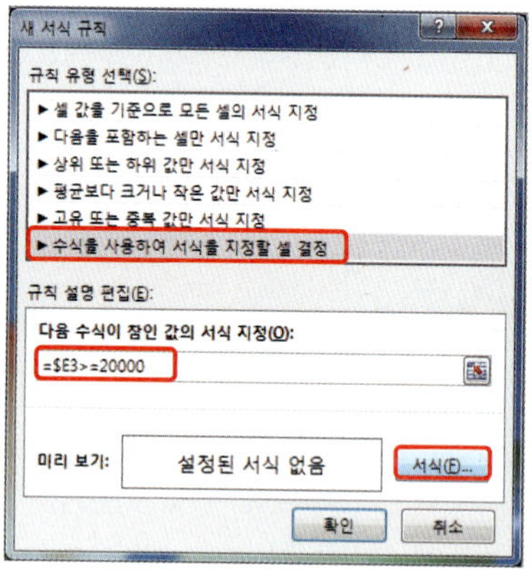

TIP 조건부 서식 규칙에 수식을 사용할 때는 참조 방식을 잘 구분해야 한다. E3:E16 범위에 있는 '정가'의 값을 검사하는 수식에는 첫 번째 셀인 E3을 혼합 참조($E3)로 사용한다. 마지막 셀(E16)까지 반복하며 수식을 적용할 때 열 번호(E)는 고정하고 행 번호만 바꿔가며(3~16) 조건을 검사해야 하기 때문이다.

03 [셀 서식] 대화상자의 [채우기] 탭에서 [배경색]을 [노랑]으로 선택하고 [확인]을 누른다.

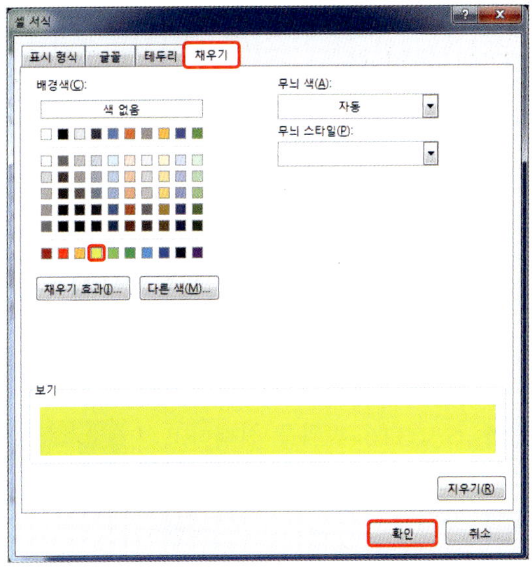

04 [새 서식 규칙] 대화상자의 [미리 보기]에 설정한 서식 모양이 표시된다. [확인]을 눌러 창을 닫는다.

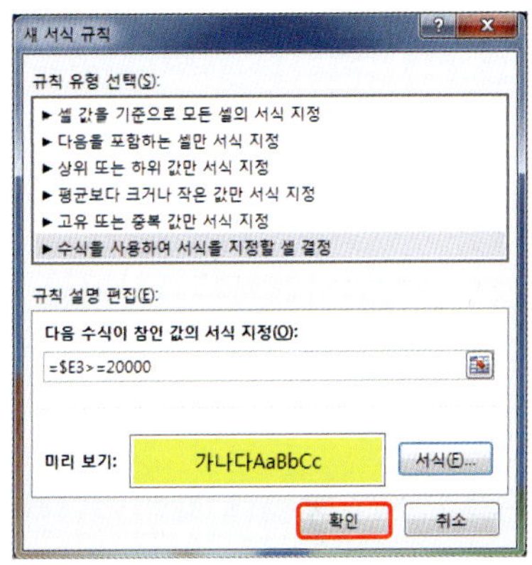

05 '정가'가 2만 원 이상인 도서에 해당하는 판매 데이터 행 전체에 설정한 서식이 적용된다.

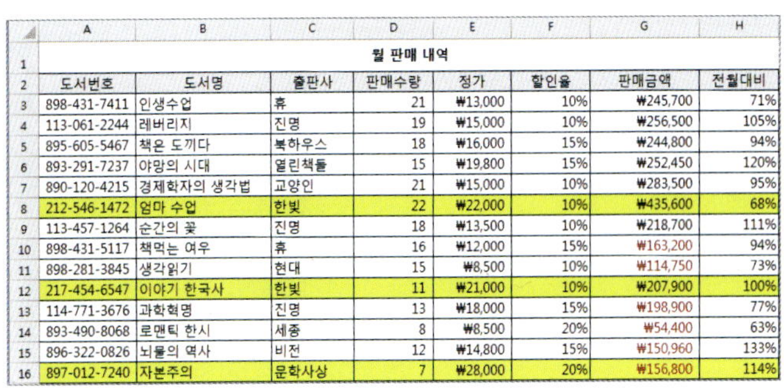

	A	B	C	D	E	F	G	H
1	월 판매 내역							
2	도서번호	도서명	출판사	판매수량	정가	할인율	판매금액	전월대비
3	898-431-7411	인생수업	휴	21	₩13,000	10%	₩245,700	71%
4	113-061-2244	레버리지	진명	19	₩15,000	10%	₩256,500	105%
5	895-605-5467	책은 도끼다	북하우스	18	₩16,000	15%	₩244,800	94%
6	893-291-7237	야망의 시대	열린책들	15	₩19,800	15%	₩252,450	120%
7	890-120-4215	경제학자의 생각법	교양인	21	₩15,000	10%	₩283,500	95%
8	212-546-1472	엄마 수업	한빛	22	₩22,000	10%	₩435,600	68%
9	113-457-1264	순간의 꽃	진명	18	₩13,500	10%	₩218,700	111%
10	898-431-5117	책먹는 여우	휴	16	₩12,000	15%	₩163,200	94%
11	898-281-3845	생각읽기	현대	15	₩8,500	10%	₩114,750	73%
12	217-454-6547	이야기 한국사	한빛	11	₩21,000	10%	₩207,900	100%
13	114-771-3676	과학혁명	진명	13	₩18,000	15%	₩198,900	77%
14	893-490-8068	로맨틱 한시	세종	8	₩8,500	20%	₩54,400	63%
15	896-322-0826	뇌물의 역사	비전	12	₩14,800	15%	₩150,960	133%
16	897-012-7240	자본주의	문학사상	7	₩28,000	20%	₩156,800	114%

2.2 데이터 시각화

조건부 서식은 특정 조건에 맞는 값을 검사하여 서식을 설정할 수 있지만 막대나 색조, 아이콘으로 셀 값을 표현할 수도 있다. 셀 값의 크기에 따라 막대의 길이를 다르게 하거나 색조의 명암, 다양한 모양의 아이콘 등을 이용해 데이터를 쉽게 비교할 수 있도록 시각화할 수 있다.

기본예제 4-8 데이터 막대로 서식 설정하기

월 판매 내역의 판매금액 데이터에 데이터 막대를 표시하여 값을 쉽게 비교할 수 있도록 설정해 보자.

01 G3:G16 범위를 선택하고 [홈] 탭–[스타일] 그룹–[조건부 서식] 목록에서 [데이터 막대]–[그라데이션 채우기]의 [파랑 데이터 막대]를 선택한다.

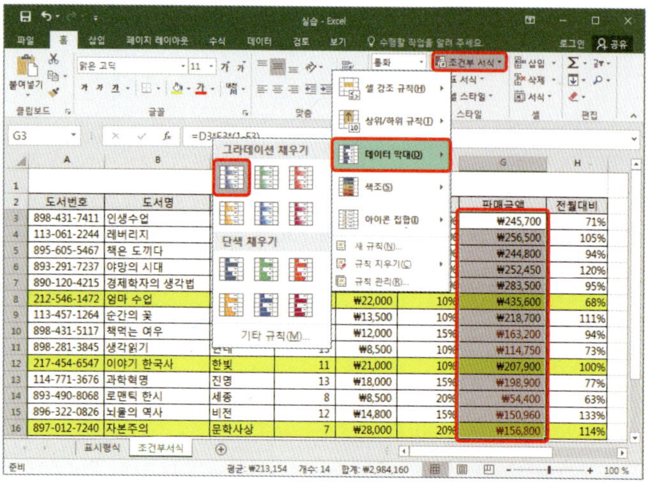

02 판매금액 값에 따라 데이터 막대의 길이가 다르게 표시된다. 설정한 서식을 수정하기 위해 [홈] 탭–[스타일] 그룹–[조건부 서식] 목록에서 [규칙 관리]를 선택한다.

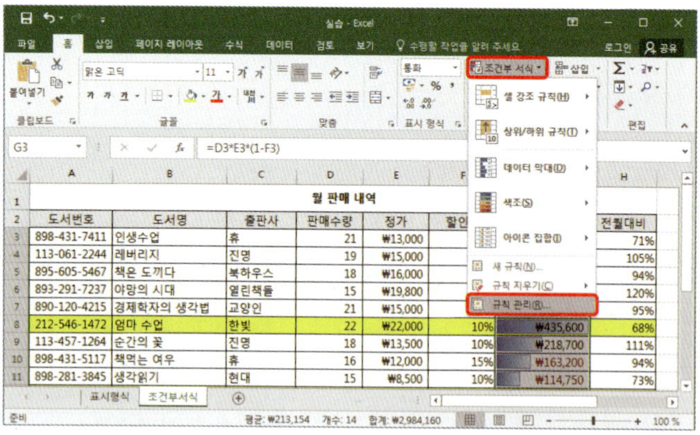

03 [조건부 서식 규칙 관리자] 대화상자에서 [데이터 막대] 규칙을 선택하고 [규칙 편집]을 누른다.

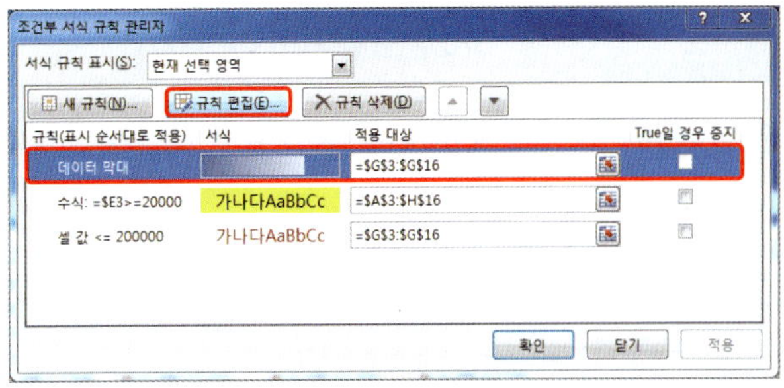

04 [서식 규칙 편집] 대화상자에서 [규칙 설명 편집]의 [최소값]–[종류]를 [최소값], [최대값]–[종류]를 [최대값]으로 설정하고 [막대 모양]의 [테두리]를 [테두리 없음]으로 수정한 후 [확인]을 누른다.

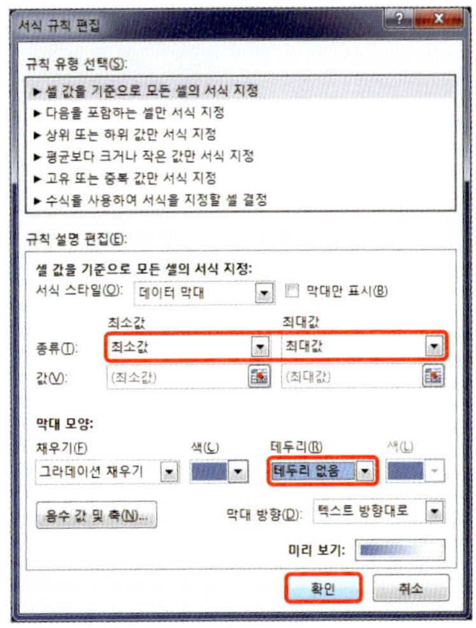

TIP 판매금액의 최소값과 최대값을 기준으로 데이터 막대의 길이를 수정하고 테두리를 없애 보기 좋게 만든다.

05 [조건부 서식 규칙 관리자] 대화상자에서 [확인]을 눌러 변경된 서식을 확인한다.

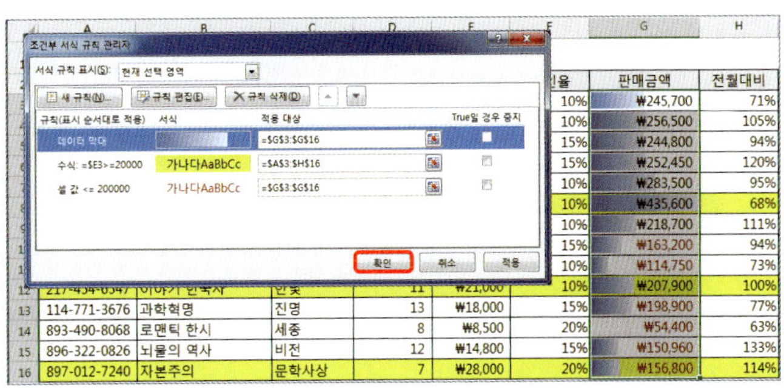

기본예제 4-9 아이콘으로 서식 설정하기

월 판매 내역의 '전월대비' 열을 아이콘으로 표시해 전월 대비 실적을 알기 쉽게 비교할 수 있도록 설정해 보자.

01 H3:H16 범위를 선택하고 [홈] 탭–[스타일] 그룹–[조건부 서식] 목록에서 [아이콘 집합]–[방향]의 [삼각형 3개]를 선택한다.

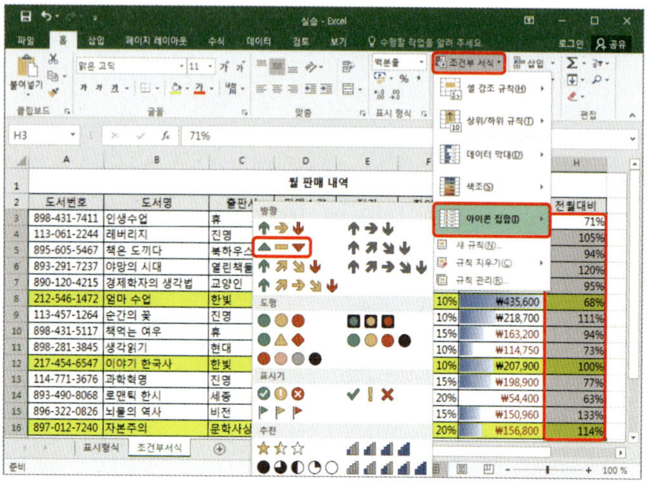

02 '전월대비' 필드에 세 가지 삼각형 모양이 나타난다. 규칙을 수정하기 위해 [홈] 탭–[스타일] 그룹–[조건부 서식] 목록에서 [규칙 관리]를 선택한다.

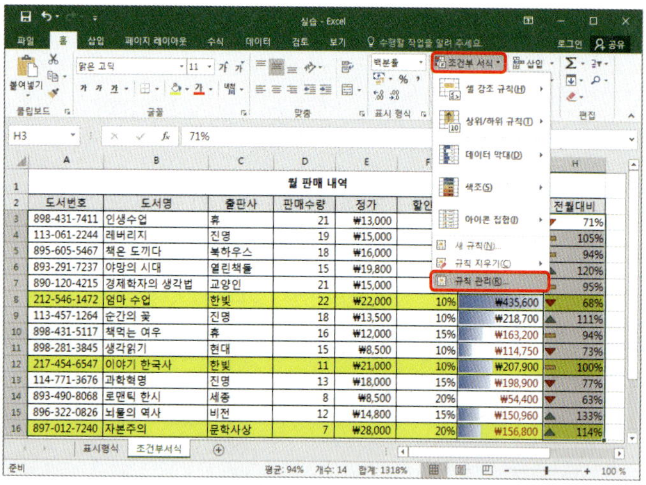

03 [조건부 서식 규칙 관리자] 대화상자에서 [아이콘 집합] 규칙을 선택하고 [규칙 편집]을 누른다.

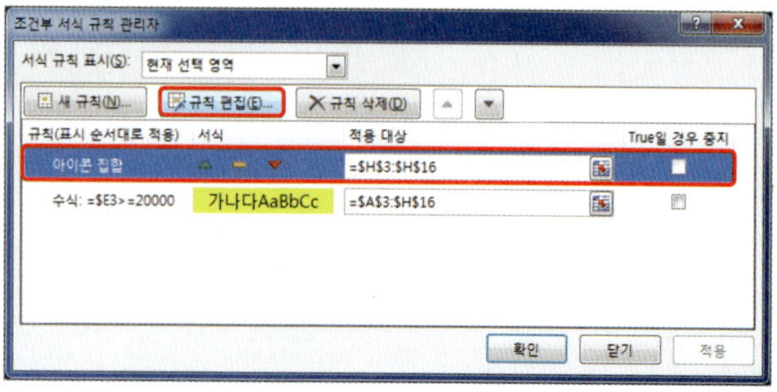

04 [서식 규칙 편집] 대화상자에서 [규칙 설명 편집]의 [값]과 [종류]를 그림과 같이 수정하고 [확인]을 누른다.

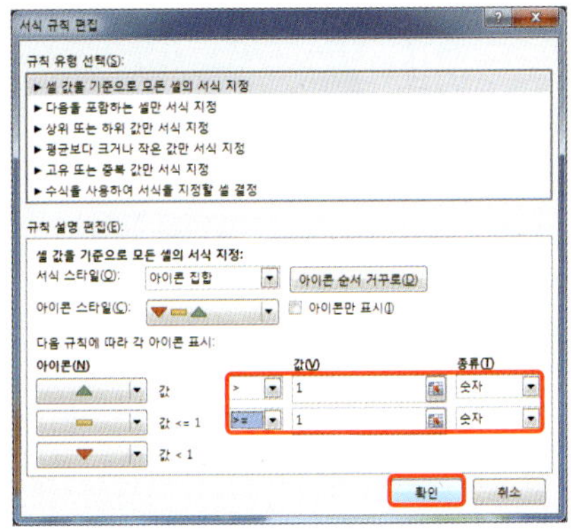

TIP [삼각형 3개] 서식의 기본 규칙은 퍼센트 단위를 3등분하여 아이콘으로 표시하는 것으로 설정되어 있다.

05 [조건부 서식 규칙 관리자] 대화상자에서 [확인]을 눌러 창을 닫는다.

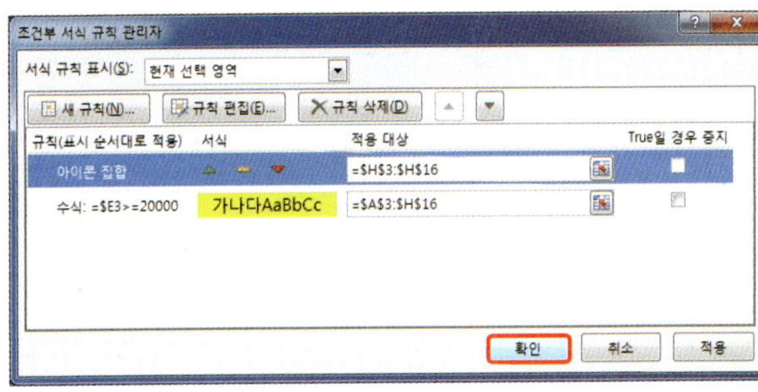

06 변경된 규칙에 따라 세 가지 형태의 삼각형이 '전월대비' 필드에 표시된다.

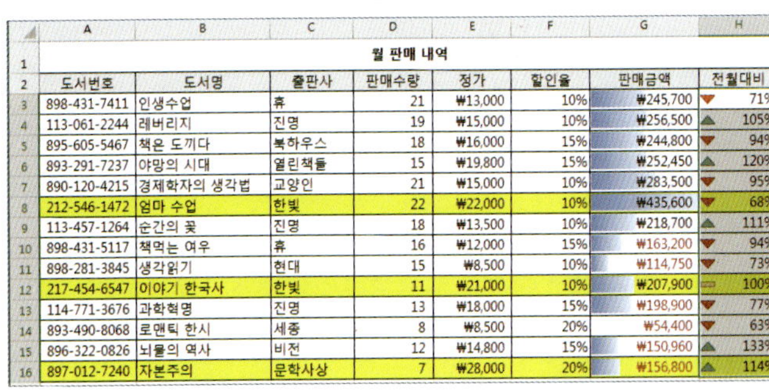

	A	B	C	D	E	F	G	H
1	월 판매 내역							
2	도서번호	도서명	출판사	판매수량	정가	할인율	판매금액	전월대비
3	898-431-7411	인생수업	휴	21	₩13,000	10%	₩245,700	71%
4	113-061-2244	레버리지	진명	19	₩15,000	10%	₩256,500	105%
5	895-605-5467	책은 도끼다	북하우스	18	₩16,000	15%	₩244,800	94%
6	893-291-7237	야망의 시대	열린책들	15	₩19,800	15%	₩252,450	120%
7	890-120-4215	경제학자의 생각법	교양인	21	₩15,000	10%	₩283,500	95%
8	212-546-1472	엄마 수업	한빛	22	₩22,000	10%	₩435,600	68%
9	113-457-1264	순간의 꽃	진명	18	₩13,500	10%	₩218,700	111%
10	898-431-5117	책먹는 여우	휴	16	₩12,000	15%	₩163,200	94%
11	898-281-3845	생각읽기	현대	15	₩8,500	10%	₩114,750	73%
12	217-454-6547	이야기 한국사	한빛	11	₩21,000	10%	₩207,900	100%
13	114-771-3676	과학혁명	진명	13	₩18,000	15%	₩198,900	77%
14	893-490-8068	로맨틱 한시	세종	8	₩8,500	20%	₩54,400	63%
15	896-322-0826	뇌물의 역사	비전	12	₩14,800	15%	₩150,960	133%
16	897-012-7240	자본주의	문학사상	7	₩28,000	20%	₩156,800	114%

종합예제

사용자 지정 표시 서식 형식과 조건부 서식을 활용하여 거래명세서 양식을 만들어 보자.

1 거래명세서 양식에 필요한 내용을 모두 입력하고 글꼴 색을 [파랑]으로 설정한다. 이때 날짜는 검은색으로 그대로 둔다.

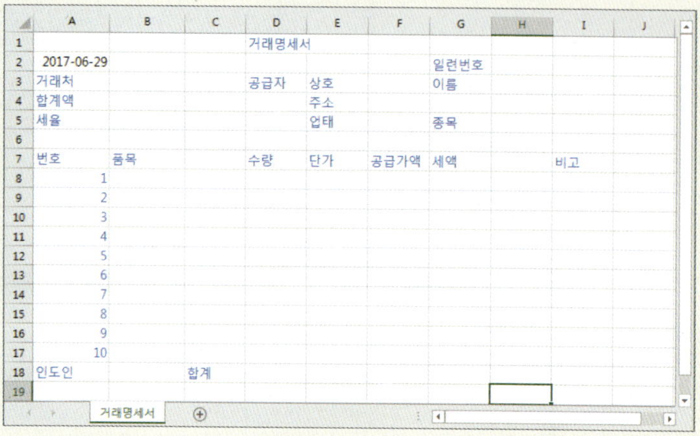

TIP 번호 항목은 채우기 핸들을 드래그하여 연속 데이터 채우기로 입력한다.

2 제목인 '거래명세서'의 글꼴 크기를 [16pt]로 수정한다. D1:E1 범위에 [병합하고 가운데 맞춤]을 적용한 후, 선 색은 [파랑]으로 하고 [아래쪽 이중 테두리]를 설정한다.

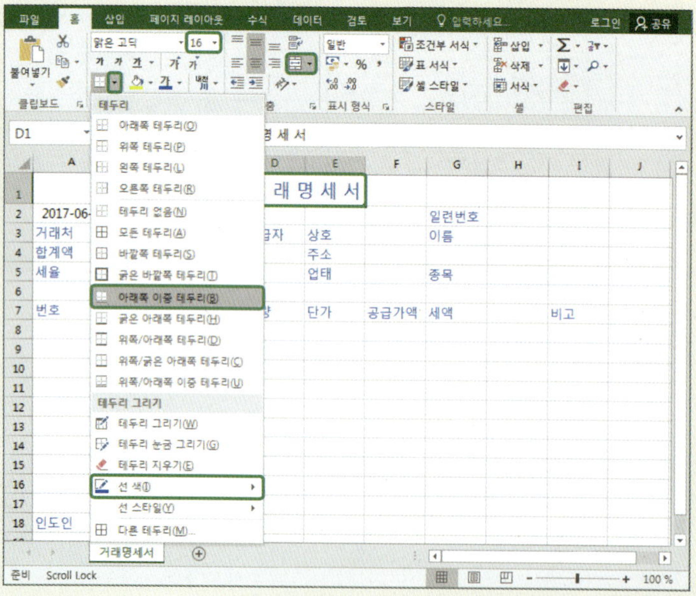

3 양식의 모양에 맞게 셀을 병합하고 테두리를 설정한다.

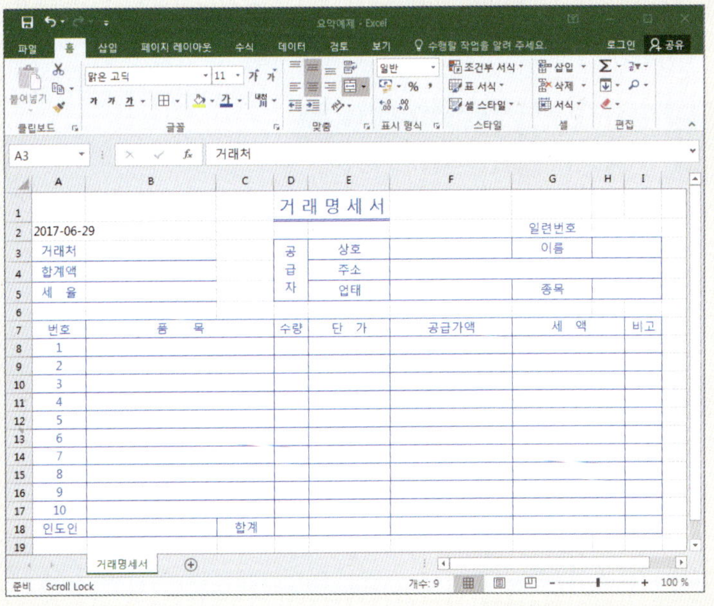

4 A2 셀을 선택하고 [셀 서식] 대화상자를 연다. [표시 형식] 탭의 [범주]에서 [사용자 지정]을 선택하고 [형식] 입력상자에 *yy"年" m"月" d"日"(aaa)*를 입력한 후 [확인]을 누른다.

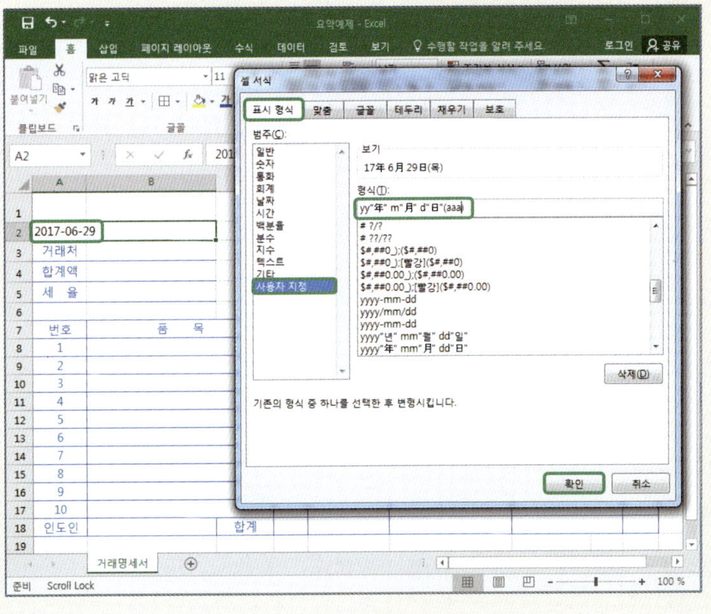

5 H2:I2 병합 셀을 선택하고 [셀 서식] 대화상자를 열어 [표시 형식] 탭의 [범주]에서 [사용자 지정]을 선택한 후 [형식] 입력상자에 *000000-00*을 입력한다. [확인]을 눌러 [셀 서식] 대화상자를 닫고, 일련번호 값으로 *17062901*을 입력한다.

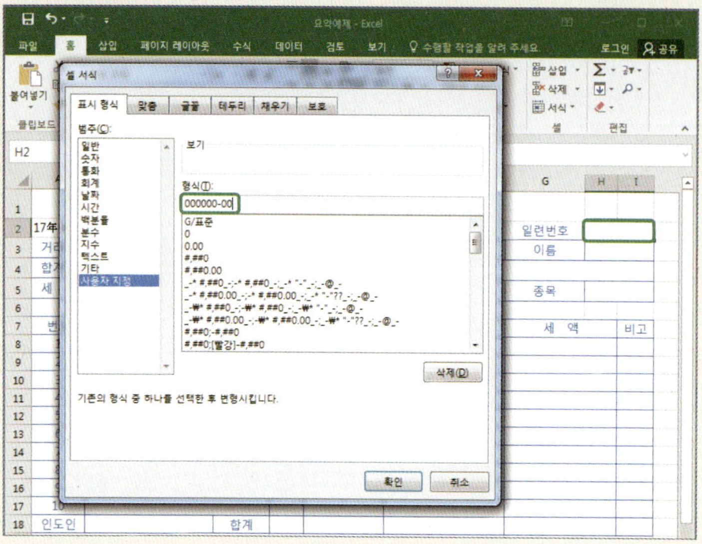

6 다음과 같이 셀 서식을 각각 설정하고 셀 값을 입력한다.

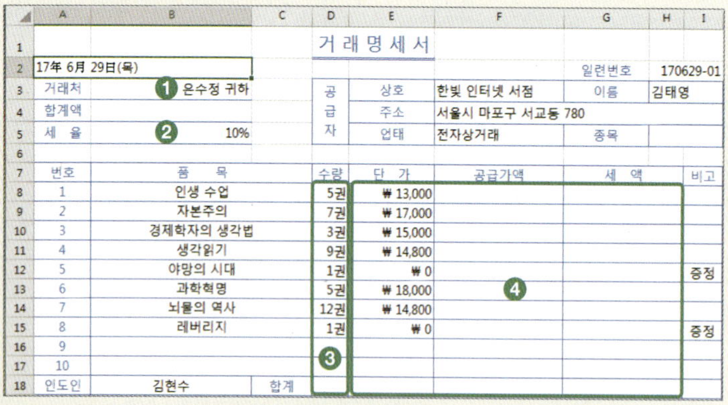

❶ B3 셀의 사용자 지정 형식을 *@ "귀하"*로 설정하고 *은수정*을 입력한다.

❷ B5 셀의 표시 형식을 [백분율]로 설정하고 *10*을 입력한다.

❸ D8:D18 범위의 사용자 지정 형식을 *G/표준"권"*으로 설정하고 수량을 입력한다.

❹ E8:H18 범위의 사용자 지정 형식을 *₩ #,##0*으로 설정하고 단가를 입력한다.

7 B4 셀을 선택하고 [셀 서식] 대화상자를 열어 [표시 형식] 탭의 [범주]에서 [기타]를, [형식]에서 [숫자(한글)]을 선택한다. [범주]에서 다시 [사용자 지정]을 선택하고 [형식] 입력상자에서 *[DBNum4][$-ko-KR]G/표준 "원정"*으로 수정한 후 [확인]을 누른다.

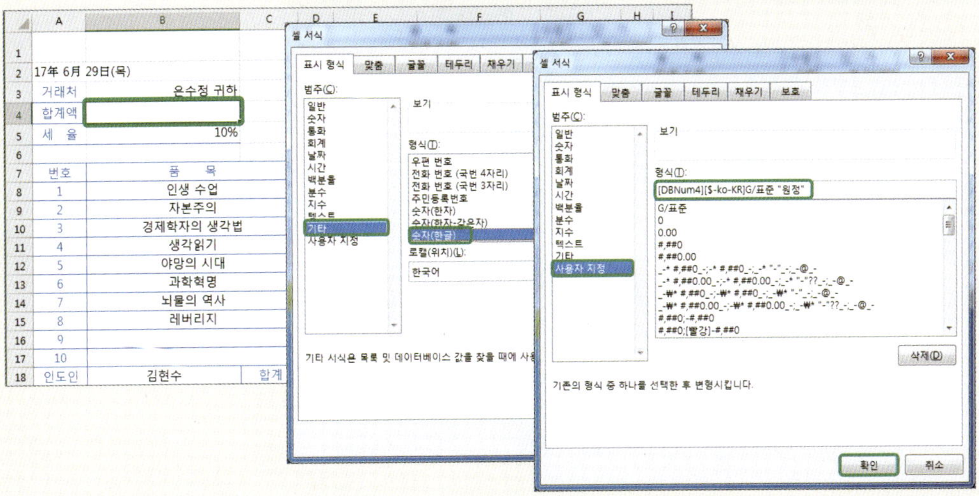

8 자동 합계 함수를 이용한 수식을 입력하여 공급가액, 세액, 합계와 합계액을 구한다.

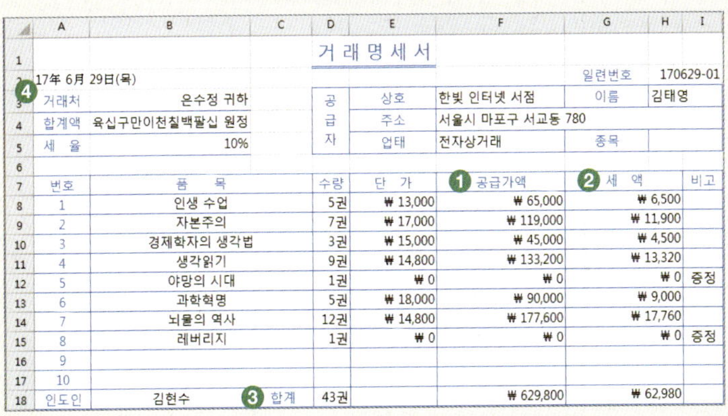

❶ 공급가액은 '수량*단가'로 계산한다. F8 셀에 *=D8*E8* 수식을 입력한 후 자동 채우기로 아래 모든 항목을 계산한다.

❷ 세액은 '공급가액*세율'로 계산한다. G8 셀에 *=F8*$B$5* 수식을 입력한 후 아래 항목도 자동 채우기로 계산한다.

❸ 수량, 공급가액, 세액의 합계는 [수식] 탭–[함수 라이브러리] 그룹–[자동 합계] 목록에서 [합계]를 선택하여 구한다.

❹ 합계액은 B4 셀에 *=F18+G18* 수식을 입력해 '공급가액의 합계+세액의 합계'로 계산한다.

9 조건부 서식을 설정할 B8:I17 범위를 선택하고 [홈] 탭-[스타일] 그룹-[조건부 서식] 목록에서 [새 규칙]을 선택한다.

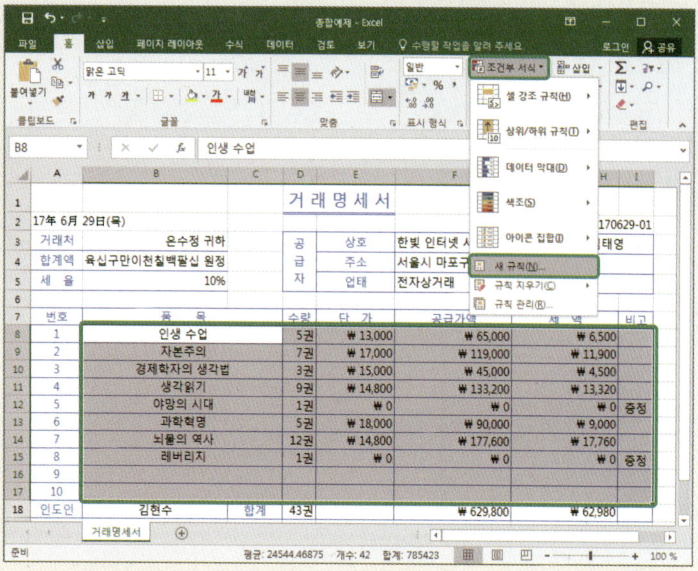

10 [새 서식 규칙] 대화상자가 나타나면 [규칙 유형 선택] 목록에서 [수식을 사용하여 서식을 지정할 셀 결정]을 선택하고 [규칙 설명 편집] 입력상자에 *=$I8="증정"* 수식을 입력한 후 [서식]을 누른다.

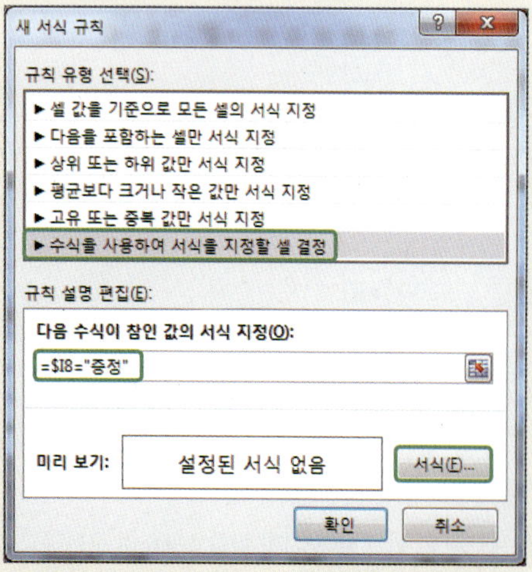

11 [셀 서식] 대화상자의 [글꼴] 탭에서 [글꼴 스타일]을 [기울임꼴]로 선택하고 [확인]을 누른다. [새 서식 규칙] 대화상자에서도 [확인]을 눌러 대화상자를 모두 닫는다.

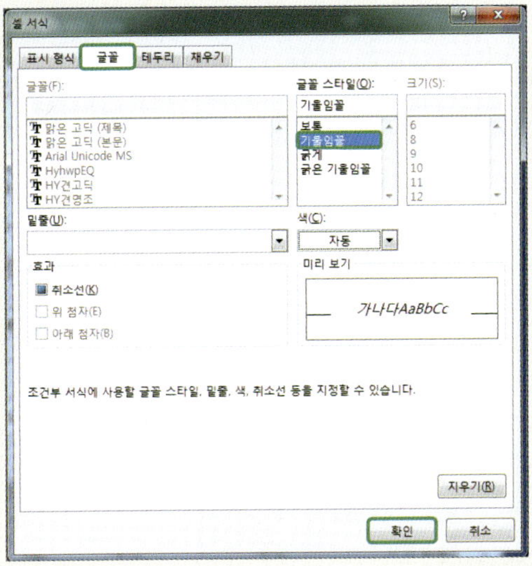

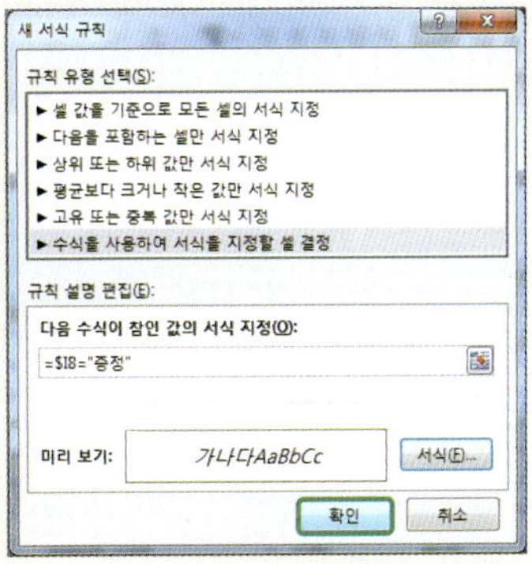

12 조건부 서식이 적용된 거래명세서 내용을 확인한다.

	A	B	C	D	E	F	G	H	I
1				거 래 명 세 서					
2	17年 6月 29日(목)						일련번호	170629-01	
3	거래처	은수정 귀하		공	상호	한빛 인터넷 서점	이름	김태영	
4	합계액	육십구만이천칠백팔십 원정		급	주소	서울시 마포구 서교동 780			
5	세 율	10%		자	업태	전자상거래	종목		
6									
7	번호	품 목		수량	단 가	공급가액	세 액		비고
8	1	인생 수업		5권	₩ 13,000	₩ 65,000	₩ 6,500		
9	2	자본주의		7권	₩ 17,000	₩ 119,000	₩ 11,900		
10	3	경제학자의 생각법		3권	₩ 15,000	₩ 45,000	₩ 4,500		
11	4	생각읽기		9권	₩ 14,800	₩ 133,200	₩ 13,320		
12	5	*야망의 시대*		*1권*	*₩ 0*	*₩ 0*	*₩ 0*		*증정*
13	6	과학혁명		5권	₩ 18,000	₩ 90,000	₩ 9,000		
14	7	뇌물의 역사		12권	₩ 14,800	₩ 177,600	₩ 17,760		
15	8	*레버리지*		*1권*	*₩ 0*	*₩ 0*	*₩ 0*		*증정*
16	9								
17	10								
18	인도인	김현수	합계	43권		₩ 629,800	₩ 62,980		

연습문제

1 '연습.xlsx' 파일의 '연습1' 시트를 열고 1분기 도서 판매 현황을 다음과 같이 작성하시오.

❶ 자동 합계 도구를 이용하여 '합계'를 구하시오.

❷ '판매량'과 '판매금액' 필드에 사용자 지정 서식을 설정하여 예제 화면과 같이 표시하시오.

❸ 원/달러 환율(B14 셀)에 사용자 지정 서식을 설정하고, 셀 이름을 '환율'로 정의하시오.

❹ 정의된 이름인 '환율'을 수식에 사용하여 '판매금액'의 달러 합계를 계산하고, 사용자 지정 서식을 설정하시오.

❺ '판매금액' 필드에 조건부 서식을 설정하여 금액에 따라 크기가 다른 데이터 막대로 표시하도록 하시오.

	A	B	C	D	E	F	G
1	1분기 도서 판매 현황						
2	월	1월		2월		3월	
3	분야	판매량	판매금액	판매량	판매금액	판매량	판매금액
4	가정/생활	23권	418,600원	33권	600,600원	20권	352,000원
5	경제/경영	15권	276,000원	12권	200,800원	15권	270,000원
6	문학	38권	551,000원	46권	667,000원	51권	739,500원
7	사회	23권	358,800원	31권	483,600원	20권	292,000원
8	어린이	61권	1,006,500원	42권	705,600원	55권	924,000원
9	여행	36권	432,000원	25권	330,000원	26권	343,200원
10	역사	8권	104,000원	13권	171,600원	15권	198,000원
11	인문	38권	551,000원	45권	652,500원	48권	696,000원
12	종교	7권	128,500원	5권	92,500원	12권	222,000원
13	합계	249권	3,826,400원	252권	3,904,200원	262권	4,036,700원
14	*환율*	*1250원/달러*	3,061.12달러		3,123.36달러		3,229.36달러

2 '연습.xlsx' 파일의 '연습2' 시트를 열고 다음 조건에 맞는 오피스 실무 성적표를 작성하시오.

❶ '학번' 필드에 사용자 지정 서식을 설정하시오.

❷ 각 학생의 총점을 '과제 점수*비율(20%)+출석 점수*비율(20%)+중간 점수*비율(30%)+기말 점수*비율(30%)' 수식으로 구하시오.

❸ 자동 합계 도구를 사용하여 '인원', '평균', '최고', '최저'를 구하고 예제 화면과 같이 사용자 지정 서식을 설정하시오.

❹ 조건부 서식을 이용하여 각 학생의 '총점'이 평균 이상이면 '이름'과 '학번' 필드의 글꼴 색이 [파랑]이 되도록 설정하시오.

오피스 실무 성적표

번호	이름	학번	과제 20%	출석 20%	중간 30%	기말 30%	총점
1	서다은	2015-0214	60	80	40	27	48
2	정승현	2014-1021	95	100	43	50	67
3	김재훈	2015-1301	85	80	53	27	57
4	이주와	2016-0416	100	100	77	37	74
5	한지원	2013-4572	80	100	20	20	48
6	김정아	2016-1451	80	100	50	17	56
7	이정희	2016-8451	100	70	100	97	93
8	이건표	2014-3145	95	100	37	13	54
9	김수빈	2015-4670	100	100	50	77	78
10	김희호	2012-4651	95	100	87	97	94
11	김수경	2016-9871	65	100	83	27	66
12	김한표	2014-6575	100	90	100	80	92
13	이동희	2014-6857	90	100	67	63	77
14	이수현	2013-4596	100	80	70	57	74
15	박준영	2016-7891	100	100	93	97	97
16	김민수	2015-4672	45	40	67	23	44
17	이성욱	2016-4869	100	80	53	17	57
18	최준석	2012-4571	100	80	53	97	81
19	김나영	2014-2154	95	80	87	87	87
20	황혜민	2015-4761	100	100	90	93	95

인원	총 20명
평균	72점
최고	97점
최저	44점

PART

02

엑셀 핵심 기능

EXCEL 2016

CHAPTER

05

기본 함수

01 함수의 기본 이해하기

02 수학/삼각 및 통계 함수 사용하기

03 텍스트 및 날짜/시간 함수 사용하기

종합예제

연습문제

학습목표

- 함수의 형식과 범주별 함수의 종류를 설명할 수 있다.
- 수학/삼각 함수와 통계 함수를 사용할 수 있다.
- 텍스트 함수와 날짜/시간 함수를 사용할 수 있다.

SECTION 01

함수의 기본 이해하기

수식을 직접 만들어 데이터를 계산할 수도 있지만 엑셀에서 제공하는 다양한 함수를 사용하면 여러 가지 수식 계산을 쉽게 할 수 있다. 합계나 평균, 표준편차 등을 구하는 다양한 기능의 함수가 미리 만들어져 있어서 함수명과 인수를 이용해 편리하게 작성할 수 있다.

1.1 함수의 형식

엑셀 함수는 수학 함수 f(x)처럼 특정 결과 값을 구하기 위한 수식을 이름으로 미리 정의한 기능이다. 수학 함수 $f(x)=x+2$의 경우 x가 3이면 함수의 결과 값은 5가 되고, 이때 3을 인수라고 한다. 엑셀에서 함수를 이용할 때는 앞에 등호 기호(=)를 입력하고 함수명 뒤에 괄호 기호(( ))를 사용하여 인수를 적는다.

$$= 함수명(인수_1,\ 인수_2,\ \cdots,\ 인수_n)$$

인수의 개수와 데이터 형식은 함수에 따라 다르게 정의되어 있다. 함수명과 인수를 일일이 기억하기 어려우므로 엑셀에서 제공하는 함수 마법사나 함수 라이브러리를 이용하면 편리하다.

1.2 함수의 종류

엑셀에서 제공하는 함수는 기능에 따라 다음과 같은 범주로 분류할 수 있다. 이 중에서 많이 활용되는 함수를 사용하여 엑셀 통합 문서를 만들어 보기로 한다.

범주	함수
수학/삼각	SUM, SUMIF, SUMIFS, ROUND, ROUNDUP, ROUNDDOWN, RANK.EQ, RANK.AVG
통계	AVERAGE, AVERAGEIF, AVERAGEIFS, COUNT, COUNTA, COUNTBLANK, COUNTIF, COUNTIFS, MAX, MIN, LARGE, SMALL, MEDIAN, STDEV.S, STDEV.P, VAR.S, VAR.P
텍스트	LEFT, MID, RIGHT, LEN, FIND, CONCATENATE, REPLACE
날짜 및 시간	TODAY, NOW, YEAR, MONTH, DAY, DATE, WEEKDAY, DATEDIF
논리	AND, OR, NOT, IF, IFERROR
찾기/참조 영역	VLOOKUP, HLOOKUP, CHOOSE, INDEX, MATCH
재무	FV, PMT

SECTION 02 수학/삼각 및 통계 함수 사용하기

수식 계산에 가장 많이 사용되는 합계, 반올림, 내림 등을 구하는 수학/삼각 함수와 평균, 표준편차 등을 구하는 통계 함수를 활용하는 방법을 알아본다.

2.1 수학/삼각 및 통계 함수

CHAPTER 03에서 자동 합계 도구를 이용해 계산했던 합계(SUM), 평균(AVERAGE), 개수(COUNT), 최대값(MAX), 최소값(MIN) 함수를 수식에 직접 사용해 보기로 한다. 또, 반올림(ROUND), 표준편차(STDEV), 분산(VAR), 중간값(MEDIAN), 빈도(FREQUENCY)를 구하고 순위를 구하는 함수(RANK.EQ)도 사용해 본다.

기본예제 5-1 합계와 평균, 개수, 최대값, 최소값 구하기

SUM, AVERAGE, COUNT, MAX, MIN 함수를 수식에 사용하여 값을 계산해 보자. 각 함수의 인수 형식과 기능은 다음과 같다. 이때 대괄호([ ])로 묶어 표시한 인수는 생략할 수 있다.

함수명과 인수	기능
SUM(number1, [number2], …)	인수의 합을 구한다. 인수에는 숫자나 셀 이름, 셀 영역을 최대 255개까지 지정할 수 있다.
AVERAGE(number1, [number2], …)	인수의 평균을 구한다.
COUNT(value1, [value2], …)	지정한 인수에서 숫자가 포함된 셀의 개수를 구한다.
MAX(number1, [number2], …)	지정한 인수 중에서 최대값을 구한다.
MIN(number1, [number2], …)	지정한 인수 중에서 최소값을 구한다.

01 '실습.xlsx' 파일을 열고 '채점표' 시트를 선택한다.

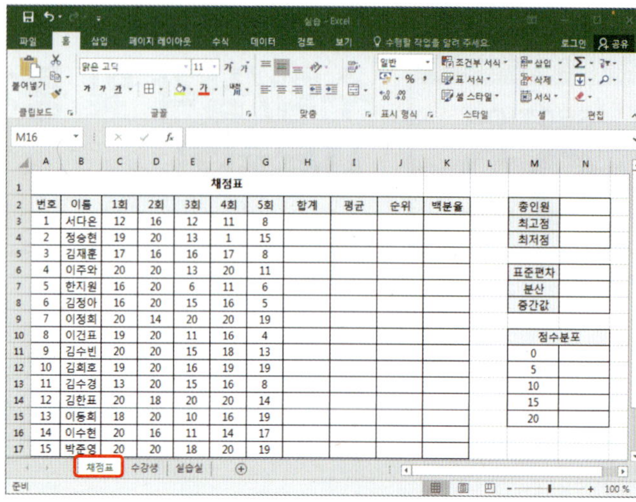

번호	이름	1회	2회	3회	4회	5회	합계	평균	순위	백분율
1	서다은	12	16	12	11	8				
2	정승현	19	20	13	1	15				
3	김재훈	17	16	16	17	8				
4	이주와	20	20	13	20	11				
5	한지원	16	20	6	11	6				
6	김정아	16	20	15	16	5				
7	이정희	20	14	20	20	19				
8	이건표	19	20	11	16	4				
9	김수빈	20	20	15	18	13				
10	김희호	19	20	16	19	19				
11	김수경	13	20	15	16	8				
12	김한표	20	18	20	20	14				
13	이동희	18	20	10	16	19				
14	이수현	20	16	11	14	17				
15	박준영	20	20	18	20	19				

02 H3 셀에 *=SUM(* 수식을 입력하고 C3:G3 범위를 드래그한 후 *)* 를 입력해 *=SUM(C3:G3)* 수식을 완성한다.

번호	이름	1회	2회	3회	4회	5회	합계	평균	순위	백분율
1	서다은	12	16	12	11		=SUM(C3:G3)			
2	정승현	19	20	13	1	15				
3	김재훈	17	16	16	17	8				

TIP 마우스로 드래그한 영역이 함수 SUM의 인수가 된다.

03 H3 셀의 채우기 핸들을 더블클릭하거나 H17 셀까지 드래그하여 수식을 복사한다.

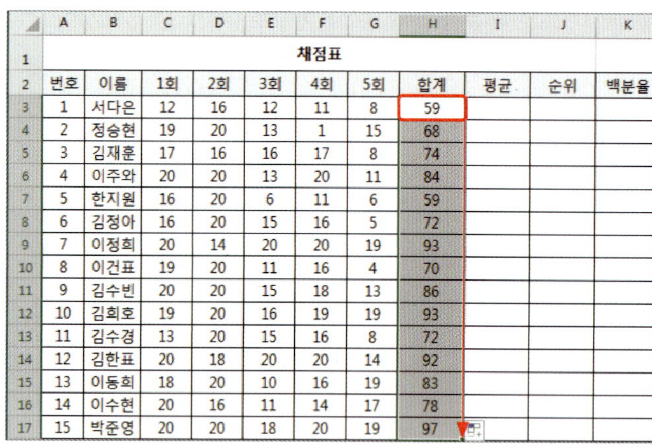

번호	이름	1회	2회	3회	4회	5회	합계	평균	순위	백분율
1	서다은	12	16	12	11	8	59			
2	정승현	19	20	13	1	15	68			
3	김재훈	17	16	16	17	8	74			
4	이주와	20	20	13	20	11	84			
5	한지원	16	20	6	11	6	59			
6	김정아	16	20	15	16	5	72			
7	이정희	20	14	20	20	19	93			
8	이건표	19	20	11	16	4	70			
9	김수빈	20	20	15	18	13	86			
10	김희호	19	20	16	19	19	93			
11	김수경	13	20	15	16	8	72			
12	김한표	20	18	20	20	14	92			
13	이동희	18	20	10	16	19	83			
14	이수현	20	16	11	14	17	78			
15	박준영	20	20	18	20	19	97			

04 합계를 구할 때 사용한 SUM 함수 대신 AVERAGE 함수를 적용하면 I3:I17 범위에 평균을 계산할 수 있다.

	A	B	C	D	E	F	G	H	I	J	K
1	채점표										
2	번호	이름	1회	2회	3회	4회	5회	합계	평균	순위	백분율
3	1	서다은	12	16	12	11	8	=AVERAGE(C3:G3)			
4	2	정승현	19	20	13	1	15	68	13.6		
5	3	김재훈	17	16	16	17	8	74	14.8		
6	4	이주와	20	20	13	20	11	84	16.8		
7	5	한지원	16	20	6	11	6	59	11.8		
8	6	김정아	16	20	15	16	5	72	14.4		
9	7	이정희	20	14	20	20	19	93	18.6		
10	8	이건표	19	20	11	16	4	70	14		
11	9	김수빈	20	20	15	18	13	86	17.2		
12	10	김희호	19	20	16	19	19	93	18.6		
13	11	김수경	13	20	15	16	8	72	14.4		
14	12	김한표	20	18	20	20	14	92	18.4		
15	13	이동희	18	20	10	16	19	83	16.6		
16	14	이수현	20	16	11	14	17	78	15.6		
17	15	박준영	20	20	18	20	19	97	19.4		

05 N2 셀에 *=COUNT(A3:A17)* 수식을 입력해 총인원을 계산한다.

	A	B	C	D	E	F	G	H	I	J	K	L	M	N	O
1	채점표														
2	번호	이름	1회	2회	3회	4회	5회	합계	평균	순위	백분율		총인원	=COUNT(A3:A17)	
3	1	서다은	12	16	12	11	8	59	11.8				최고점		
4	2	정승현	19	20	13	1	15	68	13.6				최저점		
5	3	김재훈	17	16	16	17	8	74	14.8						
6	4	이주와	20	20	13	20	11	84	16.8				표준편차		
7	5	한지원	16	20	6	11	6	59	11.8				분산		
8	6	김정아	16	20	15	16	5	72	14.4				중간값		
9	7	이정희	20	14	20	20	19	93	18.6						
10	8	이건표	19	20	11	16	4	70	14				점수분포		
11	9	김수빈	20	20	15	18	13	86	17.2				0		
12	10	김희호	19	20	16	19	19	93	18.6				5		
13	11	김수경	13	20	15	16	8	72	14.4				10		
14	12	김한표	20	18	20	20	14	92	18.4				15		
15	13	이동희	18	20	10	16	19	83	16.6				20		
16	14	이수현	20	16	11	14	17	78	15.6						
17	15	박준영	20	20	18	20	19	97	19.4						

TIP COUNT 함수는 숫자 개수만 계산할 수 있으므로 텍스트 데이터인 이름 영역(B3:B17)을 인수로 선택하지 않도록 주의한다.

06 N3 셀에 *=MAX(H3:H17)* 수식을 입력해 최고점을 계산한다.

	A	B	C	D	E	F	G	H	I	J	K	L	M	N	O
1	채점표														
2	번호	이름	1회	2회	3회	4회	5회	합계	평균	순위	백분율		총인원	15	
3	1	서다은	12	16	12	11	8	59	11.8				최고점	=MAX(H3:H17)	
4	2	정승현	19	20	13	1	15	68	13.6				최저점		
5	3	김재훈	17	16	16	17	8	74	14.8						
6	4	이주와	20	20	13	20	11	84	16.8				표준편차		
7	5	한지원	16	20	6	11	6	59	11.8				분산		
8	6	김정아	16	20	15	16	5	72	14.4				중간값		
9	7	이정희	20	14	20	20	19	93	18.6						
10	8	이건표	19	20	11	16	4	70	14				점수분포		
11	9	김수빈	20	20	15	18	13	86	17.2				0		
12	10	김희호	19	20	16	19	19	93	18.6				5		
13	11	김수경	13	20	15	16	8	72	14.4				10		
14	12	김한표	20	18	20	20	14	92	18.4				15		
15	13	이동희	18	20	10	16	19	83	16.6				20		
16	14	이수현	20	16	11	14	17	78	15.6						
17	15	박준영	20	20	18	20	19	97	19.4						

07 N4 셀에 *=MIN(H3:H17)* 수식을 입력해 최저점을 계산한다.

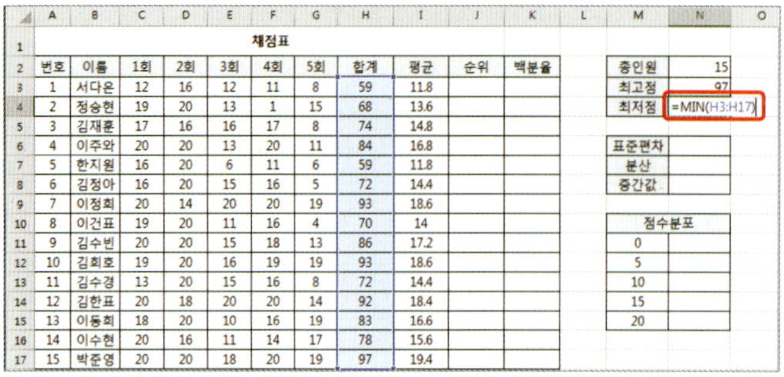

	A	B	C	D	E	F	G	H	I	J	K	M	N
1						채점표							
2	번호	이름	1회	2회	3회	4회	5회	합계	평균	순위	백분율	총인원	15
3	1	서다은	12	16	12	11	8	59	11.8			최고점	97
4	2	정승현	19	20	13	1	15	68	13.6			최저점	=MIN(H3:H17)
5	3	김재훈	17	16	16	17	8	74	14.8				
6	4	이주와	20	20	13	20	11	84	16.8			표준편차	
7	5	한지원	16	20	6	11	6	59	11.8			분산	
8	6	김정아	16	20	15	16	5	72	14.4			중간값	
9	7	이정희	20	14	20	20	19	93	18.6				
10	8	이건표	19	20	11	16	4	70	14			점수분포	
11	9	김수빈	20	20	15	18	13	86	17.2			0	
12	10	김희호	19	20	16	19	19	93	18.6			5	
13	11	김수경	13	20	15	16	8	72	14.4			10	
14	12	김한표	20	18	20	20	14	92	18.4			15	
15	13	이동희	18	20	10	16	19	83	16.6			20	
16	14	이수현	20	16	11	14	17	78	15.6				
17	15	박준영	20	20	18	20	19	97	19.4				

기본예제 5-2 표준편차, 분산, 중간값 구하기

통계 범주에 제공되는 엑셀 함수 중에서 모집단 혹은 표본집단의 표준편차와 분산을 구하여 데이터의 산포도나 기대 값과의 거리를 계산하는 함수, 데이터 집합에서 큰 값과 작은 값 또는 중간값, 빈도수를 구하는 함수를 활용해 보자. 각 함수의 인수 형식과 기능은 다음과 같다.

함수명과 인수	기능
STDEV.P(number1, number2, …)	모집단의 표준편차를 구한다.
STDEV.S(number1, number2, …)	표본집단의 표준편차를 구한다.
VAR.P(number1, number2, …)	모집단의 분산을 구한다.
VAR.S(number1, number2, …)	표본집단의 분산을 구한다.
LARGE(array, k)	데이터 집합에서 k번째로 큰 값을 구한다.
SMALL(array, k)	데이터 집합에서 k번째로 작은 값을 구한다.
MEDIAN(number1, number2, …)	주어진 수의 중간값을 구한다.
FREQUENCY(data_array, bins_array)	주어진 값의 범위 내에서 발생 빈도를 구한다.

01 '채점표' 시트의 N6 셀에 *=STDEV.S(C3:G17)* 수식을 입력해 점수의 표준편차를 구한다.

	A	B	C	D	E	F	G	H	I	J	K	M	N
1						채점표							
2	번호	이름	1회	2회	3회	4회	5회	합계	평균	순위	백분율	총인원	15
3	1	서다은	12	16	12	11	8	59	11.8			최고점	97
4	2	정승현	19	20	13	1	15	68	13.6			최저점	59
5	3	김재훈	17	16	16	17	8	74	14.8				
6	4	이주와	20	20	13	20	11	84	16.8			표준편차	=STDEV.S(C3:G17)
7	5	한지원	16	20	6	11	6	59	11.8			분산	
8	6	김정아	16	20	15	16	5	72	14.4			중간값	
9	7	이정희	20	14	20	20	19	93	18.6				
10	8	이건표	19	20	11	16	4	70	14			점수분포	
11	9	김수빈	20	20	15	18	13	86	17.2			0	
12	10	김희호	19	20	16	19	19	93	18.6			5	
13	11	김수경	13	20	15	16	8	72	14.4			10	
14	12	김한표	20	18	20	20	14	92	18.4			15	
15	13	이동희	18	20	10	16	19	83	16.6			20	
16	14	이수현	20	16	11	14	17	78	15.6				
17	15	박준영	20	20	18	20	19	97	19.4				

02 N7 셀에 *=VAR.S(C3:G17)* 수식을 입력해 분산을 계산한다.

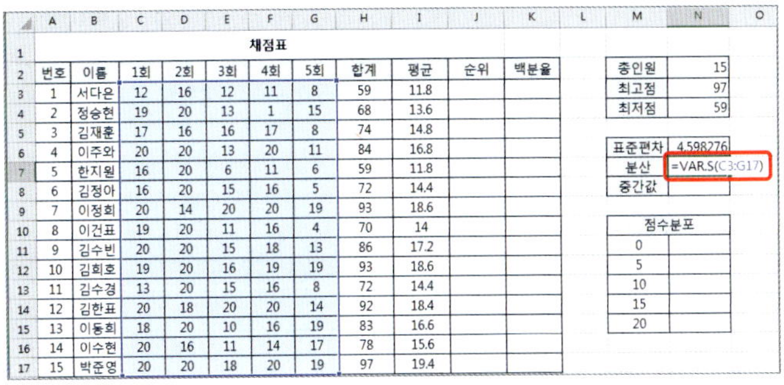

03 N8 셀에 *=MEDIAN(C3:G17)* 수식을 입력해 점수의 중간값을 구한다.

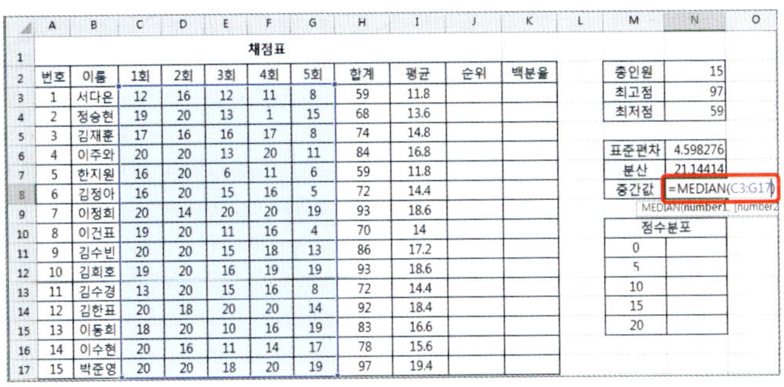

TIP LARGE 함수와 SMALL 함수는 MEDIAN 함수보다 인수가 하나 더 있다. 예를 들어 *=LARGE(C3:G17, 5)* 수식은 주어진 데이터 집합에서 다섯 번째로 큰 값을 구한다는 의미이다.

04 N11:N15 범위를 선택하고 *=FREQUENCY(C3:G17,M11:M15)* 수식을 입력한 후 Ctrl+Shift+Enter를 눌러 점수 범위에 따른 빈도수를 계산하여 점수분포로 표시한다.

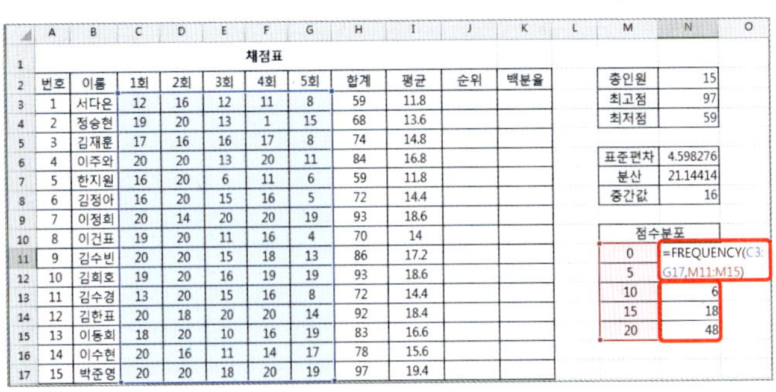

TIP 점수분포의 각 값은 0점 이하(0번), 1~5점(3번), 6~10점(6번), 11~15점(18번), 16~20점(48번)으로 표시된다.

여기서 잠깐 **배열 수식**

Ctrl+Shift+Enter를 눌러 계산하도록 하는 것을 배열 수식이라고 한다. 배열(Array)이란 계산 과정에서 연산된 값을 저장해두는 공간을 의미한다. 배열을 이용하면 수식에 범위를 사용해 계산할 수 있다. 배열 수식은 중괄호({ })가 자동으로 추가되어 수식 입력줄에 나타나므로 일반 수식과 구별할 수 있다. 다음의 예와 같이 *=B3:B8*C3:C8* 수식은 단가와 수량의 범위를 인수로 사용한 배열 수식이며 금액을 구할 수 있다.

① 계산할 셀이나 범위를 선택하고 ② 범위를 사용한 수식을 입력한 다음 ③ Ctrl+Shift+Enter를 눌러 계산한다.

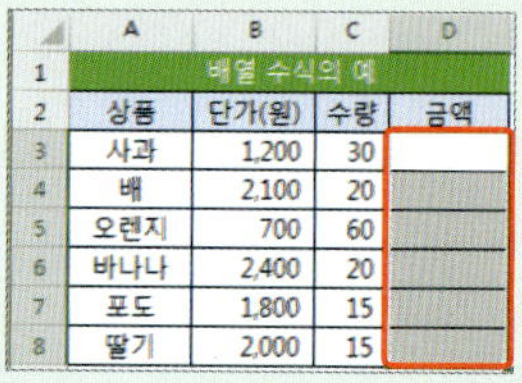

배열 수식의 예			
상품	단가(원)	수량	금액
사과	1,200	30	
배	2,100	20	
오렌지	700	60	
바나나	2,400	20	
포도	1,800	15	
딸기	2,000	15	

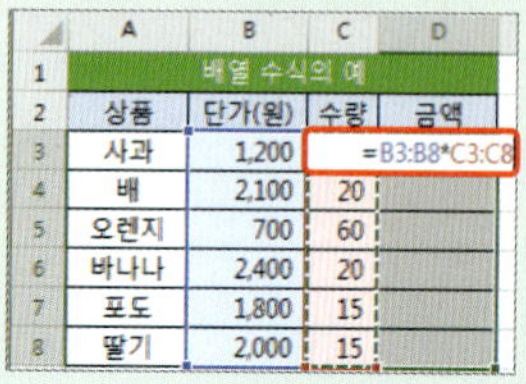

배열 수식의 예			
상품	단가(원)	수량	금액
사과	1,200	=B3:B8*C3:C8	
배	2,100	20	
오렌지	700	60	
바나나	2,400	20	
포도	1,800	15	
딸기	2,000	15	

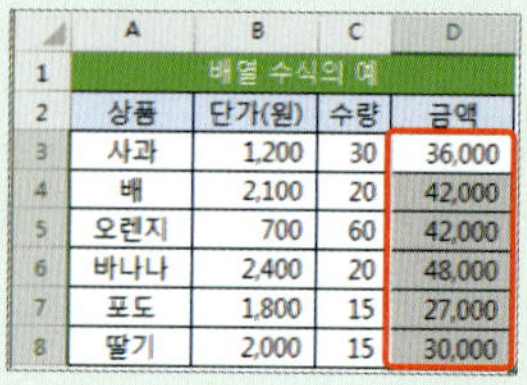

배열 수식의 예			
상품	단가(원)	수량	금액
사과	1,200	30	36,000
배	2,100	20	42,000
오렌지	700	60	42,000
바나나	2,400	20	48,000
포도	1,800	15	27,000
딸기	2,000	15	30,000

기본예제 5-3 숫자를 반올림, 올림, 내림하기

수학/삼각 범주의 함수 중에서 숫자를 반올림, 올림, 내림하는 ROUND, ROUNDUP, ROUNDDOWN 함수를 사용하여 '채점표' 시트의 데이터를 수정해 보자. 각 함수의 인수 형식과 기능은 다음과 같다.

함수명과 인수	기능
ROUND(number, number_digits)	지정한 자릿수로 숫자를 반올림한다.
ROUNDUP(number, number_digits)	0에서 먼 방향으로 숫자를 올림한다.
ROUNDDOWN(number, number_digits)	0에서 가까운 방향으로 숫자를 내림한다.

01 '채점표' 시트를 열고 표준편차값이 소수 첫째 자리에서 반올림되도록 N6 셀에 입력된 수식을 *=ROUND(STDEV.S(C3:G17), 1)*로 수정한다.

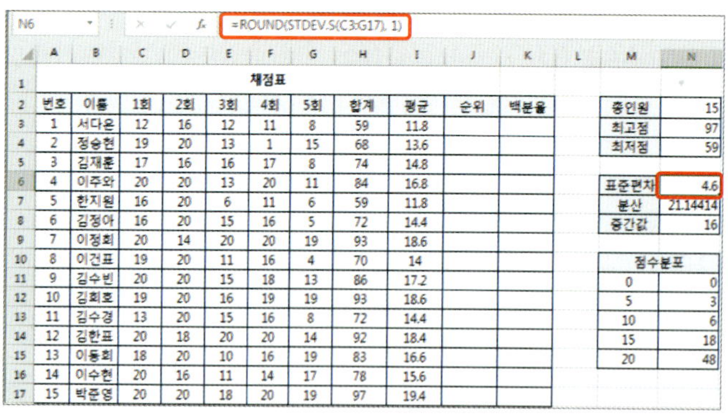

N6 =ROUND(STDEV.S(C3:G17), 1)

채점표

번호	이름	1회	2회	3회	4회	5회	합계	평균	순위	백분율
1	서다온	12	16	12	11	8	59	11.8		
2	정승현	19	20	13	1	15	68	13.6		
3	김재훈	17	16	16	17	8	74	14.8		
4	이주와	20	20	13	20	11	84	16.8		
5	한지원	16	20	6	11	6	59	11.8		
6	김정아	16	20	15	16	5	72	14.4		
7	이정희	20	14	20	20	19	93	18.6		
8	이건표	19	20	11	16	4	70	14		
9	김수빈	20	20	15	18	13	86	17.2		
10	김회호	19	20	16	19	19	93	18.6		
11	김수경	13	20	15	16	8	72	14.4		
12	김한표	20	18	20	20	14	92	18.4		
13	이동희	18	20	10	16	19	83	16.6		
14	이수현	20	16	11	14	17	78	15.6		
15	박준영	20	20	18	20	19	97	19.4		

총인원	15
최고점	97
최저점	59
표준편차	4.6
분산	21.14414
중간값	16

점수분포	
0	0
5	3
10	6
15	18
20	48

TIP [홈] 탭–[표시 형식] 그룹의 [자릿수 줄임] 단추를 이용했을 때와 달리 ROUND 함수를 사용하면 원래의 값이 바뀌므로 주의해야 한다.

02 분산의 소수점 이하 값을 버림하도록 N7 셀의 수식을 *=ROUNDDOWN(VAR.S(C3:G17),0)*으로 수정한다.

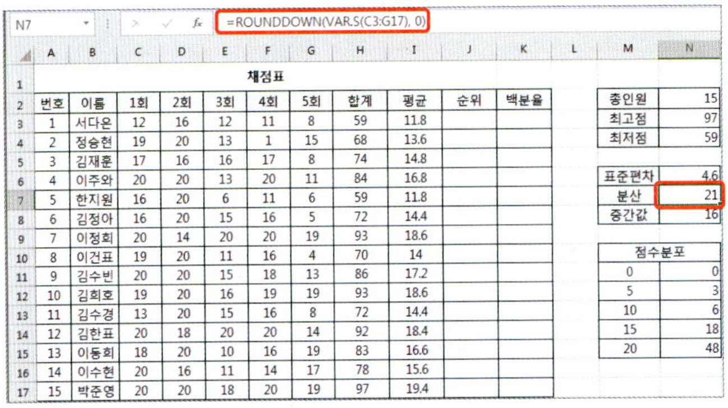
N7 =ROUNDDOWN(VAR.S(C3:G17), 0)

채점표

번호	이름	1회	2회	3회	4회	5회	합계	평균	순위	백분율
1	서다온	12	16	12	11	8	59	11.8		
2	정승현	19	20	13	1	15	68	13.6		
3	김재훈	17	16	16	17	8	74	14.8		
4	이주와	20	20	13	20	11	84	16.8		
5	한지원	16	20	6	11	6	59	11.8		
6	김정아	16	20	15	16	5	72	14.4		
7	이정희	20	14	20	20	19	93	18.6		
8	이건표	19	20	11	16	4	70	14		
9	김수빈	20	20	15	18	13	86	17.2		
10	김희호	19	20	16	19	19	93	18.6		
11	김수경	13	20	15	16	8	72	14.4		
12	김한표	20	18	20	20	14	92	18.4		
13	이동희	18	20	10	16	19	83	16.6		
14	이수현	20	16	11	14	17	78	15.6		
15	박준영	20	20	18	20	19	97	19.4		

총인원	15
최고점	97
최저점	59
표준편차	4.6
분산	21
중간값	16

점수분포	
0	0
5	3
10	6
15	18
20	48

여기서 잠깐 **number_digits 인수의 역할**

반올림, 내림, 올림 함수의 두 번째 인수인 'number_digits'는 다음과 같이 자릿수를 지정하기 위한 값으로 사용된다. N7 셀의 값이 1234.567이라면 *ROUND(N7, 1)*의 결과 값은 소수점 첫째 자리까지 표시하여 1234.6이 된다.

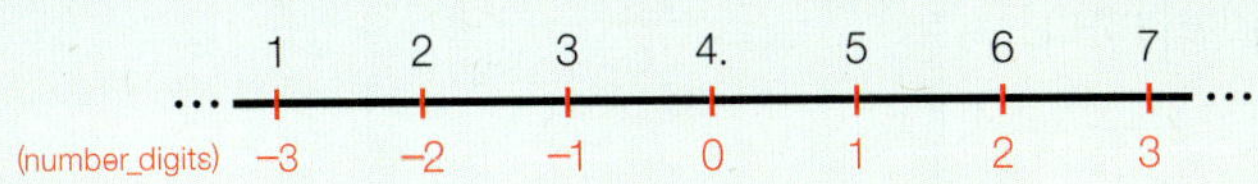

기본예제 5-4 데이터 크기에 따른 순위와 백분율 순위 구하기

데이터의 크기에 따른 순위를 구하는 RANK.EQ 함수와 RANK.AVG 함수는 순위를 표시하는 방법에 차이가 있다. RANK.EQ 함수를 사용하면 값이 같을 경우 높은 순위가 표시되고 RANK.AVG 함수를 사용하면 값이 같은 순위 값의 평균이 표시된다. 각 함수의 인수 형식과 기능은 다음과 같다.

함수명과 인수	기능
RANK.EQ(number, ref, order)	목록 내에서 지정한 수의 상대적인 크기 순위를 구한다. 둘 이상의 값이 순위가 같으면 가장 높은 순위를 반환한다.
RANK.AVG(number, ref, order)	둘 이상의 값이 순위가 같으면 평균 순위를 반환한다.
PERCENTRANK.INC(array, x, significance)	데이터 집합에서 경계값을 포함한 0에서 1 사이의 백분율 순위를 구한다.
PERCENTRANK.EXC(array, x, significance)	데이터 집합에서 경계값을 제외한 0에서 1 사이의 백분율 순위를 구한다.

01 '채점표' 시트의 J3 셀을 선택하고 [수식] 탭–[함수 라이브러리] 그룹–[함수 더 보기] 목록에서 [통계]–[RANK.EQ]를 선택한다.

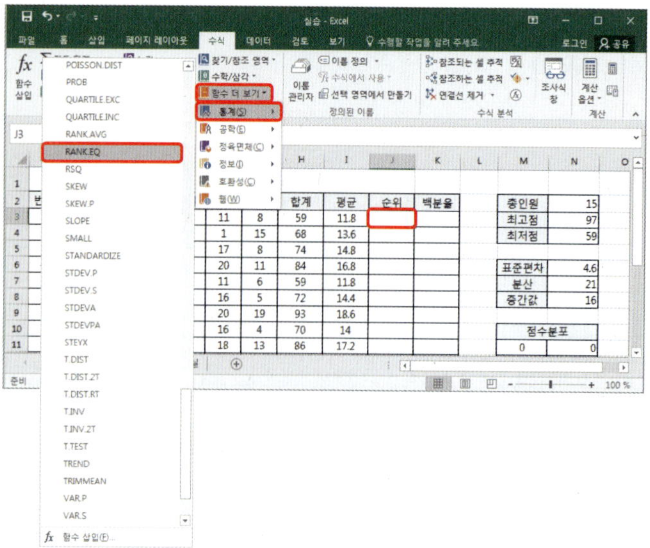

02 [함수 인수] 대화상자의 [Number]에는 *H3*, [Ref]에는 *$H$3:$H$17*을 입력한다. [Order]에는 값을 입력하지 않고 [확인]을 누른다.

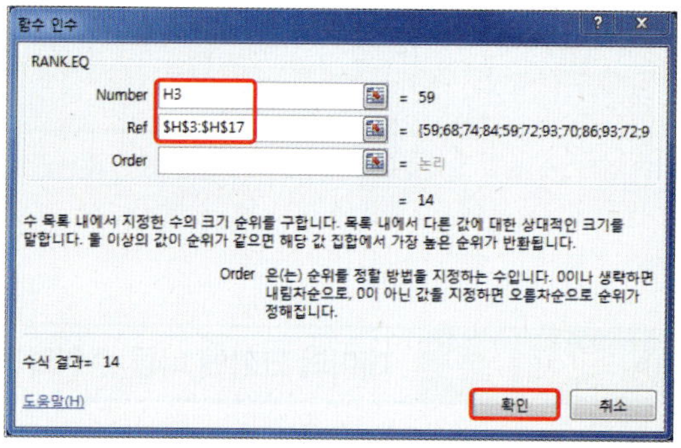

TIP 수의 범위를 지정하는 [Ref]를 절대 참조로 설정해서 수식을 복사할 때 범위가 변경되지 않도록 한다. [Order] 값을 생략하거나 0을 입력하면 내림차순으로 순위가 구해지고 그 이외의 값을 지정하면 오름차순으로 순위가 구해진다.

03 J3 셀의 채우기 핸들을 더블클릭해 나머지 셀에 수식을 복사하여 모든 사람의 순위를 구한다.

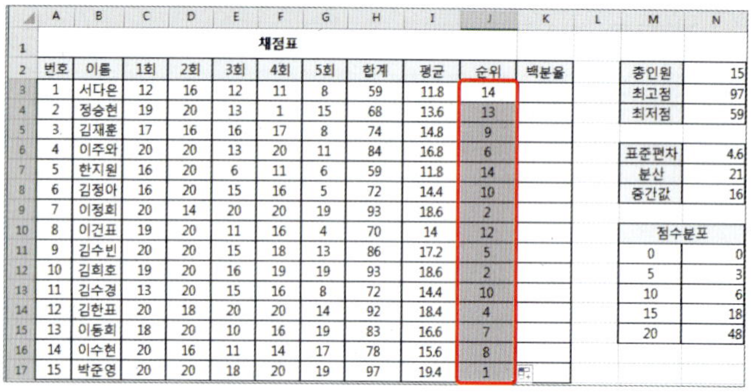

여기서 잠깐 **RANK.EQ 함수와 RANK.AVG 함수의 차이**

순위를 구할 때 RANK.AVG 함수를 사용하면 다음과 같이 결과가 달라진다.

	A	B	C	D	E	F	G	H	I	J	K
1	채점표										
2	번호	이름	1회	2회	3회	4회	5회	합계	평균	순위	백분율
3	1	서다온	12	16	12	11	8	59	11.8	14	
4	2	정승현	19	20	13	1	15	68	13.6	13	
5	3	김재훈	17	16	16	17	8	74	14.8	9	
6	4	이주와	20	20	13	20	11	84	16.8	6	
7	5	한지원	16	20	6	11	6	59	11.8	14	
8	6	김정아	16	20	15	16	5	72	14.4	10	
9	7	이정희	20	14	20	20	19	93	18.6	2	
10	8	이건표	19	20	11	16	4	70	14	12	
11	9	김수빈	20	20	15	18	13	86	17.2	5	
12	10	김희호	19	20	16	19	19	93	18.6	2	
13	11	김수경	13	20	15	16	8	72	14.4	10	
14	12	김한표	20	18	20	20	14	92	18.4	4	
15	13	이동희	18	20	10	16	19	83	16.6	7	
16	14	이수현	20	16	11	14	17	78	15.6	8	
17	15	박준영	20	20	18	20	19	97	19.4	1	

RANK.EQ 함수

J
순위
14.5
13
9
6
14.5
10.5
2.5
12
5
2.5
10.5
4
7
8
1

RANK.AVG 함수

04 백분율 순위를 구하기 위해 K3 셀을 선택하고 [수식] 탭–[함수 라이브러리] 그룹–[함수 더 보기] 목록에서 [통계]–[PERCENTRANK.INC]를 선택한다.

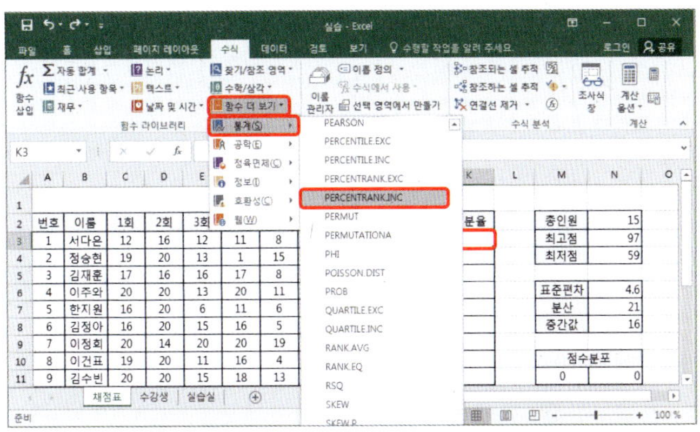

05 [함수 인수] 대화상자가 열리면 [Array]에는 *$H$3:$H$17*, [X]에는 *H3*을 입력한다. [Significance]에는 값을 입력하지 않고 [확인]을 누른다.

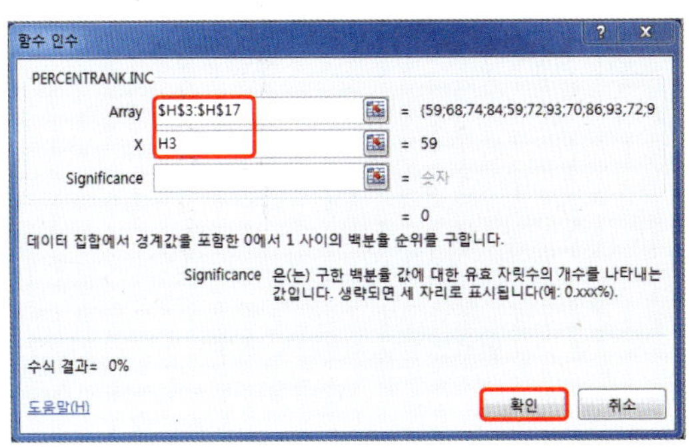

TIP [Significance]는 계산한 백분율 값의 자릿수이다. 생략하면 세 자리로 표시된다.

06 K3 셀의 채우기 핸들을 더블 클릭하여 나머지 셀의 백분율 순위도 구한다.

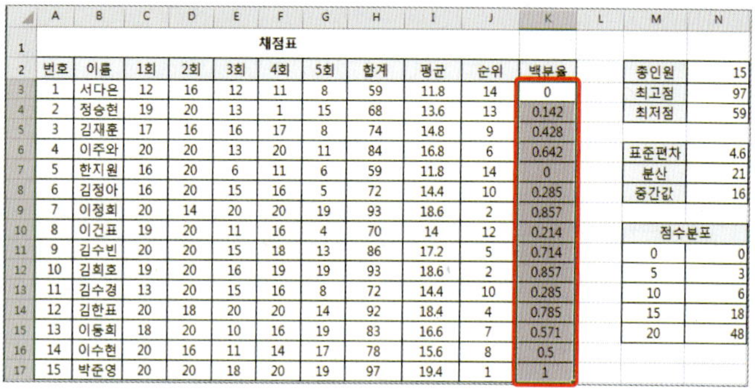

	A	B	C	D	E	F	G	H	I	J	K
1					채점표						
2	번호	이름	1회	2회	3회	4회	5회	합계	평균	순위	백분율
3	1	서다은	12	16	12	11	8	59	11.8	14	0
4	2	정승현	19	20	13	1	15	68	13.6	13	0.142
5	3	김재훈	17	16	16	17	8	74	14.8	9	0.428
6	4	이주와	20	20	13	20	11	84	16.8	6	0.642
7	5	한지원	16	20	6	11	6	59	11.8	14	0
8	6	김정아	16	20	15	16	5	72	14.4	10	0.285
9	7	이정희	20	14	20	20	19	93	18.6	2	0.857
10	8	이건표	19	20	11	16	4	70	14	12	0.214
11	9	김수빈	20	20	15	18	13	86	17.2	5	0.714
12	10	김희호	19	20	16	19	19	93	18.6	2	0.857
13	11	김수경	13	20	15	16	8	72	14.4	10	0.285
14	12	김한표	20	18	20	20	14	92	18.4	4	0.785
15	13	이동희	18	20	10	16	19	83	16.6	7	0.571
16	14	이수현	20	16	11	14	17	78	15.6	8	0.5
17	15	박준영	20	20	18	20	19	97	19.4	1	1

M	N
총인원	15
최고점	97
최저점	59
표준편차	4.6
분산	21
중간값	16
점수분포	
0	0
5	3
10	6
15	18
20	48

07 [홈] 탭-[표시 형식] 그룹의 [표시 형식] 목록에서 [백분율]을 선택하고 [자릿수 늘림]을 눌러 백분율 순위의 표시 형식을 예제 화면과 같이 변경한다.

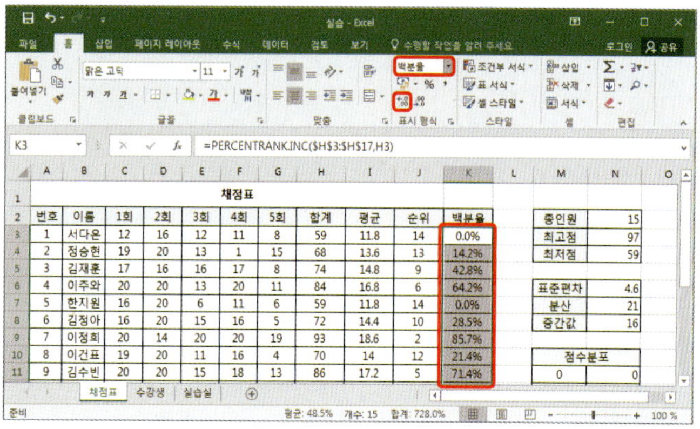

	A	B	C	D	E	F	G	H	I	J	K
1					채점표						
2	번호	이름	1회	2회	3회	4회	5회	합계	평균	순위	백분율
3	1	서다은	12	16	12	11	8	59	11.8	14	0.0%
4	2	정승현	19	20	13	1	15	68	13.6	13	14.2%
5	3	김재훈	17	16	16	17	8	74	14.8	9	42.8%
6	4	이주와	20	20	13	20	11	84	16.8	6	64.2%
7	5	한지원	16	20	6	11	6	59	11.8	14	0.0%
8	6	김정아	16	20	15	16	5	72	14.4	10	28.5%
9	7	이정희	20	14	20	20	19	93	18.6	2	85.7%
10	8	이건표	19	20	11	16	4	70	14	12	21.4%
11	9	김수빈	20	20	15	18	13	86	17.2	5	71.4%

M	N
총인원	15
최고점	97
최저점	59
표준편차	4.6
분산	21
중간값	16
점수분포	
0	0

SECTION 03

텍스트 및 날짜/시간 함수 사용하기

텍스트를 연결하거나 필요한 문자를 추출하는 텍스트 함수와 현재 날짜나 시각을 표시하고 경과된 기간을 계산하는 날짜/시간 관련 함수의 사용 방법을 알아본다.

3.1 텍스트 함수

하나 이상의 문자로 이루어진 데이터를 문자열(혹은 텍스트 문자열)이라고 한다. 이러한 문자열을 다른 문자열과 연결하고 원하는 문자를 추출하거나 다른 문자로 바꾸는 등의 텍스트 함수는 다음과 같다.

함수명과 인수	기능
CONCATENATE(text1, text2, …)	여러 텍스트를 하나로 결합한다.
LEFT(text, num_chars)	문자열의 시작 지점부터 지정한 개수만큼 문자를 추출한다.
RIGHT(text, num_chars)	문자열의 끝 지점부터 지정한 개수만큼 문자를 추출한다.
MID(text, start_num, num_chars)	문자열의 지정 위치부터 지정한 개수만큼 문자를 추출한다.
LEN(text)	문자열 내의 문자 개수를 구한다.
FIND(find_text, within_text, start_num)	지정한 텍스트를 다른 텍스트에서 찾아 해당 위치를 구한다.
REPLACE(old_text, start_num, num_chars, new_text)	텍스트의 일부를 다른 텍스트로 바꾼다.

기본예제 5-5 텍스트를 결합하고 추출하기

텍스트 함수를 사용하여 각각의 셀에 나누어 입력된 텍스트를 결합하여 하나의 셀에 표시해 보고 입력된 텍스트 데이터로부터 성별이나 생년월일과 같이 필요한 정보를 추출해 보자.

01 '실습.xlsx' 파일을 열고 '수강생' 시트를 선택한다.

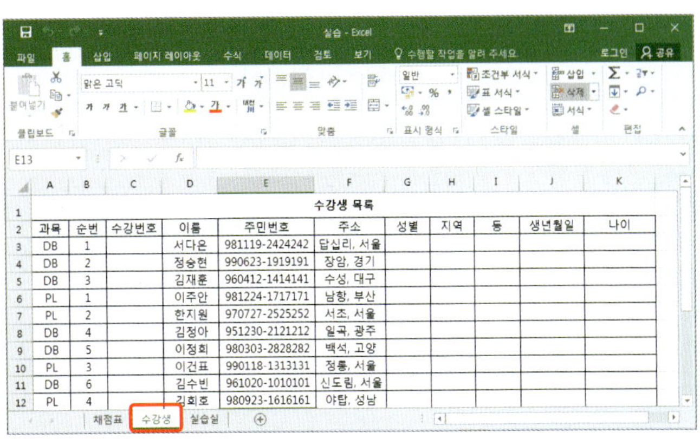

02 C3 셀에 *=CONCATENATE(A3, "-", B3)* 수식을 입력한다.

	A	B	C	D	E	F	G	H	I	J	K
1	수강생 목록										
2	과목	순번	수강번호	이름	주민번호	주소	성별	지역	동	생년월일	나이
3	=CONCATENATE(A3,"-",B3)				981119-2424242	답십리, 서울					
4	DB	2		정승현	990623-1919191	장암, 경기					
5	DB	3		김재훈	960412-1414141	수성, 대구					
6	PL	1		이주안	981224-1717171	남항, 부산					
7	PL	2		한지원	970727-2525252	서초, 서울					
8	DB	4		김정아	951230-2121212	일곡, 광주					
9	DB	5		이정희	980303-2828282	백석, 고양					
10	PL	3		이건표	990118-1313131	정릉, 서울					
11	DB	6		김수빈	961020-1010101	신도림, 서울					
12	PL	4		김희호	980923-1616161	야탑, 성남					

03 C3 셀의 채우기 핸들을 드래그하거나 더블클릭하여 모든 수강생의 수강번호를 표시한다.

	A	B	C	D	E	F	G	H	I	J	K
1	수강생 목록										
2	과목	순번	수강번호	이름	주민번호	주소	성별	지역	동	생년월일	나이
3	DB	1	DB-1	서다은	981119-2424242	답십리, 서울					
4	DB	2	DB-2	정승현	990623-1919191	장암, 경기					
5	DB	3	DB-3	김재훈	960412-1414141	수성, 대구					
6	PL	1	PL-1	이주안	981224-1717171	남항, 부산					
7	PL	2	PL-2	한지원	970727-2525252	서초, 서울					
8	DB	4	DB-4	김정아	951230-2121212	일곡, 광주					
9	DB	5	DB-5	이정희	980303-2828282	백석, 고양					
10	PL	3	PL-3	이건표	990118-1313131	정릉, 서울					
11	DB	6	DB-6	김수빈	961020-1010101	신도림, 서울					
12	PL	4	PL-4	김희호	980923-1616161	야탑, 성남					

04 G3 셀에 *=MID(E3, 8, 1)* 수식을 입력한다.

	A	B	C	D	E	F	G	H	I	J	K
1	수강생 목록										
2	과목	순번	수강번호	이름	주민번호	주소	성별	지역	동	생년월일	나이
3	DB	1	DB-1	서다은	981119-2424242	답십	=MID(E3,8,1)				
4	DB	2	DB-2	정승현	990623-1919191	장암, 경기					
5	DB	3	DB-3	김재훈	960412-1414141	수성, 대구					
6	PL	1	PL-1	이주안	981224-1717171	남항, 부산					
7	PL	2	PL-2	한지원	970727-2525252	서초, 서울					
8	DB	4	DB-4	김정아	951230-2121212	일곡, 광주					
9	DB	5	DB-5	이정희	980303-2828282	백석, 고양					
10	PL	3	PL-3	이건표	990118-1313131	정릉, 서울					
11	DB	6	DB-6	김수빈	961020-1010101	신도림, 서울					
12	PL	4	PL-4	김희호	980923-1616161	야탑, 성남					

05 G3 셀의 채우기 핸들을 드래그하거나 더블클릭하면 모든 수강생의 성별이 '1' 또는 '2'로 표시된다.

	A	B	C	D	E	F	G	H	I	J	K
1	수강생 목록										
2	과목	순번	수강번호	이름	주민번호	주소	성별	지역	동	생년월일	나이
3	DB	1	DB-1	서다은	981119-2424242	답십리, 서울	2				
4	DB	2	DB-2	정승현	990623-1919191	장암, 경기	1				
5	DB	3	DB-3	김재훈	960412-1414141	수성, 대구	1				
6	PL	1	PL-1	이주안	981224-1717171	남항, 부산	1				
7	PL	2	PL-2	한지원	970727-2525252	서초, 서울	2				
8	DB	4	DB-4	김정아	951230-2121212	일곡, 광주	2				
9	DB	5	DB-5	이정희	980303-2828282	백석, 고양	2				
10	PL	3	PL-3	이건표	990118-1313131	정릉, 서울	1				
11	DB	6	DB-6	김수빈	961020-1010101	신도림, 서울	1				
12	PL	4	PL-4	김희호	980923-1616161	야탑, 성남	1				

TIP 성별을 '남' 또는 '여'와 같이 문자로 바꾸어 표시하려면 CHAPTER 06에서 살펴볼 IF 함수를 이용한다. [기본예제 6-1]을 참고한다.

06 J3 셀에 *=LEFT(E3, 6)* 수식을 입력한다.

	A	B	C	D	E	F	G	H	I	J	K
1						수강생 목록					
2	과목	순번	수강번호	이름	주민번호	주소	성별	지역	동	생년월일	나이
3	DB	1	DB-1	서다은	981119-2424242	답십리, 서울	2			=LEFT(E3,6)	
4	DB	2	DB-2	정승현	990623-1919191	장암, 경기	1				
5	DB	3	DB-3	김재훈	960412-1414141	수성, 대구	1				
6	PL	1	PL-1	이주안	981224-1717171	남항, 부산	1				
7	PL	2	PL-2	한지원	970727-2525252	서초, 서울	2				
8	DB	4	DB-4	김정아	951230-2121212	일곡, 광주	2				
9	DB	5	DB-5	이정희	980303-2828282	백석, 고양	2				
10	PL	3	PL-3	이건표	990118-1313131	정릉, 서울	1				
11	DB	6	DB-6	김수빈	961020-1010101	신도림, 서울	1				
12	PL	4	PL-4	김희호	980923-1616161	야탑, 성남	1				

07 J3 셀의 채우기 핸들을 드래그하거나 더블클릭하면 모든 수강생의 생년월일이 표시된다.

	A	B	C	D	E	F	G	H	I	J	K
1						수강생 목록					
2	과목	순번	수강번호	이름	주민번호	주소	성별	지역	동	생년월일	나이
3	DB	1	DB-1	서다은	981119-2424242	답십리, 서울	2			981119	
4	DB	2	DB-2	정승현	990623-1919191	장암, 경기	1			990623	
5	DB	3	DB-3	김재훈	960412-1414141	수성, 대구	1			960412	
6	PL	1	PL-1	이주안	981224-1717171	남항, 부산	1			981224	
7	PL	2	PL-2	한지원	970727-2525252	서초, 서울	2			970727	
8	DB	4	DB-4	김정아	951230-2121212	일곡, 광주	2			951230	
9	DB	5	DB-5	이정희	980303-2828282	백석, 고양	2			980303	
10	PL	3	PL-3	이건표	990118-1313131	정릉, 서울	1			990118	
11	DB	6	DB-6	김수빈	961020-1010101	신도림, 서울	1			961020	
12	PL	4	PL-4	김희호	980923-1616161	야탑, 성남	1			980923	

기본예제 5-6 지역 정보 추출하기

수강생 목록의 주소 필드에 입력되어 있는 동 이름과 지역 정보를 텍스트 함수를 이용해 추출해 보자.

01 H3 셀에 *=RIGHT(F3, 2)* 수식을 입력한다.

	A	B	C	D	E	F	G	H	I	J	K
1						수강생 목록					
2	과목	순번	수강번호	이름	주민번호	주소	성별	지역	동	생년월일	나이
3	DB	1	DB-1	서다은	981119-2424242	답십리, 서울		=RIGHT(F3,2)		981119	
4	DB	2	DB-2	정승현	990623-1919191	장암, 경기	1			990623	
5	DB	3	DB-3	김재훈	960412-1414141	수성, 대구	1			960412	
6	PL	1	PL-1	이주안	981224-1717171	남항, 부산	1			981224	
7	PL	2	PL-2	한지원	970727-2525252	서초, 서울	2			970727	
8	DB	4	DB-4	김정아	951230-2121212	일곡, 광주	2			951230	
9	DB	5	DB-5	이정희	980303-2828282	백석, 고양	2			980303	
10	PL	3	PL-3	이건표	990118-1313131	정릉, 서울	1			990118	
11	DB	6	DB-6	김수빈	961020-1010101	신도림, 서울	1			961020	
12	PL	4	PL-4	김희호	980923-1616161	야탑, 성남	1			980923	

02 H3 셀의 채우기 핸들을 드래그하거나 더블클릭하면 모든 수강생의 지역 정보가 표시된다.

	A	B	C	D	E	F	G	H	I	J	K
1						수강생 목록					
2	과목	순번	수강번호	이름	주민번호	주소	성별	지역	동	생년월일	나이
3	DB	1	DB-1	서다은	981119-2424242	답십리, 서울	2	서울		981119	
4	DB	2	DB-2	정승현	990623-1919191	장암, 경기	1	경기		990623	
5	DB	3	DB-3	김재훈	960412-1414141	수성, 대구	1	대구		960412	
6	PL	1	PL-1	이주안	981224-1717171	남항, 부산	1	부산		981224	
7	PL	2	PL-2	한지원	970727-2525252	서초, 서울	2	서울		970727	
8	DB	4	DB-4	김정아	951230-2121212	일곡, 광주	2	광주		951230	
9	DB	5	DB-5	이정희	980303-2828282	백석, 고양	2	고양		980303	
10	PL	3	PL-3	이건표	990118-1313131	정릉, 서울	1	서울		990118	
11	DB	6	DB-6	김수빈	961020-1010101	신도림, 서울	1	서울		961020	
12	PL	4	PL-4	김희호	980923-1616161	야탑, 성남	1	성남		980923	

03 I3 셀에 *=LEFT(F3, FIND(",", F3)-1)* 수식을 입력한다.

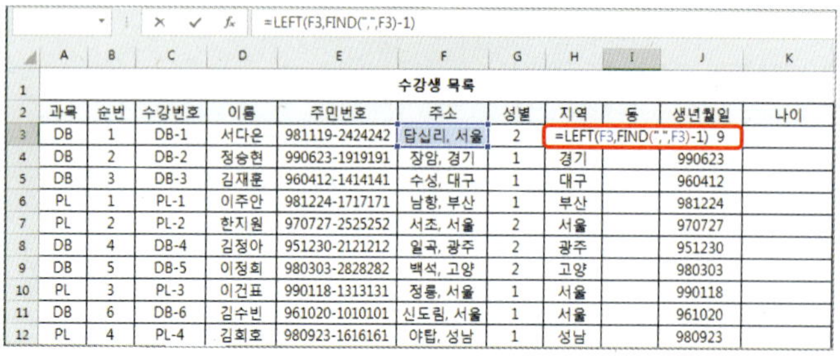

	A	B	C	D	E	F	G	H	I	J	K
1						수강생 목록					
2	과목	순번	수강번호	이름	주민번호	주소	성별	지역	동	생년월일	나이
3	DB	1	DB-1	서다온	981119-2424242	답십리, 서울	2	=LEFT(F3,FIND(",",F3)-1)		9	
4	DB	2	DB-2	정승현	990623-1919191	장암, 경기	1	경기		990623	
5	DB	3	DB-3	김재훈	960412-1414141	수성, 대구	1	대구		960412	
6	PL	1	PL-1	이주안	981224-1717171	남항, 부산	1	부산		981224	
7	PL	2	PL-2	한지원	970727-2525252	서초, 서울	2	서울		970727	
8	DB	4	DB-4	김정아	951230-2121212	일곡, 광주	2	광주		951230	
9	DB	5	DB-5	이정희	980303-2828282	백석, 고양	2	고양		980303	
10	PL	3	PL-3	이건표	990118-1313131	정릉, 서울	1	서울		990118	
11	DB	6	DB-6	김수빈	961020-1010101	신도림, 서울	1	서울		961020	
12	PL	4	PL-4	김희호	980923-1616161	야탑, 성남	1	성남		980923	

TIP 동 이름처럼 글자 수가 다른 정보를 추출하려면 먼저 문자 개수를 구해야 한다. FIND 함수로 ","의 위치를 구하면 동 이름에 해당하는 문자 개수를 알 수 있다.

04 I3 셀의 채우기 핸들을 드래그하거나 더블클릭하여 동 이름을 모두 표시한다.

	A	B	C	D	E	F	G	H	I	J	K
1						수강생 목록					
2	과목	순번	수강번호	이름	주민번호	주소	성별	지역	동	생년월일	나이
3	DB	1	DB-1	서다온	981119-2424242	답십리, 서울	2	서울	답십리	981119	
4	DB	2	DB-2	정승현	990623-1919191	장암, 경기	1	경기	장암	990623	
5	DB	3	DB-3	김재훈	960412-1414141	수성, 대구	1	대구	수성	960412	
6	PL	1	PL-1	이주안	981224-1717171	남항, 부산	1	부산	남항	981224	
7	PL	2	PL-2	한지원	970727-2525252	서초, 서울	2	서울	서초	970727	
8	DB	4	DB-4	김정아	951230-2121212	일곡, 광주	2	광주	일곡	951230	
9	DB	5	DB-5	이정희	980303-2828282	백석, 고양	2	고양	백석	980303	
10	PL	3	PL-3	이건표	990118-1313131	정릉, 서울	1	서울	정릉	990118	
11	DB	6	DB-6	김수빈	961020-1010101	신도림, 서울	1	서울	신도림	961020	
12	PL	4	PL-4	김희호	980923-1616161	야탑, 성남	1	성남	야탑	980923	

기본예제 5-7 주민번호 뒷자리를 기호로 바꾸기

주민번호와 같은 개인 정보는 일부 정보를 가린 상태로 시트에 표시해야 하는 경우가 있다. 텍스트 함수를 이용하여 주민번호 필드의 일부 텍스트를 '*' 기호로 바꾸고 열 숨기기 기능으로 필요한 부분만 볼 수 있게 해 보자.

01 F 열의 임의의 셀을 선택한 상태에서 [홈] 탭-[셀] 그룹-[삽입] 목록의 [시트 열 삽입]을 선택한다.

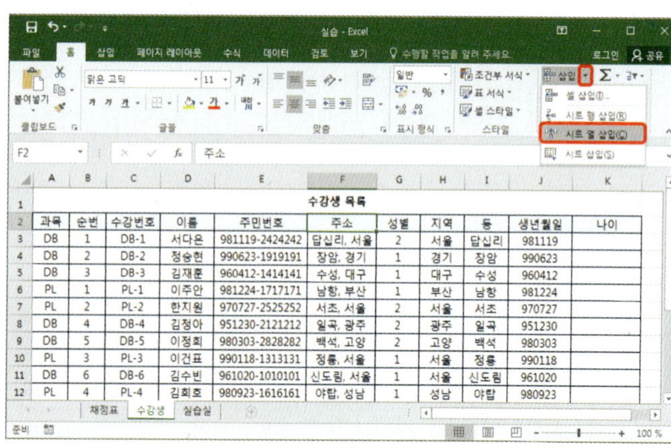

	A	B	C	D	E	F	G	H	I	J	K
1						수강생 목록					
2	과목	순번	수강번호	이름	주민번호	주소	성별	지역	동	생년월일	나이
3	DB	1	DB-1	서다온	981119-2424242	답십리, 서울	2	서울	답십리	981119	
4	DB	2	DB-2	정승현	990623-1919191	장암, 경기	1	경기	장암	990623	
5	DB	3	DB-3	김재훈	960412-1414141	수성, 대구	1	대구	수성	960412	
6	PL	1	PL-1	이주안	981224-1717171	남항, 부산	1	부산	남항	981224	
7	PL	2	PL-2	한지원	970727-2525252	서초, 서울	2	서울	서초	970727	
8	DB	4	DB-4	김정아	951230-2121212	일곡, 광주	2	광주	일곡	951230	
9	DB	5	DB-5	이정희	980303-2828282	백석, 고양	2	고양	백석	980303	
10	PL	3	PL-3	이건표	990118-1313131	정릉, 서울	1	서울	정릉	990118	
11	DB	6	DB-6	김수빈	961020-1010101	신도림, 서울	1	서울	신도림	961020	
12	PL	4	PL-4	김희호	980923-1616161	야탑, 성남	1	성남	야탑	980923	

02 F2 셀에 필드 이름을 *주민번호*로 입력하고 F3 셀에 *=REPLACE(E3, 9, 6, "******")* 수식을 입력한다.

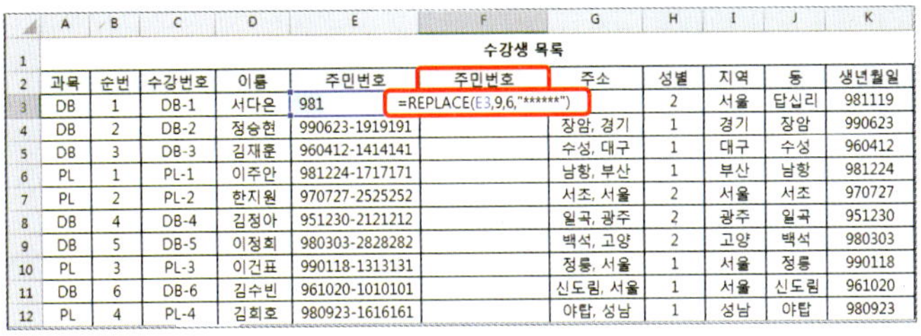

03 F3 셀의 채우기 핸들을 드래그하거나 더블클릭하여 나머지 주민번호 값도 표시한다.

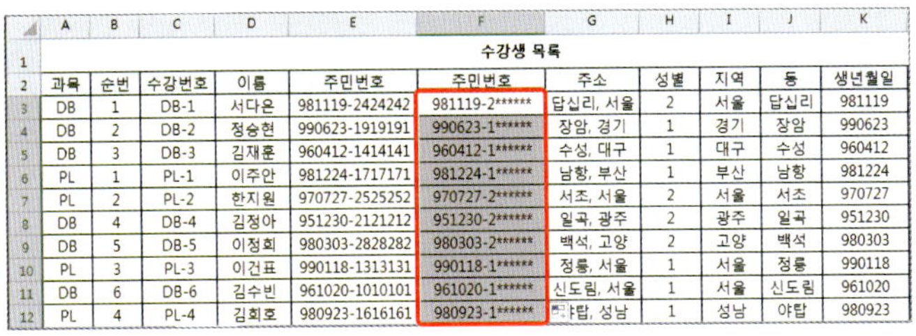

04 E 열의 열 머리글을 눌러 열 전체를 선택하고 [홈] 탭–[셀] 그룹–[서식] 목록에서 [표시 유형]의 [숨기기 및 숨기기 취소]–[열 숨기기]를 선택한다.

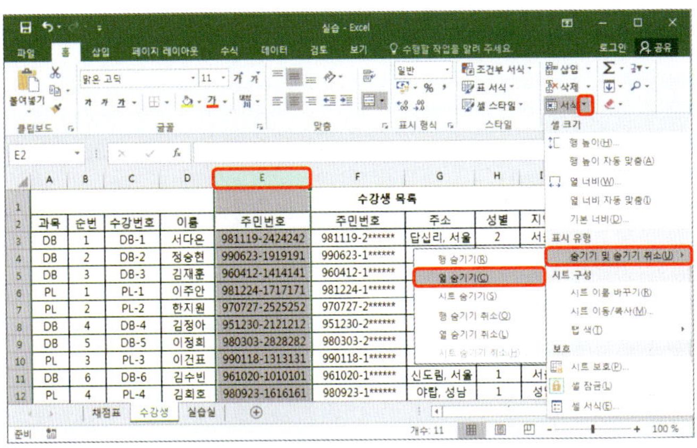

05 주민번호의 뒷부분이 '*' 기호로 바뀌어 표시된다.

	A	B	C	D	F	G	H	I	J	K	L
1	수강생 목록										
2	과목	순번	수강번호	이름	주민번호	주소	성별	지역	동	생년월일	나이
3	DB	1	DB-1	서다은	981119-2******	답십리, 서울	2	서울	답십리	981119	
4	DB	2	DB-2	정승현	990623-1******	장암, 경기	1	경기	장암	990623	
5	DB	3	DB-3	김재훈	960412-1******	수성, 대구	1	대구	수성	960412	
6	PL	1	PL-1	이주안	981224-1******	남항, 부산	1	부산	남항	981224	
7	PL	2	PL-2	한지원	970727-2******	서초, 서울	2	서울	서초	970727	
8	DB	4	DB-4	김정아	951230-2******	일곡, 광주	2	광주	일곡	951230	
9	DB	5	DB-5	이정희	980303-2******	백석, 고양	2	고양	백석	980303	
10	PL	3	PL-3	이건표	990118-1******	정릉, 서울	1	서울	정릉	990118	
11	DB	6	DB-6	김수빈	961020-1******	신도림, 서울	1	서울	신도림	961020	
12	PL	4	PL-4	김회호	980923-1******	야탑, 성남	1	성남	야탑	980923	

3.2 날짜/시간 함수

엑셀의 날짜 데이터는 숫자 값으로 저장되고 계산된다. 1900년 1월 1일을 기준으로 하루가 지날 때마다 1씩 증가하는 숫자 일련번호의 개념이다. 따라서 1900년 1월 2일은 2, 1900년 1월 3일은 3, 2018년 1월 1일은 43101이란 값으로 저장되며 이를 사칙연산 등의 계산에도 사용할 수 있다. 셀에 입력된 숫자를 '일반'이나 '숫자' 표시 형식 대신 '연-월-일'과 같은 '날짜' 표시 형식으로 설정하면 날짜 형태로 표시된다.

J	K
날짜 형식	일반
1900-01-01	1
1900-01-02	2
2018-01-01	43101
2018-01-02	43102

J6셀 =J6+1 수식의 계산 결과

기본예제 5-8 생년월일을 날짜 형식으로 바꾸기

[기본예제 5-5]에서 주민번호 문자열로부터 생년월일 값을 추출해 보았는데 추출된 결과 값이 텍스트이므로 나이를 계산하는 수식에는 사용할 수 없다. DATE 함수를 사용하면 주민번호에서 추출한 텍스트 형식의 생년월일 데이터를 날짜 형식으로 바꿀 수 있다.

함수명과 인수	기능
DATE(year, month, day)	세 가지 인수의 값을 결합하여 날짜를 생성한다.

01 '수강생' 시트에서 K3:K12 범위를 선택하고 Delete를 눌러 내용을 삭제한다.

02 K3 셀을 선택하고 [수식] 탭-[함수 라이브러리] 그룹-[날짜 및 시간] 목록에서 [DATE]를 선택한다.

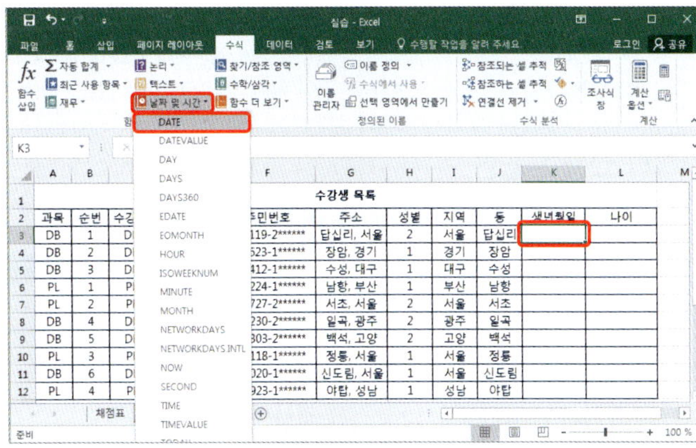

03 [함수 인수] 대화상자의 [Year] 입력란에 *LEFT(F3, 2)*를 입력한다.

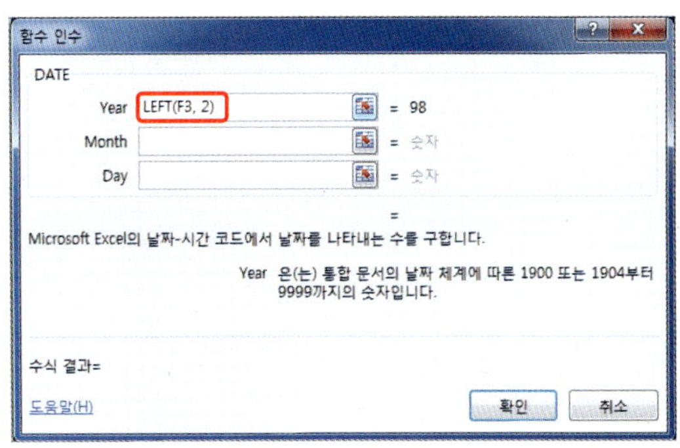

TIP 주민번호 앞의 두 자리를 추출하여 날짜의 연도를 계산한다. [Year]의 값이 0~1899이면 1900을 더하고 1900~9999이면 그 값을 연도로 한다. 그 외의 값인 경우 #NUM! 오류를 표시한다.

04 [Month] 입력란에 *MID(F3, 3, 2)*를 입력한다.

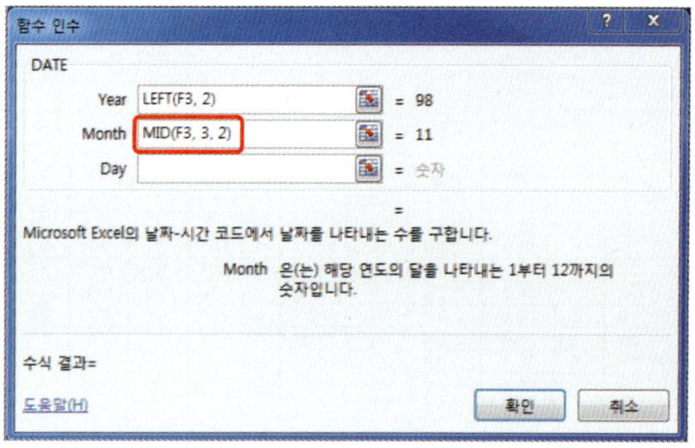

TIP 주민번호의 가운데 두 자리를 추출하여 월을 계산한다. [Month]에 1보다 작은 값이 오면 [Year]로 지정한 연도에서 달을 빼는 방식으로 계산하고 12보다 큰 값이 오면 지정 연도에서 달을 더하여 계산한다. 예를 들어서 [Year] 값이 2008이고 [Month]가 –3이라면 2007년 9월이 된다.

05 [Day] 입력란에 *MID(F3, 5, 2)*를 입력하고 [확인]을 누른다.

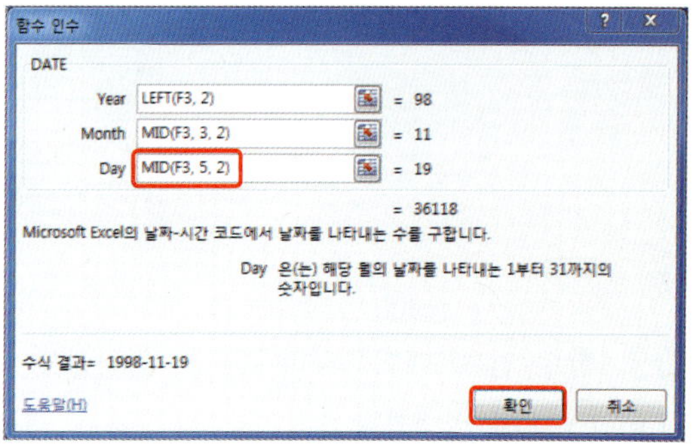

06 K3 셀의 채우기 핸들을 K12 셀까지 드래그하여 복사하면 모든 수강생의 생년월일이 날짜 형식으로 표시된다.

	A	B	C	D	F	G	H	I	J	K	L
1	수강생 목록										
2	과목	순번	수강번호	이름	주민번호	주소	성별	지역	동	생년월일	나이
3	DB	1	DB-1	서다은	981119-2******	답십리, 서울	2	서울	답십리	1998-11-19	
4	DB	2	DB-2	정승현	990623-1******	장암, 경기	1	경기	장암	1999-06-23	
5	DB	3	DB-3	김재훈	960412-1******	수성, 대구	1	대구	수성	1996-04-12	
6	PL	1	PL-1	이주안	981224-1******	남항, 부산	1	부산	남항	1998-12-24	
7	PL	2	PL-2	한지원	970727-2******	서초, 서울	2	서울	서초	1997-07-27	
8	DB	4	DB-4	김정아	951230-2******	일곡, 광주	2	광주	일곡	1995-12-30	
9	DB	5	DB-5	이정희	980303-2******	백석, 고양	2	고양	백석	1998-03-03	
10	PL	3	PL-3	이건표	990118-1******	정릉, 서울	1	서울	정릉	1999-01-18	
11	DB	6	DB-6	김수빈	961020-1******	신도림, 서울	1	서울	신도림	1996-10-20	
12	PL	4	PL-4	김회호	980923-1******	야탑, 성남	1	성남	야탑	1998-09-23	

기본예제 5-9 현재 날짜와 시간 구하기

현재 날짜나 시간 정보를 셀에 표시할 때 유용한 함수의 사용법을 알아보자.

함수명과 인수	기능
TODAY( )	현재 날짜의 일련 번호를 계산해서 날짜 서식으로 표시한다.
NOW( )	현재 날짜와 시간의 일련 번호를 계산해서 날짜 및 시간 형식으로 표시한다.

01 '수강생' 시트에서 K14 셀을 선택하고 단축키 Ctrl+;을 눌러 현재 날짜를 입력한다.

	A	B	C	D	F	G	H	I	J	K	L
5	DB	3	DB-3	김재훈	960412-1******	수성, 대구	1	대구	수성	1996-04-12	
6	PL	1	PL-1	이주안	981224-1******	남항, 부산	1	부산	남항	1998-12-24	
7	PL	2	PL-2	한지원	970727-2******	서초, 서울	2	서울	서초	1997-07-27	
8	DB	4	DB-4	김정아	951230-2******	일곡, 광주	2	광주	일곡	1995-12-30	
9	DB	5	DB-5	이정희	980303-2******	백석, 고양	2	고양	백석	1998-03-03	
10	PL	3	PL-3	이건표	990118-1******	정릉, 서울	1	서울	정릉	1999-01-18	
11	DB	6	DB-6	김수빈	961020-1******	신도림, 서울	1	서울	신도림	1996-10-20	
12	PL	4	PL-4	김희호	980923-1******	야탑, 성남	1	성남	야탑	1998-09-23	
13											
14									현재 날짜	2018-02-11	
15											
16											

02 K15 셀에 *=TODAY( )* 수식을 입력한다.

	A	B	C	D	F	G	H	I	J	K	L
5	DB	3	DB-3	김재훈	960412-1******	수성, 대구	1	대구	수성	1996-04-12	
6	PL	1	PL-1	이주안	981224-1******	남항, 부산	1	부산	남항	1998-12-24	
7	PL	2	PL-2	한지원	970727-2******	서초, 서울	2	서울	서초	1997-07-27	
8	DB	4	DB-4	김정아	951230-2******	일곡, 광주	2	광주	일곡	1995-12-30	
9	DB	5	DB-5	이정희	980303-2******	백석, 고양	2	고양	백석	1998-03-03	
10	PL	3	PL-3	이건표	990118-1******	정릉, 서울	1	서울	정릉	1999-01-18	
11	DB	6	DB-6	김수빈	961020-1******	신도림, 서울	1	서울	신도림	1996-10-20	
12	PL	4	PL-4	김희호	980923-1******	야탑, 성남	1	성남	야탑	1998-09-23	
13											
14									현재 날짜	2018-02-11	
15										=TODAY()	
16											

TIP TODAY 함수로 구한 현재 날짜는 통합 문서를 다시 열거나 워크시트를 다시 계산할 때 업데이트되므로 동적인 값이라고 할 수 있다. 반면에 Ctrl+;로 입력한 날짜는 고정된 값이다.

03 K16 셀에 *=NOW( )* 수식을 입력한다.

	A	B	C	D	F	G	H	I	J	K	L
5	DB	3	DB-3	김재훈	960412-1******	수성, 대구	1	대구	수성	1996-04-12	
6	PL	1	PL-1	이주안	981224-1******	남항, 부산	1	부산	남항	1998-12-24	
7	PL	2	PL-2	한지원	970727-2******	서초, 서울	2	서울	서초	1997-07-27	
8	DB	4	DB-4	김정아	951230-2******	일곡, 광주	2	광주	일곡	1995-12-30	
9	DB	5	DB-5	이정희	980303-2******	백석, 고양	2	고양	백석	1998-03-03	
10	PL	3	PL-3	이건표	990118-1******	정릉, 서울	1	서울	정릉	1999-01-18	
11	DB	6	DB-6	김수빈	961020-1******	신도림, 서울	1	서울	신도림	1996-10-20	
12	PL	4	PL-4	김희호	980923-1******	야탑, 성남	1	성남	야탑	1998-09-23	
13											
14									현재 날짜	2018-02-11	
15										2018-02-11	
16										=NOW()	

TIP NOW 함수는 현재 날짜와 시각을 함께 표시하지만 Ctrl+Shift+;를 사용하면 현재 시각만 셀에 표시된다. NOW 함수로 구한 날짜와 시각은 동적으로 업데이트되는 값이고 단축키로 입력한 시각은 고정된 값이므로 업데이트되지 않는다.

기본예제 5-10 경과 기간 구하기

[기본예제 5-8]에서 계산한 생년월일 데이터와 [기본예제 5-9]에서 현재 날짜를 구할 때 사용한 TODAY 함수로 수강생의 나이를 계산해 보자. 생년월일을 시작 날짜로 하고 현재 날짜를 마지막 날짜로 하여 경과 기간을 구하는 DATEDIF 함수를 이용하면 된다. DATEDIF 함수는 다른 통합 문서와의 호환성을 위한 함수로 함수 라이브러리 목록에 표시되지 않고 도움말도 제공되지 않는다.

함수명과 인수	기능
DATEDIF(start_date, end_date, unit)	두 날짜 사이의 경과 기간을 계산하는 함수이며 인수 unit은 계산 결과를 표시하는 형식이다.

TIP 인수 unit에 사용하는 형식은 다음과 같으며 이때 대소문자는 구분하지 않는다.

인수 형식	표시 결과
"y"	경과 년 수를 표시한다.
"m"	경과 개월 수를 표시한다.
"d"	경과 일 수를 표시한다.
"ym"	경과 년을 뺀 나머지 개월 수를 표시한다.
"yd"	경과 년을 뺀 나머지 일 수를 표시한다.
"md"	경과 개월을 뺀 나머지 일 수를 표시한다.

01 '수강생' 시트의 L3 셀에 *="만"&DATEDIF(K3,TODAY( ),"Y")&"세"* 수식을 입력한다.

수강생 목록

순번	수강번호	이름	주민번호	주소	성별	지역	동	생년월일	나이
1	DB-1	서다은	981119-2******	답십리, 서울	2	서울	답십리		="만"&DATEDIF(K3, TODAY(), "Y")&"세"
2	DB-2	정승현	990623-1******	장암, 경기	1	경기	장암	1999-06-23	
3	DB-3	김재훈	960412-1******	수성, 대구	1	대구	수성	1996-04-12	
1	PL-1	이주안	981224-1******	남항, 부산	1	부산	남항	1998-12-24	
2	PL-2	한지원	970727-2******	서초, 서울	2	서울	서초	1997-07-27	
4	DB-4	김정아	951230-2******	일곡, 광주	2	광주	일곡	1995-12-30	
5	DB-5	이정회	980303-2******	백석, 고양	2	고양	백석	1998-03-03	
3	PL-3	이건표	990118-1******	정릉, 서울	1	서울	정릉	1999-01-18	
6	DB-6	김수빈	961020-1******	신도림, 서울	1	서울	신도림	1996-10-20	
4	PL-4	김회호	980923-1******	야탑, 성남	1	성남	야탑	1998-09-23	

02 L3 셀의 채우기 핸들을 더블클릭하여 모든 수강생의 나이를 계산한다.

수강생 목록

과목	순번	수강번호	이름	주민번호	주소	성별	지역	동	생년월일	나이
DB	1	DB-1	서다은	981119-2******	답십리, 서울	2	서울	답십리	1998-11-19	만19세
DB	2	DB-2	정승현	990623-1******	장암, 경기	1	경기	장암	1999-06-2	만18세
DB	3	DB-3	김재훈	960412-1******	수성, 대구	1	대구	수성	1996-04-12	만21세
PL	1	PL-1	이주안	981224-1******	남항, 부산	1	부산	남항	1998-12-24	만19세
PL	2	PL-2	한지원	970727-2******	서초, 서울	2	서울	서초	1997-07-27	만20세
DB	4	DB-4	김정아	951230-2******	일곡, 광주	2	광주	일곡	1995-12-30	만22세
DB	5	DB-5	이정회	980303-2******	백석, 고양	2	고양	백석	1998-03-0	만19세
PL	3	PL-3	이건표	990118-1******	정릉, 서울	1	서울	정릉	1999-01-1	만19세
DB	6	DB-6	김수빈	961020-1******	신도림, 서울	1	서울	신도림	1996-10-2	만21세
PL	4	PL-4	김회호	980923-1******	야탑, 성남	1	성남	야탑	1998-09-2	만19세

03 경과한 기간을 ~년 ~개월로 표시하려면 L3셀의 수식을 *=DATEDIF(K3, TODAY( ), "Y")&"년"&DATEDIF(K3,TODAY( ), "YM")&"개월"*로 수정한다.

	B	C	D	F	G	H	I	J	K	L	M
1	수강생 목록										
2	순번	수강번호	이름	주민번호	주소	성별	지역	동	생년월일	나이	
3	1	DB-1	서다은	981119-2******	답십리, 서울	2	서울	답십리	=DATEDIF(K3,TODAY(),"Y")&"년"&		
4	2	DB-2	정승현	990623-1******	장암, 경기	1	경기	장암	DATEDIF(K3,TODAY(),"YM")&"개월"		
5	3	DB-3	김재훈	960412-1******	수성, 대구	1	대구	수성	1996-04-12	만21세	
6	1	PL-1	이주안	981224-1******	남항, 부산	1	부산	남항	1998-12-24	만19세	
7	2	PL-2	한지원	970727-2******	서초, 서울	2	서울	서초	1997-07-27	만20세	
8	4	DB-4	김정아	951230-2******	일곡, 광주	2	광주	일곡	1995-12-30	만22세	
9	5	DB-5	이정희	980303-2******	백석, 고양	2	고양	백석	1998-03-03	만19세	
10	3	PL-3	이건표	990118-1******	정릉, 서울	1	서울	정릉	1999-01-18	만19세	
11	6	DB-6	김수빈	961020-1******	신도림, 서울	1	서울	신도림	1996-10-20	만21세	
12	4	PL-4	김회호	980923-1******	야탑, 성남	1	성남	야탑	1998-09-23	만19세	

04 L3 셀의 채우기 핸들을 더블클릭하여 다른 셀에도 수식을 복사한다.

	A	B	C	D	F	G	H	I	J	K	L
1	수강생 목록										
2	과목	순번	수강번호	이름	주민번호	주소	성별	지역	동	생년월일	나이
3	DB	1	DB-1	서다은	981119-2******	답십리, 서울	2	서울	답십리	1998-11-19	19년2개월
4	DB	2	DB-2	정승현	990623-1******	장암, 경기	1	경기	장암	1999-06-23	18년7개월
5	DB	3	DB-3	김재훈	960412-1******	수성, 대구	1	대구	수성	1996-04-12	21년9개월
6	PL	1	PL-1	이주안	981224-1******	남항, 부산	1	부산	남항	1998-12-24	19년1개월
7	PL	2	PL-2	한지원	970727-2******	서초, 서울	2	서울	서초	1997-07-27	20년6개월
8	DB	4	DB-4	김정아	951230-2******	일곡, 광주	2	광주	일곡	1995-12-30	22년1개월
9	DB	5	DB-5	이정희	980303-2******	백석, 고양	2	고양	백석	1998-03-03	19년11개월
10	PL	3	PL-3	이건표	990118-1******	정릉, 서울	1	서울	정릉	1999-01-18	19년0개월
11	DB	6	DB-6	김수빈	961020-1******	신도림, 서울	1	서울	신도림	1996-10-20	21년3개월
12	PL	4	PL-4	김회호	980923-1******	야탑, 성남	1	성남	야탑	1998-09-23	19년4개월

기본예제 5-11 연, 월, 일과 시, 분, 초 구하기

날짜 데이터에서 연도나 월, 일을 계산하거나 시간 데이터에서 시, 분, 초를 계산하는 함수를 활용해 보자.

함수명과 인수	기능
YEAR(serial_number)	특정 날짜의 연도를 1900~9999 사이의 수로 구한다.
MONTH(serial_number)	특정 날짜의 월을 1~12 사이의 수로 구한다.
DAY(serial_number)	특정 날짜의 일을 1~31 사이의 수로 구한다.
HOUR(serial_number)	시간을 0~23 사이의 수로 구한다.
MINUTE(serial_number)	분을 0~59 사이의 수로 구한다.
SECOND(serial_number)	초를 0~59 사이의 수로 구한다.

01 '실습실' 시트의 J3 셀에 *=YEAR(TODAY( ))* 수식을 입력하면 현재 날짜에서 연도만 구해서 표시할 수 있다.

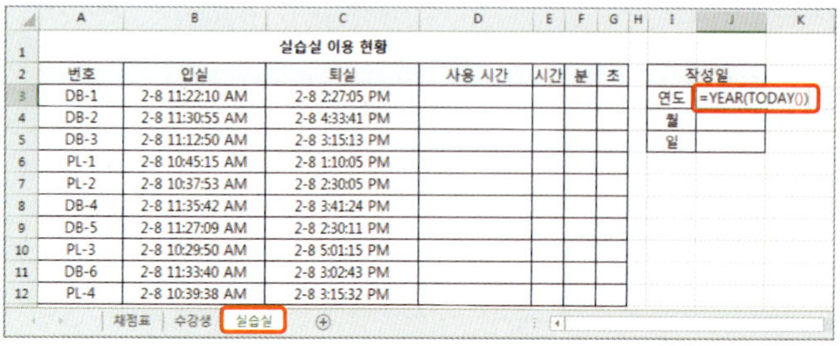

	A	B	C	D	E	F	G	H	I	J
1			실습실 이용 현황							
2	번호	입실	퇴실	사용 시간	시간	분	초		작성일	
3	DB-1	2-8 11:22:10 AM	2-8 2:27:05 PM						연도	=YEAR(TODAY())
4	DB-2	2-8 11:30:55 AM	2-8 4:33:41 PM						월	
5	DB-3	2-8 11:12:50 AM	2-8 3:15:13 PM						일	
6	PL-1	2-8 10:45:15 AM	2-8 1:10:05 PM							
7	PL-2	2-8 10:37:53 AM	2-8 2:30:05 PM							
8	DB-4	2-8 11:35:42 AM	2-8 3:41:24 PM							
9	DB-5	2-8 11:27:09 AM	2-8 2:30:11 PM							
10	PL-3	2-8 10:29:50 AM	2-8 5:01:15 PM							
11	DB-6	2-8 11:33:40 AM	2-8 3:02:43 PM							
12	PL-4	2-8 10:39:38 AM	2-8 3:15:32 PM							

02 현재 날짜에서 월과 일을 구하기 위해 J4 셀에 *=MONTH(TODAY( ))* 수식을 입력하고 J5 셀에는 *=DAY(TODAY( ))* 수식을 입력한다.

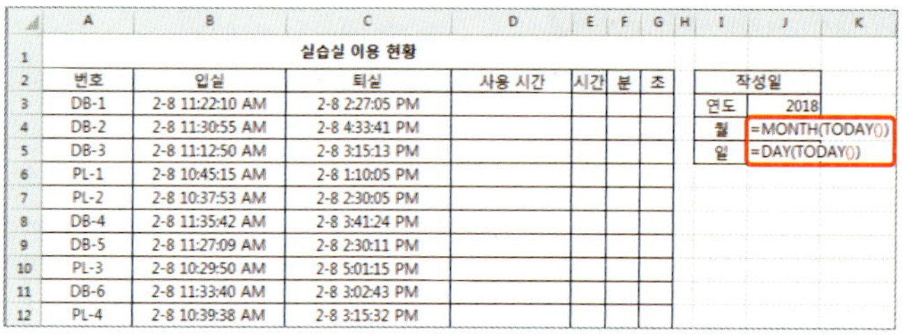

	A	B	C	D	E	F	G	H	I	J
1			실습실 이용 현황							
2	번호	입실	퇴실	사용 시간	시간	분	초		작성일	
3	DB-1	2-8 11:22:10 AM	2-8 2:27:05 PM						연도	2018
4	DB-2	2-8 11:30:55 AM	2-8 4:33:41 PM						월	=MONTH(TODAY())
5	DB-3	2-8 11:12:50 AM	2-8 3:15:13 PM						일	=DAY(TODAY())
6	PL-1	2-8 10:45:15 AM	2-8 1:10:05 PM							
7	PL-2	2-8 10:37:53 AM	2-8 2:30:05 PM							
8	DB-4	2-8 11:35:42 AM	2-8 3:41:24 PM							
9	DB-5	2-8 11:27:09 AM	2-8 2:30:11 PM							
10	PL-3	2-8 10:29:50 AM	2-8 5:01:15 PM							
11	DB-6	2-8 11:33:40 AM	2-8 3:02:43 PM							
12	PL-4	2-8 10:39:38 AM	2-8 3:15:32 PM							

03 D3:D12 범위를 선택하고 *=C3−B3* 수식을 입력한 후 Ctrl+Enter를 누른다.

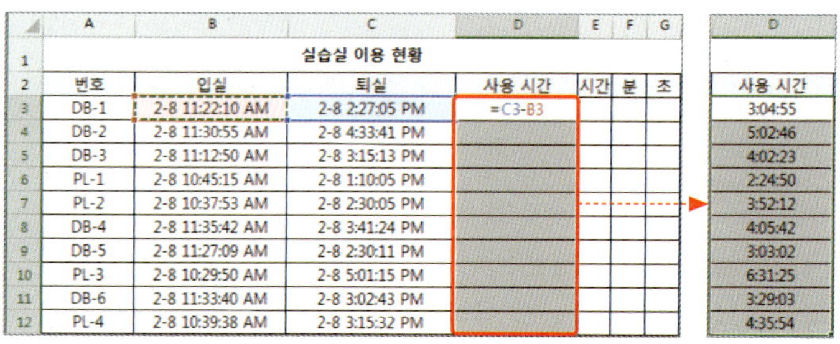

	A	B	C	D	E	F	G
1			실습실 이용 현황				
2	번호	입실	퇴실	사용 시간	시간	분	초
3	DB-1	2-8 11:22:10 AM	2-8 2:27:05 PM	=C3-B3			
4	DB-2	2-8 11:30:55 AM	2-8 4:33:41 PM				
5	DB-3	2-8 11:12:50 AM	2-8 3:15:13 PM				
6	PL-1	2-8 10:45:15 AM	2-8 1:10:05 PM				
7	PL-2	2-8 10:37:53 AM	2-8 2:30:05 PM				
8	DB-4	2-8 11:35:42 AM	2-8 3:41:24 PM				
9	DB-5	2-8 11:27:09 AM	2-8 2:30:11 PM				
10	PL-3	2-8 10:29:50 AM	2-8 5:01:15 PM				
11	DB-6	2-8 11:33:40 AM	2-8 3:02:43 PM				
12	PL-4	2-8 10:39:38 AM	2-8 3:15:32 PM				

D
사용 시간
3:04:55
5:02:46
4:02:23
2:24:50
3:52:12
4:05:42
3:03:02
6:31:25
3:29:03
4:35:54

04 사용 시간 데이터에서 시간 값을 구하기 위해 E3:E12 범위를 선택하고 *=HOUR(D3)* 수식을 입력한 후 Ctrl+Enter를 누른다.

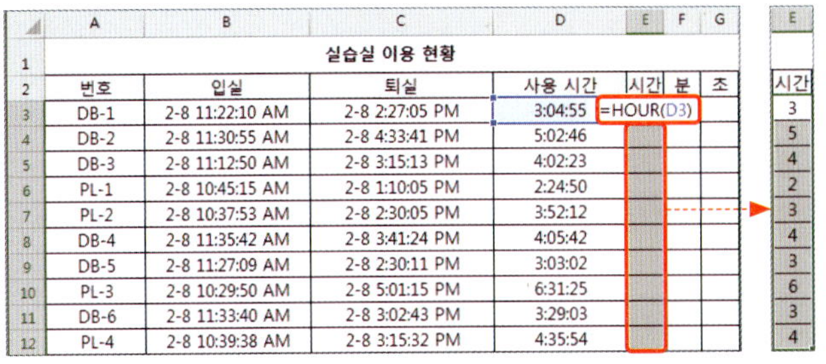

	A	B	C	D	E	F	G
1	실습실 이용 현황						
2	번호	입실	퇴실	사용 시간	시간	분	초
3	DB-1	2-8 11:22:10 AM	2-8 2:27:05 PM	3:04:55	=HOUR(D3)		
4	DB-2	2-8 11:30:55 AM	2-8 4:33:41 PM	5:02:46			
5	DB-3	2-8 11:12:50 AM	2-8 3:15:13 PM	4:02:23			
6	PL-1	2-8 10:45:15 AM	2-8 1:10:05 PM	2:24:50			
7	PL-2	2-8 10:37:53 AM	2-8 2:30:05 PM	3:52:12			
8	DB-4	2-8 11:35:42 AM	2-8 3:41:24 PM	4:05:42			
9	DB-5	2-8 11:27:09 AM	2-8 2:30:11 PM	3:03:02			
10	PL-3	2-8 10:29:50 AM	2-8 5:01:15 PM	6:31:25			
11	DB-6	2-8 11:33:40 AM	2-8 3:02:43 PM	3:29:03			
12	PL-4	2-8 10:39:38 AM	2-8 3:15:32 PM	4:35:54			

E
시간
3
5
4
2
3
4
3
6
3
4

05 사용 시간 데이터의 분 값을 구하기 위해 F3:F12 범위를 선택하고 *=MINUTE(D3)* 수식을 입력한 후 Ctrl+Enter를 누른다.

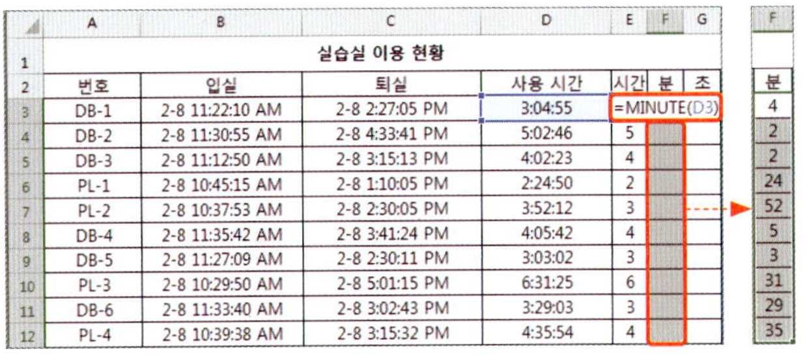

	A	B	C	D	E	F	G
1	실습실 이용 현황						
2	번호	입실	퇴실	사용 시간	시간	분	초
3	DB-1	2-8 11:22:10 AM	2-8 2:27:05 PM	3:04:55	=MINUTE(D3)		
4	DB-2	2-8 11:30:55 AM	2-8 4:33:41 PM	5:02:46	5		
5	DB-3	2-8 11:12:50 AM	2-8 3:15:13 PM	4:02:23	4		
6	PL-1	2-8 10:45:15 AM	2-8 1:10:05 PM	2:24:50	2		
7	PL-2	2-8 10:37:53 AM	2-8 2:30:05 PM	3:52:12	3		
8	DB-4	2-8 11:35:42 AM	2-8 3:41:24 PM	4:05:42	4		
9	DB-5	2-8 11:27:09 AM	2-8 2:30:11 PM	3:03:02	3		
10	PL-3	2-8 10:29:50 AM	2-8 5:01:15 PM	6:31:25	6		
11	DB-6	2-8 11:33:40 AM	2-8 3:02:43 PM	3:29:03	3		
12	PL-4	2-8 10:39:38 AM	2-8 3:15:32 PM	4:35:54	4		

F
분
4
2
2
24
52
5
3
31
29
35

06 사용 시간 데이터의 초 값을 구하기 위해 G3:G12 범위를 선택하고 *=SECOND(D3)* 수식을 입력한 후 Ctrl+Enter를 누른다.

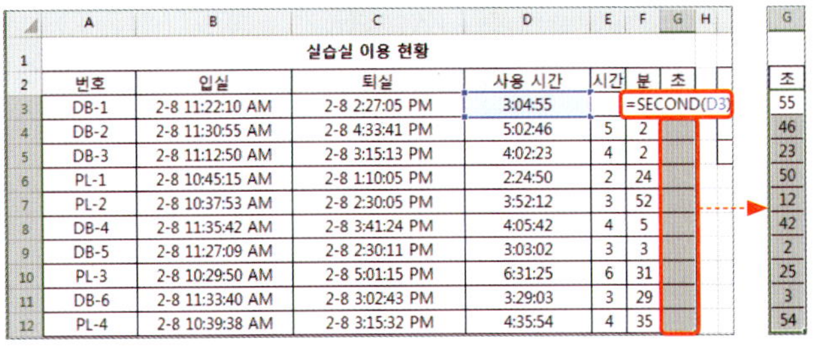

	A	B	C	D	E	F	G
1	실습실 이용 현황						
2	번호	입실	퇴실	사용 시간	시간	분	초
3	DB-1	2-8 11:22:10 AM	2-8 2:27:05 PM	3:04:55		=SECOND(D3)	
4	DB-2	2-8 11:30:55 AM	2-8 4:33:41 PM	5:02:46	5	2	
5	DB-3	2-8 11:12:50 AM	2-8 3:15:13 PM	4:02:23	4	2	
6	PL-1	2-8 10:45:15 AM	2-8 1:10:05 PM	2:24:50	2	24	
7	PL-2	2-8 10:37:53 AM	2-8 2:30:05 PM	3:52:12	3	52	
8	DB-4	2-8 11:35:42 AM	2-8 3:41:24 PM	4:05:42	4	5	
9	DB-5	2-8 11:27:09 AM	2-8 2:30:11 PM	3:03:02	3	3	
10	PL-3	2-8 10:29:50 AM	2-8 5:01:15 PM	6:31:25	6	31	
11	DB-6	2-8 11:33:40 AM	2-8 3:02:43 PM	3:29:03	3	29	
12	PL-4	2-8 10:39:38 AM	2-8 3:15:32 PM	4:35:54	4	35	

G
초
55
46
23
50
12
42
2
25
3
54

종합예제

수학, 통계, 텍스트, 날짜 및 시간 등의 범주에 따라 다양한 기능을 갖는 함수를 활용하여 사내 교육 참가자 목록을 만들어 보자.

1 워크시트에 필요한 내용을 모두 입력한다.

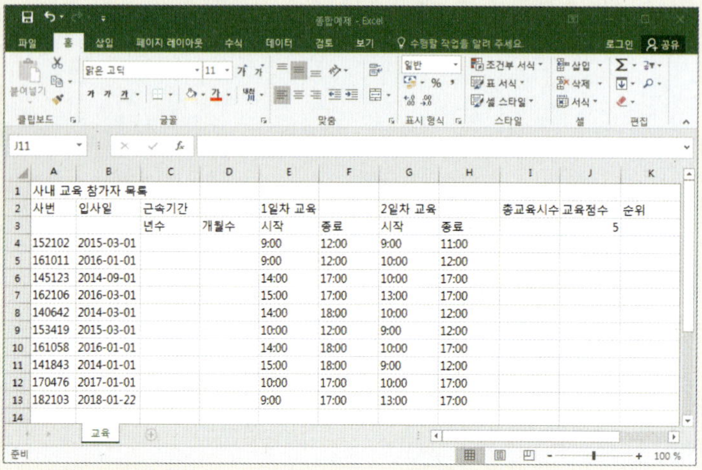

2 A1:K1 범위에 [병합하고 가운데 맞춤]을 설정한 후 제목(사내 교육 참가자 목록)의 글꼴에 [굵게]를 적용한다. [홈] 탭–[셀] 그룹–[서식] 목록에서 [행 높이]는 '22'로 설정한다.

3 예제 화면과 같이 셀을 병합하고 테두리를 그린다. 필드 제목인 A2:K3의 채우기 색을 [황금색, 강조 4, 80% 더 밝게]로 설정한다. A2:K13 범위를 선택하고 [홈] 탭–[맞춤] 그룹에서 [가운데 맞춤]으로 설정한다.

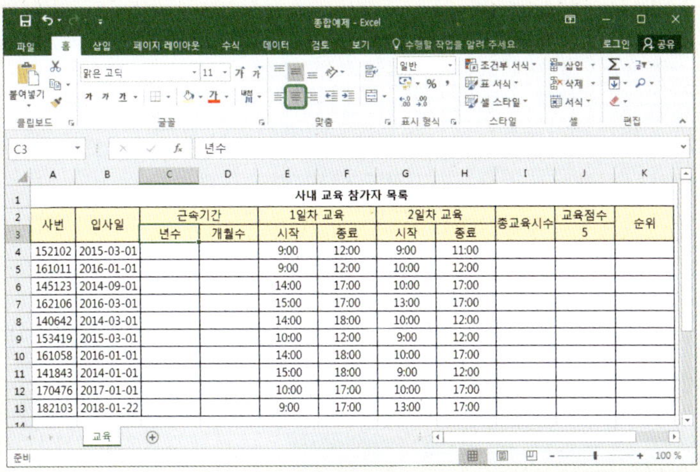

사내 교육 참가자 목록										
사번	입사일	근속기간		1일차 교육		2일차 교육		총교육시수	교육점수	순위
		년수	개월수	시작	종료	시작	종료		5	
152102	2015-03-01			9:00	12:00	9:00	11:00			
161011	2016-01-01			9:00	12:00	10:00	12:00			
145123	2014-09-01			14:00	17:00	10:00	17:00			
162106	2016-03-01			15:00	17:00	13:00	17:00			
140642	2014-03-01			14:00	18:00	10:00	12:00			
153419	2015-03-01			10:00	12:00	9:00	12:00			
161058	2016-01-01			14:00	18:00	10:00	17:00			
141843	2014-01-01			15:00	18:00	9:00	12:00			
170476	2017-01-01			10:00	17:00	10:00	17:00			
182103	2018-01-22			9:00	17:00	13:00	17:00			

4 근속기간의 년수를 구하기 위해 C4 셀에 *=DATEDIF(B4,TODAY( ),"Y")&" 년"* 수식을 입력하고 채우기 핸들을 더블클릭해 모든 값을 표시한다.

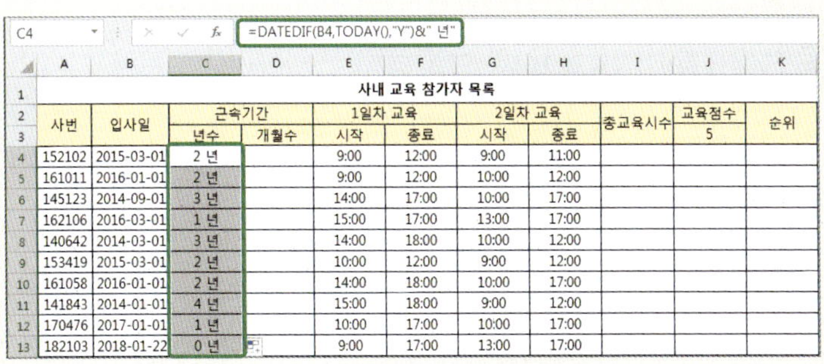

사내 교육 참가자 목록										
사번	입사일	근속기간		1일차 교육		2일차 교육		총교육시수	교육점수	순위
		년수	개월수	시작	종료	시작	종료		5	
152102	2015-03-01	2 년		9:00	12:00	9:00	11:00			
161011	2016-01-01	2 년		9:00	12:00	10:00	12:00			
145123	2014-09-01	3 년		14:00	17:00	10:00	17:00			
162106	2016-03-01	1 년		15:00	17:00	13:00	17:00			
140642	2014-03-01	3 년		14:00	18:00	10:00	12:00			
153419	2015-03-01	2 년		10:00	12:00	9:00	12:00			
161058	2016-01-01	2 년		14:00	18:00	10:00	17:00			
141843	2014-01-01	4 년		15:00	18:00	9:00	12:00			
170476	2017-01-01	1 년		10:00	17:00	10:00	17:00			
182103	2018-01-22	0 년		9:00	17:00	13:00	17:00			

5 근속기간의 개월 수를 구하기 위해 D4 셀에 *=DATEDIF(B4,TODAY( ),"YM")&" 개월"* 수식을 입력하고 채우기 핸들을 더블클릭해 모든 값을 표시한다.

D4 =DATEDIF(B4,TODAY(),"YM")&" 개월"

사내 교육 참가자 목록										
사번	입사일	근속기간		1일차 교육		2일차 교육		총교육시수	교육점수	순위
		년수	개월수	시작	종료	시작	종료		5	
152102	2015-03-01	2 년	11 개월	9:00	12:00	9:00	11:00			
161011	2016-01-01	2 년	1 개월	9:00	12:00	10:00	12:00			
145123	2014-09-01	3 년	5 개월	14:00	17:00	10:00	17:00			
162106	2016-03-01	1 년	11 개월	15:00	17:00	13:00	17:00			
140642	2014-03-01	3 년	11 개월	14:00	18:00	10:00	12:00			
153419	2015-03-01	2 년	11 개월	10:00	12:00	9:00	12:00			
161058	2016-01-01	2 년	1 개월	14:00	18:00	10:00	17:00			
141843	2014-01-01	4 년	1 개월	15:00	18:00	9:00	12:00			
170476	2017-01-01	1 년	1 개월	0:00	17:00	10:00	17:00			
182103	2018-01-22	0 년	0 개월	9:00	17:00	13:00	17:00			

6 총교육시수를 구하기 위해 I4 셀에 *=HOUR(F4−E4)+HOUR(H4−G4)* 수식을 입력하고 [홈] 탭–[표시 형식] 그룹에서 표시 형식을 [일반]으로 설정한 후 채우기 핸들을 더블클릭한다.

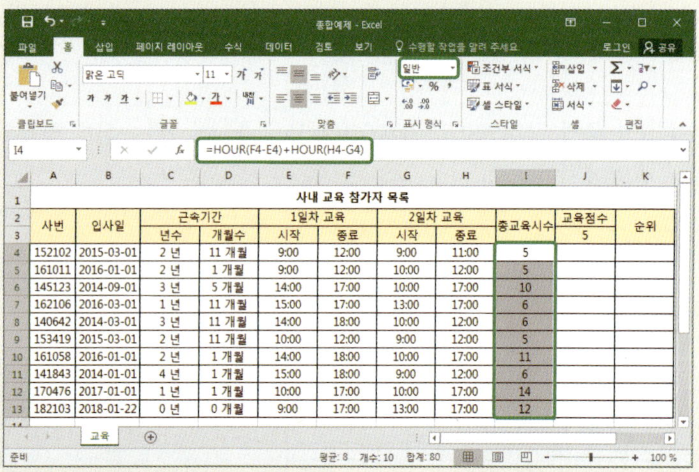
I4 =HOUR(F4-E4)+HOUR(H4-G4)

사내 교육 참가자 목록										
사번	입사일	근속기간		1일차 교육		2일차 교육		총교육시수	교육점수	순위
		년수	개월수	시작	종료	시작	종료		5	
152102	2015-03-01	2 년	11 개월	9:00	12:00	9:00	11:00	5		
161011	2016-01-01	2 년	1 개월	9:00	12:00	10:00	12:00	5		
145123	2014-09-01	3 년	5 개월	14:00	17:00	10:00	17:00	10		
162106	2016-03-01	1 년	11 개월	15:00	17:00	13:00	17:00	6		
140642	2014-03-01	3 년	11 개월	14:00	18:00	10:00	12:00	6		
153419	2015-03-01	2 년	11 개월	10:00	12:00	9:00	12:00	5		
161058	2016-01-01	2 년	1 개월	14:00	18:00	10:00	17:00	11		
141843	2014-01-01	4 년	1 개월	15:00	18:00	9:00	12:00	6		
170476	2017-01-01	1 년	1 개월	10:00	17:00	10:00	17:00	14		
182103	2018-01-22	0 년	0 개월	9:00	17:00	13:00	17:00	12		

TIP 표시 형식을 변경하지 않으면 수식에 인수로 사용된 셀과 동일하게 시간 형식으로 셀 표시 형식이 설정되어 올바른 계산 결과를 확인할 수 없다.

7 교육점수는 교육시수당 5점(J3)으로 계산한다. J4 셀에 *=PRODUCT($J$3,I4)* 수식을 입력하고 채우기 핸들을 더블클릭한다.

J4 | =PRODUCT($J$3,I4)

사내 교육 참가자 목록										
사번	입사일	근속기간		1일차 교육		2일차 교육		총교육시수	교육점수	순위
		년수	개월수	시작	종료	시작	종료		5	
152102	2015-03-01	2 년	11 개월	9:00	12:00	9:00	11:00	5	25	
161011	2016-01-01	2 년	1 개월	9:00	12:00	10:00	12:00	5	25	
145123	2014-09-01	3 년	5 개월	14:00	17:00	10:00	17:00	10	50	
162106	2016-03-01	1 년	11 개월	15:00	17:00	13:00	17:00	6	30	
140642	2014-03-01	3 년	11 개월	14:00	18:00	10:00	12:00	6	30	
153419	2015-03-01	2 년	11 개월	10:00	12:00	9:00	12:00	5	25	
161058	2016-01-01	2 년	1 개월	14:00	18:00	10:00	17:00	11	55	
141843	2014-01-01	4 년	1 개월	15:00	18:00	9:00	12:00	6	30	
170476	2017-01-01	1 년	1 개월	10:00	17:00	10:00	17:00	14	70	
182103	2018-01-22	0 년	0 개월	9:00	17:00	13:00	17:00	12	60	

TIP PRODUCT 함수는 인수의 곱을 구하는 함수이다. 기준 점수를 나타내는 J3 셀은 식을 복사할 때 바뀌지 않도록 F4를 사용하여 절대 참조 형식으로 입력한다.

8 순위는 교육점수를 기준으로 내림차순으로 구한다. K4 셀에 *=RANK.EQ(J4,$J$4:$J$13,0)* 수식을 입력하고 채우기 핸들을 더블클릭한다.

K4 | =RANK.EQ(J4,$J$4:$J$13,0)

사내 교육 참가자 목록										
사번	입사일	근속기간		1일차 교육		2일차 교육		총교육시수	교육점수	순위
		년수	개월수	시작	종료	시작	종료		5	
152102	2015-03-01	2 년	11 개월	9:00	12:00	9:00	11:00	5	25	8
161011	2016-01-01	2 년	1 개월	9:00	12:00	10:00	12:00	5	25	8
145123	2014-09-01	3 년	5 개월	14:00	17:00	10:00	17:00	10	50	4
162106	2016-03-01	1 년	11 개월	15:00	17:00	13:00	17:00	6	30	5
140642	2014-03-01	3 년	11 개월	14:00	18:00	10:00	12:00	6	30	5
153419	2015-03-01	2 년	11 개월	10:00	12:00	9:00	12:00	5	25	8
161058	2016-01-01	2 년	1 개월	14:00	18:00	10:00	17:00	11	55	3
141843	2014-01-01	4 년	1 개월	15:00	18:00	9:00	12:00	6	30	5
170476	2017-01-01	1 년	1 개월	10:00	17:00	10:00	17:00	14	70	1
182103	2018-01-22	0 년	0 개월	9:00	17:00	13:00	17:00	12	60	2

9 기준점수(I3)와 총교육시수(I4:I13), 교육점수(J4:J13)의 표시 형식을 다음과 같이 사용자 지정 형식으로 설정한다.

	A	B	C	D	E	F	G	H	I	J	K
1	사내 교육 참가자 목록										
2	사번	입사일	근속기간		1일차 교육		2일차 교육		총교육시수	교육점수	순위
3			년수	개월수	시작	종료	시작	종료		5 점/시간 ❶	
4	152102	2015-03-01	2 년	11 개월	9:00	12:00	9:00	11:00	5 시간	25 점	8
5	161011	2016-01-01	2 년	1 개월	9:00	12:00	10:00	12:00	5 시간	25 점	8
6	145123	2014-09-01	3 년	5 개월	14:00	17:00	10:00	17:00	10 시간	50 점	4
7	162106	2016-03-01	1 년	11 개월	15:00	17:00	13:00	17:00	6 시간	30 점	5
8	140642	2014-03-01	3 년	11 개월	14:00	18:00	10:00	12:0 ❷	6 시간	30 점	❸ 5
9	153419	2015-03-01	2 년	11 개월	10:00	12:00	9:00	12:0	5 시간	25 점	8
10	161058	2016-01-01	2 년	1 개월	14:00	18:00	10:00	17:00	11 시간	55 점	3
11	141843	2014-01-01	4 년	1 개월	15:00	18:00	9:00	12:00	6 시간	30 점	5
12	170476	2017-01-01	1 년	1 개월	10:00	17:00	10:00	17:00	14 시간	70 점	1
13	182103	2018-01-22	0 년	0 개월	9:00	17:00	13:00	17:00	12 시간	60 점	2

❶ J3 셀의 사용자 지정 형식을 *G/표준 "점/시간"*으로 설정한다.

❷ I4:I13 범위의 사용자 지정 형식을 *#,##0 "시간"*으로 설정한다.

❸ J4:J13 범위의 사용자 지정 형식을 *#,##0 "점"*으로 설정한다.

연습문제

1 '연습.xlsx'의 '연습1' 시트를 열고 다음과 같이 작성하시오.

❶ 점수의 비율을 나타내는 B3:E3 범위의 표시 형식을 '백분율'로 설정하고 각 셀의 이름을 정의하시오.

– B3 셀은 '과제', C3 셀은 '출석', D3 셀은 '중간', E3 셀은 '기말'로 설정한다.

❷ '총점'은 SUM 함수와 ❶에서 정의한 셀 이름을 이용하여 구하시오.

– 총점은 각 점수와 비율의 곱을 모두 더한 것으로 한다.

❸ '입학일자'는 LEFT 함수와 DATE 함수를 사용하여 '학번'의 앞 네 자리로 표시하시오.

– 입학일은 매 해의 3월 1일로 한다.

❹ '순위'는 '총점'을 기준으로 RANK.EQ 함수를 사용하여 내림차순하여 구하시오.

❺ PERCENTRANK.INC 함수를 사용하여 '총점' 기준으로 백분율 순위를 구하고 표시 형식을 '백분율'로 설정하시오.

❻ '총인원'은 COUNT 함수를 사용하여 구하고 사용자 지정 표시 형식(~명)을 설정하시오.

❼ '평균'은 AVERAGE 함수를 사용하여 '총점'의 전체 평균으로 구하고 ROUND 함수로 반올림하여 소수 첫째 자리까지 표시되도록 유효 자릿수를 설정하시오.

❽ '표준편차'와 '분산'은 STDEV.S 함수와 VAR.S 함수를 사용하여 구하고 ROUND 함수로 반올림하여 소수 첫째 자리까지 표시되도록 하시오.

❾ '최고점'과 '최저점'은 MAX 함수와 MIN 함수를 사용하여 구하시오.

❿ 셀 병합, 셀 테두리와 색 채우기, 글꼴과 맞춤을 예제 화면과 같이 설정하시오.

학생 성적

학번	과제	출석	중간	기말	총점	입학일자	순위	백분율
	20%	20%	30%	30%				
20150214	60	80	80	87	78	2015-03-02	14	13.3%
20141021	95	100	83	90	91	2014-03-02	6	66.6%
20151301	85	80	63	77	75	2015-03-02	15	6.6%
20160416	100	100	94	98	98	2016-03-02	1	100.0%
20134572	80	90	90	85	87	2013-03-02	8	46.6%
20161451	80	100	72	77	81	2016-03-02	11	33.3%
20168451	100	70	100	97	93	2016-03-02	4	80.0%
20143145	95	100	76	88	88	2014-03-02	7	60.0%
20154670	100	95	83	77	87	2015-03-02	8	46.6%
20124651	95	100	87	97	94	2012-03-02	3	86.6%
20169871	65	85	83	79	79	2016-03-02	12	20.0%
20146575	100	90	100	80	92	2014-03-02	5	73.3%
20146857	90	95	76	63	79	2014-03-02	12	20.0%
20134596	100	80	80	87	86	2013-03-02	10	40.0%
20167891	100	100	93	97	97	2016-03-02	2	93.3%
20154672	65	70	74	83	74	2015-03-02	16	0.0%

총인원	16명
평균	86.2
표준편차	7.7
분산	59.8
최고점	98
최저점	74

연습1 연습2

2 '연습.xlsx'의 '연습2' 시트를 열고 다음 조건에 맞게 작성하시오.

❶ A3:A19 범위의 '도서번호'에 사용자 지정 표시 형식을 설정하시오(숫자 세 자리-숫자 세 자리-숫자 네 자리).

❷ G3:G19 범위에 있는 '할인율'의 표시 형식을 '백분율'로 설정하시오.

❸ H3:H19 범위의 '판매금액'을 '수량*정가*(1-할인율)' 수식으로 구하고 사용자 지정 표시 형식을 설정하시오.

❹ I3:I19 범위의 '분야'에 CONCATENATE 함수를 이용하여 '대분류'와 '소분류' 텍스트를 결합하여 표시하시오.

❺ '판매순위'는 '판매금액'을 기준으로 RANK.EQ 함수를 사용하여 내림차순하여 구하시오.

❻ SUM 함수를 사용하여 E20 셀과 H20 셀에 요약 정보를 구하고 사용자 지정 표시 형식을 설정하시오.

❼ 셀 병합, 셀 테두리와 색 채우기, 글꼴과 맞춤을 예제 화면과 같이 설정하시오.

	A	B	C	D	E	F	G	H	I	J
1	도서 판매									
2	도서번호	대분류	중분류	소분류	수량	정가	할인율	판매금액	분야	판매순위
3	898-431-7411	국내	문학	소설	10	8,500	10%	76,500 원	국내 소설	17
4	113-061-2244	해외	문학	소설	35	13,800	10%	434,700 원	해외 소설	2
5	825-605-5467	국내	문학	시	22	14,800	10%	293,040 원	국내 시	7
6	893-291-7237	국내	문학	소설	15	13,000	10%	175,500 원	국내 소설	11
7	890-120-4215	국내	문학	소설	11	17,000	10%	168,300 원	국내 소설	12
8	212-546-1472	해외	예술	음악	21	16,000	10%	302,400 원	해외 음악	6
9	113-457-1264	해외	문학	소설	20	19,800	15%	336,600 원	해외 소설	5
10	745-431-5117	국내	예술	건축	16	15,000	10%	216,000 원	국내 건축	9
11	898-281-3845	국내	문학	소설	12	12,000	10%	129,600 원	국내 소설	14
12	217-454-6547	해외	예술	미술	31	8,500	10%	237,150 원	해외 미술	8
13	114-771-3676	해외	문학	소설	14	14,800	10%	186,480 원	해외 소설	10
14	823-490-8068	국내	문학	시	28	28,000	10%	705,600 원	국내 시	1
15	896-322-0826	국내	문학	소설	9	9,500	10%	76,950 원	국내 소설	16
16	827-012-7240	국내	문학	시	30	15,000	15%	382,500 원	국내 시	4
17	745-546-1334	국내	예술	건축	26	18,000	10%	421,200 원	국내 건축	3
18	845-366-7178	국내	문학	에세이	8	19,500	10%	140,400 원	국내 에세이	13
19	746-784-2542	국내	예술	미술	6	15,000	10%	81,000 원	국내 미술	15
20		요약			총 314권			총 4,364 천원		

연습1 연습2

CHAPTER

06

고급 함수

01 논리 함수 사용하기

02 조건에 맞는 값 구하기

종합예제

연습문제

학습목표

- 조건을 선택하고 결합하는 논리 함수를 사용할 수 있다.
- 조건에 맞는 값으로 개수, 합계, 평균을 구할 수 있다.

SECTION 01

논리 함수 사용하기

논리 함수에는 주어진 조건을 참(TRUE) 또는 거짓(FALSE)으로 판단하고 그 결과에 따라 셀에 다른 값을 표시하는 IF 함수, 조건을 두 가지 이상 결합하는 AND, OR, NOT 함수 등이 있다. 논리 함수를 사용하여 조건에 따라 값을 다르게 표시하는 방법과 여러 조건을 결합한 조건식을 만드는 방법을 알아본다.

1.1 조건 선택 함수

가장 많이 사용하는 함수 중 하나인 IF 함수는 첫 번째 인수인 조건식을 계산하여 논리 값(TRUE/FALSE)으로 판단하고 각 경우에 따라 표시할 결과를 두 번째 인수와 세 번째 인수로 지정한다.

함수명과 인수	기능
IF(logical_test, value_if_true, value_if_false)	TRUE나 FALSE로 판정되는 수식을 논리 검사하여 TRUE일 때와 FALSE일 때 셀에 표시할 값을 지정한다.

기본예제 6-1 조건에 따라 데이터 선택하기

CHAPTER 05의 [기본예제 5-5]에서 주민번호 데이터의 텍스트를 추출하여 성별을 '1' 또는 '2'로 나타내었다. 여기서는 IF 함수를 사용하여 성별을 '남' 또는 '여', 점수의 합계에 따라 평가를 '상' 또는 '하'로 구분하여 표시해 보자.

01 '실습.xlsx' 파일의 '평가' 시트의 B3 셀에 *=IF(MID(A3,8,1)="1","남","여")* 수식을 입력한다.

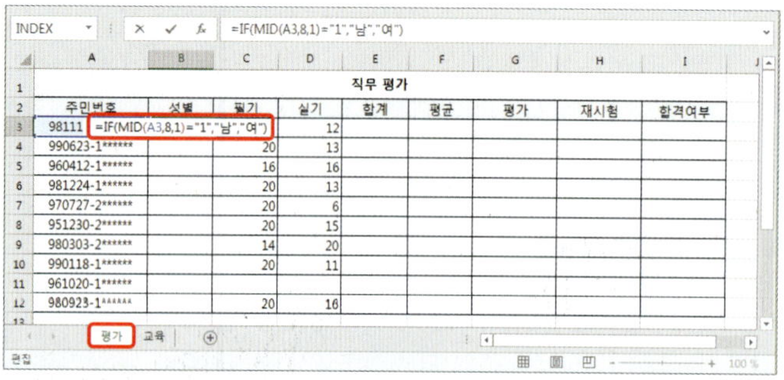

TIP MID 함수로 추출한 결과는 '1' 또는 '2'의 값으로 문자 데이터이다. 수식에 사용하는 문자에는 큰따옴표("")를 붙인다.

02 B3 셀의 채우기 핸들을 더블 클릭하거나 B12 셀까지 드래그하면 수식이 복사되어 모든 사원의 성별이 표시된다.

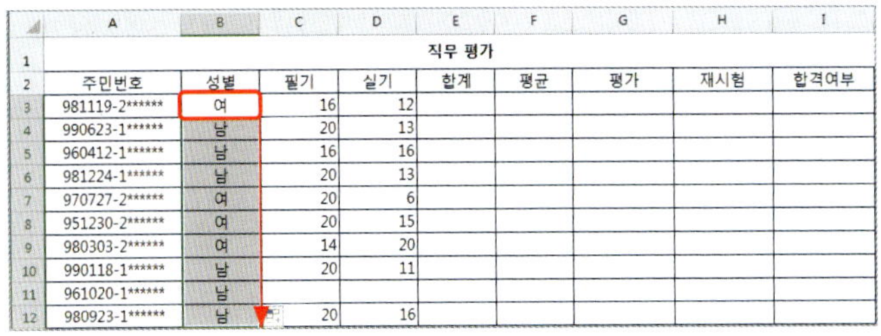

03 점수의 합계를 계산하기 위해 E3:E12 범위를 선택하고 [수식] 탭-[함수 라이브러리] 그룹-[자동 합계] 목록에서 [합계]를 선택한다.

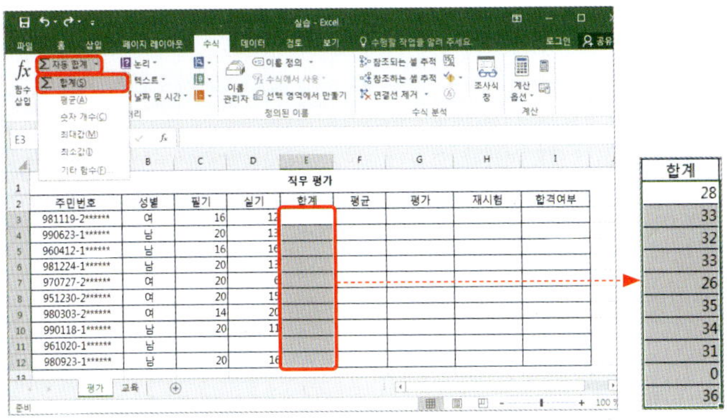

04 합계가 30 이상인 경우에 평가를 '상', 그렇지 않은 경우(30 미만)에는 '하'로 표기하기 위해 G3:G12 범위를 선택하고 *=IF(E3>=30,"상","하")* 수식을 입력한 후 Ctrl+Enter를 누른다.

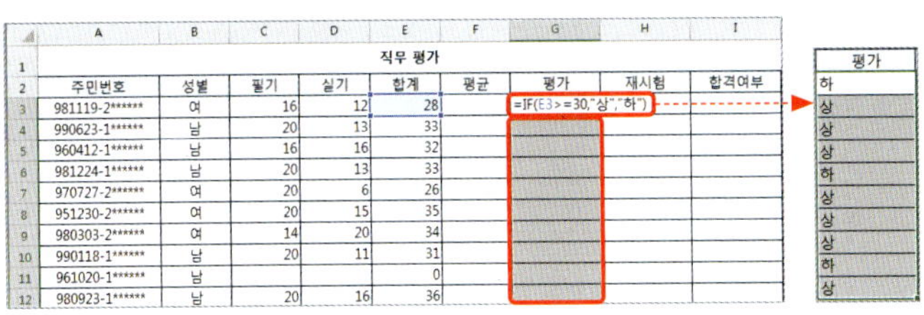

기본예제 6-2 중첩된 조건에 맞는 데이터 선택하기

조건에 따라 데이터를 선택하는 IF 함수는 필요한 경우 중첩 형태로 사용할 수 있다. IF 함수의 두 번째나 세 번째 인수로 IF 함수를 다시 사용하는 경우를 중첩되었다고 하며 이 경우에 두 개 이상의 조건을 검사할 수 있다. IF 함수를 중첩 사용하여 합계가 30 이상이면 '상', 20 이상이면 '중', 그 외의 경우에는 '하'로 평가하도록 수정해 보자.

01 '평가' 시트에서 G3 셀을 선택하고 [수식] 탭–[함수 라이브러리] 그룹–[함수 삽입]을 누른다.

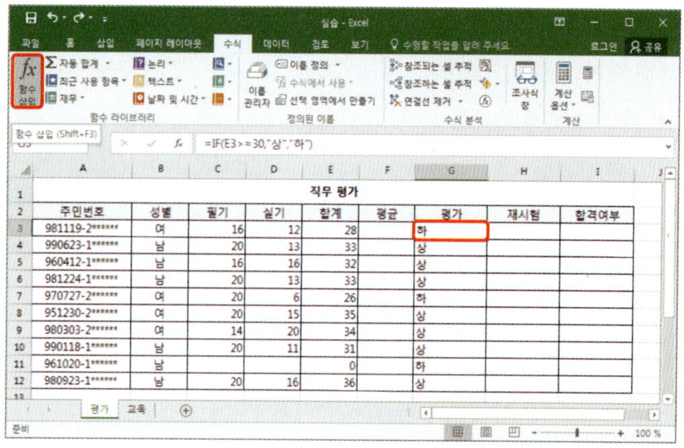

02 [함수 인수] 대화상자의 [Value_if_false]에 *IF(E3>=20,"중","하")* 수식을 입력하고 [확인]을 누른다.

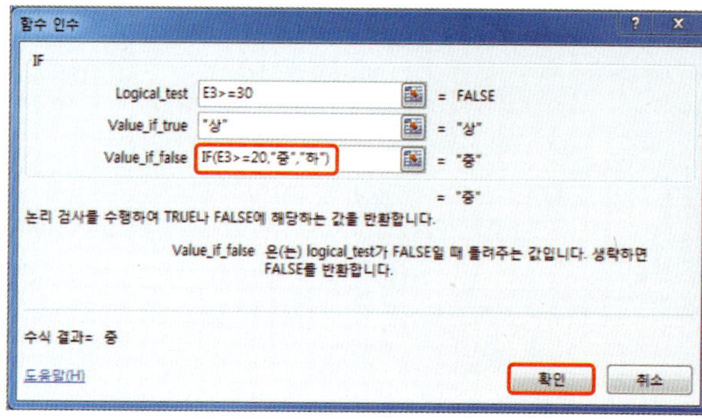

03 G3 셀의 채우기 핸들을 더블클릭하여 모든 평가 결과를 수정하여 표시한다.

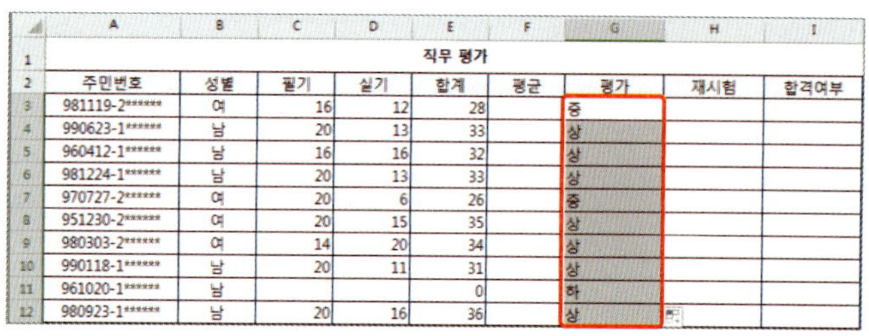

TIP 오피스 365에서는 하나 이상의 조건이 충족되는지 검사할 때 중첩된 IF문을 대신하여 사용할 수 있는 IFS 함수를 제공한다. IFS 함수를 사용하려면 수식을 *=IFS(E3>=30,"상",E3>=20,"중",E3>=10,"하")*와 같이 수정하면 된다.

02 G3 셀의 채우기 핸들을 더블 클릭하여 G12 셀까지 수식을 복사한다.

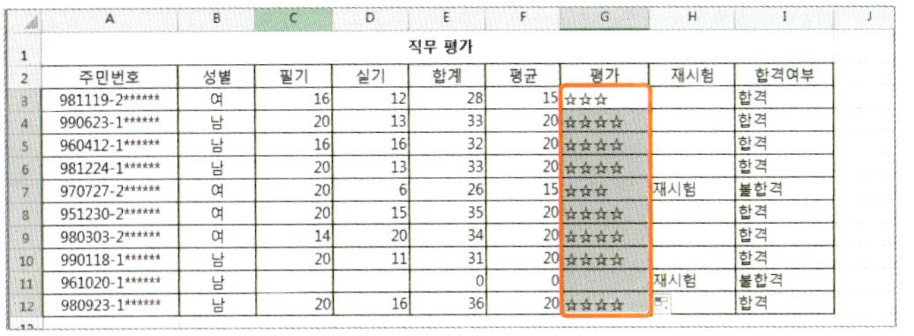

	A	B	C	D	E	F	G	H	I
1	직무 평가								
2	주민번호	성별	필기	실기	합계	평균	평가	재시험	합격여부
3	981119-2******	여	16	12	28	15	☆☆☆		합격
4	990623-1******	남	20	13	33	20	☆☆☆☆		합격
5	960412-1******	남	16	16	32	20	☆☆☆☆		합격
6	981224-1******	남	20	13	33	20	☆☆☆☆		합격
7	970727-2******	여	20	6	26	15	☆☆☆	재시험	불합격
8	951230-2******	여	20	15	35	20	☆☆☆☆		합격
9	980303-2******	여	14	20	34	20	☆☆☆☆		합격
10	990118-1******	남	20	11	31	20	☆☆☆☆		합격
11	961020-1******	남			0	0		재시험	불합격
12	980923-1******	남	20	16	36	20	☆☆☆☆		합격

기본예제 6-8 기호와 순위를 함께 표시하기

기호로 표시한 '평가' 필드에 TEXT 함수를 이용하여 순위가 함께 표시되도록 수정해 보자.

01 '평가' 시트의 G3 셀을 선택하고 수식을 *=REPT("☆",F3/5)&TEXT(RANK.EQ(E3,$E$3:$E$12),"(0등)")*으로 수정한다.

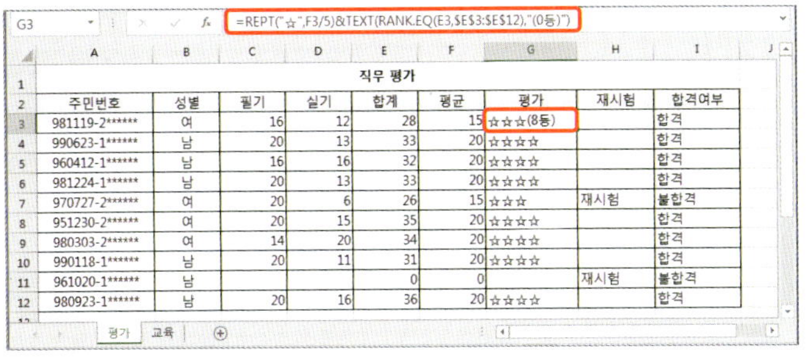

G3 =REPT("☆",F3/5)&TEXT(RANK.EQ(E3,$E$3:$E$12),"(0등)")

	A	B	C	D	E	F	G	H	I
1	직무 평가								
2	주민번호	성별	필기	실기	합계	평균	평가	재시험	합격여부
3	981119-2******	여	16	12	28	15	☆☆☆(8등)		합격
4	990623-1******	남	20	13	33	20	☆☆☆☆		합격
5	960412-1******	남	16	16	32	20	☆☆☆☆		합격
6	981224-1******	남	20	13	33	20	☆☆☆☆		합격
7	970727-2******	여	20	6	26	15	☆☆☆	재시험	불합격
8	951230-2******	여	20	15	35	20	☆☆☆☆		합격
9	980303-2******	여	14	20	34	20	☆☆☆☆		합격
10	990118-1******	남	20	11	31	20	☆☆☆☆		합격
11	961020-1******	남			0	0		재시험	불합격
12	980923-1******	남	20	16	36	20	☆☆☆☆		합격

TIP 순위는 RANK.EQ 함수를 사용해 합계를 기준으로 내림차순하여 구한다. 순위를 셀에 표시할 때는 *"(0등)"*과 같은 표시 형식으로 서식을 설정할 수 있다.

02 G3 셀의 채우기 핸들을 더블 클릭하여 수식을 복사하고 G 열의 너비를 조정하여 기호와 순위가 모두 잘 보이도록 한다.

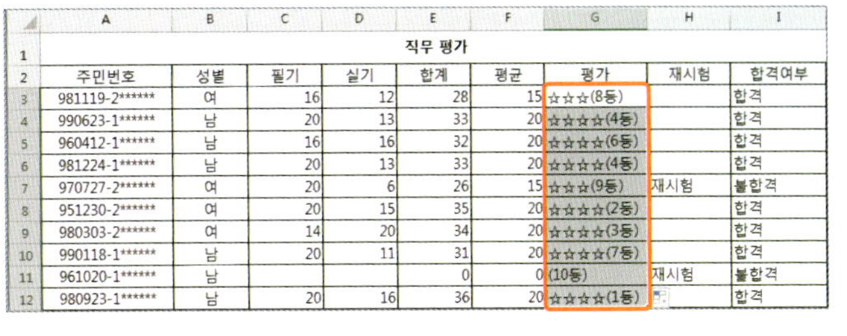

	A	B	C	D	E	F	G	H	I
1	직무 평가								
2	주민번호	성별	필기	실기	합계	평균	평가	재시험	합격여부
3	981119-2******	여	16	12	28	15	☆☆☆(8등)		합격
4	990623-1******	남	20	13	33	20	☆☆☆☆(4등)		합격
5	960412-1******	남	16	16	32	20	☆☆☆☆(6등)		합격
6	981224-1******	남	20	13	33	20	☆☆☆☆(4등)		합격
7	970727-2******	여	20	6	26	15	☆☆☆(9등)	재시험	불합격
8	951230-2******	여	20	15	35	20	☆☆☆☆(2등)		합격
9	980303-2******	여	14	20	34	20	☆☆☆☆(3등)		합격
10	990118-1******	남	20	11	31	20	☆☆☆☆(7등)		합격
11	961020-1******	남			0	0	(10등)	재시험	불합격
12	980923-1******	남	20	16	36	20	☆☆☆☆(1등)		합격

EXCEL 2016

SECTION 02

조건에 맞는 값 구하기

조건에 따라 값을 다르게 표시하는 논리 함수에 대해서는 앞에서 다루어 보았다. 그런데 특정 조건에 맞는 데이터의 개수를 세거나 조건에 맞는 데이터만 선별해 합계나 평균을 구하는 함수도 데이터 통계나 분석에 많이 활용된다. 또한, 여러 조건식을 기술하고 모두 만족하는 경우의 합계를 구하거나 평균을 구하는 함수도 있으므로 상황에 맞게 활용할 수 있다.

2.1 조건에 맞는 값의 개수를 구하는 함수

숫자 개수를 구하는 COUNT 함수의 기능과 사용법은 CHAPTER 05에서 알아보았다. 여기서는 COUNT 함수와 유사하지만 데이터의 유형에 상관없이 개수를 세거나 주어진 조건에 따라 개수를 계산하는 함수에 대해 알아본다.

함수명과 인수	기능
COUNTA(value1, value2, …)	인수 중 비어 있지 않은 셀의 개수를 계산한다.
COUNTBLANK(range)	지정한 범위에 있는 빈 셀의 개수를 계산한다.
COUNTIF(range, criteria)	지정한 범위 내에서 조건에 맞는 셀의 개수를 계산한다.
COUNTIFS(criteria_range, criteria, …)	범위 내에서 주어진 모든 조건에 맞는 셀의 개수를 계산한다.

기본예제 6-9 자격증을 취득한 사원 수와 영어시험 미응시 사원 수 계산하기

COUNTA 함수와 COUNTBLANK 함수를 사용하여 자격증이 있는 사원의 수와 영어시험에 응시하지 않은 사원의 수를 계산해 보자.

01 '실습.xlsx' 파일을 열고 '교육' 시트를 선택한다.

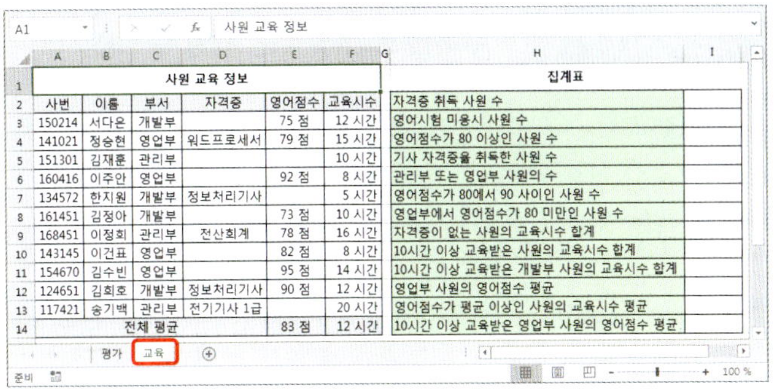

	A	B	C	D	E	F	G	H	I
1	사원 교육 정보							집계표	
2	사번	이름	부서	자격증	영어점수	교육시수		자격증 취득 사원 수	
3	150214	서다은	개발부		75 점	12 시간		영어시험 미응시 사원 수	
4	141021	정승현	영업부	워드프로세서	79 점	15 시간		영어점수가 80 이상인 사원 수	
5	151301	김재훈	관리부			10 시간		기사 자격증을 취득한 사원 수	
6	160416	이주안	영업부		92 점	8 시간		관리부 또는 영업부 사원의 수	
7	134572	한지원	개발부	정보처리기사		5 시간		영어점수가 80에서 90 사이인 사원 수	
8	161451	김정아	개발부		73 점	10 시간		영업부에서 영어점수가 80 미만인 사원 수	
9	168451	이정희	관리부	전산회계	78 점	16 시간		자격증이 없는 사원의 교육시수 합계	
10	143145	이건표	영업부		82 점	8 시간		10시간 이상 교육받은 사원의 교육시수 합계	
11	154670	김수빈	영업부		95 점	14 시간		10시간 이상 교육받은 개발부 사원의 교육시수 합계	
12	124651	김희호	개발부	정보처리기사	90 점	12 시간		영업부 사원의 영어점수 평균	
13	117421	송기백	관리부	전기기사 1급		20 시간		영어점수가 평균 이상인 사원의 교육시수 평균	
14	전체 평균				83 점	12 시간		10시간 이상 교육받은 영업부 사원의 영어점수 평균	

02 자격증을 취득한 사원 수를 구하기 위해 I2 셀에 *=COUNTA(D3:D13)&"명"* 수식을 입력한다.

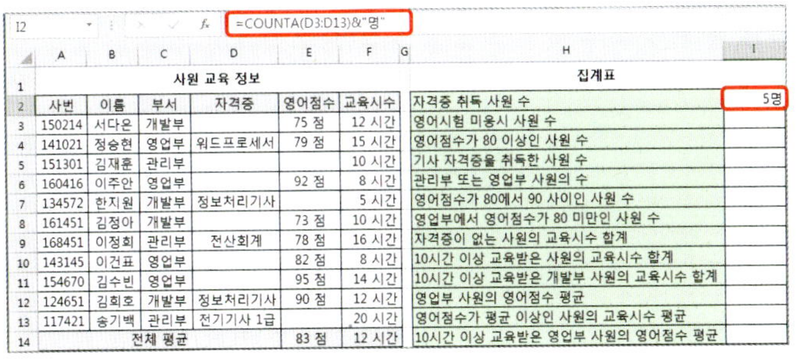

=COUNTA(D3:D13)&"명"

	A	B	C	D	E	F	G	H	I
1	사원 교육 정보							집계표	
2	사번	이름	부서	자격증	영어점수	교육시수		자격증 취득 사원 수	5명
3	150214	서다은	개발부		75 점	12 시간		영어시험 미응시 사원 수	
4	141021	정승현	영업부	워드프로세서	79 점	15 시간		영어점수가 80 이상인 사원 수	
5	151301	김재훈	관리부			10 시간		기사 자격증을 취득한 사원 수	
6	160416	이주안	영업부		92 점	8 시간		관리부 또는 영업부 사원의 수	
7	134572	한지원	개발부	정보처리기사		5 시간		영어점수가 80에서 90 사이인 사원 수	
8	161451	김정아	개발부		73 점	10 시간		영업부에서 영어점수가 80 미만인 사원 수	
9	168451	이정희	관리부	전산회계	78 점	16 시간		자격증이 없는 사원의 교육시수 합계	
10	143145	이건표	영업부		82 점	8 시간		10시간 이상 교육받은 사원의 교육시수 합계	
11	154670	김수빈	영업부		95 점	14 시간		10시간 이상 교육받은 개발부 사원의 교육시수 합계	
12	124651	김희호	개발부	정보처리기사	90 점	12 시간		영업부 사원의 영어점수 평균	
13	117421	송기백	관리부	전기기사 1급		20 시간		영어점수가 평균 이상인 사원의 교육시수 평균	
14	전체 평균				83 점	12 시간		10시간 이상 교육받은 영업부 사원의 영어점수 평균	

TIP COUNTA 함수는 지정한 범위에서 숫자뿐 아니라 텍스트, 논리 값 등 데이터의 종류에 상관없이 값이 입력되어 있는 셀의 개수를 계산한다.

03 I3 셀을 선택하고 *=COUNTBLANK(E3:E13)&"명"* 수식을 입력해 영어시험 미응시 사원 수를 구한다.

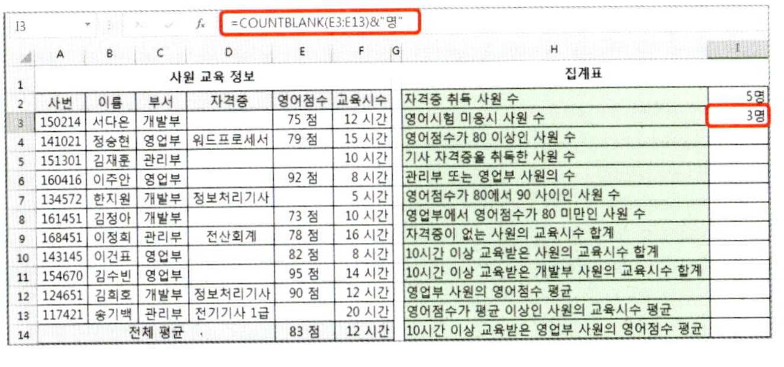

=COUNTBLANK(E3:E13)&"명"

	A	B	C	D	E	F	G	H	I
1	사원 교육 정보							집계표	
2	사번	이름	부서	자격증	영어점수	교육시수		자격증 취득 사원 수	5명
3	150214	서다은	개발부		75 점	12 시간		영어시험 미응시 사원 수	3명
4	141021	정승현	영업부	워드프로세서	79 점	15 시간		영어점수가 80 이상인 사원 수	
5	151301	김재훈	관리부			10 시간		기사 자격증을 취득한 사원 수	
6	160416	이주안	영업부		92 점	8 시간		관리부 또는 영업부 사원의 수	
7	134572	한지원	개발부	정보처리기사		5 시간		영어점수가 80에서 90 사이인 사원 수	
8	161451	김정아	개발부		73 점	10 시간		영업부에서 영어점수가 80 미만인 사원 수	
9	168451	이정희	관리부	전산회계	78 점	16 시간		자격증이 없는 사원의 교육시수 합계	
10	143145	이건표	영업부		82 점	8 시간		10시간 이상 교육받은 사원의 교육시수 합계	
11	154670	김수빈	영업부		95 점	14 시간		10시간 이상 교육받은 개발부 사원의 교육시수 합계	
12	124651	김희호	개발부	정보처리기사	90 점	12 시간		영업부 사원의 영어점수 평균	
13	117421	송기백	관리부	전기기사 1급		20 시간		영어점수가 평균 이상인 사원의 교육시수 평균	
14	전체 평균				83 점	12 시간		10시간 이상 교육받은 영업부 사원의 영어점수 평균	

TIP COUNTBLANK 함수는 공백("") 문자를 포함해 값이 없는 셀의 개수를 계산한다. COUNTA 함수도 공백을 개수에 포함시켜 계산하므로 COUNTBLANK 함수나 COUNTA 함수를 사용할 때는 공백 문자만 입력된 셀이 없도록 주의한다.

기본예제 6-10 주어진 조건에 맞는 사원 수 계산하기

COUNTIF 함수와 COUNTIFS 함수를 사용하여 주어진 조건에 맞는 사원 수를 계산해 보자. 조건이 하나 이상인 경우 덧셈(+)이나 뺄셈(−)을 조합하여 원하는 개수를 구할 수도 있고 COUNTIFS 함수를 사용해 구할 수도 있다. 실습 예제를 통해 각 경우에 따른 함수의 활용 방법을 익혀 보자.

01 '교육' 시트의 I4 셀에 *=COUNTIF(E3:E13, ">=80")&"명"* 수식을 입력하여 영어점수가 80점 이상인 사원 수를 구한다.

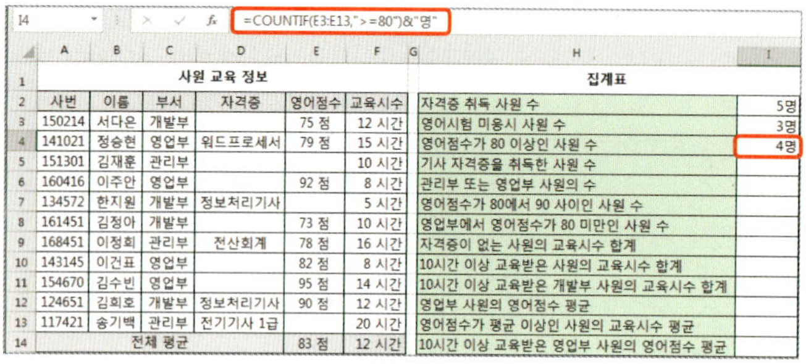

I4 =COUNTIF(E3:E13,">=80")&"명"

	A	B	C	D	E	F	G	H	I
1	사원 교육 정보							집계표	
2	사번	이름	부서	자격증	영어점수	교육시수		자격증 취득 사원 수	5명
3	150214	서다은	개발부		75 점	12 시간		영어시험 미응시 사원 수	3명
4	141021	정승현	영업부	워드프로세서	79 점	15 시간		영어점수가 80 이상인 사원 수	4명
5	151301	김재훈	관리부			10 시간		기사 자격증을 취득한 사원 수	
6	160416	이주안	영업부		92 점	8 시간		관리부 또는 영업부 사원의 수	
7	134572	한지원	개발부	정보처리기사		5 시간		영어점수가 80에서 90 사이인 사원 수	
8	161451	김정아	개발부		73 점	10 시간		영업부에서 영어점수가 80 미만인 사원 수	
9	168451	이정회	관리부	전산회계	78 점	16 시간		자격증이 없는 사원의 교육시수 합계	
10	143145	이건표	영업부		82 점	8 시간		10시간 이상 교육받은 사원의 교육시수 합계	
11	154670	김수빈	영업부		95 점	14 시간		10시간 이상 교육받은 개발부 사원의 교육시수 합계	
12	124651	김회호	개발부	정보처리기사	90 점	12 시간		영업부 사원의 영어점수 평균	
13	117421	송기백	관리부	전기기사 1급		20 시간		영어점수가 평균 이상인 사원의 교육시수 평균	
14	전체 평균				83 점	12 시간		10시간 이상 교육받은 영업부 사원의 영어점수 평균	

TIP IF 함수와 달리 COUNTIF 함수에서는 조건을 큰따옴표("")로 묶어 *">=80"*으로 표현한다. 값(80)이 아니라 셀(K4)을 참조할 때는 *">="&K4*와 같이 수식을 작성한다.

	H	I	J	K
1	집계표			
2	자격증 취득 사원 수	5명		
3	영어시험 미응시 사원 수	3명		기준점수
4	영어점수가 기준점수 이상인 사원 수	=COUNTIF(E3:E13,">="&K4)&"명"		80

02 기사 자격증을 취득한 사원 수를 구하기 위해 I5 셀에 *=COUNTIF(D3:D13, "*기사*")&"명"* 수식을 입력한다.

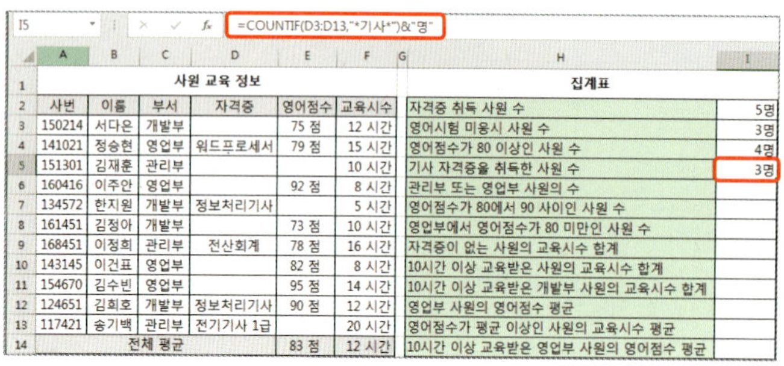

I5 =COUNTIF(D3:D13,"*기사*")&"명"

	A	B	C	D	E	F	G	H	I
1	사원 교육 정보							집계표	
2	사번	이름	부서	자격증	영어점수	교육시수		자격증 취득 사원 수	5명
3	150214	서다은	개발부		75 점	12 시간		영어시험 미응시 사원 수	3명
4	141021	정승현	영업부	워드프로세서	79 점	15 시간		영어점수가 80 이상인 사원 수	4명
5	151301	김재훈	관리부			10 시간		기사 자격증을 취득한 사원 수	3명
6	160416	이주안	영업부		92 점	8 시간		관리부 또는 영업부 사원의 수	
7	134572	한지원	개발부	정보처리기사		5 시간		영어점수가 80에서 90 사이인 사원 수	
8	161451	김정아	개발부		73 점	10 시간		영업부에서 영어점수가 80 미만인 사원 수	
9	168451	이정회	관리부	전산회계	78 점	16 시간		자격증이 없는 사원의 교육시수 합계	
10	143145	이건표	영업부		82 점	8 시간		10시간 이상 교육받은 사원의 교육시수 합계	
11	154670	김수빈	영업부		95 점	14 시간		10시간 이상 교육받은 개발부 사원의 교육시수 합계	
12	124651	김회호	개발부	정보처리기사	90 점	12 시간		영업부 사원의 영어점수 평균	
13	117421	송기백	관리부	전기기사 1급		20 시간		영어점수가 평균 이상인 사원의 교육시수 평균	
14	전체 평균				83 점	12 시간		10시간 이상 교육받은 영업부 사원의 영어점수 평균	

TIP 조건식에 사용한 별표(*)는 임의의 문자와 일치시키는 와일드카드 문자로, 검색 조건에 사용된다. 글자 수에 관계없는 별표 대신 글자 수도 검색 조건에 사용하려면 *"????기사"*처럼 물음표(?)를 와일드카드 문자로 사용할 수 있다.

03 I6 셀에 *=COUNTIF(C3:C13, "=관리부")+COUNTIF(C3:C13, "=영업부")&"명"* 수식을 입력해 관리부 또는 영업부 사원의 수를 구한다.

I6 | =COUNTIF(C3:C13,"=관리부")+COUNTIF(C3:C13,"=영업부")&"명"

	A	B	C	D	E	F	G	H	I
1	사원 교육 정보							집계표	
2	사번	이름	부서	자격증	영어점수	교육시수		자격증 취득 사원 수	5명
3	150214	서다은	개발부		75 점	12 시간		영어시험 미응시 사원 수	3명
4	141021	정승현	영업부	워드프로세서	79 점	15 시간		영어점수가 80 이상인 사원 수	4명
5	151301	김재훈	관리부			10 시간		기사 자격증을 취득한 사원 수	3명
6	160416	이주안	영업부		92 점	8 시간		관리부 또는 영업부 사원의 수	7명
7	134572	한지원	개발부	정보처리기사		5 시간		영어점수가 80에서 90 사이인 사원 수	
8	161451	김정아	개발부		73 점	10 시간		영업부에서 영어점수가 80 미만인 사원 수	
9	168451	이정희	관리부	전산회계	78 점	16 시간		자격증이 없는 사원의 교육시수 합계	
10	143145	이건표	영업부		82 점	8 시간		10시간 이상 교육받은 사원의 교육시수 합계	
11	154670	김수빈	영업부		95 점	14 시간		10시간 이상 교육받은 개발부 사원의 교육시수 합계	
12	124651	김회호	개발부	정보처리기사	90 점	12 시간		영업부 사원의 영어점수 평균	
13	117421	송기백	관리부	전기기사 1급		20 시간		영어점수가 평균 이상인 사원의 교육시수 평균	
14	전체 평균				83 점	12 시간		10시간 이상 교육받은 영업부 사원의 영어점수 평균	

TIP 조건에 사용한 등호(=) 연산자는 생략이 가능하므로 *=COUNTIF(C3:C13,"관리부")+COUNTIF(C3:C13,"영업부")&"명"* 으로 작성해도 된다.

여기서 잠깐 **COUNTIF 함수의 조건 결합 방법**

COUNTIF 함수의 조건에는 함수를 중첩할 수 없다. 즉 OR이나 AND를 사용할 수 없으므로 덧셈(+)과 뺄셈(-)을 이용해 조건을 결합한다. 예를 들어, 관리부 또는 영업부 사원의 수는 관리부 사원의 수와 영업부 사원의 수를 더해서 구할 수 있다.

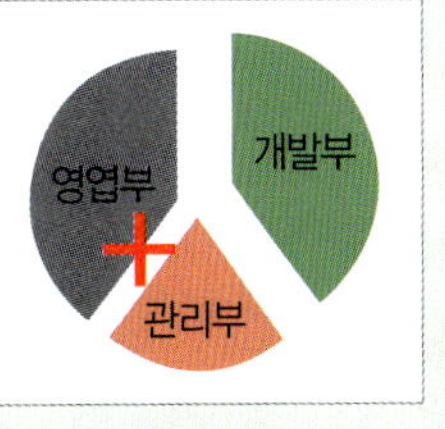

04 영어점수가 80에서 90점 사이인 사원 수를 구하기 위해 I7 셀에 *=COUNTIF(E3: E13, ">=80")-COUNTIF(E3:E13, ">90")&"명"* 수식을 입력한다.

I7 | =COUNTIF(E3:E13,">=80")-COUNTIF(E3:E13,">90")&"명"

	A	B	C	D	E	F	G	H	I
1	사원 교육 정보							집계표	
2	사번	이름	부서	자격증	영어점수	교육시수		자격증 취득 사원 수	5명
3	150214	서다은	개발부		75 점	12 시간		영어시험 미응시 사원 수	3명
4	141021	정승현	영업부	워드프로세서	79 점	15 시간		영어점수가 80 이상인 사원 수	4명
5	151301	김재훈	관리부			10 시간		기사 자격증을 취득한 사원 수	3명
6	160416	이주안	영업부		92 점	8 시간		관리부 또는 영업부 사원의 수	7명
7	134572	한지원	개발부	정보처리기사		5 시간		영어점수가 80에서 90 사이인 사원 수	2명
8	161451	김정아	개발부		73 점	10 시간		영업부에서 영어점수가 80 미만인 사원 수	
9	168451	이정희	관리부	전산회계	78 점	16 시간		자격증이 없는 사원의 교육시수 합계	
10	143145	이건표	영업부		82 점	8 시간		10시간 이상 교육받은 사원의 교육시수 합계	
11	154670	김수빈	영업부		95 점	14 시간		10시간 이상 교육받은 개발부 사원의 교육시수 합계	
12	124651	김회호	개발부	정보처리기사	90 점	12 시간		영업부 사원의 영어점수 평균	
13	117421	송기백	관리부	전기기사 1급		20 시간		영어점수가 평균 이상인 사원의 교육시수 평균	
14	전체 평균				83 점	12 시간		10시간 이상 교육받은 영업부 사원의 영어점수 평균	

TIP 80 이상 90 이하 범위는 AND 조건에 해당하는데 COUNTIF 함수의 조건식은 사용할 수 없다. 다음 그림과 같이 뺄셈(-)을 이용하여 빗금 영역을 구하면 영어점수가 80 이상 90 이하인 사원의 수를 구할 수 있다.

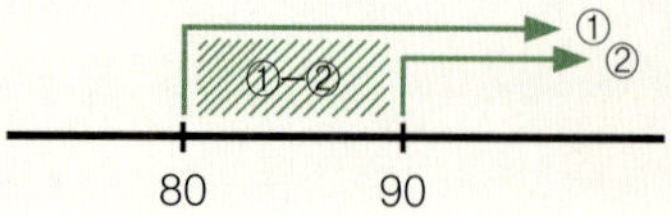

05 영업부에서 영어점수가 80 미만인 사원 수를 구하기 위해 I8 셀에 *=COUNTIFS(C3:C13,"영업부",E3:E13,"<80")&"명"* 수식을 입력한다.

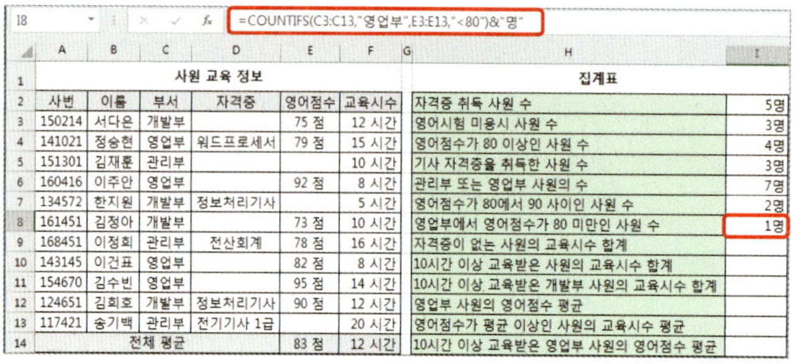

I8 =COUNTIFS(C3:C13,"영업부",E3:E13,"<80")&"명"

	A	B	C	D	E	F	G	H	I
1	사원 교육 정보							집계표	
2	사번	이름	부서	자격증	영어점수	교육시수		자격증 취득 사원 수	5명
3	150214	서다은	개발부		75 점	12 시간		영어시험 미응시 사원 수	3명
4	141021	정승현	영업부	워드프로세서	79 점	15 시간		영어점수가 80 이상인 사원 수	4명
5	151301	김재훈	관리부			10 시간		기사 자격증을 취득한 사원 수	3명
6	160416	이주안	영업부		92 점	8 시간		관리부 또는 영업부 사원의 수	7명
7	134572	한지원	개발부	정보처리기사		5 시간		영어점수가 80에서 90 사이인 사원 수	2명
8	161451	김정아	개발부		73 점	10 시간		영업부에서 영어점수가 80 미만인 사원 수	1명
9	168451	이정희	관리부	전산회계	78 점	16 시간		자격증이 없는 사원의 교육시수 합계	
10	143145	이건표	영업부		82 점	8 시간		10시간 이상 교육받은 사원의 교육시수 합계	
11	154670	김수빈	영업부		95 점	14 시간		10시간 이상 교육받은 개발부 사원의 교육시수 합계	
12	124651	김희호	개발부	정보처리기사	90 점	12 시간		영업부 사원의 영어점수 평균	
13	117421	송기백	관리부	전기기사 1급		20 시간		영어점수가 평균 이상인 사원의 교육시수 평균	
14	전체 평균				83 점	12 시간		10시간 이상 교육받은 영업부 사원의 영어점수 평균	

TIP 여러 조건을 모두 만족하는 경우(AND의 개념)의 개수를 구하려면 조건을 하나 이상 입력할 수 있는 COUNTIFS 함수를 사용한다. 단계 **04**의 뺄셈 수식 대신 *=COUNTIFS(E3:E13,">=80",E3:E13,"<=90")&"명"*을 입력해도 된다.

2.2 조건에 맞는 값의 합계를 구하는 함수

SUM 함수는 총점이나 교육시수의 합계같이 범위로 지정한 모든 셀 값의 합계를 구할 때 사용한다. 특정 조건에 맞는 셀 값만의 합계를 구하는 경우에는 SUMIF 함수나 SUMIFS 함수를 사용할 수 있다.

함수명과 인수	기능
SUMIF(range, criteria, sum_range)	주어진 조건에 따라 지정된 셀들의 합을 구한다.
SUMIFS(sum_range, criteria_range, criteria, …)	조건이 둘 이상일 때 지정되는 셀의 합을 구한다.

기본예제 6-11 조건에 맞는 값의 합계 계산하기

SUMIF 함수와 SUMIFS 함수를 사용하여 자격증이 없는 사원의 교육시수 합계, 10시간 이상 교육받은 사원의 교육시수 합계, 개발부 소속이면서 10시간 이상 교육받은 사원의 교육시수 합계를 계산해 보자.

01 '교육' 시트의 I9 셀에 *=SUMIF(D3:D13, "",F3:F13)&"시간"* 수식을 입력해 자격증이 없는 사원의 교육시수 합계를 구한다.

I9 =SUMIF(D3:D13,"",F3:F13)&"시간"

	A	B	C	D	E	F	G	H	I
1	사원 교육 정보							집계표	
2	사번	이름	부서	자격증	영어점수	교육시수		자격증 취득 사원 수	5명
3	150214	서다온	개발부		75 점	12 시간		영어시험 미응시 사원 수	3명
4	141021	정승현	영업부	워드프로세서	79 점	15 시간		영어점수가 80 이상인 사원 수	4명
5	151301	김재훈	관리부			10 시간		기사 자격증을 취득한 사원 수	3명
6	160416	이주안	영업부		92 점	8 시간		관리부 또는 영업부 사원의 수	7명
7	134572	한지원	개발부	정보처리기사		5 시간		영어점수가 80에서 90 사이인 사원 수	2명
8	161451	김정아	개발부		73 점	10 시간		영업부에서 영어점수가 80 미만인 사원 수	1명
9	168451	이정희	관리부	전산회계	78 점	16 시간		자격증이 없는 사원의 교육시수 합계	62시간
10	143145	이건표	영업부		82 점	8 시간		10시간 이상 교육받은 사원의 교육시수 합계	
11	154670	김수빈	영업부		95 점	14 시간		10시간 이상 교육받은 개발부 사원의 교육시수 합계	
12	124651	김희호	개발부	정보처리기사	90 점	12 시간		영업부 사원의 영어점수 평균	
13	117421	송기백	관리부	전기기사 1급		20 시간		영어점수가 평균 이상인 사원의 교육시수 평균	
14	전체 평균				83 점	12 시간		10시간 이상 교육받은 영업부 사원의 영어점수 평균	

TIP SUMIF 함수의 조건식(criteria)에는 IF 함수처럼 다른 함수를 중첩하여 사용할 수 없으므로 공백("") 문자를 이용하여 조건을 검사한다. 만약 자격증이 있는 사원의 교육시수 합계를 구한다면 *=SUMIF(D3:D13,"<>"&"",F3:F13)&"시간"* 수식을 사용하면 된다.

02 10시간 이상 교육받은 사원의 교육시수 합계를 구하기 위해 I10 셀에 *=SUMIF(F3:F13, ">=10")&"시간"* 수식을 입력한다.

I10 =SUMIF(F3:F13,">=10")&"시간"

	A	B	C	D	E	F	G	H	I
1	사원 교육 정보							집계표	
2	사번	이름	부서	자격증	영어점수	교육시수		자격증 취득 사원 수	5명
3	150214	서다온	개발부		75 점	12 시간		영어시험 미응시 사원 수	3명
4	141021	정승현	영업부	워드프로세서	79 점	15 시간		영어점수가 80 이상인 사원 수	4명
5	151301	김재훈	관리부			10 시간		기사 자격증을 취득한 사원 수	3명
6	160416	이주안	영업부		92 점	8 시간		관리부 또는 영업부 사원의 수	7명
7	134572	한지원	개발부	정보처리기사		5 시간		영어점수가 80에서 90 사이인 사원 수	2명
8	161451	김정아	개발부		73 점	10 시간		영업부에서 영어점수가 80 미만인 사원 수	1명
9	168451	이정희	관리부	전산회계	78 점	16 시간		자격증이 없는 사원의 교육시수 합계	62시간
10	143145	이건표	영업부		82 점	8 시간		10시간 이상 교육받은 사원의 교육시수 합계	109시간
11	154670	김수빈	영업부		95 점	14 시간		10시간 이상 교육받은 개발부 사원의 교육시수 합계	
12	124651	김희호	개발부	정보처리기사	90 점	12 시간		영업부 사원의 영어점수 평균	
13	117421	송기백	관리부	전기기사 1급		20 시간		영어점수가 평균 이상인 사원의 교육시수 평균	
14	전체 평균				83 점	12 시간		10시간 이상 교육받은 영업부 사원의 영어점수 평균	

TIP SUMIF 함수에서 조건의 범위를 나타내는 첫 번째 인수 range와 합계를 계산할 범위를 나타내는 세 번째 인수 sum_range가 동일한 경우에는 세 번째 인수인 sum_range를 생략할 수 있다.

03 10시간 이상 교육받은 개발부 사원의 교육시수 합계를 구하기 위해 I11 셀에 *=SUMIFS(F3:F13, F3:F13,">=10",C3:C13,"개발부")&"시간"* 수식을 입력한다.

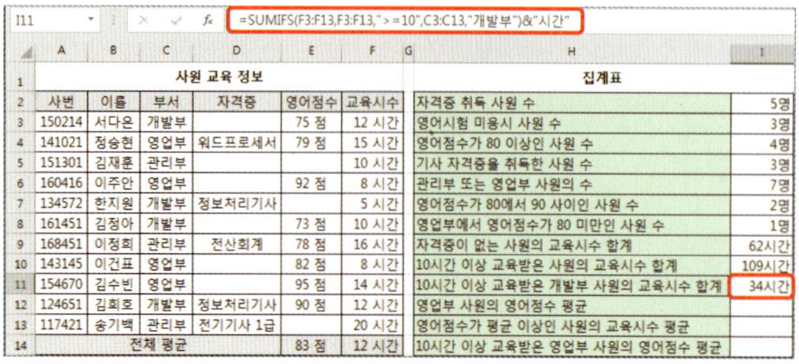
I11 =SUMIFS(F3:F13,F3:F13,">=10",C3:C13,"개발부")&"시간"

	A	B	C	D	E	F
1	사원 교육 정보					
2	사번	이름	부서	자격증	영어점수	교육시수
3	150214	서다은	개발부		75 점	12 시간
4	141021	정승현	영업부	워드프로세서	79 점	15 시간
5	151301	김재훈	관리부			10 시간
6	160416	이주안	영업부		92 점	8 시간
7	134572	한지원	개발부	정보처리기사		5 시간
8	161451	김정아	개발부		73 점	10 시간
9	168451	이정희	관리부	전산회계	78 점	16 시간
10	143145	이건표	영업부		82 점	8 시간
11	154670	김수빈	영업부		95 점	14 시간
12	124651	김희호	개발부	정보처리기사	90 점	12 시간
13	117421	송기백	관리부	전기기사 1급		20 시간
14	전체 평균				83 점	12 시간

	H	I
1	집계표	
2	자격증 취득 사원 수	5명
3	영어시험 미응시 사원 수	3명
4	영어점수가 80 이상인 사원 수	4명
5	기사 자격증을 취득한 사원 수	3명
6	관리부 또는 영업부 사원의 수	7명
7	영어점수가 80에서 90 사이인 사원 수	2명
8	영업부에서 영어점수가 80 미만인 사원 수	1명
9	자격증이 없는 사원의 교육시수 합계	62시간
10	10시간 이상 교육받은 사원의 교육시수 합계	109시간
11	10시간 이상 교육받은 개발부 사원의 교육시수 합계	34시간
12	영업부 사원의 영어점수 평균	
13	영어점수가 평균 이상인 사원의 교육시수 평균	
14	10시간 이상 교육받은 영업부 사원의 영어점수 평균	

TIP 두 가지 이상의 조건을 모두 만족하는 경우의 합계는 SUMIFS 함수로 구할 수 있다. 이때, 합계를 구할 값의 범위를 첫 번째 인수로 지정해야 한다.

2.3 조건에 맞는 값의 평균을 구하는 함수

특정 조건에 부합하는 셀 값의 합계를 구하는 SUMIF 함수나 SUMIFS 함수처럼 특정 조건에 맞는 값의 평균을 구할 때 사용할 수 있는 함수에는 AVERAGEIF 함수와 AVERAGEIFS 함수가 있다.

함수명과 인수	기능
AVERAGEIF(range, criteria, average_range)	주어진 조건에 따라 지정되는 셀의 평균을 구한다.
AVERAGEIFS(average_range, criteria_range, criteria, …)	조건이 둘 이상일 때 지정되는 셀의 평균을 구한다.

기본예제 6-12 조건에 맞는 값의 평균 계산하기

AVERAGEIF 함수와 AVERAGEIFS 함수를 사용하여 영업부 사원의 영어점수 평균, 평균 이상의 영어점수를 받은 사원의 교육시수 평균, 10시간 이상 교육받은 영업부 사원의 영어점수 평균을 계산해 보자.

01 영업부 사원의 영어점수 평균을 구하기 위해 I12 셀에 *=AVERAGEIF(C3:C13, "영업부",E3:E13) &"점"* 수식을 입력한다.

I12 | =AVERAGEIF(C3:C13,"영업부",E3:E13)&"점"

	A	B	C	D	E	F	G	H	I
1	사원 교육 정보							집계표	
2	사번	이름	부서	자격증	영어점수	교육시수		자격증 취득 사원 수	5명
3	150214	서다은	개발부		75 점	12 시간		영어시험 미응시 사원 수	3명
4	141021	정승현	영업부	워드프로세서	79 점	15 시간		영어점수가 80 이상인 사원 수	4명
5	151301	김재훈	관리부			10 시간		기사 자격증을 취득한 사원 수	3명
6	160416	이주안	영업부		92 점	8 시간		관리부 또는 영업부 사원의 수	7명
7	134572	한지원	개발부	정보처리기사		5 시간		영어점수가 80에서 90 사이인 사원 수	2명
8	161451	김정아	개발부		73 점	10 시간		영업부에서 영어점수가 80 미만인 사원 수	1명
9	168451	이정희	관리부	전산회계	78 점	16 시간		자격증이 없는 사원의 교육시수 합계	62시간
10	143145	이건표	영업부		82 점	8 시간		10시간 이상 교육받은 사원의 교육시수 합계	109시간
11	154670	김수빈	영업부		95 점	14 시간		10시간 이상 교육받은 개발부 사원의 교육시수 합계	34시간
12	124651	김희호	개발부	정보처리기사	90 점	12 시간		영업부 사원의 영어점수 평균	87점
13	117421	송기백	관리부	전기기사 1급		20 시간		영어점수가 평균 이상인 사원의 교육시수 평균	
14	전체 평균				83 점	12 시간		10시간 이상 교육받은 영업부 사원의 영어점수 평균	

TIP AVERAGEIF 함수의 세 번째 인수인 average_range에는 평균을 구할 값의 범위를 지정하면 된다.

02 영어점수가 평균 이상인 사원의 교육시수 평균을 구하기 위해 I13 셀에 *=ROUND(AVERAGEIF (E3:E13, ">="&E14,F3:F13),1)&"시간"* 수식을 입력한다. 계산 값을 소수 첫째 자리까지 반올림하여 표시하기 위해 ROUND 함수를 이용한다.

I13 | =ROUND(AVERAGEIF(E3:E13,">="&E14,F3:F13),1)&"시간"

	A	B	C	D	E	F	G	H	I
1	사원 교육 정보							집계표	
2	사번	이름	부서	자격증	영어점수	교육시수		자격증 취득 사원 수	5명
3	150214	서다은	개발부		75 점	12 시간		영어시험 미응시 사원 수	3명
4	141021	정승현	영업부	워드프로세서	79 점	15 시간		영어점수가 80 이상인 사원 수	4명
5	151301	김재훈	관리부			10 시간		기사 자격증을 취득한 사원 수	3명
6	160416	이주안	영업부		92 점	8 시간		관리부 또는 영업부 사원의 수	7명
7	134572	한지원	개발부	정보처리기사		5 시간		영어점수가 80에서 90 사이인 사원 수	2명
8	161451	김정아	개발부		73 점	10 시간		영업부에서 영어점수가 80 미만인 사원 수	1명
9	168451	이정희	관리부	전산회계	78 점	16 시간		자격증이 없는 사원의 교육시수 합계	62시간
10	143145	이건표	영업부		82 점	8 시간		10시간 이상 교육받은 사원의 교육시수 합계	109시간
11	154670	김수빈	영업부		95 점	14 시간		10시간 이상 교육받은 개발부 사원의 교육시수 합계	34시간
12	124651	김희호	개발부	정보처리기사	90 점	12 시간		영업부 사원의 영어점수 평균	87점
13	117421	송기백	관리부	전기기사 1급		20 시간		영어점수가 평균 이상인 사원의 교육시수 평균	11.3시간
14	전체 평균				83 점	12 시간		10시간 이상 교육받은 영업부 사원의 영어점수 평균	

TIP AVERAGEIF 함수뿐 아니라 COUNTIF 함수나 SUMIF 함수의 criteria 인수에 값 대신 셀 참조를 사용할 때는 *"연산자"&셀 주소* 형식으로 입력한다. 가령, E14 셀의 영어점수 평균이 83점인 경우 *">=83" 대신 ">="&E14*로 입력하면 평균이 바뀌더라도 수식을 다시 작성하지 않아도 된다.

03 10시간 이상 교육받은 영업부 사원의 영어점수 평균을 구하기 위해 I14 셀에 *=AVERAGEIFS(E3:E13,F3:F13,">=10",C3:C13,"영업부")&"점"* 수식을 입력한다.

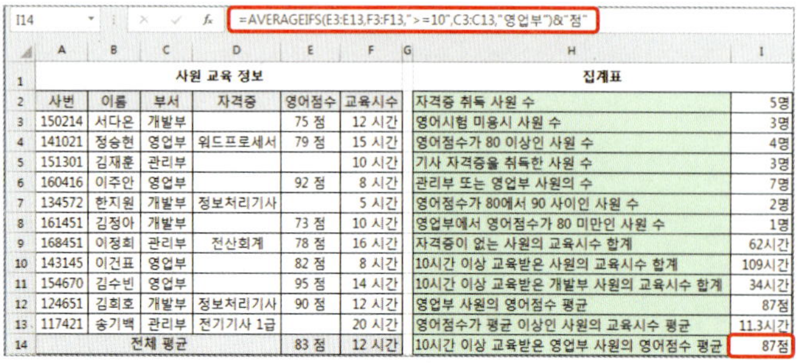

I14 =AVERAGEIFS(E3:E13,F3:F13,">=10",C3:C13,"영업부")&"점"

사원 교육 정보

사번	이름	부서	자격증	영어점수	교육시수
150214	서다온	개발부		75 점	12 시간
141021	정승현	영업부	워드프로세서	79 점	15 시간
151301	김재훈	관리부			10 시간
160416	이주안	영업부		92 점	8 시간
134572	한지원	개발부	정보처리기사		5 시간
161451	김정아	개발부		73 점	10 시간
168451	이정희	관리부	전산회계	78 점	16 시간
143145	이건표	영업부		82 점	8 시간
154670	김수빈	영업부		95 점	14 시간
124651	김희호	개발부	정보처리기사	90 점	12 시간
117421	송기백	관리부	전기기사 1급		20 시간
전체 평균				83 점	12 시간

집계표

자격증 취득 사원 수	5명
영어시험 미응시 사원 수	3명
영어점수가 80 이상인 사원 수	4명
기사 자격증을 취득한 사원 수	3명
관리부 또는 영업부 사원의 수	7명
영어점수가 80에서 90 사이인 사원 수	2명
영업부에서 영어점수가 80 미만인 사원 수	1명
자격증이 없는 사원의 교육시수 합계	62시간
10시간 이상 교육받은 사원의 교육시수 합계	109시간
10시간 이상 교육받은 개발부 사원의 교육시수 합계	34시간
영업부 사원의 영어점수 평균	87점
영어점수가 평균 이상인 사원의 교육시수 평균	11.3시간
10시간 이상 교육받은 영업부 사원의 영어점수 평균	87점

TIP 10시간 이상 교육받은 영업부 사원은 교육 시수와 부서 조건을 모두 만족해야 하므로 AVERAGEIFS 함수를 사용하여 평균을 구한다. 이때, 평균을 구할 값의 범위를 첫 번째 인수로 지정한다.

종합예제

지금까지 학습한 논리 함수와 조건에 맞는 값을 구하기 위한 통계 함수를 활용하여 사원별 판매 현황 자료를 만들어 보자.

1 워크시트에 필요한 내용을 모두 입력하고 시트 이름을 '1분기'로 변경한다.

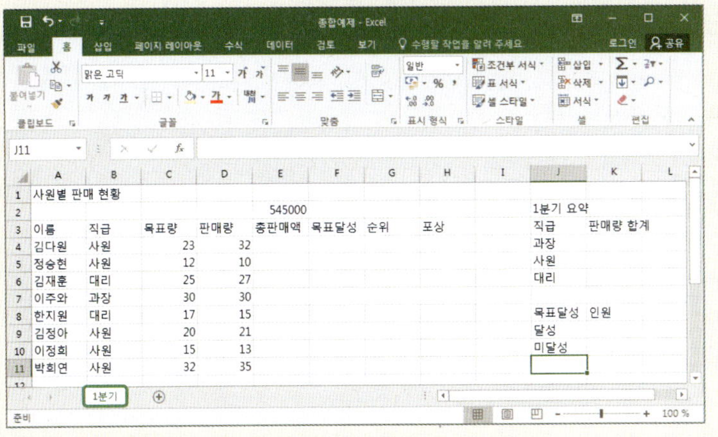

2 A1:H1 범위에 [병합하고 가운데 맞춤]을 적용하고 글꼴은 [굵게], 행 높이는 [24]로 설정한다.

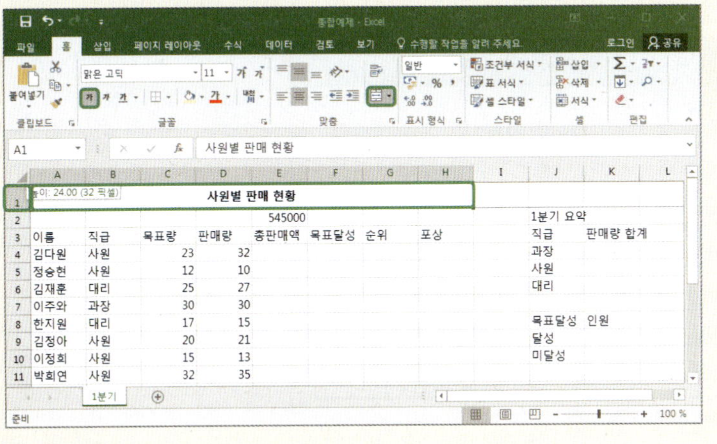

3 예제 화면과 같이 셀 테두리를 그리고 열 너비를 적절히 조정한다. 필드 제목인 A3:H3 범위의 채우기 색을 [황금색, 강조 4, 80% 더 밝게]로 설정하고 A3:H11 범위에 [홈] 탭–[맞춤] 그룹에서 [가운데 맞춤]을 설정한다.

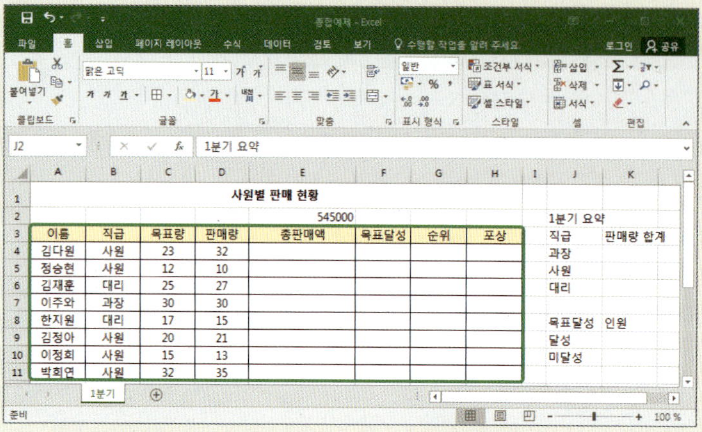

4 J2:K2 범위에 [병합하고 가운데 맞춤]을 적용하고 글꼴을 [굵게]로 설정한다. 요약할 항목에 예제 화면과 같이 셀 테두리, 채우기 색, 가운데 맞춤을 설정한다.

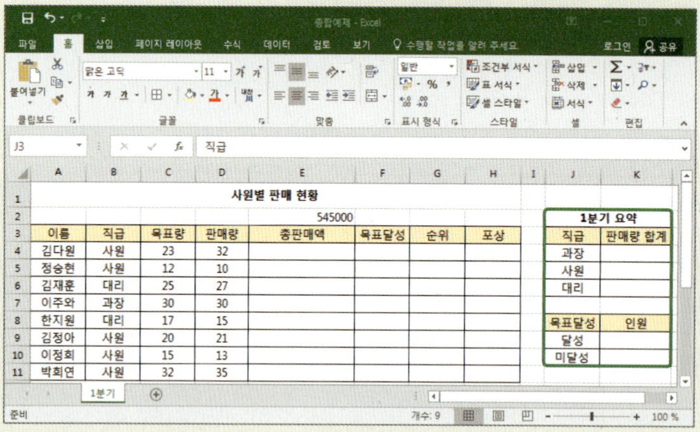

TIP 채우기 색은 [황금색, 강조 4, 80% 더 밝게]로 설정한다.

5 '총판매액'은 E2 셀에 입력되어 있는 물품단가에 '판매량'을 곱해 구한다. E4 셀에 *=PRODUCT($E$2,D4)* 수식을 입력하고 채우기 핸들을 더블클릭한다.

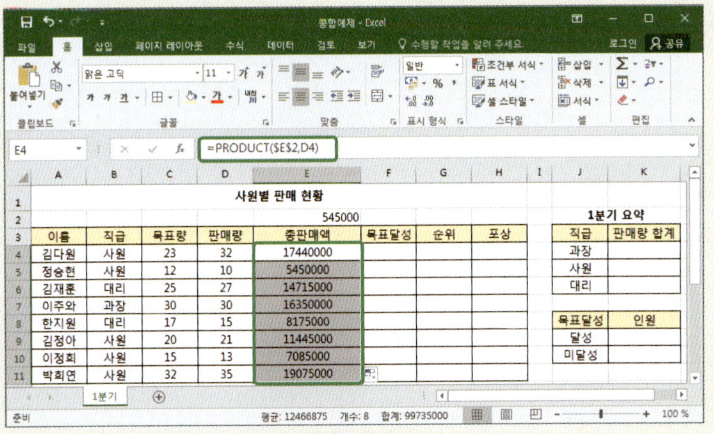

TIP PRODUCT 함수는 인수의 곱을 구하는 함수이므로 수식을 *=$E$2*D4*로 입력해도 된다. 물품단가가 있는 E2 셀은 식을 복사할 때 바뀌지 않도록 F4를 사용하여 절대 참조 형식으로 입력한다.

6 E2 셀과 E4:E11 범위에 [홈] 탭–[맞춤] 그룹–[오른쪽 맞춤]을 적용하고 다음과 같이 사용자 지정 표시 형식을 설정한다.

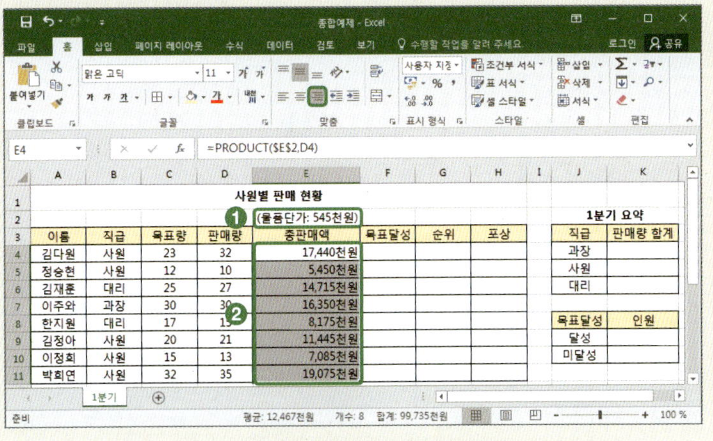

❶ E2 셀의 사용자 지정 표시 형식을 *"물품단가: "#,##0,"천원")"*으로 설정한다.

❷ E4:E11 범위의 사용자 지정 표시 형식을 *#,##0,"천원"*으로 설정한다.

7 판매량이 목표량 이상이면 '달성', 그렇지 않으면 '미달성'이 표시되도록 하기 위해 F4 셀에 *=IF(D4>=C4,"달성","미달성")* 수식을 입력하고 채우기 핸들을 더블클릭한다.

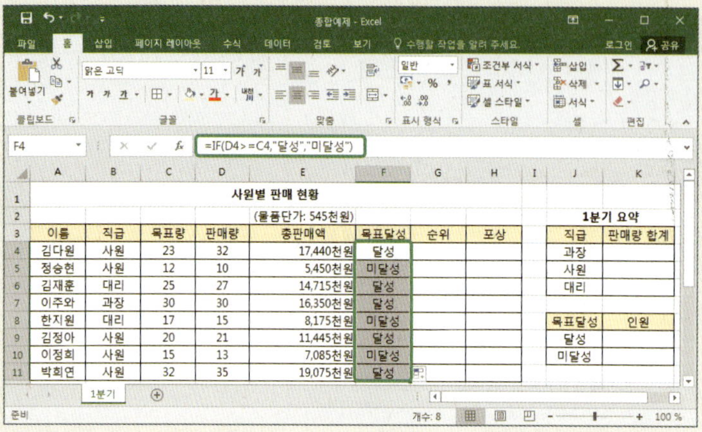

8 '순위'는 '총판매액'을 기준으로 내림차순하여 구한다. G4 셀에 *=RANK.EQ(E4,$E$4:$E$11,0)* 수식을 입력하고 채우기 핸들을 더블클릭한다.

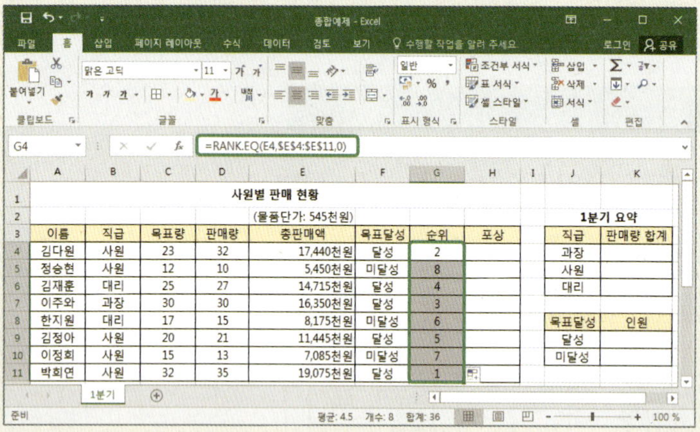

9 '판매량'이 30 이상이고 '목표달성'이 '달성'이면 '포상'에 '★'이 표시되도록 하기 위해 H4 셀에 *=IF(AND(D4>=30,F4="달성"),"★","")* 수식을 입력하고 채우기 핸들을 더블클릭한다.

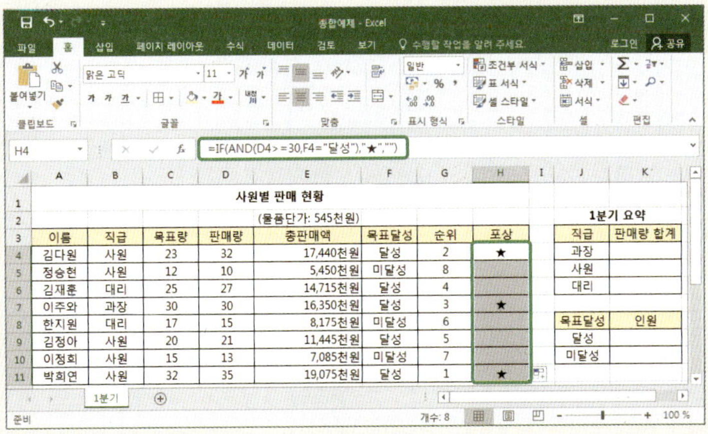

TIP 수식에 기호를 사용할 때는 한글 자음과 [한자]를 이용하는데 '★' 기호는 한글 자음 *ㅁ*을 입력하고 [한자]를 누르면 선택할 수 있다.

10 1분기 요약 정보 중 직급별 판매량 합계를 구하기 위해 K4 셀에 *=SUMIF($B$4:$B$11,J4,$D$4:$D$11)* 수식을 입력하고 채우기 핸들을 더블클릭한다.

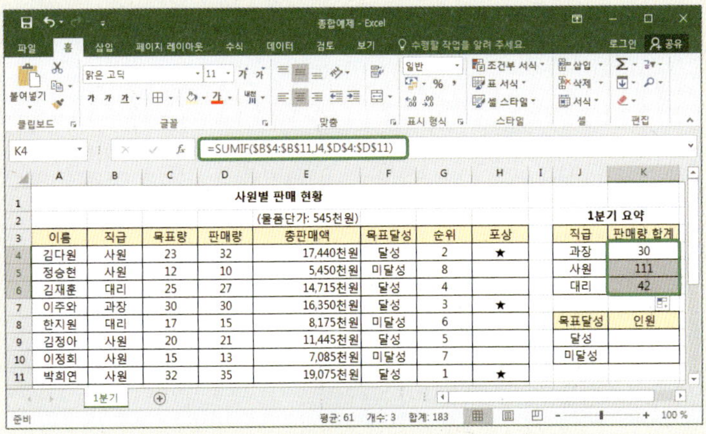

TIP SUMIF 함수의 인수를 절대 참조 형식으로 설정하면 수식을 복사할 때 조건 범위와 합계 범위가 바뀌지 않는다. 그리고 두 번째 인수로 조건식을 *"="&J4*로 적어도 되지만 등호(=)는 생략할 수 있으므로 *J4*만 입력해도 된다.

11 목표달성 인원과 미달성 인원을 구하기 위해 K9 셀에 *=COUNTIF($F$4:$F$11,J9)* 수식을 입력하고 채우기 핸들을 더블클릭한다.

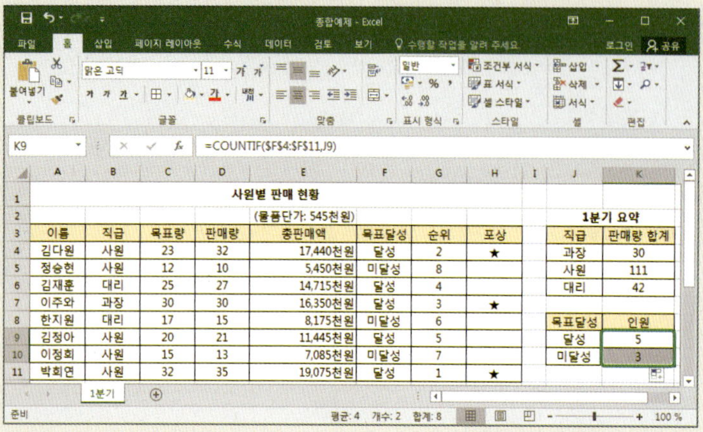

연습 문제

1 '연습.xlsx'의 '연습1' 시트를 열고 1학기 성적표를 다음과 같이 작성하시오.

❶ '총인원'은 COUNT 함수를 사용하여 구하고 사용자 지정 표시 형식을 설정하시오. K2 셀의 이름은 '총인원'으로 정의하시오.

❷ IF 함수와 MID 함수를 사용하여 '학번'의 세 번째 자리 값으로 '학과'를 구분해서 표시하시오.
- '1'은 '행정', '2'는 '경영', '3'은 '경제'로 표시한다.

❸ SUM 함수를 사용하여 총점을 구하시오.
- '총점=중간+기말+과제+출석'으로 구한다.

❹ IF 함수와 OR 함수를 사용하여 중간 또는 기말 점수가 15 미만이면 '신청가능', 아니면 공백("")을 '계절학기'에 표시하시오.

❺ '순위'는 RANK.EQ 함수를 사용하여 '총점'을 기준으로 내림차순하여 구하시오.

❻ '등급'은 IF 함수를 사용하여 순위가 총인원수의 30% 이하이면 'A', 60% 이하이면 'B', 그 외는 'C'로 표시하시오.
- 수식에는 K2 셀의 이름인 '총인원'을 사용한다.

❼ COUNTIF 함수를 사용하여 '학과별 인원'을 모두 구하시오.

❽ '학과별 평균'은 '총점' 데이터에 AVERAGEIF 함수를 사용하여 구하시오.

❾ 셀 병합, 셀 테두리와 색 채우기, 글꼴과 맞춤은 예제 화면과 같이 설정하시오.
- 색상과 글꼴 크기는 임의로 선택한다.

1학기 성적표

									총인원	16명
학번	이름	학과	중간	기말	과제	출석	총점	계절학기	순위	등급
152214	강소희	경영	30	10	20	8	68	신청가능	13	C
141021	김민욱	행정	30	25	10	8	73		10	C
151301	나문영	행정	30	30	15	10	85		5	B
162416	문영희	경영	23	26	20	10	79		9	B
133572	박수지	경제	28	14	10	8	60	신청가능	16	C
161451	박철국	행정	25	30	17	9	81		7	B
162451	송은희	경영	30	30	10	10	80		8	B
143145	은지우	경제	27	40	20	5	92		4	A
152670	이수진	경영	30	24	19	10	83		6	B
123651	임재진	경제	25	20	14	9	68		13	C
161871	전회주	행정	25	40	20	10	95		1	A
142575	정지연	경영	26	20	16	10	72		11	C
141857	최성수	행정	23	45	15	10	93		3	A
133596	최수명	경제	22	30	10	9	71		12	C
161891	홍경화	행정	10	40	10	8	68	신청가능	13	C
152672	황세경	경영	30	40	18	7	95		1	A

학과별 인원	
행정	6
경영	6
경제	4

학과별 평균	
행정	82.5
경영	79.5
경제	72.8

연습1 | 연습2

2 '연습.xlsx'의 '연습2' 시트를 열고 다음 조건에 맞는 물품 배송 목록을 작성하시오.

❶ J2 셀에 사용자 지정 표시 형식을 설정하고 '환율'로 이름을 정의하시오.

❷ C4:C13 범위의 표시 형식을 '통화'로 설정하시오.

❸ PRODUCT 함수를 사용하여 '총금액(달러)'을 구하고 표시 형식을 '통화'로 설정하시오.

❹ '환율' 이름을 수식에 사용하여 '주문금액'을 구하고 사용자 지정 표시 형식을 설정하시오.
- '주문금액=총금액(달러)*환율'로 구한다.

❺ '주문일', '시작일', '종료일'이 '월-일(요일)'로 표시되도록 사용자 지정 표시 형식을 설정하시오.

❻ '배송여부'는 IF 함수와 AND 함수를 사용하여 '시작일'과 '종료일'이 모두 있는 경우(값이 0보다 큰지 검사)에는 '완료', 그 외는 '미완료'로 표시하시오.

❼ IF 함수와 DATEDIF 함수를 사용하여 '배송여부'가 '완료'인 경우에는 '배송기간'을 일 단위로 계산하여 표시하고 그렇지 않은 경우에는 공백("")으로 표시하시오. 사용자 지정 표시 형식을 설정하여 숫자 뒤에 '일'을 표시하시오.

❽ 셀 병합, 셀 테두리와 색 채우기, 글꼴과 맞춤은 예제 화면과 같이 설정하시오.

	A	B	C	D	E	F	G	H	I	J
1	물품 배송 목록									
2									환율	1,150(원/달러)
3	번호	수량	단가(달러)	총금액(달러)	주문금액	주문일	시작일	종료일	배송여부	배송기간
4	13042	35	$15.00	$525.00	총 603,750원	01-20(금)	01-23(월)	01-26(목)	완료	3 일
5	13051	23	$20.00	$460.00	총 529,000원	01-21(토)	01-23(월)	01-26(목)	완료	3 일
6	13052	15	$25.50	$382.50	총 439,875원	01-23(월)	01-23(월)		미완료	
7	13072	30	$12.00	$360.00	총 414,000원	01-23(월)	01-24(화)	01-27(금)	완료	3 일
8	13090	10	$25.50	$255.00	총 293,250원	01-24(화)	01-24(화)		미완료	
9	14075	50	$9.80	$490.00	총 563,500원	01-24(화)	01-25(수)	01-28(토)	완료	3 일
10	15081	35	$25.50	$892.50	총 1,026,375원	01-24(화)			미완료	
11	15091	24	$12.00	$288.00	총 331,200원	01-25(수)	01-26(목)		미완료	
12	16112	23	$12.50	$287.50	총 330,625원	01-25(수)			미완료	
13	16120	25	$15.00	$375.00	총 431,250원	01-26(목)	01-26(목)		미완료	
14										

연습1 | 연습2

CHAPTER

07

실무 함수

학습목표

- 찾기 및 참조 함수를 사용하여 원하는 값을 찾을 수 있다.
- 재무 계산에 필요한 함수를 활용할 수 있다.

SECTION 01 찾기 및 참조 함수 사용하기

함수 라이브러리 중 '찾기/참조 영역' 범주에는 특정 값이나 위치를 기준으로 주어진 범위에서 원하는 값을 찾는 함수들이 있다. 이 함수들을 이용하면 원하는 행/열 번호를 가져오거나 상품 세부 목록을 코드로 검색하여 해당 상품의 품명이나 무게 등을 일일이 입력하지 않아도 원하는 셀에 자동으로 채워 넣을 수 있다. 찾기/참조 영역 함수 중 유용한 몇 가지 함수의 사용법을 알아본다.

1.1 행 번호와 열 번호를 구하는 함수

많은 데이터를 나열할 때는 일련번호로 순서를 정하는 경우가 많은데, 이때 채우기 핸들을 이용하면 번호를 손쉽게 입력할 수 있다. 하지만 이렇게 채운 번호 중 일부가 중간에 삭제되면 번호 순서의 연속성이 지켜지지 않게 된다.

▲ 연속 데이터 채우기

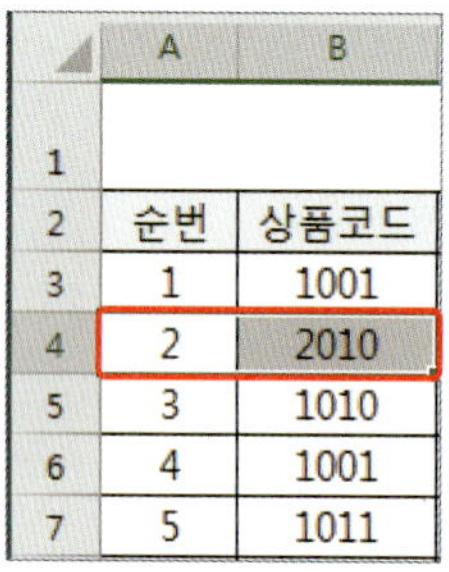

▲ 순번 2를 삭제

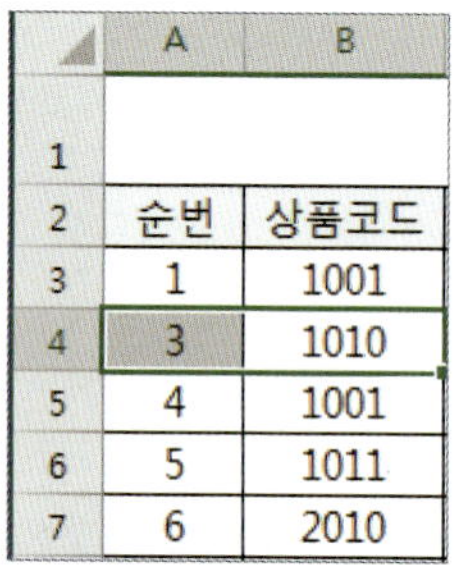

▲ 비연속적인 순번

이런 경우 ROW 함수를 사용하여 순번을 계산하면 행이 삭제되어도 순번이 다시 연속적으로 채워진다.

함수명과 인수	기능
ROW([reference])	주어진 셀의 행 번호를 구한다. 인수 reference는 하나의 셀 주소를 사용하거나 생략할 수 있다.
COLUMN([reference])	주어진 셀의 열 번호를 구한다. 예를 들어 *=COLUMN(D10)* 수식은 4를 반환한다.

기본예제 7-1 행 번호를 이용하여 순번 계산하기

일련번호 형식으로 순번을 만들 때 연속 데이터 채우기를 하는 대신 ROW 함수로 행 번호를 가져와 계산해 보자.

01 '실습.xlsx' 파일을 열고 '배송' 시트를 선택한다.

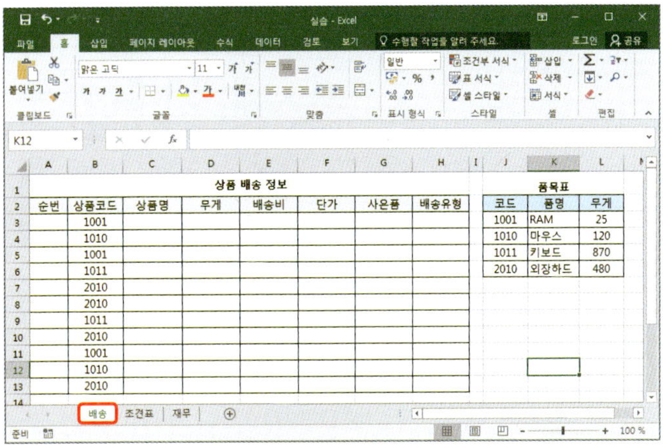

02 A3 셀에 *=ROW( )-2* 수식을 입력한다.

TIP ROW 함수에서 인수 reference를 생략하면 수식이 입력된 현재 셀을 참조한다. 이는 *=ROW(A3)-2* 수식과 같다.

03 A3 셀의 채우기 핸들을 더블클릭하여 수식을 자동 채우기한다.

04 A8:H8 범위를 선택하고 마우스 오른쪽 단추를 눌러 [삭제]를 선택한다.

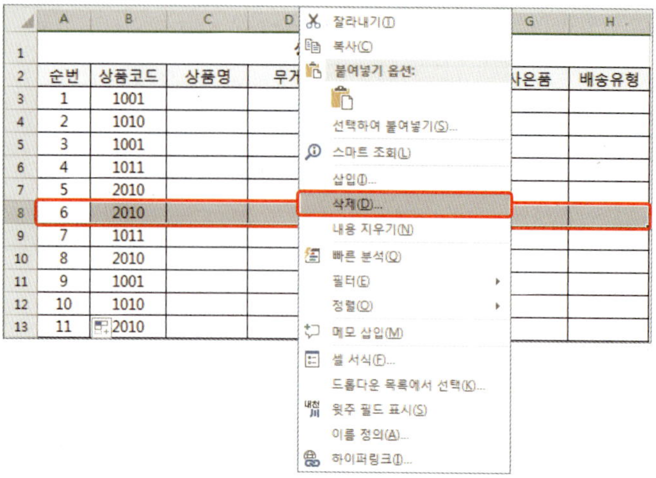

05 [삭제] 대화상자에서 [셀을 위로 밀기]를 선택하고 [확인]을 누른다.

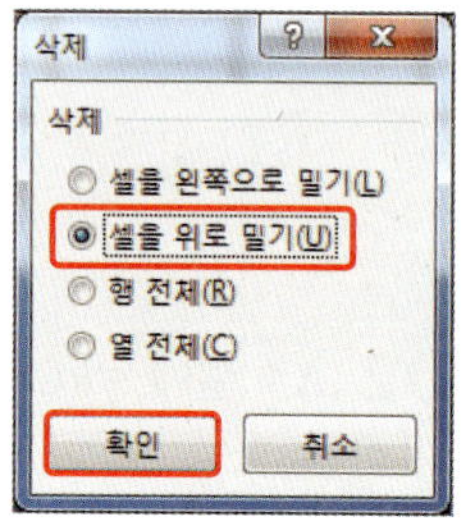

06 행을 삭제해도 ROW 함수를 사용하여 계산한 순번은 연속적인 값을 유지한다.

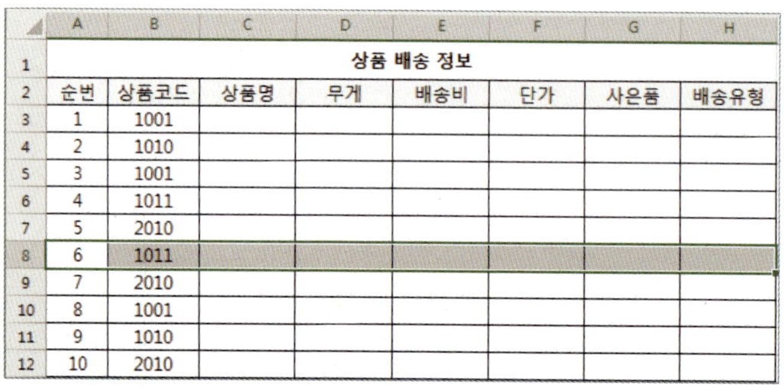

1.2 열을 기준으로 찾는 함수

일반적으로 정보를 관리할 때는 관리할 대상의 이름과 함께 번호나 코드를 사용하여 구분한다. 학번, 상품코드, 품번 등을 예로 들 수 있다. 학번을 기준으로 이름, 학과, 연락처 등의 학생 정보를 관리하거나 상품코드별로 품명, 단가, 무게 등의 상품정보를 관리할 수 있고 학번이나 상품코드를 이용해 다른 세부 정보를 찾을 수도 있다. 매일 혹은 매월 주문되는 상품 정보를 입력해야 하는 경우, 상품코드를 입력하면 상품명이나 단가 등이 자동으로 채워지도록 하려면 VLOOKUP 함수를 사용한다.

함수명과 인수	기능
VLOOKUP(lookup_value, table_array, col_index, range_lookup)	주어진 범위의 첫 열을 검색하여 원하는 항목을 찾아 반환한다.

기본예제 7-2 기준 값으로 열에 있는 정보 찾기

VLOOKUP 함수를 사용하여 상품코드를 기준으로 품목표에서 상품명과 무게를 찾아 셀에 표시해 보자.

01 '배송' 시트에서 C3 셀을 선택하고, [수식] 탭-[함수 라이브러리] 그룹-[찾기/참조 영역] 목록에서 [VLOOKUP]을 선택한다.

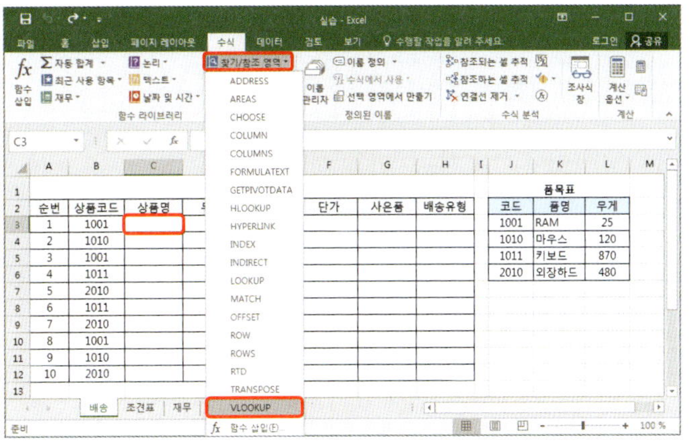

02 [함수 인수] 대화상자의 [Lookup_value] 입력란에 *B3*을 입력한다.

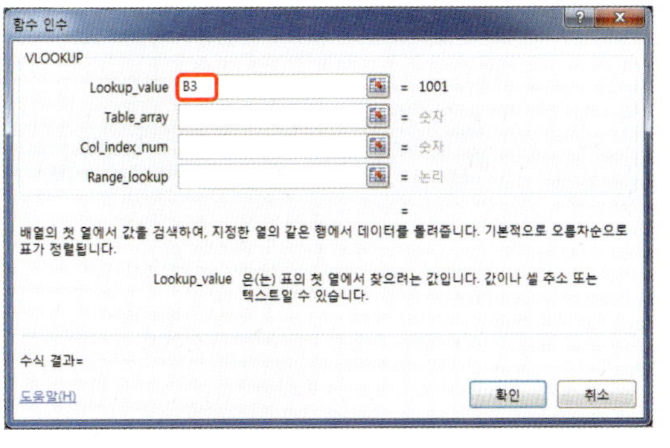

TIP Lookup_value 인수에는 상품명을 찾기 위해 사용할 하나의 기준(키) 값, 즉 상품코드를 입력한다.

03 [Table_array] 입력란에는 워크시트에서 J3:L6 범위를 드래그하여 입력하고, 다른 셀로 수식을 복사할 때 범위가 변경되지 않도록 F4를 눌러 절대 참조 형식으로 바꾼다.

TIP 대화상자에 데이터 영역이 가려져 범위를 선택하기 불편하다면 입력란 오른쪽의 [대화상자 축소] 단추를 이용한다.

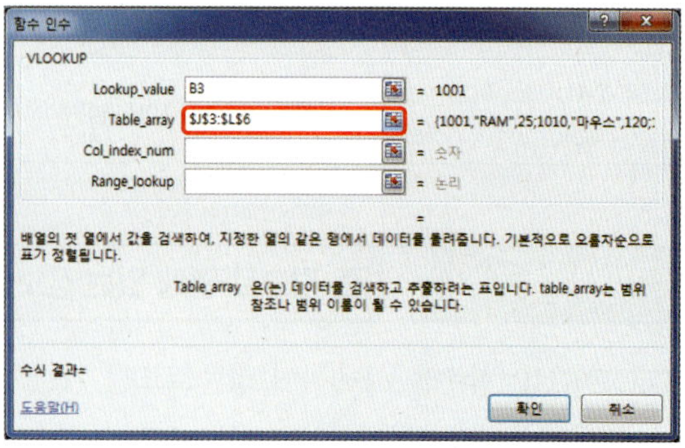

TIP Table_array는 상품코드를 검색하고 상품명 값을 가져올 품목표의 범위(배열)이다. 이때 검색 기준인 상품코드 값이 수직(vertical) 방향으로 첫 번째 열에 있어야 한다.

코드	품명	무게
1001	RAM	25
1010	마우스	120
1011	키보드	870
2010	외장하드	480

(Table_array 범위)

첫 번째 열이 검색 기준

04 [Col_index_num] 입력란에는 *2*를 입력한다.

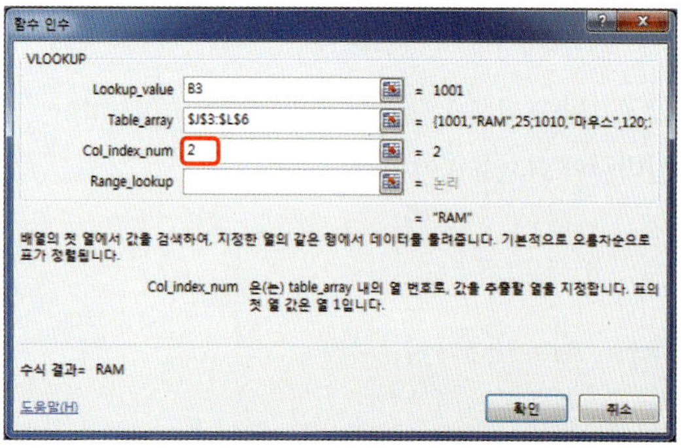

TIP 단계 **03**에서 지정한 범위(J3:L6) 내에서 추출할 값(상품명)이 위치한 열 번호가 Col_index_num 인수가 된다. J, K, L 열은 각각 열 번호 1, 2, 3이 된다.

J	K	L
	품목표	
코드	품명	무게
1001	RAM	25
1010	마우스	120
1011	키보드	870
2010	외장하드	480
1	2	3

(Table_array 범위)

(Col_index_num 값)

05 [Range_lookup] 입력란에 *FALSE*를 입력하고 [확인]을 누른다.

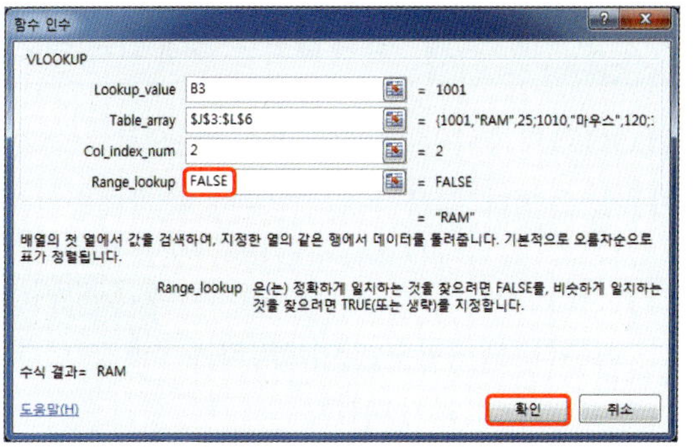

TIP Range_lookup 인수에는 찾는 기준이 범위인지(비슷하게 일치), 아닌지(정확하게 일치)를 지정한다. 범위를 기준으로 찾을 때는 생략해도 된다.

06 C3 셀의 채우기 핸들을 더블클릭하여 수식을 복사하면 모든 상품명이 표시된다.

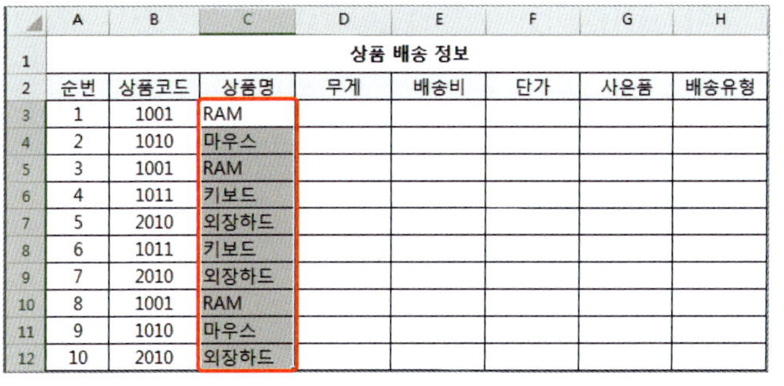

07 같은 방법으로 품목표에서 코드를 찾아 무게를 표시한다.

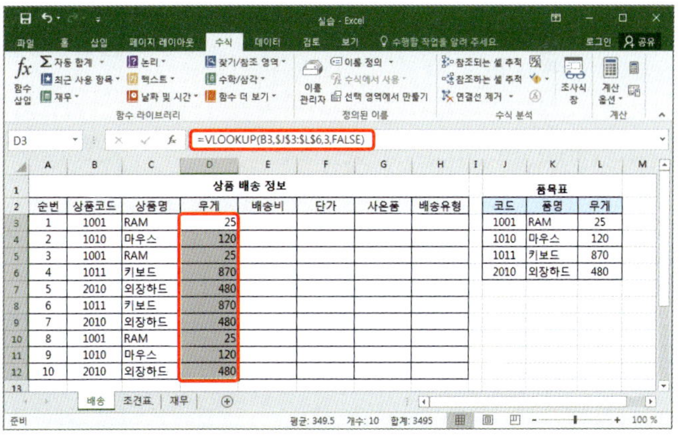

TIP D3 셀에 *=VLOOKUP(B3,$J$3:$L$6,3,FALSE)* 수식을 입력하고, 수식을 다른 셀로 복사하면 된다.

기본예제 7-3 범위 값으로 열에 있는 정보 찾기

VLOOKUP 함수는 정확한 값을 기준으로 검색할 때도 사용하지만 범위를 기준으로 값을 검색할 때도 사용할 수 있다. 상품 무게의 범위에 따라 배송비를 '조견표' 시트에서 찾아 셀에 표시해 보자.

01 '배송' 시트에서 E3 셀을 선택하고 [수식] 탭–[함수 라이브러리] 그룹–[찾기/참조 영역] 목록에서 [VLOOKUP]을 선택한다.

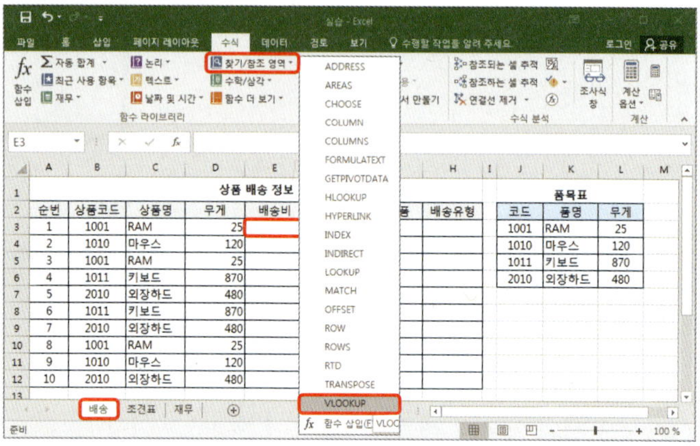

02 [함수 인수] 대화상자의 [Look_value] 입력란에 *D3*을 입력한다.

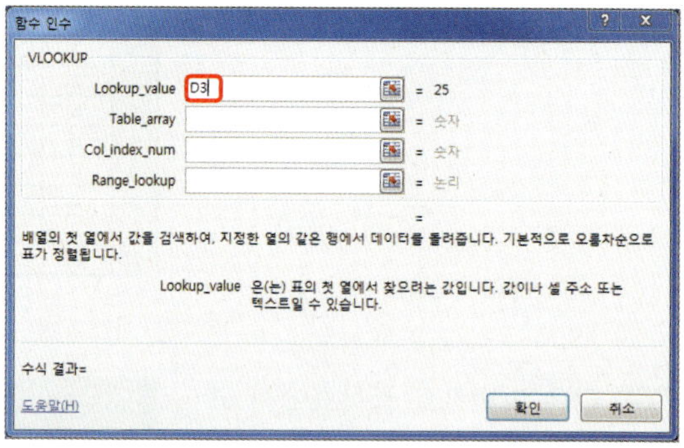

03 [Table_array] 입력란에는 '조견표' 시트의 A4:B7 범위를 드래그하여 입력한 후 F4를 눌러 절대 참조 형식으로 바꾼다.

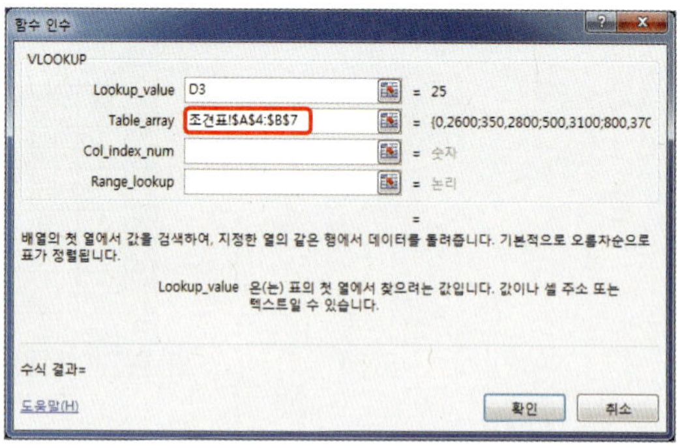

TIP '조견표' 시트를 마우스로 누르면 인수 입력란에 *조견표!* 라고 자동으로 입력된다.

TIP VLOOKUP 함수에서 참조하는 범위는 '조견표' 시트의 배송요금표처럼 오름차순으로 값이 정렬되어 있어야 한다. 첫 번째 열의 검색 기준(무게)을 오름차순으로 입력하지 않으면 VLOOKUP 함수에서 올바른 배송비 정보를 찾을 수 없다.

04 [Col_index_num] 입력란에는 *2*를 입력하고 [Range_lookup]에는 값을 입력하지 않고 [확인]을 누른다.

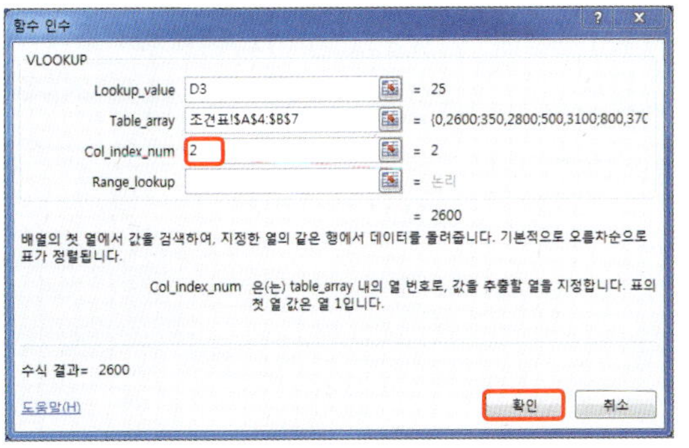

05 E3 셀의 채우기 핸들을 더블 클릭해 수식을 복사하면 모든 상품의 배송비가 표시된다.

	A	B	C	D	E	F	G	H
1				상품 배송 정보				
2	순번	상품코드	상품명	무게	배송비	단가	사은품	배송유형
3	1	1001	RAM	25	2600			
4	2	1010	마우스	120	2600			
5	3	1001	RAM	25	2600			
6	4	1011	키보드	870	3700			
7	5	2010	외장하드	480	2800			
8	6	1011	키보드	870	3700			
9	7	2010	외장하드	480	2800			
10	8	1001	RAM	25	2600			
11	9	1010	마우스	120	2600			
12	10	2010	외장하드	480	2800			

1.3 행을 기준으로 찾는 함수

열이 아닌 행 방향으로 관리되는 목록에서 원하는 값을 검색할 때는 HLOOKUP 함수를 사용한다.

함수명과 인수	기능
HLOOKUP(lookup_value, table_array, row_index, range_lookup)	주어진 범위의 첫 행을 검색하여 원하는 항목을 찾아 반환한다.

TIP 검색 영역인 table_array 범위에서 검색 기준 값은 수평(horizontal) 방향으로 첫 번째 행에 있어야 한다.

(Table_array 범위)

코드	1001	1010	1011	2010
단가	60,000	15,000	30,000	100,000

첫 번째 행이 검색 기준

기본예제 7-4 기준 값과 범위 값으로 행에 있는 정보 찾기

HLOOKUP 함수를 사용하여 상품코드를 기준으로 단가를 찾고 각 상품의 단가를 기준으로 사은품 정보를 검색해 보자.

01 F3 셀에 *=HLOOKUP(B3,조견표!$B$10:$E$11,2,FALSE)* 수식을 입력한다.

F3 | =HLOOKUP(B3,조견표!$B$10:$E$11,2,FALSE)

	A	B	C	D	E	F	G	H
1	상품 배송 정보							
2	순번	상품코드	상품명	무게	배송비	단가	사은품	배송유형
3	1	1001	RAM	25	2600	60000		
4	2	1010	마우스	120	2600			
5	3	1001	RAM	25	2600			
6	4	1011	키보드	870	3700			
7	5	2010	외장하드	480	2800			
8	6	1011	키보드	870	3700			
9	7	2010	외장하드	480	2800			
10	8	1001	RAM	25	2600			
11	9	1010	마우스	120	2600			
12	10	2010	외장하드	480	2800			

TIP 수식을 입력할 때 마우스로 시트를 누르면 자동으로 시트 이름이 입력되므로 '조견표' 시트에서 범위 설정 후 '배송' 시트를 누르지 말고 나머지 수식을 모두 입력한다.

02 F3 셀의 채우기 핸들을 더블클릭해 수식을 복사하면 모든 상품의 단가가 표시된다.

	A	B	C	D	E	F	G	H
1	상품 배송 정보							
2	순번	상품코드	상품명	무게	배송비	단가	사은품	배송유형
3	1	1001	RAM	25	2600	60000		
4	2	1010	마우스	120	2600	15000		
5	3	1001	RAM	25	2600	60000		
6	4	1011	키보드	870	3700	30000		
7	5	2010	외장하드	480	2800	100000		
8	6	1011	키보드	870	3700	30000		
9	7	2010	외장하드	480	2800	100000		
10	8	1001	RAM	25	2600	60000		
11	9	1010	마우스	120	2600	15000		
12	10	2010	외장하드	480	2800	100000		

03 G3 셀에 *=HLOOKUP(F3,조견표!$B$14:$D$15,2)* 수식을 입력한다. 단가 범위를 검색하므로 네 번째 인수는 생략한다.

G3 | =HLOOKUP(F3,조견표!$B$14:$D$15,2)

	A	B	C	D	E	F	G	H
1	상품 배송 정보							
2	순번	상품코드	상품명	무게	배송비	단가	사은품	배송유형
3	1	1001	RAM	25	2600	60000	머그컵	
4	2	1010	마우스	120	2600	15000		
5	3	1001	RAM	25	2600	60000		
6	4	1011	키보드	870	3700	30000		
7	5	2010	외장하드	480	2800	100000		
8	6	1011	키보드	870	3700	30000		
9	7	2010	외장하드	480	2800	100000		
10	8	1001	RAM	25	2600	60000		
11	9	1010	마우스	120	2600	15000		
12	10	2010	외장하드	480	2800	100000		

04 G3 셀의 채우기 핸들을 더블 클릭해 수식을 복사하면 모든 사은품 정보가 표시된다.

	A	B	C	D	E	F	G	H
1	상품 배송 정보							
2	순번	상품코드	상품명	무게	배송비	단가	사은품	배송유형
3	1	1001	RAM	25	2600	60000	머그컵	
4	2	1010	마우스	120	2600	15000	필기구	
5	3	1001	RAM	25	2600	60000	머그컵	
6	4	1011	키보드	870	3700	30000	필기구	
7	5	2010	외장하드	480	2800	100000	도서상품권	
8	6	1011	키보드	870	3700	30000	필기구	
9	7	2010	외장하드	480	2800	100000	도서상품권	
10	8	1001	RAM	25	2600	60000	머그컵	
11	9	1010	마우스	120	2600	15000	필기구	
12	10	2010	외장하드	480	2800	100000	도서상품권	

TIP '배송' 시트에 표시되는 값은 '조견표' 시트를 참조하기 때문에 '배송' 시트만 다른 컴퓨터로 복사하거나 이동하는 경우 참조 오류가 발생한다. 이럴 때는 F9를 눌러 수식의 [Table_array] 부분을 배열 상수로 변환시키면 '조견표' 시트 없이도 값을 참조할 수 있다.

```
=HLOOKUP(F3,조견표!$B$14:$D$15,2)
```

범위를 선택하고 F9를 누른다.

```
=HLOOKUP(F3,{0,50000,100000;"필기구","머그컵","도서상품권"},2)
```

1.4 순서나 위치로 찾는 함수

목록의 순서를 이용하거나 주어진 범위 내의 상대적인 위치를 이용하여 조건에 맞는 값을 찾는 함수도 있다. 목록에서 특정 순서에 있는 값을 검색하는 CHOOSE 함수와 범위 내에서 특정 행과 열에 위치하는 값을 검색하는 INDEX 함수, 상대적인 위치를 찾아내는 MATCH 함수를 이용하여 필요한 값을 추출하는 방법을 알아본다.

- 배송유형: CHOOSE 함수(상품코드 첫글자 → 1: 일반, 2: 특송)
- 상품검색: INDEX, MATCH 함수

함수명과 인수	기능
CHOOSE(index_num, value1, value2, …)	목록에서 인덱스 번호로 값 하나를 선택한다.
INDEX(array, row_num, column_num)	범위 내의 특정 행과 열에 있는 값을 검색한다.
MATCH(lookup_value, lookup_array, match_type)	범위 내에서 특정 값이 있는 상대 위치를 검색한다.

기본예제 7-5 상품코드 첫 글자로 배송유형 찾기

상품코드의 첫 글자가 '1'인 경우 배송유형을 '일반', '2'인 경우 '특송', '3'인 경우 '기타'로 입력하는 수식을 CHOOSE 함수를 이용하여 작성해 보자.

01 '배송' 시트에서 H3 셀을 선택하고 [수식] 탭-[함수 라이브러리] 그룹-[찾기/참조 영역] 목록에서 [CHOOSE]를 선택한다.

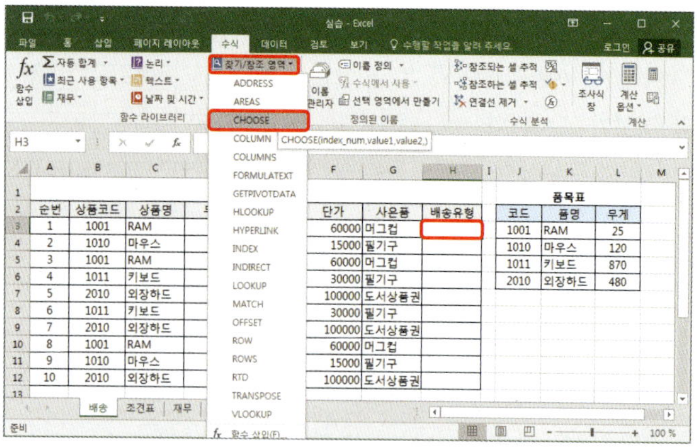

02 [함수 인수] 대화상자의 [Index_num] 입력란에 *LEFT(B3,1)*을 입력한다.

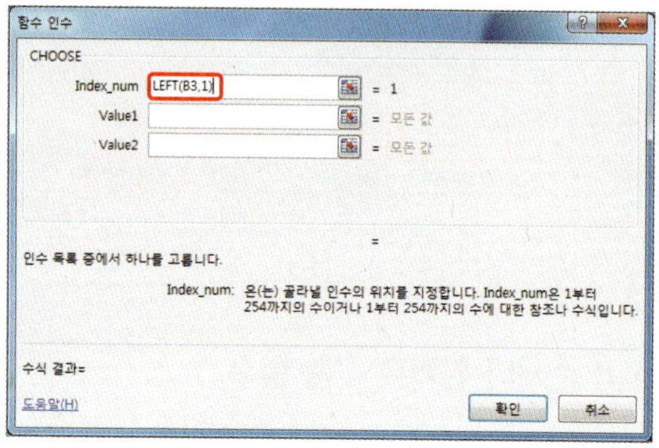

TIP LEFT 함수로 상품코드 첫 글자를 추출하여 Index_num 인수로 사용한다. Index_num에는 1부터 254까지의 수만 사용할 수 있다.

03 [Value1] 입력란에 *"일반"*을, [Value2] 입력란에 *"특송"*을, [Value3] 입력란에 *"기타"*를 입력하고 [확인]을 누른다.

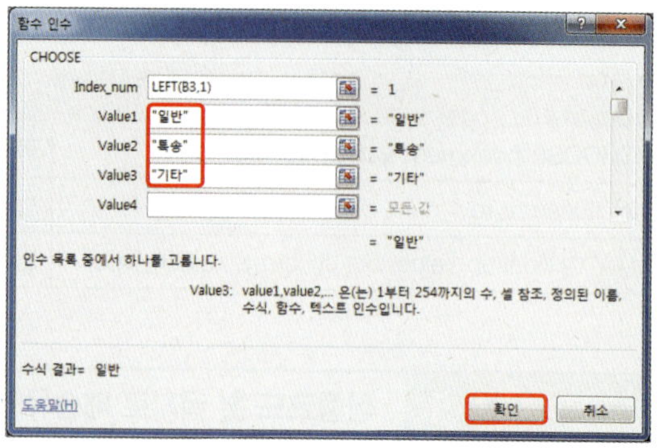

04 H3 셀의 채우기 핸들을 더블 클릭해 수식을 복사하면 배송유형이 모두 표시된다.

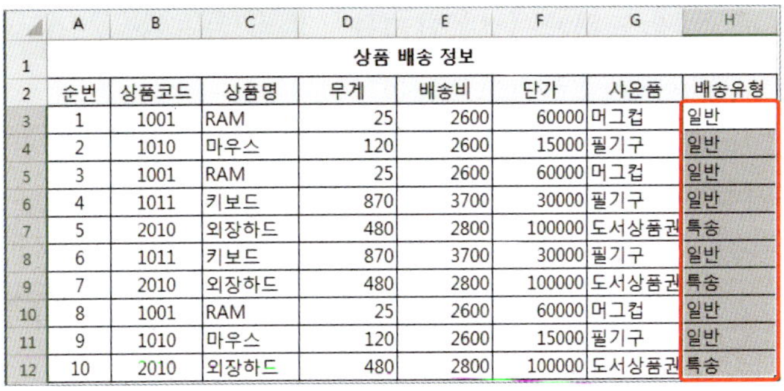

순번	상품코드	상품명	무게	배송비	단가	사은품	배송유형
1	1001	RAM	25	2600	60000	머그컵	일반
2	1010	마우스	120	2600	15000	필기구	일반
3	1001	RAM	25	2600	60000	머그컵	일반
4	1011	키보드	870	3700	30000	필기구	일반
5	2010	외장하드	480	2800	100000	도서상품권	특송
6	1011	키보드	870	3700	30000	필기구	일반
7	2010	외장하드	480	2800	100000	도서상품권	특송
8	1001	RAM	25	2600	60000	머그컵	일반
9	1010	마우스	120	2600	15000	필기구	일반
10	2010	외장하드	480	2800	100000	도서상품권	특송

기본예제 7-6 범위에서 위치를 기준으로 찾기

범위 내에서 특정 행과 열의 값을 찾거나 특정 값이 있는 위치를 구하는 INDEX 함수와 MATCH 함수를 사용해 보자. 콤보 상자에서 순번을 선택하면 해당 위치의 상품명과 배송비, 사은품을 조회하도록 한다.

01 '배송' 시트의 J8 셀과 J9:M9 범위에 예제 화면과 같이 텍스트를 입력한다.

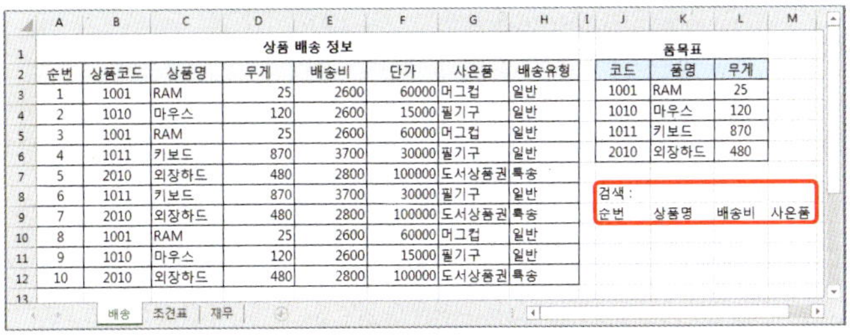

순번	상품코드	상품명	무게	배송비	단가	사은품	배송유형
1	1001	RAM	25	2600	60000	머그컵	일반
2	1010	마우스	120	2600	15000	필기구	일반
3	1001	RAM	25	2600	60000	머그컵	일반
4	1011	키보드	870	3700	30000	필기구	일반
5	2010	외장하드	480	2800	100000	도서상품권	특송
6	1011	키보드	870	3700	30000	필기구	일반
7	2010	외장하드	480	2800	100000	도서상품권	특송
8	1001	RAM	25	2600	60000	머그컵	일반
9	1010	마우스	120	2600	15000	필기구	일반
10	2010	외장하드	480	2800	100000	도서상품권	특송

품목표

코드	품명	무게
1001	RAM	25
1010	마우스	120
1011	키보드	870
2010	외장하드	480

검색 :

순번	상품명	배송비	사은품

02 [파일] 탭-[옵션]을 선택해 [Excel 옵션] 대화상자가 열리면 [리본 사용자 지정] 범주를 선택한다. [리본 메뉴 사용자 지정] 목록에서 [기본 탭]을 선택하고 [개발 도구]를 선택한 후 [확인]을 누른다.

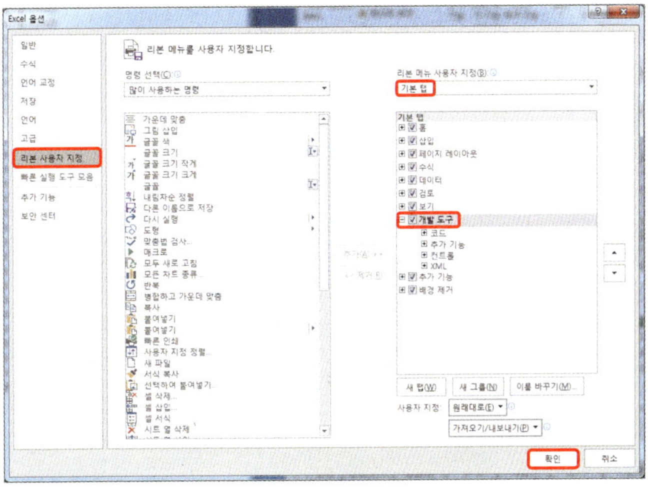

여기서 잠깐 ▶ 오피스 365 버전의 경우

마이크로소프트사에서 제공하는 온라인 구독 서비스인 오피스 365는 독립형으로 실행하는 오피스 2016의 메뉴와 다른 부분이 있다. 오피스 365는 최신 버전의 오피스 프로그램을 웹으로 사용할 수 있지만 기능 면에서 몇 가지 차이점이 있다. 구독 서비스의 종류에 따라 이 단계에서 필요한 [파일] 탭-[옵션]의 [개발 도구] 메뉴를 사용할 수 없는 경우도 있다.

03 [개발 도구] 탭-[컨트롤] 그룹의 [삽입] 목록에서 [콤보 상자(양식 컨트롤)]을 선택하고 K8 셀 위치에 드래그하여 삽입한다.

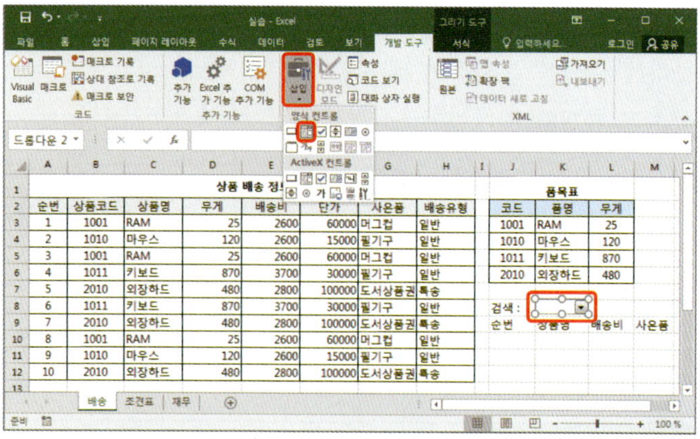

04 콤보 상자를 마우스 오른쪽으로 눌러 [컨트롤 서식]을 선택한다.

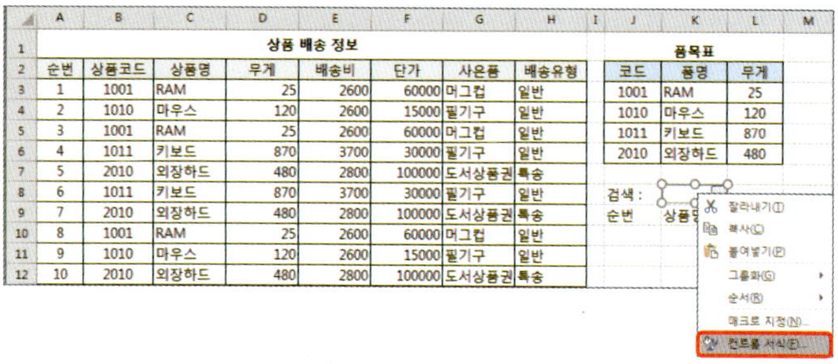

05 [개체 서식] 대화상자의 [컨트롤] 탭이 열린다. [입력 범위]에 *$A$3:$A$12*, [셀 연결]에는 *$J$10*, [목록 표시 줄 수]에는 *5*를 입력하고 [확인]을 누른다.

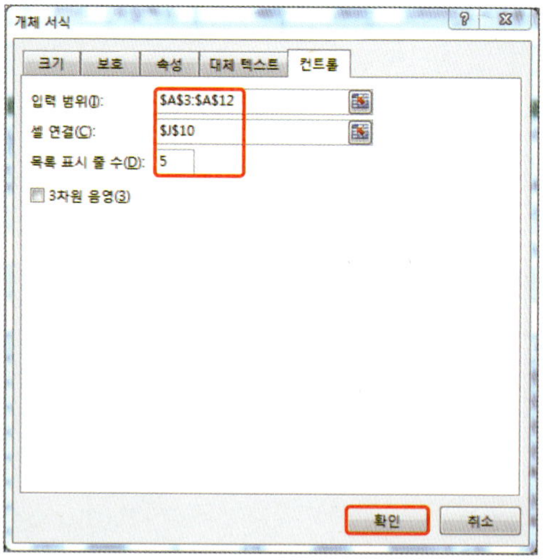

TIP A3:A12 범위와 J10 셀을 선택하면 *$A$3:$A$12*와 *$J$10*으로 자동 변환된다. 설정한 서식에 따라 콤보 상자 목록에는 순번이 표시되고 특정 순번을 선택하면 J10 셀에 표시된다.

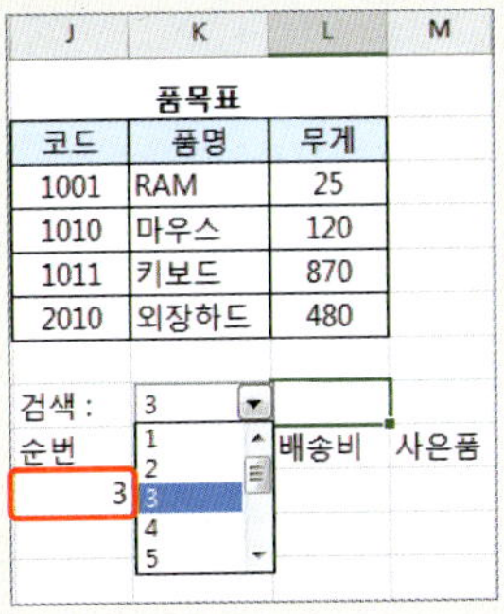

06 K10 셀을 선택하고 [수식] 탭–[함수 라이브러리] 그룹–[찾기/참조 영역] 목록에서 [INDEX]를 선택한다.

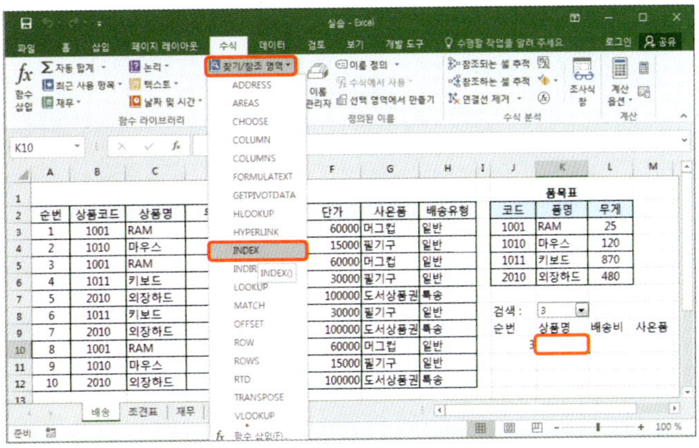

07 [인수 선택] 대화상자가 열리면 첫 번째 항목인 [array,row_num,column_num]을 선택하고 [확인]을 누른다.

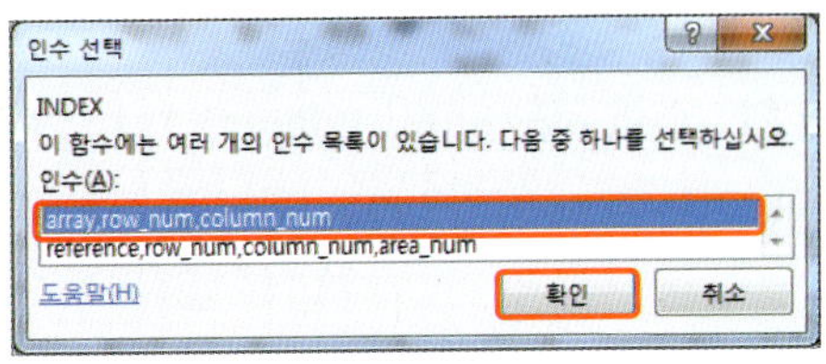

TIP INDEX 함수는 지정 범위에서 값을 찾는 배열형과 특정 셀의 주소를 반환하는 참조형의 두 가지 기능을 모두 사용할 수 있다. 이번 실습에서는 배열형을 활용한다.

08 [함수 인수] 대화상자가 열리면 검색할 범위를 지정하는 [Array] 입력란에서 A3:H12 범위를 선택하고 F4를 눌러 *$A$3:$H$12*로 입력한다.

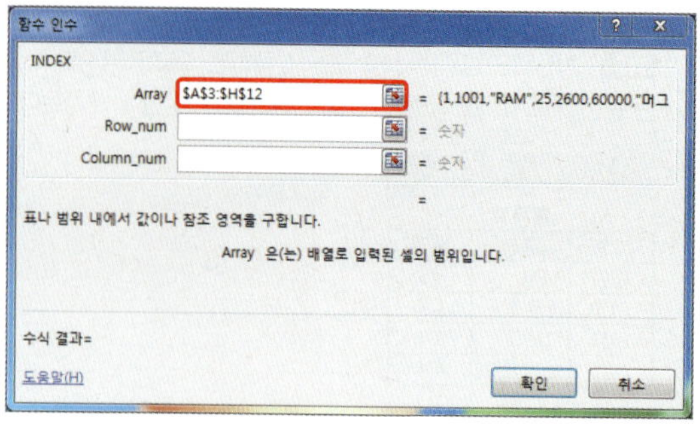

> **TIP** 수식을 다른 셀에 복사해서 사용하기 위해 범위를 절대참조 형식으로 입력한다.

09 행 번호를 지정하는 [Row_num] 입력란에는 *$J$10*을 입력한다.

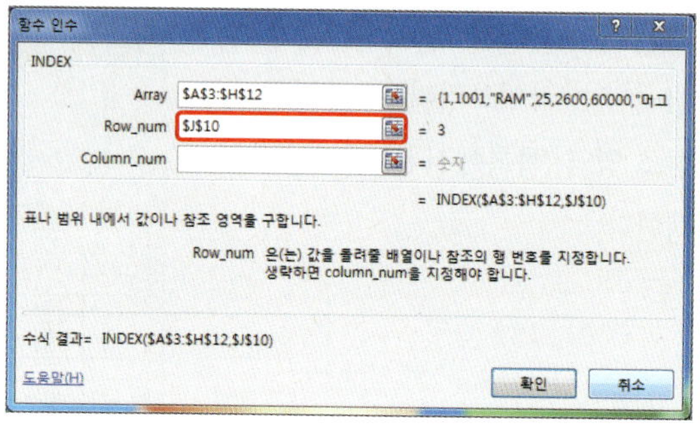

> **TIP** 콤보 상자에서 선택한 순번이 행 번호가 된다.

10 [Column_num] 입력란에 *MATCH(K9, $A$2:$H$2,0)*을 입력하고 [확인]을 누른다.

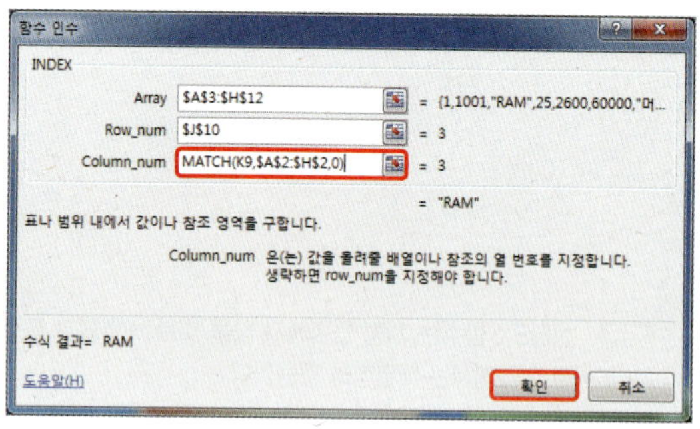

TIP 필드명(A2:H2) 범위에서 '상품명'(K9)을 검색해 상대적인 열 번호를 찾으려고 MATCH 함수를 사용하였고 그 결과는 3이 된다.

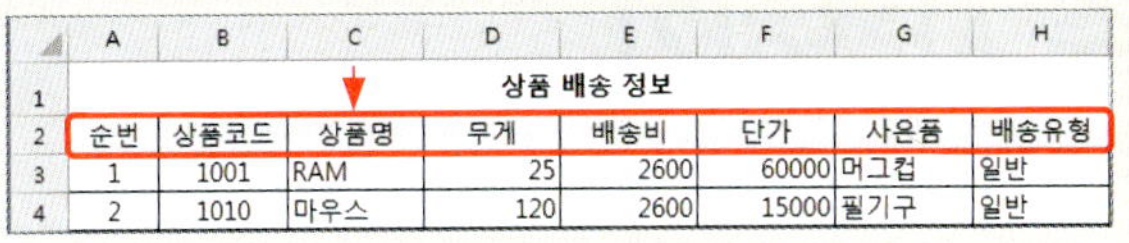

상품 배송 정보							
순번	상품코드	상품명	무게	배송비	단가	사은품	배송유형
1	1001	RAM	25	2600	60000	머그컵	일반
2	1010	마우스	120	2600	15000	필기구	일반

여기서 잠깐 MATCH 함수의 기능

MATCH 함수는 검색 범위 내에서 특정 값이 있는 상대적인 위치를 계산하는 함수이며 세 번째 인수인 match_type에 사용하는 값에는 다음과 같은 의미가 있다.

인수 형식	의미
1 또는 생략	첫 번째 인수(lookup_value)보다 작거나 같은 값 중에서 최대값을 찾는다.
0	첫 번째 인수(lookup_value)와 같은 첫 번째 값을 찾는다.
−1	첫 번째 인수(lookup_value)보다 크거나 같은 값 중에서 최소값을 찾는다.

11 K10 셀의 채우기 핸들을 M10 셀까지 드래그하여 배송비와 사은품 정보도 표시한다.

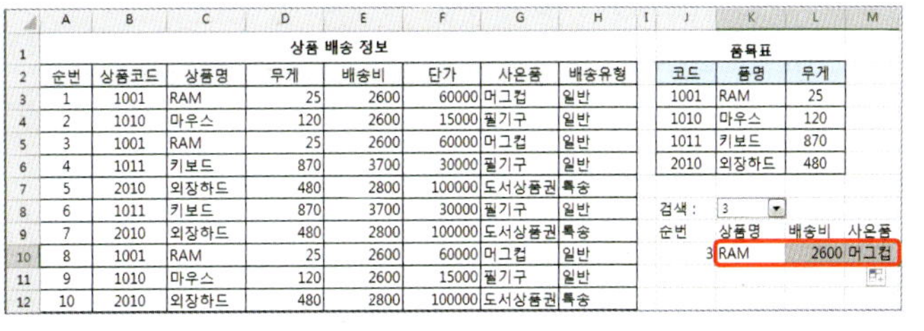

상품 배송 정보							
순번	상품코드	상품명	무게	배송비	단가	사은품	배송유형
1	1001	RAM	25	2600	60000	머그컵	일반
2	1010	마우스	120	2600	15000	필기구	일반
3	1001	RAM	25	2600	60000	머그컵	일반
4	1011	키보드	870	3700	30000	필기구	일반
5	2010	외장하드	480	2800	100000	도서상품권	특송
6	1011	키보드	870	3700	30000	필기구	일반
7	2010	외장하드	480	2800	100000	도서상품권	특송
8	1001	RAM	25	2600	60000	머그컵	일반
9	1010	마우스	120	2600	15000	필기구	일반
10	2010	외장하드	480	2800	100000	도서상품권	특송

품목표		
코드	품명	무게
1001	RAM	25
1010	마우스	120
1011	키보드	870
2010	외장하드	480

검색 : 3

순번	상품명	배송비	사은품
3	RAM	2600	머그컵

12 콤보 상자에서 검색할 순번을 변경하여 선택하면 검색 결과가 달라진다.

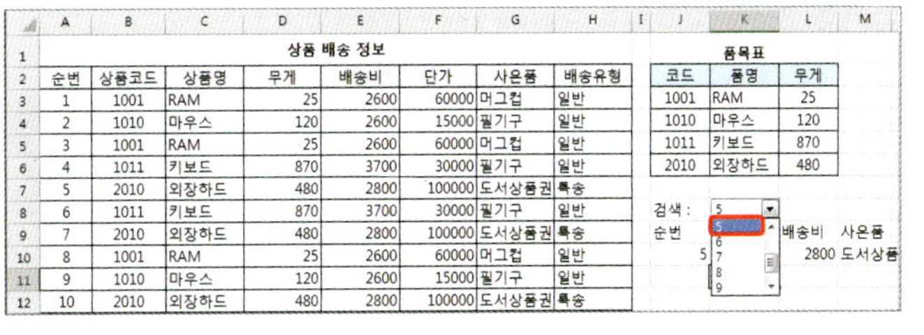

상품 배송 정보							
순번	상품코드	상품명	무게	배송비	단가	사은품	배송유형
1	1001	RAM	25	2600	60000	머그컵	일반
2	1010	마우스	120	2600	15000	필기구	일반
3	1001	RAM	25	2600	60000	머그컵	일반
4	1011	키보드	870	3700	30000	필기구	일반
5	2010	외장하드	480	2800	100000	도서상품권	특송
6	1011	키보드	870	3700	30000	필기구	일반
7	2010	외장하드	480	2800	100000	도서상품권	특송
8	1001	RAM	25	2600	60000	머그컵	일반
9	1010	마우스	120	2600	15000	필기구	일반
10	2010	외장하드	480	2800	100000	도서상품권	특송

품목표		
코드	품명	무게
1001	RAM	25
1010	마우스	120
1011	키보드	870
2010	외장하드	480

검색 : 5

순번		배송비	사은품
5		2800	도서상품

SECTION 02 재무 함수 사용하기

엑셀의 함수 라이브러리에서 제공하는 재무 함수는 금융이나 회계 등의 특정 업무 분야에 주로 사용한다. 여기에서는 일상 생활에서 적금이나 대출 등의 은행 거래, 할부금 계산 등에 활용할 수 있는 함수에 대해 알아본다.

2.1 재무 계산에 사용하는 함수

미래의 투자 가치나 적금 만기액, 이자율에 따라 일정 금액을 정기적으로 납입하는 대출 상환금이나 할부금 등을 계산하기 위해 FV 함수와 PMT 함수를 이용할 수 있다.

함수명과 인수	기능
FV(rate, nper, pmt, pv, type)	고정 이자율을 기반으로 투자의 미래 가치나 일정 기간 정기 납입 후의 기대 금액을 계산한다.
PMT(rate, nper, pv, fv, type)	일정 금액을 정기적으로 납입하고 고정 이자율이 적용되는 대출 상환금이나 할부금을 계산한다.

기본예제 7-7 적금 만기액 계산하기

연이율, 납입개월, 납입액이 다른 적금 상품을 비교하기 위해 FV 함수를 사용하여 만기에 찾을 수 있는 금액을 계산해 보자.

01 '실습.xlsx' 파일을 열고 '재무' 시트를 선택한다.

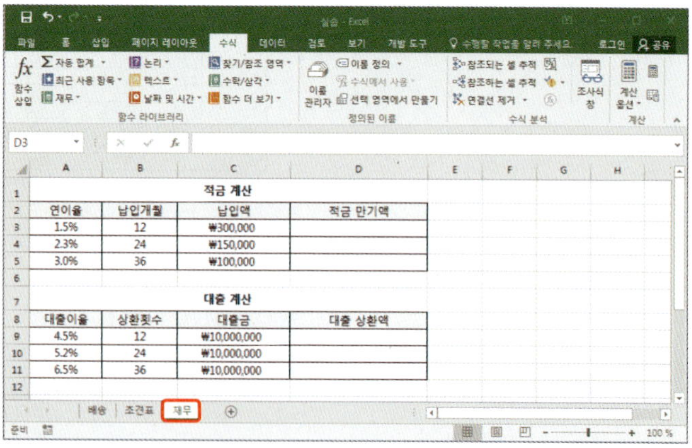

02 D3 셀을 선택하고 [수식] 탭–[함수 라이브러리] 그룹–[재무] 목록에서 [FV]를 선택한다.

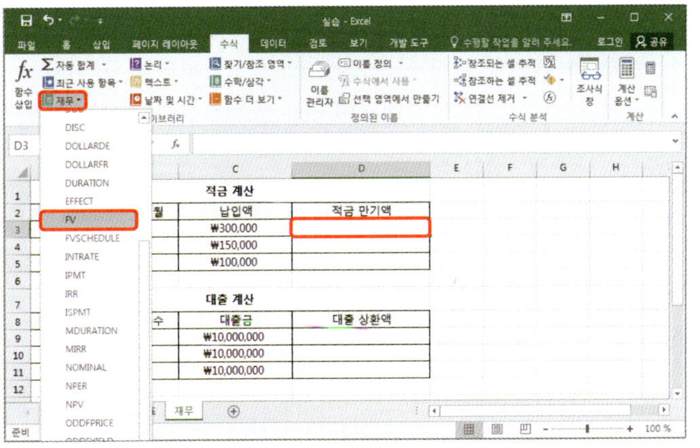

03 [함수 인수] 대화상자의 [Rate] 입력란에 *A3/12*, [Nper] 입력란에 *B3*, [Pmt] 입력란에 *–C3*을 입력하고 [확인]을 누른다.

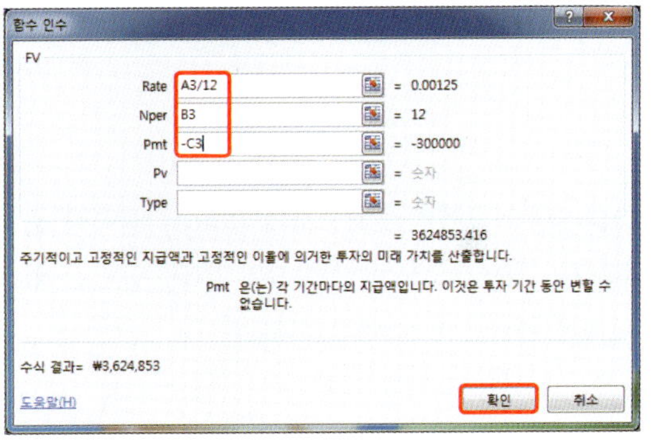

TIP Rate 인수는 기간별 이자율이며 연이율 *2.5%*를 월로 환산하면 *2.5%/12*와 같다. 연이율 *2.5%*로 분기 지급 시 기간별 이자율은 *2.5%/4*가 된다. Nper 인수에는 납입기간을, Pmt 인수에는 납입액을 입력한다. 이때 Pmt 인수는 음수로 입력해야 계산 결과가 양수로 표시된다. 현재 가치를 나타내는 Pv 인수와 납부 시점을 나타내는 Type 인수는 생략해도 된다.

04 계산된 결과가 D3 셀에 표시된다. D3 셀의 채우기 핸들을 더블클릭하여 다른 조건의 적금 만기액도 모두 계산한다.

	A	B	C	D
1			적금 계산	
2	연이율	납입개월	납입액	적금 만기액
3	1.5%	12	₩300,000	₩3,624,853
4	2.3%	24	₩150,000	₩3,680,477
5	3.0%	36	₩100,000	₩3,762,056
6				
7			대출 계산	
8	대출이율	상환횟수	대출금	대출 상환액
9	4.5%	12	₩10,000,000	
10	5.2%	24	₩10,000,000	
11	6.5%	36	₩10,000,000	

기본예제 7-8 대출 상환액 계산하기

1천만 원을 대출받을 경우 대출이율과 상환횟수에 따라 매월 상환할 금액을 PMT 함수로 계산해 보자.

01 '재무' 시트의 D9 셀을 선택하고 [수식] 탭–[함수 라이브러리] 그룹–[재무] 목록에서 [PMT]를 선택한다.

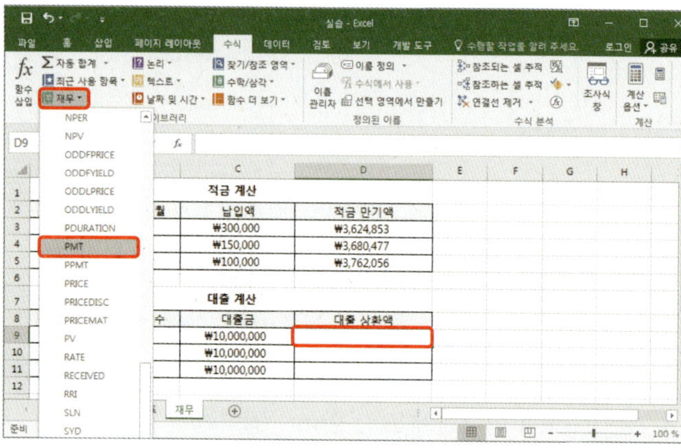

02 [함수 인수] 대화상자의 [Rate] 입력란에 *A9/12*, [Nper] 입력란에 *B9*, [Pv] 입력란에 *–C9*를 입력하고 [확인]을 누른다.

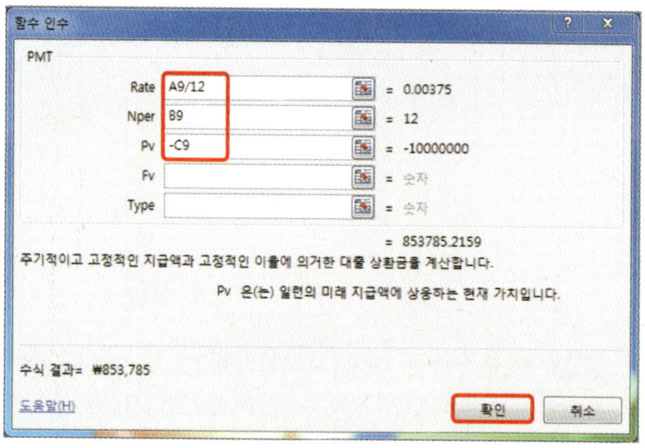

03 D9 셀의 채우기 핸들을 더블클릭하여 다른 조건의 대출 상환액도 모두 계산한다.

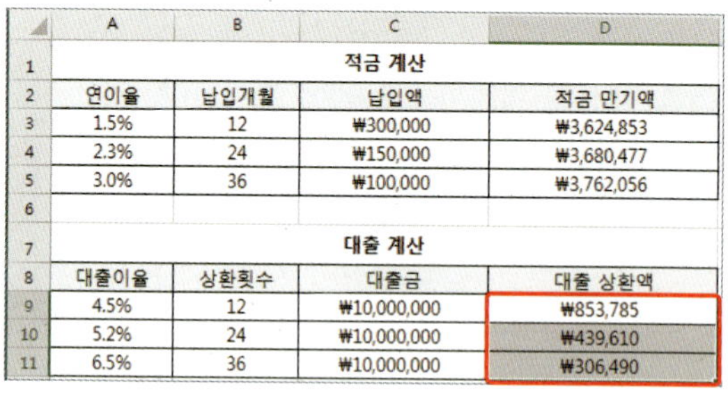

	A	B	C	D
1			적금 계산	
2	연이율	납입개월	납입액	적금 만기액
3	1.5%	12	₩300,000	₩3,624,853
4	2.3%	24	₩150,000	₩3,680,477
5	3.0%	36	₩100,000	₩3,762,056
6				
7			대출 계산	
8	대출이율	상환횟수	대출금	대출 상환액
9	4.5%	12	₩10,000,000	₩853,785
10	5.2%	24	₩10,000,000	₩439,610
11	6.5%	36	₩10,000,000	₩306,490

종합예제

찾기/참조 영역 함수를 활용하여 물품 구매서를 만들어 보자.

1 '종합예제.xlsx' 파일의 '물품구매서' 시트를 열고 셀 병합하기, 테두리 모양, 채우기 색 등을 사용하여 다음과 같이 셀을 편집한다.

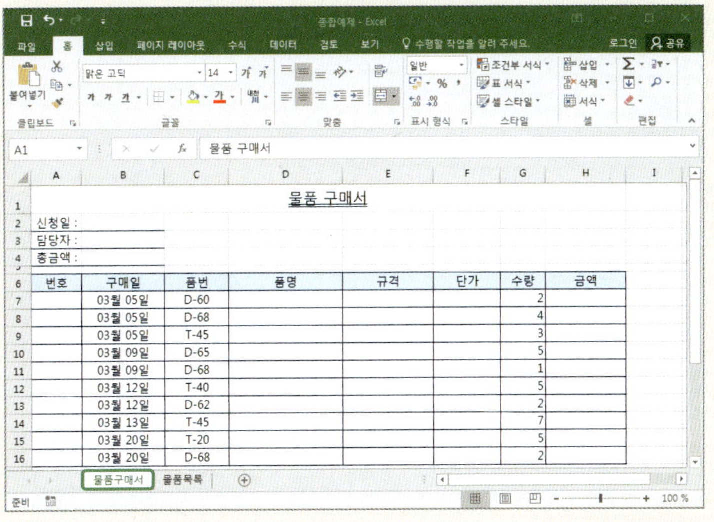

❶ A1:H1 범위를 선택하고 [홈] 탭–[맞춤] 그룹–[병합하고 가운데 맞춤]을 누른다. 그리고 [홈] 탭–[글꼴] 그룹에서 [글꼴 크기]는 [14], [밑줄]은 [이중 밑줄]로 제목을 설정한다.

❷ A2:B4 범위를 선택하고 마우스 오른쪽 버튼을 눌러 단축 메뉴에서 [셀 서식]을 선택해 [셀 서식] 대화상자를 열고 [테두리] 탭에서 셀의 아래 테두리를 실선으로 설정한다.

❸ A6:H6 범위를 선택하고 [홈] 탭–[글꼴] 그룹에서 [채우기 색]을 [파랑, 강조 1, 80% 더 밝게]로 설정하고 [맞춤] 그룹에서 [가운데 맞춤]을 설정한다.

2 [⊕ 새 시트] 단추를 눌러 새 워크시트를 삽입하고 다음과 같이 결재란을 만든다. 결재란을 모두 선택하고 [홈] 탭-[클립보드] 그룹-[복사] 목록에서 [그림으로 복사]를 선택한다. [그림 복사] 대화상자에서 [모양]은 [화면에 표시된 대로], [형식]은 [그림]을 선택하고 [확인]을 누른다.

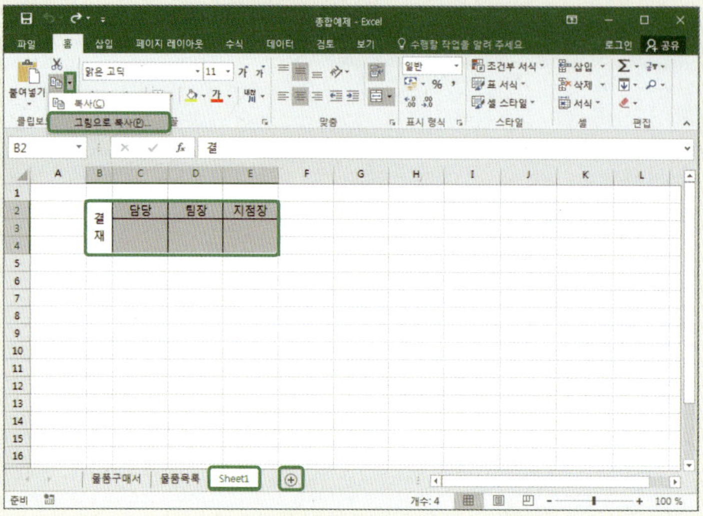

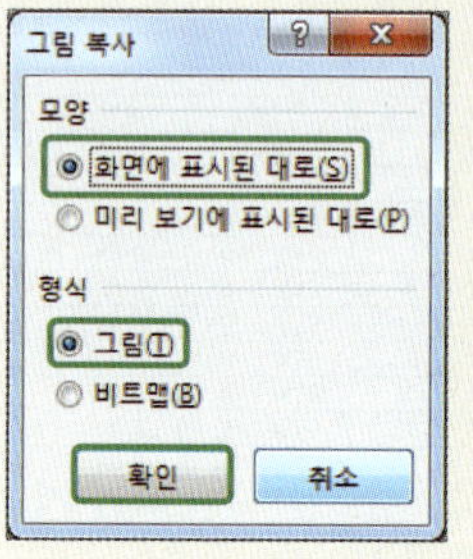

3 '물품구매서' 시트를 선택하고 [홈] 탭-[클립보드] 그룹-[붙여넣기]를 누른 후 결재란을 적당한 곳에 위치시킨다.

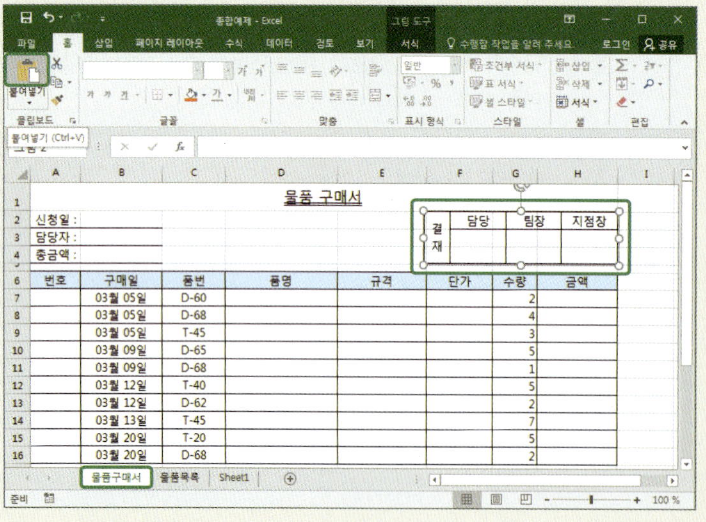

4 A7 셀에 *=ROW( )−6* 수식을 입력한다. A7 셀의 채우기 핸들을 더블클릭해 수식을 복사하고 [홈] 탭–[맞춤] 그룹–[가운데 맞춤]을 누른다.

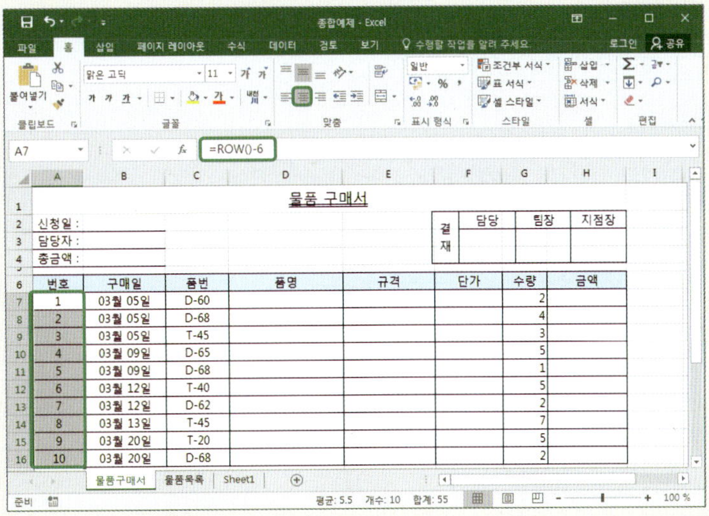

5 D7 셀에 *=IFERROR(VLOOKUP(C7,물품목록!$A$3:$B$8,2,FALSE),"")* 수식을 입력하고 D7 셀의 채우기 핸들을 더블클릭하여 품명을 모두 표시한다.

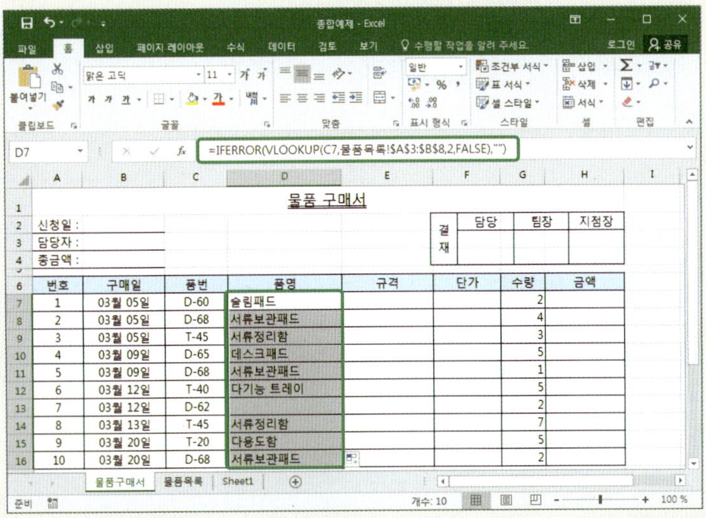

TIP VLOOKUP 함수로 품명을 찾을 때 해당 품번이 없으면 셀의 값이 오류(#N/A)로 표시된다. 이를 방지하기 위해 IFERROR 함수를 사용해 빈 텍스트("")로 설정한다.

6 E7 셀에 *=IFERROR(VLOOKUP(C7,물품목록!$A$3:$C$8,3,FALSE),"")* 수식을 입력하여 단계 **5** 과 같은 방법으로 '물품목록' 시트에서 규격을 찾아 표시한다. F7 셀의 채우기 핸들을 더블클릭하여 모든 규격 정보를 찾아 표시한다.

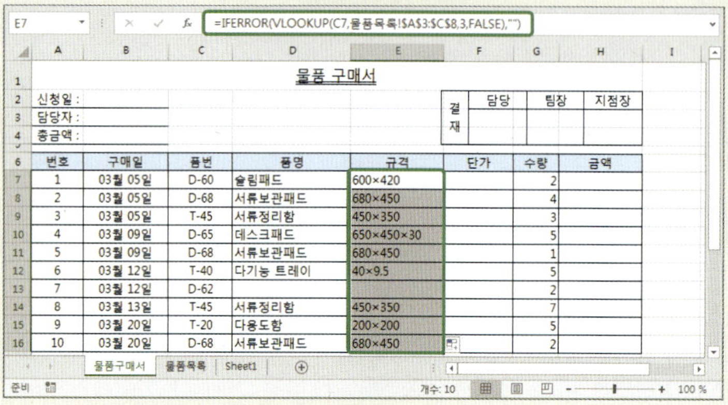

7 F7 셀에 *=IFERROR(VLOOKUP(C7,물품목록!$A$3:$D$8,4,FALSE),0)* 수식을 입력하여 단계 **6** 과 같은 방식으로 단가를 찾는다. F7 셀의 채우기 핸들을 더블클릭하여 모든 단가 정보를 찾아 표시하고 [홈] 탭–[표시 형식] 그룹–[, 쉼표 스타일]을 누른다.

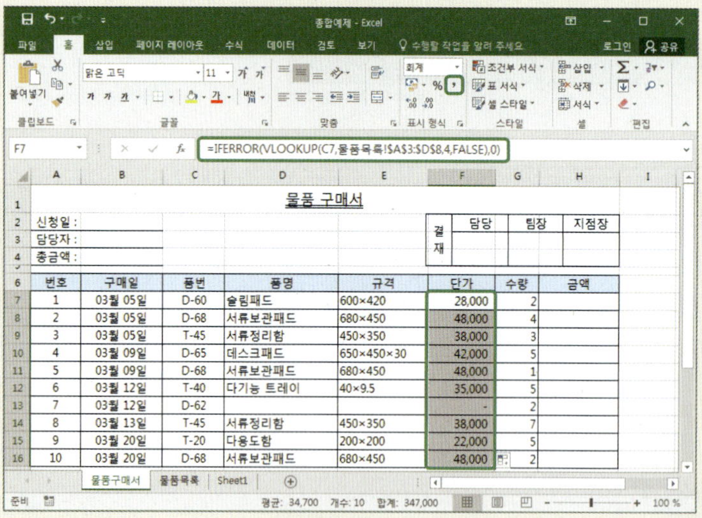

TIP IFERROR 함수를 사용해 해당 품번이 없는 경우 단가에 오류(#N/A) 메시지 대신 0으로 표시되도록 설정한다.

8 H7 셀에 단가와 수량을 곱한 *=PRODUCT(F7,G7)* 수식을 입력하고 H7 셀의 채우기 핸들을 더블클릭하여 모든 금액을 계산한다. [홈] 탭-[표시 형식] 그룹에서 [표시 형식]을 [회계]로 설정한다.

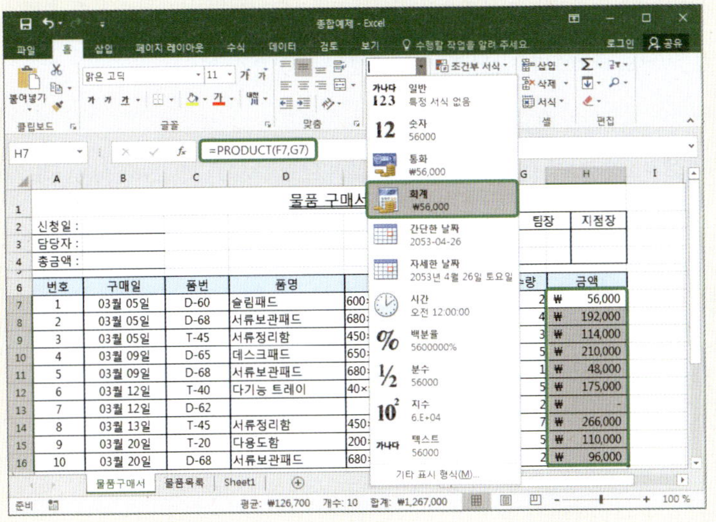

9 B2 셀에서 단축키 Ctrl+;을 눌러 현재 날짜를 표시하고 B3 셀에 *이서영*을 입력한다. B4 셀에는 *=SUM(H7:H16)* 수식을 입력하여 총금액을 계산하고 B2:B4 범위에 [오른쪽 맞춤]을 설정한다.

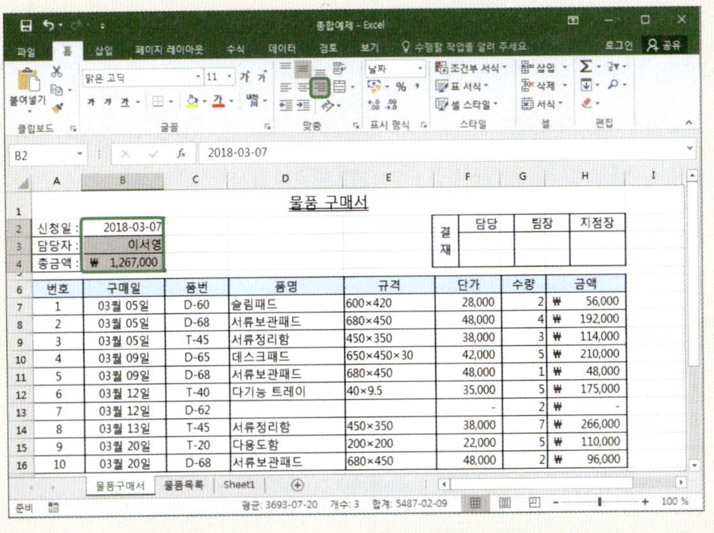

연습 문제

1 '연습.xlsx' 파일의 '연습1' 시트를 열고 퀴즈 정오표를 다음 지시대로 작성하시오.

❶ '번호'는 ROW 함수를 이용하여 입력하시오.

❷ COUNTIF 함수를 사용하여 '정답개수'를 구하시오.

❸ SUMIF 함수를 이용하여 C5:G5 범위의 배점에 따라 '점수'를 계산하시오.

❹ L10:M12 범위의 '등급표'를 이용하여 각 학생의 '등급'을 표시하시오.

❺ L5 셀에 이름을 입력하면 해당 학생의 점수가 M5 셀에 표시되도록 INDEX 함수와 MATCH 함수를 사용하여 수식을 입력하시오.

❻ 셀 병합, 셀 테두리, 색 채우기, 글꼴과 맞춤을 예제 화면과 같이 설정하시오.

퀴즈 정오표

번호	이름	퀴즈 번호/배점					정답개수	점수	등급
		1	2	3	4	5			
		25	15	20	25	15			
1	강소희	O	X	O	O	O	4	85	A
2	김민욱	X	O	O	O	O	4	75	B
3	나문영	O	O	O	O	O	5	100	A
4	문영희	O	O	X	O	X	3	65	B
5	박수지	O	X	O	O	O	4	85	A
6	박철국	O	O	O	O	O	5	100	A
7	송은희	O	O	O	O	O	5	100	A
8	은지우	X	O	X	X	O	2	30	C
9	이수진	O	O	O	O	O	5	100	A
10	임재진	O	O	O	X	O	4	75	B
11	전희주	O	O	O	O	X	4	85	A
12	정지연	O	O	O	O	O	5	100	A
13	최성수	O	O	O	O	X	4	85	A
14	최수명	X	O	X	O	O	3	55	C
15	홍경화	O	O	O	O	O	5	100	A

점수 조회	
이름	점수
박철국	100

등급표	
0	C
60	B
80	A

2 '연습.xlsx' 파일의 '연습2' 시트를 열고 다음 조건에 맞도록 할부금 계산서를 작성하시오.

❶ HLOOKUP 함수를 사용하여 모델별로 차량 가격(기본가격+옵션가격)을 구하고, 표시 형식을 '통화'로 설정하시오.

❷ PMT 함수를 이용하여 각 모델의 할부개월별 할부금을 계산하여 D10:G13 범위에 표시하시오.

❸ 셀 병합, 셀 테두리, 색 채우기, 글꼴과 맞춤을 예제 화면과 같이 설정하시오.

차량 할부금 계산

모델	A	B	C	D
기본가격	15,000,000	20,000,000	25,000,000	30,000,000
옵션가격	850,000	960,000	1,200,000	1,350,000
이자율	6.5%			

		차량 가격			
		A	B	C	D
		₩15,850,000	₩20,960,000	₩26,200,000	₩31,350,000
할부개월	24	₩706,058	₩933,689	₩1,167,112	₩1,396,525
	36	₩485,787	₩642,403	₩803,004	₩960,846
	48	₩375,882	₩497,065	₩621,332	₩743,464
	60	₩310,123	₩410,106	₩512,633	₩613,399

CHAPTER

08

데이터 관리

학습목표

- 외부 데이터를 가져오고 데이터 유효성 검사를 할 수 있다.
- 원하는 항목을 기준으로 데이터를 정렬할 수 있다.
- 조건에 맞는 데이터만 필터링하여 표시할 수 있다.
- 데이터를 그룹화하여 부분합을 계산할 수 있다.

SECTION 01 데이터 관리하기

엑셀을 이용하면 데이터를 체계적으로 정리하고 조건에 따라 필요한 데이터만 골라내거나 그룹화하는 등 많은 양의 데이터를 관리할 수 있다. 또 외부 데이터를 일괄적으로 엑셀 데이터 목록으로 만들 수 있고, 중복된 항목을 제거하거나 데이터 유효성 검사도 할 수 있다. 텍스트 파일을 이용하여 엑셀 워크시트를 작성하고 텍스트 나누기와 중복 데이터 제거하기 등의 데이터 도구를 사용하여 데이터를 관리하는 방법을 알아본다.

1.1 외부 데이터 이용

엑셀 작업을 하다보면 필요한 데이터가 다른 엑셀 파일에 저장되어 있거나 텍스트 파일(*.txt)이나 웹 페이지 혹은 데이터베이스 파일 등 다른 형식의 파일로 이루어져 있는 경우가 있다. 이런 경우에는 데이터 관리 기능을 사용해 워크시트로 가져와야 한다.

TIP 오피스 365에서는 제품 에디션에 따라 외부 데이터 가져오기 기능이 제한될 수 있다. 오피스 365에서 작업하는 경우 학습 자료 사이트에서 엑셀 파일을 내려받아 실습을 진행한다.

기본예제 8-1 텍스트 파일로 워크시트에 데이터 생성하기

텍스트 파일로 저장된 물품 판매 현황 데이터를 엑셀의 워크시트에 알맞은 형식으로 저장해 보자.

01 엑셀을 실행해 새 통합 문서를 열고 [데이터] 탭–[외부 데이터 가져오기] 그룹–[텍스트]를 누른다.

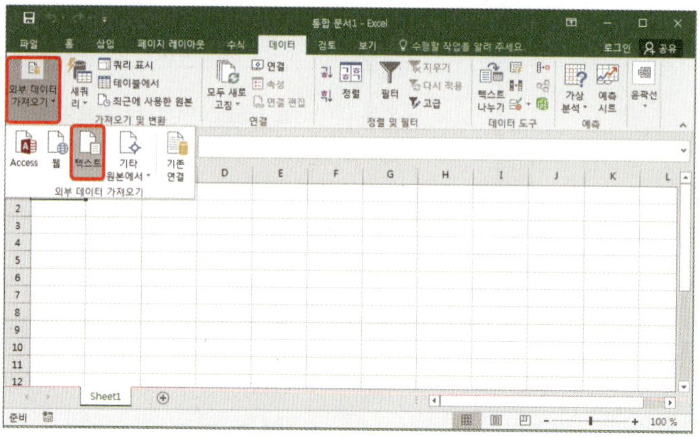

02 [텍스트 파일 가져오기] 대화상자에서 '판매목록.txt' 파일을 선택하고 [가져오기]를 누른다.

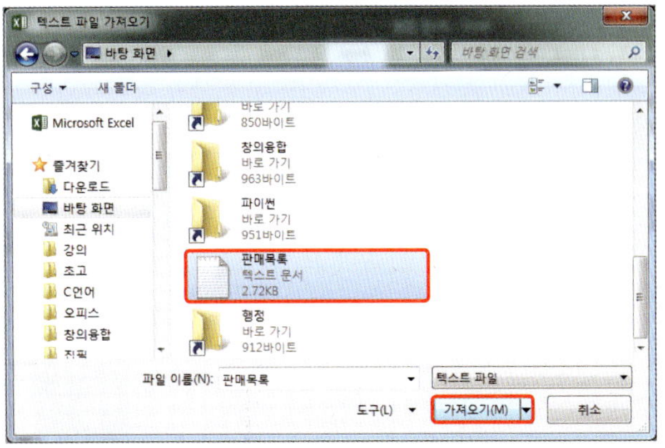

03 [텍스트 마법사] 1단계에서 [원본 데이터 형식]을 [구분 기호로 분리됨]으로 선택하고 [다음]을 누른다.

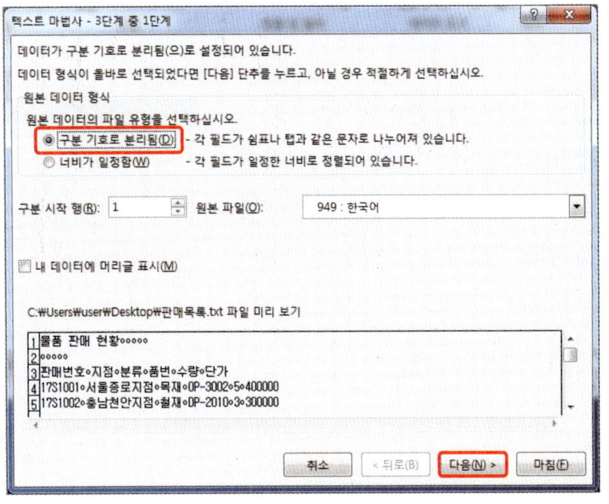

04 [텍스트 마법사] 2단계에서 [구분 기호]를 [탭]으로 선택하고 [다음]을 누른다.

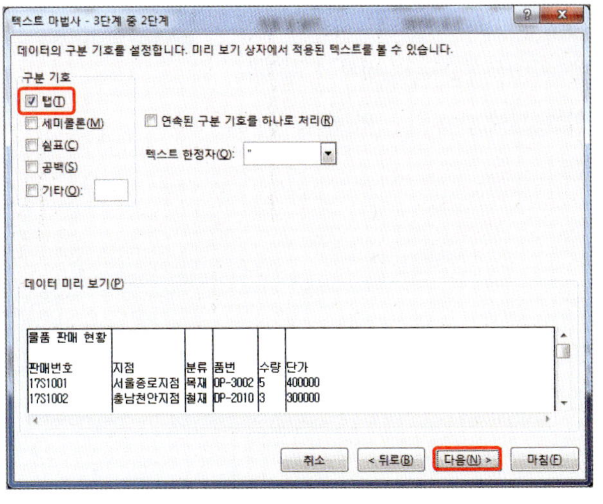

05 [텍스트 마법사] 3단계에서 [열 데이터 서식]을 [일반]으로 선택하고 [마침]을 누른다.

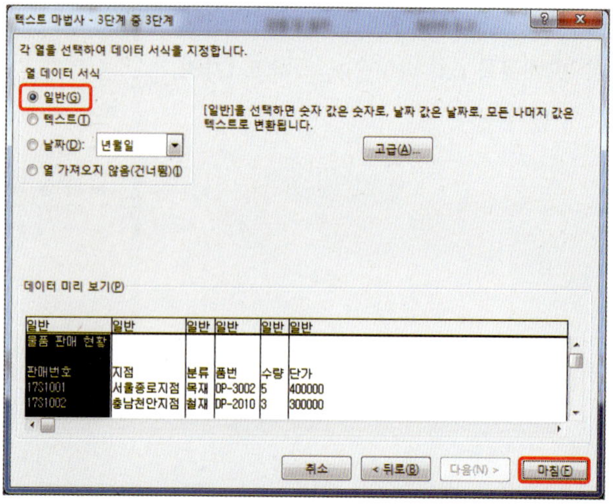

06 [데이터 가져오기] 대화상자에서 데이터가 들어갈 위치를 [기존 워크시트]로 선택하고 현재 워크시트의 A1 셀을 선택하면 *=Sheet1!$A$1*로 표시된다. [확인]을 눌러 대화상자를 닫는다.

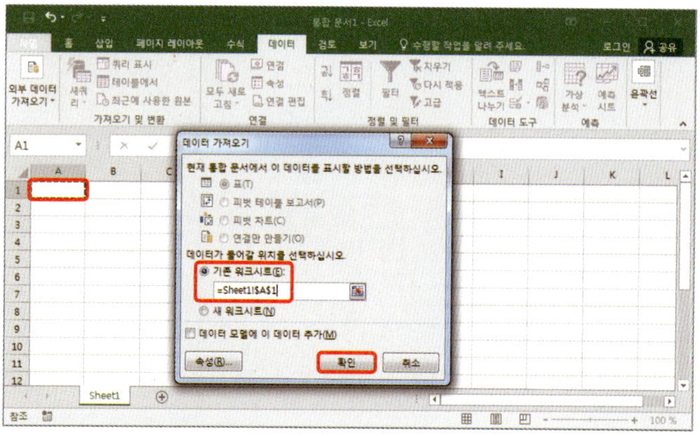

07 데이터가 입력된 시트의 이름을 *판매목록*으로 수정하고 통합문서를 '판매.xlsx'라는 이름으로 저장한다.

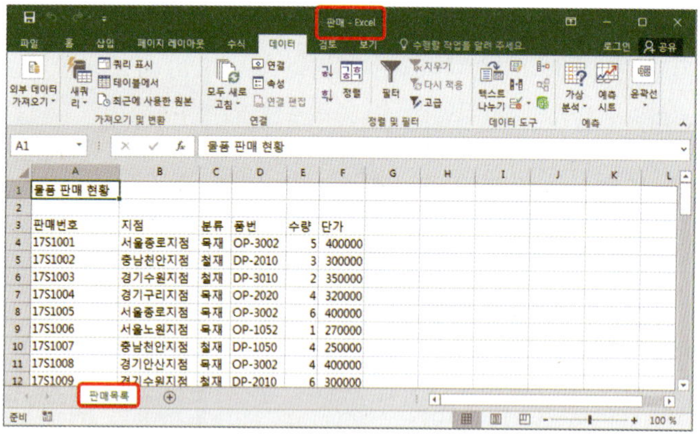

기본예제 8-2 텍스트 파일에서 일부 필드만 가져오기

텍스트 파일로 엑셀 데이터를 만들 때 불필요한 필드를 제외하고 가져올 수 있다. 품번에 따른 단가 정보를 다른 시트에서 관리하려고 할 때 텍스트 파일에 있는 '품번'과 '단가' 필드만 가져와 새 워크시트로 만들어 보자.

01 '판매.xlsx' 파일을 열고 [데이터] 탭–[외부 데이터 가져오기] 그룹–[텍스트]를 누른다.

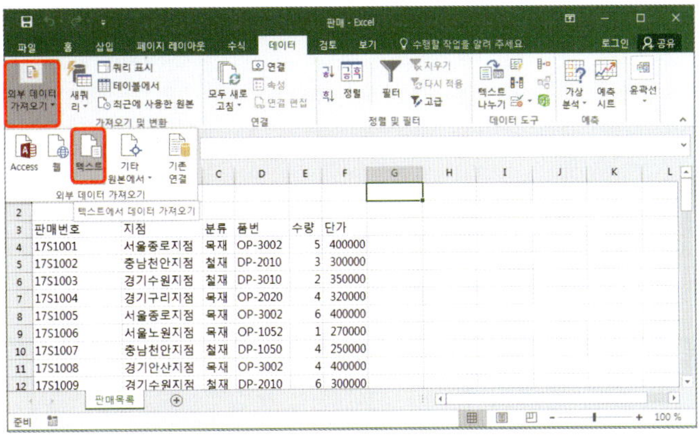

TIP 시트의 데이터 범위 내에서는 [외부 데이터 가져오기]를 선택할 수 없으므로 데이터 범위 바깥에 있는 임의의 셀을 선택해야 한다.

02 [텍스트 파일 가져오기] 대화상자에서 '판매목록.txt' 파일을 선택하고 [가져오기]를 누른다.

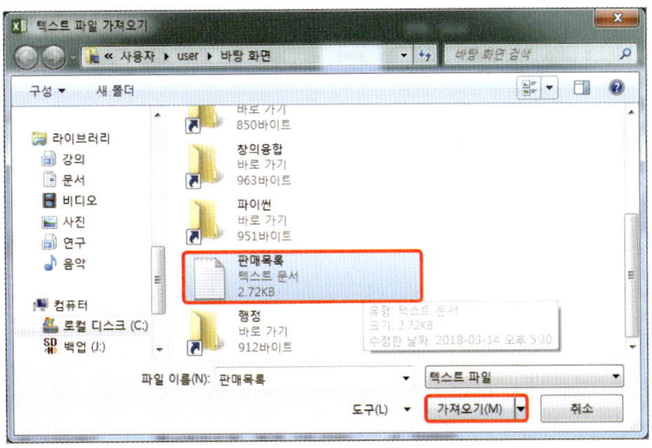

03 [텍스트 마법사]의 1단계에서 [원본 데이터 형식]으로 [구분 기호로 분리됨]이 선택된 상태에서 [다음]을 누른다.

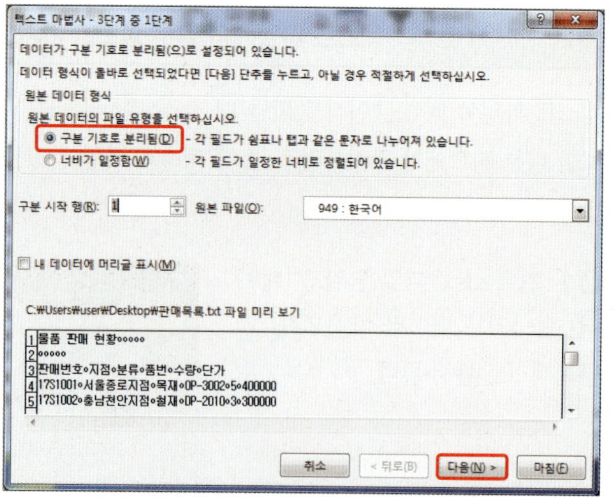

04 [텍스트 마법사]의 2단계에서 [구분 기호]를 [탭]으로 선택하고 [다음]을 누른다.

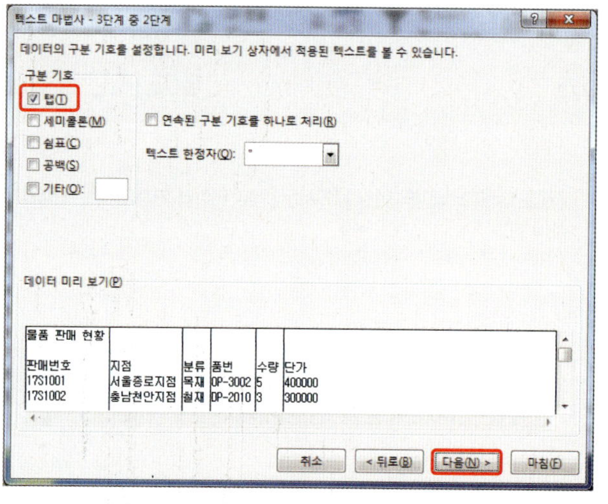

05 [텍스트 마법사]의 3단계에서 1~3번째 열과 다섯 번째 열을 각각 선택하고 [열 데이터 서식]에서 [열 가져오지 않음(건너뜀)]을 선택한 후 [마침]을 누른다.

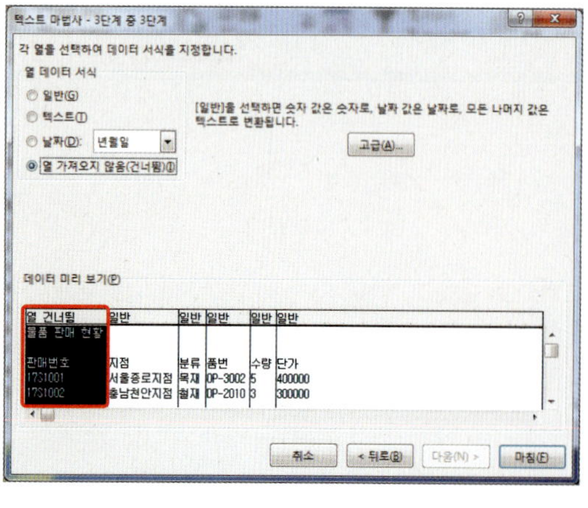

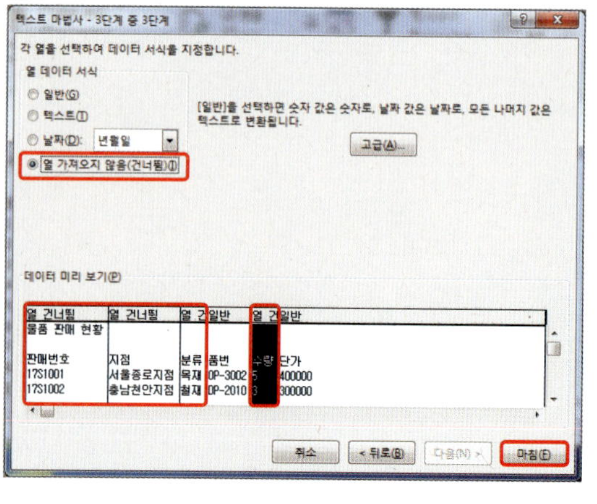

06 [데이터 가져오기] 대화상자에서 데이터가 들어갈 위치로 [새 워크시트]를 선택하고 [확인]을 누른다.

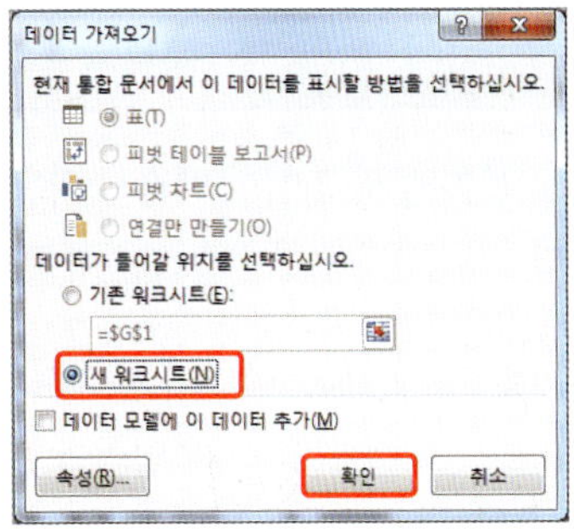

07 추가된 시트의 이름을 *단가표*로 수정하고 '판매목록' 시트 뒤로 위치를 이동시킨다.

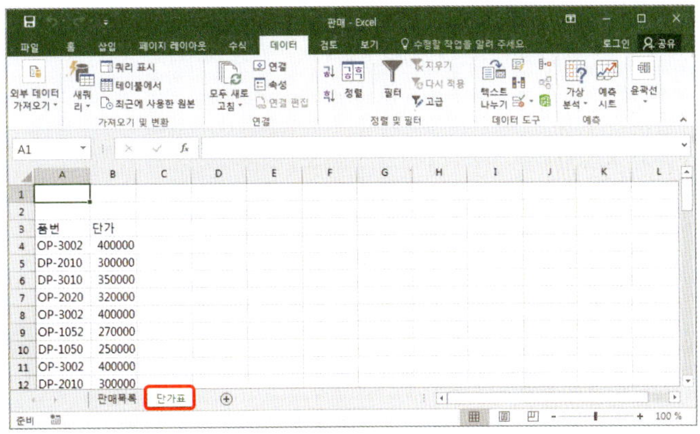

1.2 데이터 도구 기능

많은 데이터를 모아 놓고 사용할 때는 데이터를 검색하거나 수정하기 편하도록 체계적으로 관리하는 것이 좋다. 워크시트에 데이터를 입력할 때 첫 행에는 필드 이름을 지정하고 해당 필드 이름 아래에 값을 나열하는 것도 데이터를 관리하기 위한 방법이다. 같은 데이터가 중복 입력되지 않도록 해야 하고 반드시 유효한 값을 사용해야 한다. 또 하나의 셀에는 하나의 필드 값만 입력하는 것이 바람직하다. 단가표에 같은 품번이 여러 행에 입력되어 있는 경우나 수량을 음수로 입력하는 등 데이터를 잘못 입력하지 않도록 엑셀의 데이터 도구 기능을 사용하는 방법을 알아본다.

판매번호	지점	분류	품번	수량	단가
17S1001	서울종로지점	목재	OP-3002	5	400000
17S1002	충남천안지점	철재	DP-2010	3	300000
17S1003	경기수원지점	철재	DP-3010	2	350000
17S1004	경기구리지점	목재	OP-2020	4	320000
17S1005	서울종로지점	목재	OP-3002	6	400000
17S1006	서울노원지점	목재	OP-1052	1	270000
17S1007	충남천안지점	철재	DP-1050	4	250000

필드 이름

단가 필드의 값

기본예제 8-3 중복된 항목 제거하기

[기본예제 8-2]에서 텍스트 파일로 만든 '단가표' 시트에는 품번과 단가 값이 중복 저장되어 있다. 데이터 도구를 사용하여 중복된 항목을 제거해 보자.

01 '판매.xlsx' 파일의 '단가표' 시트에서 데이터 영역 내 임의의 셀을 선택하고 [데이터] 탭–[데이터 도구] 그룹–[중복된 항목 제거]를 누른다.

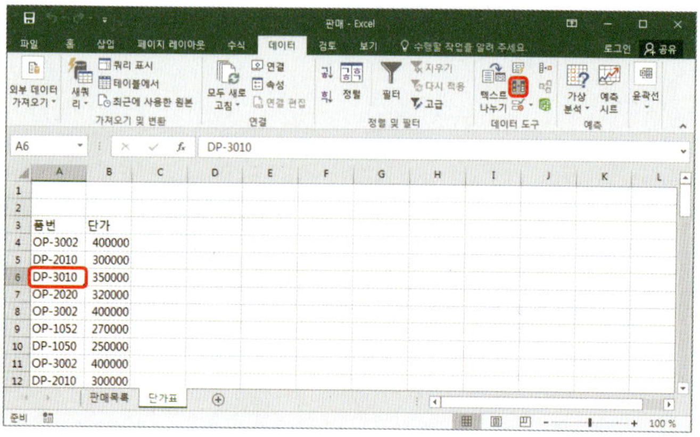

02 [중복된 항목 제거] 대화상자에서 '품번'과 '단가'를 모두 선택하고 [확인]을 누른다.

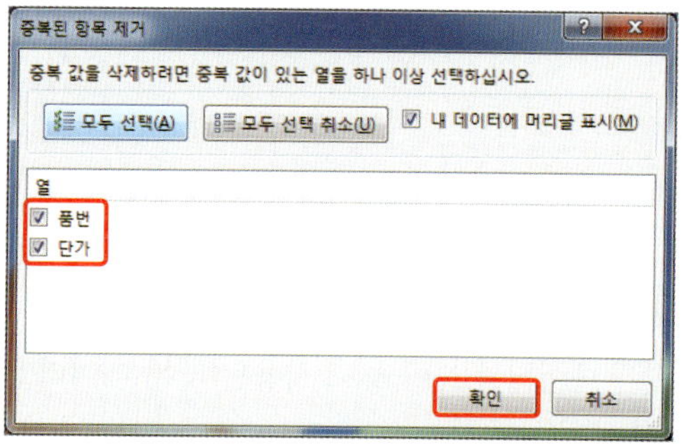

03 중복된 값이 제거되었다는 메시지 창이 나타나면 [확인]을 누른다.

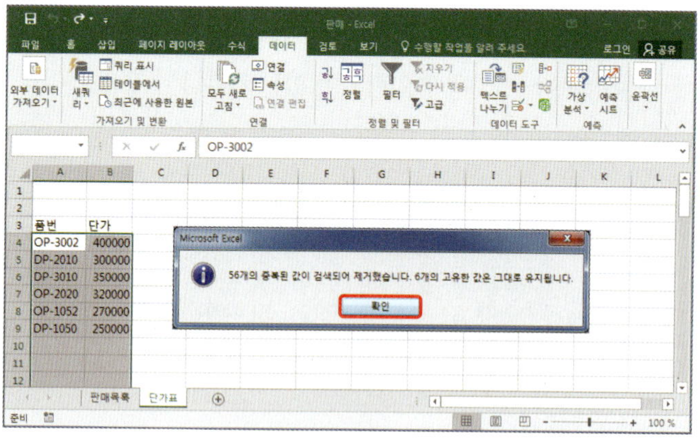

04 '판매목록' 시트의 '단가' 필드의 값을 VLOOKUP 함수를 사용해 '단가표' 시트에서 가져오도록 수정한다. F4:F65 범위를 선택하고 *=VLOOKUP(D4,단가표!$A$4:$B$9,2,FALSE)* 수식을 입력한 후 Ctrl+Enter를 누른다.

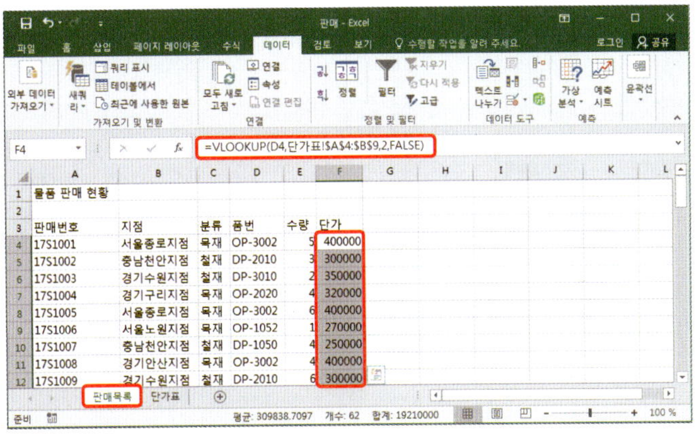

TIP F4:F65 범위를 마우스로 드래그해서 선택해도 되지만 F4 셀을 선택하고 Ctrl+Shift+↓를 누르면 편리하다.

TIP 품번과 단가 정보를 분리해서 저장해 두면 품번이나 단가가 변경되는 경우 '판매목록' 시트의 데이터를 일일이 수정하지 않고 '단가표' 시트의 값만 수정하면 되므로 데이터를 관리하기 좋다.

기본예제 8-4 텍스트 나누기

데이터 도구 중 텍스트 나누기 기능을 이용하여 '판매목록' 시트의 '지점' 필드를 '지역' 필드와 '지점명' 필드로 나누어 보자.

01 '판매.xlsx' 파일의 '판매목록' 시트에서 C열의 임의의 셀을 선택하고 [홈] 탭–[셀] 그룹–[삽입] 목록에서 [시트 열 삽입]을 누른다.

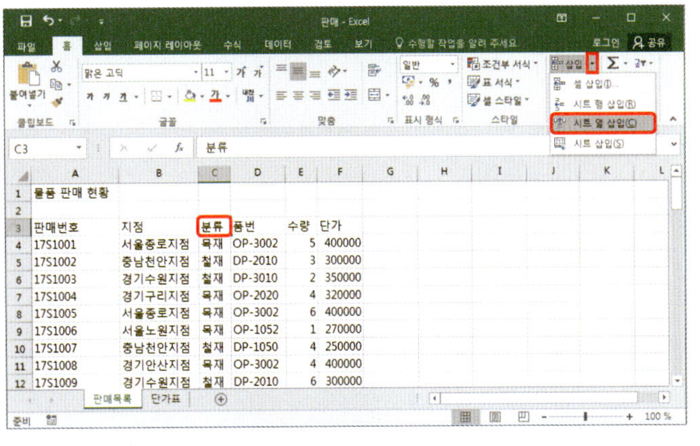

02 B4:B65 범위를 선택하고 [데이터] 탭–[데이터 도구] 그룹–[텍스트 나누기]를 누른다.

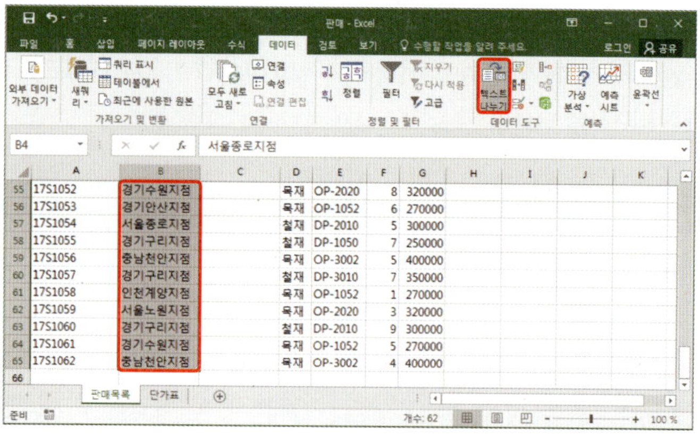

03 [텍스트 마법사] 1단계에서 [원본 데이터 형식]을 [너비가 일정함]으로 선택하고 [다음]을 누른다.

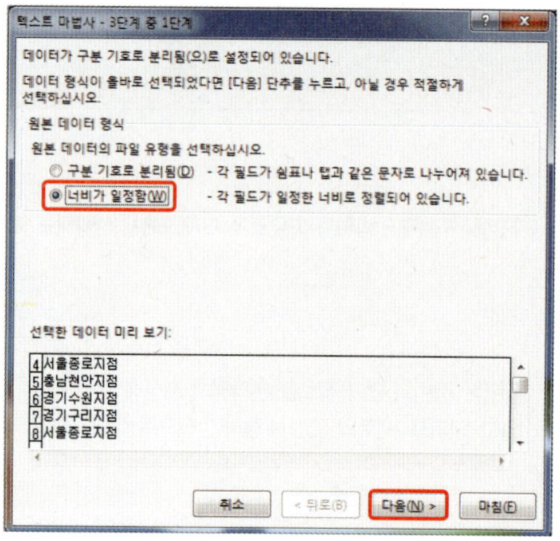

04 [텍스트 마법사] 2단계에서 [데이터 미리 보기]에 있는 눈금자를 마우스로 선택하여 두 개의 열 구분선을 지정하고 [다음]을 누른다.

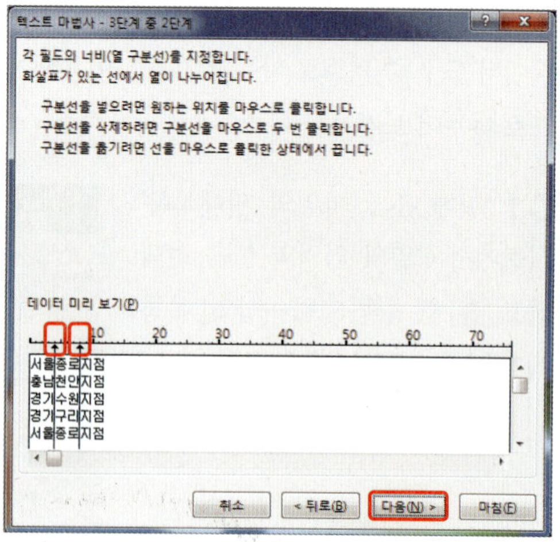

TIP 열 구분선은 화살표로 표시되며 열 구분선이 표시되는 곳을 경계로 열이 나누어진다.

05 [텍스트 마법사] 3단계에서 첫째 열과 둘째 열은 [열 데이터 서식]을 [일반]으로 선택하고, 마지막 열은 [열 가져오지 않음(건너뜀)]을 선택한 후 [마침]을 누른다.

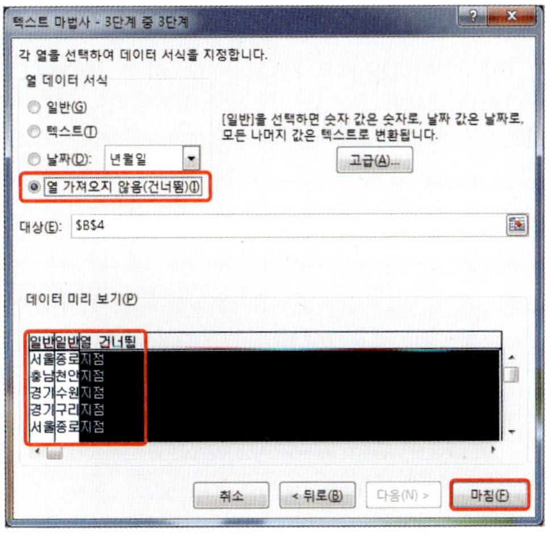

06 필드명을 수정하기 위해 B3 셀에는 *지역*, C3 셀에는 *지점명*이라고 입력한다.

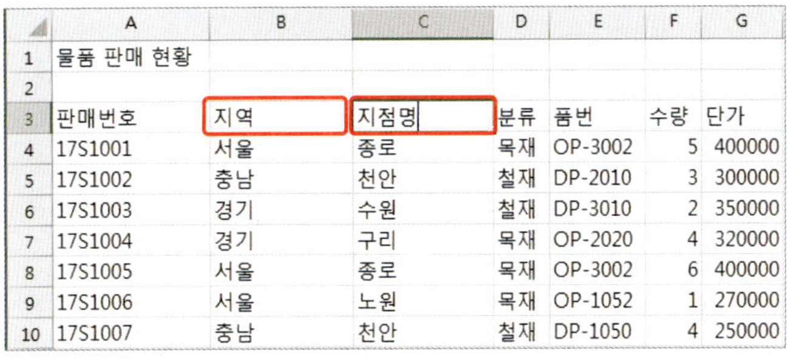

	A	B	C	D	E	F	G
1	물품 판매 현황						
2							
3	판매번호	지역	지점명	분류	품번	수량	단가
4	17S1001	서울	종로	목재	OP-3002	5	400000
5	17S1002	충남	천안	철재	DP-2010	3	300000
6	17S1003	경기	수원	철재	DP-3010	2	350000
7	17S1004	경기	구리	목재	OP-2020	4	320000
8	17S1005	서울	종로	목재	OP-3002	6	400000
9	17S1006	서울	노원	목재	OP-1052	1	270000
10	17S1007	충남	천안	철재	DP-1050	4	250000

기본예제 8-5 데이터 유효성 검사하기

품번을 잘못 입력하거나 판매 수량을 음수나 0으로 입력하는 등 데이터를 입력할 때 발생하기 쉬운 오류를 미리 검사하여 잘못된 값이 입력되지 않게 방지하는 데이터 유효성 검사 기능을 사용해 보자.

01 '판매목록' 시트에서 '품번' 필드의 데이터 유효성을 검사하기 위해 E4:E65 범위를 선택하고 [데이터] 탭–[데이터 도구] 그룹–[데이터 유효성 검사]를 누른다.

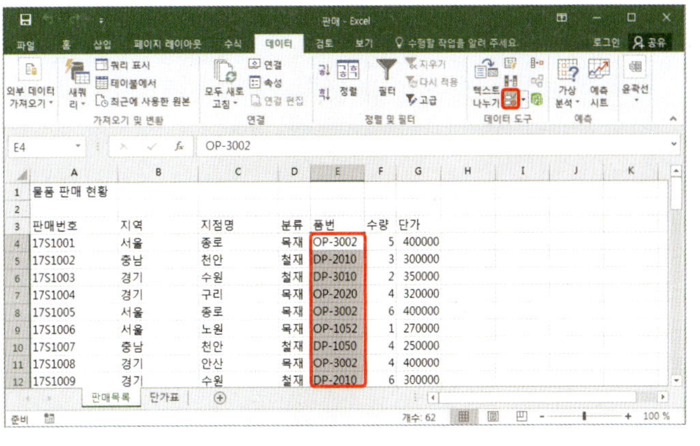

02 [데이터 유효성] 대화상자의 [설정] 탭에서 [유효성 조건]의 [제한 대상]은 [목록]으로 하고 [원본]은 '단가표' 시트의 A4:A9 범위를 선택한다.

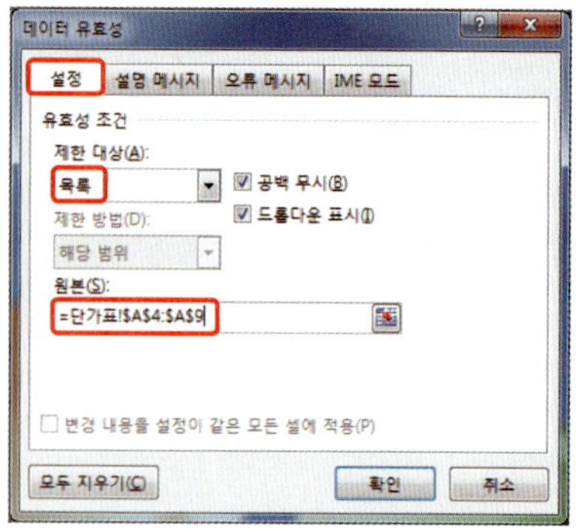

03 [오류 메시지] 탭의 [제목]에는 *품번 오류*, [오류 메시지]에는 *품번이 단가표에 입력되어 있지 않습니다.*를 입력하고 [확인]을 누른다.

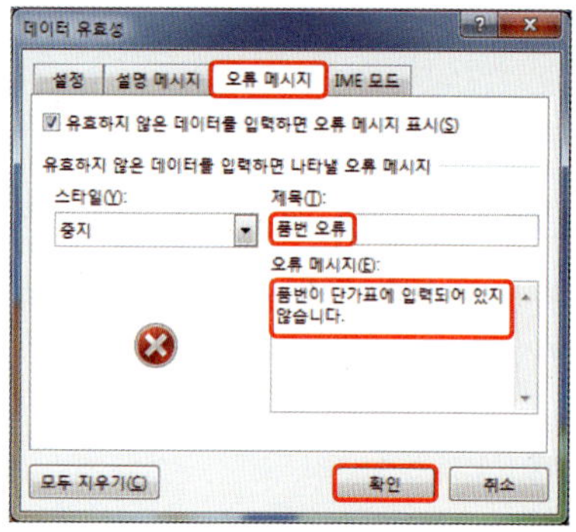

04 데이터 유효성 조건을 설정한 '품번' 필드는 값을 목록에서 선택할 수 있어서 입력 오류를 방지할 수 있다.

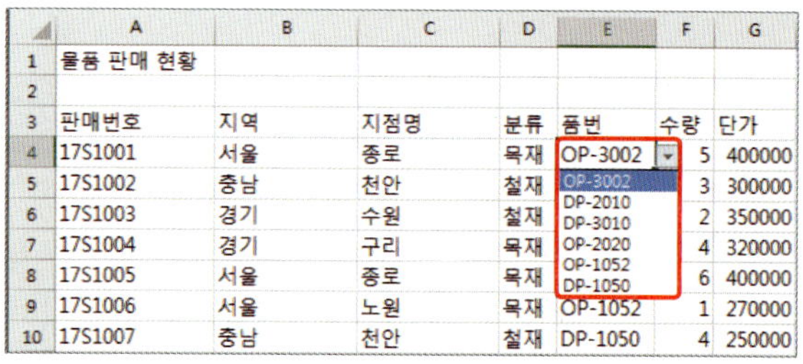

TIP 품번을 목록에서 선택하지 않고 직접 입력하다가 오류가 발생하면 다음과 같은 메시지 창이 나타난다.

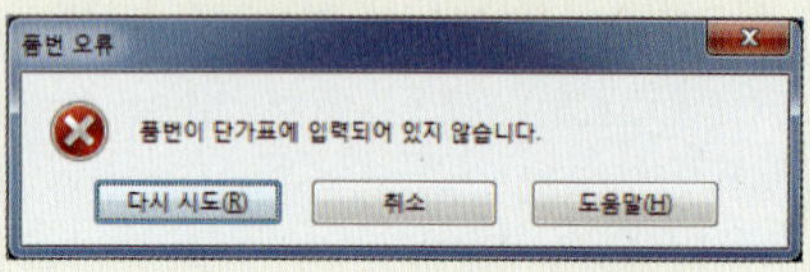

05 '수량' 필드에는 양의 정수만 입력할 수 있도록 데이터 유효성 검사 조건을 설정하기로 한다. F4:F65 범위를 선택하고 [데이터] 탭-[데이터 도구] 그룹-[데이터 유효성 검사]를 누른다.

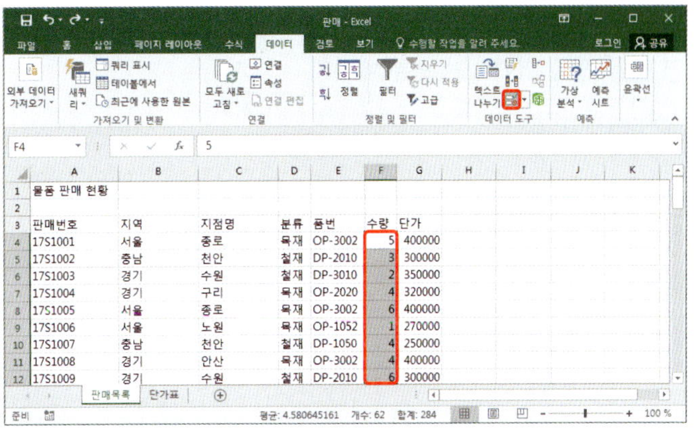

06 [데이터 유효성] 대화상자의 [설정] 탭에서 [유효성 조건]의 [제한 대상]은 [정수], [제한 방법]은 [>]로 선택하고 [최소값]에 *0*을 입력한다.

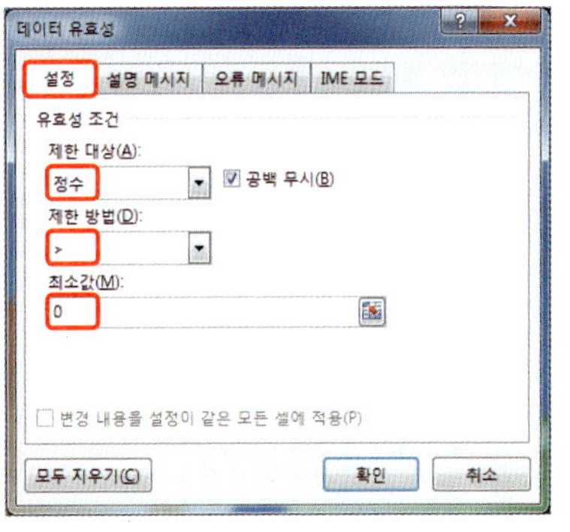

07 [오류 메시지] 탭의 [제목]에는 *수량 오류*, [오류 메시지]에는 *수량은 0보다 큰 정수로 입력해야 합니다.*를 입력하고 [확인]을 누른다.

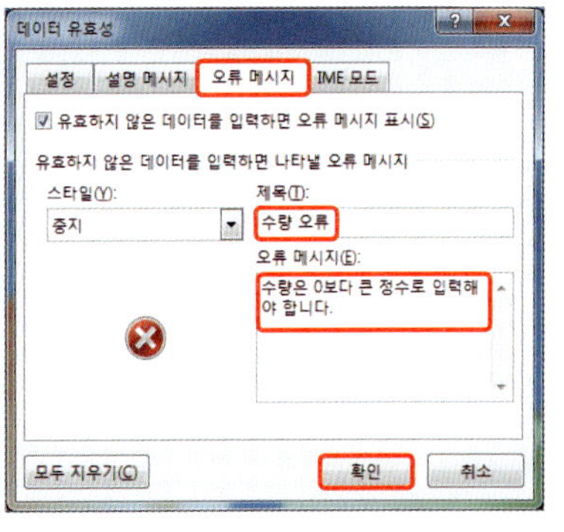

08 수량 필드에 양의 정수가 아닌 값을 잘못 입력하면 오류 메시지 창이 나타난다.

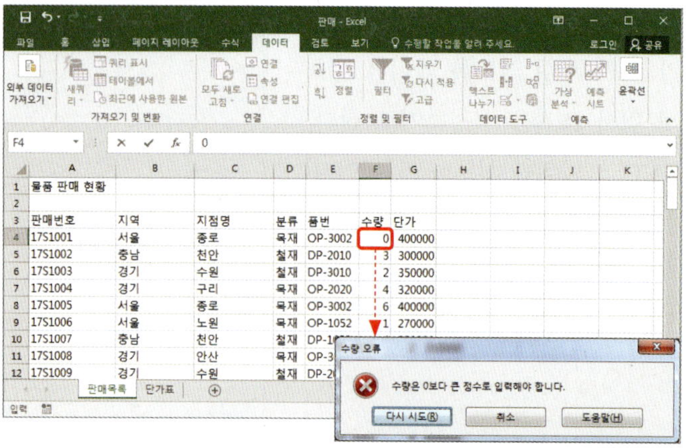

TIP 설정한 유효성 검사 조건을 해제하려면 해제할 셀을 선택하고 [데이터 유효성] 대화상자에서 [모두 지우기]를 누른 후 [확인]을 누른다. 유효성 검사 조건을 해제할 셀이 여러 개라면 [변경 내용을 설정이 같은 모든 셀에 적용]을 선택한다.

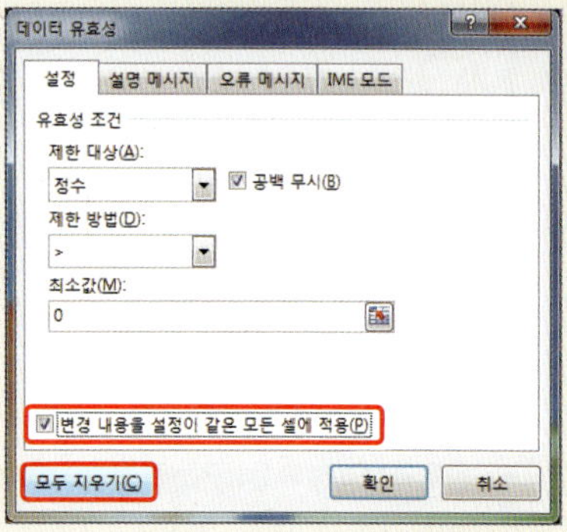

SECTION 02

데이터 정렬하기

많은 양의 데이터를 관리하는 기본적인 방법 중의 하나는 보기 쉽게 정렬하는 것이다. 판매번호순, 지점별 판매금액순 등과 같이 원하는 기준을 하나 이상 지정하여 순서대로 빠르게 재배치하도록 하는 정렬 기능에 대해 알아본다.

2.1 단일 항목 정렬

데이터는 하나의 필드나 사용자 지정 목록에 등록한 값의 순서를 기준으로 오름차순 또는 내림차순으로 정렬할 수 있다. 지점순으로 정렬하거나 판매금액순으로 정렬하는 것과 같은 경우로, 정렬된 데이터는 순서에 따라 셀에 다시 배치되어 저장 위치가 변경된다.

기본예제 8-6 판매액을 기준으로 정렬하기

판매번호 순으로 입력되어 있는 '판매목록' 시트를 판매액 기준으로 내림차순 정렬해 보자.

01 '판매.xlsx' 파일의 '판매목록' 시트에서 '판매액' 필드를 H열에 추가한 다음 '수량'과 '단가'를 곱한 *=F4*G4* 수식으로 판매액을 계산해서 표시한다.

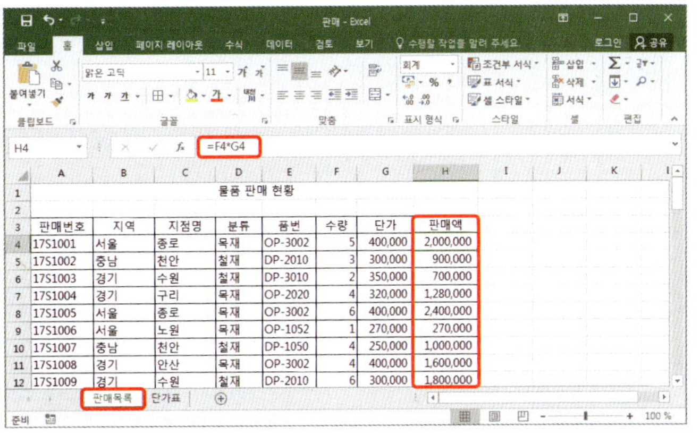

TIP A1:H1 범위에는 [병합하고 가운데 맞춤], A3:H3 범위에는 [가운데 맞춤], A3:H65 범위에는 [모든 테두리]를 설정하고 '단가'와 '판매액' 필드에는 [쉼표 스타일]로 표시 형식을 설정한다.

02 판매액을 기준으로 정렬하기 위해 H열에서 임의의 셀을 선택하고 [홈] 탭–[편집] 그룹–[정렬 및 필터] 목록에서 [숫자 내림차순 정렬]을 선택한다.

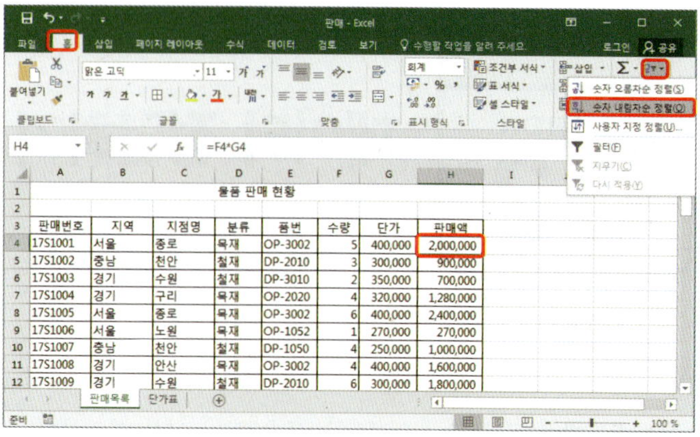

TIP 단일 항목을 기준으로 정렬할 때는 기준 값이 있는 임의의 셀을 선택하면 되는데 선택한 셀을 포함하는 연속적인 영역이 정렬 대상이 된다. 만약 데이터가 연속적이지 않은 영역에 입력되어 있다면 정렬 대상에 포함되지 않는다.

TIP 정렬 도구는 [홈] 탭에서도 선택할 수 있지만 셀을 선택하고 마우스 오른쪽 단추를 눌러 단축 메뉴에서 선택할 수도 있다.

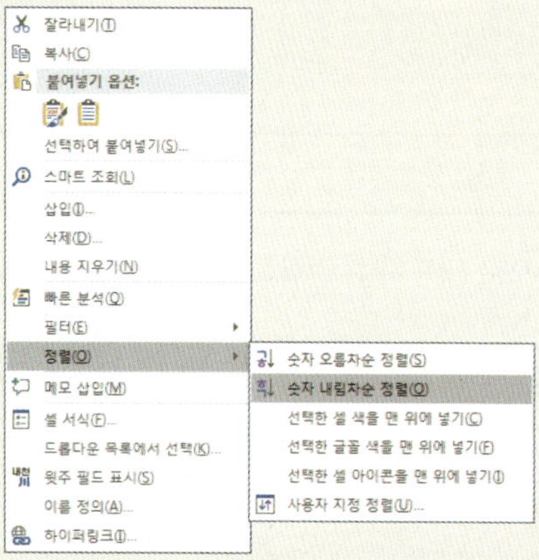

03 판매액이 큰 순서로 정렬된다.

	A	B	C	D	E	F	G	H
1	물품 판매 현황							
2								
3	판매번호	지역	지점명	분류	품번	수량	단가	판매액
4	17S1045	경기	안산	목재	OP-2020	12	320,000	3,840,000
5	17S1021	충남	천안	철재	DP-1050	15	250,000	3,750,000
6	17S1029	충남	천안	철재	DP-1050	15	250,000	3,750,000
7	17S1051	충남	천안	철재	DP-3010	9	350,000	3,150,000
8	17S1060	경기	구리	철재	DP-2010	9	300,000	2,700,000
9	17S1052	경기	수원	목재	OP-2020	8	320,000	2,560,000
10	17S1057	경기	구리	철재	DP-3010	7	350,000	2,450,000
11	17S1005	서울	종로	목재	OP-3002	6	400,000	2,400,000
12	17S1017	경기	수원	철재	DP-3010	6	350,000	2,100,000

TIP 정렬 후에는 판매목록 데이터의 순서가 달라진다. 원래 순서대로 표시하고 싶으면 '판매번호' 필드를 정렬 기준으로 다시 정렬하면 된다.

2.2 복수 항목 정렬

지역별로 판매액을 기준으로 정렬하거나 지점별로 품번을 기준으로 정렬하는 등 어떤 경우에는 정렬 기준이 두 개 이상의 필드가 된다. 이와 같이 여러 개의 항목을 기준으로 데이터를 정렬하는 방법을 알아본다.

기본예제 8-7 지역별 판매액을 내림차순으로 정렬하기

여러 항목을 기준으로 데이터를 정렬하려면 [데이터] 탭의 [정렬] 메뉴를 이용한다. 물품 판매 현황 데이터를 이용하여 지역별 판매액 순으로 정렬해 보자.

01 '판매목록' 시트의 데이터 범위에서 임의의 셀을 선택하고 [데이터] 탭-[정렬 및 필터] 그룹-[정렬]을 누른다.

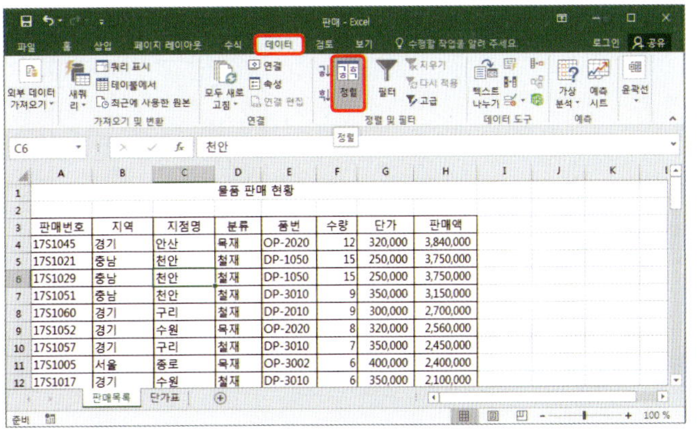

02 [정렬] 대화상자가 나타나면 [열]의 [정렬 기준]은 [지역]을, [정렬]은 [오름차순]을 선택한다.

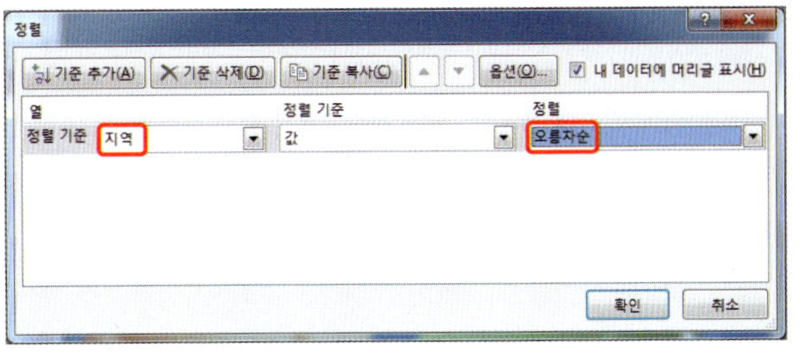

03 [기준 추가]를 눌러 [다음 기준]을 추가하고 [판매액]과 [내림차순]을 차례로 선택한 후 [확인]을 누른다.

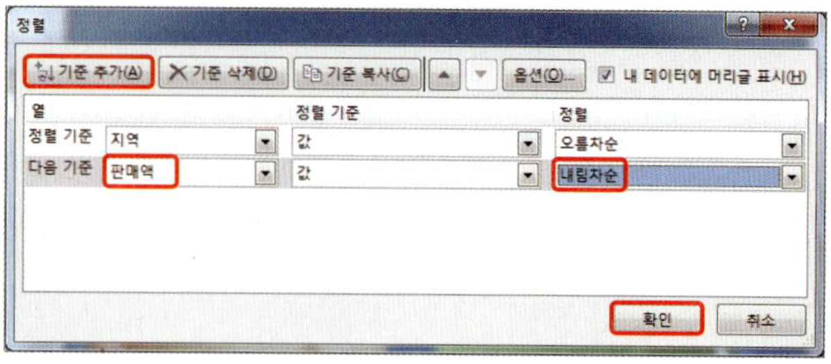

04 지역별로 판매액을 내림차순으로 정렬한 결과가 표시된다.

	A	B	C	D	E	F	G	H
1				물품 판매 현황				
2								
3	판매번호	지역	지점명	분류	품번	수량	단가	판매액
4	17S1045	경기	안산	목재	OP-2020	12	320,000	3,840,000
5	17S1060	경기	구리	철재	DP-2010	9	300,000	2,700,000
6	17S1052	경기	수원	목재	OP-2020	8	320,000	2,560,000
7	17S1057	경기	구리	철재	DP-3010	7	350,000	2,450,000
8	17S1017	경기	수원	철재	DP-3010	6	350,000	2,100,000
9	17S1025	경기	구리	철재	DP-3010	6	350,000	2,100,000
10	17S1038	경기	수원	목재	OP-3002	5	400,000	2,000,000
11	17S1013	경기	안산	목재	OP-2020	6	320,000	1,920,000
12	17S1009	경기	수원	철재	DP-2010	6	300,000	1,800,000
13	17S1055	경기	구리	철재	DP-1050	7	250,000	1,750,000
14	17S1053	경기	안산	목재	OP-1052	6	270,000	1,620,000
15	17S1008	경기	안산	목재	OP-3002	4	400,000	1,600,000
16	17S1018	경기	수원	목재	OP-2020	5	320,000	1,600,000
17	17S1022	경기	구리	목재	OP-3002	4	400,000	1,600,000
18	17S1024	경기	수원	목재	OP-2020	5	320,000	1,600,000
19	17S1026	경기	구리	목재	OP-2020	5	320,000	1,600,000
20	17S1030	경기	수원	목재	OP-3002	4	400,000	1,600,000
21	17S1032	경기	구리	목재	OP-2020	5	320,000	1,600,000
22	17S1033	경기	안산	철재	DP-2010	5	300,000	1,500,000
23	17S1043	경기	구리	철재	DP-2010	5	300,000	1,500,000
24	17S1010	경기	구리	목재	OP-1052	5	270,000	1,350,000
25	17S1061	경기	수원	목재	OP-1052	5	270,000	1,350,000

SECTION 03

필터 사용하기

물품 판매 현황에서 임의의 지역 데이터만 골라서 표시하거나 판매 수량이 일정 수량 이상인 판매 목록만 보이도록 하는 것과 같이 많은 양의 데이터 중에서 조건에 맞는 데이터만 표시하거나 인쇄하려면 필터 기능을 이용하면 된다. 엑셀의 필터 기능에는 메뉴에서 편리하게 설정할 수 있는 자동 필터와 다양한 조건을 조합하여 설정할 수 있는 고급 필터 방식이 있다. 필터 기능을 수행하면 워크시트에 전체 데이터 대신 필터링된 결과만 보이지만, 데이터가 삭제된 것이 아니므로 필터를 해제하면 원래대로 표시된다.

3.1 자동 필터

자동 필터 메뉴는 필터 기능을 가장 쉽게 사용할 수 있는 방법으로서, 데이터 목록의 필드 이름 옆에 [▾ 필터] 단추를 표시하고 이 단추를 눌러 원하는 조건을 선택할 수 있도록 한다. 숫자와 문자 등 데이터의 종류에 따라 범위를 지정하거나 값을 비교하여 판단할 수 있는 메뉴를 다양하게 지원하며 한 가지 이상의 필터 기준을 AND 조건으로 조합할 수 있으므로 복잡한 조건도 쉽게 처리할 수 있다.

기본예제 8-8 자동 필터 설정과 해제하기

'지점명'과 '분류' 필드를 조건으로 지정하여 특정 지점의 특정 분류에 해당하는 데이터만 표시하도록 자동 필터 기능을 활용해 보자. 그리고 적용된 필터의 설정을 해제하는 방법도 알아보자.

01 '판매.xlsx' 파일의 '판매목록' 시트를 열고 [데이터] 탭–[정렬 및 필터] 그룹–[필터]를 누른다.

TIP 데이터 범위 내에 있는 셀을 선택해야 필터 도구를 사용할 수 있다.

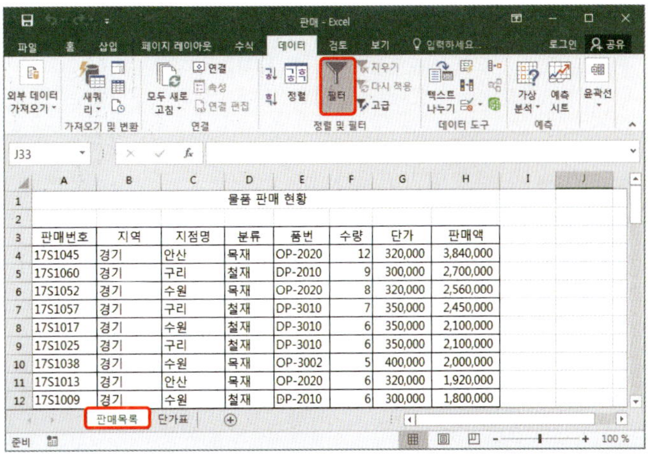

02 각 필드 이름에 [▼ 필터] 단추가 표시된다. '지점명' 필드의 [▼ 필터] 단추를 눌러 목록에서 [노원]만 선택하고 [확인]을 누른다.

TIP 필터 결과가 표시될 때 워크시트의 행 번호는 파란색으로 바뀌고, 필터 조건에 사용한 필드의 필터 단추는 [필터 적용] 모양으로 변경된다.

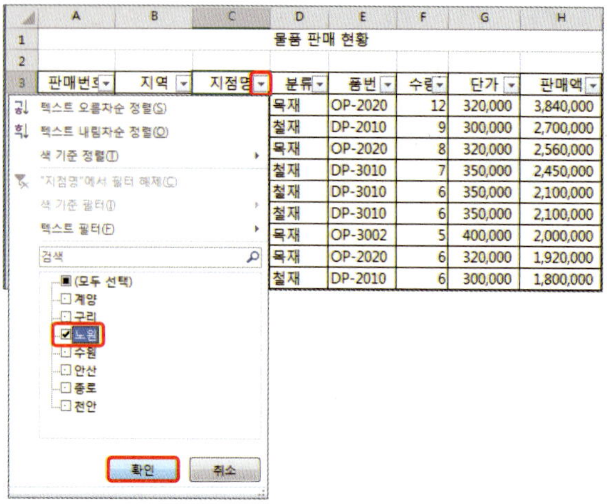

03 '분류' 필드의 [▼ 필터] 단추를 눌러 목록에서 [목재]만 선택하고 [확인]을 누른다.

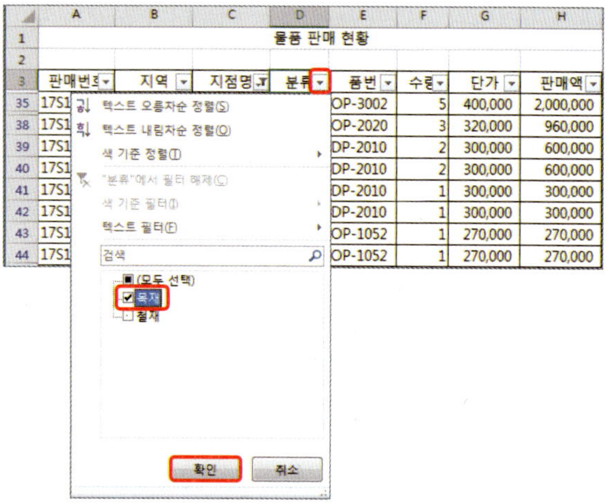

04 필터링된 결과가 워크시트에 표시된다. [데이터] 탭–[정렬 및 필터] 그룹–[지우기]를 누르면 필터 설정이 해제되고 원래의 데이터를 모두 볼 수 있다.

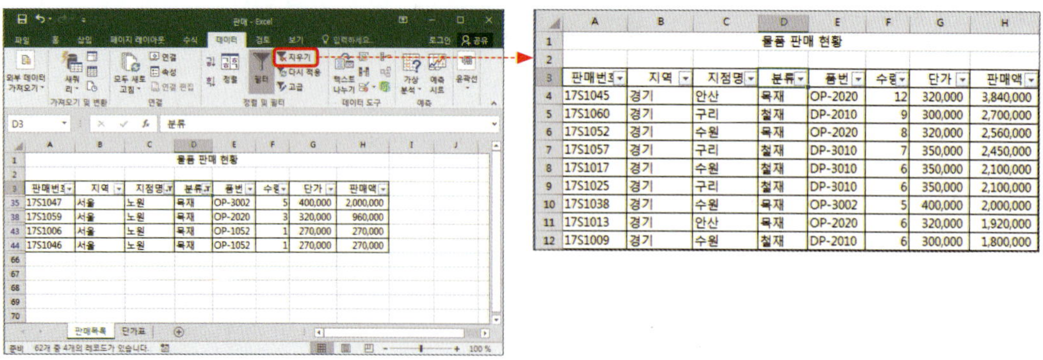

TIP [지우기] 대신 [필터]를 눌러도 되는데, 이 경우 필드 이름 옆에 있는 [▼ 필터] 단추도 제거된다.

기본예제 8-9 선택적 자동 필터 설정하기

필터링에 사용하는 필드 값이 숫자인지 문자인지에 따라 범위나 특정 값과 비교해 선택할 수 있다. 데이터 형식에 따라 필터 조건을 선택할 수 있는 자동 필터 메뉴를 활용하여 판매액이 상위 20% 이상인 데이터만 표시해 보자.

01 '판매목록' 시트에서 데이터 범위 내 임의의 셀을 선택하고 [데이터] 탭–[정렬 및 필터] 그룹–[필터]를 누른다.

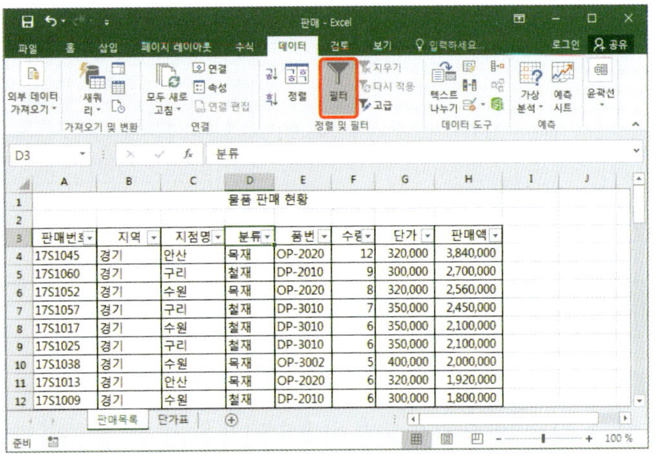

02 '판매액' 필드의 [▾ 필터] 단추를 누르고 [숫자 필터]–[상위 10]을 선택한다.

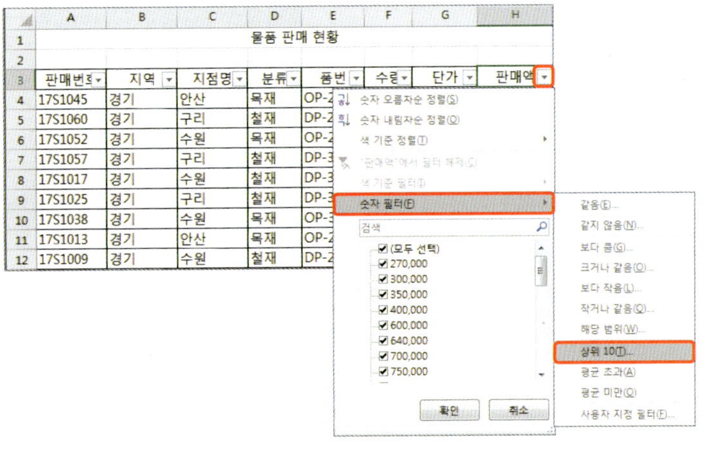

03 [상위 10 자동 필터] 대화상자에서 [상위], [20], [%]를 각각 선택하고 [확인]을 누른다.

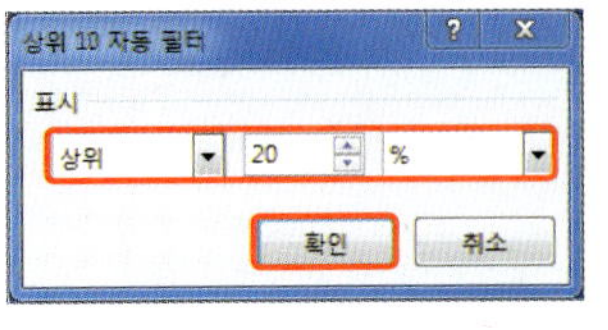

04 판매액이 상위 20%인 데이터만 표시된다.

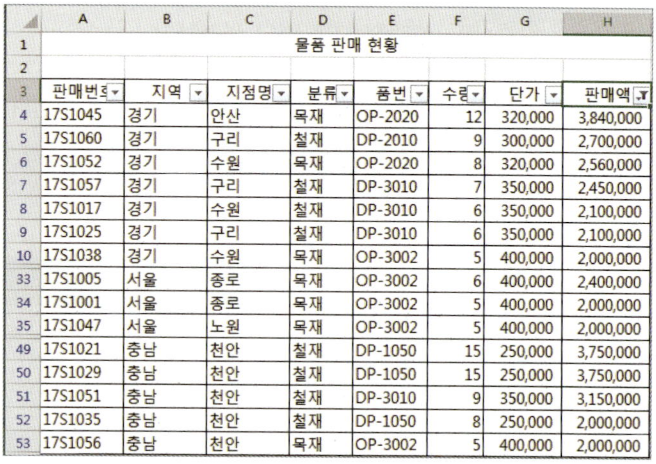

	A	B	C	D	E	F	G	H
1	물품 판매 현황							
2								
3	판매번호	지역	지점명	분류	품번	수량	단가	판매액
4	17S1045	경기	안산	목재	OP-2020	12	320,000	3,840,000
5	17S1060	경기	구리	철재	DP-2010	9	300,000	2,700,000
6	17S1052	경기	수원	목재	OP-2020	8	320,000	2,560,000
7	17S1057	경기	구리	철재	DP-3010	7	350,000	2,450,000
8	17S1017	경기	수원	철재	DP-3010	6	350,000	2,100,000
9	17S1025	경기	구리	철재	DP-3010	6	350,000	2,100,000
10	17S1038	경기	수원	목재	OP-3002	5	400,000	2,000,000
33	17S1005	서울	종로	목재	OP-3002	6	400,000	2,400,000
34	17S1001	서울	종로	목재	OP-3002	5	400,000	2,000,000
35	17S1047	서울	노원	목재	OP-3002	5	400,000	2,000,000
49	17S1021	충남	천안	철재	DP-1050	15	250,000	3,750,000
50	17S1029	충남	천안	철재	DP-1050	15	250,000	3,750,000
51	17S1051	충남	천안	철재	DP-3010	9	350,000	3,150,000
52	17S1035	충남	천안	철재	DP-1050	8	250,000	2,000,000
53	17S1056	충남	천안	목재	OP-3002	5	400,000	2,000,000

기본예제 8-10 사용자 지정 자동 필터 설정하기

필터링 조건을 사용자가 직접 원하는 식으로 지정하는 자동 필터 방법도 있다. 사용자 지정 자동 필터 기능을 활용하여 단가가 35만 원에서 40만 원 사이인 물품의 판매 데이터만 표시해 보자.

01 '판매목록' 시트에서 [데이터] 탭–[정렬 및 필터] 그룹–[필터]를 누른 후 '단가' 필드의 [▾ 필터] 단추를 눌러 [숫자 필터]–[사용자 지정 필터]를 선택한다.

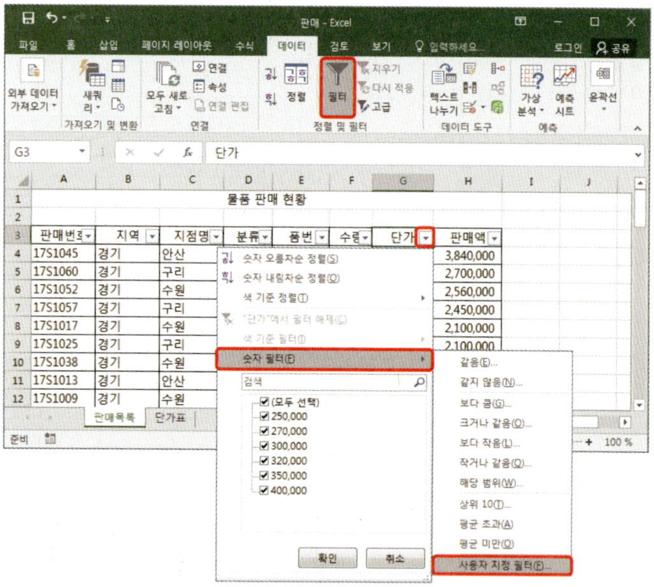

TIP 이전 실습에서 적용한 필터는 설정을 모두 해제한다.

02 [사용자 지정 자동 필터] 대화상자에서 [찾을 조건]의 [단가]를 예제 화면과 같이 설정하고 [확인]을 누른다.

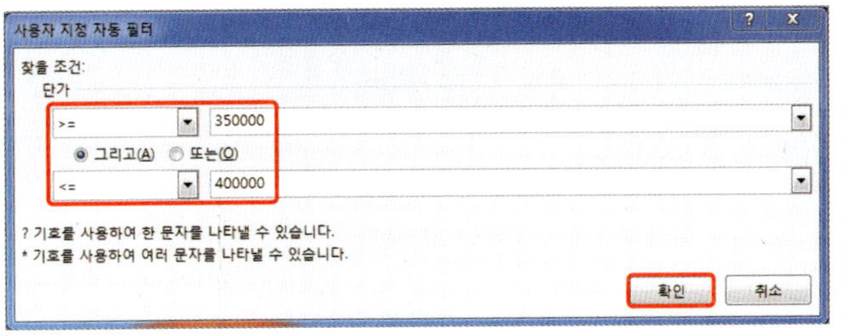

03 설정한 조건에 맞는 판매 데이터만 표시된다.

	A	B	C	D	E	F	G	H
1				물품 판매 현황				
2								
3	판매번호	지역	지점명	분류	품번	수량	단가	판매액
7	17S1057	경기	구리	철재	DP-3010	7	350,000	2,450,000
8	17S1017	경기	수원	철재	DP-3010	6	350,000	2,100,000
9	17S1025	경기	구리	철재	DP-3010	6	350,000	2,100,000
10	17S1038	경기	수원	목재	OP-3002	5	400,000	2,000,000
15	17S1008	경기	안산	목재	OP-3002	4	400,000	1,600,000
17	17S1022	경기	구리	목재	OP-3002	4	400,000	1,600,000
20	17S1030	경기	수원	목재	OP-3002	4	400,000	1,600,000
28	17S1003	경기	수원	철재	DP-3010	2	350,000	700,000
29	17S1012	경기	수원	목재	OP-3002	1	400,000	400,000
30	17S1039	경기	구리	철재	DP-3010	1	350,000	350,000
33	17S1005	서울	종로	목재	OP-3002	6	400,000	2,400,000
34	17S1001	서울	종로	목재	OP-3002	5	400,000	2,000,000
35	17S1047	서울	노원	목재	OP-3002	5	400,000	2,000,000
51	17S1051	충남	천안	철재	DP-3010	9	350,000	3,150,000
53	17S1056	충남	천안	목재	OP-3002	5	400,000	2,000,000
55	17S1062	충남	천안	목재	OP-3002	4	400,000	1,600,000

3.2 고급 필터

자동 필터는 편리하게 사용할 수 있지만, 수량이 10개 이상이거나 판매금액이 3백만 원 이상인 데이터를 필터링하는 것처럼 필드와 필드의 OR 조건 결합은 불가능하다. 엑셀에서 제공하는 고급 필터 도구를 사용하면 다양한 필터 조건을 AND나 OR 조건식으로 결합할 수 있으며, 필터링 결과 중에서 중복된 값을 제거할 수 있다. 또한 필터링 결과를 같은 워크시트의 다른 위치나 다른 워크시트 등 원래의 데이터와 다른 장소에 표시할 수도 있다.

기본예제 8-11 고급 필터의 조건 설정하기

고급 필터를 사용하려면 먼저 빈 셀에 필드 이름과 조건식을 작성해야 한다. 조건식을 같은 행에 입력하면 AND 조건, 다른 행에 입력하면 OR 조건이 된다. '수량' 이 10개 이상이거나 '판매액'이 3백만 원 이상인 데이터를 필터링하기 위한 OR 조건을 지정해 보자.

01 '판매목록' 시트의 J1:K1 범위에 조건에 사용할 필드 이름(*수량*, *판매액*)을 입력한다.

TIP F3 셀과 H3 셀을 복사하여 J1 셀과 K1 셀에 붙여넣어도 된다.

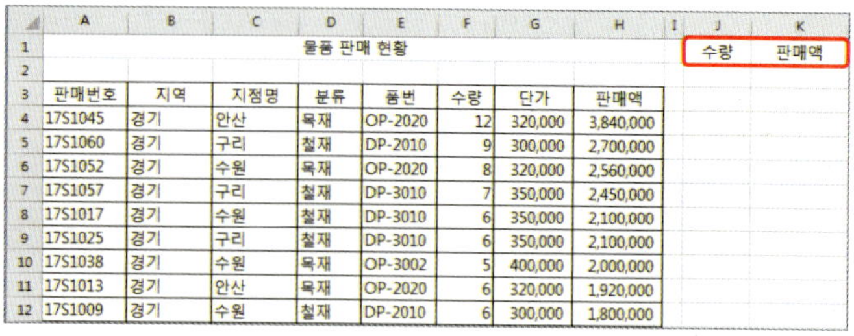

	A	B	C	D	E	F	G	H	I	J	K
1	물품 판매 현황									수량	판매액
2											
3	판매번호	지역	지점명	분류	품번	수량	단가	판매액			
4	17S1045	경기	안산	목재	OP-2020	12	320,000	3,840,000			
5	17S1060	경기	구리	철재	DP-2010	9	300,000	2,700,000			
6	17S1052	경기	수원	목재	OP-2020	8	320,000	2,560,000			
7	17S1057	경기	구리	철재	DP-3010	7	350,000	2,450,000			
8	17S1017	경기	수원	철재	DP-3010	6	350,000	2,100,000			
9	17S1025	경기	구리	철재	DP-3010	6	350,000	2,100,000			
10	17S1038	경기	수원	목재	OP-3002	5	400,000	2,000,000			
11	17S1013	경기	안산	목재	OP-2020	6	320,000	1,920,000			
12	17S1009	경기	수원	철재	DP-2010	6	300,000	1,800,000			

02 '수량'이 10개 이상이거나 '판매액'이 3백만 원 이상인 필터 조건을 지정하기 위해 J2 셀에 *>=10*, K3 셀에 *>=3000000*을 입력한다.

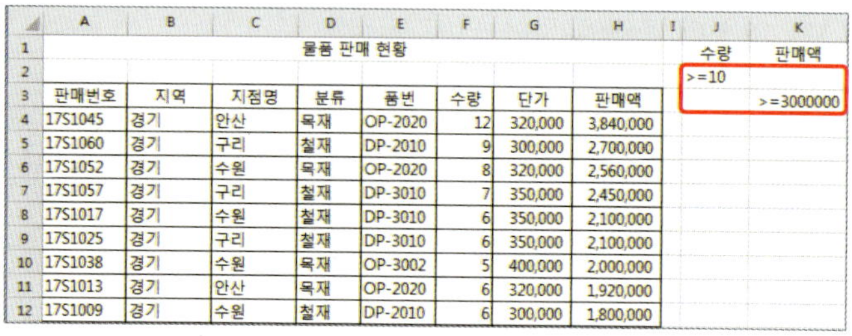

	A	B	C	D	E	F	G	H	I	J	K
1	물품 판매 현황									수량	판매액
2										>=10	
3	판매번호	지역	지점명	분류	품번	수량	단가	판매액			>=3000000
4	17S1045	경기	안산	목재	OP-2020	12	320,000	3,840,000			
5	17S1060	경기	구리	철재	DP-2010	9	300,000	2,700,000			
6	17S1052	경기	수원	목재	OP-2020	8	320,000	2,560,000			
7	17S1057	경기	구리	철재	DP-3010	7	350,000	2,450,000			
8	17S1017	경기	수원	철재	DP-3010	6	350,000	2,100,000			
9	17S1025	경기	구리	철재	DP-3010	6	350,000	2,100,000			
10	17S1038	경기	수원	목재	OP-3002	5	400,000	2,000,000			
11	17S1013	경기	안산	목재	OP-2020	6	320,000	1,920,000			
12	17S1009	경기	수원	철재	DP-2010	6	300,000	1,800,000			

TIP 두 개 이상의 필드에 대해 필터 조건을 OR로 결합하는 경우, 단계 **02**와 같이 식을 각각 다른 행에 입력하면 된다. 만약 판매 수량이 10개 이상이고 판매액은 3백만 원 이상인 경우처럼 필터 조건을 AND로 결합해야 한다면 왼쪽 그림과 같이 식을 같은 행에 입력해야 한다. AND와 OR의 복합된 필터 조건도 가능한데, 오른쪽 그림과 같이 조건을 작성하면 경기 또는 인천 지역에서 수량이 5개 이상인 데이터를 필터링할 수 있다.

J	K
수량	판매액
>=10	>=3000000

▲ AND 조건

J	K
지역	수량
경기	>=5
인천	>=5

▲ AND와 OR의 복합 조건

기본예제 8-12 고급 필터 설정하기

[기본예제 8-11]에서 작성한 필터 조건을 이용하여 수량이 10개 이상이거나 판매금액이 3백만 원 이상인 판매 데이터를 필터링한 결과를 표시해 보자.

01 '판매목록' 시트에서 [데이터] 탭-[정렬 및 필터] 그룹-[고급]을 누른다.

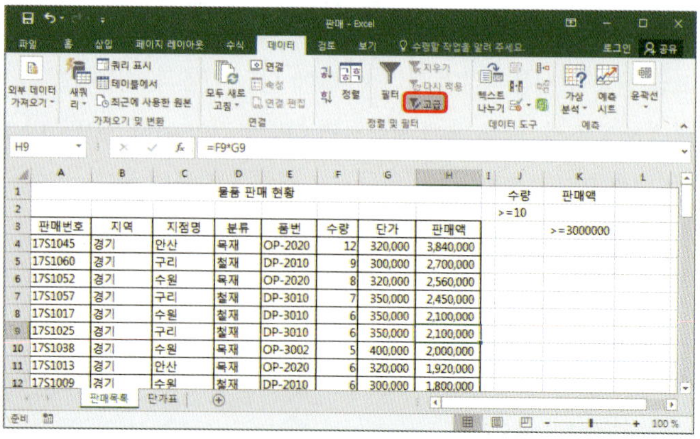

	A	B	C	D	E	F	G	H	I	J	K	L
1	물품 판매 현황									수량	판매액	
2										>=10		
3	판매번호	지역	지점명	분류	품번	수량	단가	판매액			>=3000000	
4	17S1045	경기	안산	목재	OP-2020	12	320,000	3,840,000				
5	17S1060	경기	구리	철재	DP-2010	9	300,000	2,700,000				
6	17S1052	경기	수원	목재	OP-2020	8	320,000	2,560,000				
7	17S1057	경기	구리	철재	DP-3010	7	350,000	2,450,000				
8	17S1017	경기	수원	철재	DP-3010	6	350,000	2,100,000				
9	17S1025	경기	구리	철재	DP-3010	6	350,000	2,100,000				
10	17S1038	경기	수원	목재	OP-3002	5	400,000	2,000,000				
11	17S1013	경기	안산	목재	OP-2020	6	320,000	1,920,000				
12	17S1009	경기	수원	철재	DP-2010	6	300,000	1,800,000				

02 [고급 필터] 대화상자에서 [결과]와 [목록 범위], [조건 범위]를 각각 그림과 같이 설정하고 [확인]을 누른다.

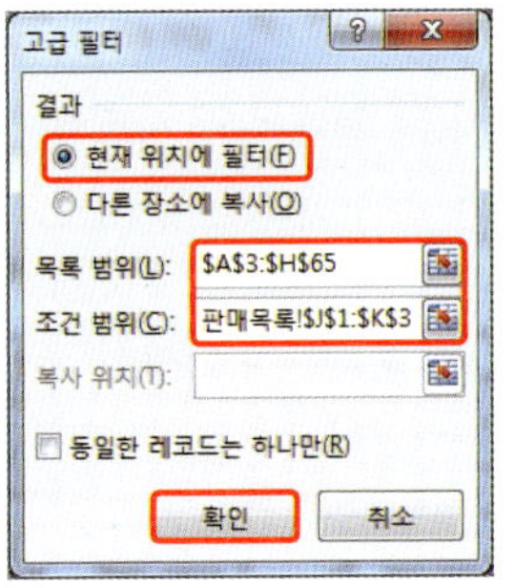

TIP [목록 범위]에는 현재 시트의 데이터 영역이 자동으로 설정된다. 다른 영역으로 설정하려면 반드시 필드 이름이 포함되도록 해야 한다. [조건 범위]는 [기본예제 8-11]에서 입력한 J1:K3 범위를 선택한다.

03 필터링 결과가 표시된다. [데이터] 탭–[정렬 및 필터] 그룹–[지우기]를 누르면 고급 필터가 해제되고 원래의 데이터가 모두 나타난다.

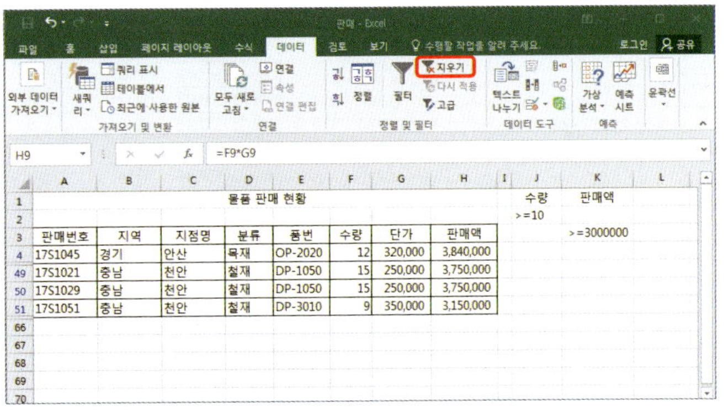

기본예제 8-13 고급 필터로 다른 장소에 필터링 결과 표시하기

고급 필터를 사용하면 다양한 조건을 결합할 수 있지만 필터링한 데이터를 원하는 곳에 표시할 수도 있다. 고급 필터를 이용하여 수량이 10개 이상이거나 판매액이 3백만 원 이상인 판매 데이터를 필터링하여 다른 셀에 표시해 보자.

01 '판매목록' 시트에서 [데이터] 탭–[정렬 및 필터] 그룹–[고급]을 누른다.

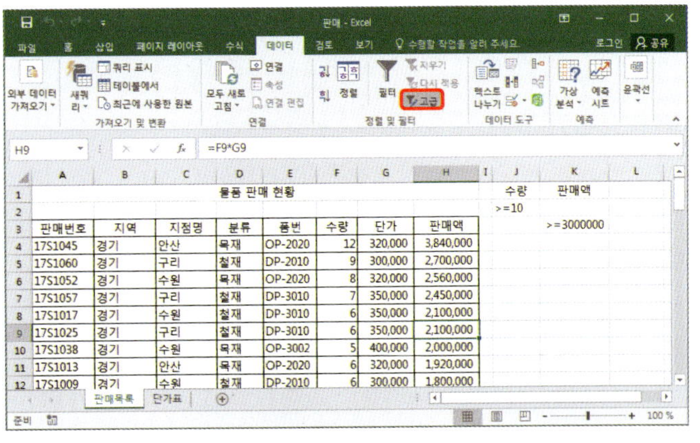

02 [고급 필터] 대화상자에서 [다른 장소에 복사]를 선택하고 [복사 위치]는 '판매목록' 시트의 A67 셀을 선택한 후 [확인]을 누른다.

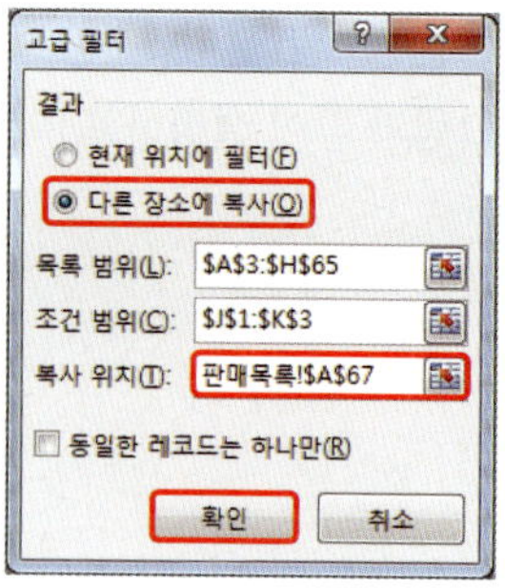

TIP [목록 범위]와 [조건 범위]는 [기본예제 8-12]와 같이 '판매목록' 시트의 A3:H65 범위와 J1:K3 범위로 각각 설정하고 [복사 위치]는 같은 시트 내에서 임의의 셀로 정한다.

03 A67 셀에 필터링 결과가 표시된다.

	A	B	C	D	E	F	G	H
59	17S1019	충남	천안	철재	DP-1050	4	250,000	1,000,000
60	17S1027	충남	천안	철재	DP-1050	4	250,000	1,000,000
61	17S1002	충남	천안	철재	DP-2010	3	300,000	900,000
62	17S1031	충남	천안	철재	DP-2010	3	300,000	900,000
63	17S1023	충남	천안	철재	DP-1050	3	250,000	750,000
64	17S1044	충남	천안	목재	DP-1050	3	250,000	750,000
65	17S1048	충남	천안	철재	DP-1050	3	250,000	750,000
66								
67	판매번호	지역	지점명	분류	품번	수량	단가	판매액
68	17S1045	경기	안산	목재	OP-2020	12	320,000	3,840,000
69	17S1021	충남	천안	철재	DP-1050	15	250,000	3,750,000
70	17S1029	충남	천안	철재	DP-1050	15	250,000	3,750,000
71	17S1051	충남	천안	철재	DP-3010	9	350,000	3,150,000

SECTION 04 부분합 구하기

지역별 혹은 지점별로 판매금액의 합계나 평균을 구하는 경우 지역이나 지점을 기준으로 그룹화하여 합계나 평균을 계산하는 부분합 도구를 사용할 수 있다. 합계와 평균 외에 최대값, 최소값, 개수, 표준편차, 분산 등을 구할 때도 부분합 기능을 활용할 수 있다.

4.1 부분합 추가와 삭제

그룹별로 부분합을 구하려면 먼저 해당 그룹에 대한 정렬 작업을 해야 한다. 가령 지역별 판매금액의 부분합을 구하는 경우, 부분합을 구하기 전에 먼저 지역을 기준으로 데이터 목록을 정렬해야 한다. 정렬되지 않은 데이터에 대해 부분합을 구하면 그룹별 계산 결과가 올바르게 표시되지 않는다.

기본예제 8-14 지역별 판매금액의 소계 구하기

부분합 도구를 사용하여 판매목록을 지역별로 그룹화하여 판매액의 합계를 구해 보자.

01 '판매.xlsx' 파일의 '판매목록' 시트에서 B열의 '지역' 필드 값 중 임의의 셀을 선택하고 마우스 오른쪽 단추를 눌러 [정렬]–[텍스트 오름차순 정렬]을 선택한다.

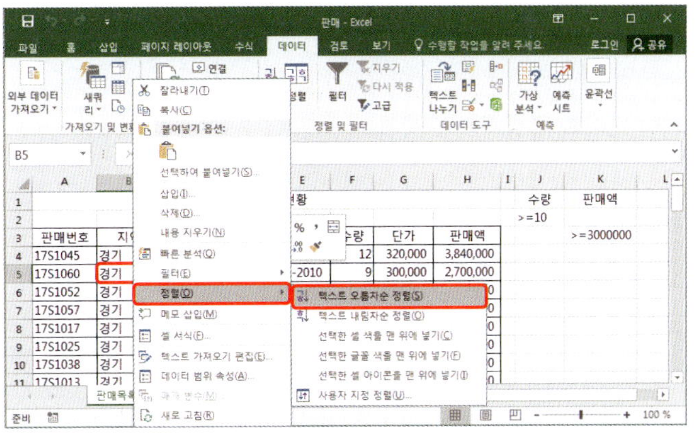

02 [데이터] 탭–[윤곽선] 그룹–[부분합]을 누른다.

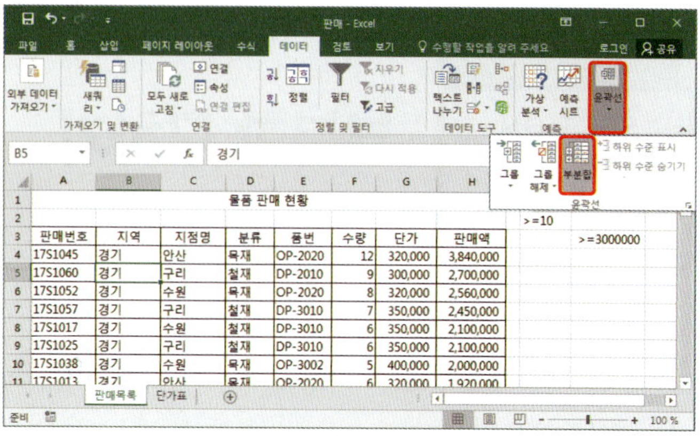

03 [부분합] 대화상자에서 [그룹화할 항목]은 [지역], [사용할 함수]는 [합계], [부분합 계산 항목]은 [판매액]을 선택하고 [확인]을 누른다.

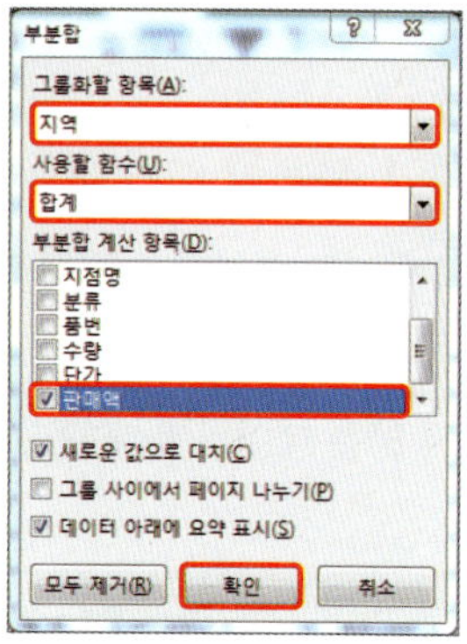

04 행 번호 왼쪽에 윤곽선과 수준 번호 [1]~[3]이 나타난다. [2]를 누르면 상세 데이터는 감춰지고 지역별 요약과 총합계가 표시된다.

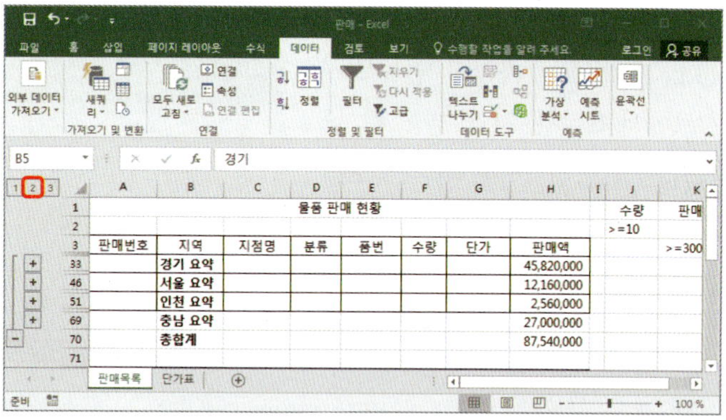

TIP 수준 번호나 [⊞ 확장], [⊟ 축소] 단추를 이용하면 수준별로 상세 정보나 요약 정보를 표시하도록 모양을 바꿀 수 있다.

05 작성한 부분합을 삭제하려면 [데이터] 탭-[윤곽선] 그룹-[부분합]을 눌러 [부분합] 대화상자를 다시 열고 [모두 제거]를 누른다.

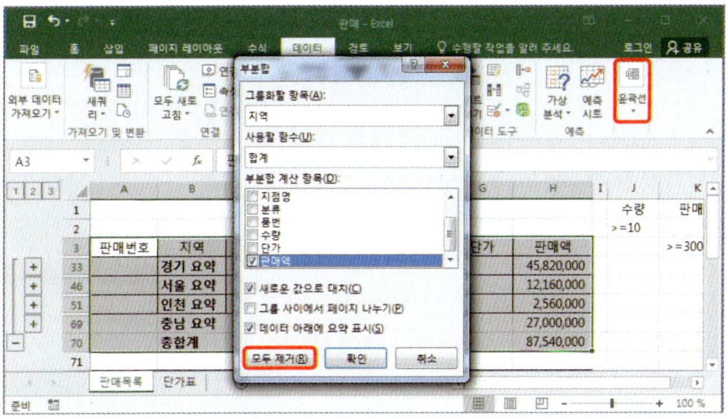

4.2 부분합의 중첩

두 개 이상의 그룹을 기준으로 부분합을 작성하는 경우, 예를 들어 지역별 합계와 지역 내 지점별 소계를 함께 작성하려면 먼저 지역과 지점명으로 데이터를 정렬하고 부분합을 중첩해서 설정해야 한다. 하나의 그룹으로 부분합을 구하는 경우에도 합계와 평균 등 다른 종류의 함수를 사용해야 한다면 부분합을 중첩해서 설정해야 한다.

기본예제 8-15 지역별 합계와 지점별 평균 구하기

물품 판매 현황 데이터의 지역별 수량과 판매액의 합계를 계산하고 같은 지역 내에서는 지점별로 수량과 판매액의 평균을 표시하도록 중첩된 부분합을 작성해 보자.

01 '판매목록' 시트에서 [데이터] 탭-[정렬 및 필터] 그룹-[정렬]을 누른다.

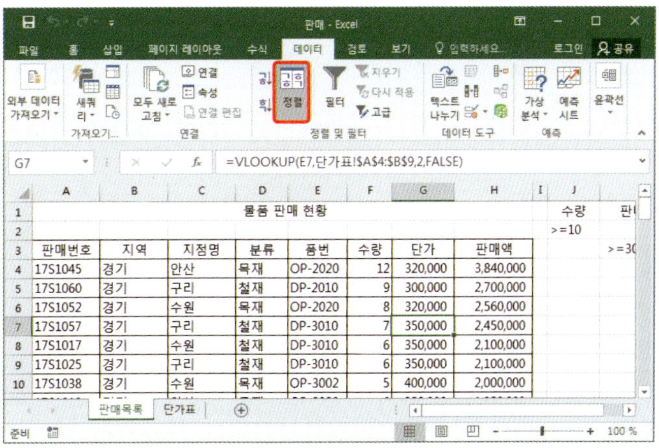

02 [정렬] 대화상자에서 [기준 추가] 단추를 눌러 정렬 기준을 [지역]과 [지점명]의 두 가지로 설정하고 모두 [오름차순]으로 설정한 후 [확인]을 누른다.

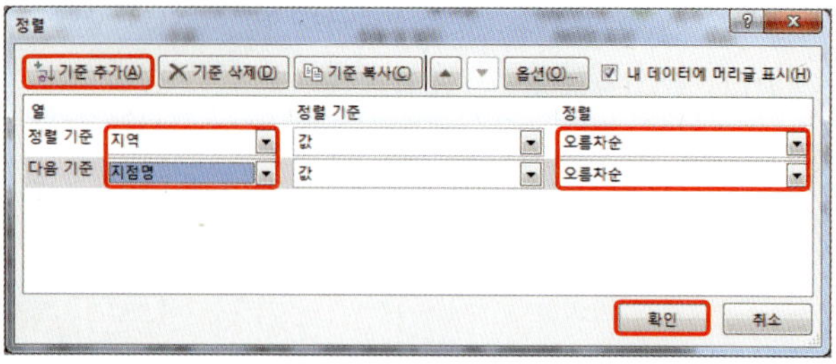

03 데이터 범위에서 임의의 셀을 선택하고 [데이터] 탭-[윤곽선] 그룹-[부분합]을 누른다.

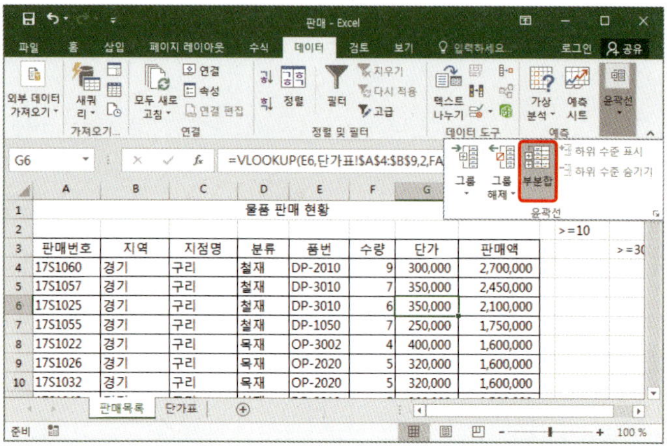

04 [부분합] 대화상자에서 [그룹화할 항목]은 [지역], [사용할 함수]는 [합계]를 선택하고, [부분합 계산 항목]은 [수량]과 [판매액]으로 설정한 후 [확인]을 누른다.

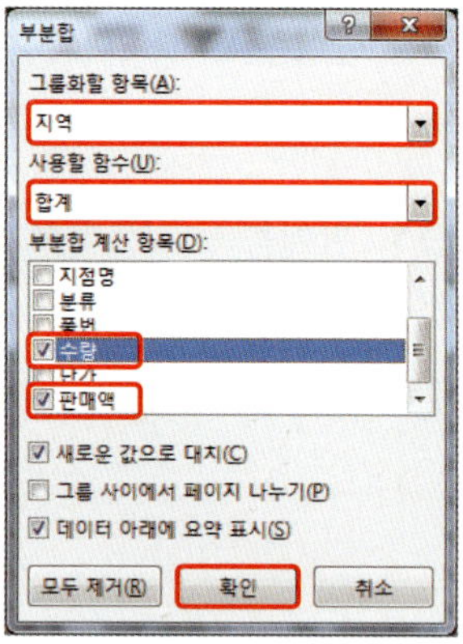

05 윤곽선과 수준 번호가 표시된다. 지점별 부분합을 중첩하기 위해 단계 **03**과 같이 [데이터] 탭–[윤곽선] 그룹–[부분합]을 다시 누른다.

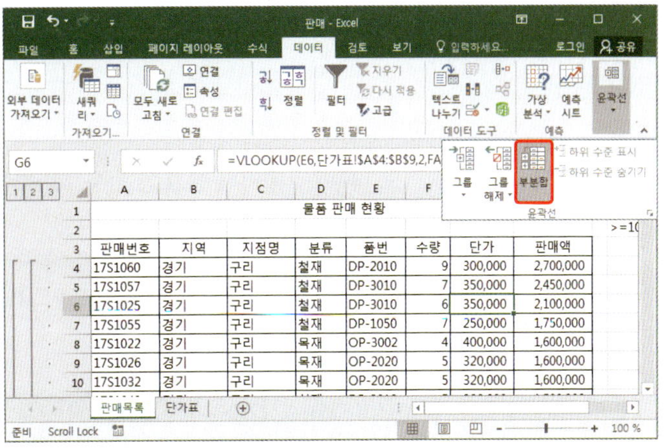

06 [부분합] 대화상자에서 [그룹화할 항목]은 [지점명], [사용할 함수]는 [평균]을 선택하고, [부분합 계산 항목]은 [수량]과 [판매액]으로 설정한 후 [새로운 값으로 대치] 항목의 선택을 해제하고 [확인]을 누른다.

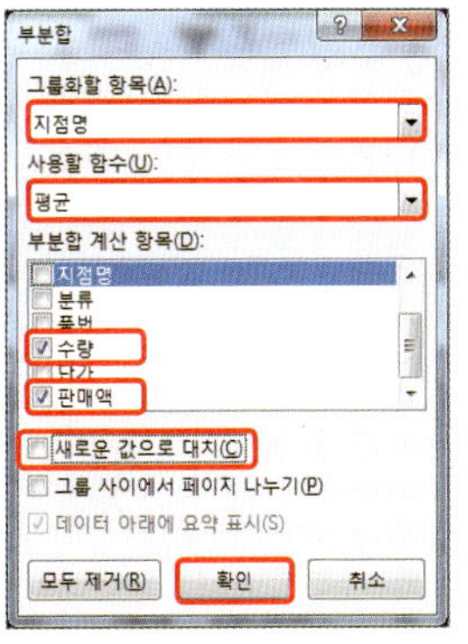

TIP [새로운 값으로 대치] 항목을 선택하면 기존 부분합이 제거되고 새로 설정한 부분합만 표시된다. 부분합을 중첩하려면 반드시 선택을 해제한다.

07 수준 번호 [1]~[4] 중 [3]을 누르면 지역별 요약과 지점별 평균을 볼 수 있다. '수량' 필드는 [홈] 탭–[표시 형식] 그룹–[자릿수 줄임]을 눌러 소수점 한 자리로 표시하고 '판매액' 필드는 [표시 형식]을 [회계]로 설정해 예제 화면과 같이 편집한다.

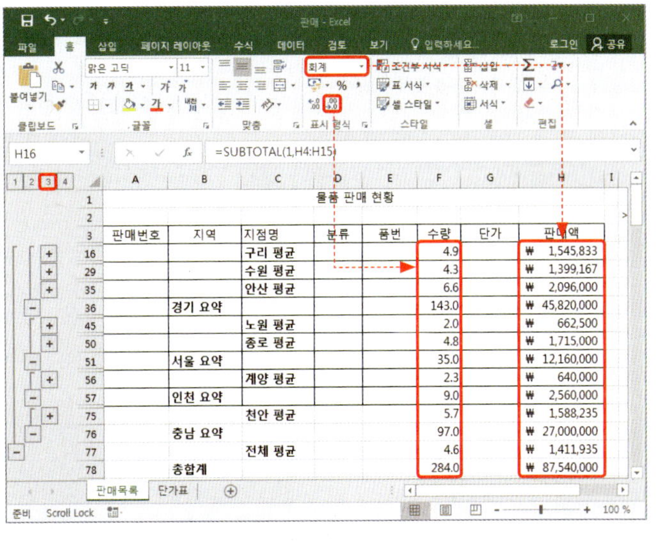

종합예제

이번 장에서 학습한 텍스트 나누기, 데이터 유효성 검사, 정렬과 필터, 부분합을 활용하여 작업 명세서를 만들어 보자.

1 '종합예제.xlsx' 파일의 '작업목록' 시트에서 '작업' 필드인 B2:B14 범위를 선택하고 [홈] 탭–[셀] 그룹–[삽입]을 누른다.

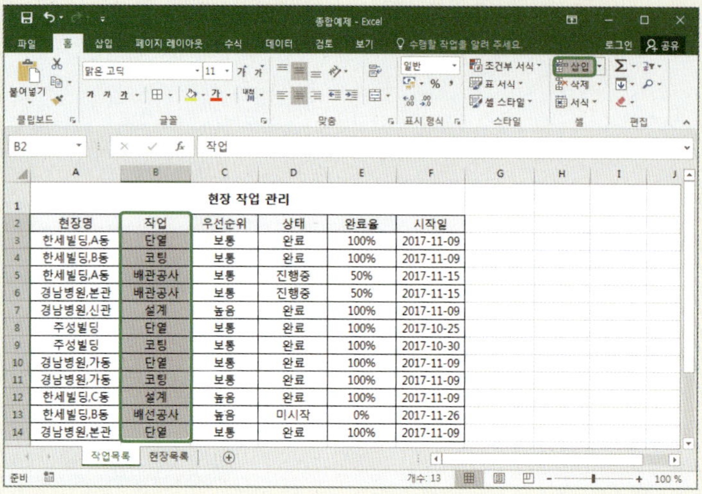

2 삽입된 B2 셀에 *건물명*이라고 입력한 후 A3:A14 범위를 선택하고 [데이터] 탭–[데이터 도구] 그룹–[텍스트 나누기]를 누른다.

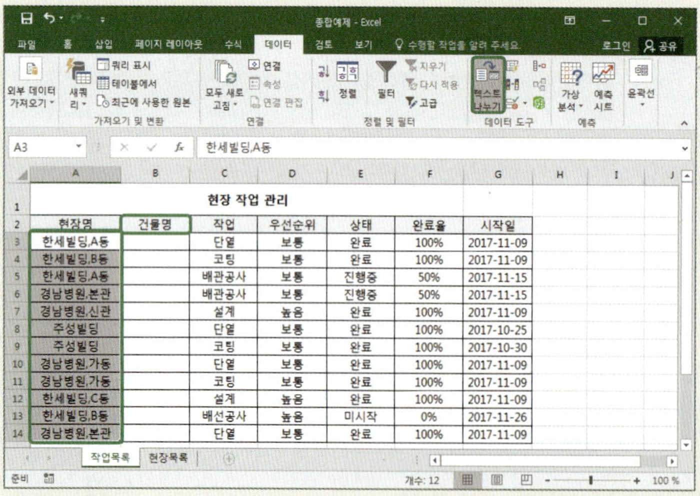

3 [텍스트 마법사]의 1단계에서 [원본 데이터 형식]을 [구분 기호로 분리됨]으로 선택하고 [다음]을 누른다.

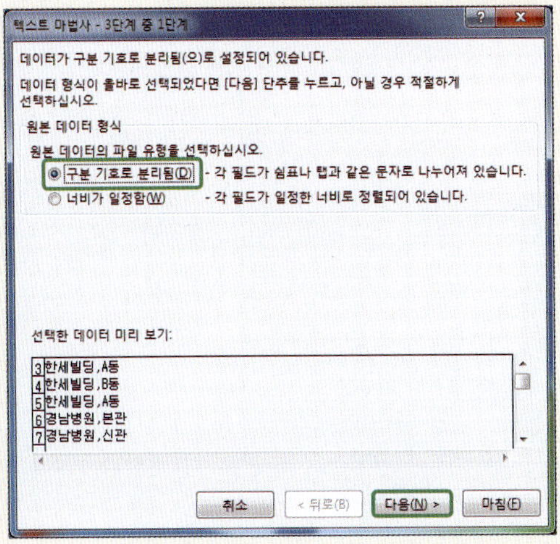

4 [텍스트 마법사] 2단계에서 구분 기호를 [쉼표]로 선택하고 [마침]을 누른다.

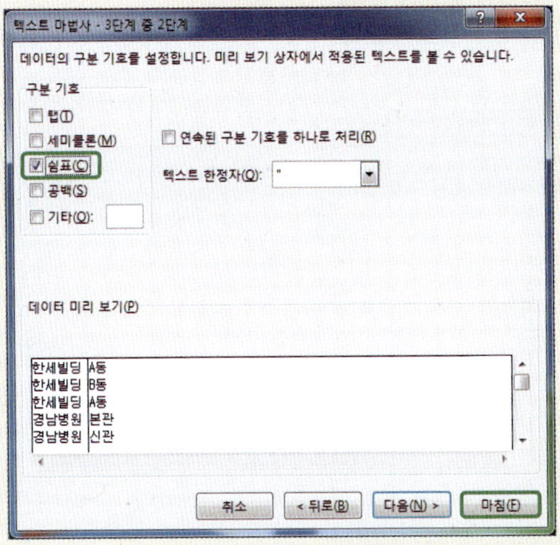

5 기존 데이터를 바꿀 것인지 묻는 메시지 창이 나타나면 [확인]을 누른다. '현장명' 필드에 있던 데이터가 '현장명' 필드와 '건물명' 필드에 나뉘어 입력된다.

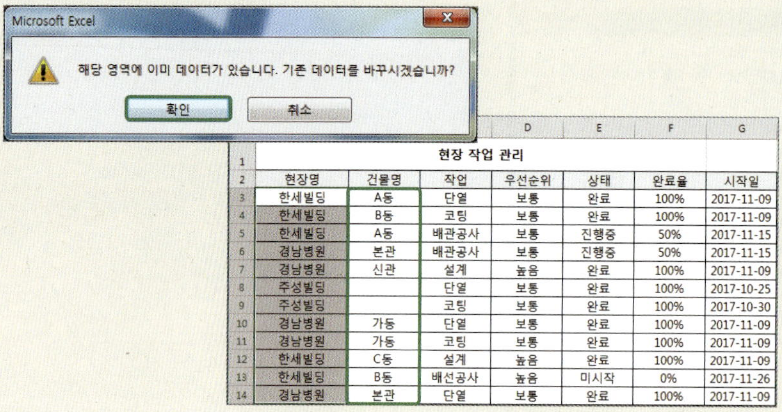

현장명	건물명	작업	우선순위	상태	완료율	시작일
한세빌딩	A동	단열	보통	완료	100%	2017-11-09
한세빌딩	B동	코팅	보통	완료	100%	2017-11-09
한세빌딩	A동	배관공사	보통	진행중	50%	2017-11-15
경남병원	본관	배관공사	보통	진행중	50%	2017-11-15
경남병원	신관	설계	높음	완료	100%	2017-11-09
주성빌딩		단열	보통	완료	100%	2017-10-25
주성빌딩		코팅	보통	완료	100%	2017-10-30
경남병원	가동	단열	보통	완료	100%	2017-11-09
경남병원	가동	코팅	보통	완료	100%	2017-11-09
한세빌딩	C동	설계	높음	완료	100%	2017-11-09
한세빌딩	B동	배선공사	높음	미시작	0%	2017-11-26
경남병원	본관	단열	보통	완료	100%	2017-11-09

6 '현장명' 필드인 A3:A14 범위를 선택하고 [데이터] 탭–[데이터 도구] 그룹–[데이터 유효성 검사] 목록에서 [데이터 유효성 검사]를 선택한다.

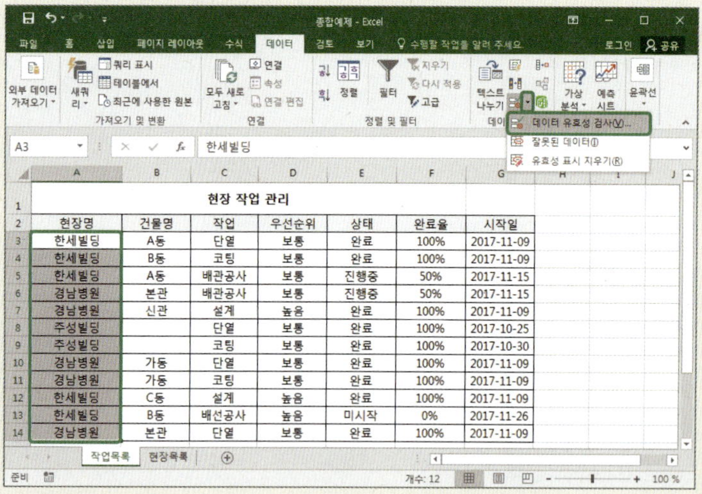

7 [데이터 유효성] 대화상자의 [설정] 탭에서 [유효성 조건]의 [제한 대상]은 [목록]으로, [원본]은 '현장 목록' 시트의 A2:A6 범위를 선택하여 *=현장목록!$A$2:$A$6*으로 설정하고 [확인]을 누른다.

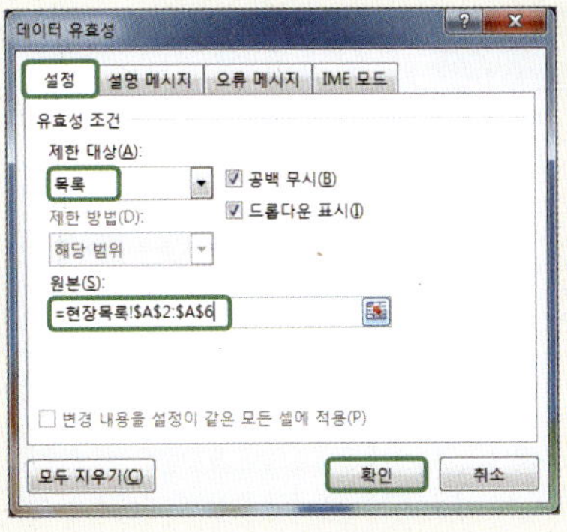

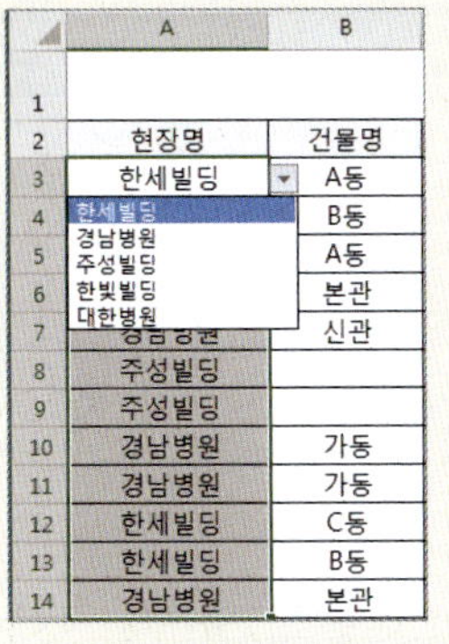

8 우선순위가 높은 미완료 작업을 필터링해서 결과를 표시해 보자. 고급 필터를 사용하기 위해 먼저 I1:J3 범위에 예제 화면과 같이 우선순위는 높음, 완료율은 *<100%*로 입력하여 필터 조건을 작성한다.

	A	B	C	D	E	F	G	H	I	J
1	현장 작업 관리								필터 조건	
2	현장명	건물명	작업	우선순위	상태	완료율	시작일		우선순위	완료율
3	한세빌딩	A동	단열	보통	완료	100%	2017-11-09		높음	<100%
4	한세빌딩	B동	코팅	보통	완료	100%	2017-11-09			
5	한세빌딩	A동	배관공사	보통	진행중	50%	2017-11-15			
6	경남병원	본관	배관공사	보통	진행중	50%	2017-11-15			
7	경남병원	신관	설계	높음	완료	100%	2017-11-09			
8	주성빌딩		단열	보통	완료	100%	2017-10-25			
9	주성빌딩		코팅	보통	완료	100%	2017-10-30			
10	경남병원	가동	단열	보통	완료	100%	2017-11-09			
11	경남병원	가동	코팅	보통	완료	100%	2017-11-09			
12	한세빌딩	C동	설계	높음	완료	100%	2017-11-09			
13	한세빌딩	B동	배선공사	높음	미시작	0%	2017-11-26			
14	경남병원	본관	단열	보통	완료	100%	2017-11-09			

9 현장 작업 관리 데이터 범위에서 임의의 셀을 선택하고 [데이터] 탭–[정렬 및 필터] 그룹–[고급]을 누른다.

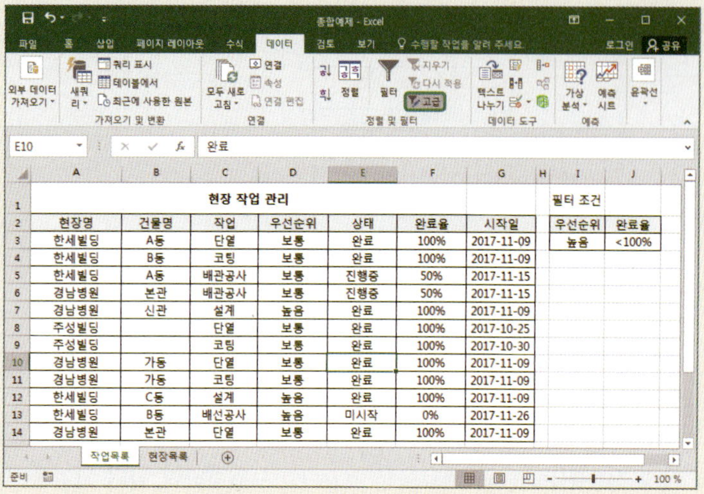

10 [고급 필터] 대화상자에서 [결과]는 [다른 장소에 복사]를 선택하고 [목록 범위]는 A2:G14 범위, [조건 범위]는 I2:J3 범위, [복사 위치]는 I5 셀로 설정한 후 [확인]을 누른다. 필터링 결과가 I5 셀부터 표시된다.

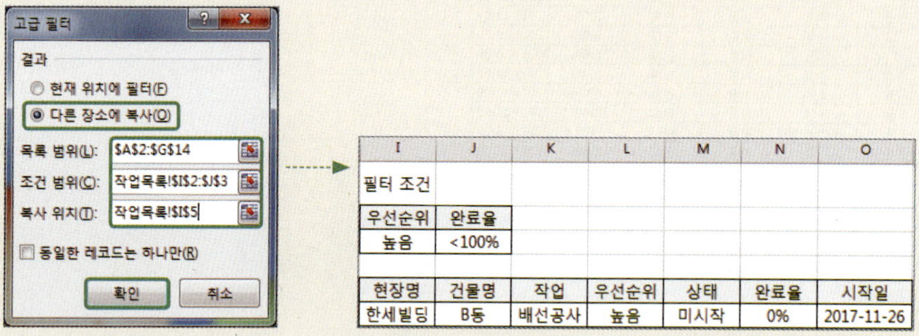

11 현장별 작업에 대한 부분합을 계산하기 위해 먼저 '현장명'과 '작업' 필드를 기준으로 데이터를 정렬한다. 데이터 범위에서 임의의 셀을 선택하고 [데이터] 탭-[정렬 및 필터] 그룹-[정렬]을 누른다.

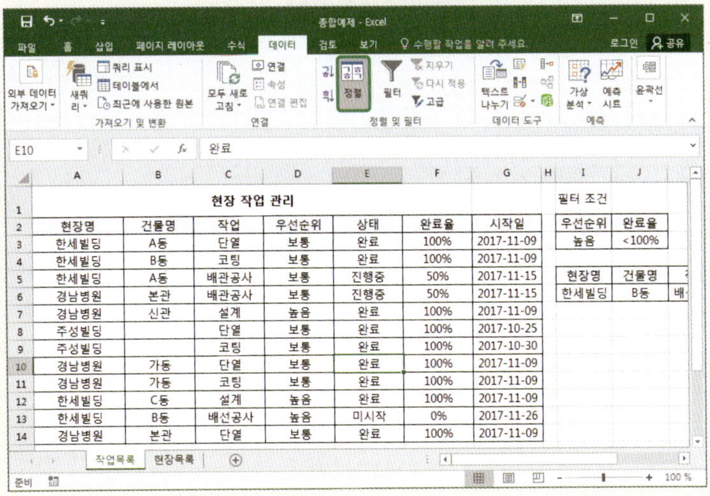

12 [정렬] 대화상자에서 [정렬 기준]과 [다음 기준]으로 [현장명]과 [작업]을 각각 [오름차순]으로 설정하고 [확인]을 누른다.

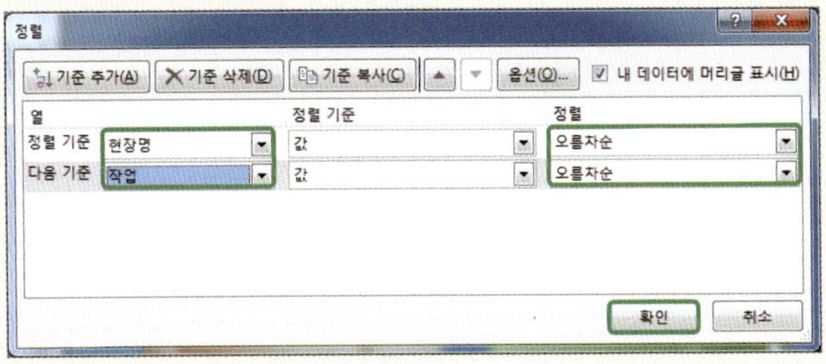

13 데이터 범위에서 임의의 셀을 선택하고 [데이터] 탭–[윤곽선] 그룹–[부분합]을 누른다.

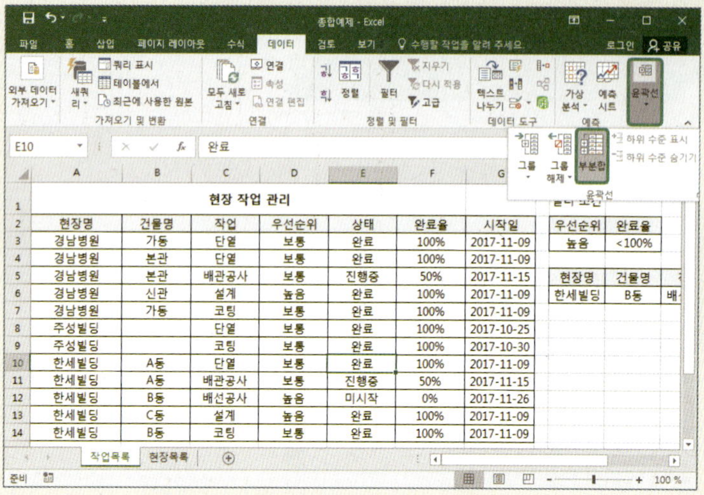

14 [부분합] 대화상자에서 [그룹화할 항목]은 [현장명], [사용할 함수]는 [개수]를 선택하고, [부분합 계산 항목]은 [작업]으로 설정한 후 [확인]을 누른다.

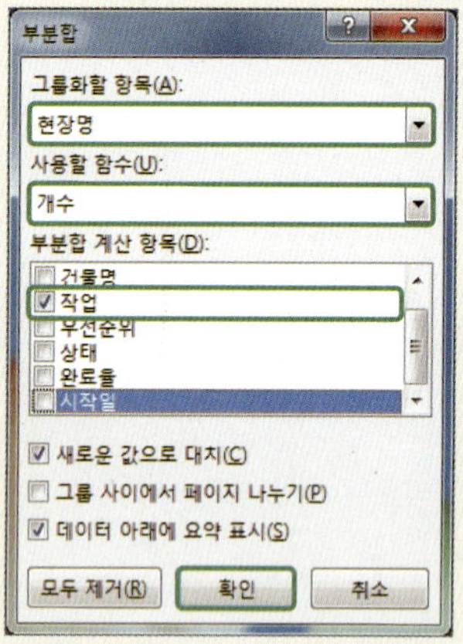

15 현장별로 완료율의 평균도 계산하기 위해 [데이터] 탭–[윤곽선] 그룹–[부분합]을 눌러 [부분합] 대화상자를 다시 실행한다. [사용할 함수]는 [평균], [부분합 계산 항목]은 [완료율]로 설정하고 [새로운 값으로 대치] 항목의 선택을 해제한 후 [확인]을 누른다.

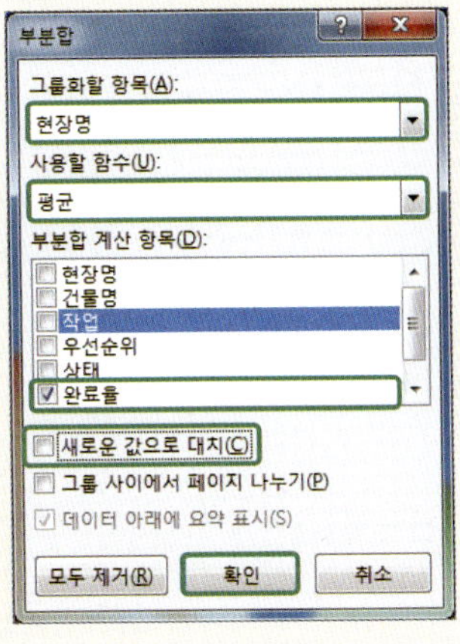

16 수준 번호 [3]을 누르고 요약 행의 제목에 표시된 '평균'과 '개수'를 '완료율'과 '작업수'로 변경하여 데이터의 의미가 잘 나타나도록 한다.

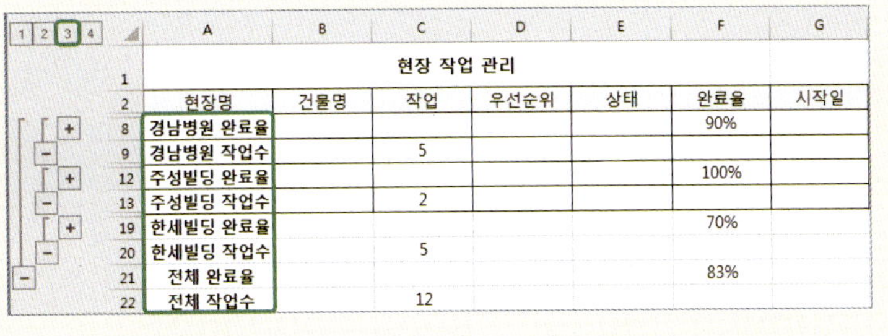

17 수준 번호 [4]를 눌러 현장별 작업 내역과 요약된 부분합 정보를 모두 표시한다.

	A	B	C	D	E	F	G
1	현장 작업 관리						
2	현장명	건물명	작업	우선순위	상태	완료율	시작일
3	경남병원	가동	단열	보통	완료	100%	2017-11-09
4	경남병원	본관	단열	보통	완료	100%	2017-11-09
5	경남병원	본관	배관공사	보통	진행중	50%	2017-11-15
6	경남병원	신관	설계	높음	완료	100%	2017-11-09
7	경남병원	가동	코팅	보통	완료	100%	2017-11-09
8	**경남병원 완료율**					90%	
9	**경남병원 작업수**		5				
10	주성빌딩		단열	보통	완료	100%	2017-10-25
11	주성빌딩		코팅	보통	완료	100%	2017-10-30
12	**주성빌딩 완료율**					100%	
13	**주성빌딩 작업수**		2				
14	한세빌딩	A동	단열	보통	완료	100%	2017-11-09
15	한세빌딩	A동	배관공사	보통	진행중	50%	2017-11-15
16	한세빌딩	B동	배선공사	높음	미시작	0%	2017-11-26
17	한세빌딩	C동	설계	높음	완료	100%	2017-11-09
18	한세빌딩	B동	코팅	보통	완료	100%	2017-11-09
19	**한세빌딩 완료율**					70%	
20	**한세빌딩 작업수**		5				
21	**전체 완료율**					83%	
22	**전체 작업수**		12				

연습문제

1 '연습.xlsx' 파일의 '연습1' 시트를 열어 연도별 매출액을 지시대로 작성하시오.

❶ '연도'와 '우편물종류', '우편물상세' 필드를 기준으로 정렬하시오. 단, '연도' 필드는 내림차순으로, 나머지 필드는 오름차순으로 정렬하시오.

❷ '우편물종류'가 '소포'이고 '금액'이 60만 원 이상이거나 '우편물상세'가 '특수'이고 '금액'이 65만 원 이상인 데이터를 필터링하시오. 고급 필터를 사용하여 필터 조건은 F2 셀에, 필터링 결과는 F6 셀부터 표시하시오.

❸ 조건부 서식을 이용하여 '우편물상세' 필드의 값이 '등기'인 행 전체를 노란색으로 채우시오.

❹ 부분합 기능을 이용하여 연도별 '금액'의 합계와 평균을 구하시오.

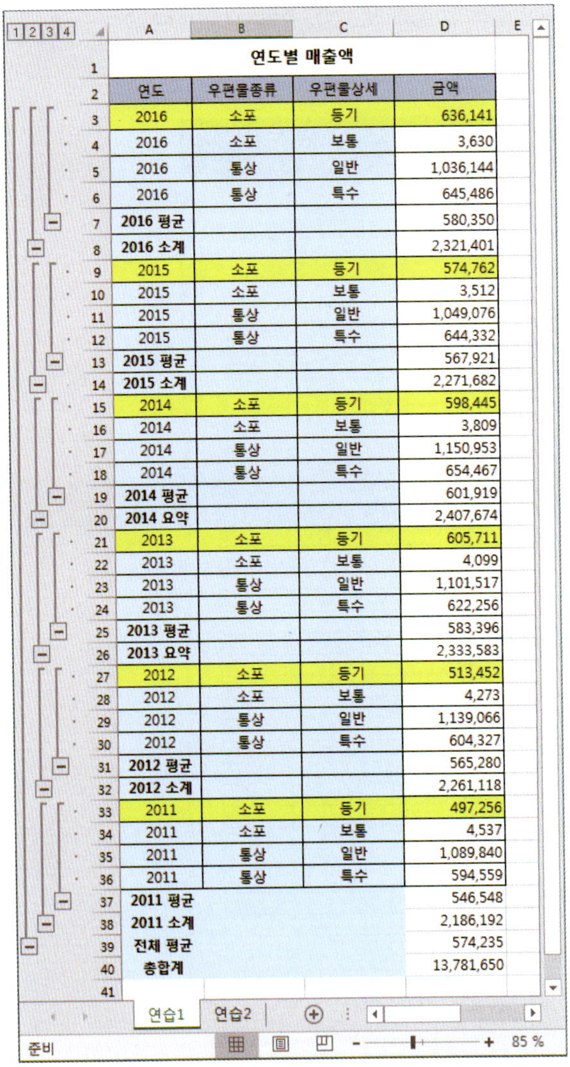

	A	B	C	D
1	연도별 매출액			
2	연도	우편물종류	우편물상세	금액
3	2016	소포	등기	636,141
4	2016	소포	보통	3,630
5	2016	통상	일반	1,036,144
6	2016	통상	특수	645,486
7	2016 평균			580,350
8	2016 소계			2,321,401
9	2015	소포	등기	574,762
10	2015	소포	보통	3,512
11	2015	통상	일반	1,049,076
12	2015	통상	특수	644,332
13	2015 평균			567,921
14	2015 소계			2,271,682
15	2014	소포	등기	598,445
16	2014	소포	보통	3,809
17	2014	통상	일반	1,150,953
18	2014	통상	특수	654,467
19	2014 평균			601,919
20	2014 요약			2,407,674
21	2013	소포	등기	605,711
22	2013	소포	보통	4,099
23	2013	통상	일반	1,101,517
24	2013	통상	특수	622,256
25	2013 평균			583,396
26	2013 요약			2,333,583
27	2012	소포	등기	513,452
28	2012	소포	보통	4,273
29	2012	통상	일반	1,139,066
30	2012	통상	특수	604,327
31	2012 평균			565,280
32	2012 소계			2,261,118
33	2011	소포	등기	497,256
34	2011	소포	보통	4,537
35	2011	통상	일반	1,089,840
36	2011	통상	특수	594,559
37	2011 평균			546,548
38	2011 소계			2,186,192
39	전체 평균			574,235
40	총합계			13,781,650
41				

2 '연습.xlsx' 파일의 '연습2' 시트를 열어 다음 조건에 맞게 작성하시오.

❶ SUM 함수와 RANK.EQ 함수를 이용하여 총점과 순위를 계산하여 표시하시오.

❷ 제목 셀은 병합하고, 데이터 영역의 모든 셀에 테두리 선을 설정하시오.

❸ D3:G22 범위에 음수가 입력되면 오류 메시지를 표시하도록 데이터 유효성 검사 기능을 설정하시오.

❹ '학과'와 '이름' 필드를 기준으로 오름차순 정렬하시오.

❺ '총점' 필드에 조건부 서식을 이용하여 70% 이상, 30% 이상, 그 이하인 경우로 구분하여 그림과 같이 '별 3개 아이콘'으로 표시하시오.

❻ 조건부 서식을 설정하여 '출석' 필드의 값이 10 미만인 학생의 이름이 있는 셀을 주황색으로 채우시오.

❼ 학과별 과제, 출석, 중간, 기말의 평균을 부분합 기능을 이용하여 계산하시오.

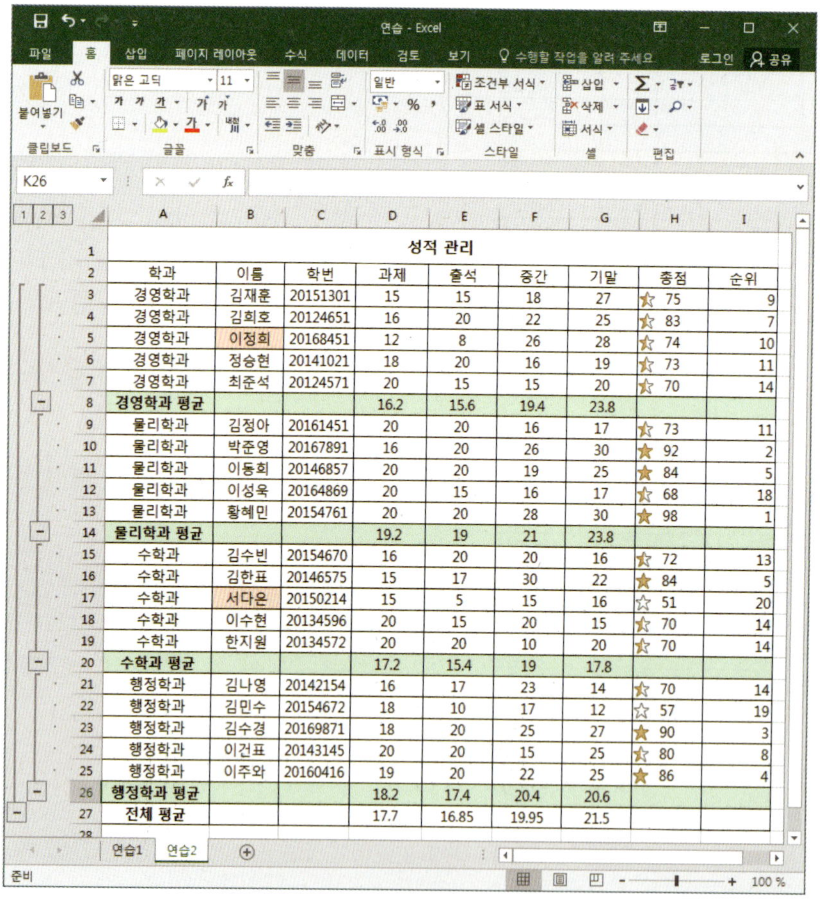

	A	B	C	D	E	F	G	H	I
1	성적 관리								
2	학과	이름	학번	과제	출석	중간	기말	총점	순위
3	경영학과	김재훈	20151301	15	15	18	27	75	9
4	경영학과	김희호	20124651	16	20	22	25	83	7
5	경영학과	이정희	20168451	12	8	26	28	74	10
6	경영학과	정승현	20141021	18	20	16	19	73	11
7	경영학과	최준석	20124571	20	15	15	20	70	14
8	경영학과 평균			16.2	15.6	19.4	23.8		
9	물리학과	김정아	20161451	20	20	16	17	73	11
10	물리학과	박준영	20167891	16	20	26	30	92	2
11	물리학과	이동희	20146857	20	20	19	25	84	5
12	물리학과	이성욱	20164869	20	15	16	17	68	18
13	물리학과	황혜민	20154761	20	20	28	30	98	1
14	물리학과 평균			19.2	19	21	23.8		
15	수학과	김수빈	20154670	16	20	20	16	72	13
16	수학과	김한표	20146575	15	17	30	22	84	5
17	수학과	서다은	20150214	15	5	15	16	51	20
18	수학과	이수현	20134596	20	15	20	15	70	14
19	수학과	한지원	20134572	20	20	10	20	70	14
20	수학과 평균			17.2	15.4	19	17.8		
21	행정학과	김나영	20142154	16	17	23	14	70	14
22	행정학과	김민수	20154672	18	10	17	12	57	19
23	행정학과	김수경	20169871	18	20	25	27	90	3
24	행정학과	이건표	20143145	20	20	15	25	80	8
25	행정학과	이주와	20160416	19	20	22	25	86	4
26	행정학과 평균			18.2	17.4	20.4	20.6		
27	전체 평균			17.7	16.85	19.95	21.5		

CHAPTER 09

그래픽 활용

학습목표

- 표를 작성하고 편집할 수 있다.
- 도형을 활용하고 서식을 설정할 수 있다.
- 그림을 삽입하여 편집하고 수식에 연결하여 활용할 수 있다.

EXCEL 2016

SECTION 01

표 활용하기

엑셀에서는 셀에 입력된 데이터를 이용하여 간단하게 표를 작성할 수 있다. 엑셀에서 제공하는 스타일 목록을 이용하여 셀을 손쉽게 꾸밀 수도 있고 수식 셀의 자동 복사나 요약 정보 표시, 필터링 작업 등도 간편하게 할 수 있다.

1.1 표 작성

엑셀에서는 표를 워크시트에 삽입하고 직접 데이터를 입력할 수도 있지만, 셀에 입력된 데이터를 표로 바꿀 수도 있다. 표가 생성되면 기본 서식이 설정되며, 표 도구를 이용하여 다양한 스타일을 설정할 수도 있다.

기본예제 9-1 표 만들고 스타일 설정하기

셀에 입력된 데이터를 표로 변환하고 스타일을 설정해 보자.

01 '실습.xlsx' 파일의 '도서목록' 시트를 열고 [삽입] 탭–[표] 그룹–[표]를 누른다.

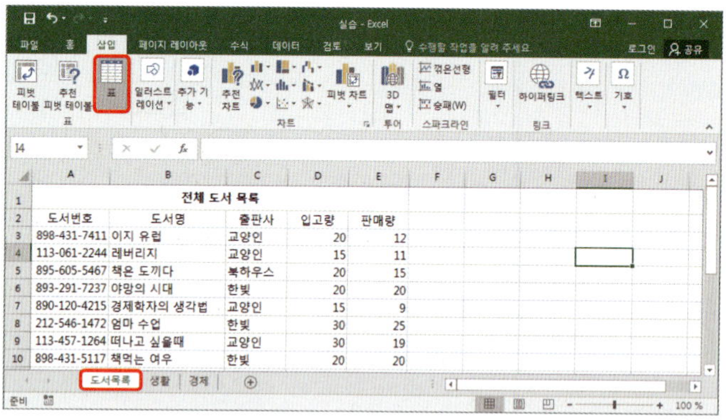

02 [표 만들기] 대화상자에서 표에 사용할 데이터를 *=$A$2:$E$16*으로 지정하고 [머리글 포함]을 선택한 후 [확인]을 누른다.

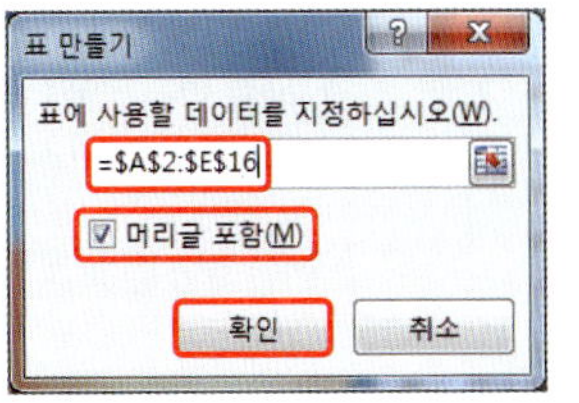

TIP 데이터 영역에 있는 임의의 셀을 선택하고 [삽입] 탭–[표] 그룹–[표]를 누르면 [표 만들기] 대화상자가 열렸을 때 표에 사용할 데이터가 자동 지정되어 있다.

03 셀 영역이 표로 변환된다. 표가 선택된 상태에서 [표 도구]의 [디자인] 탭–[표 스타일] 그룹–[빠른 스타일] 목록에서 [표 스타일 밝게 1]을 선택한다.

04 필드 이름에서 [▾ 필터] 단추 표시를 제거하려면 [표 도구]의 [디자인] 탭–[표 스타일 옵션] 그룹에서 [필터 단추]의 선택을 해제한다.

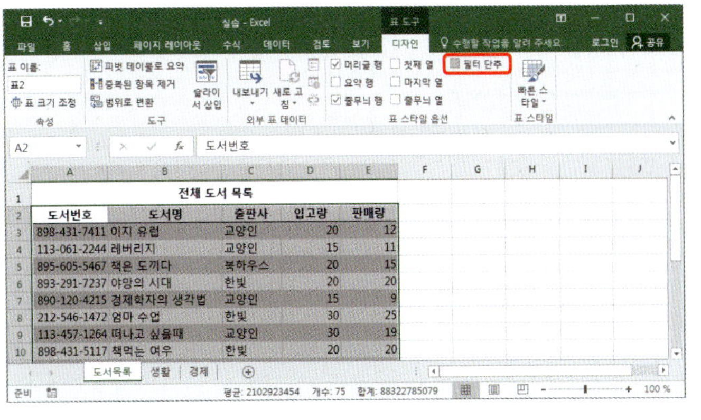

여기서 잠깐 **표를 먼저 만들고 데이터 추가하기**

표에 사용할 데이터가 셀에 입력되어 있지 않으면 워크시트에 표를 먼저 만들고 데이터를 추가한다.

① 표가 위치할 셀(A19)을 먼저 선택하고 [삽입] 탭-[표] 그룹-[표]를 누른다. [표 만들기] 대화상자에서 표에 사용할 데이터를 *=$A$19*로 설정하고 [확인]을 누른다.

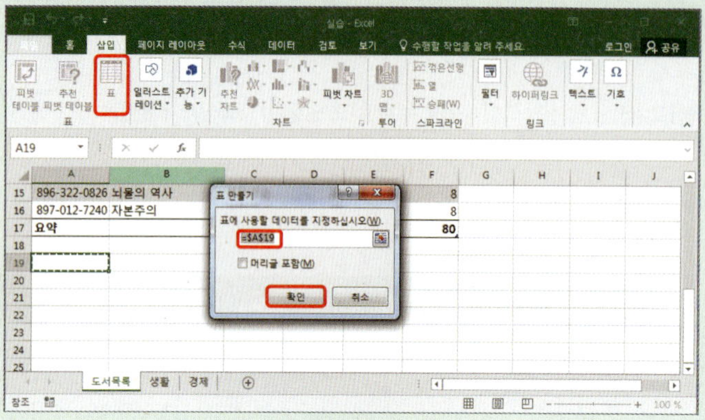

② A19 셀에 표가 삽입되면 1열에 *출판사*를 입력하고 Enter나 Tab을 누른 다음 추가된 '출판사' 필드의 값을 입력한다.

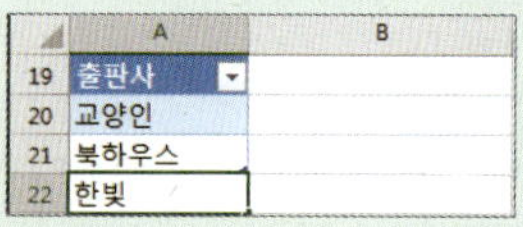

③ B19 셀에 *담당자*를 입력해 열을 추가하고 '담당자' 필드의 값을 모두 입력한다.

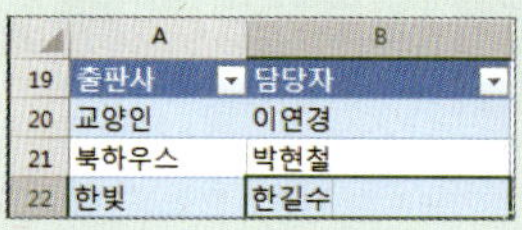

④ 표의 행이나 열을 삽입/삭제/선택하거나 내용을 지우는 등의 표 편집 작업은 표를 마우스 오른쪽 단추로 누르면 나타나는 단축 메뉴에서 선택할 수 있다.

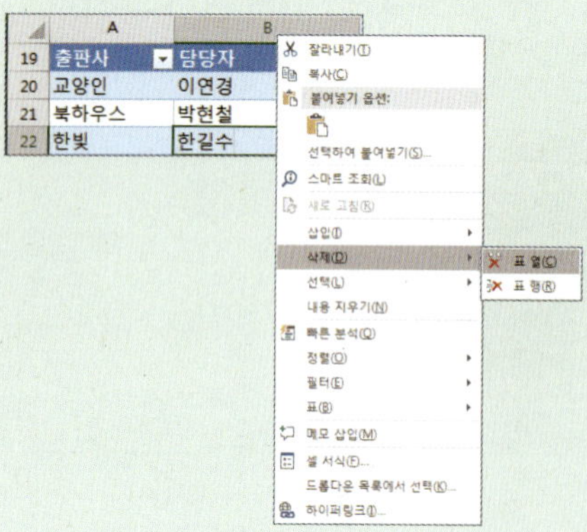

기본예제 9-2 표 편집하고 수식 계산하기

표에 행이나 열을 추가하는 방법을 알아보고 요약 행을 추가해 합계나 평균 등을 간편하게 계산해 보자.

01 F2 셀에 *재고량*을 입력하고 Enter를 누르면 표에 열이 추가되어 자동으로 확장된다.

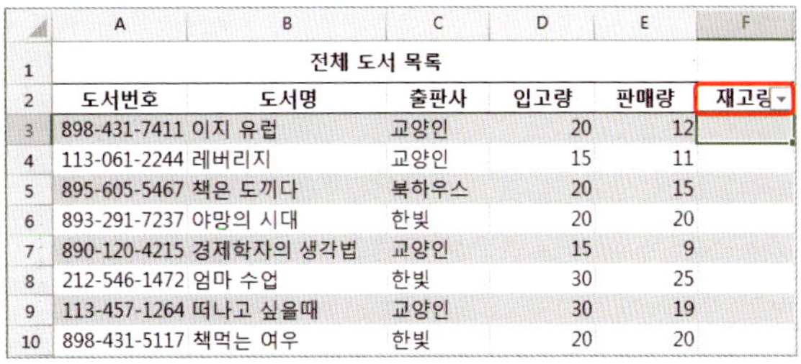

	A	B	C	D	E	F
1		전체 도서 목록				
2	도서번호	도서명	출판사	입고량	판매량	재고량
3	898-431-7411	이지 유럽	교양인	20	12	
4	113-061-2244	레버리지	교양인	15	11	
5	895-605-5467	책은 도끼다	북하우스	20	15	
6	893-291-7237	야망의 시대	한빛	20	20	
7	890-120-4215	경제학자의 생각법	교양인	15	9	
8	212-546-1472	엄마 수업	한빛	30	25	
9	113-457-1264	떠나고 싶을때	교양인	30	19	
10	898-431-5117	책먹는 여우	한빛	20	20	

02 '재고량' 필드의 값을 계산하기 위해 F3 셀에 *=D3-E3* 수식을 입력하고 Enter를 누르면 표에 결과가 모두 표시된다.

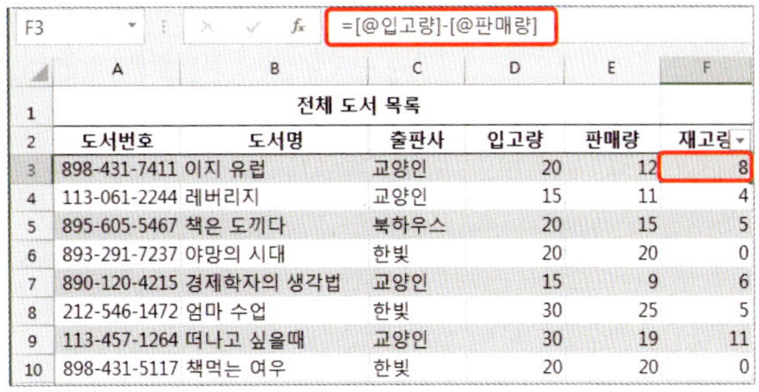

	A	B	C	D	E	F
1		전체 도서 목록				
2	도서번호	도서명	출판사	입고량	판매량	재고량
3	898-431-7411	이지 유럽	교양인	20	12	8
4	113-061-2244	레버리지	교양인	15	11	4
5	895-605-5467	책은 도끼다	북하우스	20	15	5
6	893-291-7237	야망의 시대	한빛	20	20	0
7	890-120-4215	경제학자의 생각법	교양인	15	9	6
8	212-546-1472	엄마 수업	한빛	30	25	5
9	113-457-1264	떠나고 싶을때	교양인	30	19	11
10	898-431-5117	책먹는 여우	한빛	20	20	0

TIP 입력한 수식은 *=[@입고량]-[@판매량]*으로 자동 변환된다.

TIP 표 데이터를 참조하는 수식에는 필드 이름을 대괄호로 묶은 [입고량]과 같은 형식이 사용된다. [@입고량]은 입고량 필드의 값 중에서 현재 행에 있는 셀만 참조한다는 의미이다.

03 [표 도구]의 [디자인] 탭-[표 스타일 옵션] 그룹에서 [필터 단추]를 두 번 눌러 '재고량' 필드에 있는 필터 단추를 제거한다.

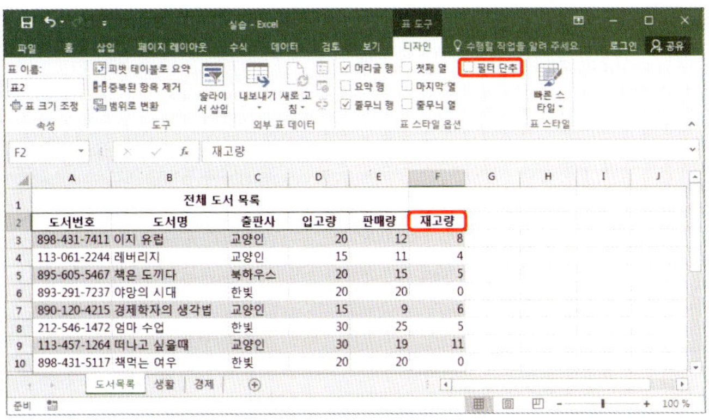

	A	B	C	D	E	F
1		전체 도서 목록				
2	도서번호	도서명	출판사	입고량	판매량	재고량
3	898-431-7411	이지 유럽	교양인	20	12	8
4	113-061-2244	레버리지	교양인	15	11	4
5	895-605-5467	책은 도끼다	북하우스	20	15	5
6	893-291-7237	야망의 시대	한빛	20	20	0
7	890-120-4215	경제학자의 생각법	교양인	15	9	6
8	212-546-1472	엄마 수업	한빛	30	25	5
9	113-457-1264	떠나고 싶을때	교양인	30	19	11
10	898-431-5117	책먹는 여우	한빛	20	20	0

04 [표 도구]의 [디자인] 탭-[표 스타일 옵션] 그룹에서 [요약 행]을 선택하면 표에 행이 추가된다.

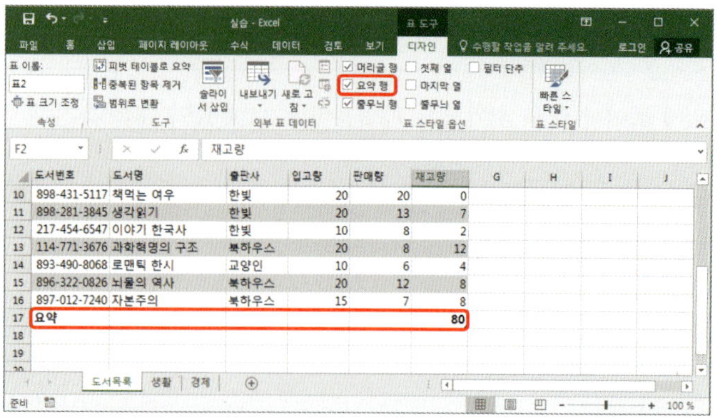

05 '도서명' 필드의 요약 행에서는 [개수]를 선택하고 '입고량', '판매량', '재고량' 필드의 요약 행에서는 [합계]를 선택한다.

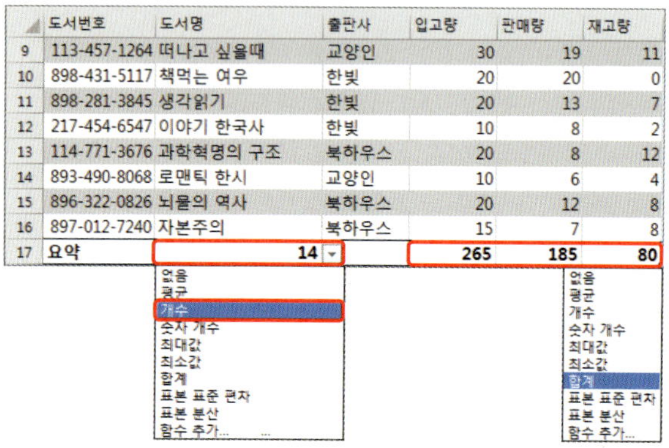

기본예제 9-3 슬라이서 삽입하기

표 도구에는 조건을 선택하는 슬라이서 기능이 있어서 필터 단추를 이용하지 않고도 조건에 따라 필터링한 결과만 표에 나타나게 할 수 있다. 슬라이서를 만들어 이용해 보자.

01 표 안에 있는 임의의 셀을 선택하고 [표 도구]의 [디자인] 탭-[도구] 그룹-[슬라이서 삽입]을 누른다.

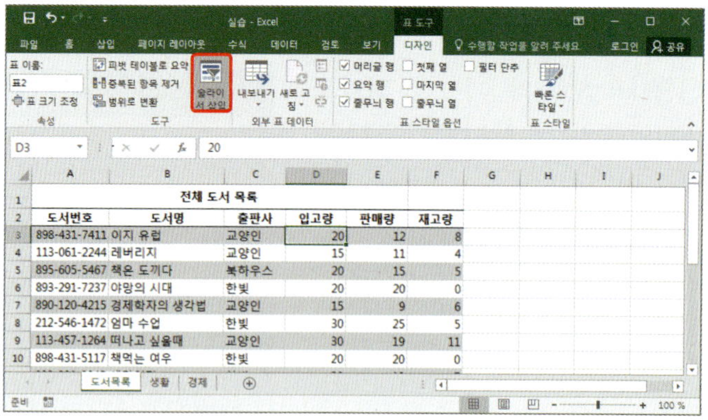

02 [슬라이서 삽입] 대화상자에서 '출판사'를 선택하고 [확인]을 누른다.

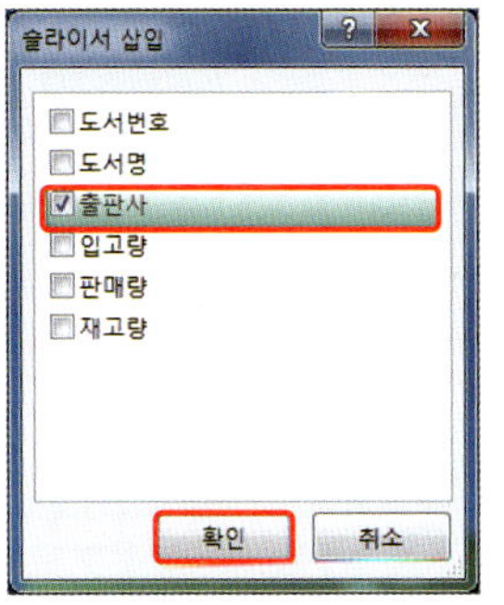

03 워크시트에 삽입된 슬라이서의 크기와 위치를 마우스로 조절한 다음 [슬라이서 도구]의 [옵션] 탭–[슬라이서 스타일] 그룹–[빠른 스타일] 목록에서 [슬라이서 스타일 밝게 3]을 선택한다.

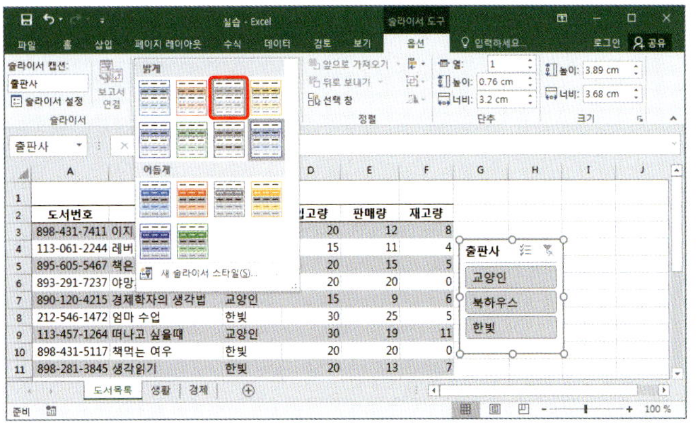

여기서 잠깐 ▶ 슬라이서 제거

삽입된 슬라이서를 삭제하려면 슬라이서를 마우스 오른쪽 단추로 누르고 ["슬라이서 이름" 제거]를 선택한다.

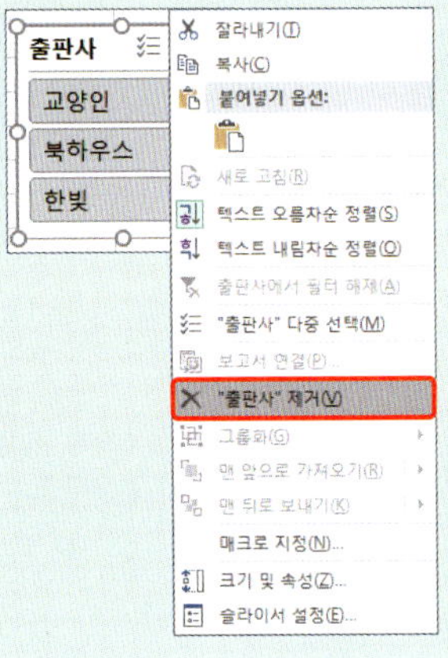

04 슬라이서에서 '교양인'을 선택하면 표에 '교양인' 출판사의 도서 목록만 표시된다.

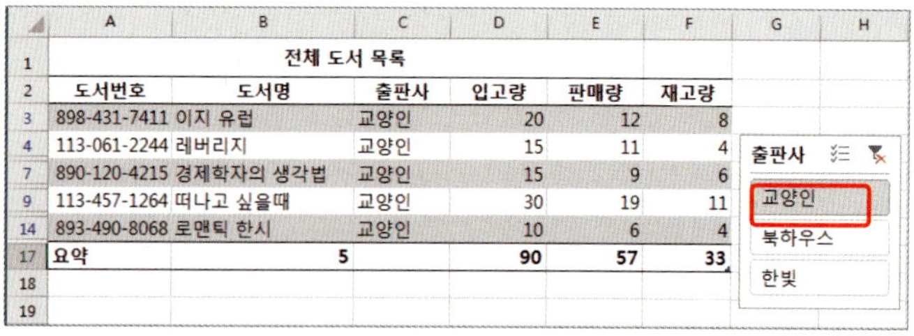

05 필터를 제거하려면 슬라이서에서 [필터 지우기] 단추를 누른다.

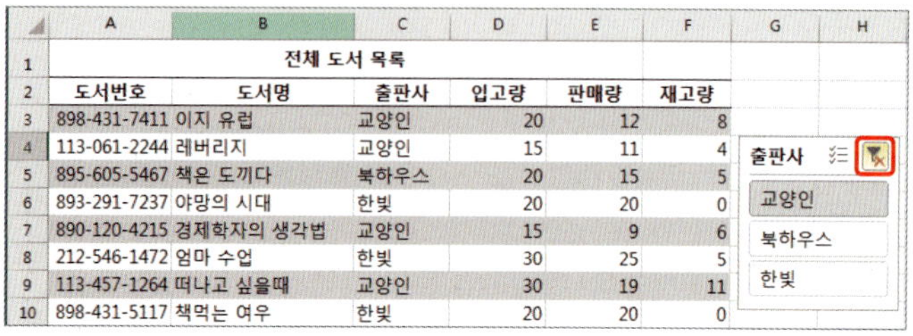

여기서 잠깐 **여러 항목 선택**

여러 출판사를 한꺼번에 필터링하려면 슬라이서에 있는 [다중 선택] 단추를 누른 후 출판사를 선택한다.

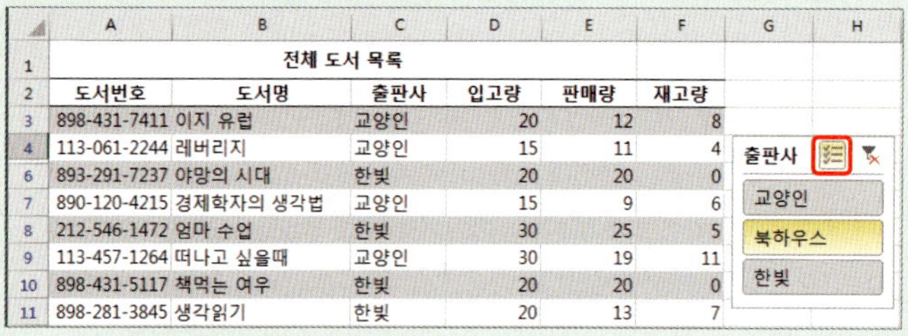

SECTION 02 도형 활용하기

엑셀 워크시트에도 여러 가지 형태의 도형을 사용할 수 있다. 도형을 잘 활용하면 정보를 시각화하여 전달 효과를 높일 수 있다. 많이 사용하는 사각형이나 원형과 같은 도형을 워크시트에 삽입하고 서식을 설정하거나 하이퍼링크에 활용하는 방법을 알아본다.

2.1 도형 삽입과 편집

엑셀에서는 텍스트 상자, 선, 원, 사각형 등의 기본 도형을 비롯해 다양한 모양의 도형을 사용할 수 있고 직접 그릴 수도 있다. 도형을 삽입하면 그리기 도구에서 다양한 서식을 설정할 수 있고 여러 개의 도형을 그룹화하여 하나의 개체처럼 다룰 수 있다. 도형에 하이퍼링크를 설정하여 다른 시트나 프로그램이 바로 실행되도록 연결할 수도 있다.

기본예제 9-4 도형 삽입하고 서식 설정하기

워크시트에 도형을 삽입하고 크기를 조절하거나 모양을 변경해 보고 그리기 도구의 다양한 서식 설정 방법을 이용해 편집해 보자.

01 '실습.xlsx' 파일의 '도서목록' 시트를 열고 [삽입] 탭–[일러스트레이션] 그룹–[도형] 목록에서 [직사각형]을 선택한다.

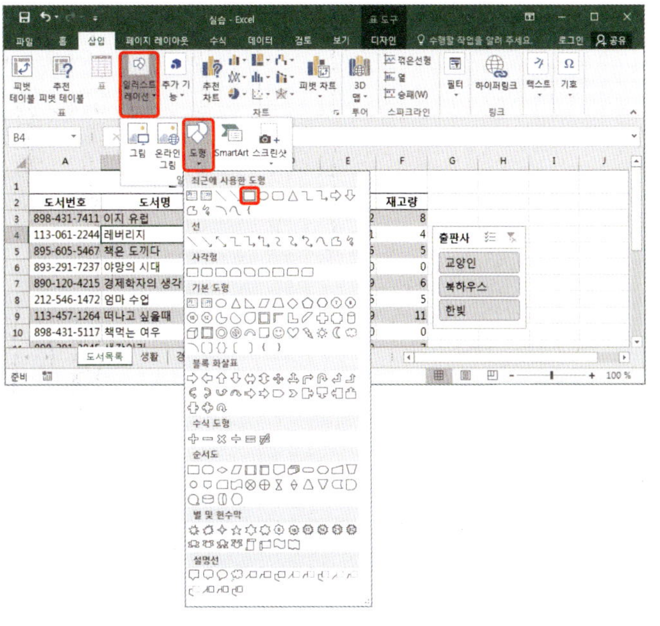

02 Alt를 누른 채 G1:H1 범위를 드래그하여 셀 크기에 꼭 맞는 직사각형을 삽입한다.

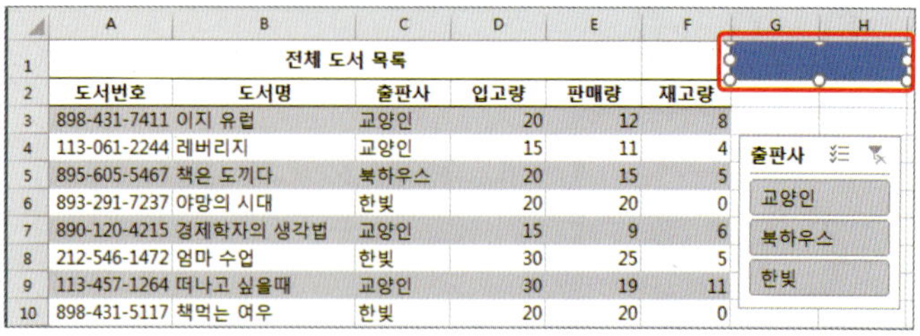

TIP 도형을 그려 넣을 시작 위치부터 드래그하면 원하는 크기로 그릴 수 있다. 이때 Ctrl을 누른 채로 드래그하면 마우스를 누른 시작 위치가 도형의 중심이 된다. 도형을 삽입할 위치를 더블클릭하거나 Shift를 누른 채 드래그하면 좌우 비율이 동일한 정방형의 도형을 만들 수 있다.

03 직사각형을 선택하고 [그리기 도구]의 [서식] 탭–[도형 스타일] 그룹의 빠른 스타일 목록에서 [색 채우기 – 검정, 어둡게 1]을 선택한다.

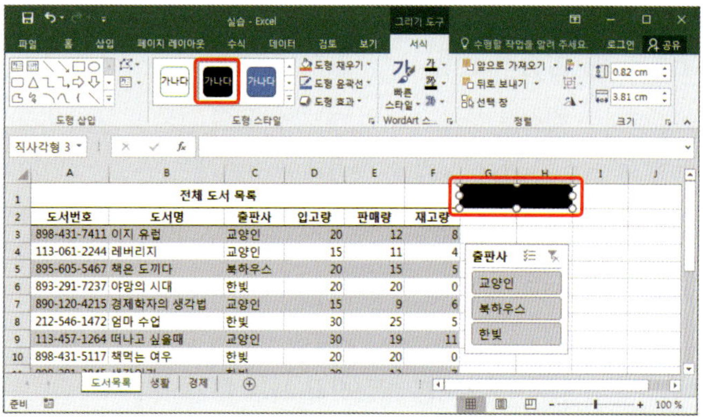

04 직사각형을 선택하고 [홈] 탭–[맞춤] 그룹에서 [가운데 맞춤]과 [왼쪽 맞춤]을 설정하고 *생활*이라고 입력한다.

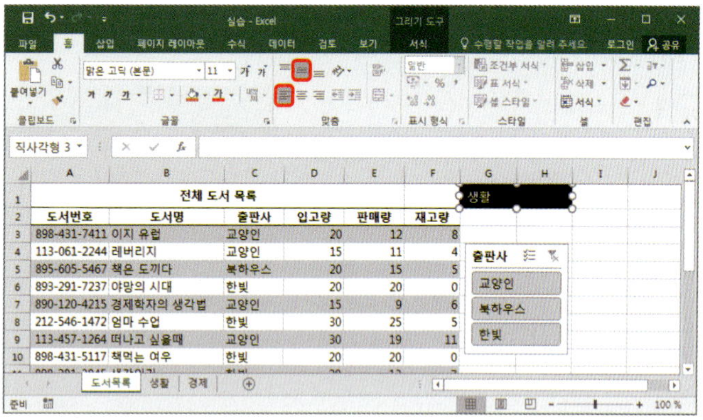

05 [그리기 도구]의 [서식] 탭–[도형 삽입] 그룹에서 [모서리가 둥근 직사각형]을 선택하고 마우스를 드래그하여 직사각형 안에 그려 넣는다.

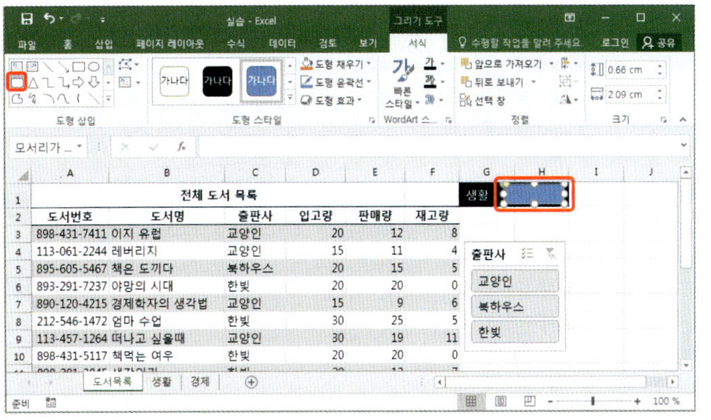

TIP [삽입] 탭–[일러스트레이션] 그룹–[도형] 목록에서 [모서리가 둥근 직사각형]을 선택해도 된다.

06 도형의 노란 조절점을 드래그하여 모서리를 둥글게 변형하고 [그리기 도구]의 [서식] 탭–[도형 채우기] 목록에서 [흰색, 배경 1]을 선택한다.

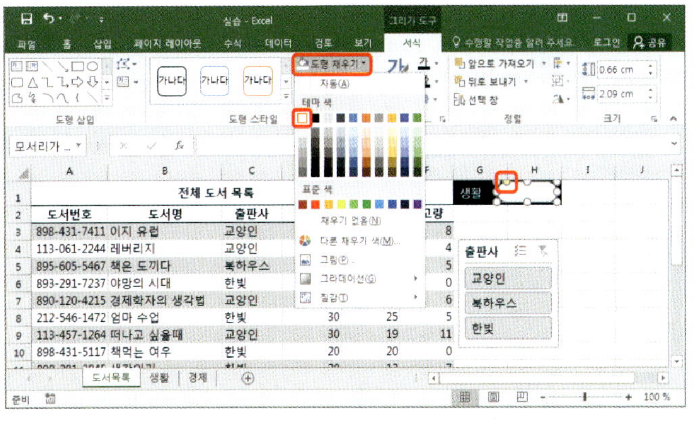

07 모서리가 둥근 직사각형을 선택하고 [홈] 탭–[글꼴] 그룹에서 [글꼴]–[휴먼모음T], [글꼴 색]–[검정, 텍스트 1]로 설정하고 *도서목록*이라고 입력한다. [홈] 탭–[맞춤] 그룹에서 가로와 세로를 모두 [가운데 맞춤]으로 설정한다.

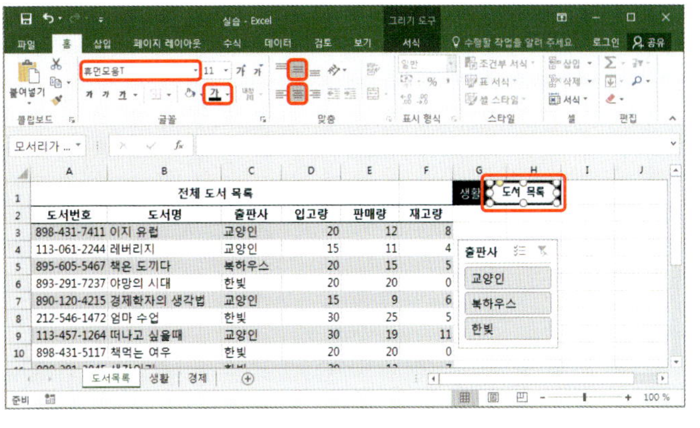

TIP 도형의 위치는 마우스보다 방향키를 이용하면 더 세밀하게 조절할 수 있다. 이때 Shift와 방향키를 함께 누르면 도형의 크기를 변경할 수 있다.

기본예제 9-5 도형을 그룹화하고 복제하기

여러 도형을 그룹으로 묶어 하나의 개체처럼 다루거나 복제하는 방법을 알아보자.

01 Ctrl이나 Shift를 누른 상태에서 직사각형과 모서리가 둥근 직사각형 도형을 모두 선택하고 [그리기 도구]의 [서식] 탭–[정렬] 그룹에서 [그룹화]–[그룹]을 선택한다.

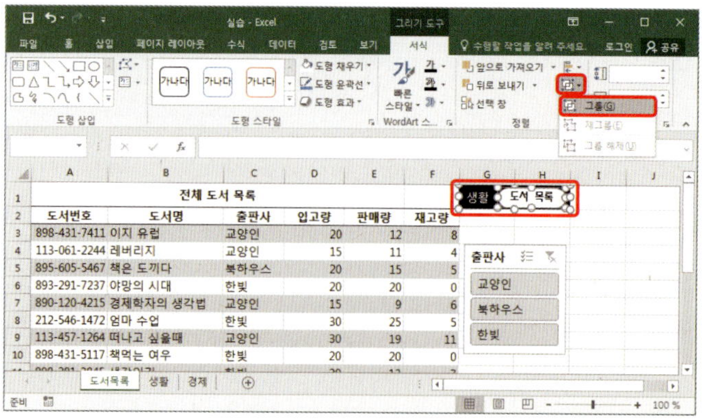

TIP 도형을 모두 선택한 후 마우스 포인터가 십자 모양일 때 마우스 오른쪽 단추를 누르면 나타나는 단축 메뉴에서 [그룹화]–[그룹]을 선택해도 된다.

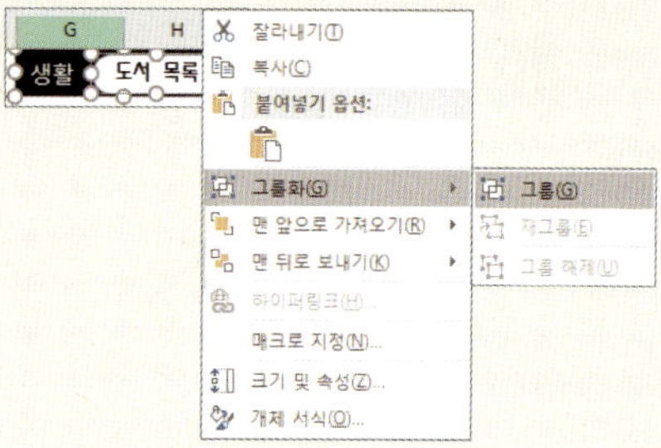

02 Ctrl과 Shift를 함께 누른 상태에서 도형을 마우스로 드래그하여 수직 방향으로 복제한다.

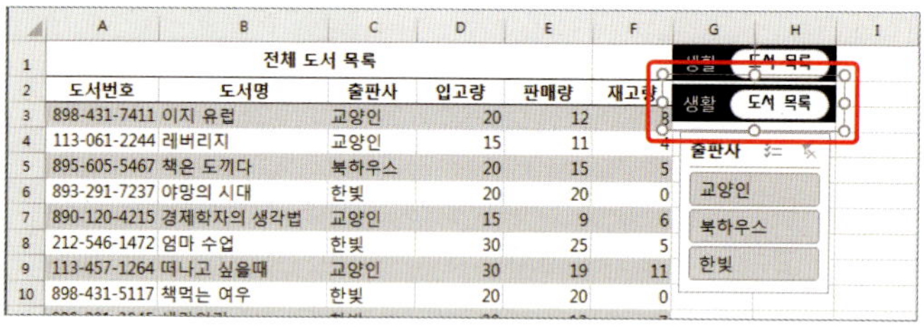

TIP 도형을 복제할 때는 [홈] 탭–[클립보드] 그룹의 [복사]와 [붙여넣기]를 이용해도 되고 단축키 Ctrl+D를 사용해도 된다.

03 복제한 도형 그룹에서 직사각형을 선택하고 [그리기 도구]의 [서식] 탭–[도형 스타일] 그룹에서 [자세히] 단추를 눌러 [미세 효과 – 검정, 어둡게 1]을 선택한다. 텍스트는 *경제*로 변경한다.

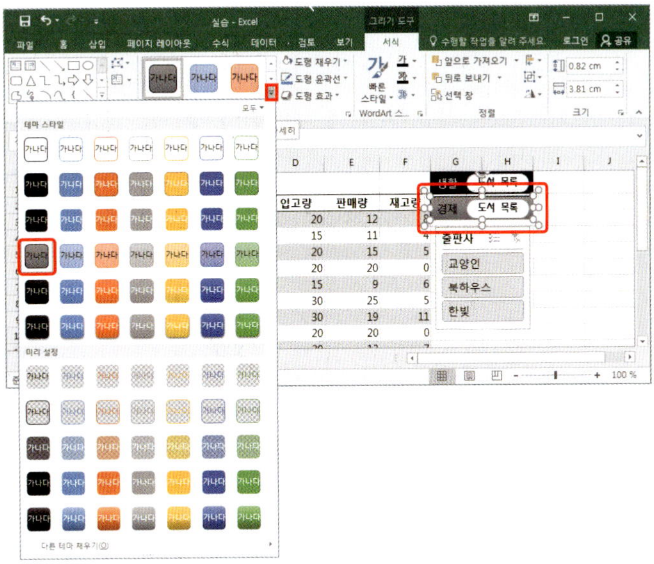

기본예제 9-6 도형에 하이퍼링크 설정하기

도형을 누르면 원하는 시트나 셀로 연결되도록 하이퍼링크를 설정해 보자.

01 '실습.xlsx' 파일의 '도서목록' 시트에서 '생활 도서 목록' 도형 그룹을 선택하고 [삽입] 탭–[링크] 그룹–[하이퍼링크]를 누른다.

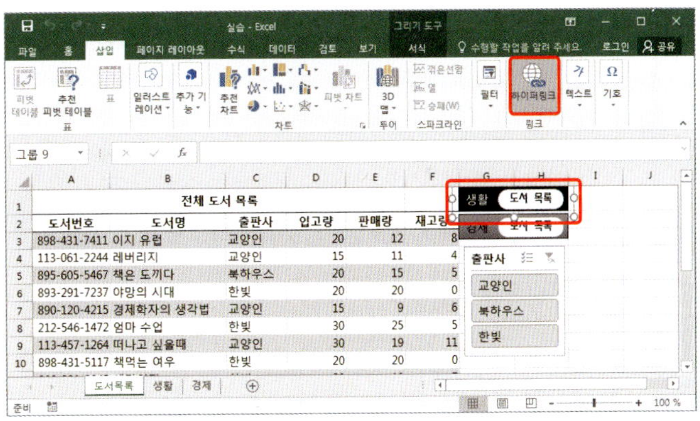

TIP 도형을 마우스 오른쪽 단추로 누르면 나타나는 단축 메뉴에서 [하이퍼링크]를 선택해도 된다.

02 [하이퍼링크 삽입] 대화상자에서 [연결 대상]은 [현재 문서]로 하고 [이 문서에서 위치 선택]은 [생활]을 선택한 후 [확인]을 누른다.

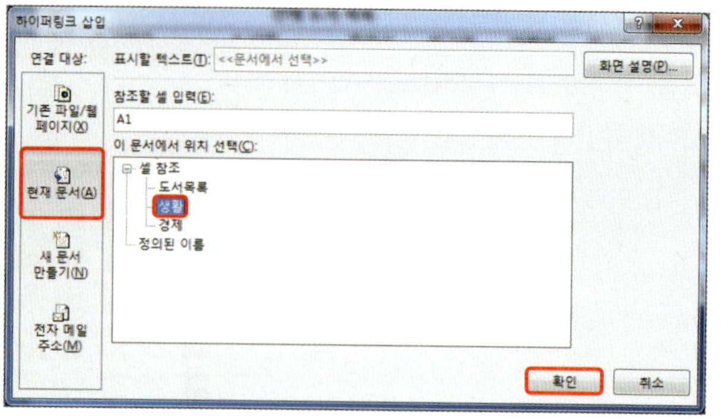

03 하이퍼링크가 설정된 도형을 마우스로 누르면 '생활' 시트로 연결된다.

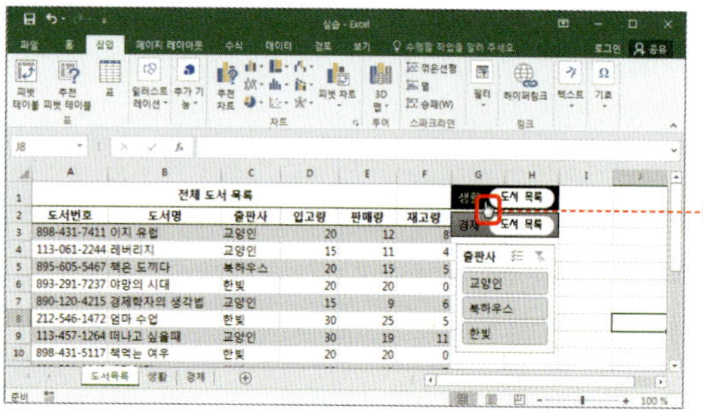

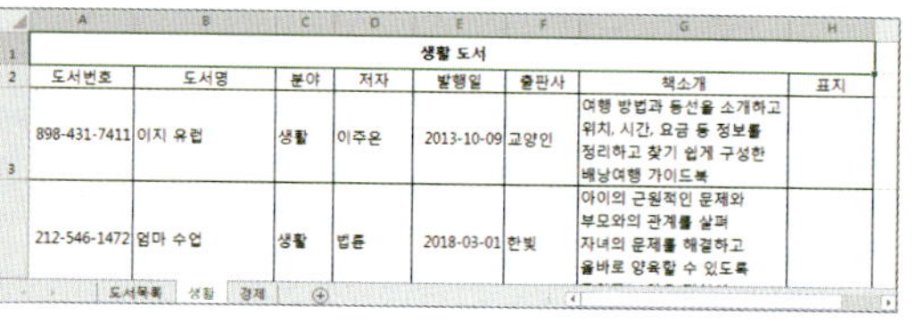

TIP 하이퍼링크가 설정된 도형의 서식을 설정하거나 텍스트를 편집하려면 마우스 오른쪽 단추를 눌러 선택하거나 Ctrl을 누른 상태에서 선택해야 한다.

04 같은 방법으로 '경제 도서 목록' 도형 그룹에도 하이퍼링크를 설정하여 '경제' 시트로 연결되도록 한다.

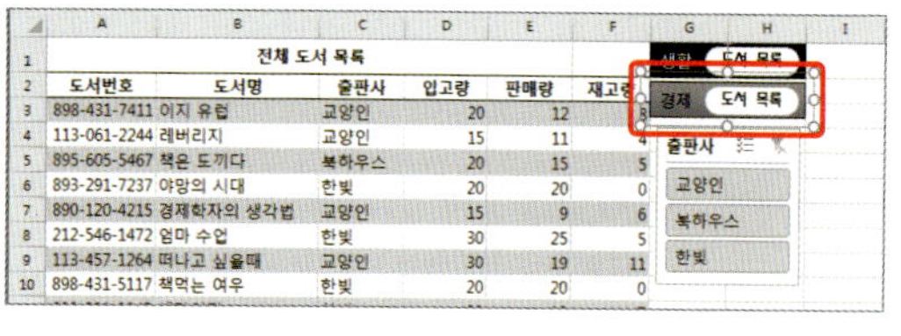

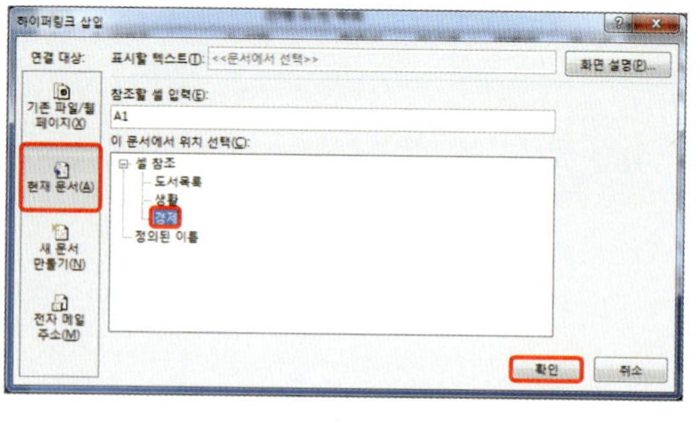

TIP 하이퍼링크를 편집하거나 제거하려면 도형을 마우스 오른쪽 단추로 누르면 나타나는 단축 메뉴에서 [하이퍼링크 편집]이나 [하이퍼링크 제거]를 선택한다.

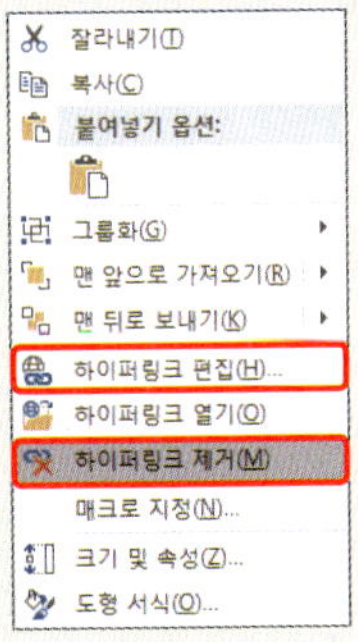

SECTION 03

그림 활용하기

엑셀 문서에 그림이나 사진과 같은 그래픽 자료를 삽입하면 텍스트나 숫자 위주로 만든 시트보다 더 효과적으로 정보를 전달할 수 있다. 엑셀에는 그림을 삽입하고 편집하기 위한 다양한 그림 도구가 있으므로 그림의 밝기나 선명도, 자르기와 같은 작업을 손쉽게 할 수 있다. 그림을 삽입하고 서식을 설정하거나 그림에 수식을 적용하는 방법을 알아본다.

3.1 그림 삽입과 편집

셀에 그림을 삽입하고 편집하는 작업은 도형 개체를 다루는 방법과 비슷하며 그림 도구의 다양한 편집 기능을 이용하여 그림 서식을 설정하거나 원본 그림과 다르게 변형할 수 있다. 또 셀에 수식을 입력하듯이 그림에도 수식을 적용해 활용할 수 있다.

기본예제 9-7 셀에 그림 삽입하고 크기 조절하기

워크시트에 그림을 삽입하고 셀에 맞게 크기를 조절하는 방법을 알아보자.

01 '실습.xlsx' 파일의 '생활' 시트에서 H3 셀을 선택하고 [삽입] 탭–[일러스트레이션] 그룹–[그림]을 누른다.

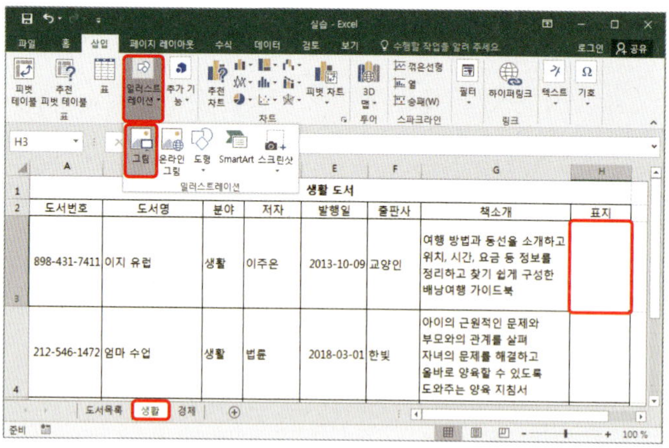

TIP [온라인 그림]을 선택하면 시트에 삽입할 그림을 인터넷으로 검색할 수 있다. [스크린샷]을 선택하면 실행 중인 컴퓨터에서 작업하던 창이나 화면을 캡처할 수 있다.

02 [그림 삽입] 대화상자에서 삽입할 그림을 선택하고 [삽입]을 누른다.

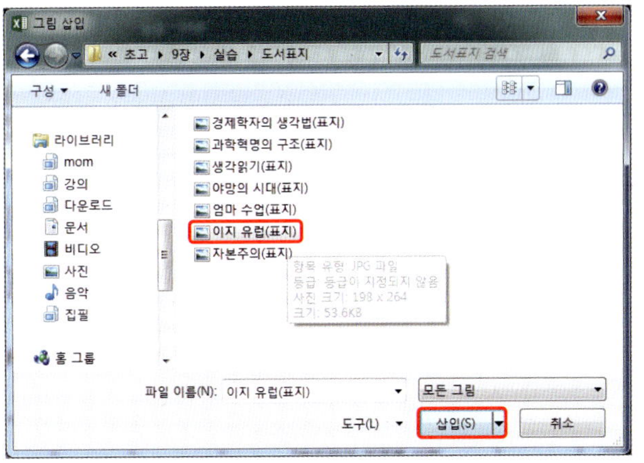

03 Alt를 누른 채로 드래그해 셀 크기에 그림을 맞춘다.

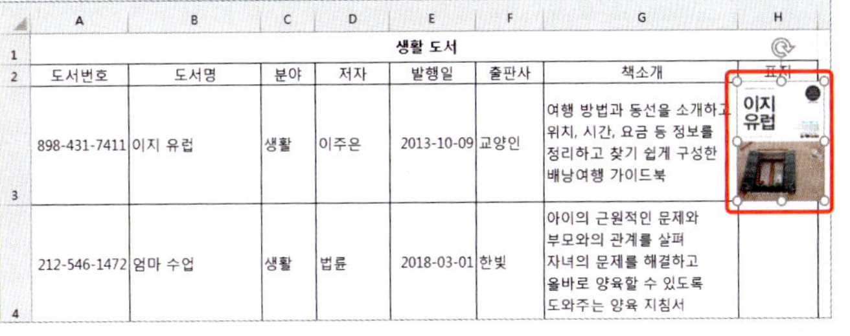

여기서 잠깐 **비율이 고정된 그림의 경우**

가로, 세로 비율이 고정된 그림은 셀 영역의 크기에 꼭 맞게 삽입되지 않는다. 그림을 마우스 오른쪽 단추로 눌러 그림 서식 작업 창의 [크기 및 속성] 탭–[크기]의 [가로 세로 비율 고정] 항목을 해제하거나 그림을 셀 크기에 맞게 잘라야 한다.

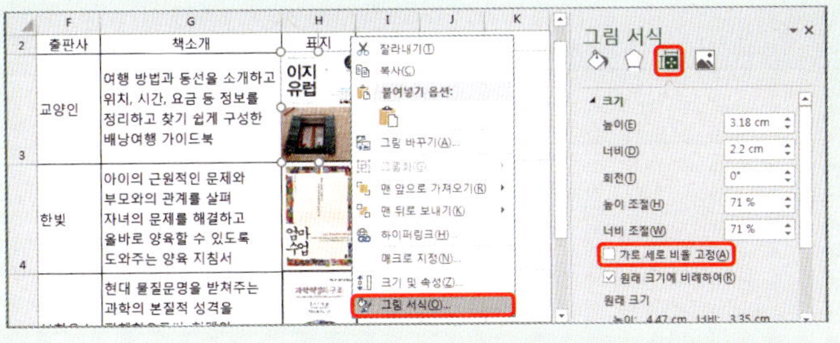

04 삽입한 그림을 선택하고 [그림 도구]의 [서식] 탭–[크기] 그룹–[자르기]를 누른 후 Alt를 누른 채 그림에 표시되는 자르기 핸들을 드래그하면 셀 크기에 꼭 맞게 그림을 자를 수 있다. 자르기 작업을 끝내려면 그림 바깥쪽을 누른다.

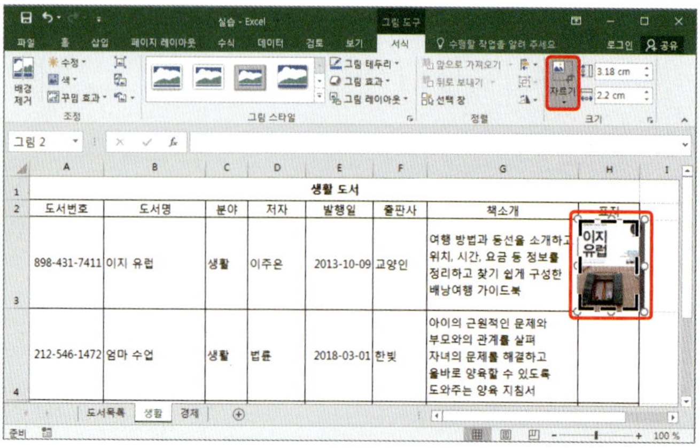

TIP 그림을 자르지 않고 확대하거나 축소해서 셀 크기에 맞추면 그림의 비율이 달라져 보기에 좋지 않다.

05 같은 방법으로 H4:H5 셀에도 예제 화면과 같이 그림을 삽입한다.

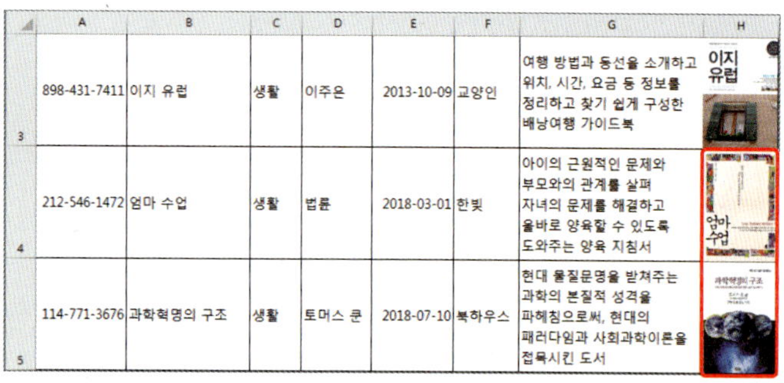

기본예제 9-8 그림 편집하기

그림 도구를 이용하여 밝기나 대비 효과를 적용하고 그림 테두리를 설정하는 등 그림을 편집하는 방법을 알아보자.

01 '실습.xlsx' 파일의 '생활' 시트에서 H3 셀에 있는 그림을 선택하고 [그림 도구]의 [서식] 탭–[조정] 그룹에서 [수정]–[밝기: 0%(표준) 대비: +20%]을 선택한다.

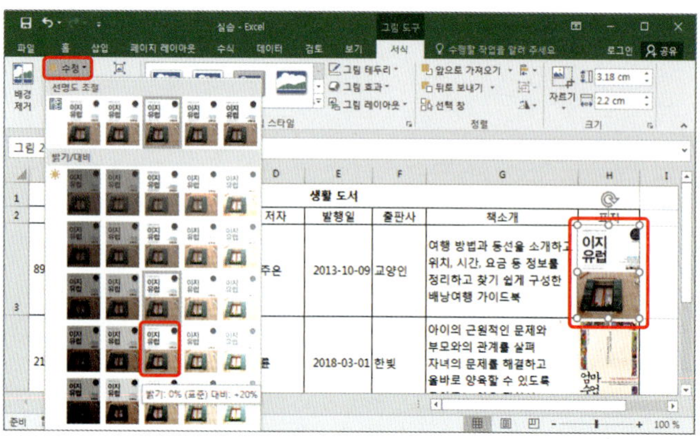

TIP 밝기 조정을 이용하면 원본 그림을 밝게 또는 어둡게 수정할 수 있다. 대비는 밝은 부분과 어두운 부분의 차이를 의미하므로 대비를 높이면 밝은 부분과 어두운 부분에 경계가 생겨 그림이 또렷해지는 효과가 생긴다. 선명도나 밝기 및 대비를 더 세밀하게 변경하려면 [그림 보정 옵션]을 선택한다.

02 H3 셀의 그림을 선택한 채로 [그림 도구]의 [서식] 탭–[그림 스타일] 그룹–[그림 테두리]–[검정, 텍스트 1]을 선택한다.

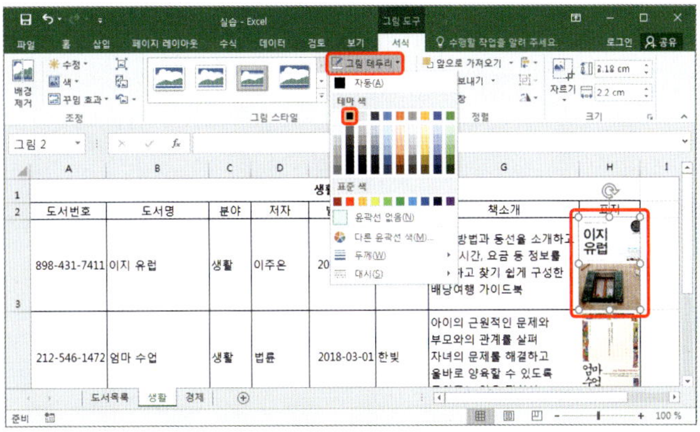

03 Ctrl이나 Shift를 누른 상태로 H4:H5 셀의 그림을 모두 선택한다. [그림 도구]의 [서식] 탭–[그림 스타일] 그룹–[그림 테두리]–[검정, 텍스트 1]을 선택한다.

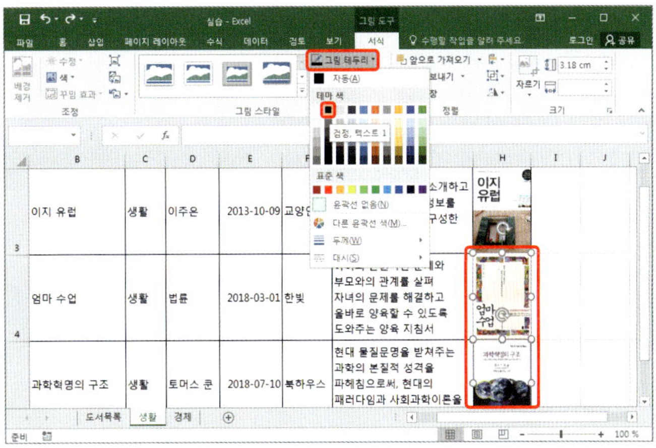

기본예제 9-9 그림을 목록으로 만들어 선택하기

그림이 삽입된 셀 범위를 하나의 목록으로 이름 정의하고 정의된 목록에서 특정 그림을 선택하는 수식을 만들어 보자.

01 '실습.xlsx' 파일의 '생활' 시트에서 H3:H5 범위를 선택하고 [이름 상자]에 *표지목록*이라고 입력한다.

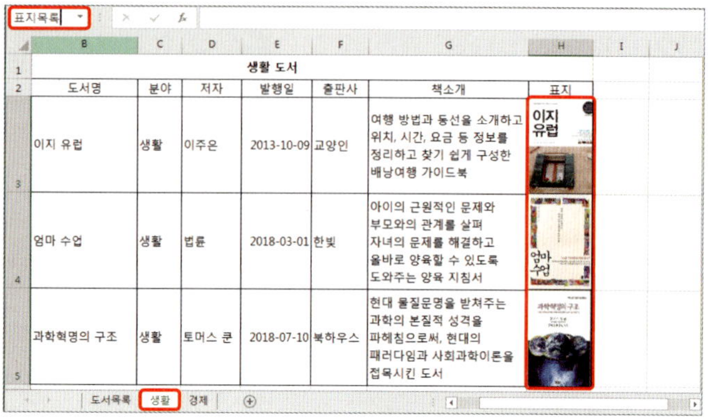

TIP 삽입된 그림을 선택하는 것이 아니라 반드시 셀 영역을 선택하고 이름을 정의해야 한다. H2 셀을 먼저 선택하고 아래쪽 방향키를 눌러 H3 셀로 이동한 다음 Shift를 누른 채 H5 셀까지 방향키를 눌러 이동하면 H3:H5 범위를 선택할 수 있다.

02 '생활' 시트에 삽입된 표지 그림 중 하나를 복사하여 '도서목록' 시트의 J3 셀에 붙여넣고 열의 너비와 그림의 크기를 예제 화면과 같이 조정한다.

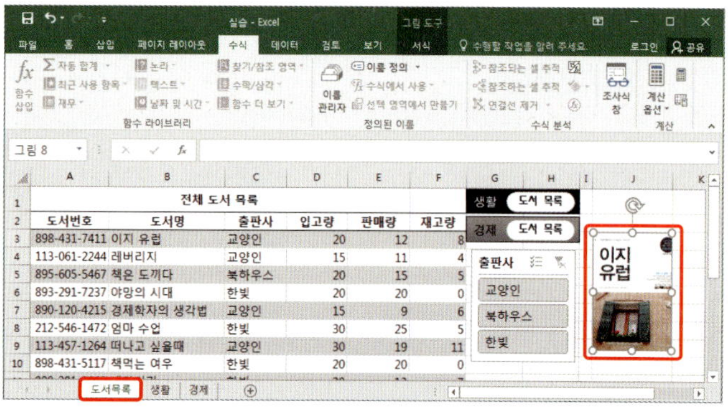

03 [수식] 탭-[정의된 이름] 그룹-[이름 정의]를 누른다.

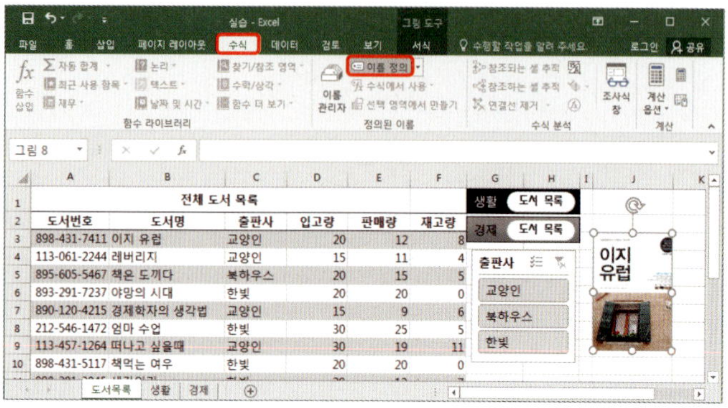

04 [새 이름] 대화상자의 [이름]에는 *표지보기*를 입력하고 [참조 대상]에는 *=INDEX(표지목록, 도서목록!$J$2)* 수식을 입력한 후 [확인]을 누른다.

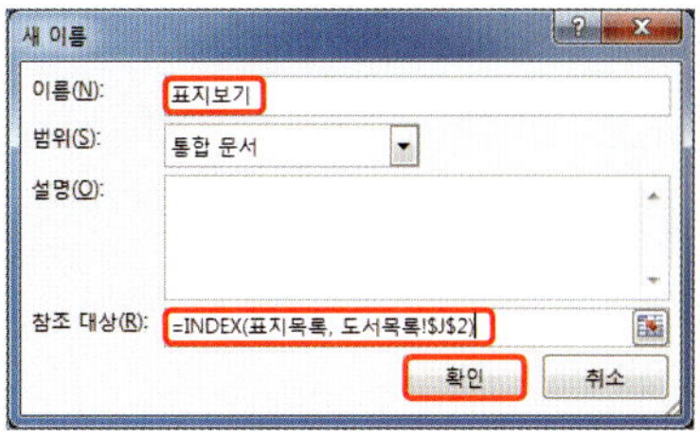

05 J2 셀에 *1*이라고 입력하고 J3 셀의 그림을 선택한 후 수식 입력줄에 *=표지보기*라고 입력한다.

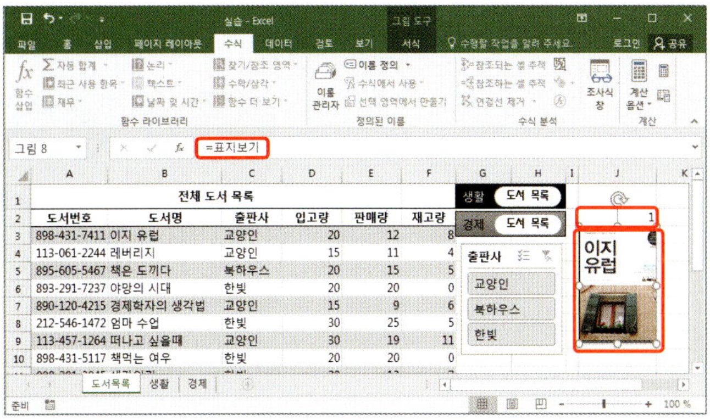

06 J2 셀의 값을 1~3으로 변경해 보면 그림이 바뀌는 것을 확인할 수 있다.

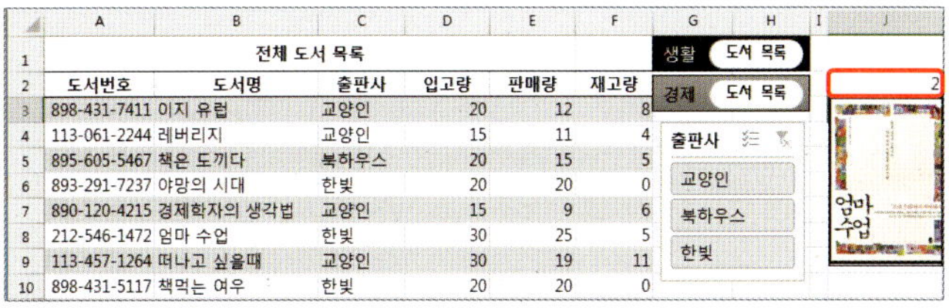

기본예제 9-10 목록 상자를 활용해 그림 선택하기

그림 목록의 번호를 직접 입력해 그림을 가져오는 대신 목록 상자에서 도서명을 선택하면 해당 표지 그림이 보여지도록 수정해 보자.

01 '실습.xlsx' 파일의 '도서목록' 시트에서 J2 셀을 선택하고 [데이터] 탭–[데이터 도구] 그룹–[데이터 유효성 검사] 목록에서 [데이터 유효성 검사]를 선택한다.

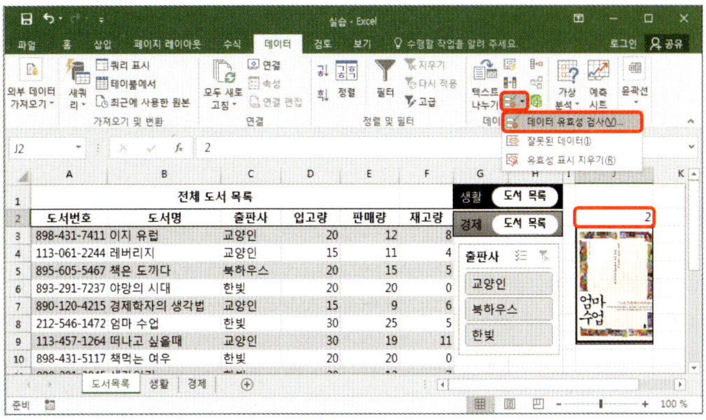

02 [데이터 유효성] 대화상자의 [설정] 탭에서 [제한 대상]은 [목록]을 선택하고 [원본]에 *=생활!$B$3:$B$5*를 입력한 후 [확인]을 누른다.

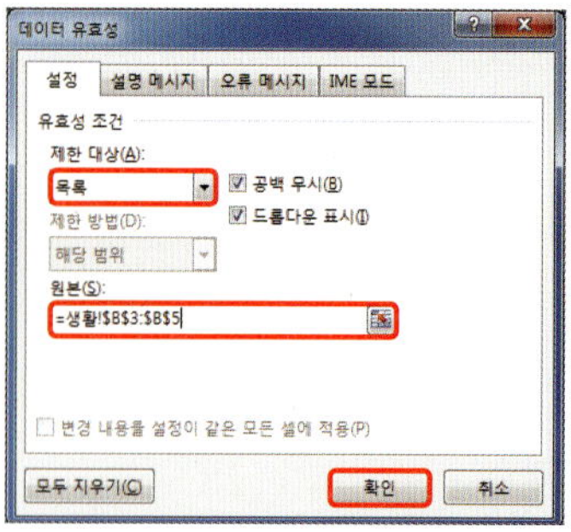

03 그림에 연결된 수식을 수정하기 위해 [수식] 탭–[정의된 이름] 그룹–[이름 관리자]를 선택한다.

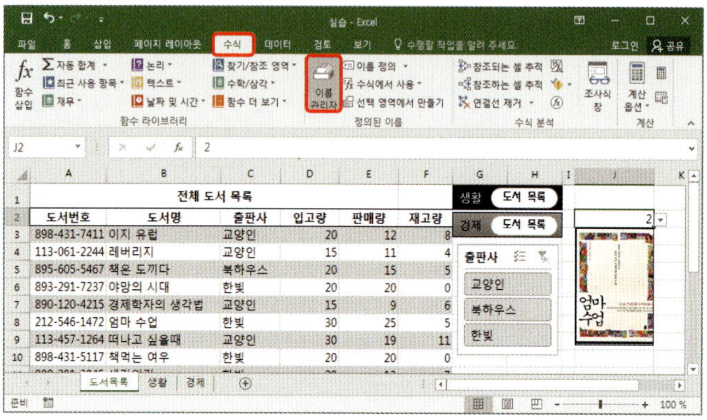

04 [이름 관리자] 대화상자에서 [표지보기] 이름을 선택하고 [참조 대상]에 *=INDEX(표지목록, MATCH(도서목록!$J$2, 생활!$B$3:$B$5, 0))* 수식을 입력한 후 [닫기]를 누른다.

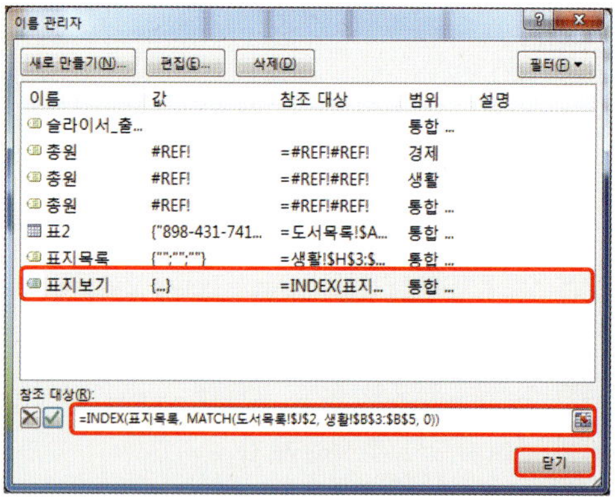

TIP 7장 227쪽에서 학습한 INDEX 함수는 선택한 범위에서 특정 행과 열 번호를 지정하면 해당 위치의 값을 검색할 수 있다. 행이나 열이 하나만 있는 배열을 범위로 하는 경우에는 행 번호나 열 번호를 생략할 수 있다.

05 변경 내용을 저장할지 확인하는 대화상자가 나타나면 [예]를 누른다.

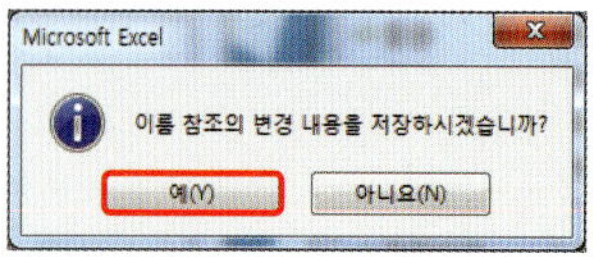

06 J2 셀의 목록 상자에서 도서명을 선택하면 해당 도서의 표지 그림이 J3 셀에 표시된다.

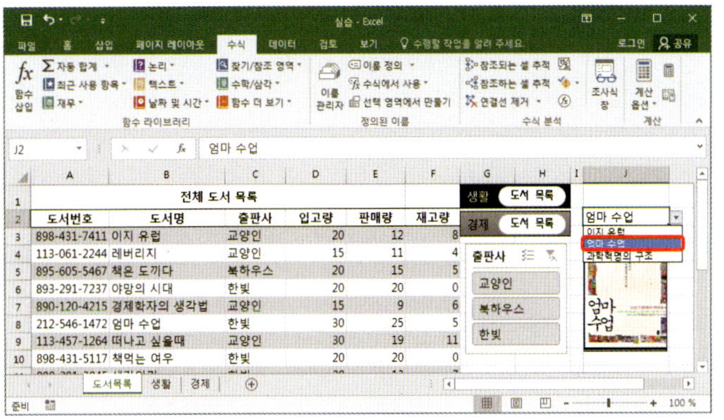

종합예제

이번 장에서 학습한 표와 하이퍼링크 및 워드아트와 스마트아트와 같은 그래픽 기능을 활용하여 소비자 물가총지수와 물가상승률에 관한 엑셀 문서를 만들어 보자.

1 '종합예제.xlsx' 파일을 열고 [⊕ 새 시트] 단추를 눌러 시트를 추가한다. 시트 이름을 *요약*으로 수정하고 '상세' 시트 앞으로 이동시킨다.

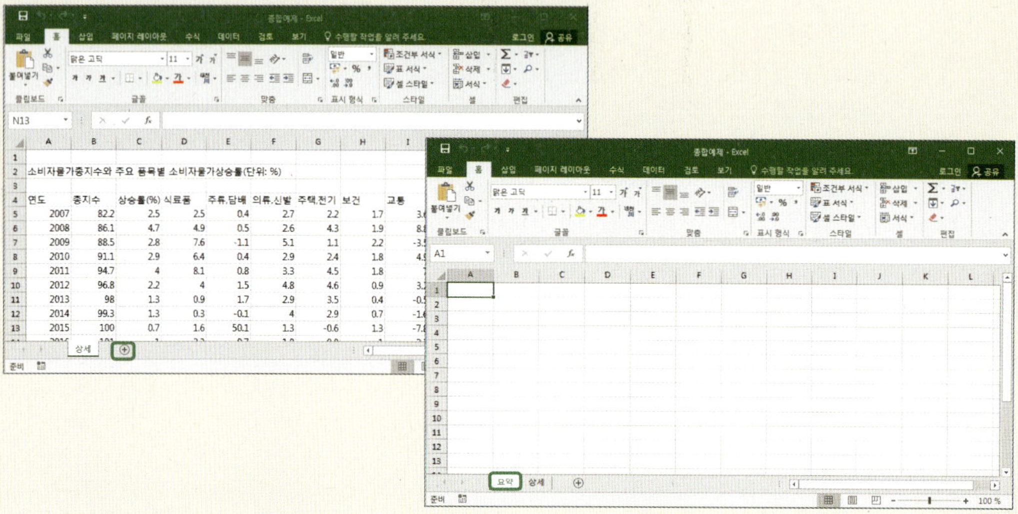

2 '요약' 시트를 선택하고 [삽입] 탭–[텍스트] 그룹에서 [WordArt]–[채우기 – 검정, 텍스트 1, 윤곽선 – 배경 1, 진한 그림자 –배경 1]을 선택한다.

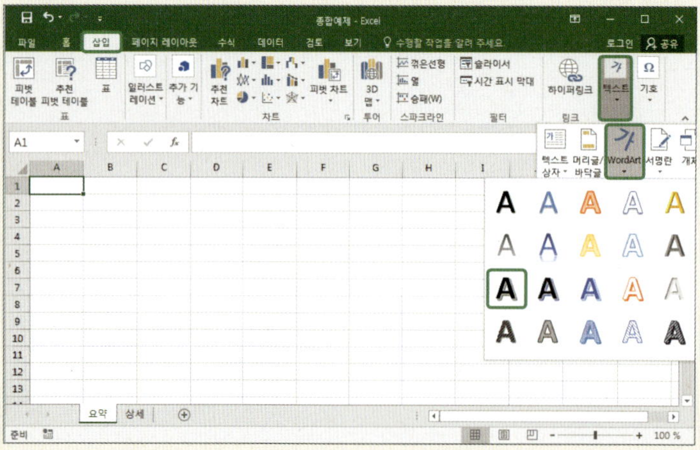

3 삽입된 워드아트 개체에 *소비자물가총지수와 물가상승률*이라고 입력하고 [홈] 탭-[글꼴] 그룹에서 [글꼴 크기]를 [28]로 설정한다. 예제 화면과 같이 워드아트 개체를 시트 상단으로 이동한다.

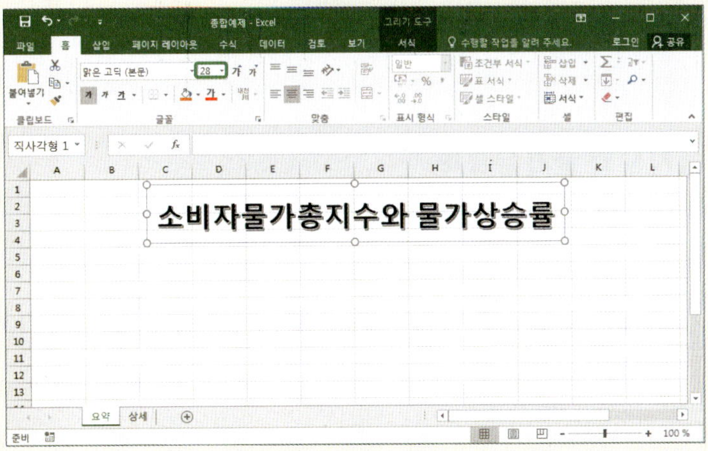

4 워드아트 개체를 선택하고 [그리기 도구]의 [서식] 탭-[WordArt 스타일] 그룹에서 [텍스트 효과]-[변환]-[휘기]의 [중지]를 누른다.

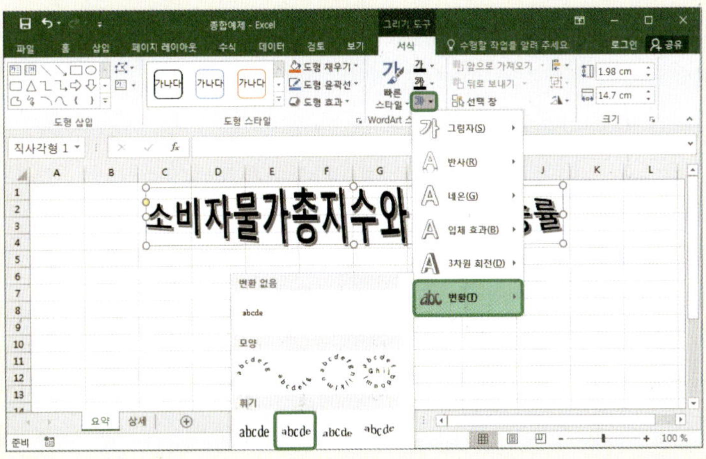

TIP 변환 효과를 설정한 워드아트 개체는 도형과 같이 크기 조절점을 이용해 글꼴과 전체 크기를 조절할 수 있다.

5 [삽입] 탭–[일러스트레이션] 그룹–[SmartArt]를 누른다.

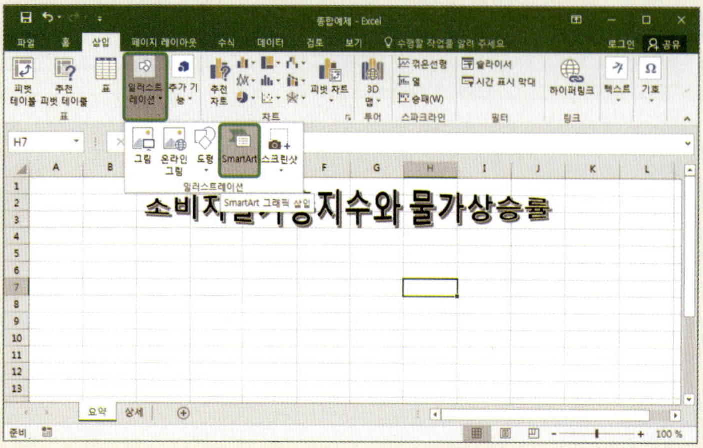

6 [SmartArt 그래픽 선택] 대화상자에서 [프로세스형]–[기본 프로세스형]을 선택하고 [확인]을 누른다.

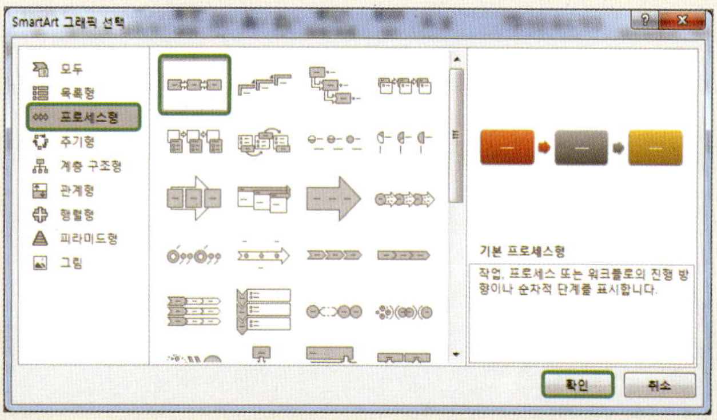

7 삽입한 스마트아트를 선택한 상태에서 [SmartArt 도구]의 [디자인] 탭–[그래픽 만들기] 그룹–[도형 추가]를 눌러 도형 여섯 개를 만든다.

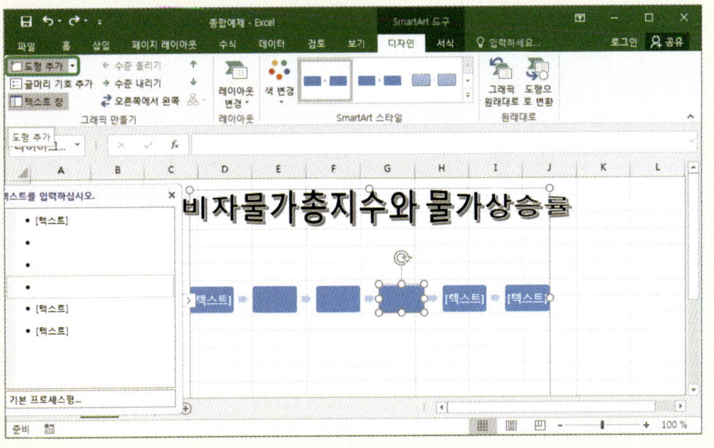

TIP 스마트아트의 텍스트 창에서 Enter를 눌러 단락을 만들어도 도형이 추가된다.

8 스마트아트의 텍스트 창을 닫고 크기 조절점을 드래그하여 높이와 너비를 조절한다. [SmartArt 도구]의 [디자인] 탭–[SmartArt 스타일] 그룹–[빠른 스타일] 목록에서 [미세 효과]를 선택한다.

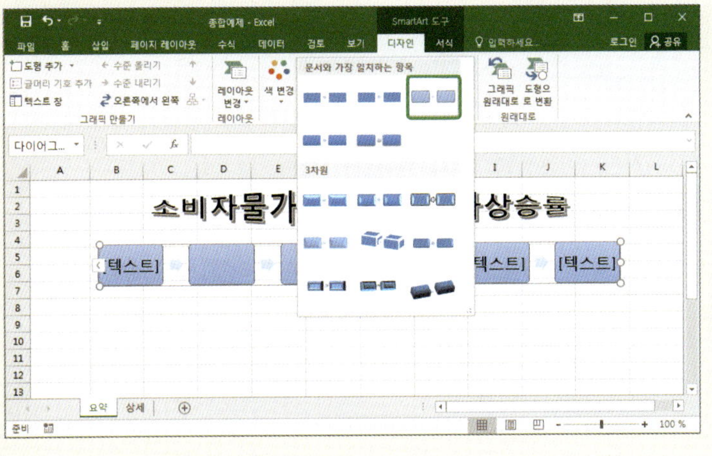

9 Ctrl+Shift를 누른 상태에서 스마트아트를 마우스로 드래그하여 수직 방향으로 복제한다. [SmartArt 도구]의 [디자인] 탭–[SmartArt 스타일] 그룹–[색 변경] 목록에서 [강조 2]의 [색 채우기 – 강조 2]를 선택한다.

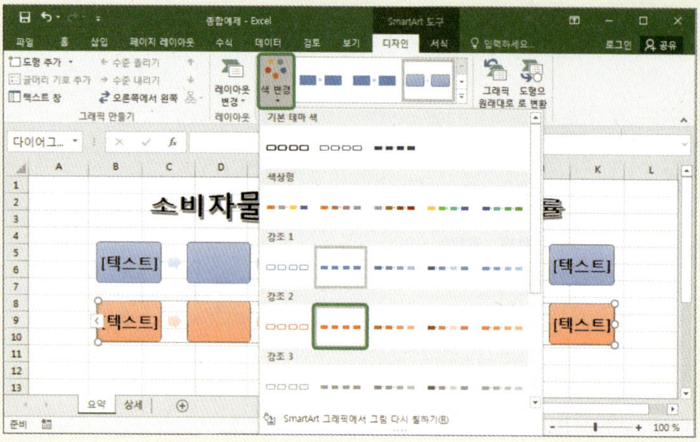

10 각각의 스마트아트를 선택한 상태에서 [SmartArt 도구]의 [디자인] 탭–[원래대로] 그룹에서 [도형으로 변환]을 눌러 스마트아트를 모두 도형으로 변환시킨다.

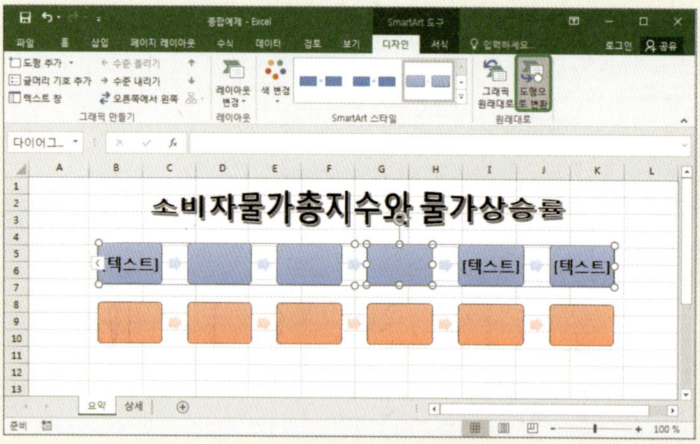

11 [삽입] 탭-[일러스트레이션] 그룹의 [도형]-[직사각형]을 눌러 예제 화면과 같이 도형을 추가한 후 [그리기 도구]의 [서식] 탭-[도형 스타일] 그룹에서 도형 스타일을 [색 윤곽선 - 검정, 어둡게 1]로 설정한다.

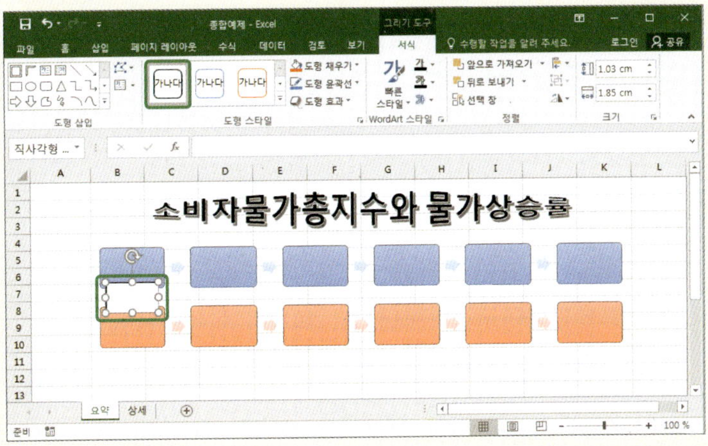

12 [홈] 탭-[맞춤] 그룹에서 가로와 세로를 모두 [가운데 맞춤]으로 설정한다.

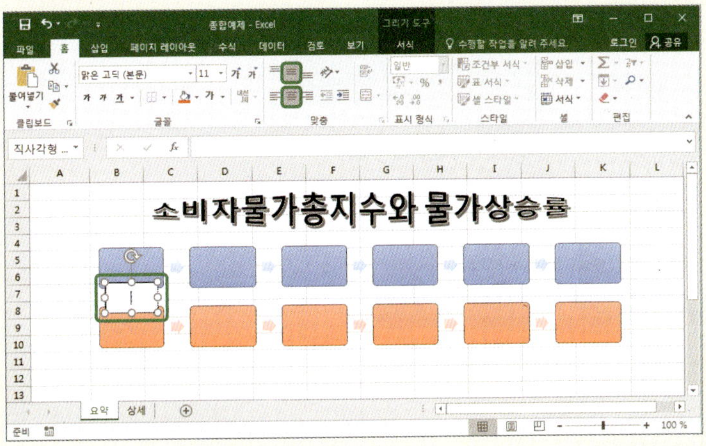

13 Ctrl+Shift를 누른 채로 직사각형을 드래그하여 수평 방향으로 여섯 개가 되도록 복제한다. 복제한 도형을 모두 선택하고 [그리기 도구]의 [서식] 탭-[정렬] 그룹-[맞춤] 목록에서 [가로 간격을 동일하게]를 선택한다.

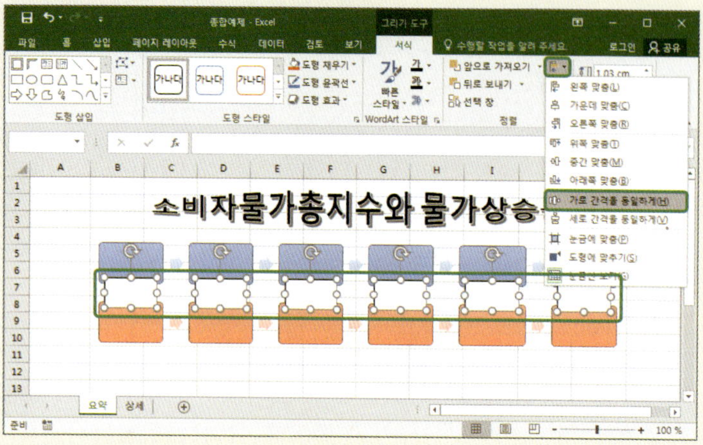

14 직사각형이 모두 선택되어 있는 상태에서 [그리기 도구]의 [서식] 탭-[정렬] 그룹-[그룹] 목록의 [그룹]을 선택해 그룹으로 설정한다.

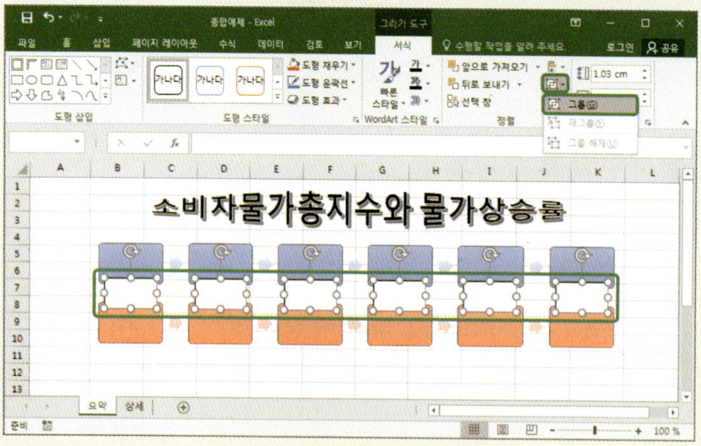

15 A6 셀에는 *물가총지수*, A9 셀에는 *상승률(%)*라고 입력한다. 위쪽부터 도형을 하나씩 차례로 선택하고 수식 입력줄에 *=상세!B9*, *=상세!A9*, *=상세!C9* 수식을 각각 입력한다.

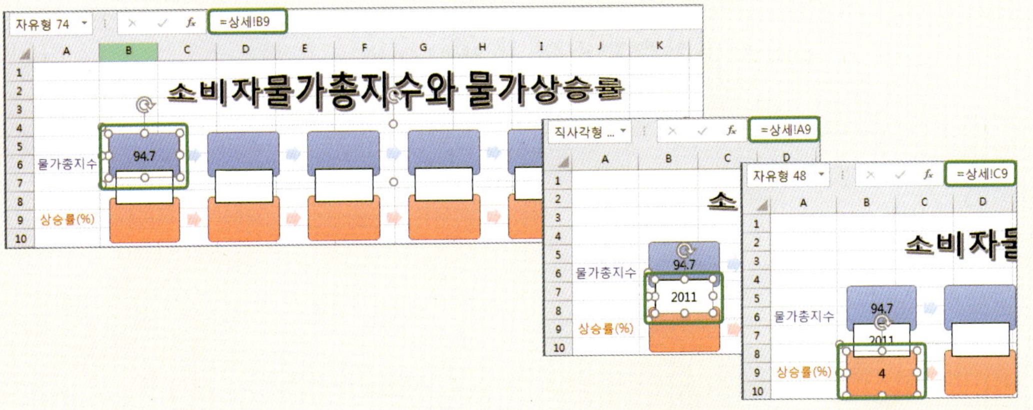

TIP 도형을 선택하고 수식 입력줄에 해당 셀의 이름이나 셀 주소를 입력하면 셀 값이 도형에 연결된다. 그래서 셀 값이 변경되어도 도형에 표시되는 값을 수정하지 않아도 된다.

16 같은 방법으로 나머지 도형에도 수식을 연결하여 2011년부터 2016년까지 각 연도의 물가총지수와 상승률을 도형에 표시한다.

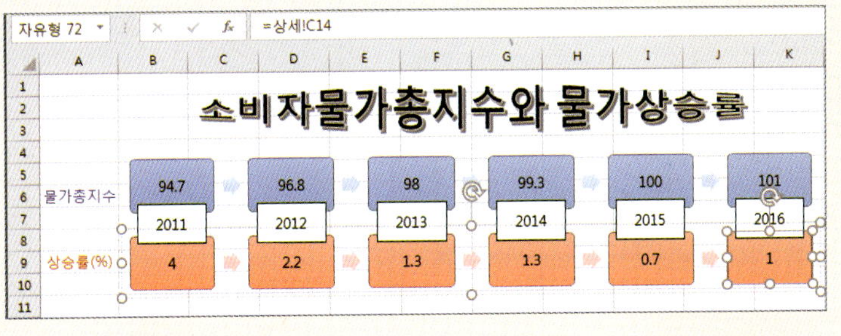

17 Ctrl을 누른 채 모든 도형을 선택하고 마우스 오른쪽 단추를 눌러 단축 메뉴에서 [그룹화]–[그룹]을 선택한다.

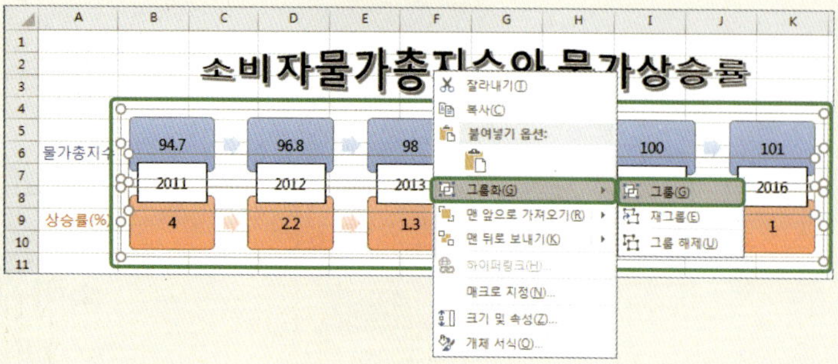

18 그룹화된 도형을 선택하고 [삽입] 탭–[링크] 그룹–[하이퍼링크]를 누른다. [하이퍼링크 삽입] 대화상자가 열리면 [연결 대상]을 [현재 문서]로 선택하고 [이 문서에서 위치 선택]에서 [상세]를 선택한 후 [화면 설명]을 누른다. [화면 설명 텍스트]에 *상세 데이터를 보려면 클릭하세요.* 라고 입력하고 [확인]을 누른다. [하이퍼링크 삽입] 대화상자도 [확인]을 눌러 닫는다.

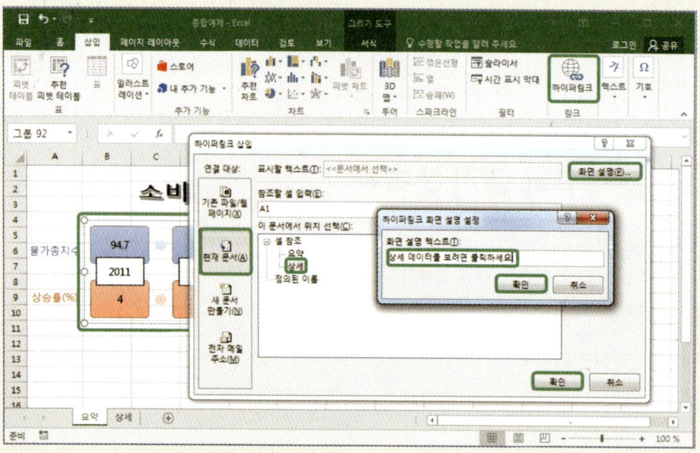

TIP 그림 위에 마우스를 올리면 입력해둔 화면 설명 텍스트가 나타나고 마우스를 누르면 '상세' 시트로 이동된다.

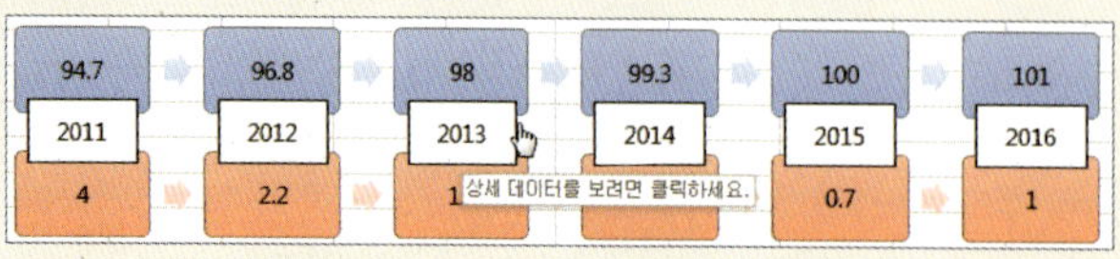

19 '상세' 시트에서 데이터 범위 내 임의의 셀을 선택하고 [삽입] 탭–[표] 그룹–[표]를 누른다. [표 만들기] 대화상자에서 [확인]을 선택한다.

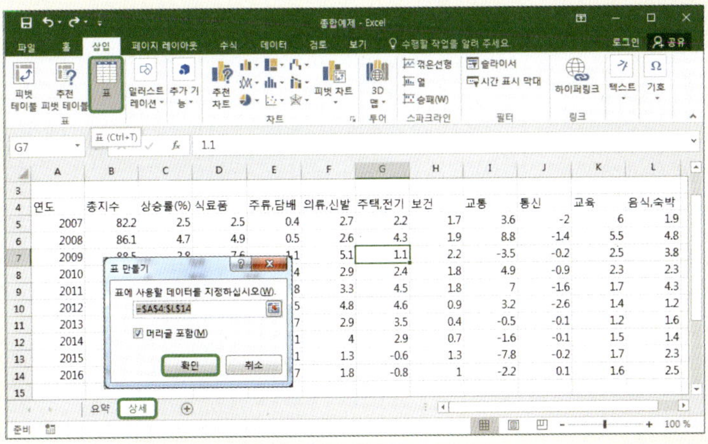

20 [표 도구]의 [디자인] 탭–[표 스타일 옵션] 그룹에서 [필터 단추]의 선택을 해제하고 [표 스타일] 그룹–[빠른 스타일] 목록에서 [표 스타일 밝게 1]을 선택한다.

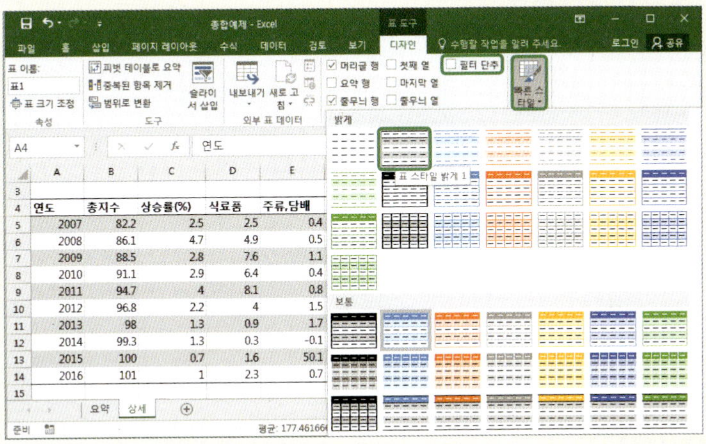

21 [표 도구]의 [디자인] 탭–[도구] 그룹에서 [슬라이서 삽입]을 눌러 [슬라이서 삽입] 대화상자가 열리면 [연도]를 선택하고 [확인]을 누른다.

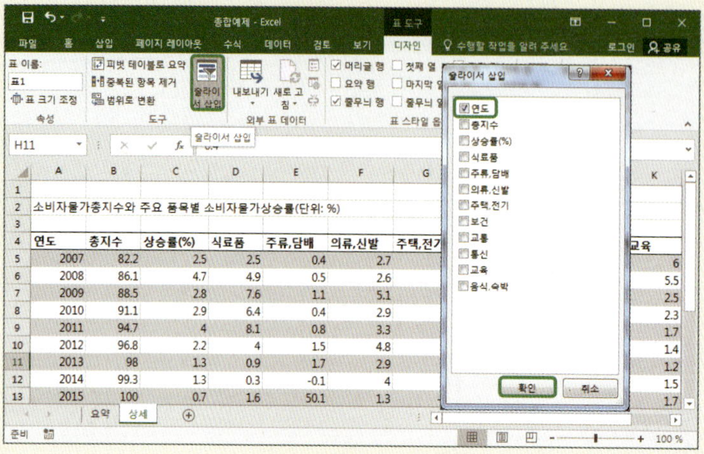

22 슬라이서가 추가되면 [슬라이서 도구]의 [옵션] 탭–[단추] 그룹에서 [열]–[5], [높이]–[0.5 cm], [너비]–[1.4 cm]로 설정한다. [크기] 그룹에서 [높이]와 [너비]를 각각 [2.3 cm], [8 cm]로 설정한다.

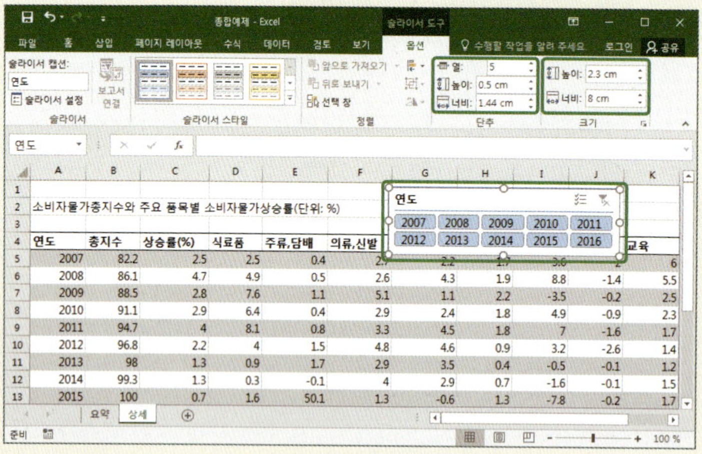

23 슬라이서가 데이터를 가리지 않도록 2행의 높이를 조절하고 A2:G2 범위를 병합한 뒤 [채우기 색]과 [글꼴 색]을 예제 화면과 같이 설정한다.

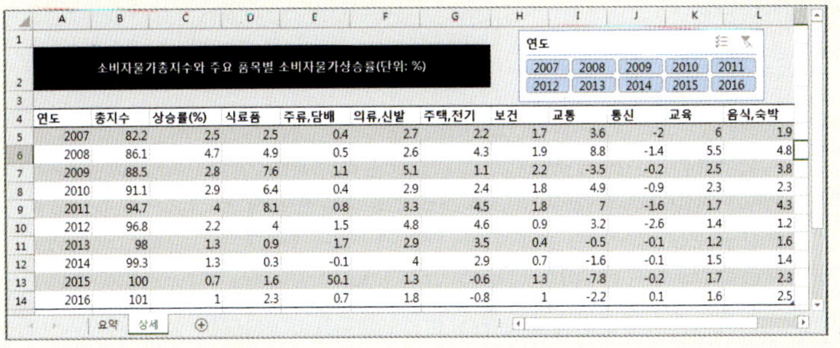
소비자물가총지수와 주요 품목별 소비자물가상승률(단위: %)

연도: 2007 2008 2009 2010 2011 2012 2013 2014 2015 2016

연도	총지수	상승률(%)	식료품	주류,담배	의류,신발	주택,전기	보건	교통	통신	교육	음식,숙박
2007	82.2	2.5	2.5	0.4	2.7	2.2	1.7	3.6	-2	6	1.9
2008	86.1	4.7	4.9	0.5	2.6	4.3	1.9	8.8	-1.4	5.5	4.8
2009	88.5	2.8	7.6	1.1	5.1	1.1	2.2	-3.5	-0.2	2.5	3.8
2010	91.1	2.9	6.4	0.4	2.9	2.4	1.8	4.9	-0.9	2.3	2.3
2011	94.7	4	8.1	0.8	3.3	4.5	1.8	7	-1.6	1.7	4.3
2012	96.8	2.2	4	1.5	4.8	4.6	0.9	3.2	-2.6	1.4	1.2
2013	98	1.3	0.9	1.7	2.9	3.5	0.4	-0.5	-0.1	1.2	1.6
2014	99.3	1.3	0.3	-0.1	4	2.9	0.7	-1.6	-0.1	1.5	1.4
2015	100	0.7	1.6	50.1	1.3	-0.6	1.3	-7.8	-0.2	1.7	2.3
2016	101	1	2.3	0.7	1.8	-0.8	1	-2.2	0.1	1.6	2.5

요약 상세

연습문제

1 '연습.xlsx' 파일의 '연습1' 시트를 열어 다음과 같이 표와 슬라이서를 만드시오.

❶ 도서 판매 현황 데이터를 표로 만들고 예제 화면과 같이 요약 행('수량' 합계, '할인율' 평균, '판매금액' 합계)과 표시 형식, 표 스타일(표 스타일 밝게 16)을 설정하시오.

❷ 슬라이서를 삽입하여 '분야'를 기준으로 필터링하시오.

분야: 가정 / 경제 / 과학 / 문학 / 사회 / 역사 / 인문 / 종교

	B	C	D	E	F	G	H
1	도서 판매 현황						
2	도서명	수량	출판사	분야	정가	할인율	판매금액
3	순간의 꽃	10	현대문학	문학	8,500	10%	₩ 76,500
4	그래도 사랑	35	문학과지성사	문학	13,800	10%	₩ 434,700
5	나미야 잡화점	22	현대문학	문학	14,800	10%	₩ 293,040
6	인생수업	15	휴	종교	13,000	10%	₩ 175,500
7	자본주의	11	진명출판	경제	17,000	10%	₩ 168,300
8	책은 도끼다	21	북하우스	인문	16,000	10%	₩ 302,400
9	야망의 시대	20	열린책들	사회	19,800	15%	₩ 336,600
10	경제학자의 생각법	16	교양인	경제	15,000	10%	₩ 216,000
11	엄마 수업	12	휴	가정	12,000	10%	₩ 129,600
12	책먹는 여우	31	세종서적	문학	8,500	10%	₩ 237,150
13	생각읽기	14	비전	경제	14,800	10%	₩ 186,480
14	총균쇠	28	북하우스	역사	28,000	10%	₩ 705,600
15	인사이드 아웃	9	북하우스	문학	9,500	10%	₩ 76,950
16	이야기 한국사	30	피그마리온	역사	15,000	15%	₩ 382,500
17	과학혁명의 구조	26	북하우스	과학	18,000	10%	₩ 421,200
18	베이비 위스퍼 골드	8	세종서적	가정	19,500	10%	₩ 140,400
19	로맨틱 한시	6	비전	문학	15,000	10%	₩ 81,000
20	뇌물의 역사	5	교양인	역사	16,800	10%	₩ 75,600
21	프랑스 아이처럼	14	세종서적	가정	15,000	15%	₩ 178,500
22	요약	총 333권				평균 11%	₩ 4,618,020

2 '연습.xlsx' 파일의 '제품목록' 시트를 이용하여 '연습2' 시트에 주문서를 작성하시오.

❶ VLOOKUP 함수를 이용하여 각 제품의 '제품명'과 '가격'을 '제품목록' 시트에서 검색하시오.

❷ '주문금액'은 '수량*가격*(1-할인율)' 수식으로 계산하고 '할인율'은 VLOOKUP 함수로 '제품목록' 시트에서 검색하시오.

❸ '수량'과 '주문금액'의 합계를 구하여 C6 셀과 E6 셀에 각각 표시하시오.

❹ '대표사진'은 A3 셀의 '제품코드'를 기준으로 '제품목록' 시트의 '사진' 목록에서 INDEX 함수로 찾아 표시하시오.

	A	B	C	D	E	F
1	주문서					
2	제품코드	제품명	수량	가격	주문금액	대표사진
3	1	Focus	2	$4.80	$8.64	
4	4	Sea	1	$10.00	$8.00	
5	5	Pink	3	$12.00	$30.60	
6	합계		6		$47.24	

CHAPTER

10

차트와 스파크라인

학습목표

- 차트 종류를 알고 만들고 활용할 수 있다.
- 차트 구성 요소를 알고 편집할 수 있다.
- 스파크라인을 만들고 활용할 수 있다.

SECTION 01 차트 만들기

차트는 숫자 데이터를 그래프로 표시하고 데이터 레이블이나 범례 등 여러 가지 구성 요소를 포함시켜 수치 변화를 알아보기 쉽게 나타내는 시각화 도구이다. 엑셀에서 다루는 많은 숫자를 차트로 표현하면 이해가 쉽고 정보를 훨씬 효과적으로 분석할 수 있다. 숫자를 셀이나 표에 입력해서 관리하면 정확하고 상세하게 정보를 나타낼 수 있지만 추세를 파악하거나 서로 비교하기는 쉽지 않다. 엑셀에서는 다양한 종류의 차트를 데이터 유형에 따라 선택할 수 있다. 차트로 보여주려는 데이터가 어떤 유형인지 파악하여 표현 의도와 제공할 정보를 제대로 비교 및 분석할 수 있도록 적절한 종류의 차트를 선택하는 것이 중요하다.

1.1 차트의 종류

엑셀에서는 세로 막대형, 가로 막대형, 꺾은선형, 원형 등의 기본적인 차트 외에 오피스 2016 버전에서 새로 추가된 트리맵, 선버스트, 상자 수염 그림, 폭포와 같이 다양한 종류의 차트를 사용 목적에 따라 선택할 수 있다. 각 차트의 특징과 주로 활용되는 경우를 다음과 같이 요약할 수 있다.

- **세로 막대형**: 일정 기간의 데이터 변화를 표시하여 각 항목을 비교할 수 있다.

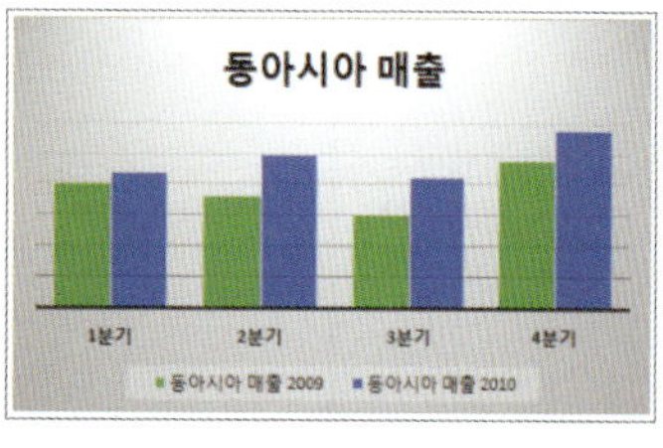

- **영역형**: 시간에 따른 변화, 개별 값과 총합의 관계를 보여주거나 비교할 때 유용하다.

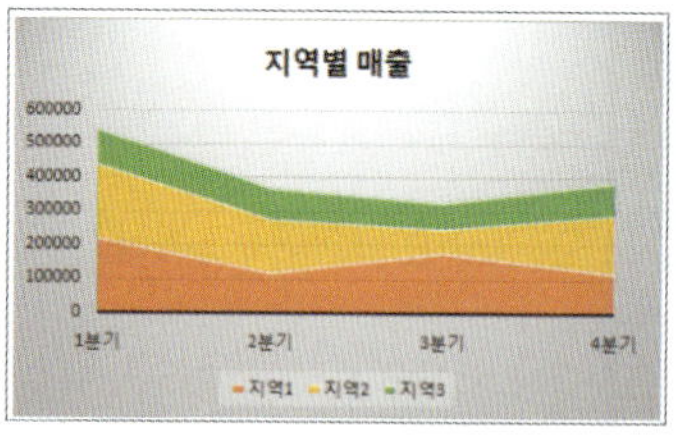

- **원형**: 데이터의 합계 비율을 표시하는 차트로, 하나의 데이터 계열만 강조할 때 유용하다.

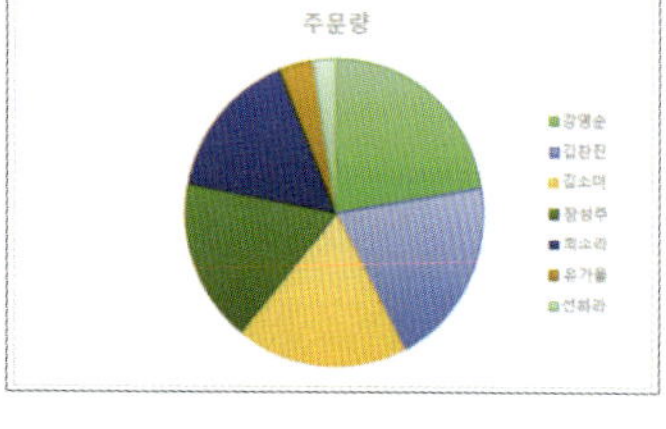

- **꺾은선형**: 일정 기간의 데이터 추세나 데이터 변화를 표시할 수 있다.

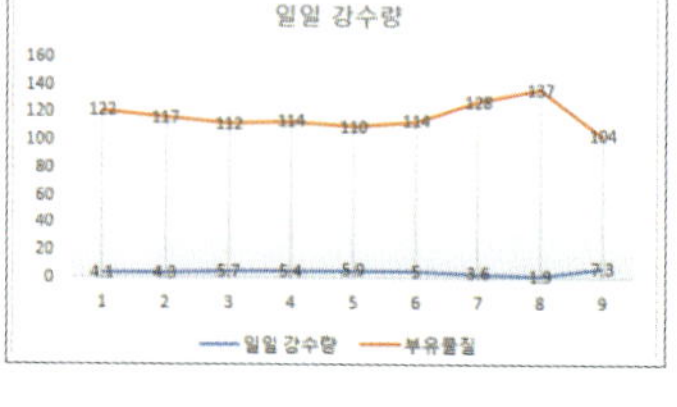

- **가로 막대형**: 축 레이블이 길거나 차트로 표시하는 값이 기간인 경우에 유용하다.

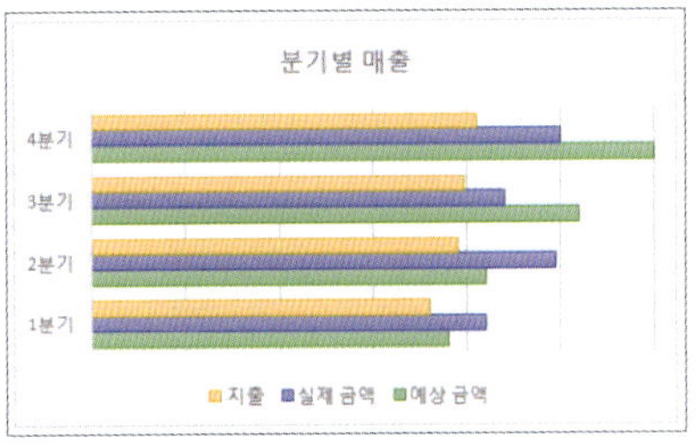

- **분산형**: 두 숫자 그룹을 하나의 xy 좌표 계열로 그리는 것으로, 데이터의 불규칙한 간격이나 묶음을 표시할 수 있다.

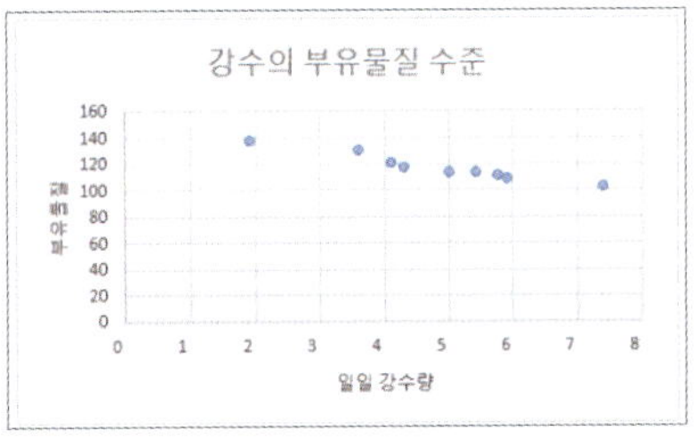

- **주식형**: 주가 변동이나 기온 변화와 같은 데이터 변화를 표시할 수 있다.

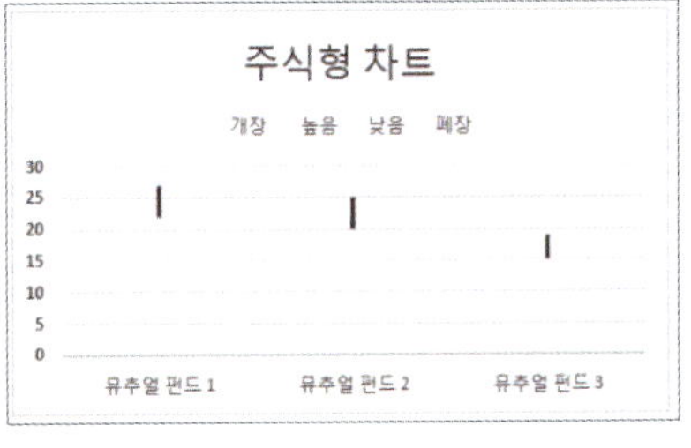

- **방사형**: 여러 데이터 계열의 값을 집계한 것을 비교할 수 있다.

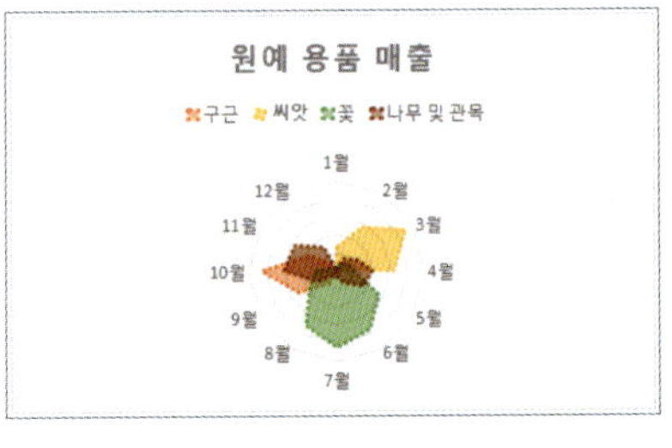

- **선버스트**: 계층 구조를 갖는 데이터를 여러 수준의 고리로 표시하는 것으로, 각 고리가 어떤 구성 요소로 이루어져 있는지 나타낼 때 유용하다.

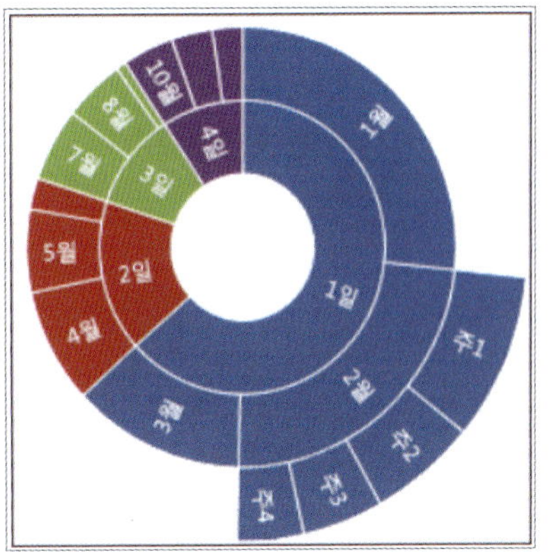

- **상자 수염 그림**: 데이터 분포를 사분위수로 표시하는 것으로, 평균 및 이상값을 강조할 때 유용하다.

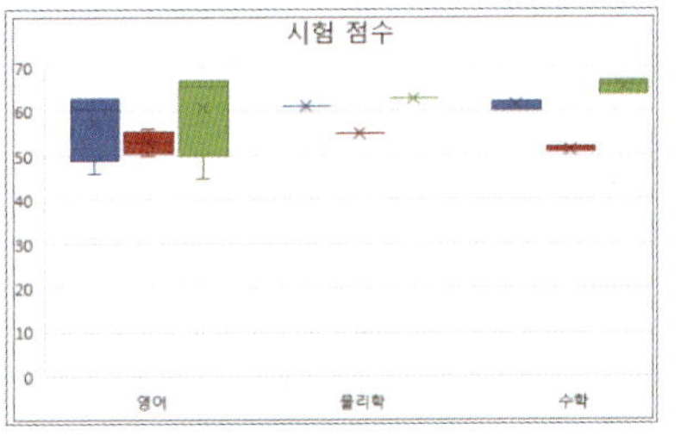

- **콤보**: 데이터 범위가 광범위한 경우에 두 개 이상의 차트 종류를 결합하여 보조 축과 함께 표시할 수 있다.

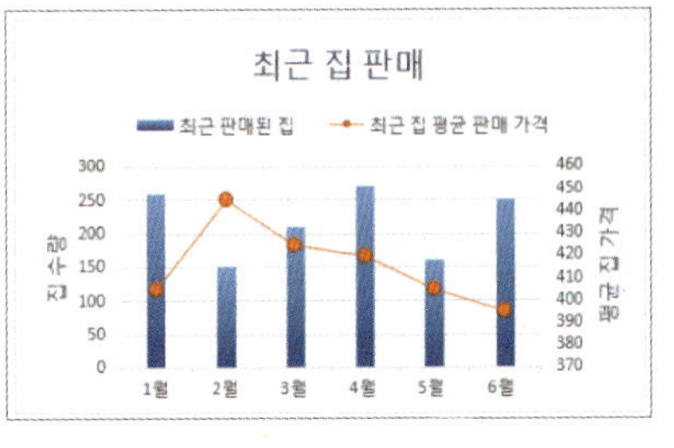

• **표면형**: 같은 값의 범위에 속하는 영역을 색과 무늬로 표시하는 차트로, 두 데이터 집합에서 최적의 조합을 찾을 때 유용하다.

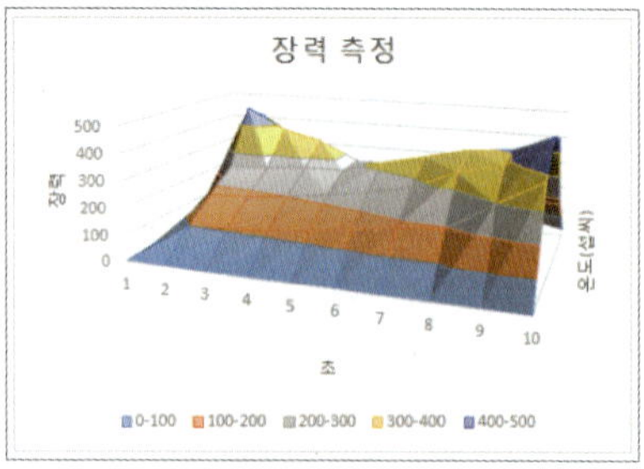

• **트리맵**: 데이터를 계층 구조로 표시하는 차트로, 다른 데이터 계열을 비교할 때 유용하다.

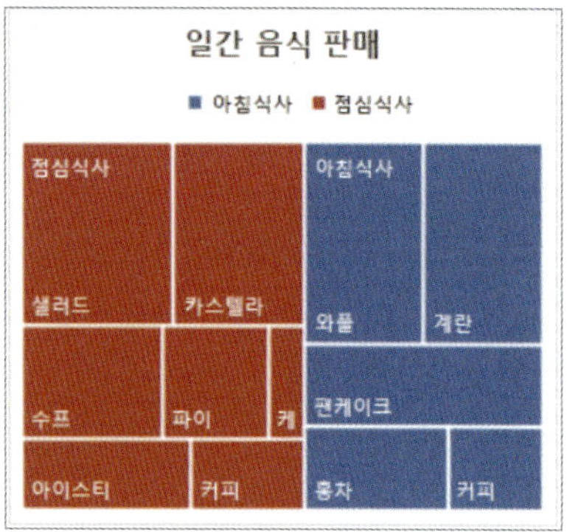

• **히스토그램**: 데이터의 분포와 빈도를 표시하는 차트로, 데이터를 세부적으로 분석할 때 유용하다.

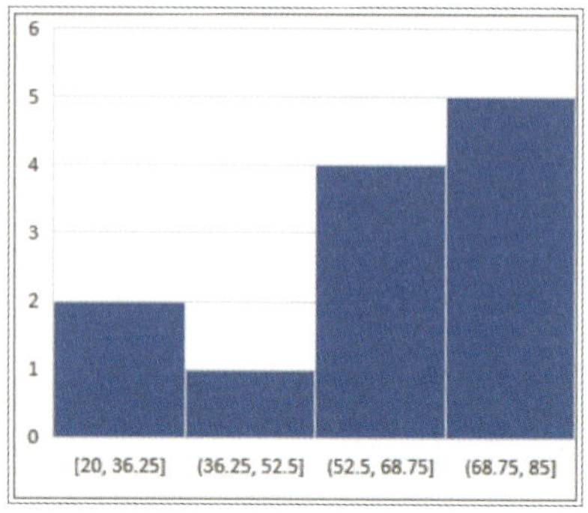

• **폭포**: 양수와 음수를 색이 다른 막대로 표시하는 차트로, 재무 데이터의 누계와 값의 변화에 따른 영향을 표시할 때 유용하다.

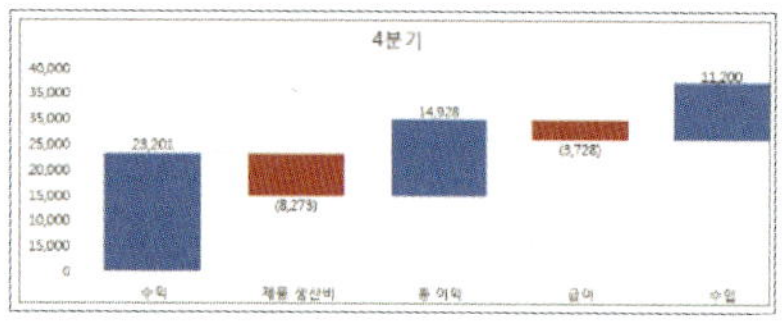

1.2 추천 차트

여러 가지 차트 중에서 필요한 차트가 무엇인지 선택하기 어려운 경우에는 차트로 나타내고자 하는 데이터를 선택하기만 하면 된다. 선택한 데이터를 분석하여 몇 가지 적당한 차트를 추천하는 기능인 추천 차트 도구를 사용할 수 있기 때문이다.

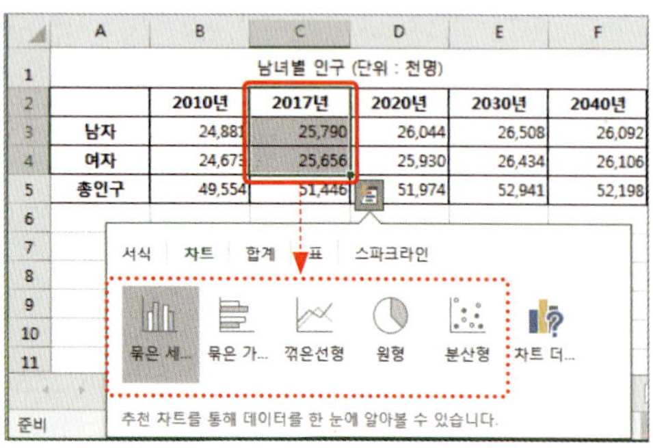

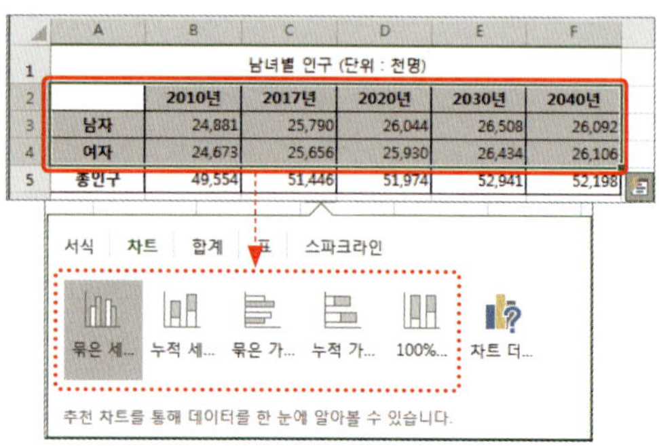

기본예제 10-1 추천 차트 삽입하기

남녀별 인구 데이터를 이용하여 워크시트에 추천 차트를 삽입해 보자.

01 '실습.xlsx' 파일의 '추천차트' 시트에서 A2:F5 범위를 선택하고 [삽입] 탭-[차트] 그룹-[추천 차트]를 누른다.

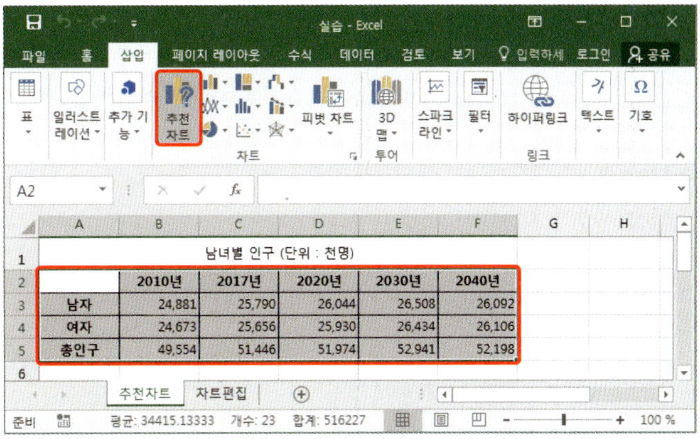

TIP 워크시트에서 연속적인 셀을 범위로 선택하면 [빠른 분석] 단추를 사용할 수 있다. [빠른 분석] 단추를 누르고 [차트] 탭을 선택하면 추천 차트를 볼 수 있다.

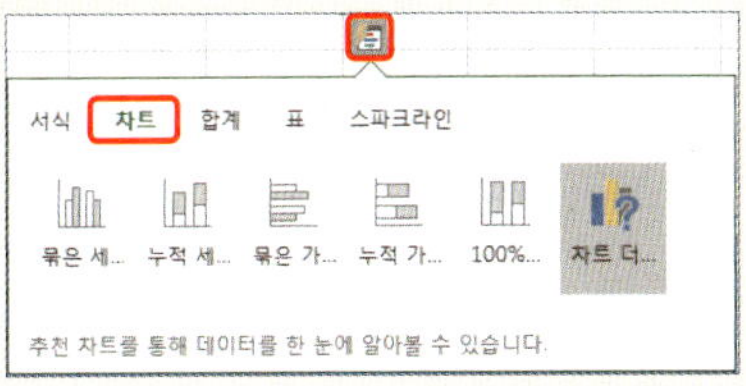

02 [차트 삽입] 대화상자의 [추천 차트] 탭에서 차트 목록을 확인할 수 있다. [묶은 세로 막대형]을 선택하고 [확인]을 누른다.

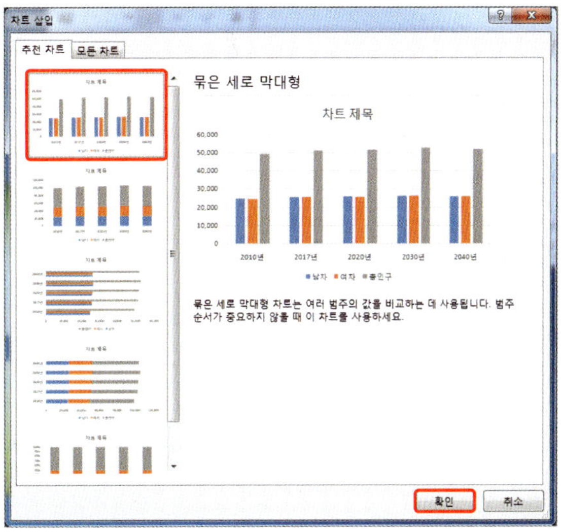

03 삽입된 차트를 선택하고 드래그하여 적당한 위치로 이동하고, 차트의 조절점을 드래그하여 크기를 조절한다.

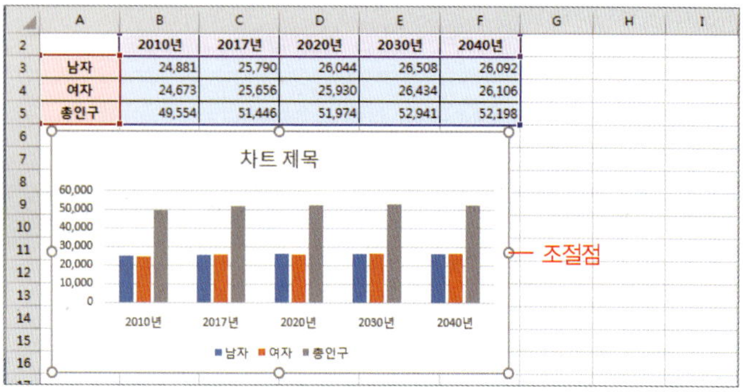

TIP 삽입된 차트를 삭제하려면 차트를 선택한 상태에서 Delete를 누른다.

04 차트를 선택한 상태에서 [차트 도구]의 [디자인] 탭-[데이터] 그룹-[행/열 전환]을 누른다.

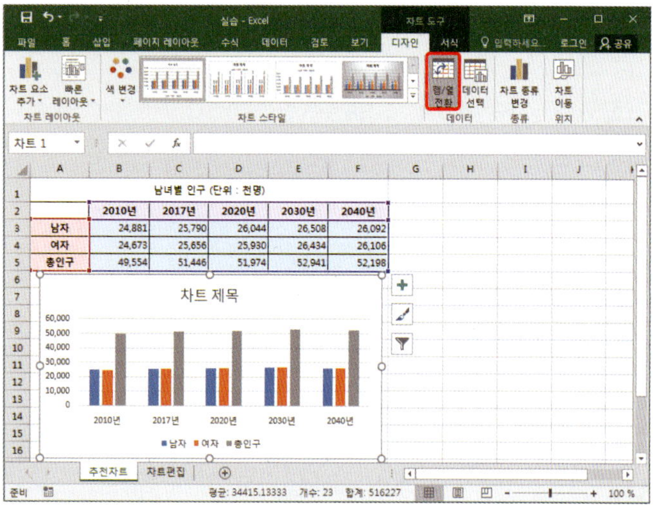

05 행과 열이 전환되어 차트 모양이 바뀐다.

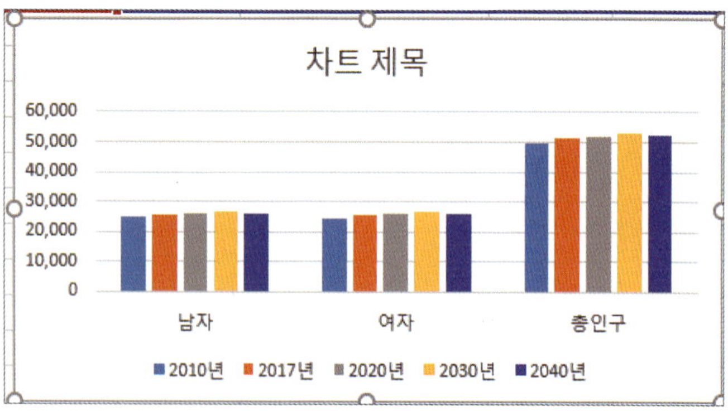

06 차트에 표시할 데이터의 범위를 수정하기 위해 차트를 선택한 상태에서 [차트 도구]의 [디자인] 탭–[데이터] 그룹–[데이터 선택]을 누른다.

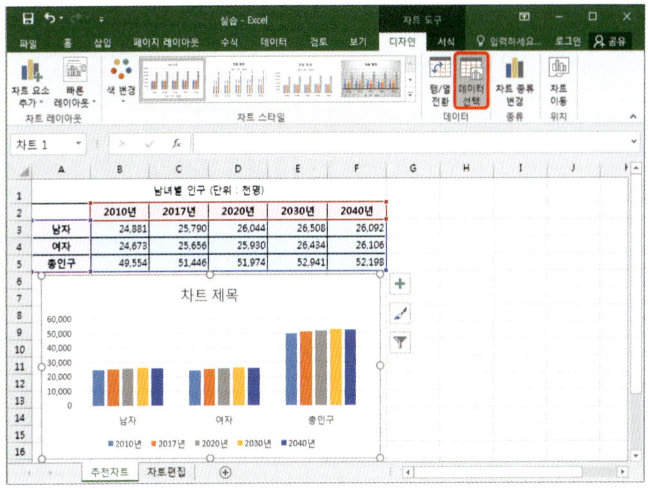

07 [데이터 원본 선택] 대화상자가 열리면 [범례 항목(계열)]–[2017]의 선택을 해제하고 [행/열 전환]을 누른 후 [확인]을 누른다.

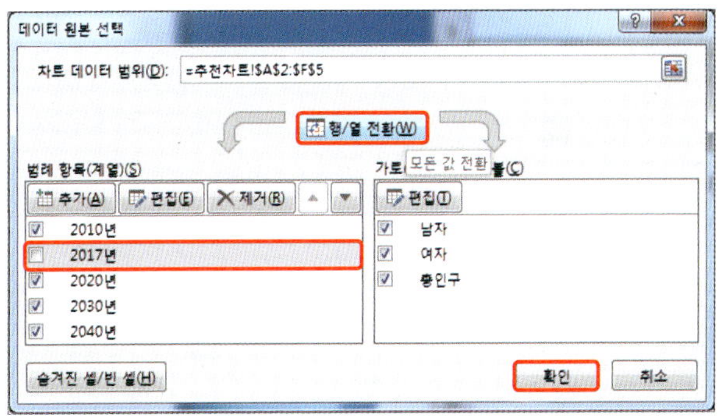

TIP [데이터 원본 선택] 대화상자에서는 행/열 전환뿐만 아니라 차트에 사용된 데이터의 범위를 변경, 편집 혹은 제거할 수 있다.

08 차트 종류를 변경하기 위해 차트를 선택한 상태에서 [차트 도구]의 [디자인] 탭–[종류] 그룹–[차트 종류 변경]을 누른다.

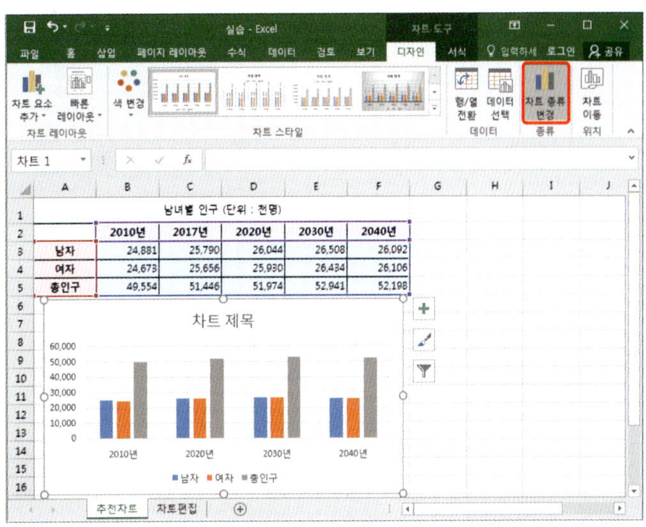

09 [차트 종류 변경] 대화상자의 [모든 차트] 탭에서 [콤보]를 선택한다. '총인구'의 차트 종류는 [표식이 있는 꺾은선형]으로 선택하고 [보조 축] 항목을 선택한 후 [확인]을 누른다.

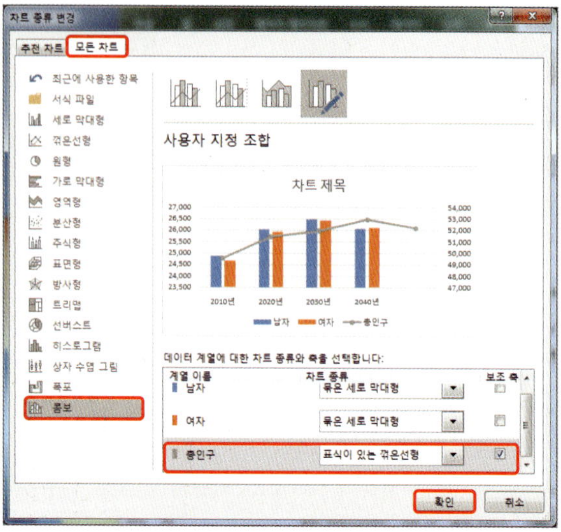

TIP 콤보 차트는 두 가지 이상의 유형을 하나의 차트로 구성하는 형태로, 차트에 표시할 데이터 중 값의 범위나 종류가 유사하지 않은 항목을 보조 축으로 나타내면 항목 간 차이와 값을 더 정확하게 볼 수 있다.

10 차트의 색과 스타일을 변경하기 위해 [차트 도구]의 [디자인] 탭–[차트 스타일] 그룹–[색 변경] 목록에서 [단색형]의 [색 5]를 선택하고 [차트 스타일] 목록에서 [스타일 6]을 선택한다.

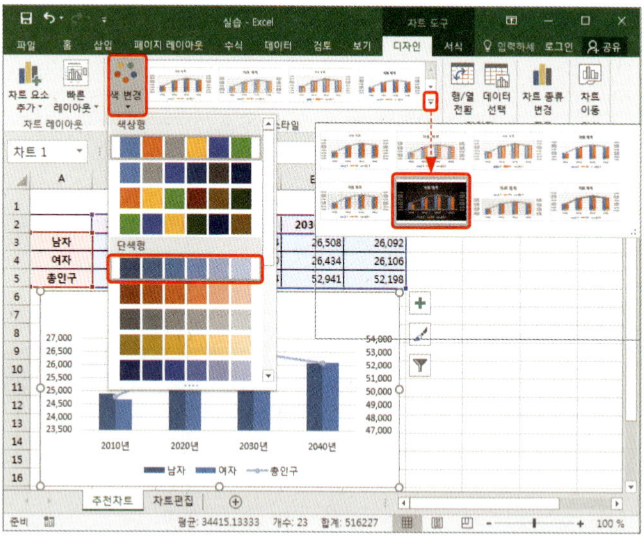

11 차트 제목을 선택하여 *성별 인구 분석*으로 입력하고 [차트 도구]의 [디자인] 탭–[위치] 그룹–[차트 이동]을 누른다.

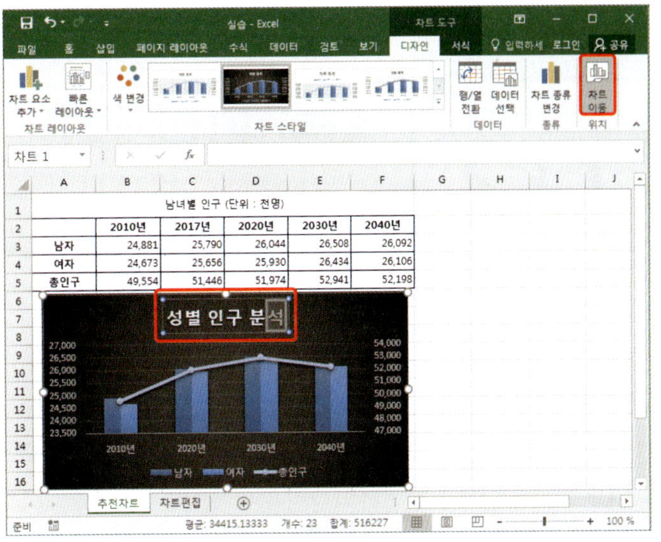

12 [차트 이동] 대화상자에서 [새 시트]를 선택하고 [확인]을 누르면 차트가 새 워크시트인 'Chart1' 시트에 삽입된다.

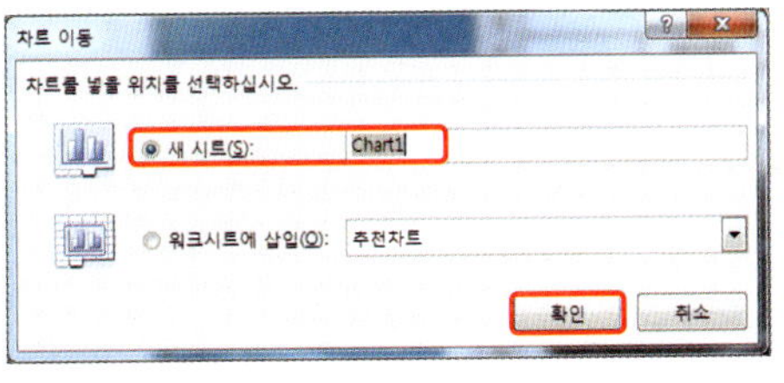

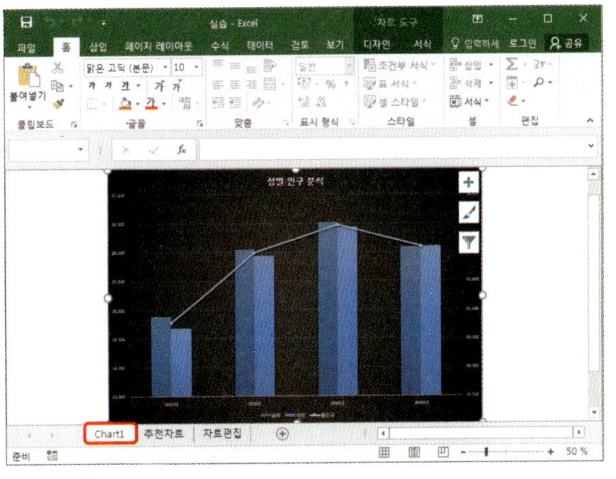

SECTION 02

차트 편집하기

추천 차트와 엑셀에서 제공하는 차트 디자인 도구를 활용하면 손쉽게 차트를 만들고 보기 좋게 꾸밀 수 있다. 사용자가 직접 차트 서식을 설정하는 경우에는 차트의 구성 요소를 구별할 필요가 있다. 여기서는 차트를 구성하는 요소를 이해하고 각 구성 요소에 대한 세부적인 서식 설정을 통해 사용자가 원하는 모양으로 차트를 만들고 편집하는 방법을 알아본다.

2.1 차트의 구성 요소

차트는 그래프라고 하는 그림 영역과 제목, 데이터 계열, 축, 범례 등 여러 가지 구성 요소로 이루어져 있다. 원하는 모양의 차트를 만들려면 차트의 구성 요소를 정확히 파악하고 각 요소에 따라 달라지는 속성을 설정하는 방법을 알아야 한다.

1. 차트 제목
2. 축
3. 축 제목
4. 데이터 계열/요소
5. 데이터 레이블
6. 데이터 표
7. 범례
8. 보조 축
9. 눈금선
10. 그림 영역
11. 차트 영역

2.2 차트의 서식 설정

차트의 서식을 설정하려면 차트 구성 요소의 속성을 변경해야 한다. 서식 작업 창을 이용하면 필요한 작업을 수행할 수 있다. 서식 작업 창을 화면에 나타나게 하려면 차트 구성 요소를 선택하고 마우스 오른쪽 단추를 누르거나(방법 1), [차트 도구]의 [서식] 탭을 이용하거나(방법 2), 차트 구성 요소를 더블클릭하면 된다(방법 3).

방법 1. 차트 구성 요소를 선택하고 마우스 오른쪽 단추를 누른다.

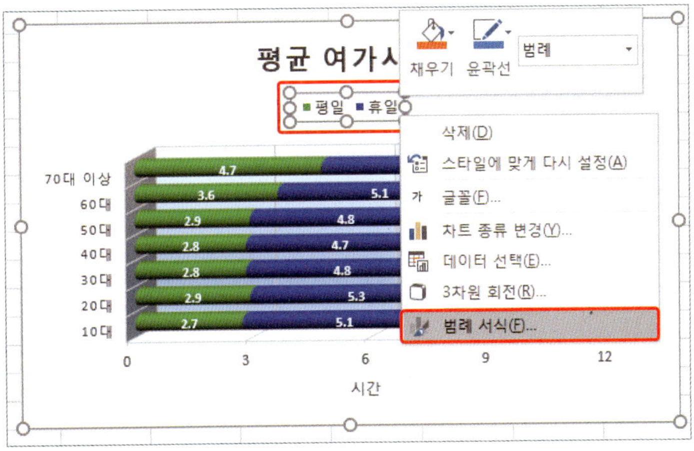

방법 2. 차트를 선택하고 [차트 도구]의 [서식] 탭–[현재 선택 영역] 그룹–[차트 요소] 목록에서 서식을 설정할 구성 요소를 선택하고 [선택 영역 서식]을 누른다.

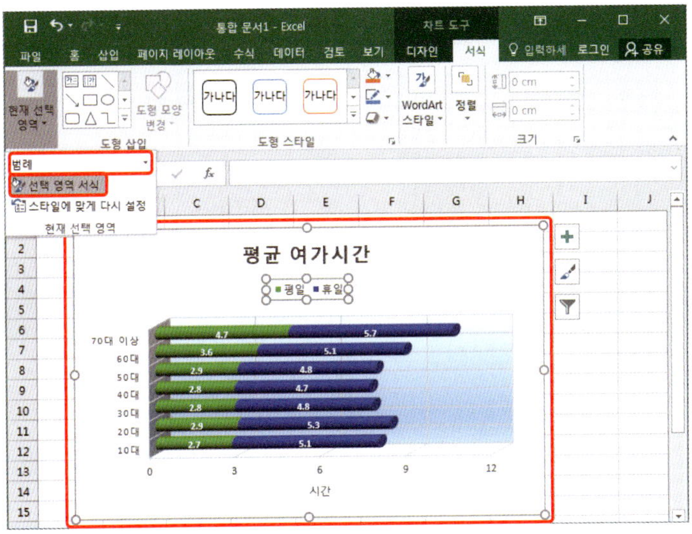

방법 3. 차트의 구성 요소를 더블클릭한다.

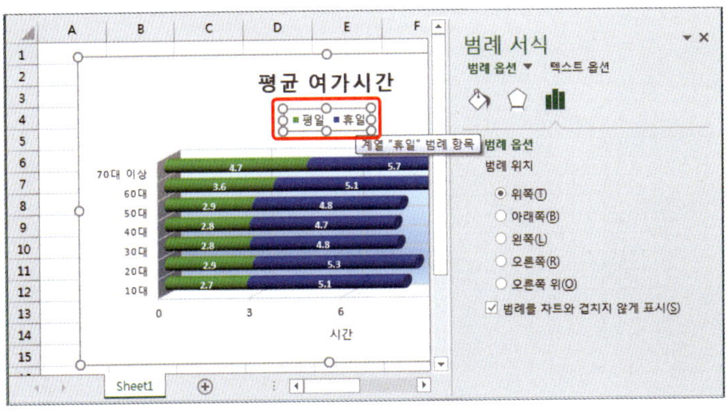

기본예제 10-2 차트 서식 설정하기

평균 여가시간 데이터를 이용하여 차트를 삽입하고 차트 서식을 설정해 보자.

01 '실습.xlsx' 파일의 '차트편집' 시트에서 A2:C9 범위를 선택하고 [삽입] 탭–[차트] 그룹–[세로 또는 가로 막대형 차트 삽입] 목록에서 [3차원 가로 막대형]의 [3차원 누적 가로 막대형]을 선택한다.

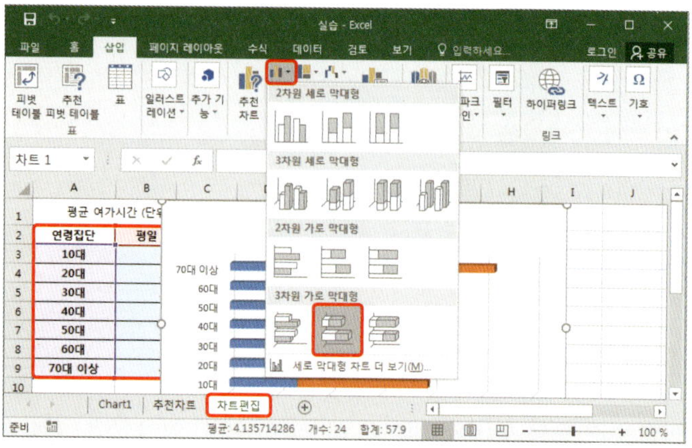

02 삽입된 차트를 선택하고 [차트 도구]의 [디자인] 탭–[차트 스타일] 그룹–[색 변경] 목록에서 [색상형]의 [색 4]를 선택하고, [차트 스타일] 목록에서 [스타일 3]을 선택한다.

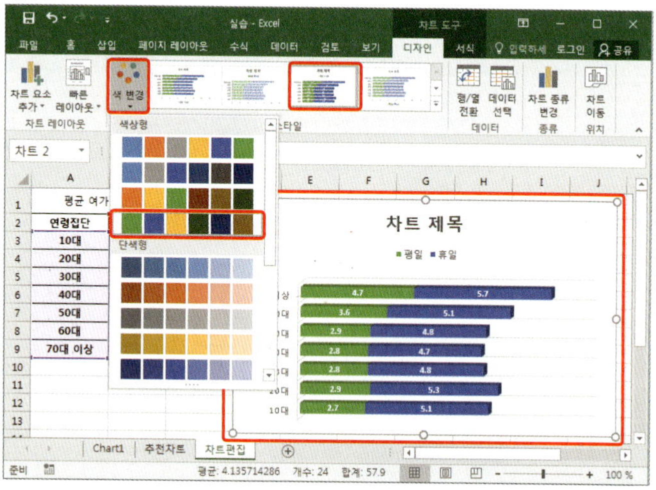

03 차트 제목을 선택하여 '평균 여가시간'으로 수정하고, [차트 도구]의 [서식] 탭–[현재 선택 영역] 그룹–[차트 요소] 목록에서 [범례]를 선택하고 [선택 영역 서식]을 누른다.

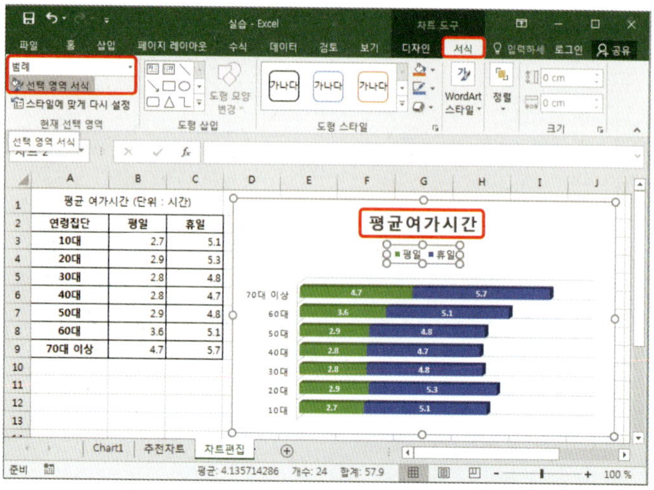

04 [범례 서식] 작업 창에서 [범례 옵션]–[범례 옵션] 탭–[범례 옵션] 항목에서 [범례 위치]를 [오른쪽 위]로 선택하고 [범례를 차트와 겹치지 않게 표시] 항목의 선택을 해제한다.

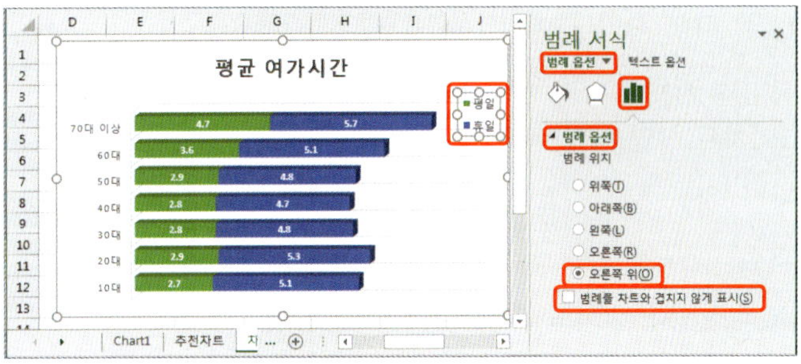

> **TIP** [범례를 차트와 겹치지 않게 표시]를 선택하면 범례가 자리를 차지하게 되어 그래프가 나타나는 차트의 그림 영역이 상대적으로 작아진다.

05 서식 작업 창에서 [▼ 옵션] 단추를 눌러 [밑면]을 선택하고 [밑면 서식] 작업 창이 나타나면 [밑면 옵션]–[채우기 및 선] 탭–[채우기] 항목에서 [그라데이션 채우기]를 선택한다.

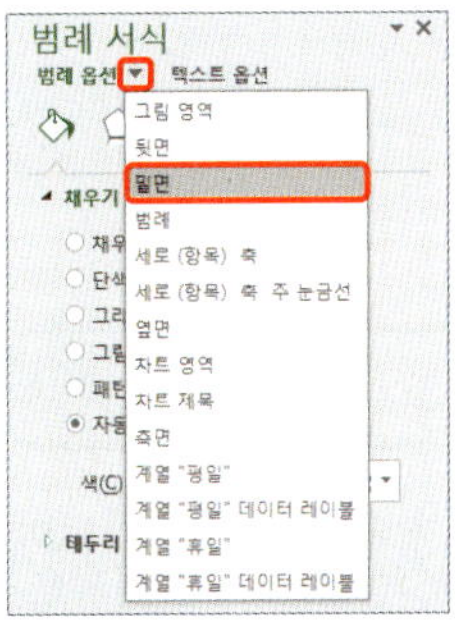

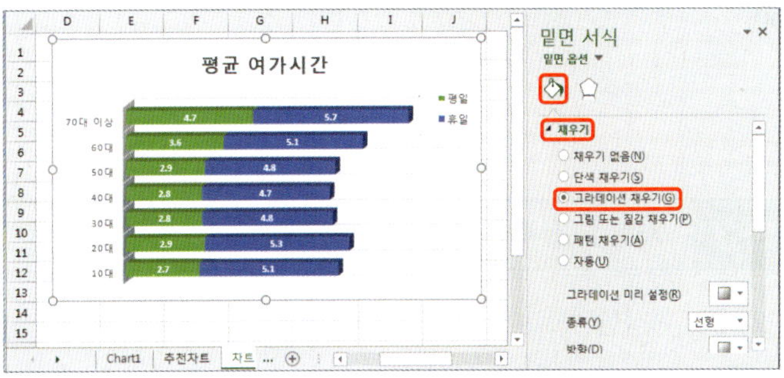

06 서식 작업 창에서 [▼ 옵션] 단추를 눌러 [계열 "평일"]을 선택하고 [데이터 계열 서식] 작업 창이 나타나면 [계열 옵션]–[계열 옵션] 탭–[계열 옵션] 항목에서 [세로 막대 모양]의 [원통형]을 선택한다.

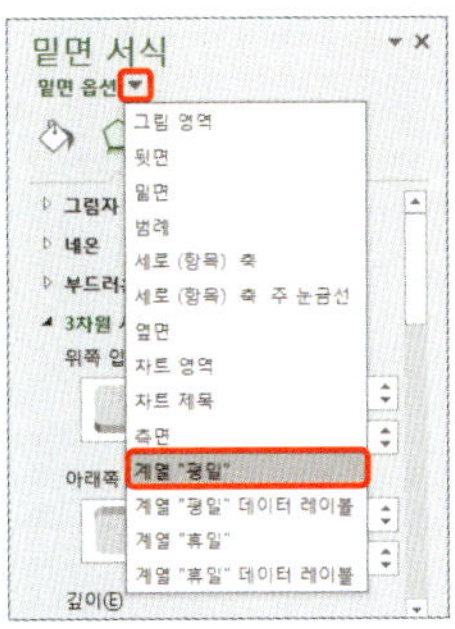

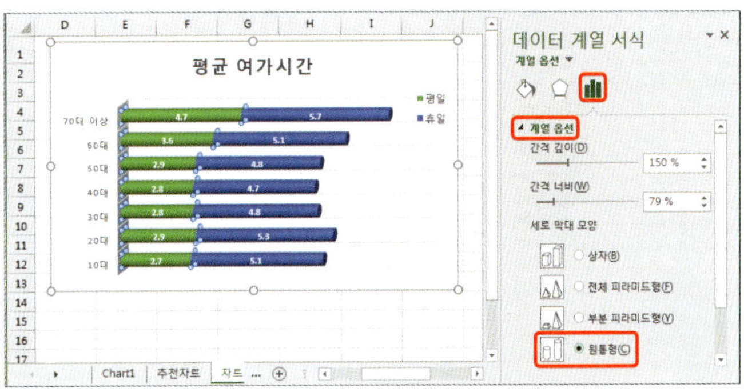

> **TIP** [계열 "휴일"]을 선택해 막대 모양을 바꿔도 된다.

07 서식 작업 창에서 [▼ 옵션] 단추를 눌러 [차트 영역]을 선택하고 [차트 영역 서식] 작업 창이 나타나면 [차트 옵션]-[효과] 탭-[3차원 회전] 항목에서 [X 회전]은 [50°], [Y 회전]은 [-20°]로 설정한다.

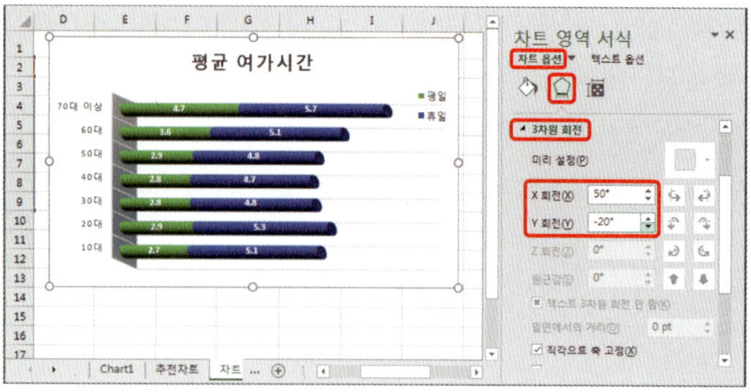

08 [차트 옵션]-[채우기 및 선] 탭-[채우기] 항목에서 [그라데이션 채우기]를 선택한다.

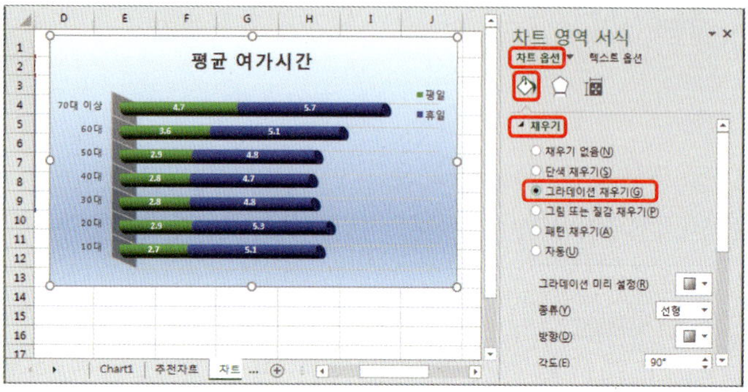

기본예제 10-3 차트 요소 추가와 차트 필터링하기

[기본예제 10-2]에서 편집한 차트에 축 제목과 눈금선 등의 차트 구성 요소를 추가하는 방법과 차트에 표시되는 데이터를 필터링하는 방법을 알아보자.

01 '실습.xlsx' 파일의 '차트편집' 시트에서 차트를 선택하고 [차트 도구]의 [디자인] 탭-[차트 레이아웃] 그룹-[차트 요소 추가] 목록에서 [축]-[기본 가로]를 선택한다.

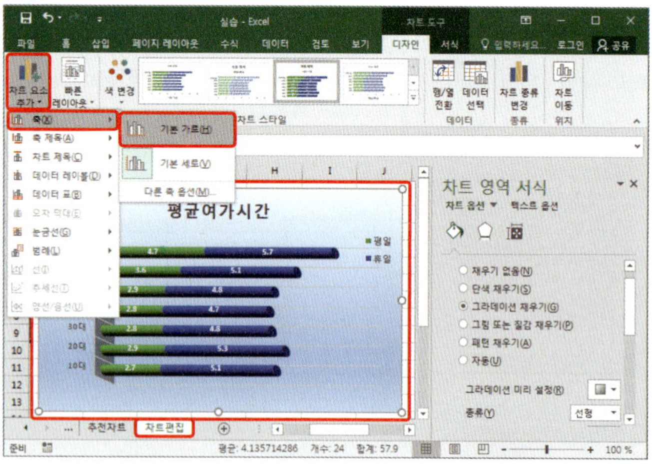

TIP 차트를 선택하면 나타나는 오른쪽 상단의 [+ 차트 요소] 단추를 눌러 원하는 항목을 선택하거나 차트 요소를 추가할 수 있다. 또한, 선택을 해제하여 차트 구성 요소를 삭제할 수도 있다.

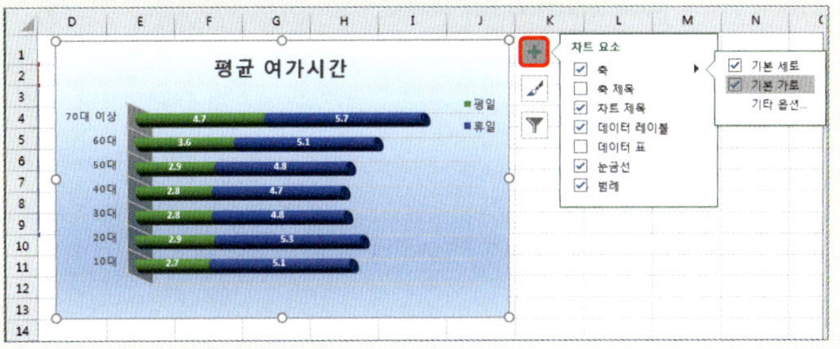

02 축 제목을 추가하기 위해 차트가 선택된 상태에서 [+ 차트 요소] 단추를 눌러 [축 제목]–[기본 가로]를 선택한다. 차트에 추가된 축 제목에 '시간'을 입력한다.

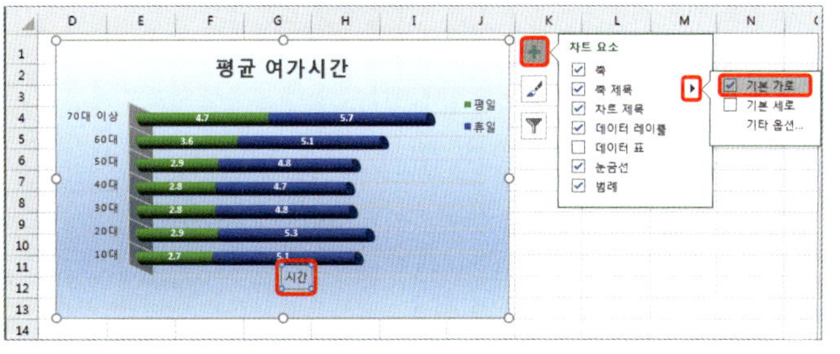

TIP [+ 차트 요소] 단추를 한 번 더 누르면 차트 요소 선택 메뉴가 화면에서 사라진다.

03 [+ 차트 요소] 단추를 누르고 [눈금선]–[기본 주 세로]를 선택하여 세로 눈금선을 차트에 추가한다.

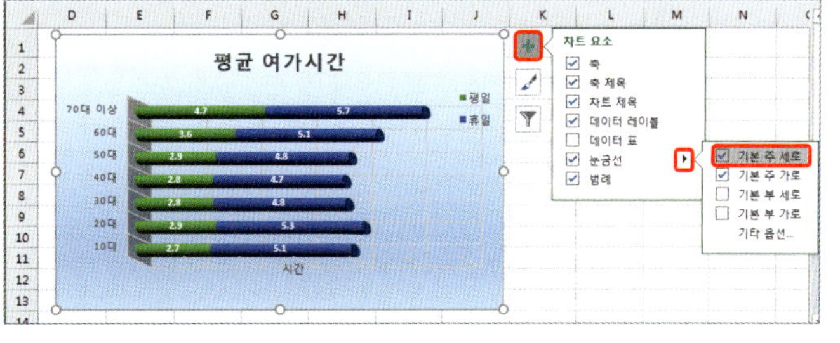

TIP 차트의 구성 요소로 추가된 세로 눈금선이 가로축의 주 눈금선이 된다.

04 데이터 레이블 중에서 [계열 "휴일" 요소 "40대"]를 선택하고 [데이터 레이블 서식] 작업 창의 [레이블 옵션]-[레이블 옵션] 탭-[레이블 옵션] 항목에서 [계열 이름], [항목 이름]을 선택한다.

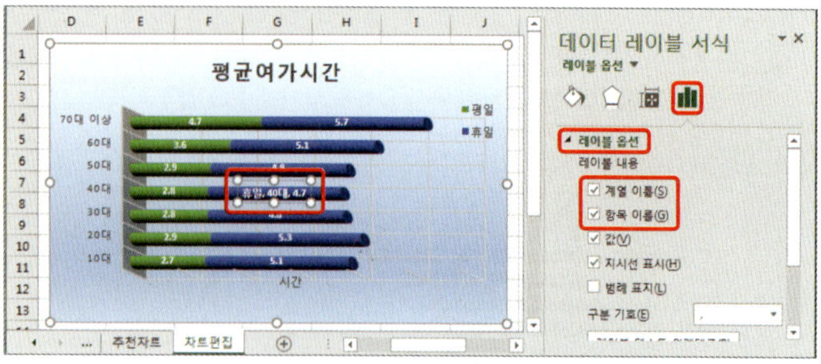

TIP 40대를 나타내는 파란색 막대 위에 표시된 데이터 레이블(4.7)을 마우스로 한 번 누르면 ["휴일"] 계열이 모두 선택되고, 한 번 더 누르면 [계열 "휴일" 요소 "40대"] 데이터 레이블만 선택할 수 있다.

05 평일 데이터만 필터링하기 위해 차트를 선택하고 [차트 필터] 단추를 누른 후 [값] 탭-[계열]에서 '평일'만 선택하고 [적용]을 누른다.

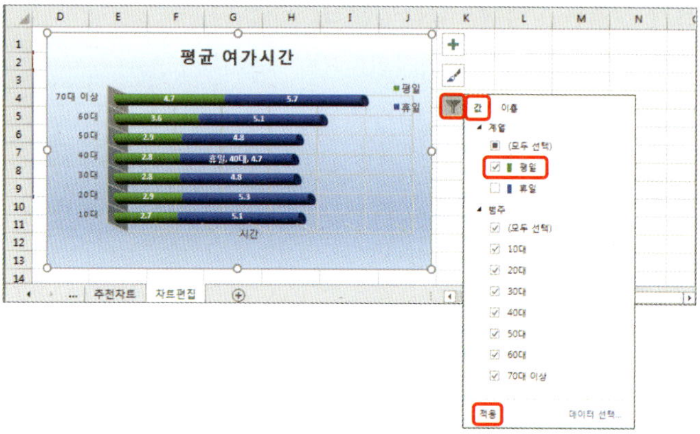

TIP 차트 필터로 데이터를 필터링하면 데이터를 편집하지 않고도 원하는 계열만 더 명확하게 확인할 수 있다는 장점이 있다.

06 [+ 차트 요소] 단추를 누른 다음 [데이터 표]는 선택하고 [범례]는 선택을 해제한다.

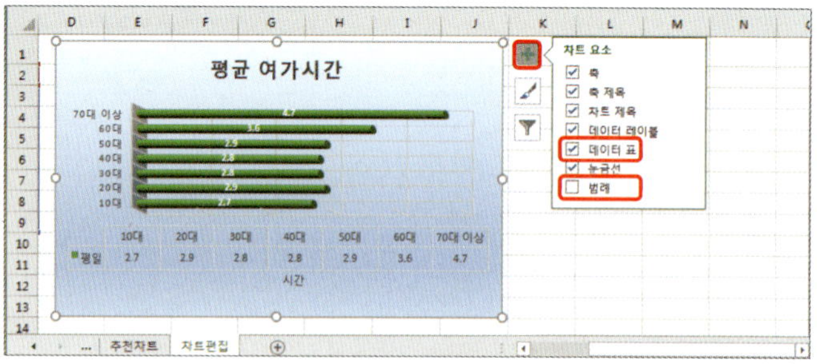

SECTION 03 스파크라인 만들기

스파크라인은 셀 안에 작은 차트를 만들어 넣어 데이터 추세를 간편하게 분석하거나 데이터 크기를 쉽게 비교할 수 있도록 표시하는 기능이다. 스파크라인 기능을 활용하면 데이터를 시각적으로 표현할 수 있어서 텍스트로 입력된 데이터를 훨씬 이해하기 쉽도록 구성할 수 있다.

3.1 스파크라인의 특징

데이터를 시각적으로 표현하면 더 쉽게 이해하고 분석할 수 있다는 장점은 차트와 유사하지만, 스파크라인은 차트처럼 워크시트에 삽입되는 개체가 아니라 셀에 포함되는 작은 차트라는 점이 다르다. 다음 그림과 같이 스파크라인은 마치 배경처럼 셀 안에 텍스트와 함께 표시할 수 있다.

남녀별 인구 (단위 : 천명)

	2010년	2017년	2020년	2030년	2040년	추이
남자	24,881	25,790	26,044	26,508	26,092	남자 추이
여자	24,673	25,656	25,930	26,434	26,106	여자 추이
총인구	49,554	51,446	51,974	52,941	52,198	총인구 추이

기본예제 10-4 스파크라인 만들기

남녀별 인구 데이터를 이용하여 연도별 추이를 알 수 있도록 셀 안에 스파크라인을 만들어 보자.

01 '실습.xlsx' 파일의 '추천차트' 시트에서 G2 셀에 *추이*를 입력하고 G2:G5 범위를 선택한 후 [홈] 탭–[글꼴] 그룹–[테두리] 목록에서 [모든 테두리]를 선택한다.

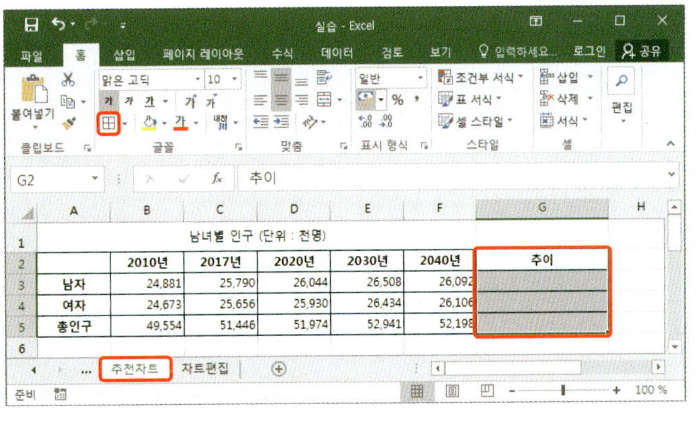

02 데이터 영역인 B3:F5 범위를 선택하고 [삽입] 탭-[스파크라인] 그룹-[열]을 누른다.

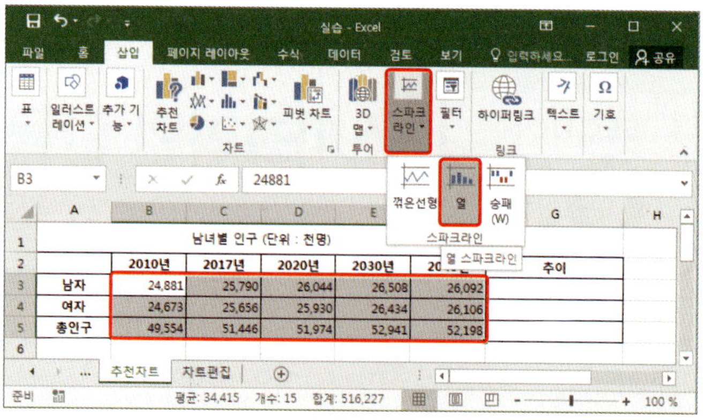

03 [스파크라인 만들기] 대화상자에서 [데이터 범위]는 *B3:F5*, [위치 범위]는 *$G$3:$G$5*로 설정하고 [확인]을 누른다.

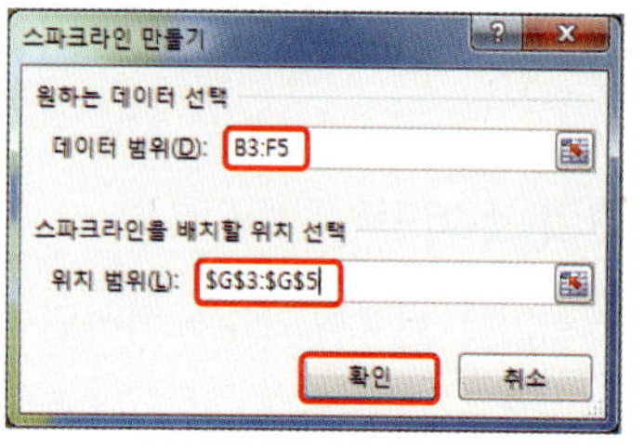

TIP 데이터 범위나 스파크라인을 배치할 위치는 마우스로 드래그하여 선택하면 된다.

04 G3:G5 범위의 각 셀 안에 스파크라인이 만들어진다. 스파크라인을 삭제하려면 [스파크라인 도구]의 [디자인] 탭-[그룹] 그룹-[지우기] 목록에서 원하는 지우기 방법을 선택한다.

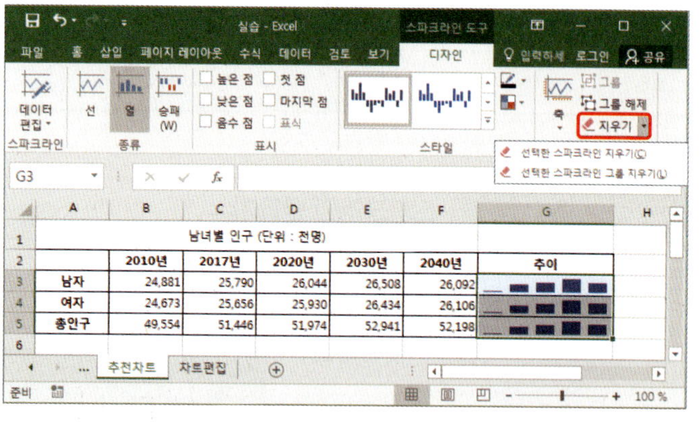

TIP 여러 셀을 범위로 지정하여 한 번에 스파크라인을 만들면 스파크라인이 그룹화되므로 [선택한 스파크라인 그룹 지우기]를 선택하면 모든 셀의 스파크라인을 한 번에 지울 수 있다. [선택한 스파크라인 지우기]는 스파크라인을 개별적으로 지울 때 사용한다.

기본예제 10-5 스파크라인 편집하기

스파크라인 도구의 여러 가지 기능을 사용하여 스파크라인의 종류, 스타일, 색 등을 변경하여 편집해 보자.

01 '실습.xlsx' 파일의 '추천차트' 시트에서 스파크라인 영역인 G3:G5 범위를 선택하고 [스파크라인 도구]의 [디자인] 탭–[종류] 그룹–[선]을 누른다.

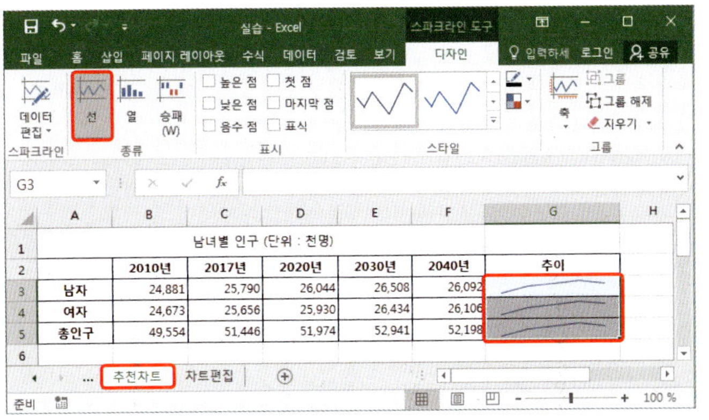

TIP 스파크라인이 그룹화되어 있는 경우 스파크라인 영역 중 아무 셀이나 누르면 전체 영역이 모두 선택되고, 스파크라인 도구로 디자인을 변경하면 모든 셀의 스파크라인이 함께 변경된다.

02 [스파크라인 도구]의 [디자인] 탭–[표시] 그룹에서 [표시]를 선택하고 [스타일] 그룹에서 [스파크라인 스타일 어둡게 #6]을 선택한다.

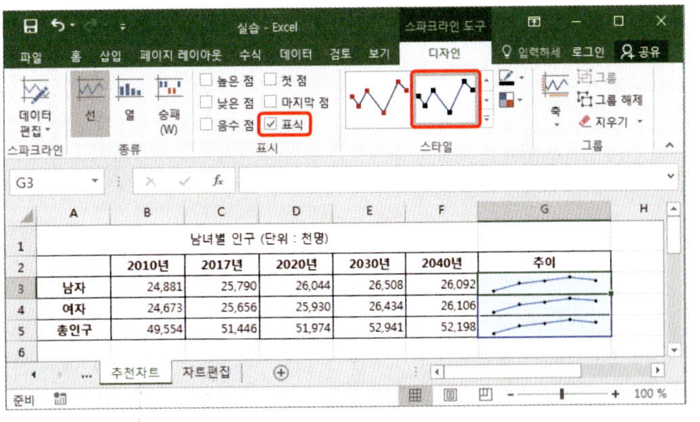

03 [스파크라인 도구]의 [디자인] 탭–[스타일] 그룹–[스파크라인 색] 목록에서 [두께]–[2¼]을 선택한다.

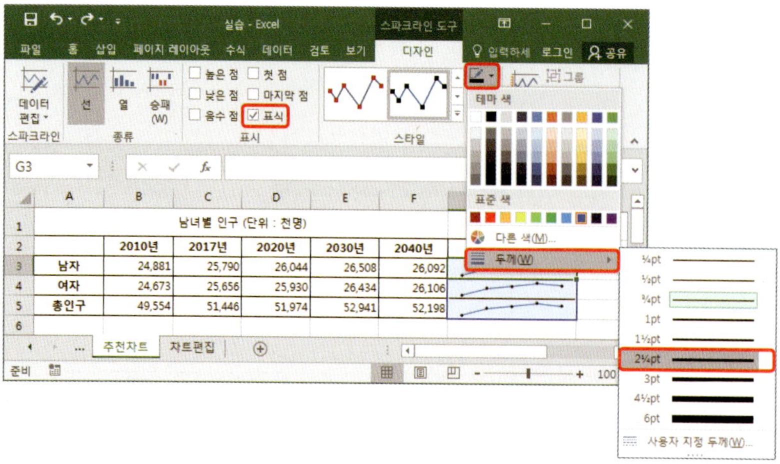

04 [스파크라인 도구]의 [디자인] 탭–[스타일] 그룹–[표식 색] 목록에서 [높은 점]을 [빨강]으로 설정한다.

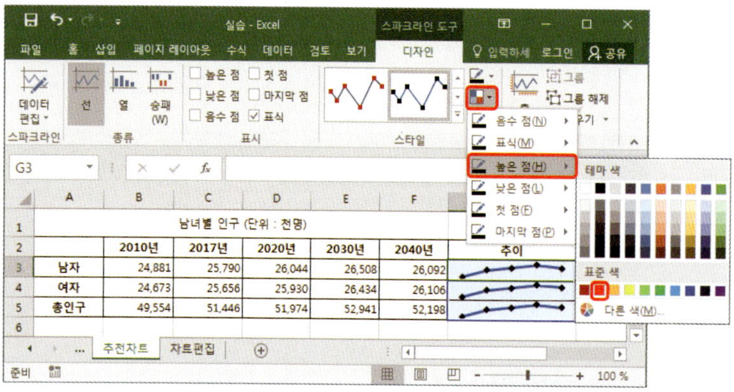

05 단계 **04**와 같은 방식으로 스파크라인의 [표식 색] 목록에서 [낮은 점]을 [녹색]으로 설정한다.

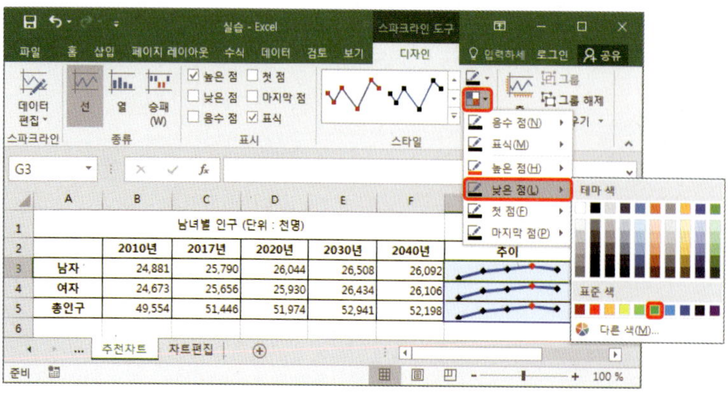

종합예제

오피스 2016 버전에서는 트리맵, 선버스트, 상자 수염 그림, 폭포와 같이 새롭게 추가된 다양한 종류의 차트를 목적에 따라 선택할 수 있다. 계층 구조 데이터를 표시하기에 좋은 선버스트 차트와 변동하는 데이터의 증감을 표시하기 좋은 폭포 차트를 만들어 보자.

1 월별 판매량을 비교하기 위한 선버스트 차트를 만들기 위해 '종합예제.xlsx' 파일의 '판매현황' 시트에서 A2:D14 범위를 선택한다.

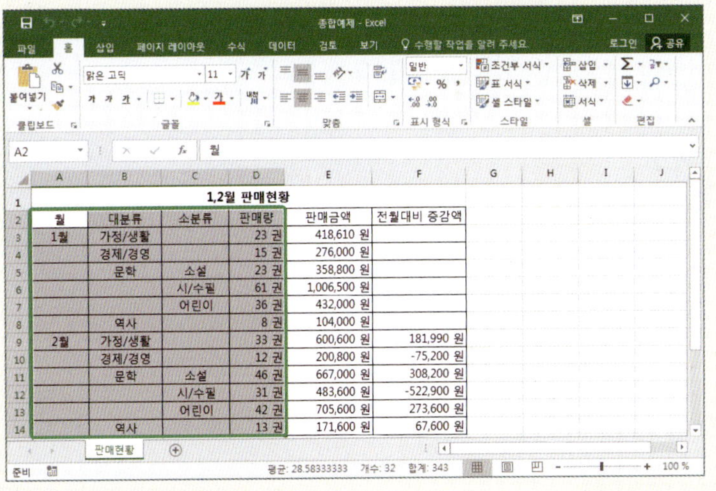

2 [삽입] 탭-[차트] 그룹-[계층 구조 차트 삽입] 목록에서 [선버스트]를 선택한다.

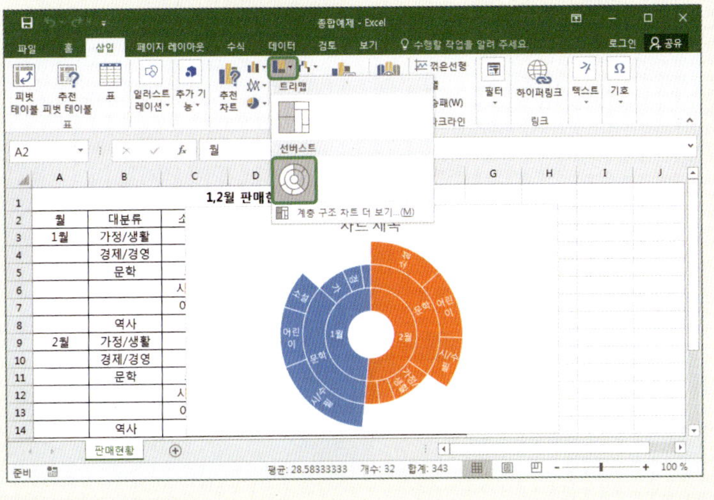

TIP 계층 구조를 나타낼 때 선버스트 차트는 계층 수준을 표시하기에 적합하고 트리맵 차트는 차트에 나타나는 면적을 이용해 비율을 표시하기에 더 적합하다.

3 차트 제목에 *1,2월 판매비교*를 입력하고 [차트 도구]의 [디자인] 탭–[차트 레이아웃] 그룹–[차트 요소 추가] 목록에서 [데이터 레이블]–[기타 데이터 레이블 옵션]을 선택한다.

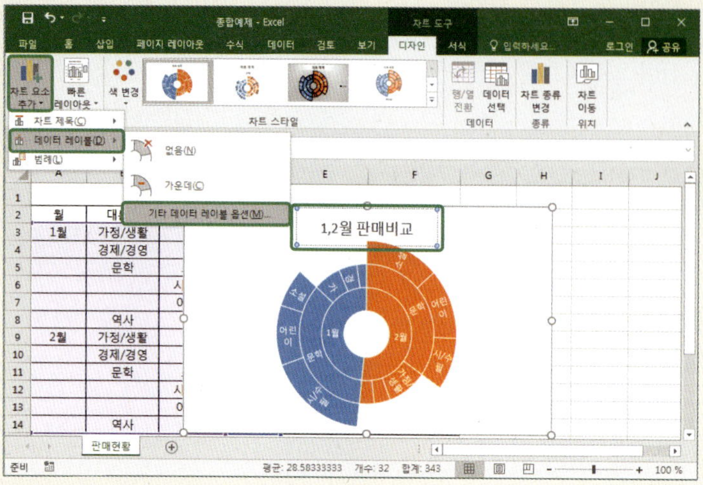

TIP 임의의 데이터 레이블을 선택하고 마우스 오른쪽 단추를 눌러 [데이터 레이블 서식]을 선택해도 된다.

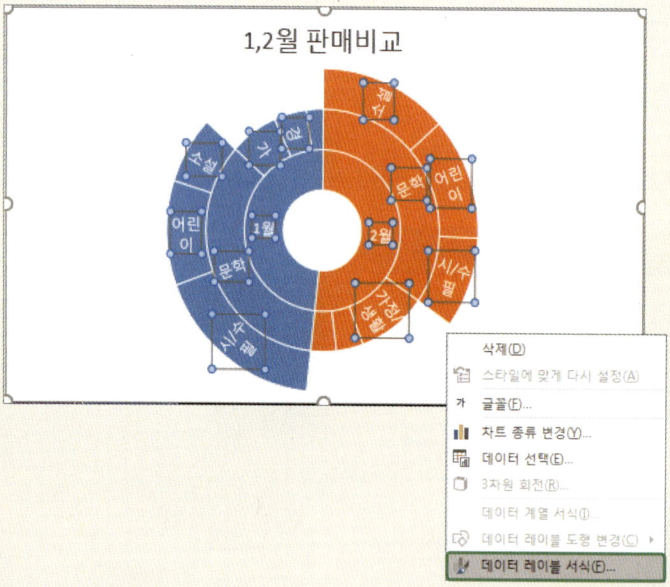

4 [데이터 레이블 서식] 작업 창이 열리면 [레이블 옵션]-[레이블 옵션] 탭-[레이블 옵션] 항목의 [레이블 내용]에서 [값]을 선택한다. [차트 도구]의 [디자인] 탭-[위치] 그룹-[차트 이동]을 누른다.

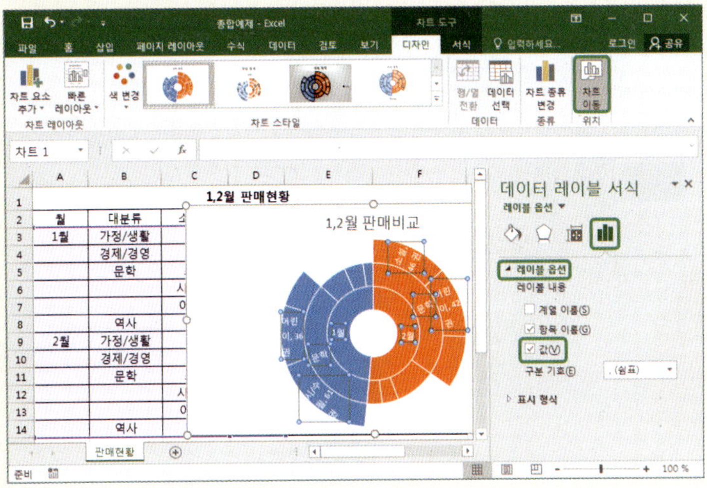

5 [차트 이동] 대화상자에서 [새 시트]를 선택하고 시트 이름으로 *선버스트*를 입력한 후 [확인]을 누른다.

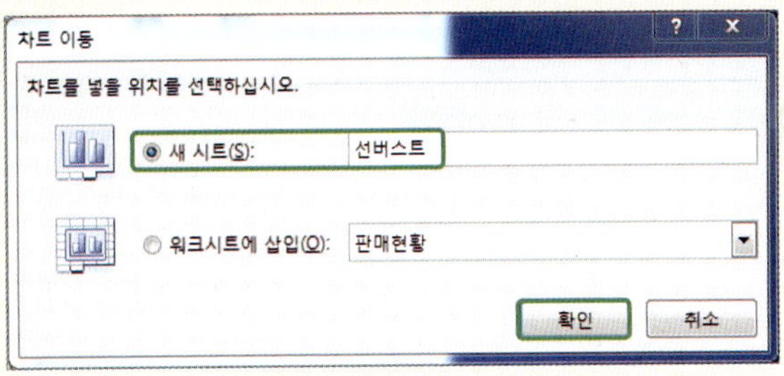

6 '선버스트' 시트로 차트가 이동한다. [차트 도구]의 [디자인] 탭-[차트 스타일] 그룹에서 마지막 항목을 선택한다. 범례를 선택하고 [범례 서식] 작업 창이 열리면 [범례 옵션]-[범례 옵션] 탭-[범례 옵션] 항목의 [범례 위치]에서 [위쪽]을 선택한 후 [범례를 차트와 겹치지 않게 표시]의 선택을 해제한다.

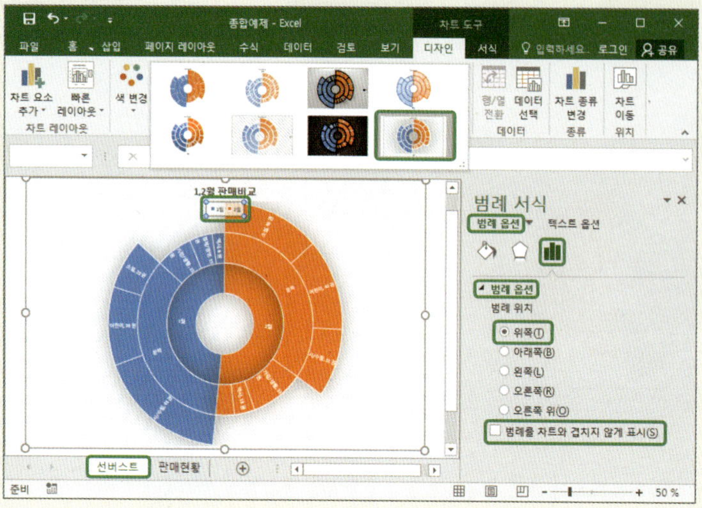

7 이번에는 2월 판매금액에 대한 전월대비 증감액을 폭포 차트로 만들어 보기로 한다. '판매현황' 시트에서 B9:B14 범위를 선택하고 Ctrl을 누른 채 F9:F14 범위를 함께 선택한다.

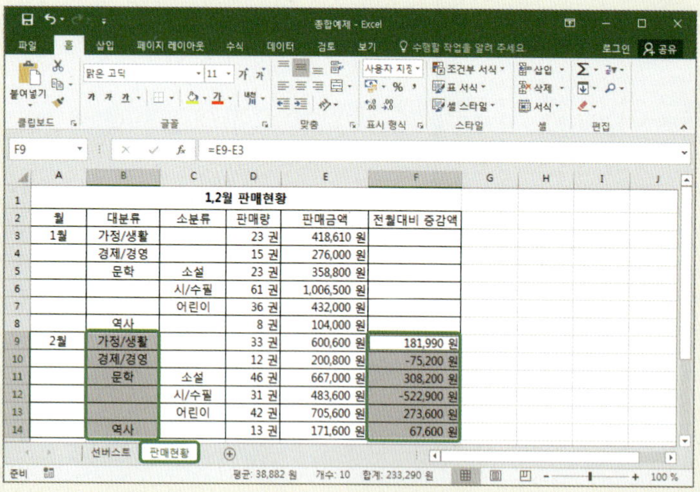

8 [삽입] 탭-[차트] 그룹-[폭포 차트 또는 주식형 차트 삽입] 목록에서 [폭포]를 선택한다.

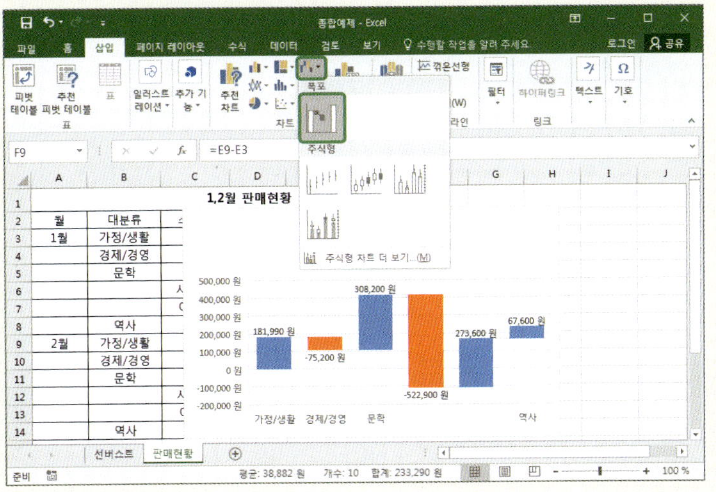

9 임의의 데이터 막대를 마우스 오른쪽 단추로 누르고 단축 메뉴에서 [데이터 계열 서식]을 선택한다. [데이터 계열 서식] 작업 창이 열리면 [계열 옵션]-[계열 옵션] 탭-[계열 옵션] 항목에서 [간격 너비]를 [75%]로 설정한다.

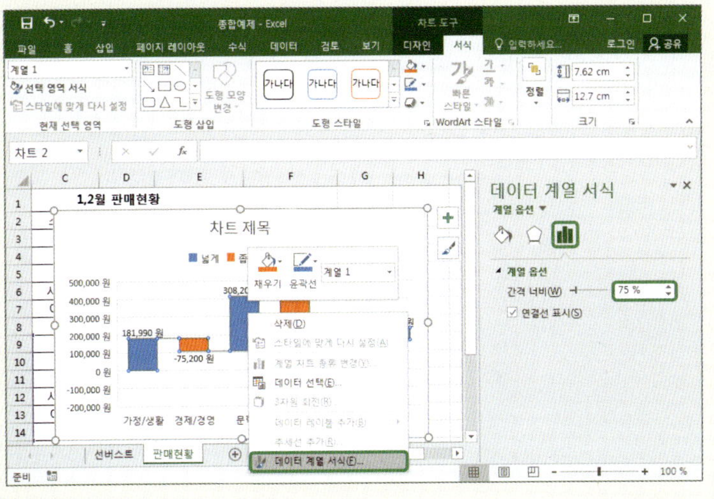

TIP 폭포 차트에서는 첫 번째 막대를 제외한 중간값은 부동 막대 모양이다. 바로 앞 막대를 연결하여 양수와 음수의 색상을 다르게 다음 막대를 표시하는 형태로, 다리형 차트라고도 한다.

10 차트 제목에 *2월 판매금액 증감현황*을 입력하고 [+ 차트 요소] 단추를 눌러 [눈금선]의 선택을 해제한다.

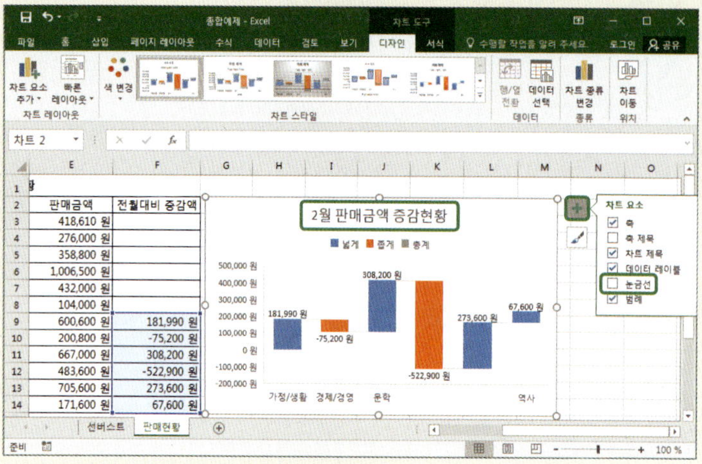

연습 문제

1 ‘연습.xlsx’ 파일의 ‘연습1’ 시트를 열고 다음과 같은 차트를 만들어 보시오.

❶ 차트에 표시할 데이터 영역을 알맞게 선택하고, 차트 종류는 ‘원형 대 가로 막대형 차트’로 선택하시오.

❷ 범례 요소는 제거하고, 데이터 레이블과 차트 제목을 예제 화면과 같이 설정하시오.

❸ 차트 영역 서식은 [패턴 채우기]에서 임의의 패턴으로 설정하시오.

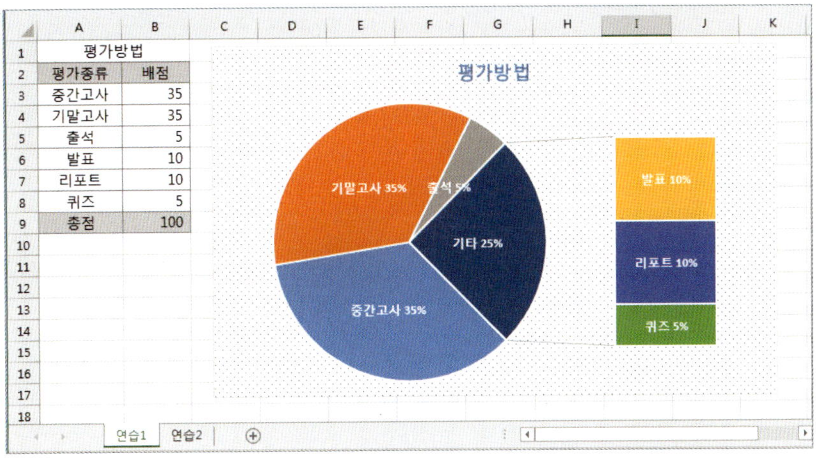

평가방법	
평가종류	배점
중간고사	35
기말고사	35
출석	5
발표	10
리포트	10
퀴즈	5
총점	100

2 ‘연습.xlsx’ 파일의 ‘연습2’ 시트를 열고 다음과 같은 차트를 만들어 보시오.

❶ 차트에 표시할 데이터 영역을 알맞게 선택하고, 차트 종류는 ‘트리맵 차트’를 이용하시오.

❷ 차트 디자인의 색 변경을 이용하여 차트 색상을 ‘색 4’로 설정하시오.

❸ 차트 영역 서식은 [그라데이션 채우기]로 설정하시오.

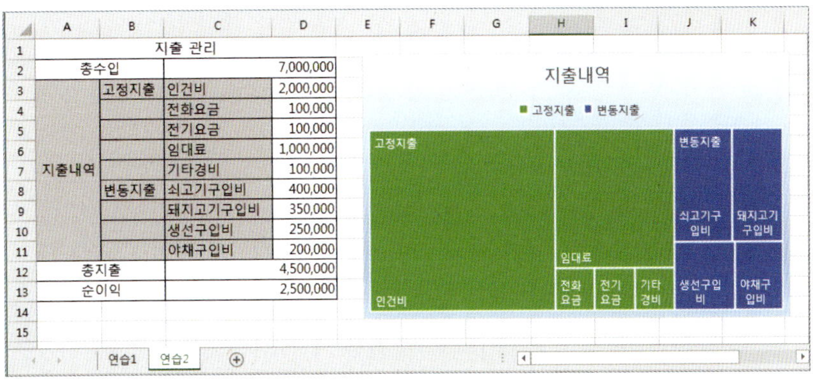

지출 관리			
총수입			7,000,000
지출내역	고정지출	인건비	2,000,000
		전화요금	100,000
		전기요금	100,000
		임대료	1,000,000
		기타경비	100,000
	변동지출	쇠고기구입비	400,000
		돼지고기구입비	350,000
		생선구입비	250,000
		야채구입비	200,000
총지출			4,500,000
순이익			2,500,000

PART

03

엑셀 고급 기능

EXCEL 2016

CHAPTER 11

데이터 분석

학습목표

- 피벗 테이블을 작성하고 편집, 활용할 수 있다.
- 가상 분석을 위해 목표값 찾기와 시나리오 관리자 기능을 사용할 수 있다.

EXCEL 2016

SECTION 01 피벗 테이블 활용하기

피벗 테이블은 합계나 평균과 같이 데이터를 요약하여 계산한 결과를 분석하기 쉽게 열과 행이 교차하는 곳에 값을 표시하는 표의 형태로 만들어진다. 날짜나 특정 기준으로 그룹화하는 부분합 기능이나 필터, 정렬 기능이 있어서 다양하게 활용할 수 있다. 피벗 테이블을 사용하면 피벗 차트도 쉽게 만들 수 있는데 피벗 차트는 데이터를 비교하고 분석하기 좋은 기능이다.

1.1 피벗 테이블 작성

엑셀에서 제공하는 추천 피벗 테이블 기능을 이용하면 선택한 데이터에 가장 적합한 레이아웃을 자동으로 적용할 수 있다. 자동으로 만든 피벗 테이블을 수정하거나 다양한 함수를 피벗 테이블에 적용하기 위해 피벗 테이블을 작성하고 수정하는 방법을 알아본다.

기본예제 11-1 추천 피벗 테이블 활용하기

엑셀에서 범위 내의 데이터를 자동으로 분석하여 피벗 테이블을 만드는 추천 피벗 테이블 도구로 월별 매출 보고서를 만들어 보자.

01 '실습.xlsx' 파일을 열고 '매출' 시트에서 데이터 범위 내의 임의의 셀을 선택한 후 [삽입] 탭–[표] 그룹–[추천 피벗 테이블]을 누른다.

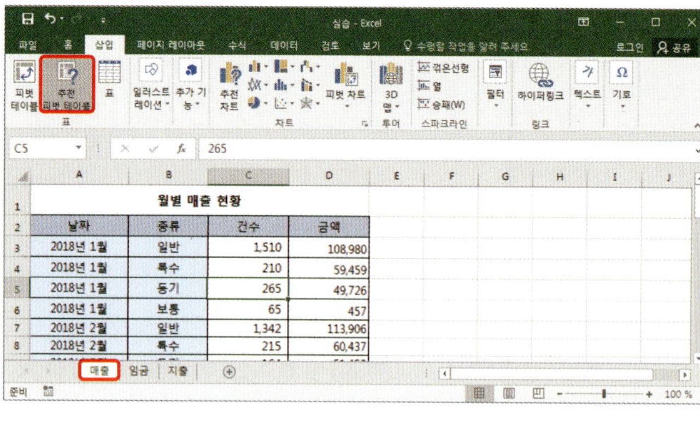

02 [권장 피벗 테이블] 대화상자에서 [합계 : 건수(종류 기준)]을 선택하고 [확인]을 누른다.

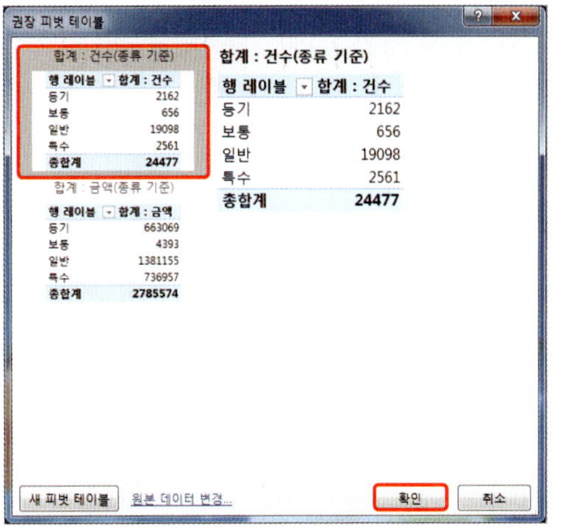

03 새 시트에 피벗 테이블이 만들어진다. [피벗 테이블 필드] 작업 창의 필드 목록에서 '날짜'를 마우스로 선택하여 [열] 영역으로 드래그한다.

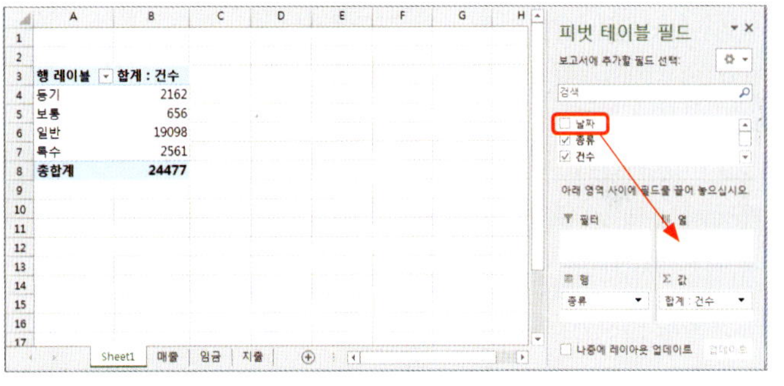

TIP [피벗 테이블 필드] 작업 창에서 필드를 선택하면 피벗 테이블에 해당 필드가 표시된다. 피벗 테이블의 레이아웃을 원하는 모양으로 설정하려면 필드 목록에 있는 필드를 드래그하여 [열]이나 [행], [필터]나 [값] 영역에 위치시키면 된다.

04 월별 매출 건수가 새 시트의 열 영역에 표시된다. 시트 이름을 *피벗*으로 변경한다.

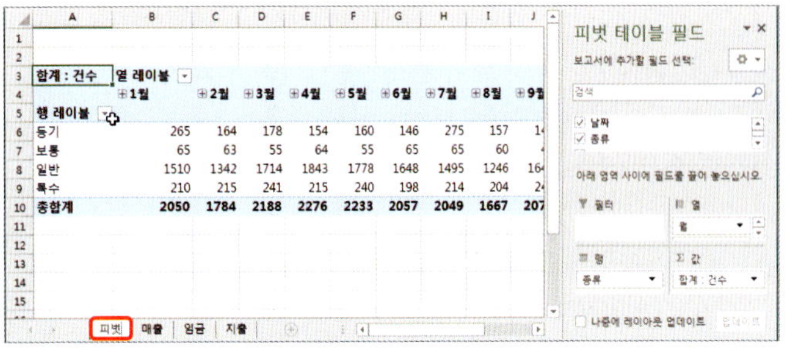

여기서 잠깐 **피벗 테이블의 삭제와 내용만 지우기**

피벗 테이블을 삭제하려면 전체 피벗 테이블 범위를 마우스로 드래그하여 선택한 뒤 Delete를 누른다. [피벗 테이블 도구]의 [분석] 탭-[동작] 그룹에서 [지우기]-[모두 지우기]를 누르면 피벗 테이블의 내용만 지울 수 있다.

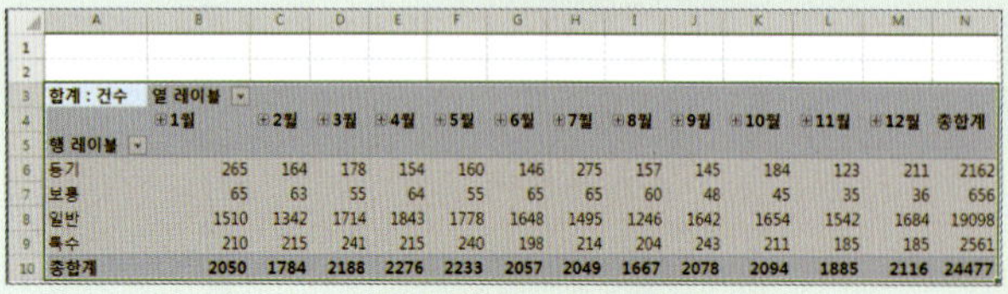

합계 : 건수	열 레이블												
	1월	2월	3월	4월	5월	6월	7월	8월	9월	10월	11월	12월	총합계
행 레이블													
등기	265	164	178	154	160	146	275	157	145	184	123	211	2162
보통	65	63	55	64	55	65	65	60	48	45	35	36	656
일반	1510	1342	1714	1843	1778	1648	1495	1246	1642	1654	1542	1684	19098
특수	210	215	241	215	240	198	214	204	243	211	185	185	2561
총합계	2050	1784	2188	2276	2233	2057	2049	1667	2078	2094	1885	2116	24477

기본예제 11-2 월별 매출액 피벗 테이블 만들기

월별 매출 현황 데이터로 우편물 종류에 따른 매출액을 분석하고 요약 자료로 활용할 수 있는 피벗 테이블을 만들어 보자.

01 '실습.xlsx' 파일의 '매출' 시트에서 데이터 영역에 있는 임의의 셀을 선택하고 [삽입] 탭-[표] 그룹-[피벗 테이블]을 누른다.

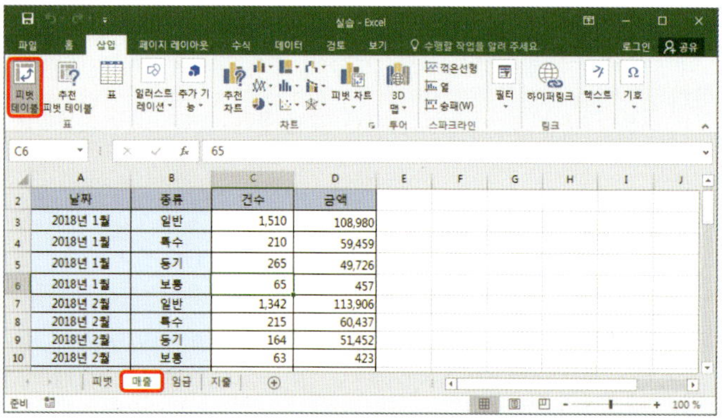

02 [피벗 테이블 만들기] 대화상자에서 [표/범위]는 *매출!$A$2:$D$50*, 피벗 테이블 위치는 [기존 워크시트]의 *피벗!$A$15*로 설정하고 [확인]을 누른다.

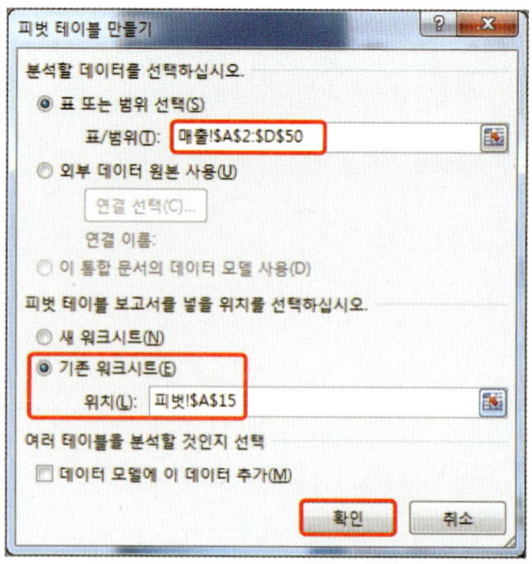

03 [피벗 테이블 필드] 작업 창의 필드 목록에서 '날짜', '종류', '금액'을 차례로 선택한다. 이때 '날짜'를 선택하면 '월'도 같이 선택된다.

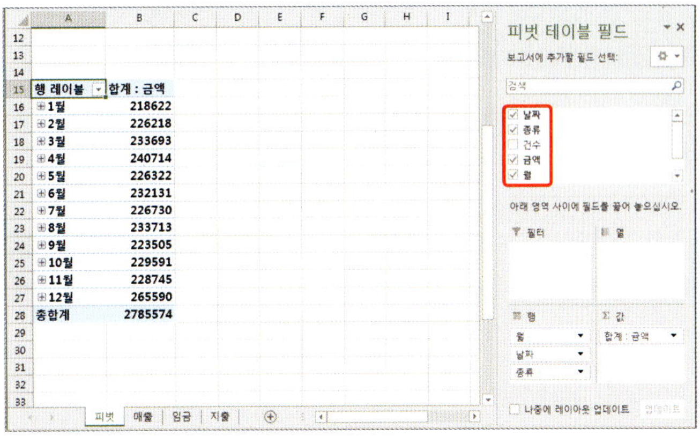

04 [피벗 테이블 필드] 작업 창의 필드 목록에서 '날짜'는 선택을 해제하고 '월'은 [열] 목록으로 드래그하여 레이아웃을 변경한다.

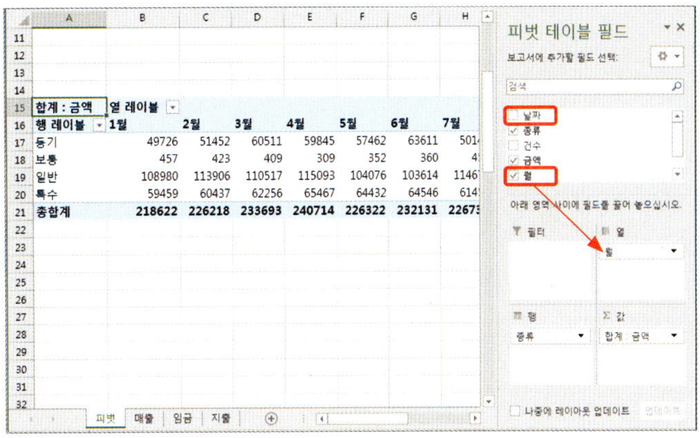

TIP 필드 목록에서 필드를 제거하려면 선택을 해제하면 된다. 행이나 열 영역에서 필드를 제거하려면 해당 필드를 [피벗 테이블 필드] 작업 창 바깥으로 드래그하거나 다음 그림과 같이 필드 이름 옆의 [▼ 목록]을 눌러 [필드 제거]를 선택해도 된다.

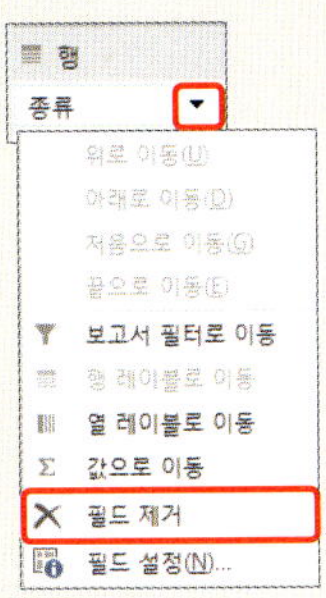

기본예제 11-3 피벗 테이블의 구조와 함수 변경하기

월별 매출액 데이터를 분기별로 요약하고 '건수' 필드도 평균을 계산해 함께 표시하도록 피벗 테이블을 수정해 보자.

01 '실습.xlsx' 파일의 '피벗' 시트에서 16행에 있는 임의의 '월' 레이블을 선택하고 [피벗 테이블 도구]의 [분석] 탭-[그룹] 그룹-[그룹 선택]을 누른다.

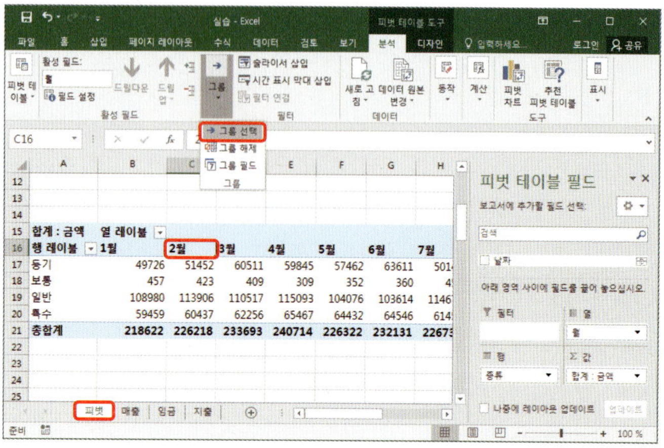

02 [그룹화] 대화상자의 [단위] 목록에서 '분기'만 선택하고 [확인]을 누른다.

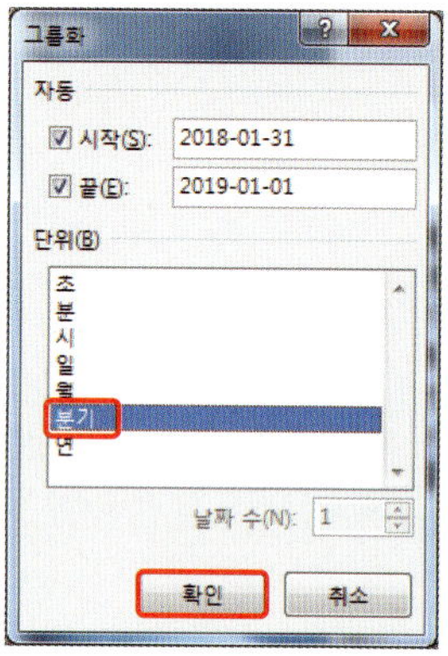

TIP 분기 단위로 데이터를 그룹화하려면 임의의 월 데이터를 마우스 오른쪽 단추로 누르면 나타나는 단축 메뉴에서 [그룹] 메뉴를 선택해도 된다.

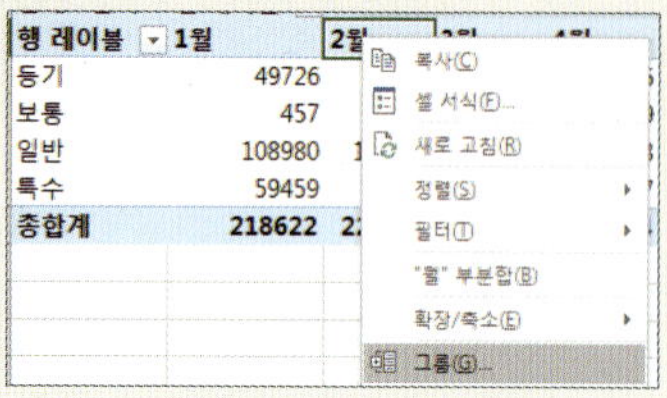

03 필드 목록에서 '건수'를 드래그하여 [값] 영역에 추가한다.

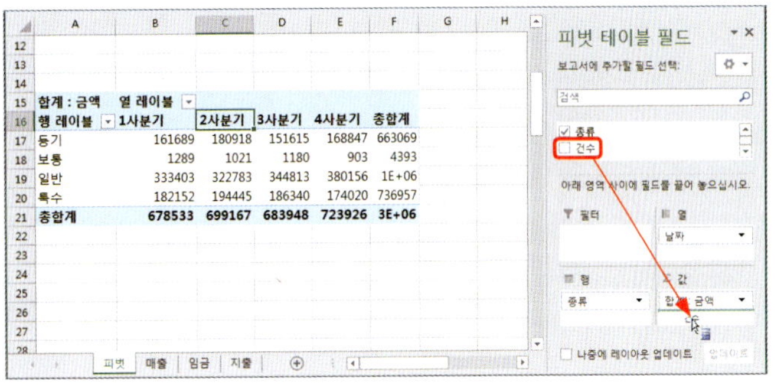

04 '건수'에 대한 합계 대신 평균값을 계산하기 위해 [값] 영역의 '합계 : 건수'를 누르고 [값 필드 설정]을 선택한다.

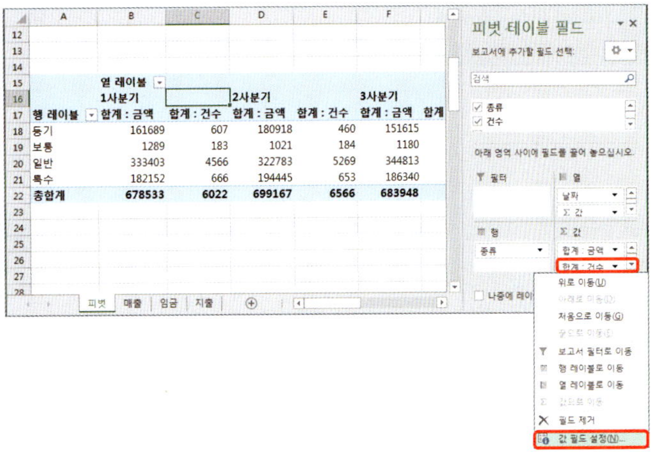

05 [값 필드 설정] 대화상자에서 [값 필드 요약 기준]을 [평균]으로 선택하고 [확인]을 누른다.

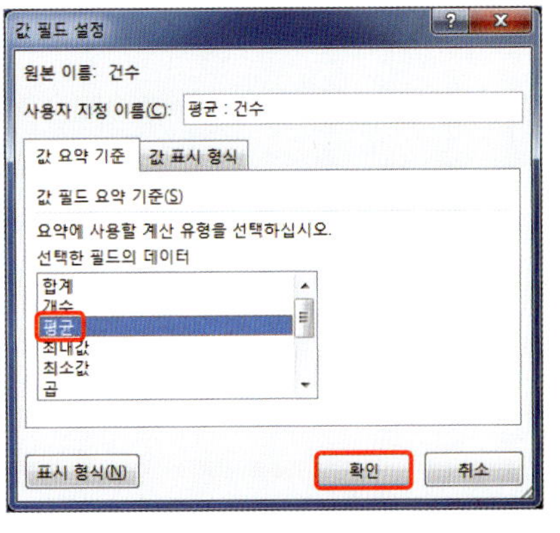

06 분기별 매출액의 합계와 평균 건수가 피벗 테이블에 함께 표시된다.

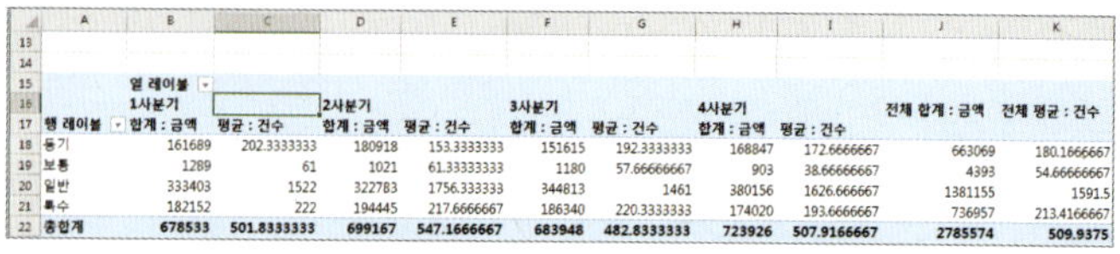

행 레이블	1사분기 합계 : 금액	1사분기 평균 : 건수	2사분기 합계 : 금액	2사분기 평균 : 건수	3사분기 합계 : 금액	3사분기 평균 : 건수	4사분기 합계 : 금액	4사분기 평균 : 건수	전체 합계 : 금액	전체 평균 : 건수
동기	161689	202.3333333	180918	153.3333333	151615	192.3333333	168847	172.6666667	663069	180.1666667
보통	1289	61	1021	61.33333333	1180	57.66666667	903	38.66666667	4393	54.66666667
일반	333403	1522	322783	1756.333333	344813	1461	380156	1626.666667	1381155	1591.5
특수	182152	222	194445	217.6666667	186340	220.3333333	174020	193.6666667	736957	213.4166667
총합계	**678533**	**501.8333333**	**699167**	**547.1666667**	**683948**	**482.8333333**	**723926**	**507.9166667**	**2785574**	**509.9375**

TIP 피벗 테이블을 만든 후에 원본 데이터의 값이 변경된 경우 피벗 테이블이 자동으로 수정되지는 않는다. 피벗 테이블에 변경된 값을 적용하려면 [피벗 테이블 도구]의 [분석] 탭–[데이터] 그룹에서 [새로 고침]을 눌러야 한다.

기본예제 11-4 시간 표시 막대와 슬라이서 삽입하기

데이터를 필터링하기 위한 슬라이서처럼 날짜를 필터링할 수 있는 시간 표시 막대를 피벗 테이블에 삽입해 기간을 필터링해 보자.

01 [피벗 테이블 도구]의 [분석] 탭–[표시] 그룹에서 [필드 머리글]의 선택을 해제하고 [필터] 그룹–[시간 표시 막대 삽입]을 누른다.

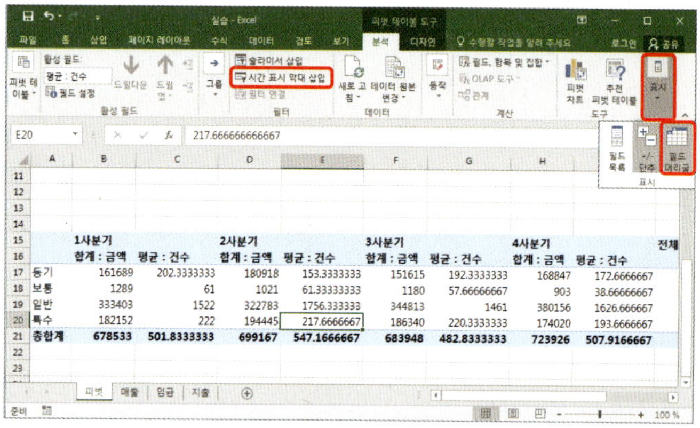

02 [시간 표시 막대 삽입] 대화상자에서 '날짜'를 선택하고 [확인]을 누른다.

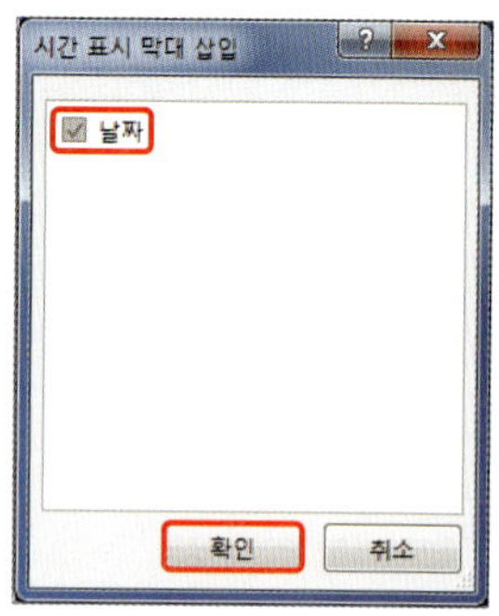

03 삽입된 시간 표시 막대를 A10 셀로 이동하고 [시간 표시 막대 도구]의 [옵션] 탭-[표시] 그룹에 있는 모든 항목의 선택을 해제한다. [크기] 그룹에서 [높이]는 [2.6 cm], [너비]는 [11.8 cm]로 설정한다.

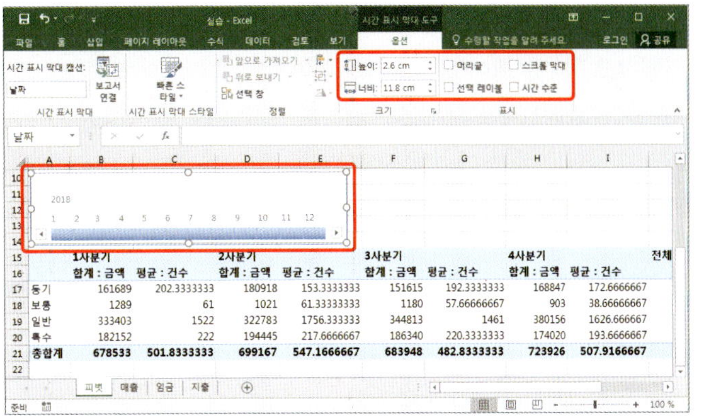

04 [시간 표시 막대 도구]의 [옵션] 탭-[시간 표시 막대] 그룹-[보고서 연결]을 누르고 [보고서 연결(날짜)] 대화상자에서 피벗 테이블을 모두 선택한 후 [확인]을 누른다.

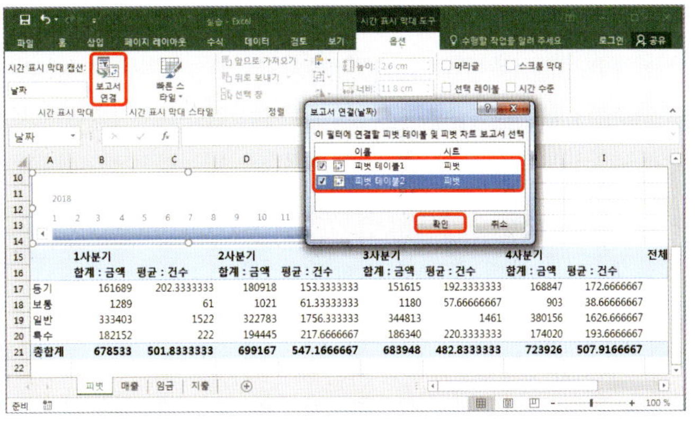

TIP [보고서 연결] 대화상자에서 [기본예제 11-1]에서 작성한 피벗 테이블을 선택하면 하나의 시간 표시 막대로 두 개의 피벗 테이블을 동시에 필터링할 수 있다.

05 [시간 표시 막대 도구]의 [옵션] 탭-[시간 표시 막대 스타일] 그룹-[빠른 스타일] 목록에서 [시간 표시 막대 스타일 어둡게 6]을 선택한다.

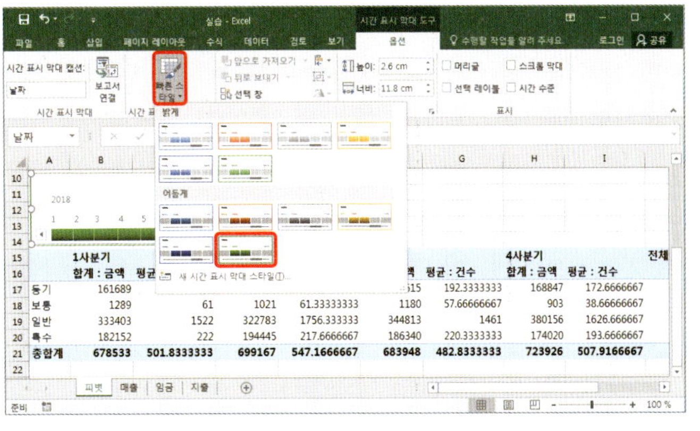

06 피벗 테이블 내 임의의 셀을 선택하고 [피벗 테이블 도구]의 [분석] 탭–[필터] 그룹–[슬라이서 삽입]을 누른다. [슬라이서 삽입] 대화상자에서 '종류'를 선택하고 [확인]을 누른다.

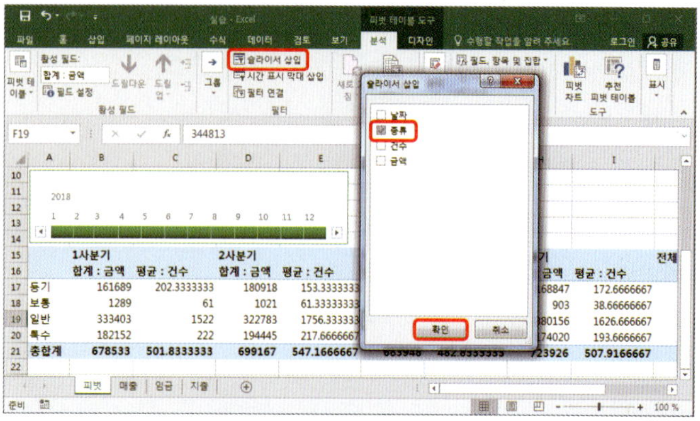

07 슬라이서를 F11 셀로 드래그하여 위치를 이동한다. [슬라이서 도구]의 [옵션] 탭–[단추] 그룹에서 [열]은 [4], [높이]는 [0.8cm], [너비]는 [1.5cm]로 설정하고 [크기] 그룹에서 [높이]를 [2cm]로 설정한다.

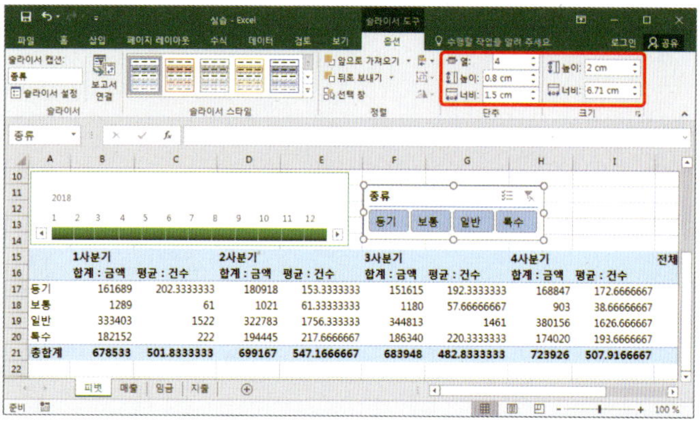

08 [슬라이서 도구]의 [옵션] 탭–[슬라이서 스타일] 그룹–[슬라이서 스타일] 목록에서 [슬라이서 스타일 밝게 2]를 선택한다. [슬라이서] 그룹–[보고서 연결]을 누르고 [보고서 연결(종류)] 대화상자에서 피벗 테이블을 모두 선택한 후 [확인]을 누른다.

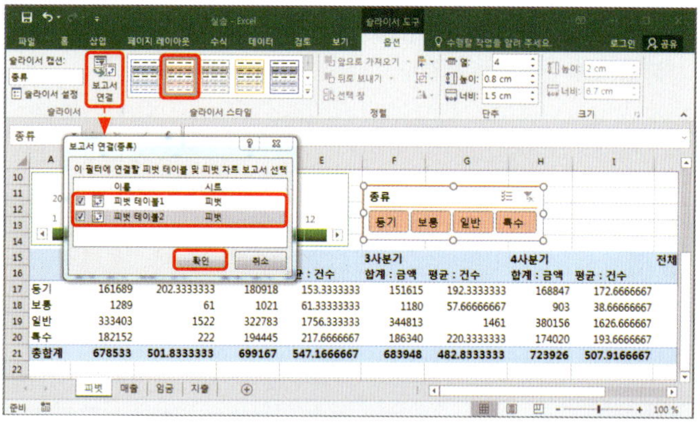

09 시간 표시 막대의 기간을 드래그하여 범위를 설정하고 슬라이서에서 종류를 선택해 두 개의 피벗 테이블에 모두 필터링이 되는지 확인한다.

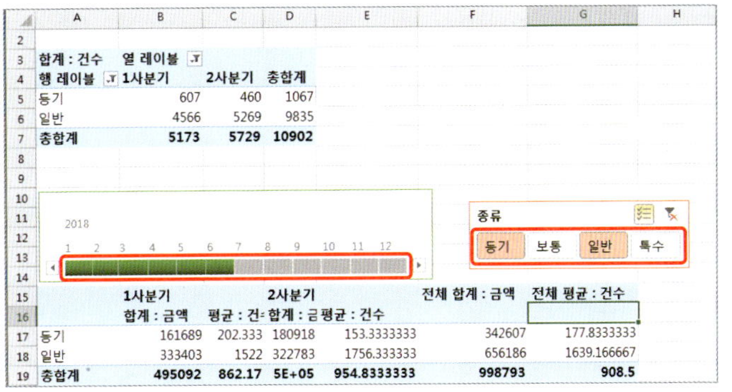

기본예제 11-5 피벗 테이블 편집하기

피벗 테이블에 표시되는 합계와 평균 데이터의 표시 형식을 변경하고 피벗 테이블 스타일을 이용해 피벗 테이블을 편집해 보자.

01 '합계 : 금액' 필드의 임의의 셀을 선택하고 마우스 오른쪽 단추를 눌러 단축 메뉴에서 [필드 표시 형식]을 선택한다.

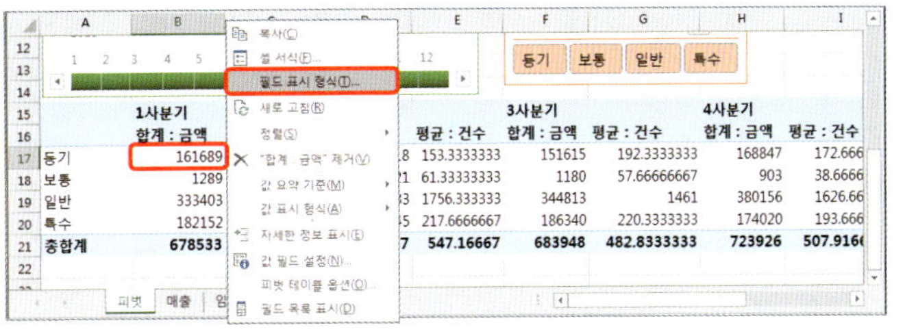

02 [셀 서식] 대화상자의 [범주]에서 [숫자]를 선택하고 [1000 단위 구분 기호 사용]을 선택한 후 [확인]을 누른다.

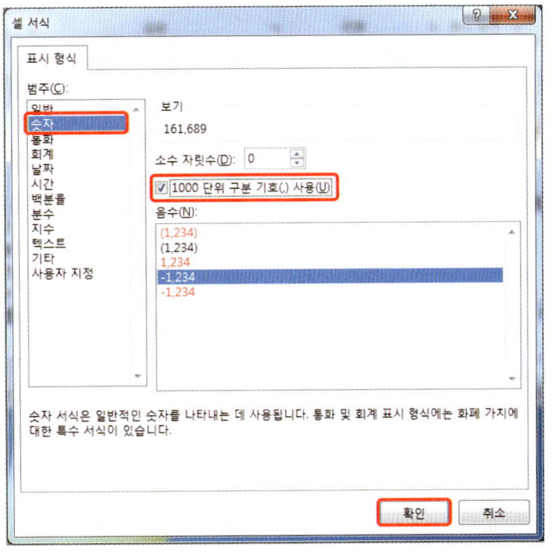

03 '평균 : 건수' 필드에서 단계 **01~02**와 같이 셀 서식을 설정한다. 이때 [셀 서식] 대화상자에서 [범주]는 [숫자], [소수 자릿수]는 [1]로 설정하고 [1000 단위 구분 기호 사용]을 선택한 후 [확인]을 누른다.

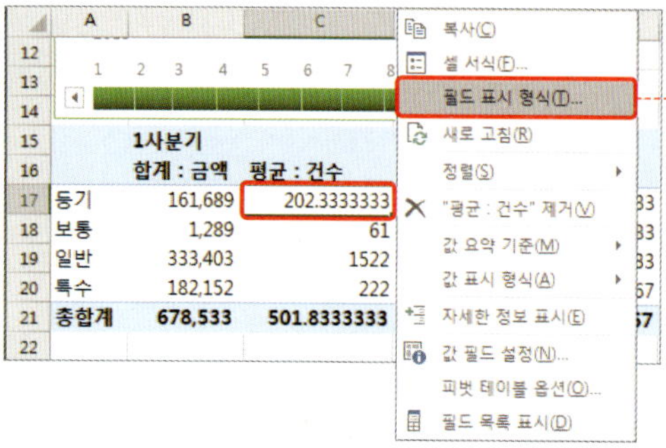

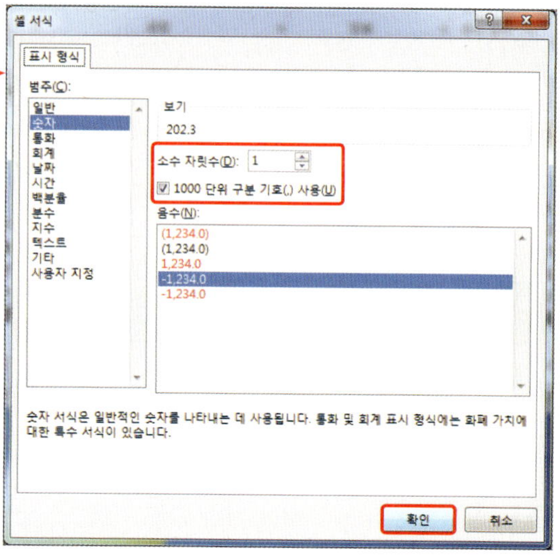

04 [피벗 테이블 도구]의 [디자인] 탭–[피벗 테이블 스타일] 그룹에서 [자세히] 단추를 누르고 [피벗 스타일 보통 4]를 선택한다.

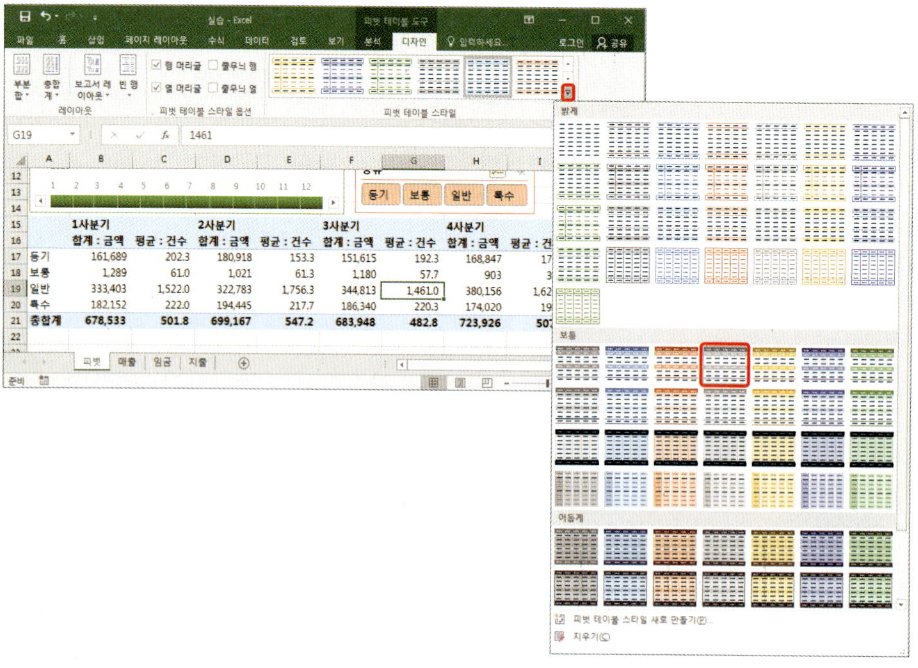

05 [피벗 테이블 도구]의 [디자인] 탭–[피벗 테이블 스타일 옵션] 그룹–[줄무늬 열]을 선택한다.

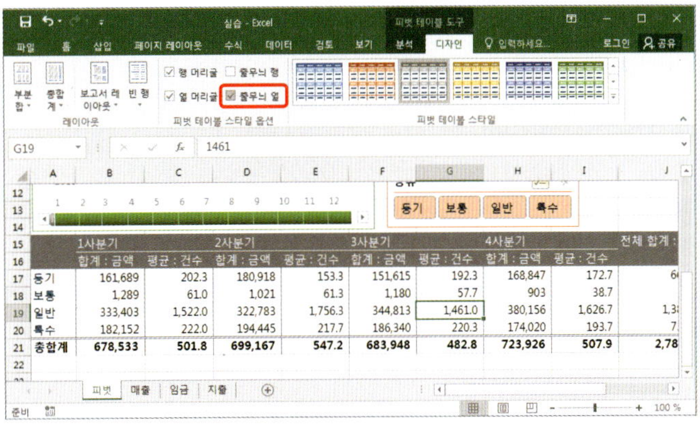

1.2 피벗 차트 작성

데이터를 요약해서 구조화시킨 피벗 테이블의 형태는 데이터를 분석하기 용이하다. 이를 피벗 차트로 표현하면 데이터를 시각화할 수 있어 숫자 데이터보다 더 직관적이고 쉽게 정보를 파악할 수 있다.

기본예제 11-6 피벗 테이블로 피벗 차트 만들기

피벗 테이블로 요약된 데이터는 피벗 테이블 도구를 이용해 손쉽게 피벗 차트로 만들 수 있다. 피벗 차트를 만들고 차트 스타일을 설정해 보자.

01 '피벗' 시트의 A3 셀 위치에 있는 '피벗 테이블 2'를 선택하고 [피벗 테이블 도구]의 [분석] 탭–[도구] 그룹–[피벗 차트]를 누른다.

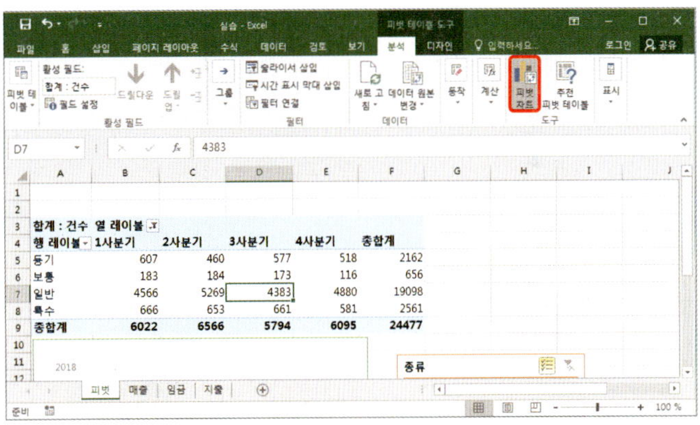

TIP '피벗 테이블 2'는 [기본예제 11-1]에서 매출 건수를 요약해 만든 추천 피벗 테이블이다.

02 [차트 삽입] 대화상자에서 [가로 막대형]의 [누적 가로 막대형]을 선택하고 [확인]을 누른다.

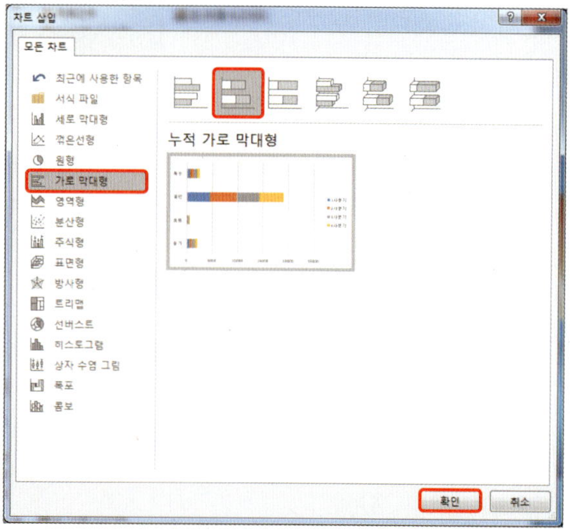

03 시트에 삽입된 피벗 차트의 크기와 위치를 조절하고 [피벗 차트 도구]의 [분석] 탭-[표시/숨기기] 그룹-[필드 단추] 목록에서 [축 필드 단추 표시]의 선택을 해제한다.

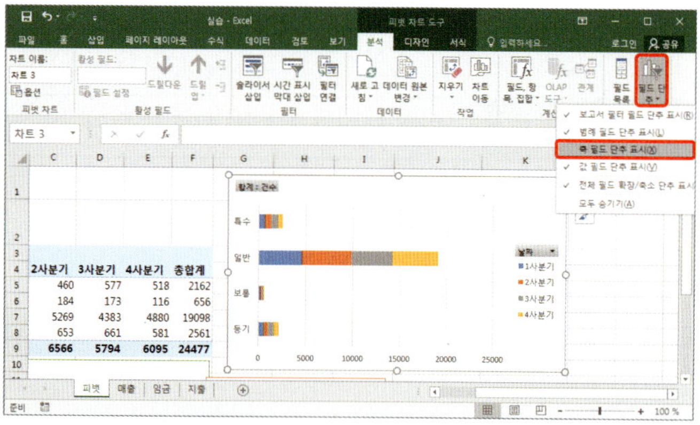

04 [피벗 차트 도구]의 [디자인] 탭-[차트 스타일] 그룹-[색 변경] 목록에서 [색상형]의 [색 4]를 선택한다.

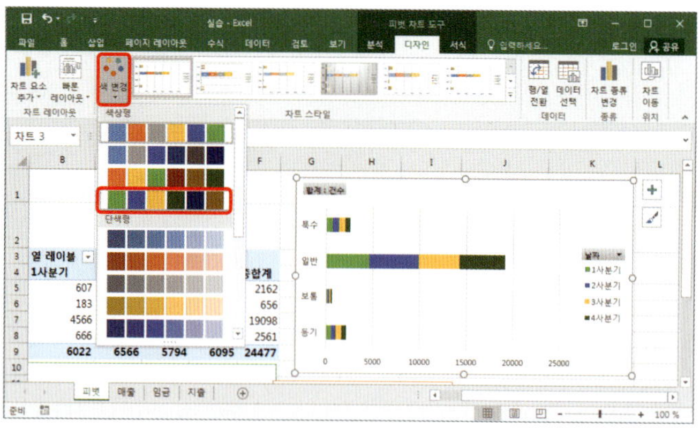

05 차트의 가로 축을 더블클릭해 [축 서식] 작업 창이 열리면 [축 옵션]–[축 옵션] 탭–[축 옵션] 항목에서 [최대]를 *20000*으로 입력한다.

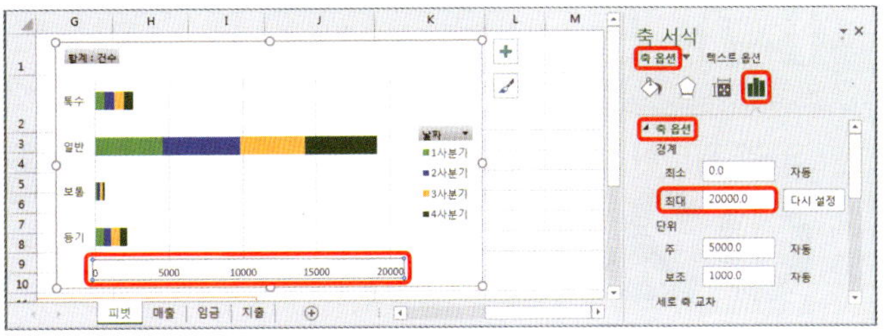

06 차트의 범례를 선택하여 [범례 서식] 작업 창이 열리면 [범례 옵션]–[범례 옵션] 탭–[범례 옵션] 항목에서 [범례 위치]를 [위쪽]으로 설정하고 [범례를 차트와 겹치지 않게 표시]의 선택을 해제한다.

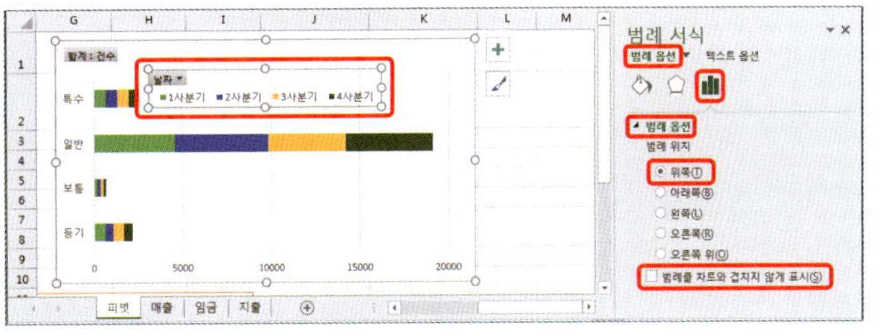

SECTION 02 가상 분석 활용하기

목표값 찾기와 데이터 표, 시나리오 관리자와 같은 가상 분석은 목표값을 충족하기 위해 필요한 변수 값을 예측하거나 다양한 변수에 따라 결과를 예측하는 방법이다. 엑셀에서 이루어지는 대부분의 작업은 측정된 데이터를 수식에 적용하여 결과를 계산하는 방식이 일반적이다. 반면, 가상 분석을 이용하면 계산된 결과를 먼저 설정하고 수식에 적용되는 데이터를 찾거나 데이터를 여러 값으로 가정하여 수식에 적용할 때 발생할 여러 개의 결과를 찾아 요약 보고서로 작성할 수 있다.

2.1 목표값 찾기

목표값 찾기는 계산 결과 값을 기준으로 입력 값을 탐색하는 방법이다. 가령 임금총액을 산출하기 위해 필요한 항목에는 기본급 외 각종 수당과 상여금이 있다. 임금총액이 연간 수입이라면 월평균보수는 임금총액을 12개월로 나누어 계산할 수 있다. 목표로 하는 월평균보수를 받기 위해 여러 항목 중 기본급은 얼마가 되어야 하는지 계산하려면 수식을 역으로 탐색해야 하는데, 이 경우 엑셀의 목표값 찾기 기능을 이용하면 간단하게 찾을 수 있다.

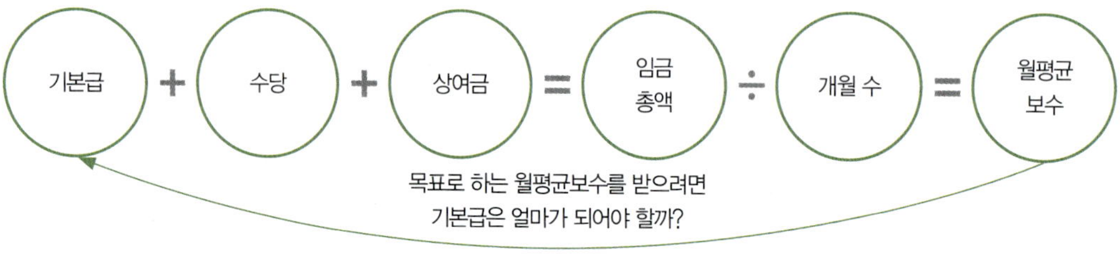

기본예제 11-7 월평균보수를 기준으로 기본급 찾기

임금총액 산출 데이터를 이용해 '최민아' 사원이 목표로 하는 월평균보수 300만 원을 받으려면 기본급은 얼마가 되어야 하는지 탐색해 보자.

01 '실습.xlsx' 파일의 '임금' 시트에서 G3 셀에 *=SUM(B3:E3)*12+B3*F3* 수식을 입력하여 임금총액을 계산한다.

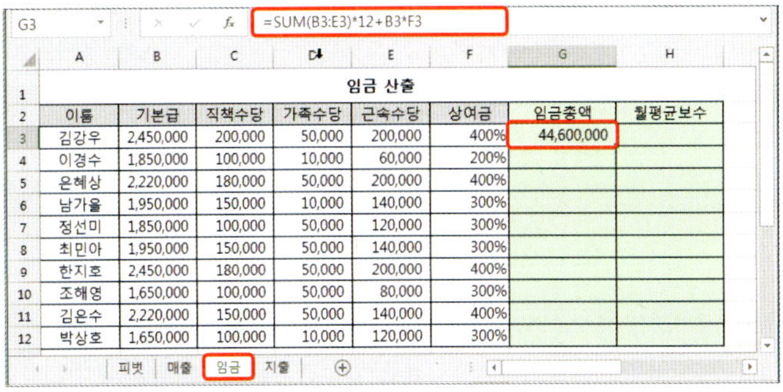

02 H3 셀에 *=G3/12* 수식을 입력하여 월평균보수를 계산하고 [표시 형식] 그룹의 [표시 형식] 단추를 누른다. [셀 서식] 대화상자가 열리면 [표시 형식] 탭의 [범주]에서 [회계]를 선택하고 소수 자릿수를 [0]으로 설정한 후 [확인]을 누른다.

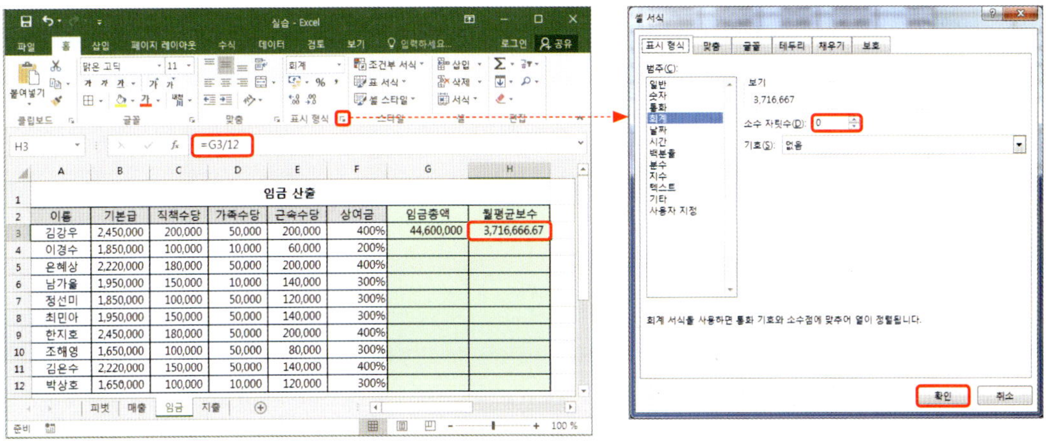

03 G3:H3 범위를 선택하고 채우기 핸들을 H12 셀까지 드래그하여 임금총액과 월평균보수 값을 모두 표시한다.

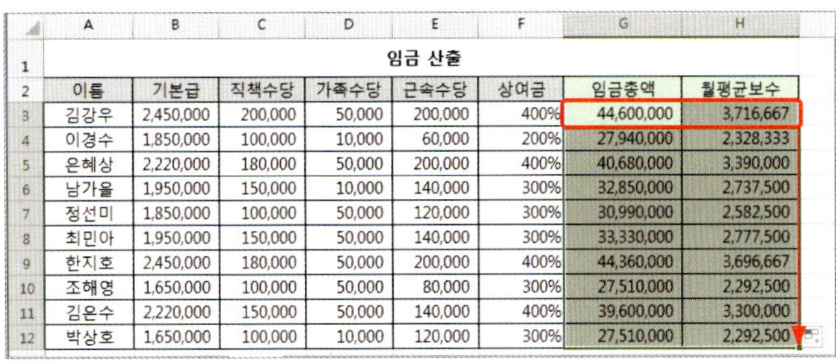

04 '최민아' 사원의 '월평균보수' 값인 H8 셀을 선택하고 [데이터] 탭–[예측] 그룹–[가상 분석] 목록에서 [목표값 찾기]를 선택한다.

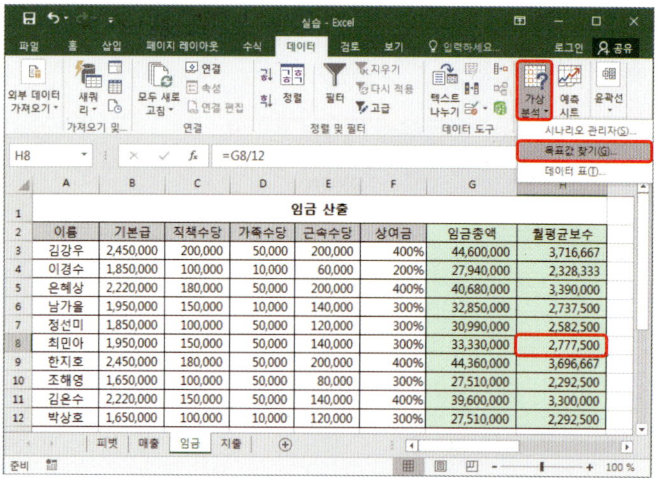

05 [목표값 찾기] 대화상자에서 [찾는 값]에는 *3000000*, [값을 바꿀 셀]에는 *$B$8*을 입력하고 [확인]을 누른다.

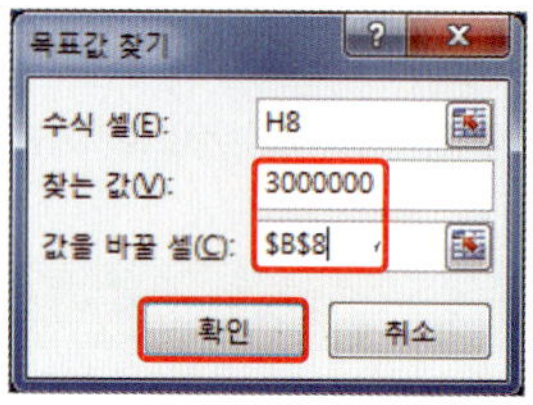

TIP [값을 바꿀 셀]을 입력할 때는 워크시트에서 B8 셀을 누른다.

06 [목표값 찾기 상태] 대화상자에 답을 찾았다는 메시지가 표시되고 B8 셀과 H8 셀의 값이 변경된다. 변경된 값을 유지하려면 [확인]을 누르고 원래의 값으로 되돌리려면 [취소]를 누른다.

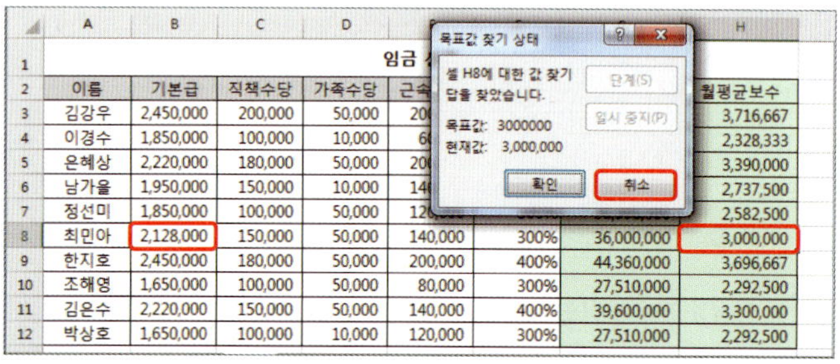

2.2 데이터 표 활용

가상 분석 도구 중 데이터 표는 수식에 사용되는 일부 값을 변수로 하여 해당 값의 변경에 따라 결과가 어떻게 달라지는지 확인할 수 있는 방법이다. 환율에 따른 매출액 변동이나 이자율에 따른 대출 상환액을 산정하는 경우 등에 활용할 수 있다.

기본예제 11-8 데이터 표로 상여금 산출하기

데이터 표를 이용하여 비율에 따라 각 기본급에 해당하는 상여금이 얼마나 되는지 계산해 보자.

01 '실습.xlsx' 파일의 '임금' 시트에서 J2 셀에 *=B3*F3* 수식을 입력한다.

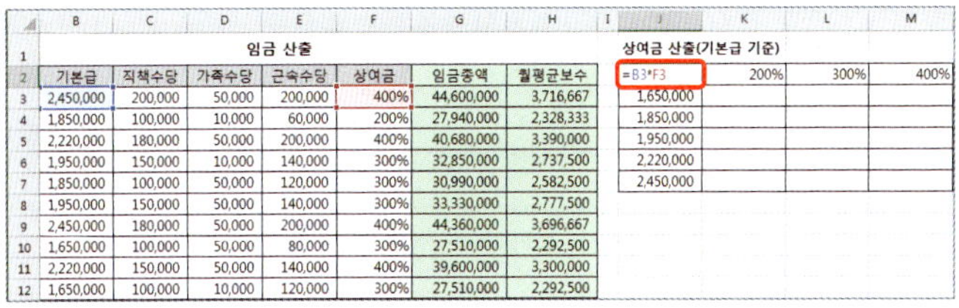

TIP 계산할 수식(기본급×상여금비율)을 직접 입력하거나 수식이 설정되어 있는 다른 셀을 선택해 연결해도 된다.

02 J2:M7 범위를 선택하고 [데이터] 탭–[예측] 그룹–[가상 분석] 목록에서 [데이터 표]를 선택한다.

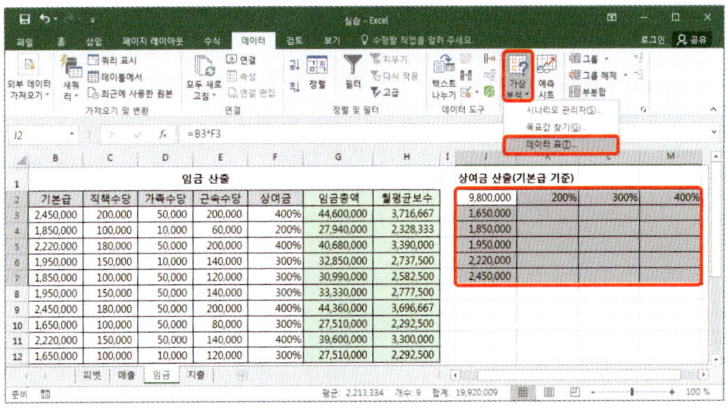

03 [데이터 표] 대화상자가 열리면 [행 입력 셀]에는 *$F$3*, [열 입력 셀]에는 *$B$3*을 입력하고 [확인]을 누른다.

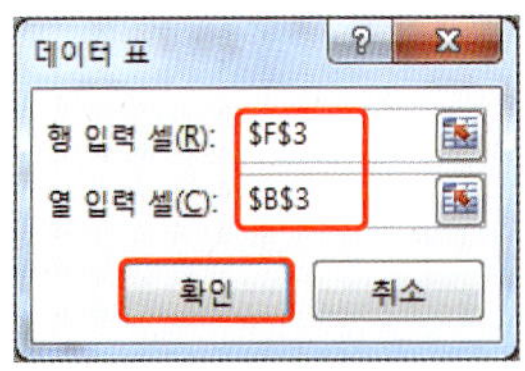

TIP [행 입력 셀]에는 지정한 범위(J2:M7) 중 첫 행(K2:M2)에 있는 값이 수식(=B3*F3)에서 참조될 셀을 선택하고 [열 입력 셀]에는 첫 열(J3:J7)에 있는 값이 참조될 셀을 선택한다.

04 기본급과 상여금 비율에 따라 계산한 결과가 지정된 범위에 표시된다.

J	K	L	M
상여금 산출(기본급 기준)			
9,800,000	200%	300%	400%
1,650,000	3,300,000	4,950,000	6,600,000
1,850,000	3,700,000	5,550,000	7,400,000
1,950,000	3,900,000	5,850,000	7,800,000
2,220,000	4,440,000	6,660,000	8,880,000
2,450,000	4,900,000	7,350,000	9,800,000

2.3 시나리오 작성

수입과 지출 데이터를 이용해 순이익을 계산하는 예산 관리의 경우 값이 고정되지 않은 항목이 있다면 변동되는 값을 고려한 여러 가지 시나리오를 작성할 수 있다. 이와 같이 고정되지 않은 변수의 값을 정해놓고 결과 값이 어떻게 달라지는지 분석하여 요약 보고서나 피벗 테이블 형태로 보여주는 것이 엑셀의 시나리오 작성 도구이다.

기본예제 11-9 시나리오 실행과 요약하기

변동지출 항목을 포함하는 지출 관리를 통해 최대 순이익과 최소 순이익을 파악하는 시나리오를 작성해 보자.

01 '실습.xlsx' 파일의 '지출' 시트에서 [데이터] 탭–[예측] 그룹–[가상 분석] 목록의 [시나리오 관리자]를 선택한다.

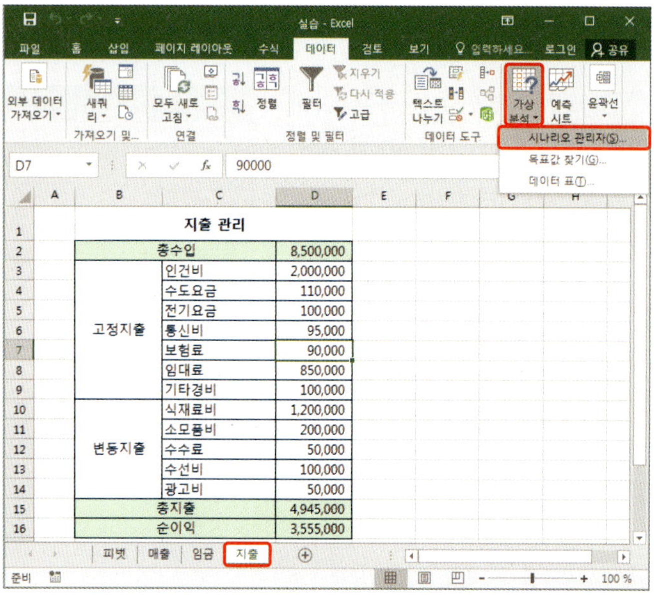

02 [시나리오 관리자] 대화상자에서 [추가]를 누른다.

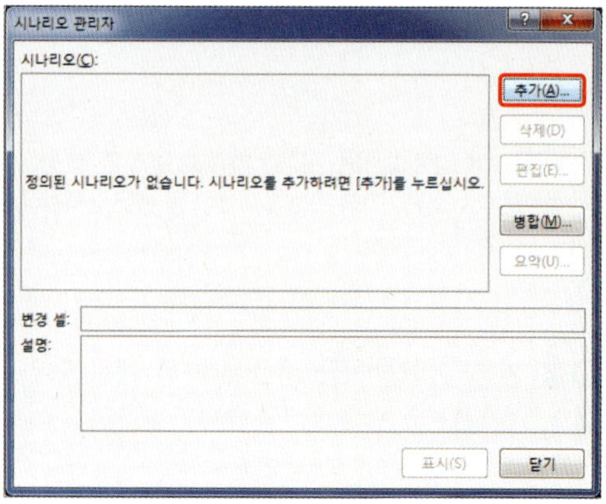

03 [시나리오 추가] 대화상자에서 [시나리오 이름]에 *최저지출*을 입력하고 [변경 셀]은 *$D$10:$D$14*로 설정한 후 [확인]을 누른다.

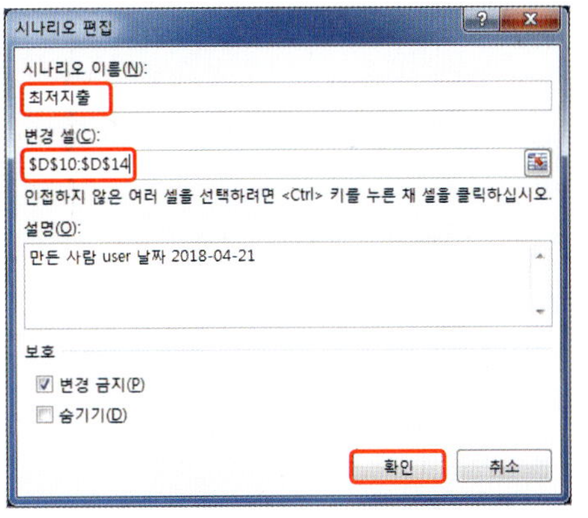

TIP [변경 셀]을 설정할 때는 마우스로 워크시트에서 D10:D14 범위를 선택하면 입력란에 표시된다. 대화상자에 데이터 영역이 가려져 불편하다면 입력란 오른쪽의 [대화상자 축소] 단추를 눌러 대화상자를 축소한 후 해당 범위를 선택한다.

04 [시나리오 값] 대화상자에 변동지출이 최저일 때 예상되는 값을 다음과 같이 각 셀에 입력하고 [확인]을 누른다.

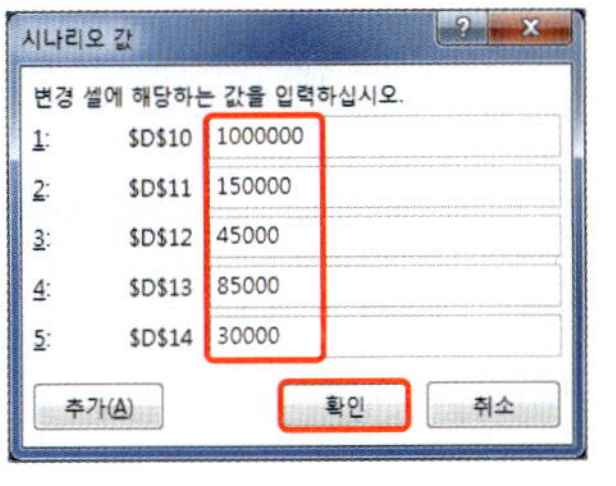

05 [시나리오 관리자] 대화상자의 [시나리오] 목록에 '최저지출'이 표시된다. 변동지출이 최대일 때를 예상하는 시나리오도 작성하기 위해 [추가]를 누른다.

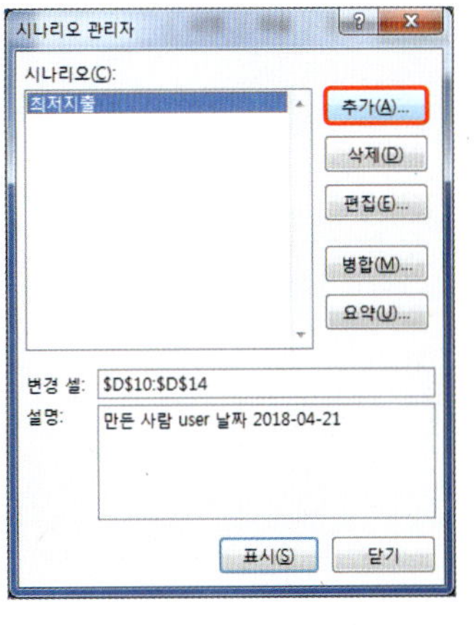

06 [시나리오 추가] 대화상자에서 [시나리오 이름]에 *최대지출*을 입력하고, [변경 셀]의 값이 *D10:D14*인 것을 확인한 후 [확인]을 누른다.

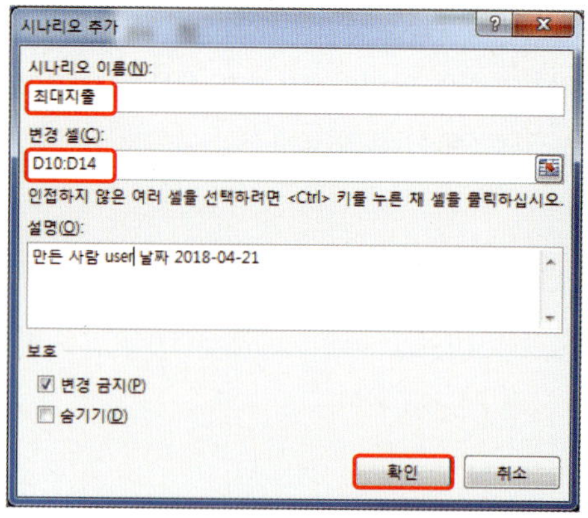

07 [시나리오 값] 대화상자에 변동지출의 최대 예상 값을 각각 입력하고 [확인]을 누른다.

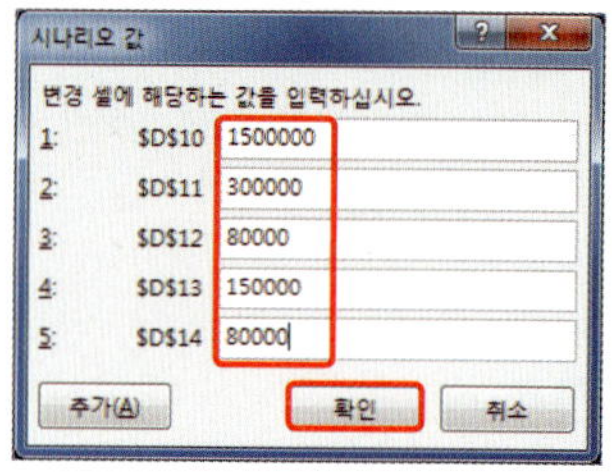

08 [시나리오 관리자] 대화상자의 [시나리오] 목록에 '최대지출'이 추가된다. 추가한 시나리오에 대한 요약 보고서를 작성하려면 [요약]을 선택한다.

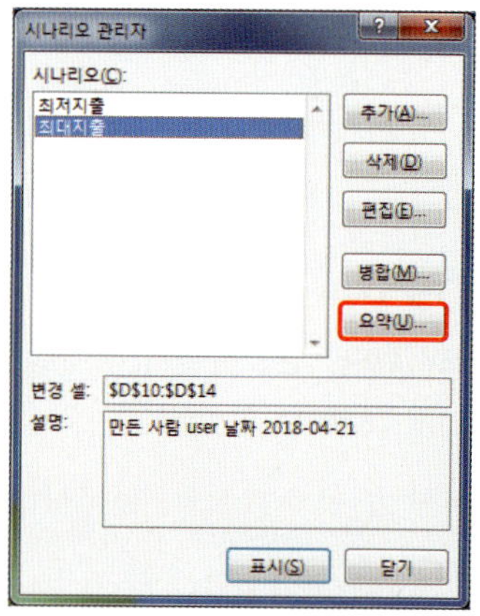

여기서 잠깐 **[시나리오 관리자] 대화상자 알아보기**

[시나리오 관리자] 대화상자에 있는 단추들의 기능은 다음과 같다.

단추 이름	기능
추가	시나리오를 추가한다.
삭제	목록에서 선택하고 있는 시나리오를 삭제한다.
편집	선택한 시나리오에서 설정한 값을 수정한다.
병합	다른 통합문서나 워크시트의 시나리오를 통합한다.
요약	목록에 있는 시나리오를 요약한 보고서를 작성한다.
표시	선택한 시나리오를 워크시트에 반영한다.
닫기	[시나리오 관리자] 대화상자를 종료한다.

09 [시나리오 요약] 대화상자에서 [보고서 종류]는 [시나리오 요약], [결과 셀]은 순이익이 표시되는 *D16* 셀로 설정하고 [확인]을 누른다.

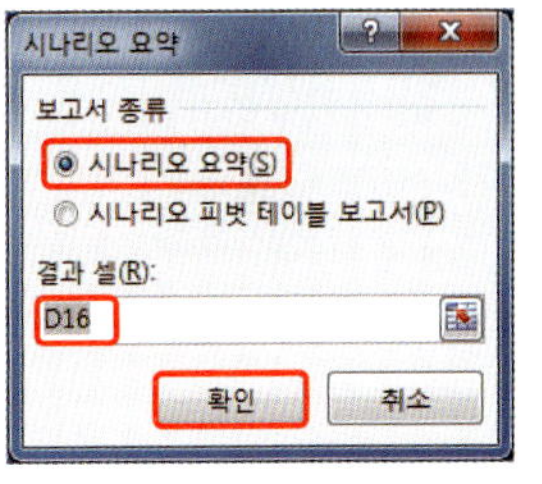

10 시나리오 요약 결과가 표시된 '시나리오 요약' 워크시트가 추가된다. 셀 번호 대신 각 항목 이름을 이해하기 쉽게 수정한다.

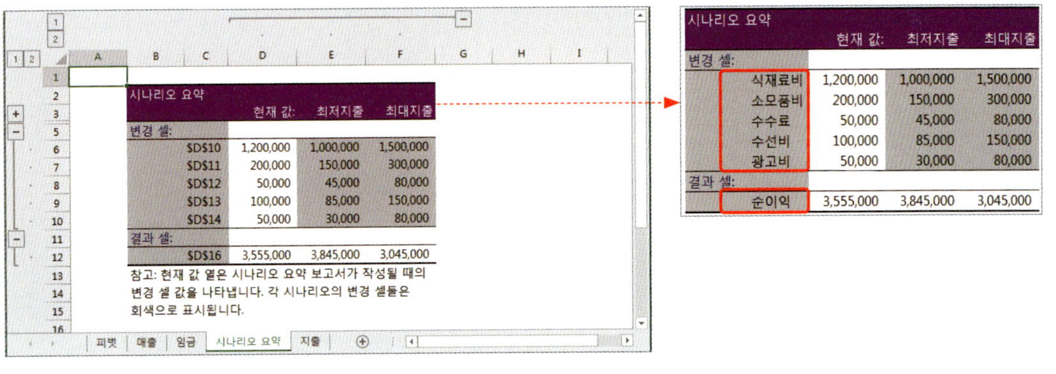

종합예제

이번 장에서 학습한 피벗 테이블과 가상 분석을 활용하여 도서 판매 요약 보고서를 만들어 보자.

1 '종합예제.xlsx' 파일의 '판매현황' 시트를 열고 '도서명' 필드인 B3:B42 범위를 선택한다. [데이터] 탭-[데이터 도구] 그룹-[데이터 유효성 검사] 목록에서 [데이터 유효성 검사]를 선택한다.

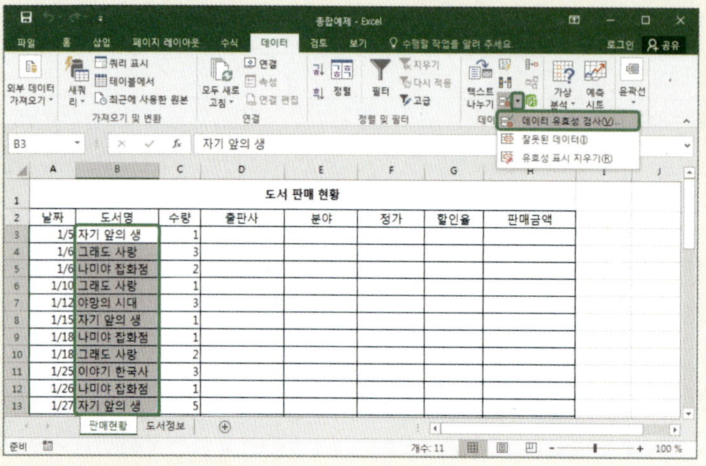

2 [데이터 유효성] 대화상자의 [설정] 탭에서 [제한 대상]은 [목록]을 선택하고, [원본]은 '도서정보' 시트의 A2:A8 범위를 선택하여 *=도서정보!$A$2:$A$8*로 설정한 후 [확인]을 누른다.

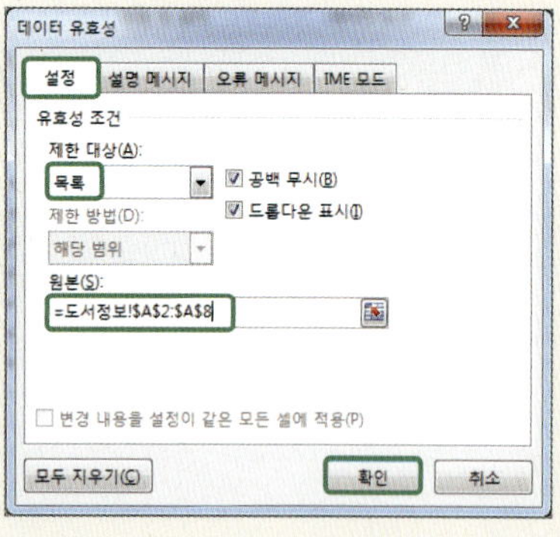

3 VLOOKUP 함수를 이용하여 '도서정보' 시트에 있는 '출판사', '분야', '정가', '할인율'을 입력하고 '정가' 필드의 표시 형식을 [쉼표 스타일]로 설정한다.

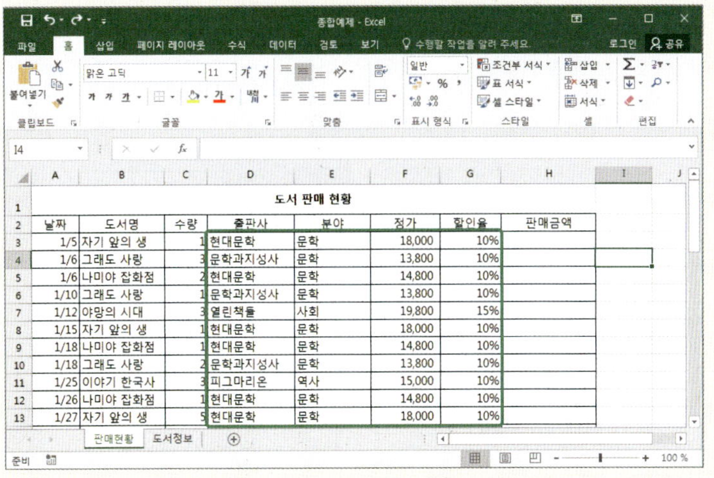

도서 판매 현황

날짜	도서명	수량	출판사	분야	정가	할인율	판매금액
1/5	자기 앞의 생	1	현대문학	문학	18,000	10%	
1/6	그래도 사랑	3	문학과지성사	문학	13,800	10%	
1/6	나미야 잡화점	2	현대문학	문학	14,800	10%	
1/10	그래도 사랑	1	문학과지성사	문학	13,800	10%	
1/12	야망의 시대	3	열린책들	사회	19,800	15%	
1/15	자기 앞의 생	1	현대문학	문학	18,000	10%	
1/18	나미야 잡화점	1	현대문학	문학	14,800	10%	
1/18	그래도 사랑	2	문학과지성사	문학	13,800	10%	
1/25	이야기 한국사	3	피그마리온	역사	15,000	10%	
1/26	나미야 잡화점	1	현대문학	문학	14,800	10%	
1/27	자기 앞의 생	5	현대문학	문학	18,000	10%	

TIP D3 셀에는 *=VLOOKUP(B3,도서정보!$A$2:$E$8,2,FALSE)*, E3 셀에는 *=VLOOKUP(B3,도서정보!$A$2:$E$8,3,FALSE)*, F3 셀에는 *=VLOOKUP(B3,도서정보!$A$2:$E$8,4,FALSE)*, G3 셀에는 *=VLOOKUP(B3,도서정보!$A$2:$E$8,5,FALSE)*을 입력하고, 수식을 복사하여 다른 모든 값을 계산한다.

4 H3 셀에 *=C3*F3*(1−G3)* 수식을 입력한 후 채우기 핸들을 드래그하여 복사하고 표시 형식을 그림과 같이 설정한다.

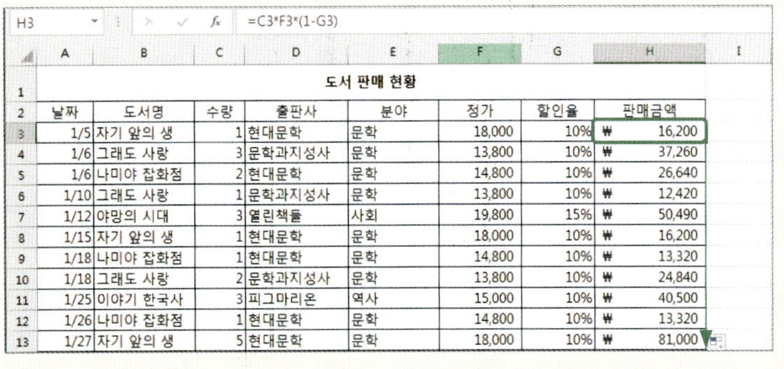

H3 =C3*F3*(1-G3)

도서 판매 현황

날짜	도서명	수량	출판사	분야	정가	할인율	판매금액
1/5	자기 앞의 생	1	현대문학	문학	18,000	10%	₩ 16,200
1/6	그래도 사랑	3	문학과지성사	문학	13,800	10%	₩ 37,260
1/6	나미야 잡화점	2	현대문학	문학	14,800	10%	₩ 26,640
1/10	그래도 사랑	1	문학과지성사	문학	13,800	10%	₩ 12,420
1/12	야망의 시대	3	열린책들	사회	19,800	15%	₩ 50,490
1/15	자기 앞의 생	1	현대문학	문학	18,000	10%	₩ 16,200
1/18	나미야 잡화점	1	현대문학	문학	14,800	10%	₩ 13,320
1/18	그래도 사랑	2	문학과지성사	문학	13,800	10%	₩ 24,840
1/25	이야기 한국사	3	피그마리온	역사	15,000	10%	₩ 40,500
1/26	나미야 잡화점	1	현대문학	문학	14,800	10%	₩ 13,320
1/27	자기 앞의 생	5	현대문학	문학	18,000	10%	₩ 81,000

TIP 판매금액을 구하는 식은 '수량*정가*(1−할인율)'이다.

5 데이터 영역 내 임의의 셀을 선택하고 [삽입] 탭–[표] 그룹–[피벗 테이블]을 누른다. [피벗 테이블 만들기] 대화상자에서 [표/범위]를 '판매현황' 시트의 *A2:H42* 범위로 설정하고 [확인]을 누른다.

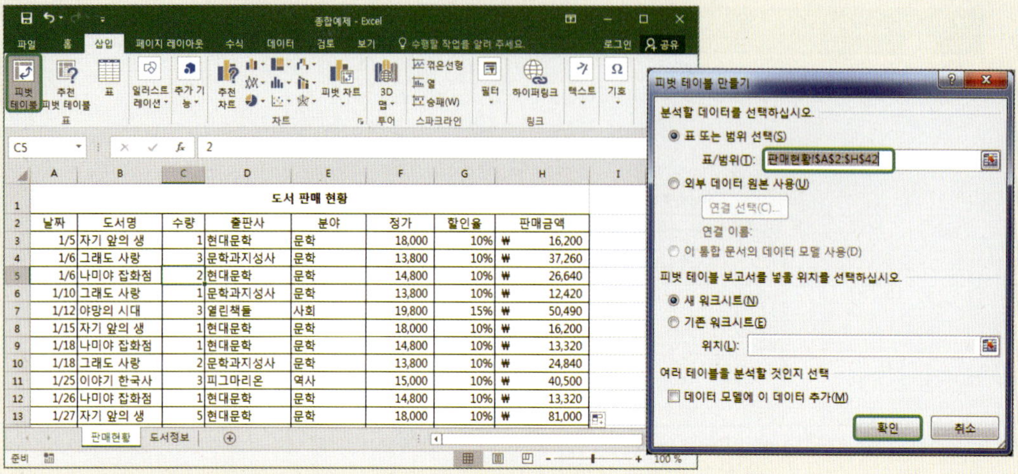

6 추가된 'Sheet1' 시트의 이름을 *판매요약*으로 수정하고 [피벗 테이블 필드] 작업 창에서 [필터] 영역에는 '출판사', [행] 영역에는 '분야', [열] 영역에는 '날짜'를 드래그한다.

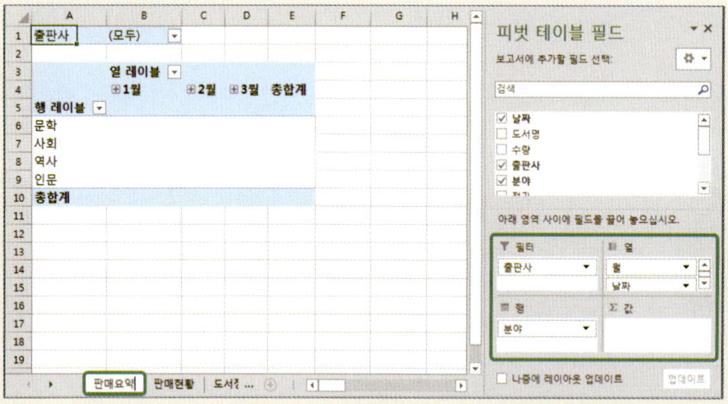

7 [피벗 테이블 필드] 작업 창의 [열] 영역에서 '날짜'는 제거하고 [값] 영역에 '수량'과 '판매금액'을 드래그한다.

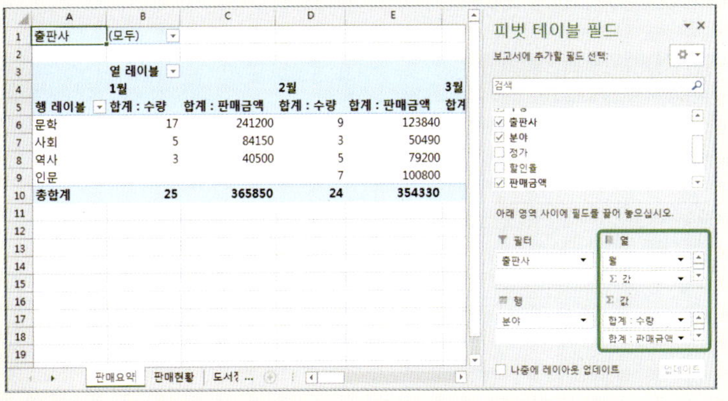

8 [피벗 테이블 도구]의 [분석] 탭–[표시] 그룹에서 [필드 목록], [+/– 단추]와 [필드 머리글]의 선택을 해제하고 [필터] 그룹–[슬라이서 삽입]을 누른다.

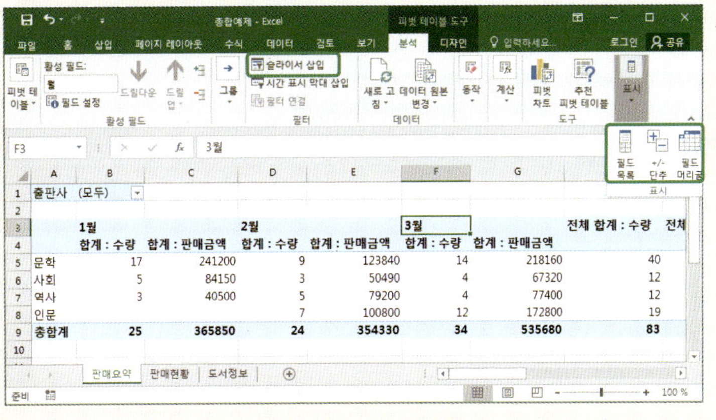

9 [슬라이서 삽입] 대화상자에서 '분야'를 선택하고 [확인]을 누른 후, [슬라이서 도구]의 [옵션] 탭–[단추] 그룹에서 [열]을 [4], [높이]를 [0.6cm]로 설정한다. [슬라이서 스타일] 그룹에서 [슬라이서 스타일 밝게 2]를 선택하고 슬라이서를 드래그하여 적당한 크기와 위치를 설정한다.

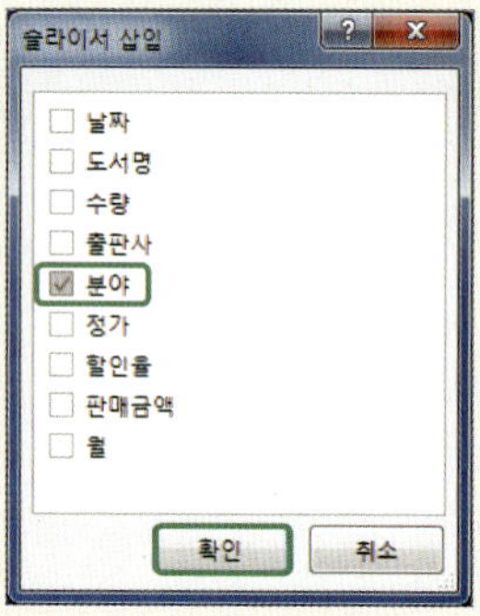

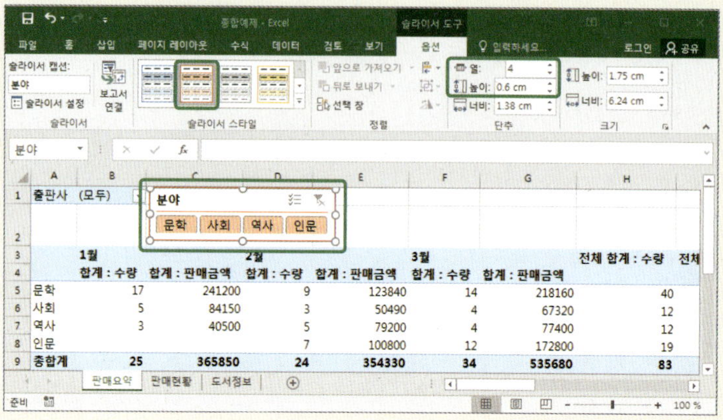

10 피벗 테이블 영역을 선택하고 [피벗 테이블 도구]의 [분석] 탭–[필터] 그룹–[시간 표시 막대 삽입]을 누른 다음 [시간 표시 막대 삽입] 대화상자에서 '날짜'를 선택하고 [확인]을 누른다.

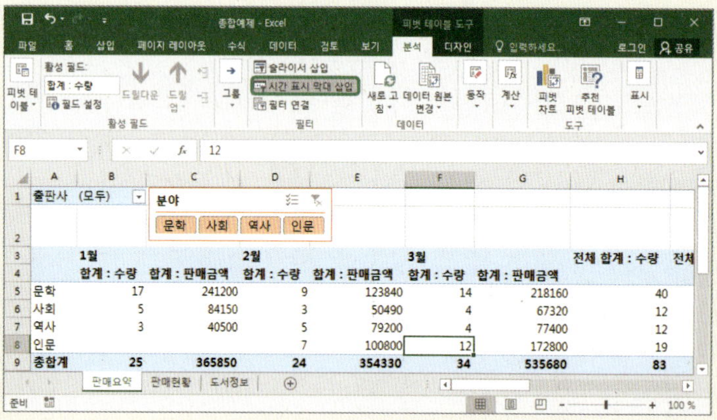

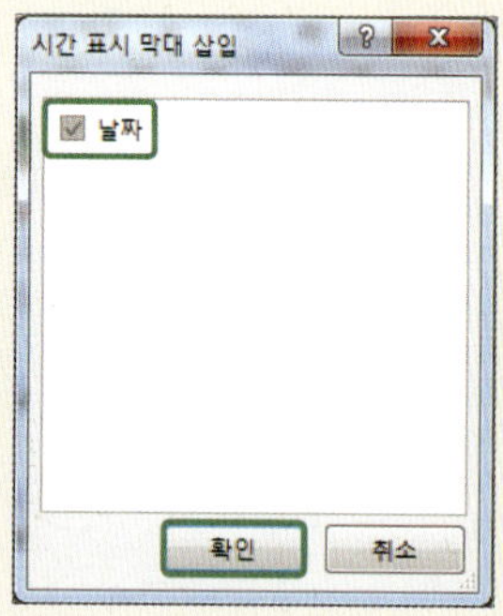

11 [시간 표시 막대 도구]의 [옵션] 탭–[표시] 그룹에서 [머리글], [스크롤 막대], [선택 레이블], [시간 수준]의 선택을 모두 해제하고 [시간 표시 막대 스타일] 그룹–[빠른 스타일] 목록에서 [시간 표시 막대 스타일 밝게 6]을 선택한다.

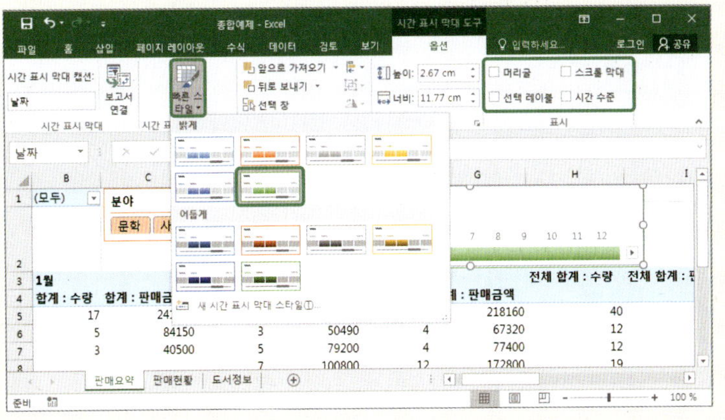

12 '합계:수량' 필드의 이름은 *판매수량*으로, '합계:판매금액' 필드는 *금액*으로 수정한다. 3:4 열에는 [오른쪽 맞춤]을 설정하고, '금액' 필드의 [필드 표시 형식]은 [회계]로 설정한다.

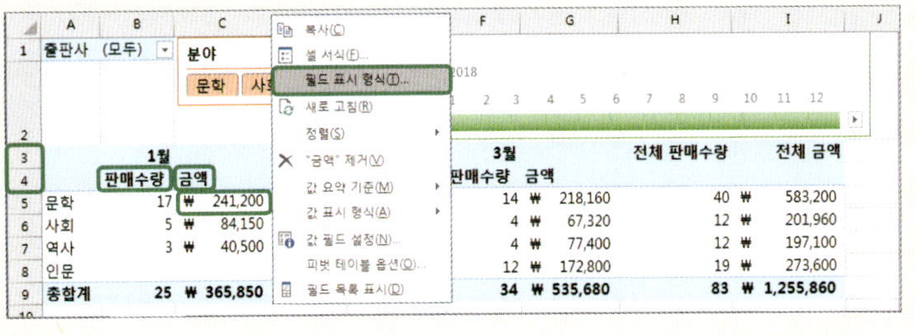

13 [피벗 테이블 도구]의 [디자인] 탭-[피벗 테이블 스타일 옵션] 그룹에서 [줄무늬 열]을 선택하고 [피벗 테이블 스타일] 그룹에서 [피벗 스타일 밝게 6]을 선택한다. 피벗 테이블을 드래그하여 크기와 위치를 적절히 설정한다.

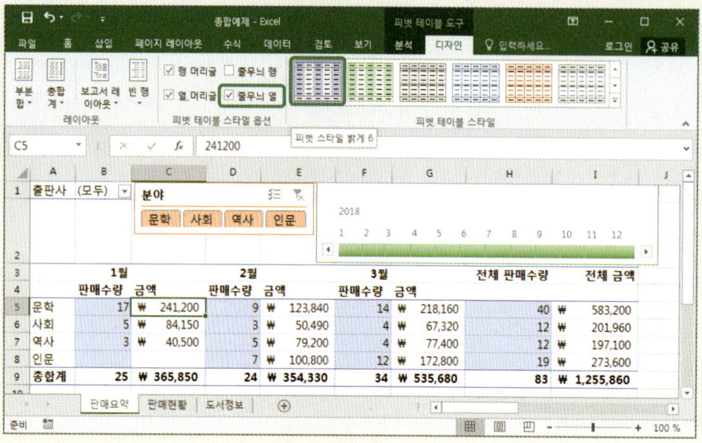

연습문제

1 '연습.xlsx' 파일의 '연습1' 시트를 열어 목표값 찾기를 실행하고 요약 보고서를 작성하시오.

❶ 도서명 '야망의 시대'의 '판매금액'이 40만 원이 되려면 '수량'이 몇 권이어야 하는지 목표값 찾기를 이용하여 계산하시오.

❷ 도서 판매 현황 데이터를 표로 만들고 다음 그림과 같이 요약 행('수량' 합계, '할인율' 평균, '판매금액' 합계)과 표시 형식, 표 스타일(표 스타일 밝게 16)을 설정하시오.

	A	B	C	D	E	F	G
1	도서 판매 현황						
2	도서명	수량	출판사	분야	정가	할인율	판매금액
3	순간의 꽃	10	현대문학	문학	8,500	10%	₩ 76,500
4	그래도 사랑	35	문학과지성사	문학	13,800	10%	₩ 434,700
5	나미야 잡화점	22	현대문학	문학	14,800	10%	₩ 293,040
6	인생수업	15	휴	종교	13,000	10%	₩ 175,500
7	자본주의	11	진명출판	경제	17,000	10%	₩ 168,300
8	책은 도끼다	21	북하우스	인문	16,000	10%	₩ 302,400
9	야망의 시대	20	열린책들	사회	19,800	15%	₩ 336,600
10	경제학자의 생각법	16	교양인	경제	15,000	10%	₩ 216,000
11	엄마 수업	12	휴	가정	12,000	10%	₩ 129,600
12	책먹는 여우	31	세종서적	문학	8,500	10%	₩ 237,150
13	생각읽기	14	비전	경제	14,800	10%	₩ 186,480
14	총균쇠	28	북하우스	역사	28,000	10%	₩ 705,600
15	인사이드 아웃	9	북하우스	문학	9,500	10%	₩ 76,950
16	이야기 한국사	30	피그마리온	역사	15,000	15%	₩ 382,500
17	과학혁명의 구조	26	북하우스	과학	18,000	10%	₩ 421,200
18	베이비 위스퍼 골드	8	세종서적	가정	19,500	10%	₩ 140,400
19	로맨틱 한시	6	비전	문학	15,000	10%	₩ 81,000
20	뇌물의 역사	5	교양인	역사	16,800	10%	₩ 75,600
21	프랑스 아이처럼	14	세종서적	가정	15,000	15%	₩ 178,500
22	요약	총 333권				평균 11%	₩ 4,618,020

2 '연습.xlsx' 파일의 '연습2' 시트를 열고 다음 조건에 맞게 작성하시오.

❶ H2 셀의 환율(원/달러)을 적용하여 환산가격(원)을 계산한 결과를 H4 셀에 표시하시오.

❷ 구매물품의 합계가 환산가격(원)으로 20만 원을 초과하는 경우 관부가세가 부과된다면, 관부가세를 피하려면 환율(원/달러)이 얼마일 때 물품을 구매해야 하는지 계산하시오.

❸ 환율이 1,100원일 때, 환율이 1,150원일 때, 환율이 1,200원일 때의 세 가지 시나리오를 고려하여 환율 변동에 따른 총 구매액(원)에 대한 요약 보고서를 예제 화면과 같이 작성하시오.

시나리오 요약					
		현재 값:	시나리오1	시나리오2	시나리오3
변경 셀:					
	환율(원/달러)	1,124	1,100	1,150	1,200
결과 셀:					
	총 구매액(원)	200,000	195,690	204,585	213,480

참고: 현재 값 열은 시나리오 요약 보고서가 작성될 때의 변경 셀 값을 나타냅니다. 각 시나리오의 변경 셀들은 회색으로 표시됩니다.

연습1 | 시나리오 요약 | 연습2

3 '연습.xlsx' 파일의 '연습3' 시트를 열고 다음 조건에 맞게 피벗 차트와 피벗 테이블을 작성하시오.

❶ '건수'와 '금액'의 합계를 표시하는 피벗 테이블을 각각 삽입하시오.

❷ 피벗 테이블이 예제 화면과 같이 구성되도록 [행], [열], [값] 영역에 필드를 배치하고 표시 형식을 설정하시오.

❸ 피벗 테이블을 이용하여 피벗 차트를 각각 추가하고 [범례]와 [축] 서식을 예제 화면과 같이 설정하시오.

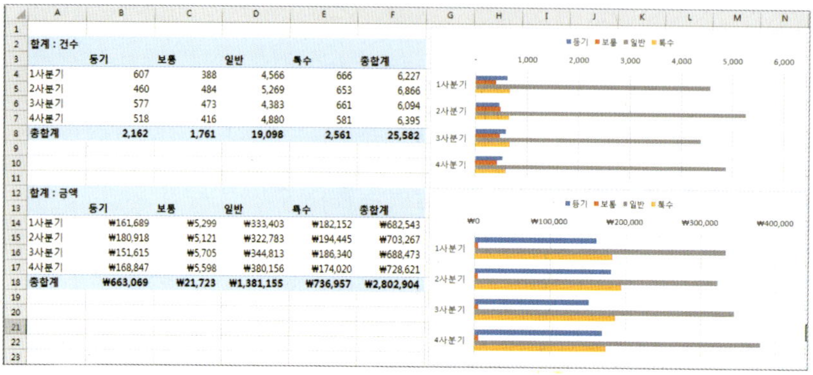

합계 : 건수	동기	보통	일반	특수	총합계
1사분기	607	388	4,566	666	6,227
2사분기	460	484	5,269	653	6,866
3사분기	577	473	4,383	661	6,094
4사분기	518	416	4,880	581	6,395
총합계	**2,162**	**1,761**	**19,098**	**2,561**	**25,582**

합계 : 금액	동기	보통	일반	특수	총합계
1사분기	₩161,689	₩5,299	₩333,403	₩182,152	₩682,543
2사분기	₩180,918	₩5,121	₩322,783	₩194,445	₩703,267
3사분기	₩151,615	₩5,705	₩344,813	₩186,340	₩688,473
4사분기	₩168,847	₩5,598	₩380,156	₩174,020	₩728,621
총합계	**₩663,069**	**₩21,723**	**₩1,381,155**	**₩736,957**	**₩2,802,904**

CHAPTER 12

매크로 활용

01 매크로 만들기

02 매크로 편집하기

종합예제

연습문제

학습목표

- 매크로를 기록하고 실행할 수 있다.
- 매크로를 편집하고 삭제할 수 있다.

SECTION 01 매크로 만들기

엑셀에서 데이터를 다룰 때 반복적인 작업을 하는 경우가 있다. 예를 들면 값이 입력되지 않은 빈 셀을 없애거나 셀에 입력된 값을 다른 셀로 복사 또는 이동하는 동작을 여러 번 실행하는 경우에 매크로를 활용할 수 있다. 매크로는 동작을 기록해 놓고 필요할 때마다 재생하여 작업을 실행하는 도구로 사용자가 직접 만들어 사용하는 메뉴라 할 수 있다. 매크로에서는 입력이나 클릭, 서식 설정 등 대부분의 사용자 작업을 모두 기록할 수 있다.

1.1 매크로 기록

매크로는 사용자의 동작을 단계별로 캡처하듯이 기록하여 VBA(Visual Basic for Applications) 코드로 자동 변환한 뒤 저장하는 방법으로 만든다. 엑셀에서는 매크로를 쉽게 만들고 활용할 수 있는 매크로 메뉴를 [개발 도구] 탭으로 제공하므로 VBA 코드를 알지 못해도 된다. 매크로를 만들기 위한 개발 도구를 메뉴에 등록하고 매크로를 기록하는 방법을 알아본다.

기본예제 12-1 개발 도구 설정하기

매크로를 기록하려면 리본 메뉴에 [개발 도구] 탭을 표시해야 한다. 엑셀의 환경 설정 옵션에서 개발 도구를 리본 메뉴에 추가하는 방법을 알아보자.

01 '실습.xlsx' 파일을 열고 [파일] 탭-[옵션]을 선택한다.

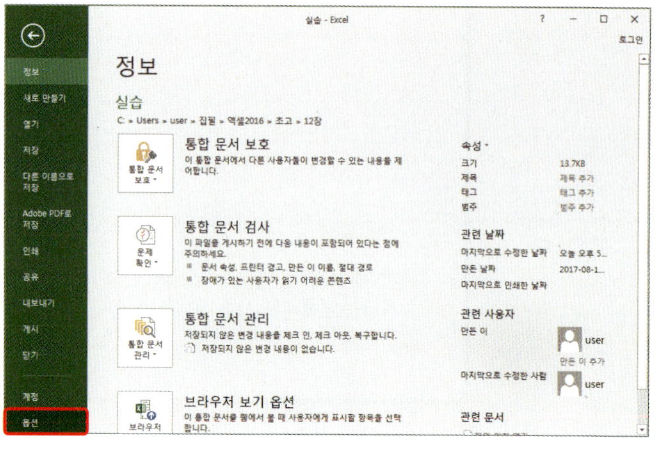

02 [Excel 옵션] 대화상자에서 [리본 사용자 지정] 범주를 선택한다. [리본 메뉴 사용자 지정]에서 [기본 탭]이 선택된 상태로 하단 목록에서 [개발 도구]를 선택하고 [확인]을 누른다.

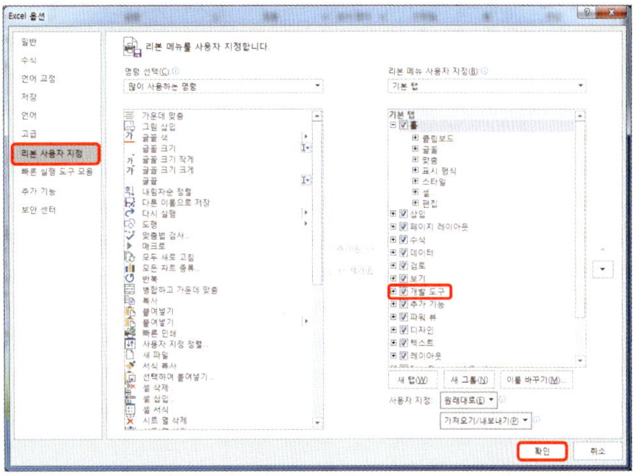

03 리본 메뉴에 [개발 도구] 탭이 나타난다. 이제 [코드] 그룹에서 매크로 관련 도구를 선택할 수 있다.

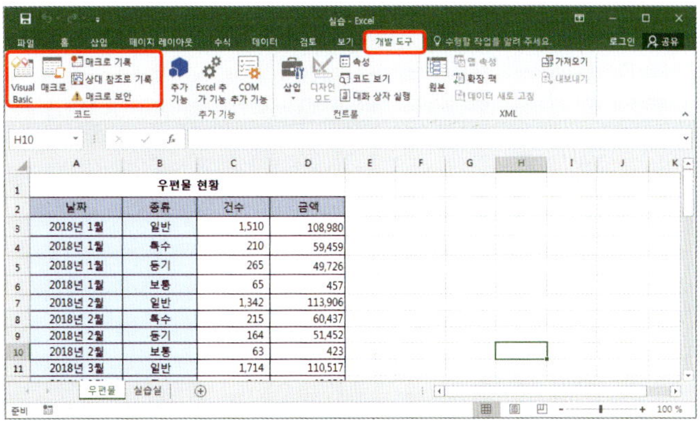

기본예제 12-2 매크로 기록하고 저장하기

고급 필터를 이용하여 데이터를 필터링한 후 새 시트에 입력할 때 필터링한 결과는 동일 시트 내에만 표시할 수 있다. 이때 필터링한 데이터를 새 시트로 이동시키는 매크로를 만들어 보자.

01 '실습.xlsx' 파일을 열고 '우편물' 시트에서 F1 셀에 *필터조건*을 입력하고 B2:B3 범위를 복사하여 F2:F3 범위에 붙여넣는다.

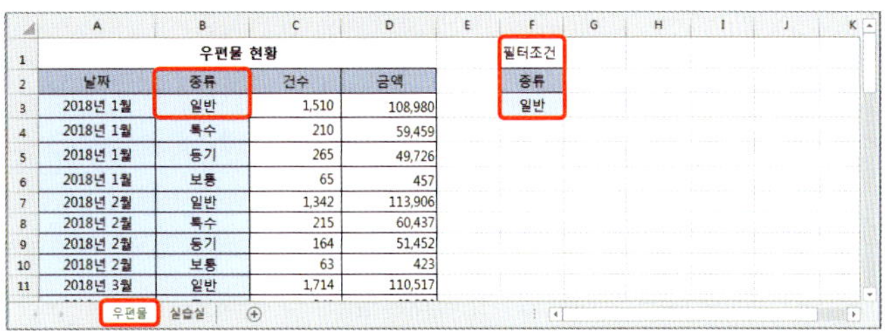

02 F3 셀을 선택하고 [데이터] 탭–[데이터 도구] 그룹–[데이터 유효성 검사]를 누른다. [데이터 유효성] 대화상자에서 [제한 대상]은 [목록], [원본]은 *B3:B6* 범위를 선택하고 [확인]을 누른다.

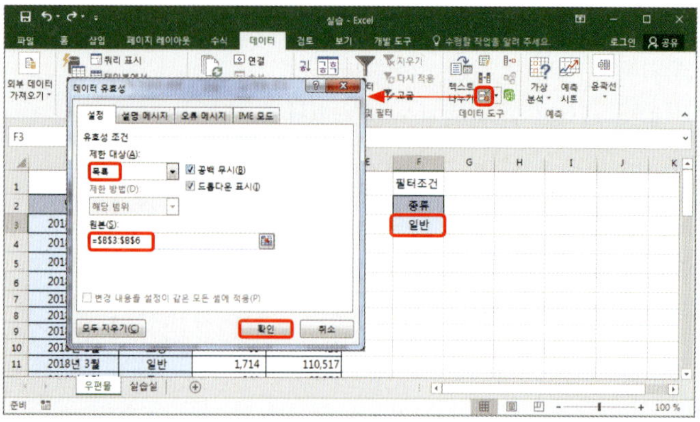

03 [개발 도구] 탭–[코드] 그룹–[매크로 기록]을 눌러 [매크로 기록] 대화상자가 나타나면 [매크로 이름]에 *종류별시트만들기*, [바로 가기 키]의 빈 칸에는 *q*를 입력한다. [매크로 저장 위치]는 [현재 통합 문서]로 선택하고 [설명]에는 *종류별로 필터링하여 새 시트에 결과 표시하기*를 입력하고 [확인]을 누른다.

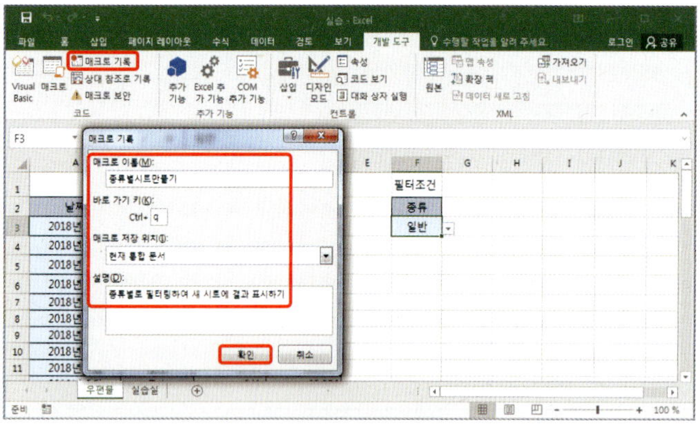

여기서 잠깐 [매크로 기록] 대화상자 알아보기

[매크로 기록] 대화상자의 각 항목은 다음과 같이 설정할 수 있다.

항목 이름	설정 방법
매크로 이름	문자로 시작하고 공백과 특수문자(*, &, $ 등)를 제외한 숫자나 밑줄(_)을 사용해야 한다.
바로 가기 키	매크로를 빠르게 실행하기 위한 단축키를 설정한다.
매크로 저장 위치	매크로가 저장되는 위치를 [현재 통합 문서]나 [새 통합 문서]로 선택하면 해당 문서에서만 매크로를 실행할 수 있다. [개인용 통합 문서]로 설정하면 모든 엑셀 문서에서 매크로를 공통으로 사용할 수 있다.
설명	매크로 기능에 대한 설명을 입력한다.

04 매크로 기록이 시작된다. [데이터] 탭-[정렬 및 필터] 그룹-[고급]을 눌러 [고급 필터] 대화상자가 나타나면 [결과]는 [다른 장소에 복사]를 선택하고 [목록 범위]는 *A2:D50* 범위로 설정한다. [조건 범위]는 *F2:F3* 범위로, [복사 위치]는 *F5* 셀로 선택하고 [확인]을 누른다.

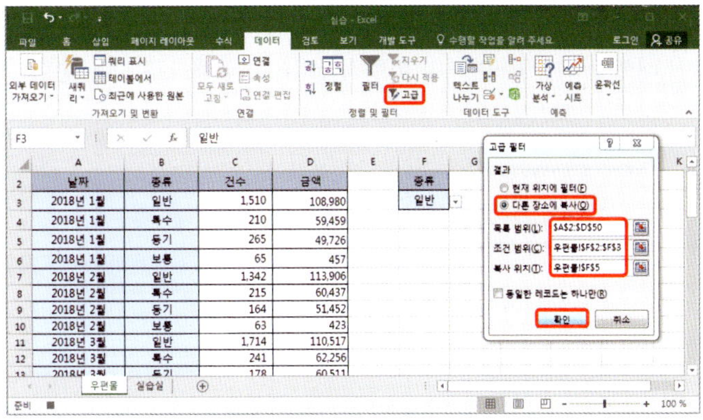

05 필터링 결과 데이터인 F5:I17 범위를 모두 선택하고 단축키 Ctrl+X를 눌러 잘라낸 후 [⊕ 새 시트] 단추를 눌러 새 시트를 만들고 A1 셀에서 Ctrl+V를 눌러 붙여넣는다.

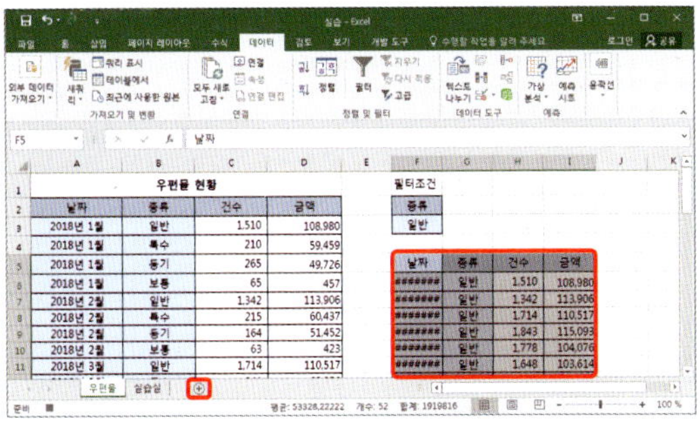

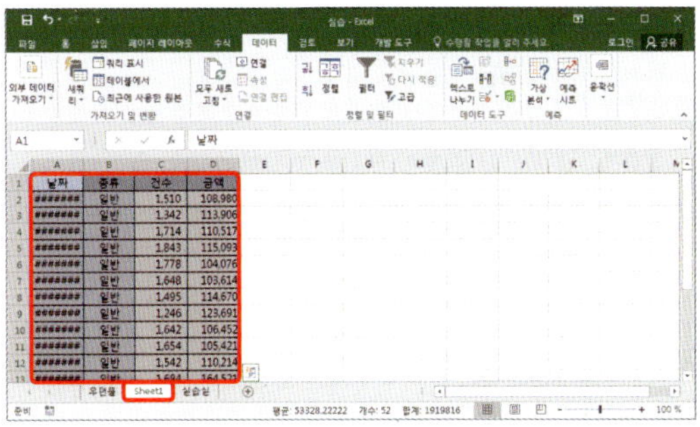

06 '우편물' 시트의 데이터 영역 내 임의의 셀을 다시 선택하고 [개발 도구] 탭-[코드] 그룹-[기록 중지]를 눌러 매크로 기록을 종료한다.

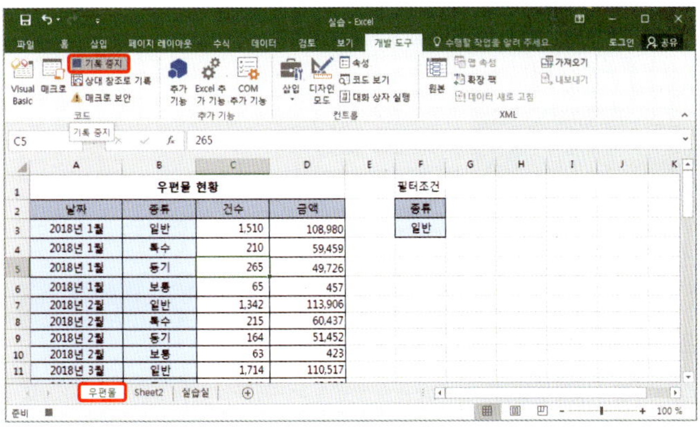

07 [💾 저장] 단추를 눌러 다음과 같은 메시지 창이 나타나면 [아니오]를 선택한다. [다른 이름으로 저장] 대화상자가 열리면 [파일 형식]을 [Excel 매크로 사용 통합 문서]로 설정하고 [저장]을 누른다.

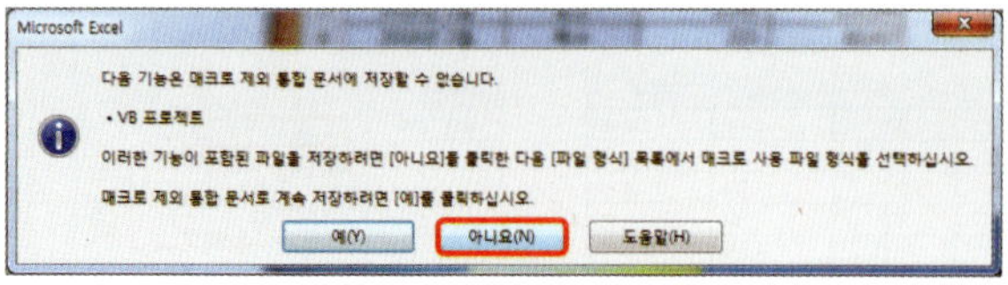

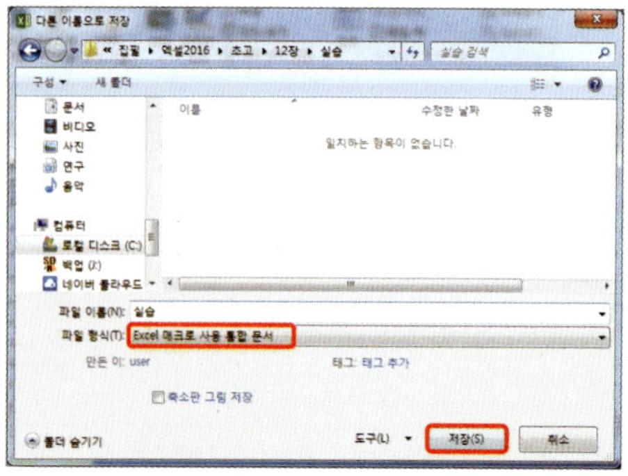

TIP 엑셀 대화상자에서 [예]를 누르면 작성한 매크로 기능을 제외하고 저장하기 때문에 매크로를 사용할 수 없다.

TIP 매크로 사용 통합 문서로 저장하면 파일 확장자는 xlsm이 된다.

1.2 매크로 실행

기록한 매크로를 실행하려면 [개발 도구] 탭을 이용하거나 매크로 작성 시 설정한 바로 가기 키를 사용한다. 실행 단추나 옵션 단추, 그림이나 도형과 같은 개체에 매크로를 연결하면 개체를 선택할 때 매크로가 실행된다.

기본예제 12-3 매크로 실행하기

[기본예제 12-2]에서 작성한 매크로를 다양한 방법으로 실행해 보자.

01 '실습.xlsm' 파일의 '우편물' 시트를 선택하고 [개발 도구] 탭-[코드] 그룹-[매크로]를 누른다.

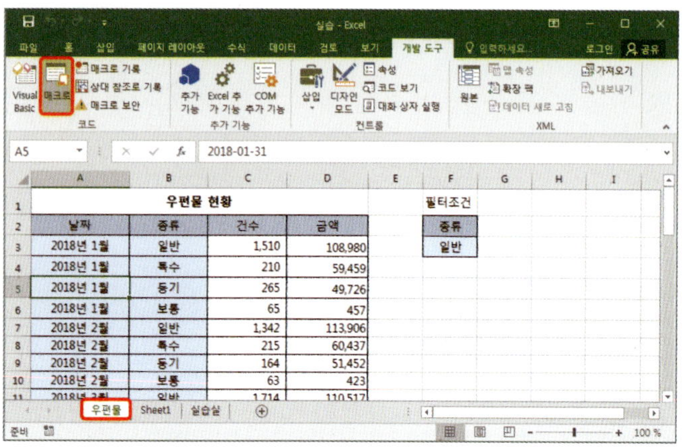

여기서 잠깐 **매크로 보안 수준**

매크로가 포함된 통합 문서를 열 때 매크로를 사용할 수 없도록 설정되어 있다면 이를 알리는 [보안 경고] 메시지 줄이 메뉴 하단에 표시된다. 여기서 [콘텐츠 사용]을 눌러야 매크로를 사용할 수 있다. 매크로 보안 수준은 [개발 도구] 탭-[코드] 그룹-[매크로 보안]을 눌러 [보안 센터] 대화상자가 열리면 [매크로 설정]에서 변경할 수 있다.

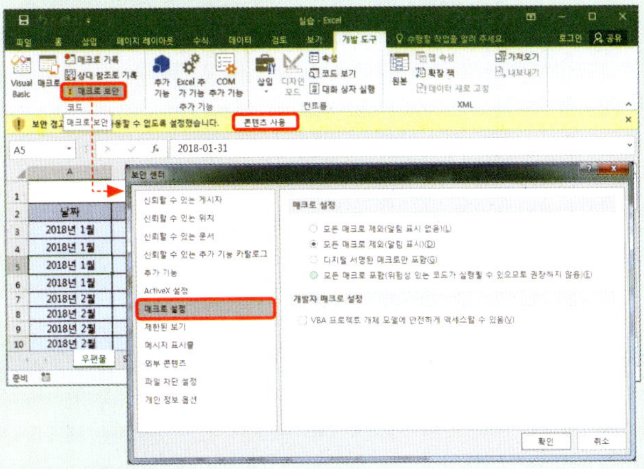

02 [매크로] 대화상자의 [매크로 이름] 목록에서 '종류별시트만들기'를 선택하고 [실행]을 누른다.

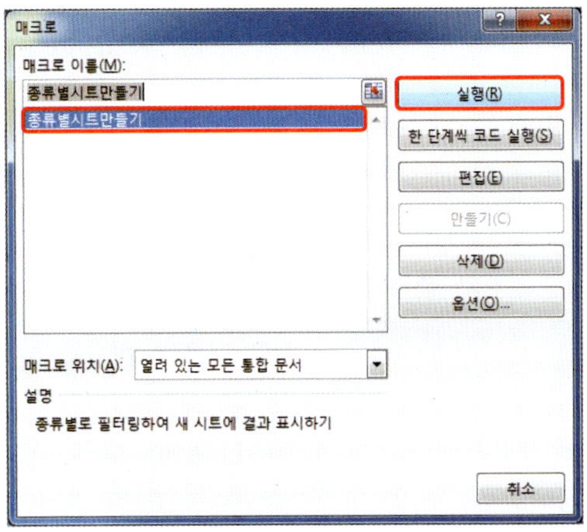

03 새 시트가 생성되고 종류를 '일반'으로 필터링한 결과 데이터가 입력된다.

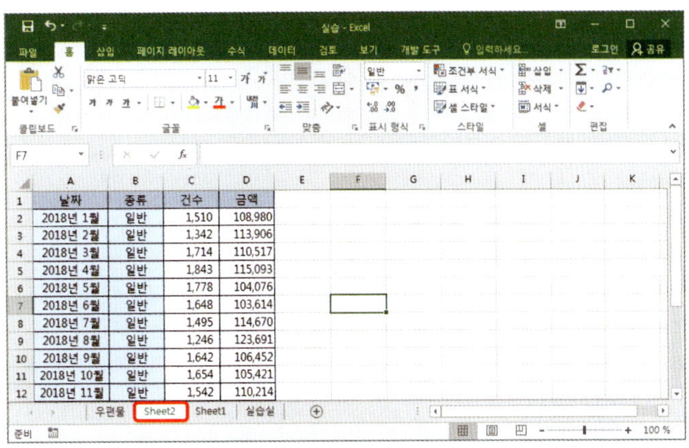

04 '우편물' 시트로 돌아와 필터 조건인 '종류' 목록에서 '특수'를 선택하고 Ctrl+Q를 눌러 바로 가기 키로 매크로를 실행한다.

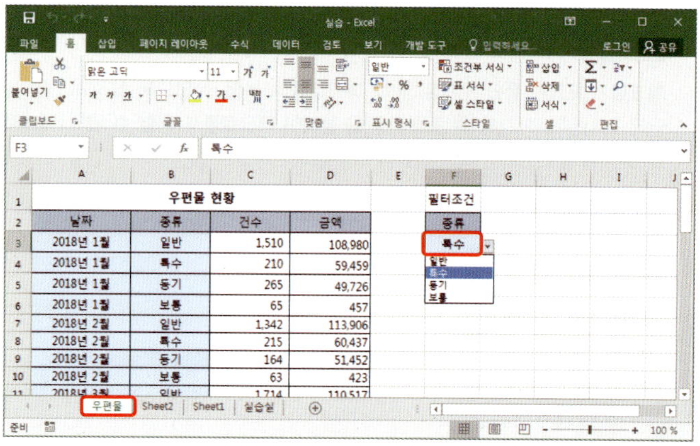

05 '특수' 종류를 조건으로 한 필터링 결과 데이터가 새 시트에 만들어진다.

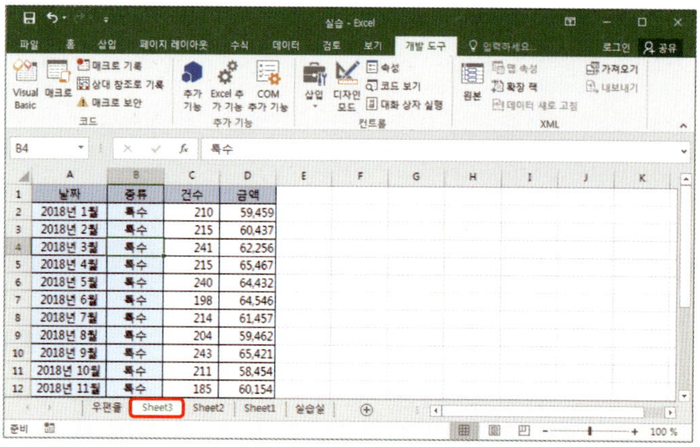

기본예제 12-4 실행 단추로 매크로 실행하기

양식 컨트롤 중 단추를 워크시트에 삽입하고 매크로를 연결하여 단추를 누르면 매크로에 기록된 동작이 실행되도록 해 보자.

01 '실습.xlsm' 파일의 '우편물' 시트를 선택하고 [개발 도구] 탭-[컨트롤] 그룹-[삽입] 목록에서 [양식 컨트롤]의 [단추(양식 컨트롤)]을 선택한다.

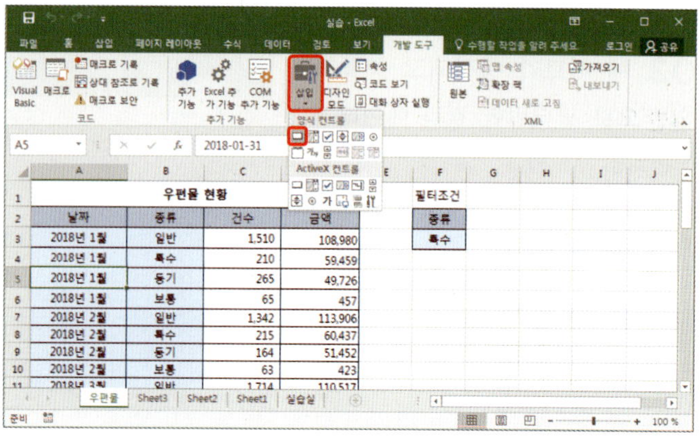

02 F4 셀에 마우스를 드래그해 단추를 삽입한다.

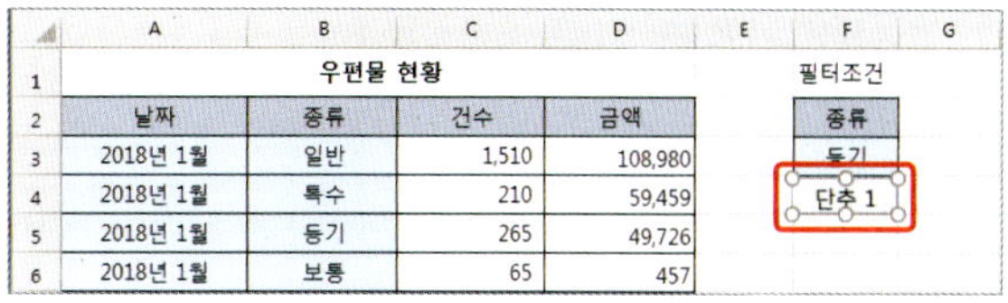

03 이때 [매크로 지정] 대화상자가 나타나면 [매크로 이름] 목록에서 '종류별시트만들기'를 선택하고 [확인]을 누른다.

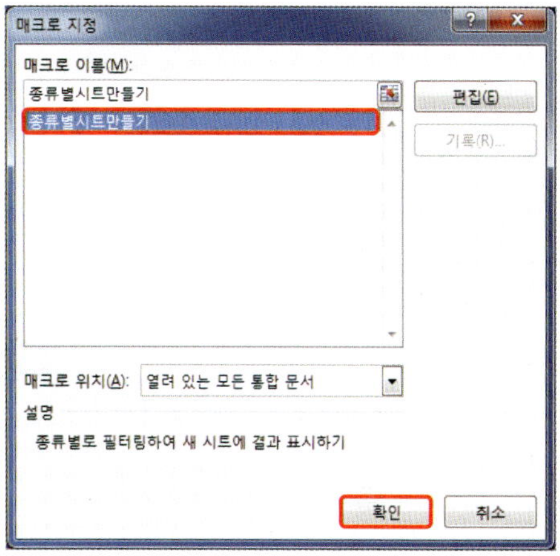

04 생성된 단추를 마우스 오른쪽 단추로 눌러 나타나는 메뉴에서 [텍스트 편집]을 선택하고 단추 이름을 *시트 만들기*로 수정한다. 단추 이름이 잘 보이도록 F 열의 너비를 조정한다.

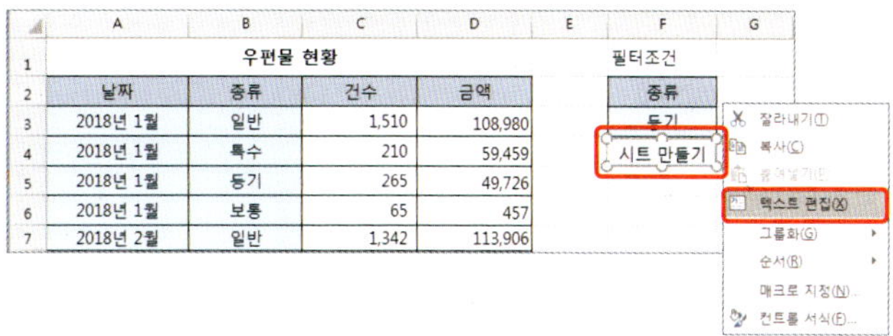

TIP 단추 안의 텍스트 부분을 눌러 이름을 수정해도 된다.

05 필터조건인 '종류'를 '등기'로 변경하고 [시트 만들기] 단추를 누르면 새 시트에 필터링된 데이터가 삽입된다.

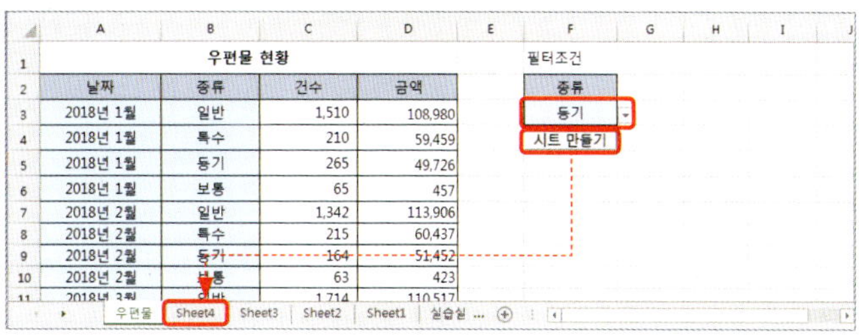

1.3 상대 참조로 기록

일반적으로 매크로를 기록할 때는 선택한 셀 주소나 범위를 절대 참조를 하기 때문에 매크로를 실행할 때 같은 위치에서 기록한 동작을 반복하게 된다. 그런데 현재 위치를 기준으로 상대적인 셀 이동이나 선택을 하려면 매크로를 상대 참조로 기록해야 한다. 상대 참조로 기록한 매크로는 특정 셀 주소나 범위가 기록되지 않고 매크로를 실행할 때의 위치를 기준으로 실행하게 된다.

기본예제 12-5 상대 참조로 매크로 기록하고 실행하기

실습실 이용 현황 데이터의 빈 셀을 정리해 입실과 퇴실 시간을 한 행으로 만들기 위한 매크로를 상대 참조로 기록해 보자.

01 '실습.xlsm' 파일의 '실습실' 시트를 선택하고 [개발 도구] 탭–[코드] 그룹–[상대 참조로 기록]을 누른다.

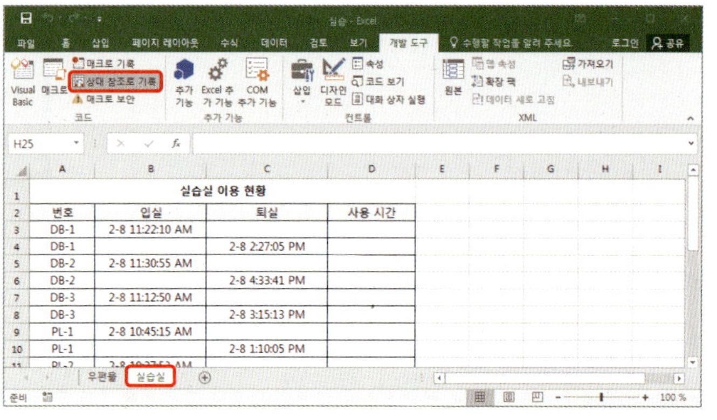

02 C4 셀을 선택하고 [개발 도구] 탭–[코드] 그룹–[매크로 기록]을 누른다.

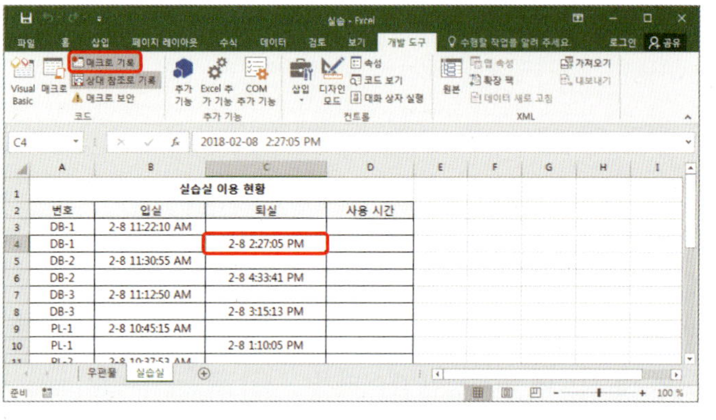

03 [매크로 기록] 대화상자의 [매크로 이름]에 *행정리하기*를 입력하고 매크로 저장 위치는 [현재 통합 문서]로 설정한다. [설명]에는 *퇴실 시간을 이동하여 한 행으로 정리하기*를 입력하고 [확인]을 누른다.

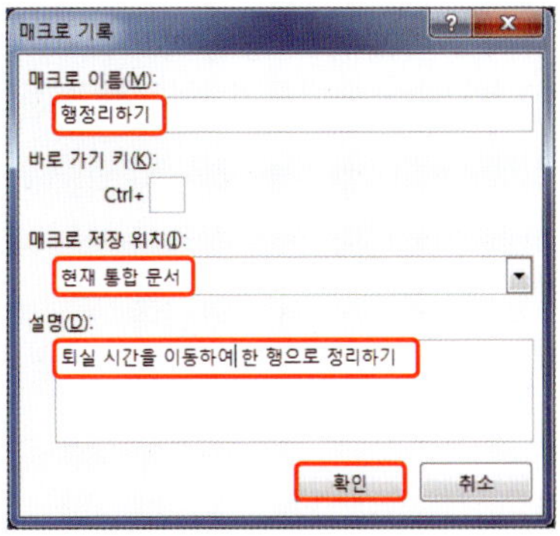

04 C4 셀의 경계선을 마우스로 드래그하여 C3 셀로 이동한 후 A4:D4 범위를 선택하고 마우스 오른쪽 단추를 눌러 나타난 메뉴에서 [삭제]를 선택한다. [삭제] 대화상자에서 [셀을 위로 밀기]를 선택하고 [확인]을 누른다.

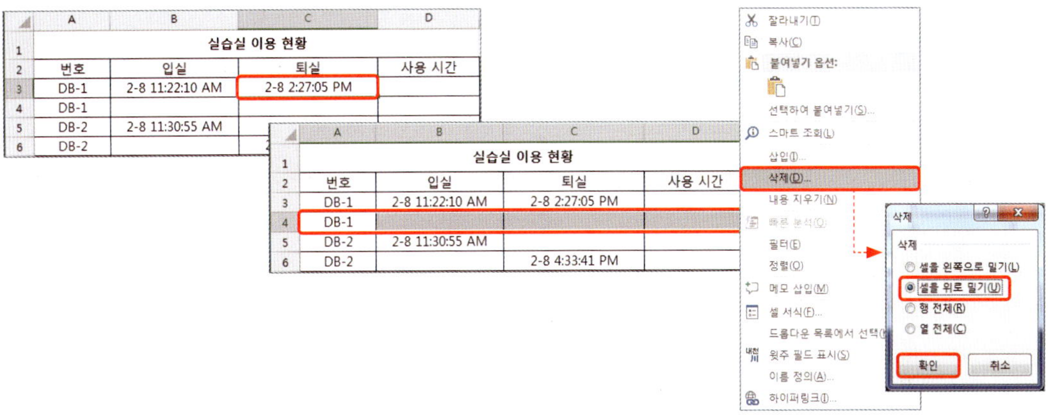

05 C5 셀을 선택하고 [개발 도구] 탭-[코드] 그룹-[기록 중지]를 누른다.

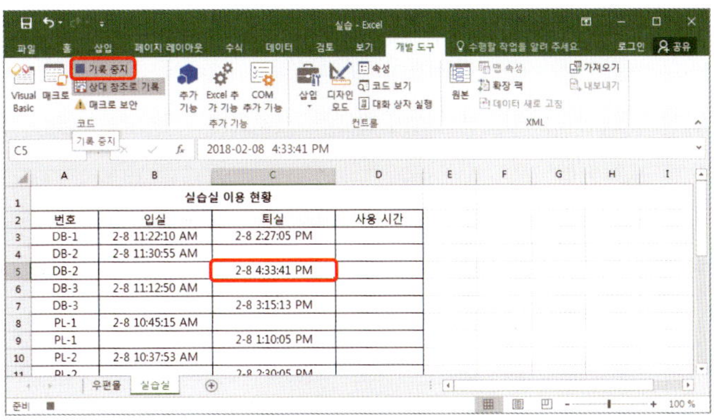

06 기록한 매크로를 빠른 실행 도구 모음에 추가하기 위해 [빠른 실행 도구 모음 사용자 지정] 단추를 누르고 [기타 명령]을 선택한다.

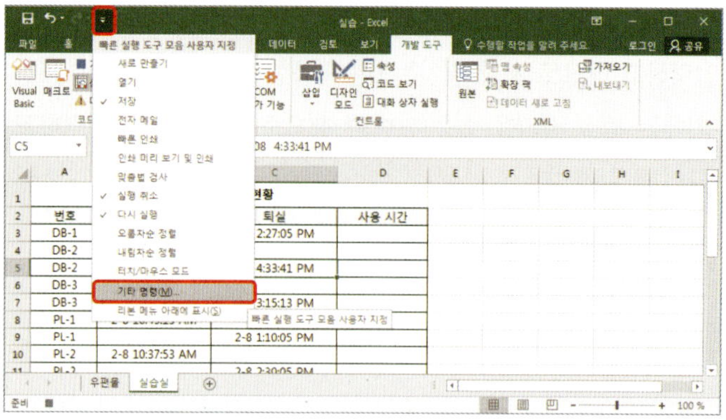

07 [명령 선택]의 목록 단추를 눌러 [매크로]를 선택한다. 하단의 매크로 목록에서 '행정리하기'를 선택하고 [추가]를 누른 후 [확인]을 누른다.

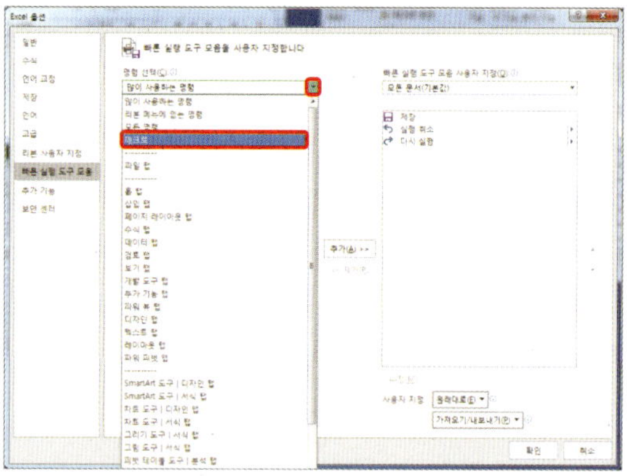

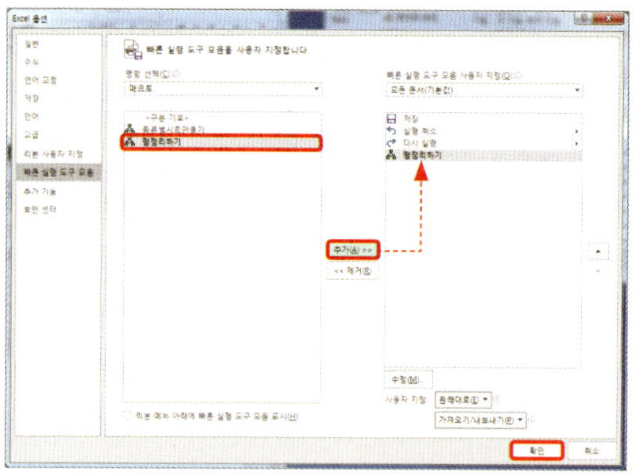

08 C5 셀이 선택된 상태에서 빠른 실행 도구 모음의 [행정리하기] 매크로 단추를 누르면 'DB-2' 행의 입실과 퇴실 시간이 정리되어 한 행으로 표시된다.

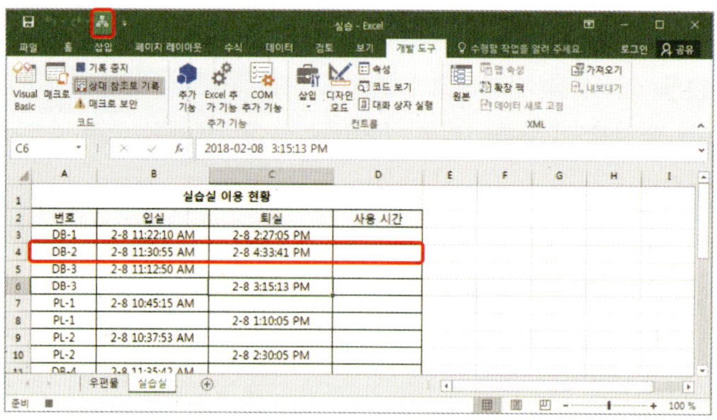

SECTION 02

매크로 편집하기

사용자의 동작을 기록한 매크로는 VBA 코드로 저장되는데 VBA 편집기를 이용하면 VBA 코드를 직접 수정해 원하는 형태로 편집할 수 있다. 또 매크로를 기록할 때 셀이나 범위를 잘못 선택하거나 값을 잘못 입력하는 실수도 모두 기록되는데 VBA 편집기를 이용하면 잘못 기록한 코드를 삭제할 수 있다.

2.1 매크로 수정

VBA 편집기는 다음과 같이 구성된다.

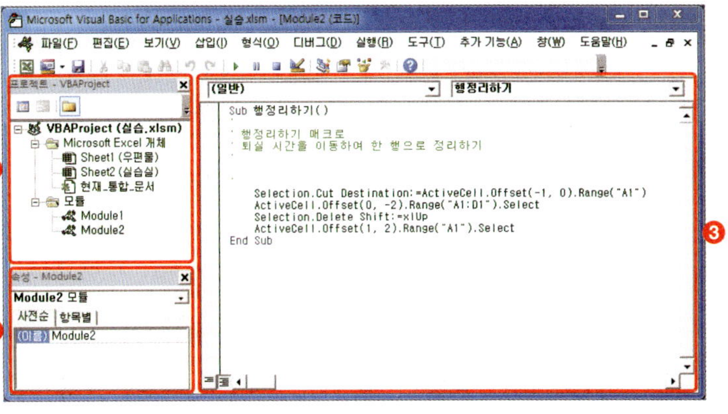

❶ **프로젝트 탐색기**: 실행 중인 엑셀 통합 문서에 포함되어 있는 워크시트와 매크로로 기록된 모듈 등을 탐색하고 선택한다.

❷ **속성 창**: 프로젝트 탐색기에서 선택한 항목의 속성을 표시한다.

❸ **코드 창**: 선택한 항목에 대한 코드를 표시하고 편집할 수 있다.

VBA 편집기를 이용하여 매크로 기록으로 만든 모듈을 수정 및 삭제하는 등의 코드 편집 방법을 알아본다.

기본예제 12-6 VBA 편집기로 매크로 수정하기

[기본예제 12-5]에서 만든 '행정리하기' 매크로를 수정하여 시트에 있는 모든 행을 한 번에 정리하도록 만들어 보자.

01 '실습.xlsm' 파일의 '실습실' 시트에서 [개발 도구] 탭-[코드] 그룹-[Visual Basic]을 누른다.

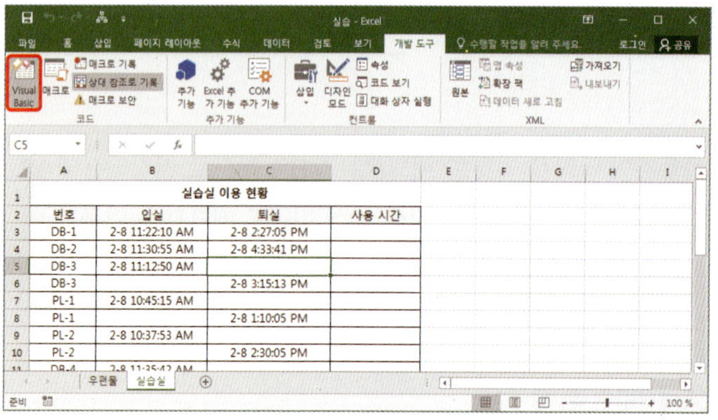

02 VBA 편집기의 프로젝트 탐색기에서 '실습.xlsm'의 'Module2'를 더블클릭한다. 코드 창에 표시되는 '행정리하기' 매크로 코드를 모두 선택하고 마우스 오른쪽 단추를 눌러 [복사]를 누른다.

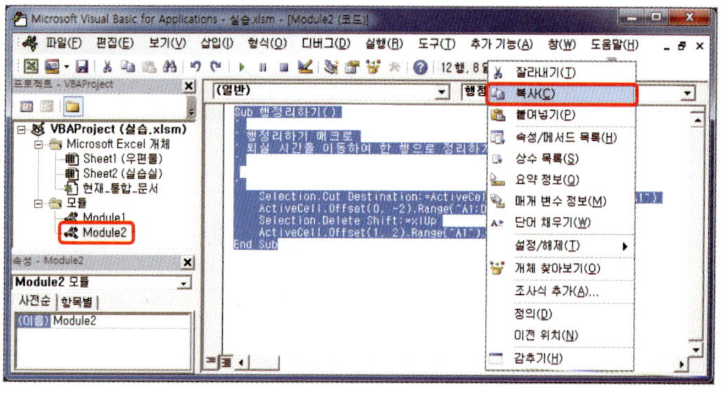

TIP 단축키 Ctrl+C를 이용해도 된다.

03 코드 창의 마지막 줄에서 Ctrl+V를 눌러 복사한 코드를 붙여넣는다.

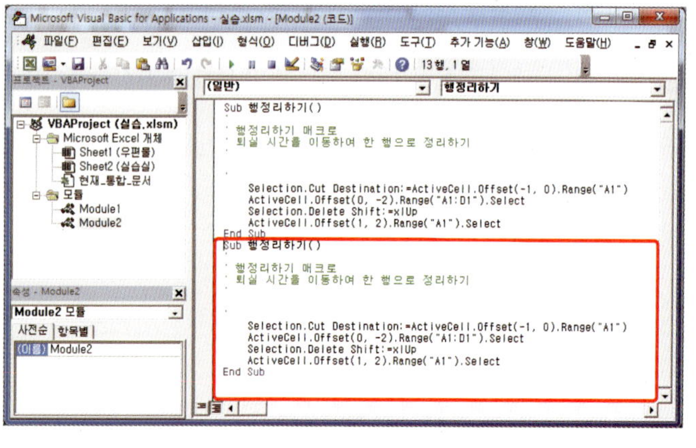

04 코드 창의 내용을 다음과 같이 수정하고 저장한 후 창을 닫는다.

① 매크로 이름 수정: 모든행정리하기

② 매크로 설명 수정: 퇴실 시간을 이동하여 한 행으로 정리하기 : 반복

③ 코드 추가: Do While ActiveCell < > ""

④ 코드 추가: Loop

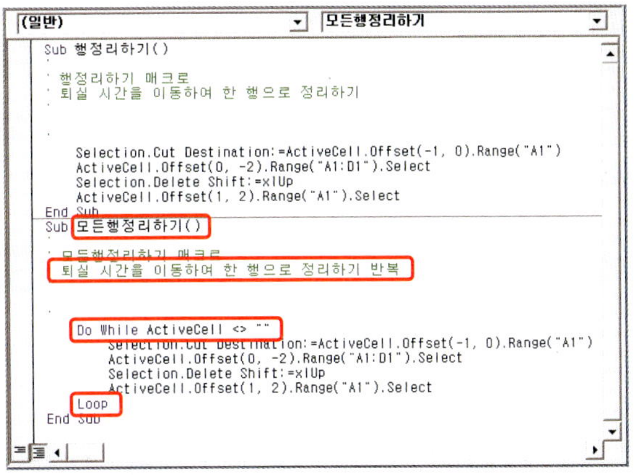

TIP '모든행정리하기' 매크로는 '실습실' 시트의 퇴실 필드에 값이 있는지 검사하면서 입실과 퇴실 시간을 한 행에 표시하는 동작을 반복해서 실행한다. 셀 값을 검사하고 그 결과가 참일 때 동작을 반복하기 위해 *Do While Active Cell <> ""* ~ *Loop* 코드를 사용한다.

05 C6 셀을 선택하고 [개발 도구] 탭–[코드] 그룹–[매크로]를 눌러 [매크로] 대화상자의 매크로 목록에서 '모든행정리하기'를 선택하고 [실행]을 누른다.

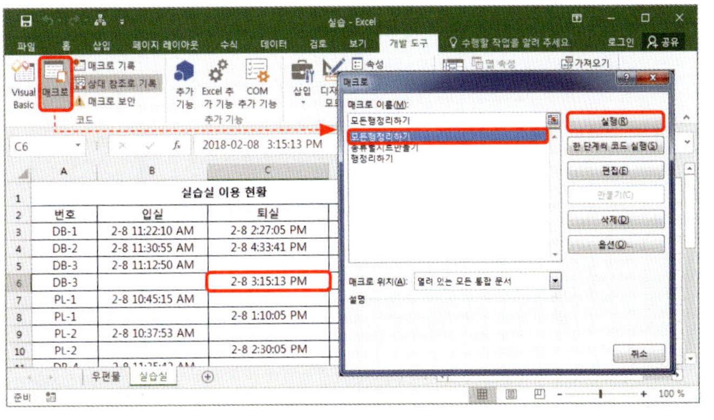

06 시트의 모든 행이 한 번에 처리되어 입실과 퇴실 시간이 하나의 행에 표시된다.

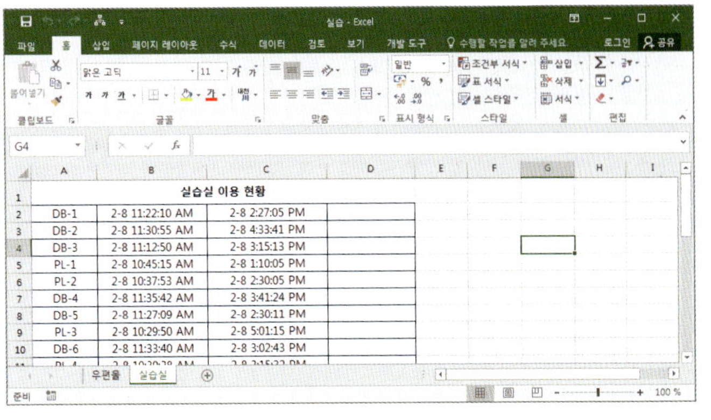

기본예제 12-7 매크로 삭제하기

기록한 매크로는 [매크로] 대화상자에서 삭제하거나 VBA 편집기에서 삭제할 수 있다. 여러 개의 매크로 코드를 동시에 삭제할 때는 VBA 편집기가 더 편리하다.

01 '실습.xlsm' 파일을 열고 [개발 도구] 탭-[코드] 그룹-[매크로]를 선택한다.

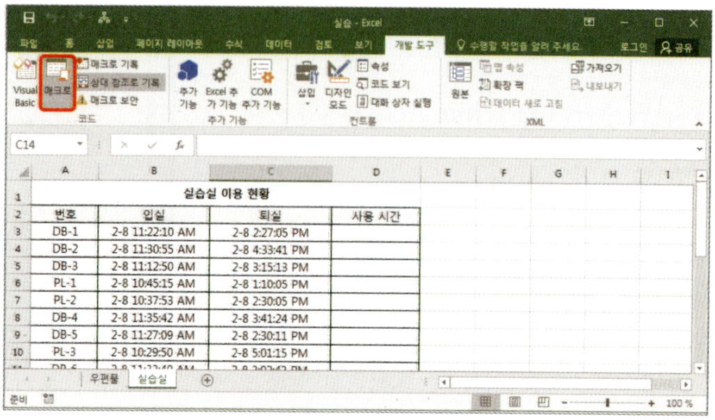

02 [매크로] 대화상자의 [매크로 이름] 목록에서 '행정리하기' 매크로를 선택하고 [삭제]를 누른 후 삭제 여부를 확인하는 메시지 창이 나타나면 [예]를 누른다.

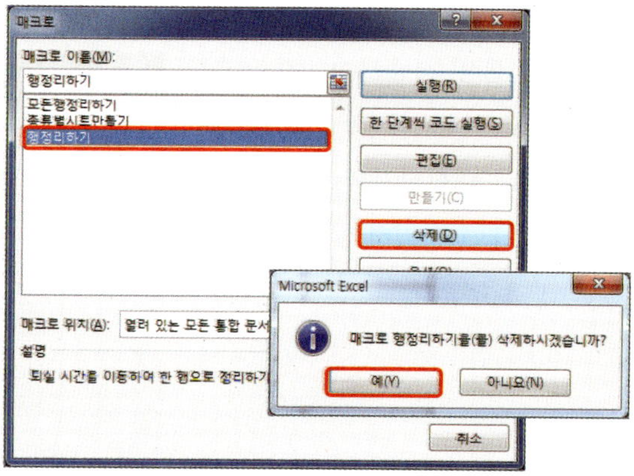

여기서 잠깐 **VBA 편집기에서 매크로 삭제하기**

VBA 편집기에서 매크로를 삭제하려면 [개발 도구] 탭-[코드] 그룹-[Visual Basic]을 눌러 VBA 편집기를 열고 코드 창에서 삭제할 부분을 선택하여 Delete를 누르면 된다.

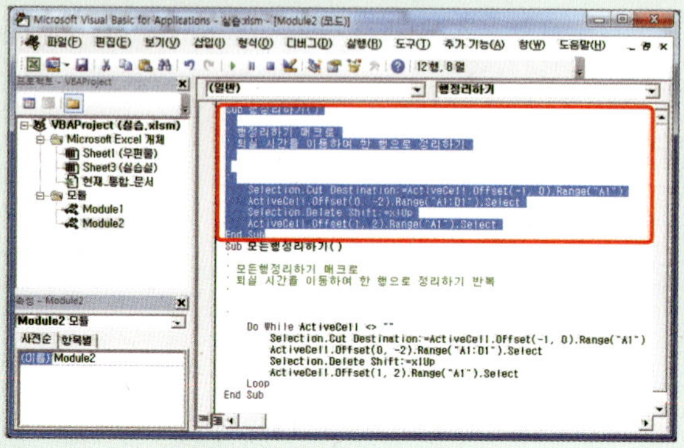

종합예제

이번 장에서 학습한 매크로를 활용하여 도서 판매 현황 데이터의 고급 필터링과 필터 해제 동작을 양식 컨트롤과 연결해서 실행해 보자.

1 '종합예제.xlsx' 파일의 '판매현황' 시트를 열고 [개발 도구] 탭–[컨트롤] 그룹–[삽입] 목록에서 [양식 컨트롤]의 [그룹 상자(양식 컨트롤)]을 선택한다.

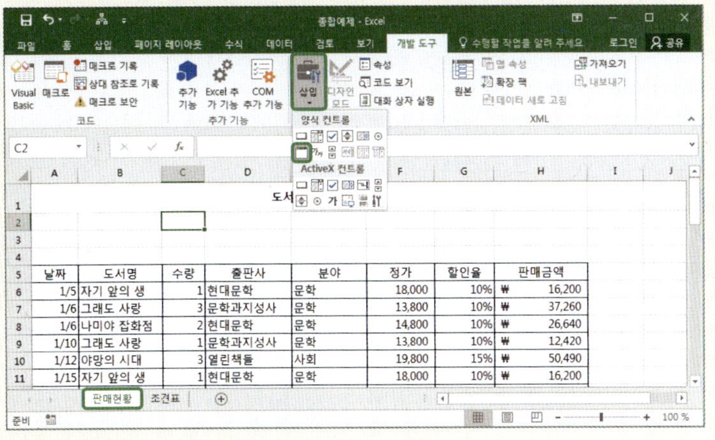

2 A2:D4 범위에 드래그하여 그룹 상자를 그려 넣고 마우스 오른쪽 단추를 눌러 [텍스트 편집]을 선택한 후 그룹 상자의 이름을 *분야*로 수정한다.

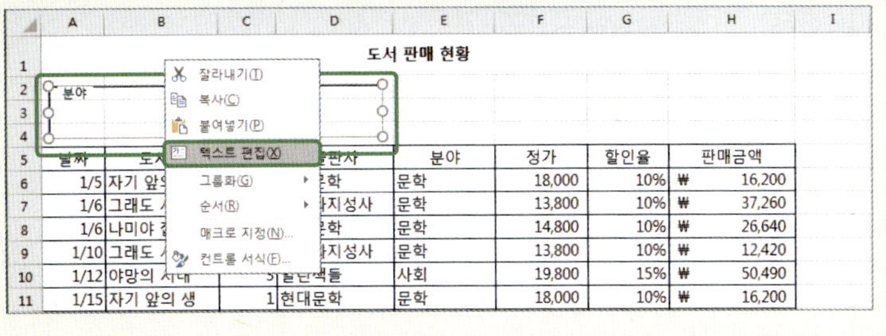

3 [개발 도구] 탭–[컨트롤] 그룹–[삽입] 목록에서 [양식 컨트롤]의 [옵션 단추(양식 컨트롤)]을 선택한다. 옵션 단추를 그룹 상자 안에 그려 넣고 *문학*으로 텍스트를 편집한다.

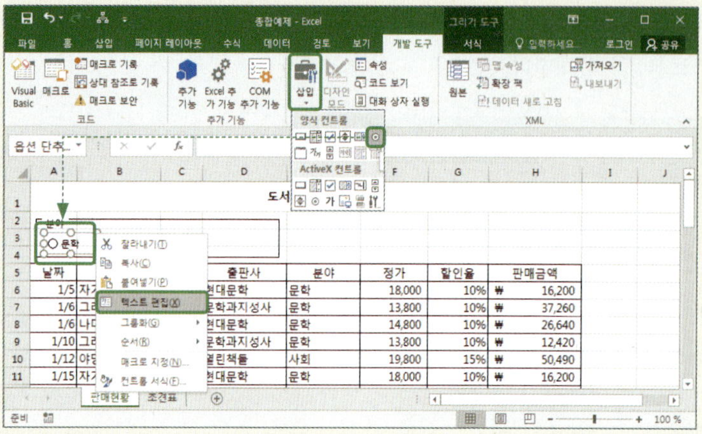

4 옵션 단추 세 개를 그룹 상자 안에 더 삽입하고 텍스트를 *사회*, *역사*, *인문*으로 편집한다. Ctrl을 누른 채로 옵션 단추를 모두 선택하고 [그리기 도구]의 [서식] 탭–[정렬] 그룹–[맞춤] 목록에서 [중간 맞춤]과 [가로 간격을 동일하게]를 차례로 선택한다.

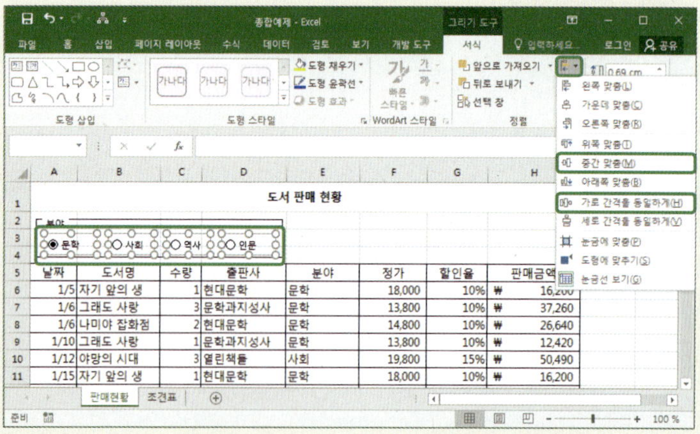

TIP 옵션 단추를 삽입할 때 그룹 상자 영역 바깥으로 나가지 않도록 유의한다. 옵션 단추가 하나의 그룹으로 묶여 있을 때에만 서로 배타적으로(특정 옵션이 선택되면 다른 옵션을 해제) 선택할 수 있기 때문이다.

5 옵션 단추 중 하나를 마우스 오른쪽 단추로 눌러 [컨트롤 서식] 메뉴를 선택한다. [개체 서식] 대화상자의 [셀 연결]에서 *조건표!$A$14* 셀을 선택하고 [확인]을 누른다.

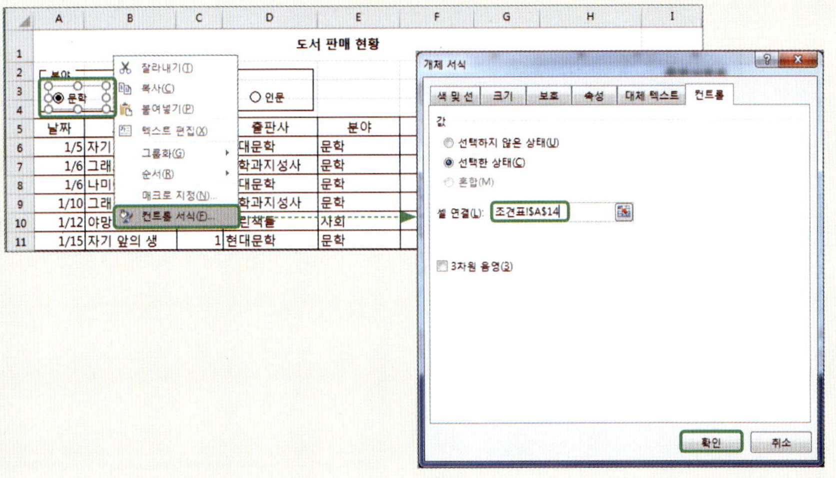

6 [개발 도구] 탭–[컨트롤] 그룹–[삽입] 목록에서 [양식 컨트롤]의 [콤보 상자(양식 컨트롤)]을 선택하고 E3:F4 범위에 드래그하여 삽입한다.

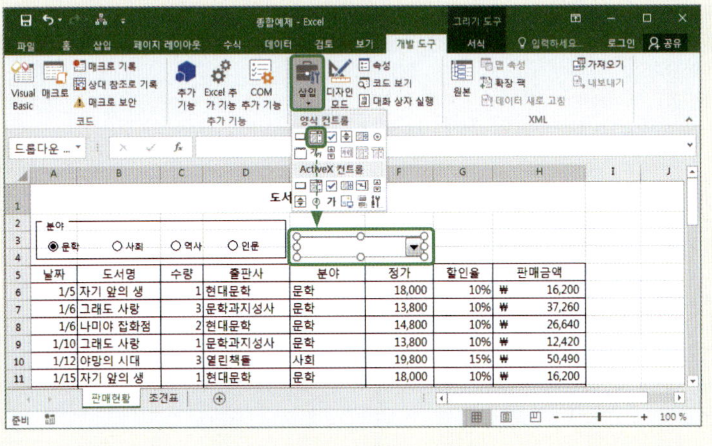

7 콤보 상자를 마우스 오른쪽 단추로 눌러 [컨트롤 서식] 메뉴를 선택하고 [개체 서식] 대화상자에서 [입력 범위]는 *조견표!$G$2:$G$5*, [셀 연결]은 *조견표!$B$14*로 선택하고 [확인]을 누른다.

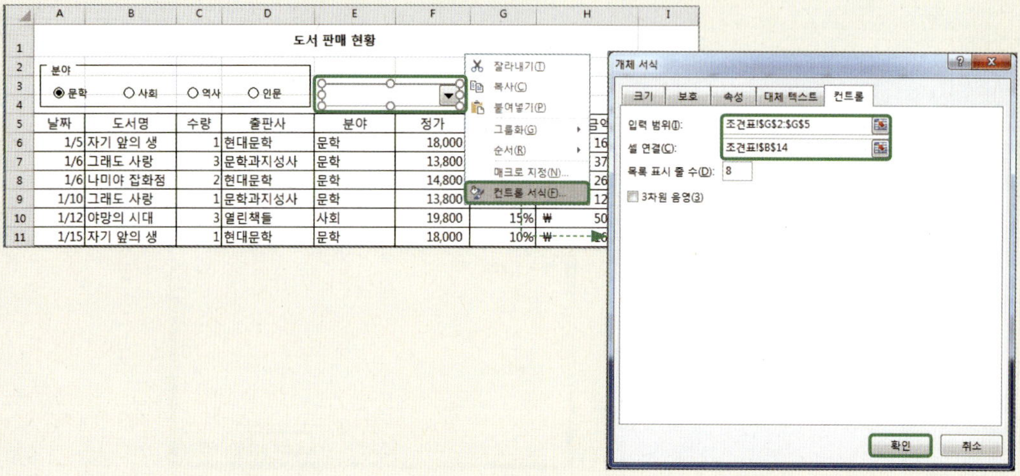

8 [개발 도구] 탭–[컨트롤] 그룹–[삽입] 목록에서 [양식 컨트롤]의 [단추(양식 컨트롤)]을 선택하고 G4 셀 위치에 삽입한다. [매크로 지정] 대화상자가 나타나면 [취소]를 누른다.

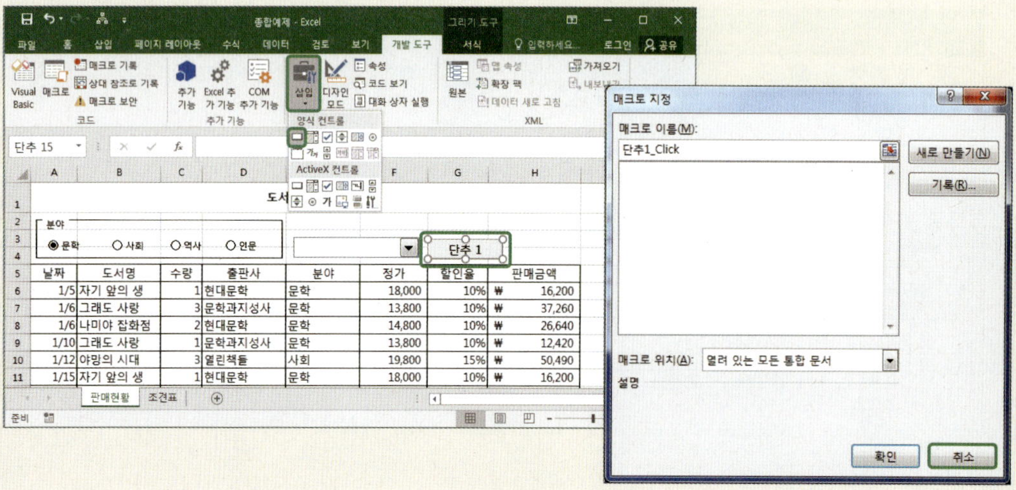

9 단계 **8**을 반복해 매크로 지정 없이 단추를 하나 더 삽입한다.

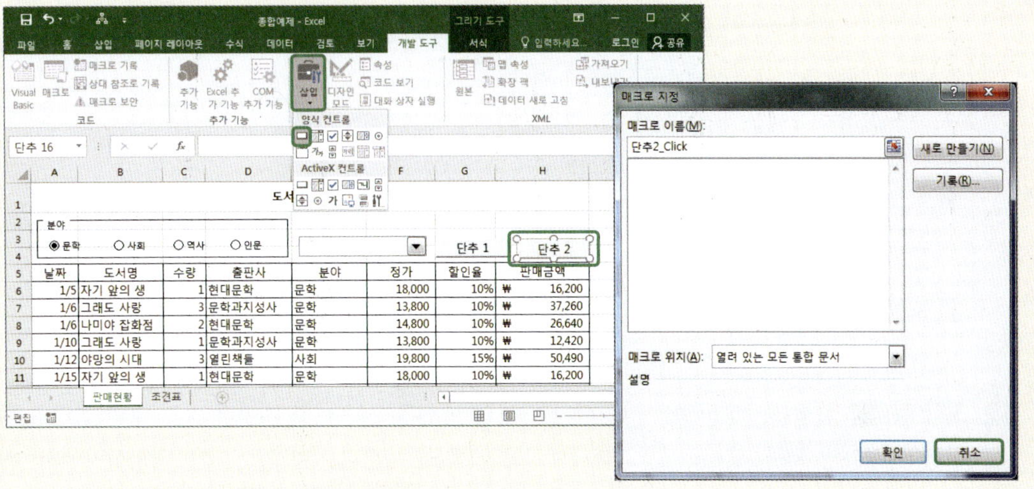

10 '조견표' 시트의 A13 셀에 *=CHOOSE(A14, "문학", "사회", "역사", "인문")* 수식을 입력한다.

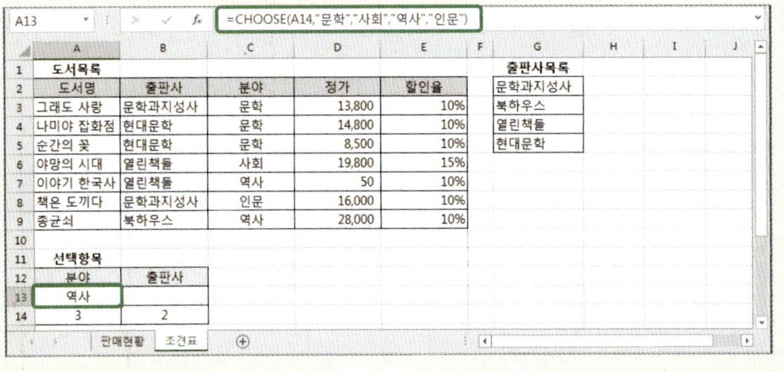

11 '조견표' 시트의 B13 셀에 *=INDEX(G2:G5, B14)* 수식을 입력한다.

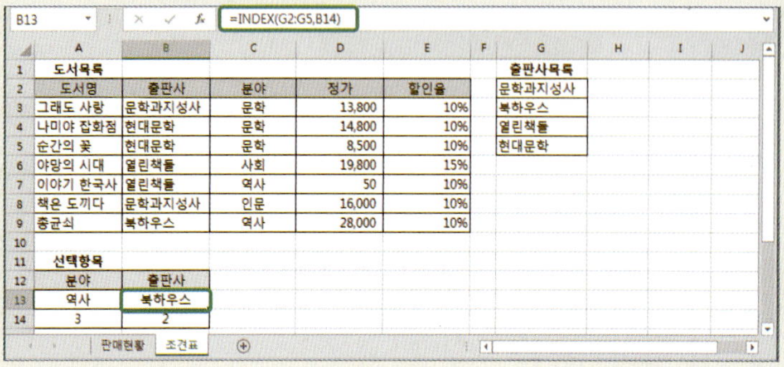

12 고급 필터를 실행하는 매크로를 작성하기 위해 '판매현황' 시트에서 데이터 영역 내의 임의의 셀을 선택하고 [개발 도구] 탭–[코드] 그룹–[매크로 기록]을 누른다. [매크로 기록] 대화상자에서 [매크로 이름]에는 *검색하기*, [설명]에는 *분야와 출판사로 고급 필터링하기*를 입력하고 [확인]을 누른다.

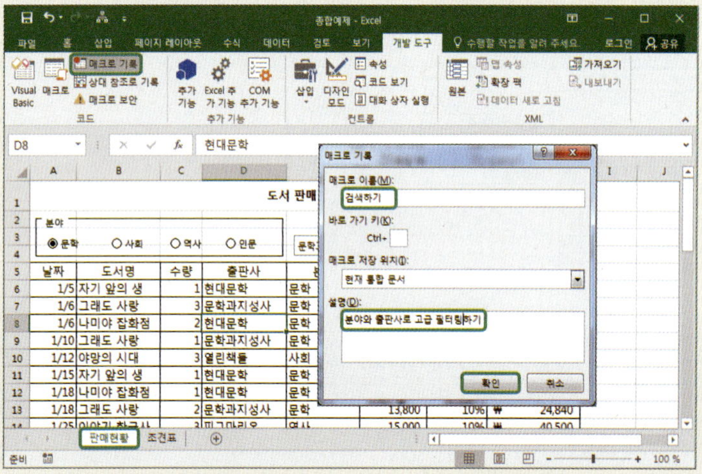

13 [데이터] 탭–[정렬 및 필터] 그룹–[고급]을 누르고 [고급 필터] 대화상자에서 [목록 범위]는 *$A$5:$H$45*, [조건 범위]는 *조건표!$A$12:$B$13*으로 설정하고 [확인]을 누른다.

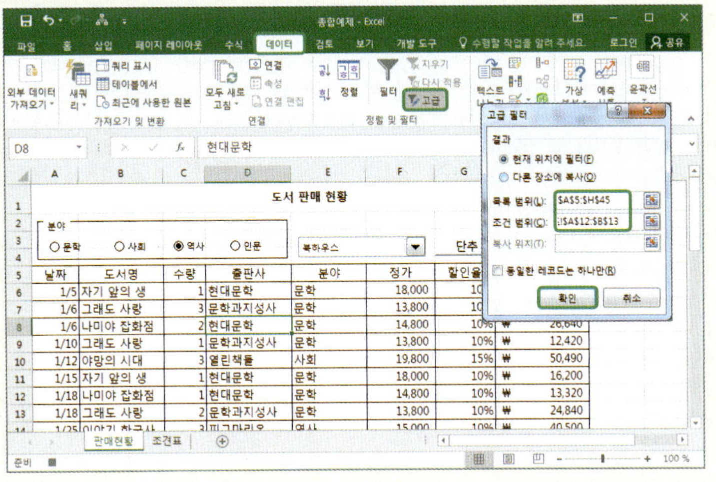

14 [개발 도구] 탭–[코드] 그룹–[기록 중지]를 누른다.

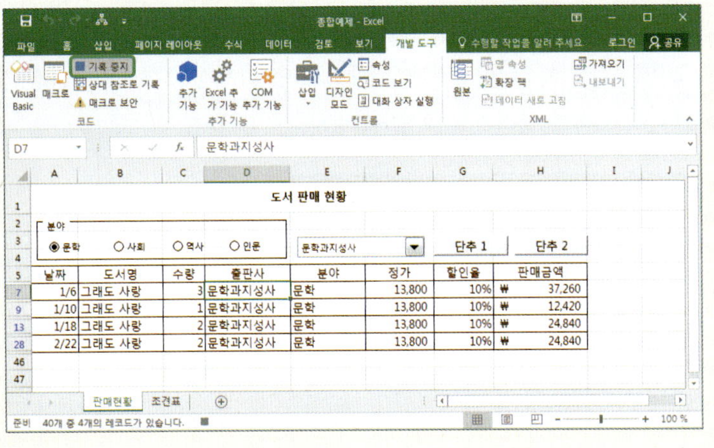

15 '단추1'의 이름을 *검색하기*로 수정하고 마우스 오른쪽 단추를 눌러 [매크로 지정]을 선택한다. [매크로 지정] 대화상자의 [매크로 이름] 목록에서 '검색하기'를 선택하고 [확인]을 누른다.

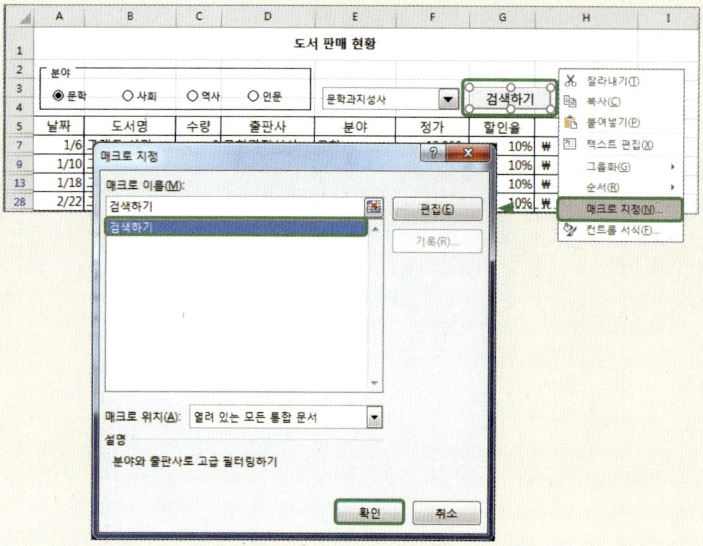

16 고급 필터를 제거하고 원래의 데이터를 표시하기 위한 매크로를 만들기 위해 [개발 도구] 탭–[코드] 그룹–[매크로 기록]을 누르고 [매크로 기록] 대화상자에서 [매크로 이름]에는 *전체보기*, [설명]에는 *고급 필터를 제거하고 전체 데이터 보기*를 입력하고 [확인]을 누른다.

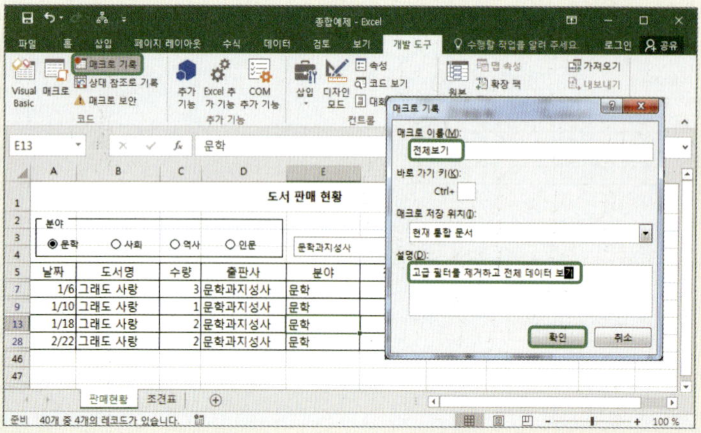

17 [데이터] 탭–[정렬 및 필터] 그룹–[지우기]를 누른 후 [개발 도구] 탭–[코드] 그룹–[기록 중지]를 누른다.

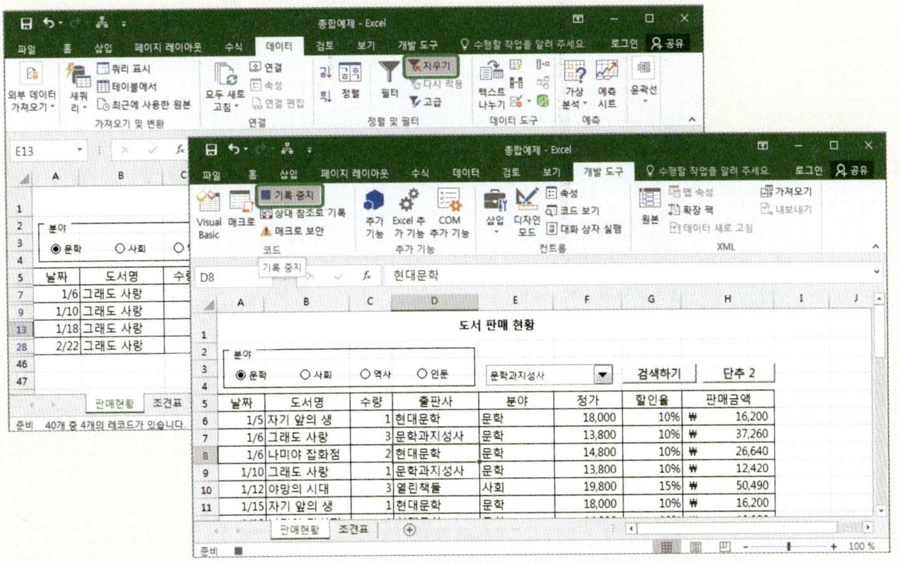

18 '단추 2'의 이름을 *전체보기*로 수정하고 마우스 오른쪽 단추로 눌러 [매크로 지정]을 선택한다. [매크로 지정] 대화상자의 [매크로 이름] 목록에서 '전체보기'를 선택하고 [확인]을 누른다.

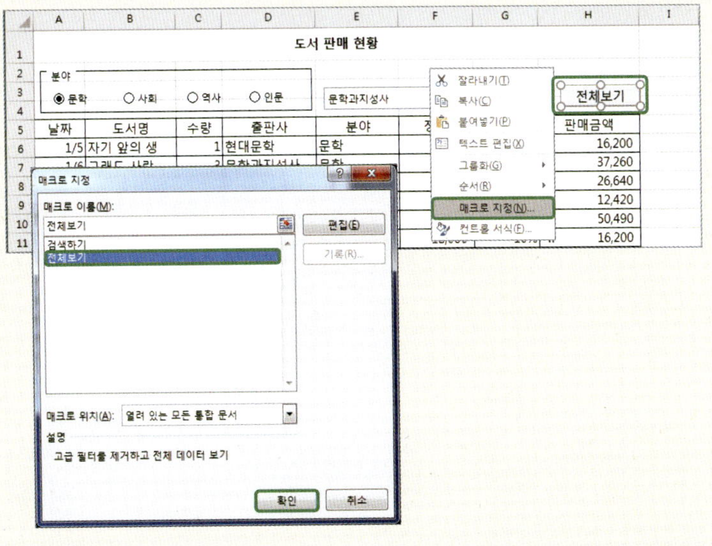

19 [파일] 탭-[다른 이름으로 저장]을 선택해 [다른 이름으로 저장] 대화상자가 열리면 [파일 형식]을 [Excel 매크로 사용 통합 문서]로 선택하고 [저장]을 누른다.

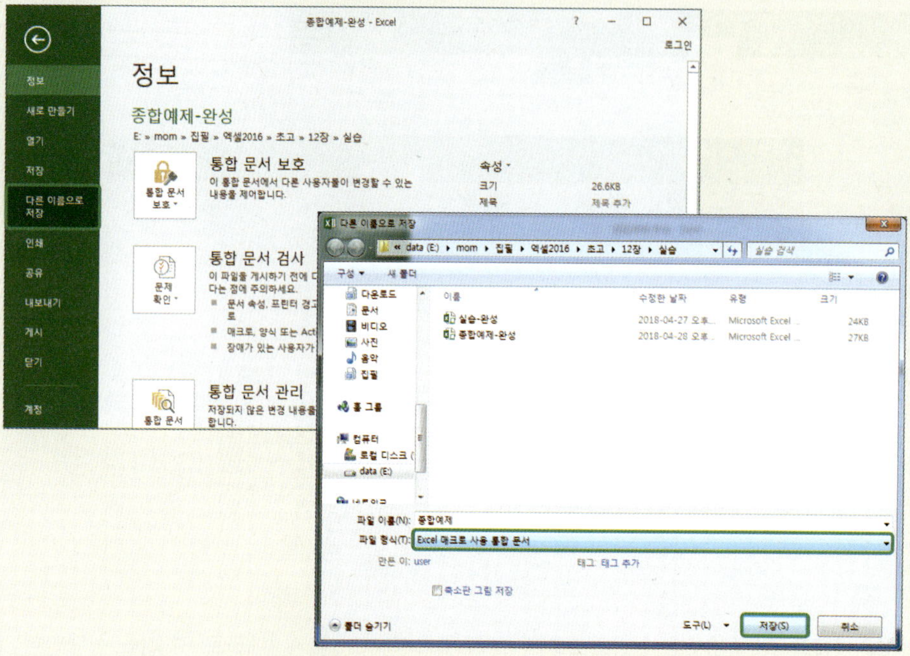

연습문제

1 '연습.xlsx' 파일의 '연습1' 시트를 열고 다음 작업을 하시오.

❶ 그룹 상자 양식 컨트롤과 단추 양식 컨트롤을 삽입하고 이름을 수정한 후 예제 화면과 같이 크기와 위치를 설정하시오.

❷ '현장명' 필드를 기준으로 오름차순 정렬되는 매크로와 '작업' 필드를 기준으로 오름차순 정렬되는 매크로를 각각 만드시오.

❸ 각 매크로를 단추 양식 컨트롤에 연결하시오.

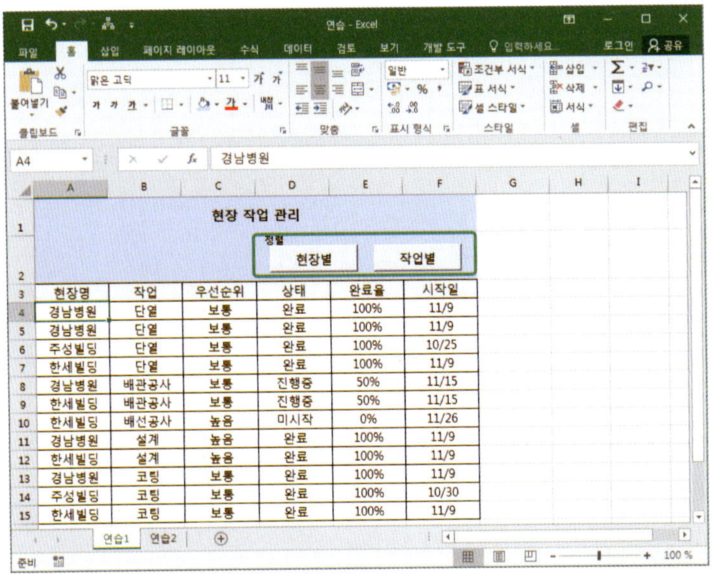

2 '연습.xlsx' 파일의 '연습2' 시트에서 다음과 같이 동작하는 '미제출자삭제' 매크로를 만드시오.

❶ E 열을 선택하고 [홈] 탭–[편집] 그룹–[이동 옵션]을 눌러 [빈 셀]을 선택한다.

❷ 빈 셀이 있는 행 전체를 삭제하고 기록을 중지한다.

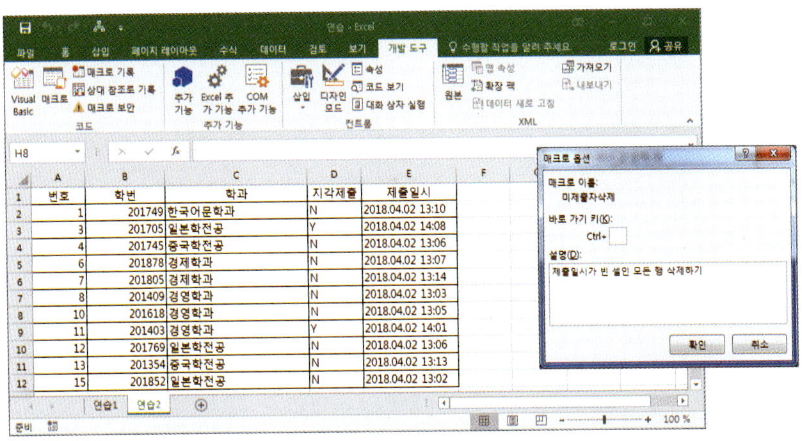

[기호/숫자]

[알파벳]

A

B

C

D